中国煤炭工业统计资料汇编

（1949～2004）

中国煤炭工业协会　编

煤 炭 工 业 出 版 社

·北　京·

数据是基础
决策定未来

范维唐

编委会和编辑人员

编 者 说 明

一、《中国煤炭工业统计资料汇编》，由中国煤炭工业协会负责收集、整理、编辑，是一部全面、系统反映建国以来煤炭工业改革发展的大型统计资料书。汇编了 1949～2004 年煤炭工业主要统计指标，从多方位、多角度、多侧面反映了建国以来，特别是改革开放以来全国煤炭工业和各省、市、自治区煤炭企业生产、建设、产品供需、技术经济和财务效益水平等，其内容丰富、全面，数据权威、翔实，具有很强的实用性，是政府各有关部门、各级煤炭管理机构、煤炭企事业单位制定煤炭经济政策、研究煤炭行业发展的必备资料书，也是煤炭行业企业管理人员和经济、会计、统计工作人员必备的工具书。

二、本书信息量大，特别突出数据的权威性、完整性。全书共分为：煤炭工业综合生产、基建投资、地质勘探、劳动工资、销售库存、财务成本、福利事业、伤亡事故等 8 个部分，附录国内外相关统计资料及 2004 年煤炭工业大型企业统计数据。

三、由于本资料涉及年代较长，煤炭管理体制几经变化，各期统计单位也有不同增减，我们按当年煤炭工业年报统计口径，力求保持了统计数据的连续性和统计范围的一致性。

四、本资料编辑工作得到了国家安全生产监督管理总局调度中心和各省市区煤炭管理机构及煤炭企事业单位的大力支持，在此表示衷心的感谢。

序　言

我国是以煤炭为主要能源的国家。煤炭工业肩负着社会进步、民族振兴的历史重任，支撑着国民经济发展所需2/3以上的能源。为了再现新中国成立以来煤炭工业的发展历史，回顾煤炭行业几百万职工艰苦奋斗的历程，中国煤炭工业协会组织完成了《中国煤炭工业统计资料汇编》的编纂工作。《汇编》用一组组翔实、准确、完整的数据，全面、系统地记录了我国煤炭工业由小到大、生产力水平由低到高、结构不断优化、发展活力不断增强的发展历程，反映了新中国煤炭工业快速发展的辉煌历史。

透过《汇编》中大量的数据，我们看到了新中国成立55年来，煤炭工业经历了艰难起步、波动发展和新时期快速发展阶段，实现了伟大的历史性跨越：

煤炭开采技术装备从无到有，逐步实现了以机械化开采为主。经过几代煤炭人的艰苦努力，通过自主创新和引进消化吸收再创新，采煤技术与工艺在原始落后的基础上不断革新、进步，煤矿采煤机械化程度由20世纪50年代末的4.11%增长到1978年的32.52%，2004年达到了82.72%，综采工作面单产达到了96661吨/个·月，煤矿生产力水平大幅度提高。

煤炭经济经过多年的低水平发展和前些年特殊经济困难之后，实现了新时期的快速发展。煤炭工业总产值由1949年的6亿元增长到1978年的126亿元、2004年的3898亿元，分别增长了21倍和31倍；随着国民经济的快速发展，煤炭经济运行状况逐渐好转，企业经济效益增加，摆脱了长期微利和亏损局面。2004年煤炭企业补贴后实现利润497亿元。行业发展呈现了良好的发展趋势。

煤炭产业结构逐渐优化。煤矿总量大幅度减少，大型煤炭企业快速成长，产业集中度逐渐提高。年产量超千万吨的煤炭企业从无到有，迅速发展，2004 年全国千万吨以上煤炭企业 31 家，共生产原煤 7.77 亿吨，占总产量的 39%。煤矿数量由 20 世纪 90 年代初的 8 万多个减小到目前的 2.8 万个左右。高产高效矿井生产能力逐渐增长，2004 年全国已建成的 177 处高产高效矿井，煤炭产量 5.6 亿吨，占全国煤炭总产量的 28.7%，单井利润超亿元，百万吨死亡率 0.064，达到了世界先进水平。

透过大量数据，使我们清醒地认识到煤炭工业的发展离不开国民经济的发展和社会的不断进步。20 世纪 50 年代，社会主义建设高潮迭起，拉动煤炭产量高速增长，年平均增长率为 27.52%，有力地支撑了新中国的建设与发展；60～70 年代，受国内外政治和经济多种因素影响，国民经济发展速度放缓，煤炭产量随之下降，出现负增长；70 年代末期，特别是改革开放以后，国民经济快速发展，煤炭产量由 1978 年的 6.18 亿吨增长到 1990 年的 10.79 亿吨，年平均增长率为 4.75%；90 年代中期，受亚洲金融危机和国民经济高速的影响，煤炭市场出现了供大于求的局面，煤炭产量增幅下降，年平均增长率仅为 1.86%。进入新世纪，国民经济开始进入新一轮快速发展周期，煤炭产量快速发展，2004 年煤炭产量达到了 19.97 亿吨，5 年煤炭产量年平均增长率为 13.86%。2005 年原煤产量突破了 21 亿吨。这些一组组变化的数据，就像一串串跳动的音符，展示了煤炭工业发展的历程，谱写了一曲曲辉煌的乐章。

透过对《汇编》中大量的数据分析，使我们也看到了煤炭工业发展还面临着结构不合理、增长方式粗放、科技水平低、安全事故多发、资源浪费严重、环境治理滞后、历史遗留问题较多等突出问题。抓住煤炭工业发展的历史机遇，把握正确的发展方向，实现煤炭经济增长方式的根本转变和健康可持续发展，任重道远。

21 世纪的前 20 年，是我国经济和社会发展的重要战略机遇期。新时期赋予了煤炭工业新的发展内涵，站在新的起点上，煤炭工业要按照节约发展、清洁发展、安全发展和可持续发展的思路，坚持以人为本的科学发展观，走新型工业化道路，以建设大型煤炭基地、培育和发展大型煤炭企业和企业集团为主线，构建与社会主义市场经济体制相适应的新型煤炭工业体系。进一步优化煤炭生产结构和经济结构，充分发挥大型煤炭基地和大型企业集团的作用，提高煤炭生产集中度；依靠科技进步，推进高产高效矿井建设，提高煤矿机械化、自动化和信息化程度；坚持循环经济发展理念，加强煤炭资源综合开发与利用，促进煤炭开发与生态环境保护协调发展；建立人才培养与引进机制，提高煤炭从业人员素质，提高煤矿安全保障能力；通过自主创新、集成创新和引进消化吸收再创新，发展先进生产力，提高煤炭工业整体生产力水平。把煤炭工业建设成主业突出、相关产业适度发展，生产力水平显著提高，从业人员素质不断增强，具有较强发展活力的产业。实现煤炭工业持续稳定健康发展，为全面建设小康社会提供可靠的能源保障。

通过对《汇编》中大量的数据分析和预测，使我们看到在未来一个时期，随着我国工业化、城市化、市场化发展进程加快，国内市场潜力巨大，内在动力强劲。我国富煤少油缺气的能源资源特点，决定了煤炭在我国能源生产和消费结构中的主体地位很难改变，煤炭需求仍将保持平稳较快的增长势头，煤炭工业具有广阔的发展空间。

《汇编》客观地记录了我国煤炭工业过去的发展历程，数据翔实可靠，内容丰富，对各级领导和经济研究工作者系统地研究煤炭工业的发展，具有重要参考价值。

回顾历史，辉煌灿烂；谱写新章，任重道远。我们坚信，新的历史时期，煤炭工业一定会有更大的发展，煤矿职工一定会有一个更加美好的未来！中国煤炭工业的明天将更加辉煌！

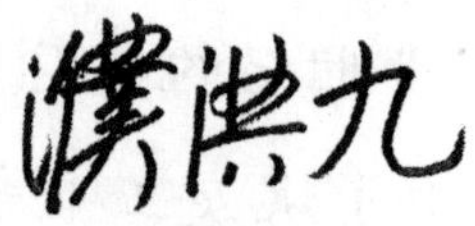

2006年1月10日

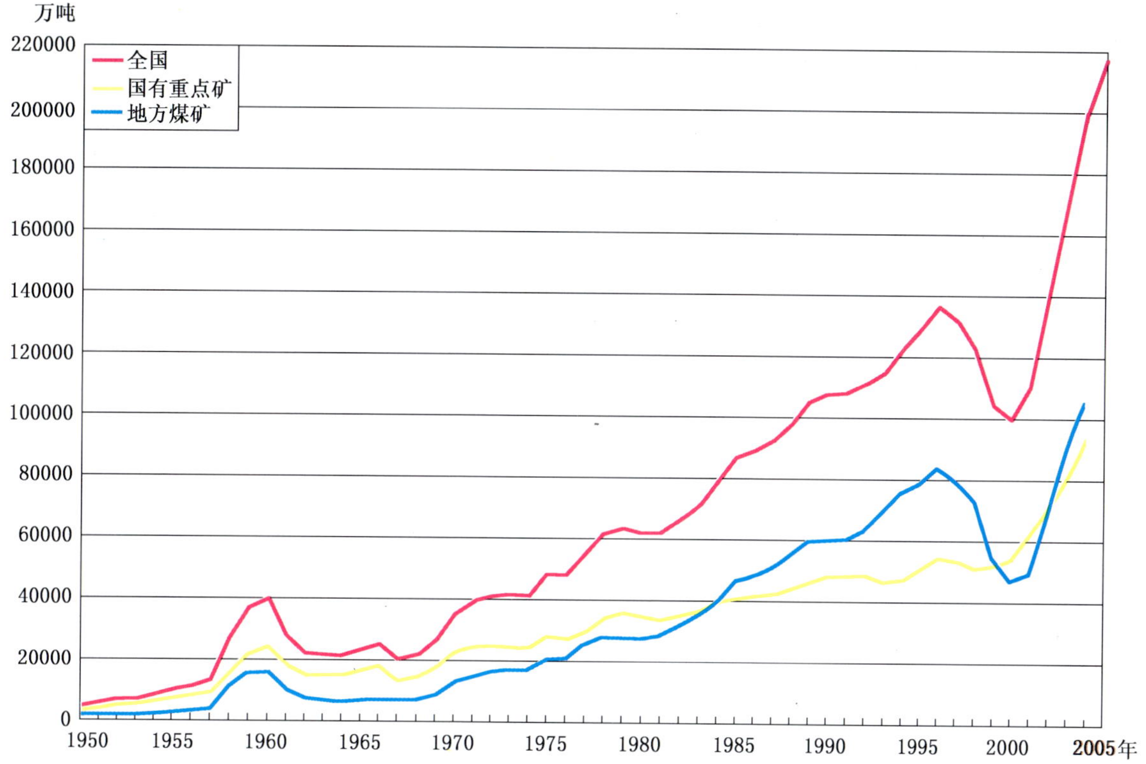
1950～2005年原煤产量增长趋势
万吨
全国
国有重点矿
地方煤矿
220000
200000
180000
160000
140000
120000
100000
80000
60000
40000
20000
0
1950
1955
1960
1965
1970
1975
1980
1985
1990
1995
2000
2005年

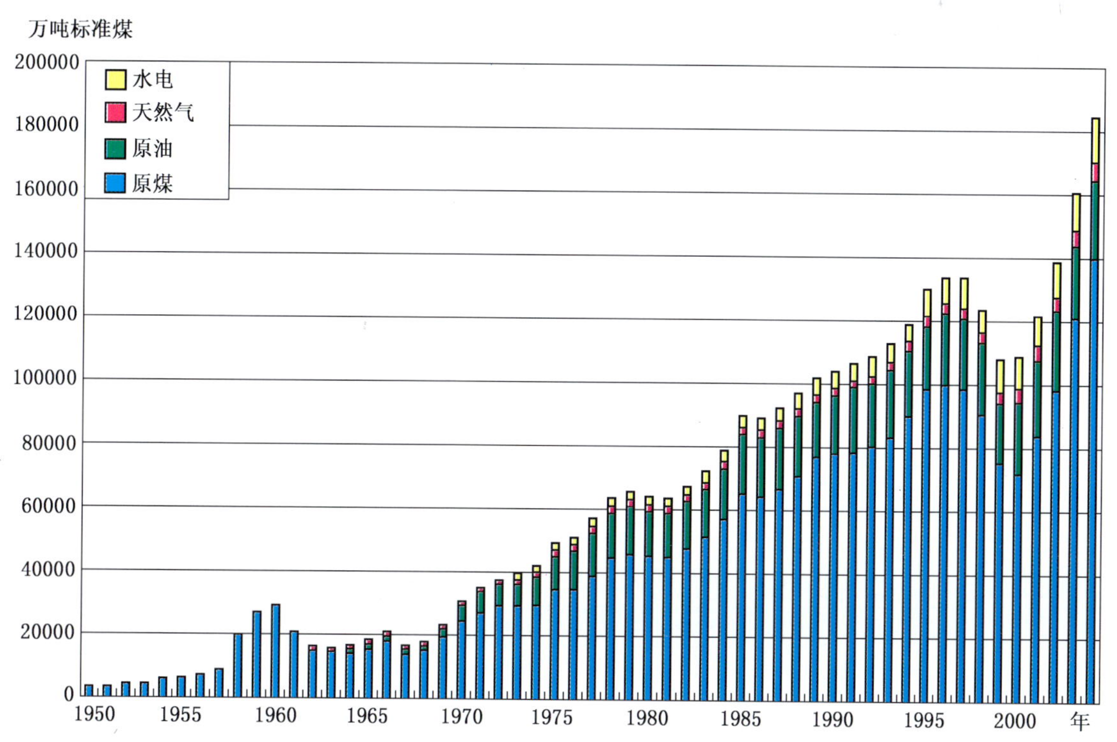
全国能源生产总量和构成
万吨标准煤
水电
天然气
原油
原煤
200000
180000
160000
140000
120000
100000
80000
60000
40000
20000
0
1950
1955
1960
1965
1970
1975
1980
1985
1990
1995
2000
年

全国原煤产量构成

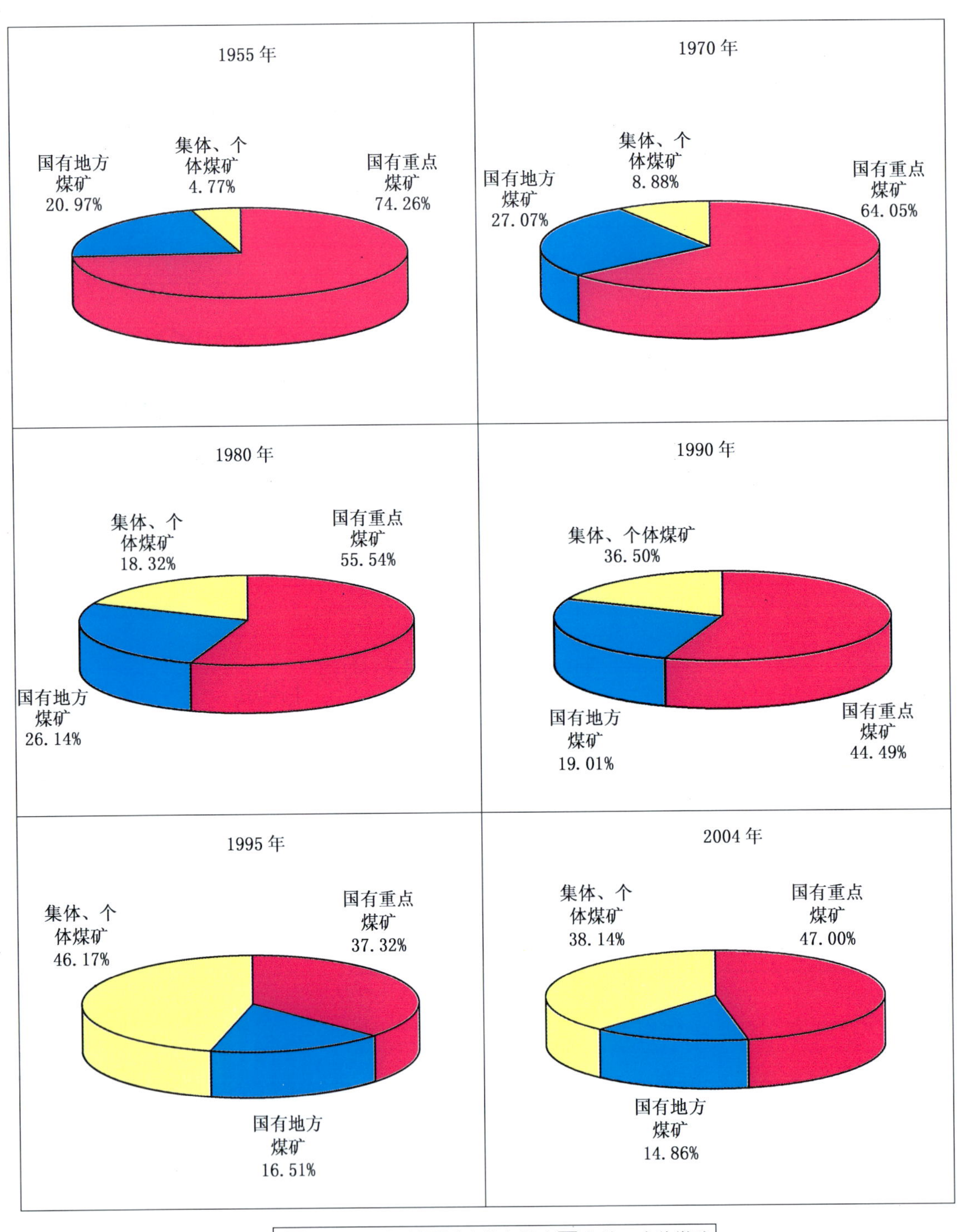

国有重点煤矿回采工作面采煤机械化程度

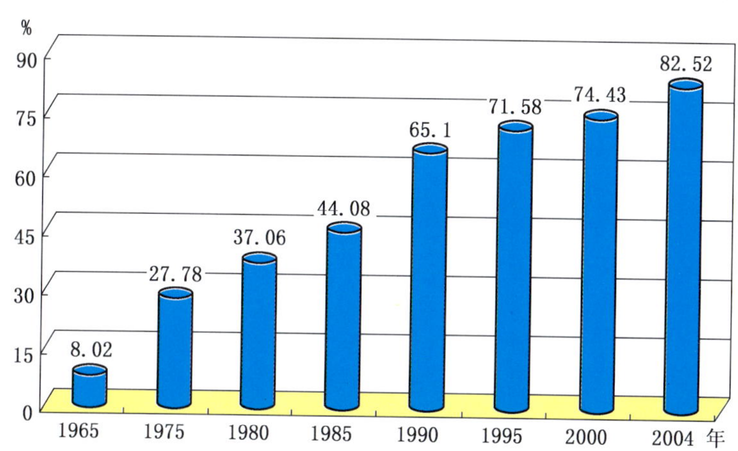

国有重点煤矿从业人员平均工资

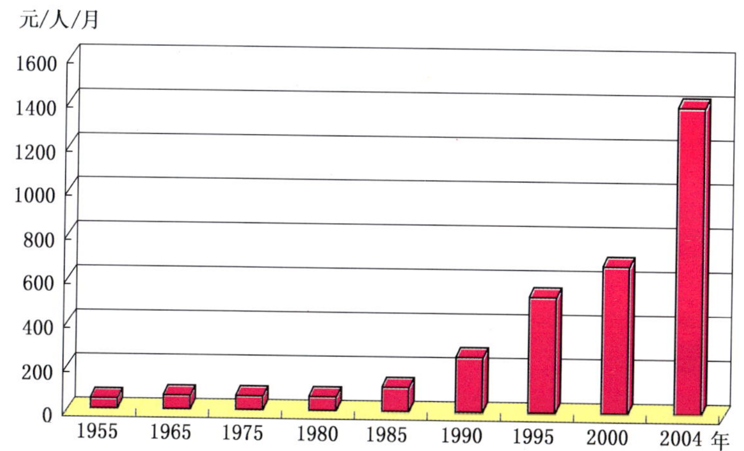

煤炭工业基本建设投资及新增固定资产

亿元
800
700
600
500
400
300
200
100
0

基本建设投资
新增固定资产

三年恢复
一五时期
二五时期
三年调整
三五时期
四五时期
五五时期
六五时期
七五时期
八五时期
九五时期

目　录

一、综　合　生　产

二、基 建 投 资

三、地 质 勘 探

四、劳 动 工 资

五、销 售 库 存

六、财 务 成 本

七、福 利 事 业

八、伤 亡 事 故

附录一　2004 年统计数据

附录二 国内外资料

一、综　合　生　产

煤炭工业主要产品产量（一）

单位：万吨

年份	原煤产量		炼焦用洗精煤产量		煤矿机械
	全国	其中：国有重点煤矿	全国	其中：本系统	总产量
1949	3243	2353	68	68	
1950	4292	3018	194	194	0.1
1951	5308	3714	158	158	0.1
1952	6649	4834	277	248	0.3
1953	6968	5218	387	337	0.5
1954	8366	6228	519	459	0.7
1955	9830	7300	710	571	1.1
1956	11036	8151	853	555	1.7
1957	13073	9433	886	817	2.1
1958	27000	15777	1465	1136	3.4
1959	36879	21643	2613	2240	4.5
1960	39721	24036	4127	3654	7.7
1961	27762	17554	2403	2044	4.0
1962	21955	14755	1571	1393	3.0
1963	21707	15129	1456	1306	2.6
1964	21457	15056	1471	1305	2.6
1965	23180	16428	1847	1698	4.3
1966	25147	18072	2041	2004	5.2
1967	20570	13588	1648	1537	3.3
1968	21959	14730	1574	1491	5.4
1969	26595	17857	2147	2016	6.9
1970	35399	22672	2956	2742	7.6
1971	39230	24658	3743	3506	8.0

续表

年份	原煤产量		炼焦用洗精煤产量		煤矿机械
	全国	其中：国有重点煤矿	全国	其中：本系统	总产量
1972	41047	24922	3981	3795	9.0
1973	41697	24767	4015	3832	11.0
1974	41317	24278	3598	3443	14.0
1975	48224	27995	4438	4280	15.0
1976	48345	27364	4073	3908	16.0
1977	55068	29527	4443	4252	15.0
1978	61786	34184	5399	5194	18.0
1979	63554	35777	5445	5288	21.0
1980	62013	34439	5371	5191	14.0
1981	62163	33505	5145	4985	15.0
1982	66632	34990	5301	5094	18.0
1983	71453	36312	5636	5432	23.0
1984	78923	39470	6010	5812	27.0
1985	87228	40626	6677	5892	32.0
1986	89404	41392	6854	6529	29.0
1987	92809	42020	7025	6235	25.0
1988	97987	43445	7234	7041	23.9
1989	105415	45830	7730	7493	26.4
1990	107930	48022	8552	8290	24.6
1991	108428	48060	7851	6899	32.0
1992	111455	48254	7742	7586	29.8
1993	115137	45803	7615	7476	17.4
1994	122953	46867	7773	6898	21.8

续表

年 份	原 煤 产 量		炼焦用洗精煤产量		煤矿机械
	全 国	其中：国有重点煤矿	全 国	其中：本系统	总产量
1995	129218	50346	8142	7438	24.4
1996	137408	53725	8779	7888	26.8
1997	132525	52916	9164	8426	25.1
1998	123251	50349	8092	8723	21.9
1999	104363	51271	7975	8069	9.5
2000	99917	53574	8391	7135	22.4
2001	110559	61857	9550	7579	26.9
2002	141531	71458	11703	8875	33.5
2003	172787	81405	11999	11387	53.3
2004	199735	93879	13954	11038	94.4
三年恢复	16249	11566	629	600	0.5
一五时期	49273	36330	3355	2739	6.1
二五时期	153317	93765	12129	10467	22.6
三年调整	66344	46613	4774	4309	9.5
三五时期	129670	86919	10366	9790	28.4
四五时期	211515	126620	19775	18856	57.0
五五时期	290766	161291	24731	23833	84.0
六五时期	366399	184903	28769	27215	115.0
七五时期	493545	220709	37424	73012	128.9
八五时期	587191	239330	39123	36297	125.4
九五时期	597464	261835	42401	40241	105.7

煤炭工业主要产品产量（二）——多种经营产品产量 1

年份	油母页岩（万吨）	发电量（万度）	钢（吨）	焦炭（吨）	炸药（吨）	雷管（万发）	导火索（万米）	水泥（吨）	炭黑（吨）	自营木材（立方米）
1949	152	11834			1007	70				
1950	356	12423			3052	418				
1951	587	13467			6844	967				
1952	774	16761	4993	16	10449	2022				
1953	999	21745		16	16189	2787				1366
1954	1149	25862	5645	21	15193	3887			65	3026
1955	1485	26479	8273	36	22675	5461			490	1000
1956	1641	34164	10046	36	48267	6521			696	10729
1957	1569	40803	13787	55	36854	6634			923	4411
1958	1669	55101	34457	537	56242	9532	19	15395	2557	9408
1959	1923	57901	33558	1107	76101	17244	109	254173	5652	9888
1960	2033	56282	68273	905	87130	19368	98	217899	7012	7102
1961	1129	70965	60202	439	65089	13819	153	135402	4253	3006
1962	1119	60915	32773	192	55777	9384	113	48421		19627
1963	1232		31485	125	66713	8761	205	9241		24347
1964	1241	64622	32854	112	71144	12445	744	111186		45137
1965	1253	67408	42659	140	102628	14848	602	114097		14185
1966	1248	66988	62806	157	165840	17153	241	136268		11307
1967					62755	16641	241			9296
1968					62364	17813	454			7817
1969					82782	22800	529			21266
1970	1149		71398	168	146570	36881	609	276902		16837
1971	1189	59159	72681	413	188668	18909	771	400324		47268
1972	1249	71364	92634	385	156343	38032	714	599002		50365
1973	1247	73174	111631	136	146586	31125	1749	643234		35783
1974	1253	84813	98023	264	143068	23924	756	674883		39424
1975	1130	60374	111351	342	167746	31889	816	933183	331	52160
1976	931	73821	117609	115	180987	35352	858	981358	518	71345

续表

年份	油母页岩（万吨）	发电量（万度）	钢（吨）	焦炭（吨）	炸药（吨）	雷管（万发）	水泥（吨）	炭黑（吨）	自营木材（立方米）	生铁（吨）	煤焦油（吨）
1977	804	122975	132025	4565524	197770	41942	1150826	666	31651	119078	3930
1978	886	153131	157899	5015135	216700	47626	1341905	748	38455	120927	6940
1979	735	164985	174454	2870568	201827	45128	1525754	563	82031	112259	7060
1980	690	164369	137578	3417923	179278	40359	1830891	732	55216	50407	4698
1981	707	181160	118597	1745955	193556	39264	1987177		80069	20706	4077
1982	723	153907	129490	1853576	192343	41227	2327942	433	62385	14661	5787
1983	708	170689	132740	4579282	217946	45607	2595137	319	58483	19209	5341
1984	694	176652	157024	2392179	220029	47017	2754689	354	68959	18494	5467
1985		228435	245001	4632324	254025	50234	3914446	630	84224	41528	10847
1986	630	203815	147590	6522878	241880	46185	4285721	1269	98778	48858	15418
1987	332	218406	146887	8924301	235768	44296	4792452	1616	91798	72683	17465
1988	238	234789	148645	8763290	427499	45557	4510955	1462	94918	96509	23164
1989	288	295623	177085	6360596	266286	54207	5093727	1351	103725	137484	30782
1990	279	270905	165005	4624768	228247	50176	5441666	1101	101210	157072	37299
1991	129	373222	163921	5312831	237932	54037	5692046	530	97962	121781	35008
1992		522950	183386	5380547	266459	51221	7004418		97101	136070	40066
1993		627490	183942	4926656	276054	57575	7794303		125588	153654	38823
1994		742903	138596	5468375	251640	51808	8957601		112337	134016	3965
1995		789084	131889	5576230	213321	36084	6854116			137490	603
1996		1027668	140654	7375505	289531	94869	9471769		145836	175036	46042
1997											
1998		1307012	67265	7257765	272839	53006	12529912		165099	165753	45969
1999		1461847	60435	11618452	255464	51663	12189942		140681	158668	75839
2000		1581730	81011	6515004	262313	81768	12039230		127527	169109	79025
2001		1986838	198246	7620490	237030	46526	10023128		120681	128360	94318
2002		2319296	92932	8701633	282323	54381	10782281		116898	68655	66494
2003		2389393	43360	5685359	315728	57853	8879307		116707	103703	80438
2004		3197289	39307	7295136	354218	417677	10356161		113259	102663	112391

煤炭工业主要产品产量（二）——多种经营产品产量2

年份	扎钢材（吨）	钢丝绳（吨）	硫铁矿（吨）	水泥支架（架）	液压支架（架）	单体液压支柱（根）	金属支架（架）	金属顶梁（根）	金属支柱（根）	运输带（米）	煤矸石制砖（万块）
1977	14620	1915	76875	354385	120		167434	442152	384478	12125	
1978	15582	3844	108849	433832	798		215198	350977	423188	93374	
1979	19684	2689	104710	525870	691		193436	565949	580002	47432	
1980	18223	2647	85989	576922	278	12154	257819	467981	1305136	51729	58778
1981	13728	1567	82194	410280	134	16907	241336	370966	676812	49472	72429
1982	11426	2002	87482	411275	886	36192	234582	407456	684957	76398	75972
1983	11869	1936	103708	387542	1375	27164	236969	473791	614184	113016	63770
1984	11871	2162	101299	434686	1843	29952	185042	531540	670511	117443	79064
1985	12232	2847	75633	378738	2298	52163	187154	389868	401172	112817	105635
1986	12400	1562	84466	345723	2003	77764	206702	347721	356056	135438	155601
1987	17788	3190	95465	4792452	2237	108802	174164	506429	348843	132908	235445
1988	19704	3257	94759	277020	3520	90681	144481	550552	392104	162511	139558
1989	24380	2183	99970	258862	1731	175937	149204	614374	329231	208232	148246
1990	22271	2315	86033	299374	5251	255179	265794	623937	451805	243185	140110
1991	23464	1480	133862	268587	5219	225459	102222	447814	276102	213313	
1992	25991	969	95533	189141	5511	124049	109164	315833	165750	295776	
1993	36869	916	94517	86523	3152	50834	42664	181805	43521	135906	
1994	36369	1357	61356	90567	2047	60750	50650	110594	53470	165656	
1995	24252	2639	65728	62317	12525	73030	204491	91060	161075	148839	
1996	13894	4167	53105	48143	1772	127531	108438	212925	64373	195847	134504
1997											
1998	3638	6740	22381	46629	22424	107867	117121	138658	70226	316040	125865
1999	7146	9196	10840	31503	1822	109405	24659	142536	36037	340758	133601
2000	10485	4841	2169	47485	1730	123655	16563	130576	72930	356259	113538
2001	4905	4003	7111	28450	107770	95302	32581	153731	91252	346239	97564
2002	3737	3416	720	44512	4059	293141	146166	160348	99980	448821	59036
2003	68057	3737	2100	17670	5273	159072	89273	100371	94818	718595	84231
2004	86027	5621	900	58696	7905	94086	42450	99603	49290	872024	112817

全国原煤产量——按隶属关系分

单位：万吨

年份	原煤产量									
	总　计	国有重点煤　矿	地方煤矿合　计	小　计				集体所有制煤矿		其他
					省　营	专　营	县　营	计	其中：个体	
1949	3243	2353	890	745		745		145		
1950	4292	3018	1274	1083		1083		191		
1951	5308	3714	1594	1357		1357		237		
1952	6649	4834	1815	1519		1519		296		
1953	6968	5218	1750	1439		1439		311		
1954	8366	6228	2138	1764		1764		374		
1955	9830	7300	2530	2061		2061		469		
1956	11036	8151	2885	2441		2441		444		
1957	13073	9433	3640	2991		2991		649		
1958	27000	15777	11223	7755		7755		3468		
1959	36879	21643	15236	12346	3661	8685		2890		
1960	39721	24036	15685	13490	4299	3136	6055	2195		
1961	27762	17554	10208	9208	4226	1686	3296	1000		
1962	21955	14755	7200	6395	3365	1415	1615	805		
1963	21707	15129	6578	5728	2987	1410	1331	850		
1964	21457	15056	6401	5508		5508		893		
1965	23180	16428	6752	5779	2542	1360	1877	973		
1966	25147	18072	7075	6507	3112	1588	1807	568		
1967	20570	13588	6982	6135	2838	1403	1894	847		
1968	21959	14730	7229	5937	2709	1330	1898	1292		
1969	26595	17857	8738	6984	3135	1605	2244	1754		
1970	35399	22672	12727	9584	4122	2144	3318	3143		
1971	39230	24658	14572	11360	4698	2421	4241	3212		

年份	原煤产量									
	总计	国有重点煤矿	地方煤矿合计	小计				集体所有制煤矿		其他
					省营	专营	县营	计	其中：个体	
1972	41047	24922	16125	12101	4725	2649	4727	4024		
1973	41697	24767	16930	12316	5065	3413	3838	4614		
1974	41317	24278	17039	11346	4267	3149	3930	5693		
1975	48224	27995	20229	13922	5368	3892	4662	6307		
1976	48345	27364	20981	13850	4977	4123	4750	7131		
1977	55068	29527	25541	16973	6244	5167	5562	8568		
1978	61786	34184	27602	18070	7002	4977	6091	9532		
1979	63554	35777	27777	17146	6976	4518	5652	10631		
1980	62013	34439	27574	16212	6616	4282	5314	11362		
1981	62163	33505	28658	15999	6690	4044	5265	12659		
1982	66632	34990	31642	17035	7031	4252	5752	14607		
1983	71453	36312	35141	18134	7819	4405	5910	17007		
1984	78923	39470	39453	17765	6700	4669	6396	21688		
1985	87228	40626	46602	18278	6195	5092	6991	26671	1653	
1986	89404	41392	48012	18138	6047	5198	6893	27748	2043	83
1987	92809	42020	50789	18113	6310	4910	6893	29633	2836	288
1988	97987	43445	54542	19389	6640	5341	7408	30673	3804	676
1989	105415	45830	59585	20546	6846	5739	7961	33727	4307	1005
1990	107930	48022	59908	20509	6643	5871	7995	34580	4331	488
1991	108428	48060	60368	20356	6459	5928	7969	35593	3993	426
1992	111455	48254	63201	20282	5771	6058	8453	42549	4477	371
1993	115138	45803	69334	20403	5508	6291	8604	48445	5293	486
1994	122953	46867	76086	20596	5651	5911	9034	54822	7359	668

续表

年份	原煤产量									
	总计	国有重点煤矿	地方煤矿合计	小计				集体所有制煤矿		其他
					省营	专营	县营	计	其中：个体	
1995	129218	48228	80990	21335	5730	6206	9399	59293	7329	363
1996	137409	53725	83683	22206	5881	6381	9944	61477	9658	
1997	132525	52916	79610	22567	5188	6691	10688	57042	8421	
1998	123251	50349	72902	21285	4808	6292	10185	51617	3694	
1999	104364	51271	53093	21392	4473	6181	10738	31701	1873	
2000	99917	53574	46343	19426	4296	6160	8970	26917	1325	
2001	110559	61857	48702	22316	4453	6599	11264	26385	1172	
2002	141531	71458	70072	26722	5656	7995	13071	43351	2517	
2003	172787	81405	91382	27992	6462	7967	13563	63390	6553	
2004	199735	93880	105856	29681	6959	7725	14997	76175	10531	
三年恢复	16249	11566	4683	3959		3959		724		
一五时期	49273	36330	12943	10696		10696		2247		
二五时期	153317	93765	59552	49194		49194		10358		
三年调整	66344	46613	19731	17015		17015		2716		
三五时期	129670	86919	42751	35147	15916	8070	11161	7604		
四五时期	211515	126620	84895	61045	24123	15524	21398	23850		
五五时期	290766	161291	129475	82251	31815	23067	27369	47224		
六五时期	366399	184903	181496	87211	34435	22462	30314	92932	1653	
七五时期	493545	220709	272836	96695	32486	27059	37150	156361	17321	2459
八五时期	587192	237212	349980	102971	29118	30393	43460	240701	28451	2314
九五时期	597466	261835	335631	106876	24647	31706	50524	228754	24971	

全国原煤产量——按煤种牌号分

单位：万吨

年份	总计	无烟煤	烟煤							褐煤	未分煤种的原煤
			合计	其中：炼焦煤							
				计	焦煤	肥煤	气煤	瘦煤	分不出牌号		
1949	3243										
1950	4292										
1951	5308										
1952	6649	772	4616	1620						8	1253
1953	6968	836	5153	2130						80	899
1954	8366	1089	6266	3732						138	873
1955	9830	1358	7402	4441	750	1821	1369	209	292	167	903
1956	11036	1720	8663	5244	827	2274	1548	266	329	209	444
1957	13073	2014	10124	5924	1007	2777	1668	300	172	286	649
1958	27000	5278	21056	11615						666	
1959	36879	6489	29427	18157	3624	5010	5466	1460	2597	950	13
1960	39721	6818	31830	19740	4214	5604	6329	1367	2226	1073	
1961	27762	4436	22471	14471	3338	4288	4744	1162	939	847	8
1962	21955	3793	17499	11995	2260	3154	4790	1259	532	663	
1963	21707	3836	17160	12242	2600	3181	5169	1031	261	708	3
1964	21457	3819	16927	12097	4515	2643	5582	1198	259	711	
1965	23180	3959	18338	13488	2927	2956	6016	1268	321	883	
1966	25147	3819	20327	14679						1001	
1967	20570	3136	16320	11214						831	283
1968	21959	3208	17296	12924						742	713
1969	26595	4120	20677	15535						1059	739
1970	35399	5612	28487	17932	4094	3404	7809	1836	789	1300	

续表

年份	总　计	无烟煤	烟煤							褐　煤	未分煤种的原煤
			合　计	其中：炼焦煤							
				计	焦　煤	肥　煤	气　煤	瘦　煤	分不出牌号		
1971	39230	7192	30640	20784	4829	3665	8922	2463	905	1398	
1972	41047	8136	31347	21661	5116	4024	8716	2540	1265	1564	
1973	41697	8326	31632	20804	4815	4049	8254	2526	1160	1739	
1974	41317	8564	30951	19376	4722	3620	7610	2548	762	1802	
1975	48224	9709	36480	23849	5965	4663	9636	2823	876	2035	
1976	48345	9959	36331	23511	5962	4263	9515	2549	1222	2055	
1977	55068	11547	41190	26702	6669	4691	10379	3134	1829	2331	
1978	61786	12622	46679	31762	8253	5318	12808	3943	1440	2485	
1979	63554	12584	48445	32741	8407	5405	12763	4116	2050	2525	
1980	62013	12897	46685	30833	7777	5219	12581	3600	1656	2431	
1981	62163	13110	46714	30399	7070	5643	12043	3959	1684	2339	
1982	66632	13905	50231	33173	7424	5964	13423	4013	2349	2496	
1983	71453	15186	53577	34784	7688	6129	13908	4148	2911	2690	
1984	78923	16972	58940	37382	8749	5501	13980	4559	4593	3011	
1985	87228	18228	65778	39109	8349	5836	15202	4977	4745	3222	
1986	89404	18475	67726	41571	8161	6481	16183	5335	5411	3203	
1987	92809	19234	70255	45494	9206	8567	17314	5774	4633	3320	
1988	97987	20261	74056	46272	10232	8547	17218	5757	4518	3670	
1989	105415	21798	79339	49966	11440	8636	18923	6210	4757	4278	

续表

年份	原煤产量合计	无烟煤	烟煤产量							
			合计	炼焦烟煤						
				计	贫瘦煤	瘦煤	焦煤	肥煤	1/3 焦煤	气肥煤
1990	107930	21285	82094	51277	1736	4921	9798	7574	6976	3929
1991	108428	21437	82512	51827	1195	4650	9578	7919	7386	4167
1992	111455	22096	84632	52746	1988	4750	10278	8061	7262	4501
1993	115138	23413	87551	53999	2326	3553	9754	7245	7544	5543
1994	122953	24866	93389	57246	1637	4525	10860	8622	8196	5253
1995	129218	26433	97835	60749	2090	5159	11120	7873	8908	5889
1996	137409	28565	103391	62277	1513	5327	11856	8200	10030	6592
1997	132525	24157	102652	63756	2855	5094	10917	8398	10242	6915
1998	123251	22865	95310	55387	3002	4414	11022	7542	9424	6244
1999	104364	18181	81626	49912	2264	4140	8963	6508	9035	5344
2000	99917	17573	78067	47425	2607	3486	8204	5841	9190	4911
2001	110559	18975	86803	55090	3449	3408	9678	5537	11725	5183
2002	71458	7637	60454	40714	2798	2799	5881	4268	9602	2370
2003	172787	30410	136086	84156	5902	5058	16356	8695	13771	7817
2004	199735	46382	145381	88428	5824	6402	18196	9181	14015	8789

续表

年份	烟煤产量									褐煤
	炼焦烟煤		一般烟煤							
	气煤	分不出牌号	计	贫煤	1/2中粘煤	弱粘煤	不粘煤	长焰煤	分不出牌号	
1990	12395	3946	30818	4843		7914	1151	8095	8814	4550
1991	11470	5462	30686	5504	26	7888	1297	8548	7422	4479
1992	11470	4437	31886	5419	45	7630	1370	8715	8708	4727
1993	11452	6582	33552	6023		8123	1595	9047	8764	4174
1994	12065	6087	36143	5881	65	8271	1512	9183	11231	4697
1995	13185	6525	37086	6419		8308	1898	9257	11204	4951
1996	11674	7086	41114	6347	26	8718	1773	11269	12981	5453
1997	11227	8107	38896	5912	24	8071	1983	11748	11157	5717
1998	10111	3628	39922	5882		7688	2932	12481	10939	5077
1999	11466	2193	31713	5052		6358	3106	10036	7161	4557
2000	11148	2038	30642	4462	1	5919	3949	8883	7429	4277
2001	14247	1863	31712	5061	59	6064	5710	9768	5051	4782
2002	12910	87	19739	2047		3899	6774	6991	28	3367
2003	20423	6135	51930	7944	45	8563	8908	16225	10245	6291
2004	23116	2904	56953	9679	94	9005	9918	19933	8324	7972

全国原煤产量

	1949年	1950年	1951年	1952年	1953年	1954年	1955年
全国总计	**3243.0**	**4292.0**	**5308.0**	**6649.2**	**6967.8**	**8366.4**	**9829.6**
北京市	111.0	104.0	184.0	232.4	189.7	178.3	197.0
天津市							
河北省	499.0	685.0	920.0	1009.6	997.2	1172.9	1282.1
山西省	304.0	440.0	675.0	1087.0	1023.8	1397.2	1807.4
内蒙古自治区	39.0	55.0	65.0	63.6	65.2	95.5	136.1
辽宁省	544.0	755.0	903.0	1177.0	1411.1	1746.5	2032.1
吉林省	251.0	293.0	339.0	419.5	449.4	451.1	506.7
黑龙江省	461.0	506.0	487.0	614.7	661.4	718.9	872.7
上海市							
江苏省	89.0	100.0	100.0	120.4	117.2	144.2	161.4
浙江省				0.2	0.2	0.2	5.1
安徽省	114.0	172.0	202.0	259.2	240.3	288.7	331.7
福建省					1.0	2.1	2.2
江西省	43.0	73.0	106.0	117.0	111.4	119.8	144.3
山东省	191.0	260.0	276.0	366.1	362.6	411.3	479.8
河南省	115.0	200.0	274.0	330.8	372.1	431.1	478.1
湖北省	24.0	34.0	38.0	41.5	36.9	45.9	56.6
湖南省	79.0	100.0	161.0	178.0	194.1	227.0	249.3
广东省	7.0	12.0	15.0	11.7	14.4	25.3	40.3
广西自治区	6.0	7.0	8.0	9.0	9.0	14.2	25.3
海南省							
四川省	211.0	300.0	329.0	333.7	424.3	509.6	539.7
重庆市							
贵州省	30.0	34.0	37.0	31.7	45.7	63.9	53.0
云南省	24.0	28.0	28.0	39.4	41.1	80.0	108.9
西藏自治区							
陕西省	59.0	68.0	88.0	105.8	114.1	102.7	119.8
甘肃省	20.0	35.0	39.0	54.6	54.2	90.0	110.7
青海省	4.0	6.0	7.0	9.5	11.6	18.9	26.2
宁夏自治区							
新疆自治区	18.0	25.0	27.0	36.8	19.8	31.2	63.1

——按省市区分

单位：万吨

1956年	1957年	1958年	1959年	1960年	1961年	1962年
11036.1	**13073.0**	**27000.0**	**36879.0**	**39720.7**	**27761.8**	**21954.9**
191.8	255.7	459.5	673.8	839.4	781.4	652.9
1362.2	1527.9	2527.1	3608.4	4144.0	2963.6	2510.3
1939.9	2367.7	4049.8	4355.0	4412.6	3258.2	3179.8
172.0	216.5	544.2	824.5	1187.0	752.8	598.7
2181.9	2310.6	3875.3	4951.0	5060.7	3307.5	2374.6
576.4	679.3	1001.1	1376.0	1508.0	1291.9	1051.7
1101.1	1326.2	2149.9	3114.4	3135.0	2145.2	1915.2
162.3	189.4	354.9	540.0	560.2	524.2	462.7
5.4	9.0	20.6	20.3	60.9	52.5	29.8
372.9	502.4	866.7	1613.9	1846.3	1638.2	1395.9
8.1	8.2	51.0	93.0	121.0	77.2	55.7
205.1	264.9	682.0	828.5	850.0	607.6	418.3
541.2	616.5	1373.4	2304.3	2699.2	1791.9	1457.6
533.4	611.2	1733.3	2700.0	3531.0	2242.0	1654.0
65.3	73.8	287.7	245.8	261.9	163.8	126.1
324.9	341.1	1112.8	1100.0	1054.0	680.1	549.1
55.2	87.0	339.2	571.9	540.5	309.5	201.6
39.9	52.2	350.0	363.8	340.0	221.0	90.2
578.7	772.8	2028.2	3500.0	3800.0	2600.0	1295.6
84.0	137.6	650.0	880.0	700.0	340.1	294.0
142.1	192.2	714.7	970.0	903.3	579.5	400.9
				7.1	5.5	3.8
151.8	180.0	462.6	568.9	626.3	458.7	419.9
120.1	189.7	737.0	740.0	560.1	213.5	185.2
38.7	48.2	147.3	212.2	193.6	81.3	59.5
		121.7	256.7	305.4	271.9	266.3
81.7	112.9	360.0	466.6	473.2	402.7	305.6

	1963年	1964年	1965年	1966年	1967年	1968年	1969年
全国总计	**21706.8**	**21456.6**	**23180.1**	**25146.9**	**20570.0**	**21959.0**	**26595.0**
北京市	632.9	568.6	529.0	517.8	428.0	457.0	532.0
天津市							
河北省	2323.1	2355.0	2492.3	2550.1	2318.0	2820.0	3082.0
山西省	3465.8	3596.7	3926.8	3927.6	3386.0	3664.0	4532.0
内蒙古自治区	599.9	562.6	646.4	744.1	573.0	719.0	408.0
辽宁省	2283.1	2265.8	2433.6	3049.3	2233.0	2470.0	3416.0
吉林省	1021.5	989.9	1027.5	1139.0	939.0	986.0	1145.0
黑龙江省	1941.5	1985.1	2052.3	2128.4	1585.0	1868.0	2426.0
上海市							
江苏省	455.4	456.7	488.7	528.4	406.0	249.0	178.0
浙江省	33.3	26.2	32.2	38.7	35.0	39.0	47.0
安徽省	1223.9	1168.0	1147.6	1188.5	654.0	834.0	1219.0
福建省	49.1	47.9	60.2	75.1	34.0	21.0	60.0
江西省	415.0	388.6	394.9	401.5	288.0	423.0	566.0
山东省	1544.6	1596.2	1743.9	1924.5	1846.0	2030.0	1531.0
河南省	1689.2	1661.0	1902.9	2221.4	1787.0	1917.0	2397.0
湖北省	125.3	114.9	117.2	112.8	112.0	85.0	129.0
湖南省	544.2	525.2	529.9	596.0	540.0	406.0	556.0
广东省	159.8	151.4	156.8	153.4	161.0	166.0	224.0
广西自治区	125.1	123.4	143.0	173.8	166.0	117.0	220.0
海南省							
四川省	1052.4	1001.4	1133.8	1372.2	1104.0	775.0	1281.0
重庆市							
贵州省	287.4	245.8	333.0	293.1	233.0	365.0	236.0
云南省	402.5	418.6	536.5	494.5	593.0	240.0	801.0
西藏自治区	2.5		1.9	3.3			
陕西省	481.5	409.6	394.4	422.3	279.0	364.0	483.0
甘肃省	194.8	180.4	197.4	208.7	167.0	231.0	303.0
青海省	75.0	64.4	62.6	65.7	73.0	90.0	95.0
宁夏自治区	292.6	257.1	308.3	353.1	219.0	224.0	339.0
新疆自治区	285.4	296.1	387.0	463.6	411.0	399.0	389.0

续表

1970年	1971年	1972年	1973年	1974年	1975年	1976年
35398.8	**39229.8**	**41047.1**	**41696.9**	**41317.0**	**48223.7**	**48345.0**
625.0	681.2	693.8	710.5	737.1	751.3	748.3
3571.0	3874.2	3994.8	4253.6	4629.2	5196.8	4374.4
5298.0	5561.5	5993.7	6397.5	6795.5	7541.1	7720.3
748.7	830.0	814.9	794.4	757.7	765.0	998.9
4238.6	4240.9	4248.4	4131.5	4402.4	4422.2	4490.6
1411.3	1530.3	1546.1	1568.3	1610.7	1720.5	1800.5
2820.3	2661.0	2617.2	2734.3	2880.4	3214.2	3450.4
						4.2
699.2	978.7	1093.5	1182.8	888.3	1143.7	1310.9
221.7	171.9	134.7	103.2	46.0	49.3	68.5
1544.2	1718.6	1764.7	1816.1	1458.9	1925.9	2082.0
110.0	164.1	209.6	244.8	248.9	280.7	293.6
897.5	1027.9	902.3	1028.0	952.4	1037.7	1098.6
2405.4	2643.6	2790.7	2570.3	1430.5	2851.1	3336.0
2912.9	3200.0	3652.0	3624.5	3903.0	4322.7	3676.4
263.1	350.5	355.2	332.5	339.6	436.0	465.4
1103.8	1393.2	1599.6	1666.0	1492.5	1842.5	1885.2
518.7	712.0	625.8	609.3	626.8	782.5	894.8
272.8	392.7	393.0	413.3	516.2	605.5	704.3
1951.1	2521.7	2733.3	2556.6	2439.7	3086.3	2894.5
594.4	802.3	925.3	687.2	798.1	1105.1	1051.8
892.9	1036.0	1094.3	1138.6	1176.4	1291.5	1122.8
0.9	1.3	2.5	4.3	5.0	6.3	7.0
673.9	821.6	949.1	1081.5	1071.6	1140.8	1168.5
480.0	611.5	617.5	648.4	731.7	838.2	892.7
111.8	118.3	134.0	152.9	161.7	182.7	202.4
472.8	552.1	608.6	690.0	603.3	767.9	819.3
558.8	632.7	552.5	556.5	613.4	716.2	791.7

	1977年	1978年	1979年	1980年	1981年	1982年	1983年
全国总计	**55068.0**	**61786.1**	**63553.9**	**62013.3**	**62163.2**	**66631.7**	**71453.2**
北京市	780.8	819.1	813.3	791.5	789.8	811.3	840.5
天津市							
河北省	4518.0	5742.2	5841.0	5353.0	5235.2	5351.1	5554.9
山西省	8753.6	9824.9	10893.5	12103.4	13254.6	14531.5	15918.3
内蒙古自治区	1158.7	1301.9	1261.1	2210.1	2178.7	2381.4	2486.8
辽宁省	4389.5	4817.4	4681.1	3732.8	3370.1	3609.5	3766.2
吉林省	1925.2	2073.7	2138.7	1806.8	1807.1	1893.2	1981.9
黑龙江省	3611.8	5056.8	4647.0	4245.6	4173.8	4568.6	5047.4
上海市	23.0	87.4	106.7		165.4	193.1	218.7
江苏省	1408.4	1707.0	1725.7	1815.5	1571.5	1609.8	1697.1
浙江省	109.3	159.3	168.7	143.1	132.5	140.3	146.0
安徽省	2222.4	2453.3	2477.9	2411.4	2382.9	2399.0	2524.4
福建省	346.4	423.1	479.0	462.7	416.5	440.2	524.3
江西省	1286.2	1595.3	1562.0	1491.0	1553.2	1633.5	1707.7
山东省	3819.1	4200.1	4438.1	4290.5	4130.5	4256.9	4385.1
河南省	5370.9	5844.5	5837.9	5624.6	5825.2	5967.6	6402.1
湖北省	564.3	643.5	458.9	383.5	434.1	516.3	624.7
湖南省	2009.6	2200.3	2587.4	2399.1	1994.1	2531.0	2668.0
广东省	1022.2	1053.5	934.3	803.9	723.5	812.7	879.0
广西自治区	749.9	828.5	722.4	589.7	560.9	643.3	756.6
海南省							
四川省	3677.7	3793.9	3838.0	3898.2	3939.8	4111.3	4433.3
重庆市							
贵州省	1396.5	1668.7	1635.9	1397.8	1416.4	1694.9	1846.8
云南省	1350.1	1484.0	1351.7	1174.3	1189.8	1334.3	1409.5
西藏自治区	7.7	8.7	5.9	2.4	2.0	2.1	2.7
陕西省	1478.4	1665.6	1781.2	1791.9	1844.6	2017.7	2228.9
甘肃省	964.6	981.3	875.0	766.8	787.6	878.0	920.5
青海省	227.7	249.7	215.8	215.4	190.9	207.1	218.8
宁夏自治区	910.5	1023.1	1049.6	971.5	952.0	927.9	977.9
新疆自治区	985.5	1079.3	1026.1	1136.8	1140.5	1168.1	1285.1

续表

1984年	1985年	1986年	1987年	1988年	1989年	1990年
78922.6	**87228.3**	**89404.0**	**92809.1**	**97987.6**	**105414.9**	**107929.8**
884.3	977.3	917.2	899.8	902.7	1016.6	1002.7
5629.5	6085.8	6283.8	6342.6	6386.6	6323.8	6190.7
18716.3	21417.7	22190.2	23093.7	24688.8	27501.0	28593.2
2739.6	3203.9	3291.8	3410.1	3734.4	4382.4	4761.6
4300.4	4591.3	4447.0	4318.6	4599.1	4981.2	5101.5
2136.7	2311.8	2132.9	2108.7	2227.9	2438.5	2610.2
5716.5	6246.2	6596.0	6821.0	7171.0	7616.5	8263.5
249.5						
1800.5	2193.8	2182.5	2235.0	2331.8	2446.1	2408.0
148.7	150.6	147.7	144.3	143.0	143.7	137.0
2755.6	2905.1	3020.2	2884.3	3052.8	3115.7	3205.4
575.9	606.5	678.5	787.2	864.4	944.8	925.4
1875.0	1938.2	1863.1	1967.8	2049.2	2063.3	2027.1
4562.5	4922.3	5099.8	5317.8	5559.2	5694.9	5995.4
6933.6	7856.9	7949.3	8062.2	8245.2	8858.1	9080.4
742.7	886.0	834.6	849.1	1001.4	1038.0	924.3
2848.2	2944.8	3053.2	3360.1	3561.6	3690.4	3371.0
843.8	812.2	857.3	873.6	927.9	981.6	889.7
729.2	598.9	639.2	796.5	1035.4	1140.5	979.4
				1.4	0.4	1.3
4968.0	5557.7	5689.7	6132.5	6707.2	7135.1	6784.6
2026.7	2344.2	2554.2	3170.3	3209.8	3496.0	3694.8
1536.3	1638.0	1700.1	1945.9	2054.5	2181.2	2227.2
2.5	3.0	1.9	0.6	0.6	0.7	0.9
2417.4	2693.0	2861.1	2855.7	2765.4	3149.0	3327.5
1039.8	1184.3	1248.8	1282.4	1357.7	1415.2	1564.1
239.8	276.7	272.2	274.3	267.7	301.7	319.7
1070.2	1213.7	1237.3	1296.7	1327.7	1388.6	1443.0
1433.4	1668.4	1654.4	1578.4	1813.2	2020.1	2100.2

	1991年	1992年	1993年	1994年	1995年	1996年	1997年
全国总计	**108428.1**	**111454.9**	**115137.6**	**122952.8**	**129218.8**	**137408.6**	**132525.5**
北京市	993.5	1015.2	1051.9	1006.7	995.4	1001.3	980.3
天津市							
河北省	6142.8	6259.0	6339.7	6470.9	7054.7	7409.1	6785.6
山西省	28857.0	29503.8	30656.5	32249.5	33176.3	34946.0	33037.5
内蒙古自治区	4922.8	5038.7	5514.6	6052.1	6445.3	7316.8	7908.8
辽宁省	5234.5	5394.6	5258.5	5505.6	5249.3	6040.6	4841.6
吉林省	2558.8	2503.5	2423.9	2424.0	2379.3	2575.6	2409.9
黑龙江省	8514.0	8395.1	7226.9	7517.5	7851.0	8147.4	7547.2
上海市							
江苏省	2470.5	2457.8	2505.5	2503.4	2549.2	2606.5	2477.8
浙江省	139.2	143.9	138.6	132.2	112.7	122.7	114.9
安徽省	3080.3	3367.6	3612.8	3935.7	4321.7	4642.3	4768.8
福建省	857.2	909.7	982.6	977.4	860.0	1168.0	781.8
江西省	2123.0	2087.8	2104.2	2267.2	2333.2	2437.7	2064.4
山东省	6053.9	6350.1	6802.6	7785.0	8384.2	8949.4	9094.4
河南省	8972.6	9026.7	9278.9	9617.5	10181.1	10780.2	10028.4
湖北省	810.4	884.9	986.7	1150.6	1436.9	1521.0	1517.1
湖南省	3314.0	3301.0	4074.8	4758.1	4952.9	5092.9	4023.3
广东省	933.1	954.2	951.5	918.6	1069.4	881.9	839.9
广西自治区	992.9	1093.4	1196.1	1174.9	1233.2	1252.3	1097.4
海南省	1.5	1.6	1.5	1.5	1.5	1.6	1.5
四川省	6904.0	7093.6	7934.5	8796.4	9739.0	9567.3	6221.9
重庆市							2787.3
贵州省	3723.2	4161.7	4528.8	5127.9	5509.7	6143.1	6596.7
云南省	2193.7	2378.9	2401.6	2597.2	2788.8	3071.9	3296.7
西藏自治区	0.9	0.7				1.1	1.1
陕西省	3289.5	3423.2	3363.0	3631.8	3957.4	4612.5	4958.1
甘肃省	1543.2	1542.4	1806.6	2065.2	2208.6	2220.6	2293.5
青海省	286.8	282.4	231.5	263.7	288.0	297.3	328.6
宁夏自治区	1403.2	1379.1	1371.5	1388.9	1446.6	1615.7	1699.7
新疆自治区	2111.6	2204.5	2392.2	2633.3	2693.2	2986.0	3021.4

续表

1998年	1999年	2000年	2001年	2002年	2003年	2004年
123251.3	**104363.5**	**99917.0**	**110559.4**	**141530.5**	**172787.1**	**199753.3**
953.9	765.4	678.5	831.9	1054.1	993.3	1108.5
5636.7	5496.8	5438.5	5421.4	5757.7	6910.2	7458.5
30719.5	24609.8	24611.5	26893.8	36261.3	44951.9	50529.8
7723.0	7280.6	8369.1	10443.1	12256.5	15042.1	20313.4
5643.8	4733.2	4405.3	4374.2	5215.5	5848.1	6756.4
2122.5	1825.5	1654.5	1532.5	1411.6	2230.0	2577.2
7090.3	6230.0	5438.5	5660.9	6715.7	8105.0	9368.3
2481.3	2425.1	2505.5	2489.7	2561.2	2731.5	2660.5
109.3	90.6	71.7	73.6	70.9	69.2	52.1
4583.5	4667.9	4783.5	5401.4	6471.7	7099.5	7600.1
727.2	577.1	459.9	1063.3	1203.9	1347.3	1506.9
1980.5	1720.0	1464.0	1518.8	1662.1	1821.4	1952.3
8976.9	8474.3	8038.6	10897.3	12836.5	14471.3	14077.5
8690.7	8002.4	7692.5	8326.1	10052.0	12634.2	15420.2
1326.3	910.9	647.4	555.4	781.8	799.9	1040.7
3810.5	2618.8	2106.3	2205.5	3691.5	4377.0	5053.6
681.6	487.1	421.9	246.1	698.3	566.4	708.6
996.7	794.0	704.6	593.2	436.8	444.5	576.9
5696.4	4350.7	3981.8	4397.4	5359.6	7262.0	8448.6
2041.7	2026.4	1591.5	2071.1	2191.3	2502.1	3423.2
6561.0	4025.1	3676.8	3731.4	5001.1	7802.5	9756.6
3102.9	2663.6	2182.3	2426.5	3139.0	4187.7	5391.9
4446.7	3140.1	2764.6	2879.4	9136.7	11612.0	13282.3
2316.0	1891.8	1632.7	1819.1	2365.5	2922.6	3502.2
322.7	247.2	216.0	251.3	281.5	378.0	470.9
1583.0	1531.1	1581.0	1635.7	1818.2	2194.8	2509.2
2926.9	2778.2	2799.0	2819.6	3098.7	3482.9	4188.9

	1991年				1992年			
	大型矿井（露天）产量	中型矿井（露天）产量	小型矿井（露天）产量	三万吨以下矿井（露天）产量	大型矿井（露天）产量	中型矿井（露天）产量	小型矿井（露天）产量	三万吨以下矿井（露天）产量
总　　计	**30608.62**	**13849.60**	**20011.40**	**43061.61**	**30379.17**	**13749.96**	**20872.71**	**45753.28**
北京市	203.77	353.11	42.36	394.30	195.41	332.49	45.97	441.30
天津市								
河北省	2975.22	792.50	875.40	1489.98	2455.18	1267.05	883.33	1653.40
山西省	9952.07	2089.68	3415.01	12728.67	9961.43	2129.97	3692.53	13227.97
内蒙古自治区	940.95	1281.07	873.30	1799.31	1287.69	736.95	1042.14	1971.23
辽宁省	3001.62	673.11	1105.85	453.89	2948.36	583.23	1346.59	516.41
吉林省	38.89	636.56	637.42	1245.65	40.46	629.70	622.74	1210.53
黑龙江省	3275.22	485.38	1396.67	3356.73	3214.09	631.79	1333.12	3216.14
上海市								
江苏省	1136.78	480.25	414.12	437.45	1144.18	515.57	433.97	362.25
浙江省		10.50	101.89	26.78	12.23		100.97	30.71
安徽省	2152.50	243.49	275.16	409.11	2355.19	249.46	371.87	384.00
福建省			471.52	385.67			482.41	427.27
江西省	191.87	310.79	568.59	1051.73		376.58	649.95	1061.28
山东省	2010.85	1089.96	1596.23	1264.45	2224.53	903.12	1535.48	1608.13
河南省	2400.37	1693.02	1477.17	3366.51	2413.44	1516.00	1448.53	3599.44
湖北省			258.80	551.63			278.16	606.69
湖南省		210.00	1178.96	1917.76		304.77	1079.82	2208.98
广东省			379.96	553.11		30.40	333.91	589.90
广西自治区		80.03	459.26	451.61		79.88	477.15	527.37
海南省				1.50			1.60	
四川省	332.19	1070.62	1907.31	3590.26	324.85	946.84	1846.71	3973.46
重庆市								
贵州省	544.17	419.31	351.87	2407.88	387.72	528.24	489.82	2755.87
云南省		372.98	499.65	1321.10		465.87	505.86	1407.21
西藏自治区				0.92			0.69	
陕西省	564.82	533.50	624.13	1525.81	629.22	487.37	721.59	1541.58
甘肃省	121.57	425.17	493.15	503.32	116.08	373.36	475.67	577.25
青海省		107.64	85.49	93.66		115.45	77.52	89.46
宁夏自治区	765.74	210.49	86.18	338.37	669.11	282.15	78.56	348.34
新疆自治区		280.44	435.95	1394.45		263.72	516.05	1417.11
神华集团								
中煤公司								
伊敏公司								

按大中小型矿井分

单位：万吨

1993年				1994年			
大型矿井（露天）产量	中型矿井（露天）产量	小型矿井（露天）产量	三万吨以下矿井（露天）产量	大型矿井（露天）产量	中型矿井（露天）产量	小型矿井（露天）产量	三万吨以下矿井（露天）产量
29435.08	**12515.53**	**20289.88**	**51724.59**	**30991.77**	**12864.86**	**20489.75**	**58883.62**
110.89	361.54	86.78	492.70	93.78	329.54	72.40	511.00
2826.31	963.65	862.04	1682.28	2765.63	907.95	993.76	1790.72
9701.64	1909.84	3413.45	14948.33	10222.86	1813.60	3335.12	16446.72
1018.25	748.99	1063.56	2683.81	1287.28	670.82	1093.26	2948.31
2790.41	444.77	1524.26	499.10	2722.14	496.57	1874.68	412.23
28.81	567.13	621.53	1206.32	16.07	633.77	501.90	1269.53
2533.38	469.96	1141.32	3082.28	2693.71	567.97	999.63	3256.17
1173.43	489.79	451.10	389.97	1210.55	482.19	431.40	379.30
	12.30	99.11	27.23		11.50	90.53	30.20
2486.42	297.53	178.60	621.10	2664.41	471.33	284.93	506.71
		481.92	500.66			473.05	504.34
	345.44	572.91	1185.87		326.70	635.24	1305.24
2290.12	1009.56	1672.53	1686.13	2737.92	1125.13	1533.39	2325.26
2443.37	1410.40	1402.90	3941.88	2489.09	1450.19	1298.13	4296.55
		261.25	724.03			258.30	891.68
	439.15	804.58	2825.19		278.05	983.79	3492.53
	32.52	315.22	603.73		32.01	268.09	618.53
	38.54	549.76	605.39		61.66	490.44	622.75
			1.52				1.50
336.41	963.67	1806.08	4825.74	371.94	878.82	1885.87	6655.98
482.68	414.50	447.17	3184.44	455.14	479.72	510.01	3683.01
	516.32	467.14	1418.15		490.56	435.42	1671.23
526.25	442.80	734.92	1637.47	546.90	422.12	801.52	1811.27
115.16	73.24	610.85	813.83	122.09	390.49	515.60	1037.06
	70.70	75.55	85.22		74.72	93.27	87.96
542.32	260.27	138.12	430.79	554.74	266.66	139.21	428.33
29.23	232.92	507.23	1621.43	37.52	202.79	490.82	1899.51

	1995年				1996年			
	大型矿井（露天）产量	中型矿井（露天）产量	小型矿井（露天）产量	三万吨以下矿井（露天）产量	大型矿井（露天）产量	中型矿井（露天）产量	小型矿井（露天）产量	三万吨以下矿井（露天）产量
总　　计	**32550.92**	**12492.42**	**19629.89**	**63791.55**	**34159.25**	**13483.84**	**29507.89**	**59428.41**
北　京　市	108.43	302.99	78.40	505.60	134.41	275.90	82.81	508.20
天　津　市								
河　北　省	2838.02	814.01	1012.54	2390.15	2749.99	1158.34	961.12	2518.35
山　西　省	10682.13	1745.88	3392.89	16941.63	10849.21	1739.42	11328.65	10630.90
内蒙古自治区	1442.43	502.79	1067.91	3409.64	1571.57	566.27	1014.34	4098.10
辽　宁　省	2805.77	368.29	555.38	1519.83	3173.66	483.74	1755.76	605.17
吉　林　省	14.62	652.47	420.97	1274.19	24.22	689.90	487.01	1360.45
黑 龙 江 省	2501.56	526.70	1137.81	3679.83	2596.27	280.91	1330.23	3939.98
上　海　市								
江　苏　省	1255.22	460.23	410.20	423.12	1307.25	436.23	374.95	488.07
浙　江　省		11.01	79.60	22.04		11.58	79.71	31.36
安　徽　省	3028.04	362.18	359.28	456.60	3314.65	345.98	436.83	474.07
福　建　省			447.79	412.21			460.15	704.71
江　西　省		363.82	568.39	1400.97		379.03	562.71	1495.98
山　东　省	3012.35	1359.27	1602.95	2313.45	3198.49	1483.07	2101.04	1990.27
河　南　省	2835.70	1538.96	1313.11	4493.28	2765.71	1651.18	1451.95	4911.38
湖　北　省			242.26	1193.43			242.16	1278.85
湖　南　省		146.77	1188.98	3616.03		235.39	1000.61	3855.32
广　东　省			301.10	768.29			264.95	616.90
广西自治区		39.26	499.45	694.51		43.31	481.48	721.87
海　南　省				1.45				1.64
四　川　省	389.88	895.67	1986.76	6463.31	402.23	927.86	2107.12	6128.85
重　庆　市								
贵　州　省	339.85	472.82	498.04	4198.98	378.09	354.51	450.25	4952.20
云　南　省		470.78	469.19	1848.83		505.22	485.69	2081.01
西藏自治区								1.10
陕　西　省	534.07	497.17	735.26	2118.58	807.51	636.37	634.54	2498.32
甘　肃　省	131.04	361.77	543.39	1172.37	196.24	555.52	434.27	1031.64
青　海　省		80.19	97.24	110.56		69.48	123.59	104.20
宁夏自治区	581.24	278.21	167.18	419.96	634.25	349.96	152.08	479.39
新疆自治区	50.57	241.18	453.82	1942.71	55.50	304.67	703.89	1920.13
神华集团								
中煤公司								
伊敏公司								

续表

1997年				1998年			
大型矿井（露天）产量	中型矿井（露天）产量	小型矿井（露天）产量	三万吨以下矿井（露天）产量	大型矿井（露天）产量	中型矿井（露天）产量	小型矿井（露天）产量	三万吨以下矿井（露天）产量
33670.41	**14747.52**	**21364.05**	**61826.44**	**32595.74**	**13333.34**	**21107.54**	**55425.42**
140.47	266.94	82.90	490.00	217.45	164.30	76.36	495.80
2760.97	993.96	1085.81	1912.27	2636.58	793.36	846.55	1305.66
11069.67	1387.00	3966.91	16184.00	9342.34	1916.18	2997.66	16053.41
1528.49	766.58	1497.53	3999.30	1689.71	815.27	1054.80	4096.56
3088.15	578.23	1196.26	958.52	2949.98	642.32	753.49	1247.44
158.82	533.08	491.73	1220.18	150.70	415.08	472.64	1074.42
2346.30	639.41	873.02	3688.45	2094.32	473.83	901.98	3620.20
1332.58	352.12	358.91	433.37	1378.29	219.18	462.86	405.28
	11.30	73.20	30.40		29.50	56.35	23.47
3377.48	406.97	379.69	551.04	3131.74	566.74	318.73	552.70
		395.72	379.79			368.54	357.64
	307.01	511.34	1246.08		108.71	607.53	1264.24
2564.51	2526.12	1788.65	2097.73	3257.79	2314.37	1768.66	1622.29
2624.98	1702.22	1275.69	4416.83	2601.18	1417.56	4212.34	437.12
	33.46	426.50	1057.18			204.54	1121.63
	363.74	990.56	2668.99		191.20	786.34	2832.99
		234.48	605.46			219.86	461.73
	45.16	397.95	649.78		42.29	385.00	565.27
			1.50				
247.30	463.89	1409.54	4101.13	236.61	412.84	1209.94	3837.03
135.89	394.77	770.19	1484.44	259.15	361.41	553.98	867.14
361.50	377.36	406.13	5442.74	422.26	304.84	330.47	5489.37
	544.41	576.53	2175.74	344.68	176.84	494.49	2075.00
			1.10				
863.61	610.29	762.25	2609.76	964.42	391.56	670.37	2331.18
231.54	681.13	444.31	950.90	255.98	704.98	400.77	953.77
	70.04	141.94	116.60		67.16	133.42	122.08
777.19	324.94	162.76	434.76	605.36	447.54	166.13	363.99
60.96	367.39	663.55	1918.40	57.20	356.24	653.74	1848.01

	1999年				2000年			
	大型矿井（露天）产量	中型矿井（露天）产量	小型矿井（露天）产量	三万吨以下矿井（露天）产量	大型矿井（露天）产量	中型矿井（露天）产量	小型矿井（露天）产量	三万吨以下矿井（露天）产量
总　　计	**35084.14**	**13442.79**	**17170.64**	**37663.58**	**38412.90**	**12902.10**	**20993.89**	**26438.45**
北京市	188.46	155.21	75.59	346.10		426.76	251.70	
天津市								
河北省	2820.27	849.48	734.66	1087.35	2897.98	700.77	753.20	1074.83
山西省	9669.46	2065.07	2668.12	9772.53	10953.75	1365.04	5141.56	6987.60
内蒙古自治区	2761.02	531.35	1093.50	2830.28	4174.09	467.97	1088.56	2290.59
辽宁省	2714.55	540.10	771.23	592.24	2795.55	540.56	677.17	321.98
吉林省	160.62	419.80	503.04	737.55	154.96	370.20	459.83	659.13
黑龙江省	2277.66	532.54	1014.33	2405.51	2337.68	495.96	982.08	1552.49
上海市								
江苏省	1490.22	254.35	399.36	281.18	1622.28	280.58	357.81	244.82
浙江省		24.07	52.54	13.97		25.11	39.69	6.85
安徽省	3587.84	533.80	216.00	281.48	3705.40	701.18	258.91	117.96
福建省			358.19	218.95			313.66	146.22
江西省		252.79	446.51	1020.74		175.26	504.84	783.90
山东省	3583.22	2281.31	1701.84	805.92	3914.26	2141.07	1566.92	240.85
河南省	2854.36	1560.33	1104.42	2398.65	2687.54	1902.38	2904.48	101.65
湖北省			192.96	716.80			177.16	470.21
湖南省		206.47	751.72	1660.62		194.36	783.92	1128.00
广东省			137.02	350.03			93.63	328.30
广西自治区		41.87	347.93	399.66		50.82	304.95	344.31
海南省								
四川省	188.69	460.93	1325.78	2375.25	385.64	299.23	1134.21	2148.07
重庆市	244.24	405.19	410.76	966.17	145.97	479.38	398.81	567.34
贵州省	482.66	349.65	337.09	2814.96	556.17	343.62	382.44	2361.57
云南省	344.36	157.34	450.59	1678.72	307.33	155.32	501.34	1218.31
西藏自治区								
陕西省	631.42	376.15	681.74	1392.03	709.74	391.11	615.60	987.41
甘肃省	298.71	724.98	357.59	504.95	313.27	646.53	302.24	274.74
青海省		58.78	91.20	97.26				215.99
宁夏自治区	642.64	377.58	240.73	270.11	681.29	384.11	255.39	260.21
新疆自治区	143.74	283.65	706.20	1644.57	70.00	364.78	743.79	1605.12
神华集团								
中煤公司								
伊敏公司								

续表

2001年				2002年			
大型矿井（露天）产量	中型矿井（露天）产量	小型矿井（露天）产量	三万吨以下矿井（露天）产量	大型矿井（露天）产量	中型矿井（露天）产量	小型矿井（露天）产量	三万吨以下矿井（露天）产量
44728.70	**15136.39**	**23901.19**	**25348.55**	**51984.24**	**20323.30**	**33561.08**	**32851.66**
329.09	174.18	328.67		376.07	223.02	30.02	425.00
3256.57	722.86	780.24	661.70	3378.25	817.98	786.38	584.42
12565.41	2089.45	5418.67	6669.25	11765.75	5854.23	13470.19	2523.26
5630.69	917.98	1500.90	2157.69	1298.14	426.54	1287.09	4333.46
2764.43	564.42	808.63	236.72	1123.73	2027.74	1255.01	775.30
69.65	403.03	599.04	452.28	101.68	297.19	643.15	369.56
2451.08	603.66	885.13	1721.04	3027.81	243.85	1246.92	2095.88
2043.15		125.55	320.97	1234.83	210.05	405.57	
	65.16		8.39		25.00	38.50	7.37
3936.43	1185.39	133.12	146.42	5166.96	601.48	446.72	256.05
		427.12	636.19			521.12	682.76
	161.86	551.39	805.59	21.97	267.85	518.56	853.68
4722.87	2973.21	1910.83	707.40	6894.31	2724.77	1992.59	845.05
3359.72	1925.21	2594.73	204.89	4213.94	2294.00	2694.78	706.66
		195.89	359.46			241.17	540.63
	172.51	822.45	1210.50		212.62	868.64	2610.20
		37.90	208.22				698.29
	57.99	306.87	203.96		56.47	285.23	82.16
394.10	333.82	2659.40	1010.06	534.21	239.98	2027.12	2445.34
169.22	455.30	575.87	870.69	188.48	511.61	818.22	673.00
560.79	338.31	439.72	2331.04	628.40	345.48	488.87	3468.50
501.25	48.96	573.98	1302.28	535.74	102.08	570.41	1930.78
832.98	412.30	669.96	943.62	1184.27	483.58	924.38	3442.88
313.62	665.71	471.44	277.57	898.48	628.45	363.58	428.76
			251.34				281.50
740.99	434.76	322.16	137.81	775.86	474.14	454.35	113.84
86.66	430.32	761.53	1513.47	83.26	485.68	888.69	1602.58

续表

	2003年				2004年			
	大型矿井（露天）产量	中型矿井（露天）产量	小型矿井（露天）产量	三万吨以下矿井（露天）产量	大型矿井（露天）产量	中型矿井（露天）产量	小型矿井（露天）产量	三万吨以下矿井（露天）产量
总　　计	**65893.44**	**23471.67**	**47994.21**	**34180.29**	**76878.42**	**24022.75**	**66549.92**	**31464.64**
北京市	464.94	113.82		414.55		540.32		568.20
天津市								
河北省	3547.05	1289.48	1245.78	801.38	582.38	4356.25	713.33	1775.32
山西省	17281.34	8465.99	17147.92	1441.13	23238.29	6283.63	19581.71	915.01
内蒙古自治区	5453.94	1632.39	3021.20	4934.56	9731.20	939.59	5317.80	4324.81
辽宁省	3409.65	364.78	623.51	1199.11	4390.93	245.17	666.79	1453.51
吉林省		619.28	644.99	945.13	120.12	759.87	731.10	966.13
黑龙江省	3729.15	389.52	1444.02	2453.13	3821.29	712.15	1111.01	3723.82
上海市								
江苏省	1879.87	417.76	419.52	5.19	1901.31	320.42	333.21	
浙江省			60.07	9.11		17.32	25.97	8.84
安徽省	6301.49	309.97	285.09	202.95	6545.08	264.10	525.20	265.69
福建省			551.27	796.02			1283.71	223.22
江西省		347.70	673.50	800.16		418.19	793.97	740.16
山东省	8929.49	2915.92	2550.30	75.63	9101.05	2462.51	2482.95	12.95
河南省	5369.16	1569.92	5619.46	75.63	6144.94	2019.70	7103.42	143.90
湖北省		46.53	172.46	580.87			880.94	159.78
湖南省		156.57	4120.19	100.21		97.97	4954.62	1.02
广东省			70.29	496.11				708.64
广西自治区		60.62	305.74	78.16		65.79	467.44	43.71
海南省								
四川省	546.92	405.11	4446.18	1863.76	377.83	582.41	6075.69	1408.63
重庆市	193.60	408.86	875.42	1024.17	200.88	331.73	1448.90	1441.72
贵州省	826.88	345.48	633.37	5996.77	822.16	432.27	8436.40	43.29
云南省		689.31	646.31	2852.03	671.20	179.95	727.65	3813.11
西藏自治区								
陕西省	5482.19	799.44	878.85	4243.39	5941.94	846.52	1179.50	5195.41
甘肃省	1146.59	939.32	516.00	299.30	1599.34	904.73	352.54	645.55
青海省				378.00				470.90
宁夏自治区	1247.92	524.01	201.15	215.75	1605.22	450.33	399.45	54.18
新疆自治区	83.26	659.89	841.62	1898.09	83.26	791.83	956.62	2357.14
神华集团					10640.38	923.30	332.50	213.44
中煤公司					4555.47	593.67	37.71	
伊敏公司					638.00			

全国原煤产量增长量和增长速度

年份	全国		国有重点煤矿		地方煤矿		其中：乡镇煤矿	
	增长量（万吨）	增长（%）	增长量（万吨）	增长（%）	增长量（万吨）	增长（%）	增长量（万吨）	增长（%）
1950	1049	32.3	665	28.3	384	43.1	46	31.7
1951	1016	23.7	696	23.1	320	25.1	46	24.1
1952	1341	25.3	1120	30.2	221	13.9	59	24.9
1953	319	4.8	384	7.9	−65	−3.6	15	5.1
1954	1398	20.1	1010	19.4	388	22.2	63	20.3
1955	1464	17.5	1072	17.2	392	18.3	95	25.4
1956	1206	12.3	851	11.7	355	14.0	−25	−5.3
1957	2037	18.5	1282	15.7	755	26.2	205	46.2
1958	13927	106.5	6344	67.3	7583	208.3	2819	434.4
1959	9879	36.6	5866	37.2	4013	35.8	−578	−16.7
1960	2842	7.7	2393	11.1	449	2.9	−695	−24.0
1961	−11959	−30.1	−6482	−27.0	−5477	−34.9	−1195	−54.4
1962	−5807	−20.9	−2799	−15.9	−3008	−29.5	−195	−19.5
1963	−248	−1.1	374	2.5	−622	−8.6	45	5.6
1964	−250	−1.2	−73	−0.5	−177	−2.7	43	5.1
1965	1723	8.0	1372	9.1	351	5.5	80	9.0
1966	1967	8.5	1644	10.0	323	4.8	−405	−41.6
1967	−4577	−18.2	−4484	−24.8	−93	−1.3	279	49.1
1968	1389	6.8	1142	8.4	247	3.5	445	52.5
1969	4636	21.1	3127	21.2	1509	20.9	462	35.8
1970	8804	33.1	4815	27.0	3989	45.7	1389	79.2
1971	3831	10.8	1986	8.8	1845	14.5	69	2.2
1972	1817	4.6	264	1.1	1553	10.7	812	25.3
1973	650	1.6	−155	−0.6	805	5.0	590	14.7
1974	−380	−0.9	−489	−2.0	109	0.6	1079	23.4
1975	6907	16.7	3717	15.3	3190	18.7	614	10.8
1976	121	0.3	−631	−2.3	752	3.7	824	13.1
1977	6723	13.9	2163	7.9	4560	21.7	1437	20.2
1978	6718	12.2	4657	15.8	2061	8.1	964	11.3
1979	1768	2.9	1593	4.7	175	0.6	1099	11.5
1980	−1541	−2.4	−1338	−3.7	−203	−0.7	731	6.9
1981	150	0.2	−934	−2.8	1084	3.9	1297	10.2
1982	4469	7.2	1485	4.4	2984	1.1	1948	15.4

续表

年份	全国		国有重点煤矿		地方煤矿		其中：乡镇煤矿	
	增长量（万吨）	增长（%）	增长量（万吨）	增长（%）	增长量（万吨）	增长（%）	增长量（万吨）	增长（%）
1983	4821	7.2	1322	3.8	3499	11.1	2400	16.4
1984	7470	10.5	3158	8.7	4312	12.3	4681	27.5
1985	8305	10.5	1156	2.9	7149	18.1	4983	23.0
1986	2176	2.5	766	1.9	1410	3.0	1550	4.0
1987	3405	3.8	628	1.5	2777	5.8	2802	6.8
1988	5178	5.6	1425	3.4	3754	7.4	1040	3.5
1989	7427	7.6	2385	5.5	5042	9.2	1500	4.9
1990	2515	2.4	2192	4.8	323	0.5	2407	2.5
1991	498	0.5	38	0.1	460	0.8	1013	2.9
1992	3027	2.8	194	0.4	2833	4.7	2963	7.5
1993	3683	3.3	－2450	－5.1	6133	9.7	5897	13.9
1994	7815	6.8	1064	2.3	6751	9.7	6377	13.2
1995	6265	5.1	1361	2.9	4905	6.4	4471	8.2
1996	8190	6.3	5498	11.4	2693	3.3	2184	3.7
1997	－4883	－3.6	－810	－1.5	－4074	－4.9	－4435	－7.2
1998	－9274	－7.0	－2567	－4.9	－6707	－8.4	－5425	－9.5
1999	－18888	－15.3	922	1.8	－19810	－27.2	－19917	－38.6
2000	－4447	－4.3	2303	4.5	－6749	－12.7	－4783	－15.1
2001	10642	10.7	8284	15.5	2359	5.1	－531	－2.0
2002	30971	28.0	9601	15.5	21370	43.9	16965	64.3
2003	31257	22.1	9947	13.9	21311	30.4	20039	46.2
2004	26948	15.6	12474	15.3	14474	15.8	12785	20.2
三年恢复	1135	27.0	827	27.1	308	26.8	50	26.8
一五时期	1285	14.5	920	14.3	365	14.9	71	17.0
二五时期	1776	10.9	1064	9.4	712	14.6	31	4.4
三年调整	408	1.8	558	3.6	－149	－2.1	56	6.5
三五时期	2444	8.8	1249	6.7	1195	13.5	434	26.4
四五时期	2565	6.4	1065	4.3	1500	9.7	633	15.0
五五时期	2758	5.2	1289	4.2	1469	6.4	1011	12.5
六五时期	5043	7.1	1237	3.4	3806	11.1	3062	18.6
七五时期	4140	4.4	1479	3.4	2661	5.2	2117	6.6
八五时期	4258	3.7	465	0.9	3793	5.7	3647	7.9
九五时期	－5860	－5.0	646	1.3	－6506	－10.1	－6143	－14.1

注：各时期增长系平均增长。

煤炭工业洗选煤产品产量

单位：万吨

年份	洗煤						选煤			
	炼焦洗精煤			洗中煤	洗块煤	洗混末煤	筛选块煤	无烟块煤	烟块煤	褐块煤
	合计	冶炼用	其他用							
1985	6677	6113	564	438	1154	752	5075	1444	3280	351
1986	6854	6329	525	473	1270	878	5154	1175	3659	320
1987	7025	6361	664	487	1338	949	5416	1724	3388	304
1988	6854	6329	525	473	1270	878	5154	1175	3659	320
1989	7730	7226	504	550	1315	779	6024	1886	3753	385
1990	8552	7329	1223	495	1468	634	6339	2039	3759	541
1991	8157	7442	715	470	2533	1239	5037	1971	2535	531
1992	7742	7227	515	1605	2883	3952	4782	1548	2419	815
1993	7615	7126	489	499	2557	1340	4231	1467	1943	822
1994	7773	7172	600	533	1866	6546	5224	1925	3203	97
1995	8142	7550	592	480	1930	5394	4979	1658	2811	510
1996	8778	8023	755	420	336	1525	5175	1740	3084	351
1997	9164	7939	1225	480	410	2356	5551	1947	3137	467
1998	8092	6648	1444	380	187	2285	3949	1861	1904	184
1999	7975	7272	703	389	282	2279	3100	1379	1466	255
2000	8391	7705	686	398	405	2810	3865	1864	1883	118
2001	9550	7274	2275	473	333	3196	3786	1673	1752	361
2002	11703	9083	2620	3248	467	2994	3298	1005	2149	144
2003	11999	11291	708	667	589	3789	3426	945	2065	416
2004	13954	11281	2674	1051	658	3583	3738	1434	1839	465

煤炭工业总产值——按分期不变价格计算

单位：万元

年份	全国	其中	
		国有重点煤矿	重点煤机厂
1949	42165	30595	
1950	59781	42034	
1951	74898	52407	
1952	93893	67820	609
1953	105416	77830	1476
1954	127045	92470	2847
1955	151529	109529	4050
1956	183800	130873	6796
1957	255830	179761	6035
1958	390188	287226	8430
1959	605409	405718	13335
1960	711217	488511	27955
1961	471665	342445	15817
1962	366065	277321	10708
1963	426096	290387	9477
1964	381705	260656	10248
1965	433866	297460	15033
1966	481571	330406	21834
1970	760886	521883	35196
1971	830746	573216	30962
1972	837992	569359	39906
1973	843871	555638	38758
1974	830239	542337	49138
1975	970171	627144	53412
1976	967860	616028	55247
1977	1106548	658334	57809
1978	1258083	769951	69512
1979	1297062	812741	76366

续表

年份	全国	其中	
		国有重点煤矿	重点煤机厂
1980	1250992	751832	48080
1981	1547864	898542	47811
1982	1674395	946003	59914
1983	1807490	992396	77319
1984	2006410	1089624	97977
1985	2255250	1153114	118870
1986	2272518	1162378	120187
1987	2349464	1208296	111860
1988	2529848	1360710	147667
1989	2754279	1509523	138282
1990	2960961	1603374	170964
1991	6020409	3247741	218131
1992	6189188	3297893	238256
1993	6363982	3245672	181825
1994	6742775	3389585	168868
1995	7376622	3624381	198926
1996	8440151	4128143	236071
1997	8353908	4159623	248856
1998	8100000	4113457	225662
1999	7526251	4192773	295702
2000	7517516	4519781	
2001	8366812	5270376	
2002	10178385	6029124	
2003	12371589	7348826	
2004			

注：1. 1949～1956 年按 1952 年不变价计算；1957～1969 年按 1957 年不变价计算；1970～1980 年按 1970 年不变价计算；1981～1990 年按 1980 年不变价计算；1991 年后按 1990 年不变价计算。不变价格换算系数为：1957 年为 1952 年的 1.106；1970 年为 1957 年的 1.229；1980 年为 1970 年的 1.278；1990 年为 1980 年的 2.01。

2.1967～1969 年缺资料。

	1985年	1986年	1987年	1988年	1989年
全国总计	**2528739.4**	**2693192.1**	**2859043.3**	**3543060.0**	**4622988.9**
北京市	44977.5	38930.8	34293.0	43060.8	43937.6
天津市	1876.0	1801.0	1838.0	1463.0	2547.0
河北省	192700.9	205415.5	219802.6	254918.9	320194.9
山西省	469929.0	492047.5	519875.2	618867.7	763061.9
内蒙古自治区	74104.3	82124.9	84200.5	100541.4	122288.1
辽宁省	181552.2	183714.7	180738.0	229873.6	331646.3
吉林省	66745.5	68079.3	70794.0	77659.8	105555.2
黑龙江省	174540.3	241293.1	256594.2	305978.8	376892.0
上海市	1960.0	1900.0	1135.6	1186.7	1241.9
江苏省	96220.4	96753.6	106115.3	135458.5	193150.4
浙江省	23718.6	27743.2	31701.2	47528.0	71191.3
安徽省	118290.9	126572.1	134778.4	177914.3	231340.6
福建省	18026.4	20180.2	24516.8	38231.4	43400.5
江西省	72865.0	72114.3	80033.3	125616.2	123947.9
山东省	187993.9	201884.2	218268.4	280574.1	409793.6
河南省	222308.8	220096.3	213571.5	275359.7	369148.6
湖北省	22376.1	21786.7	22753.5	32758.7	54407.3
湖南省	95797.3	95167.3	112127.2	143569.7	187002.1
广东省	33162.1	35691.5	38356.1	58222.1	63709.0
广西自治区	17218.0	19560.8	27012.5	30539.2	52710.0
海南省					
四川省	142916.4	146086.6	169494.5	217135.5	293841.4
重庆市					
贵州省	49824.8	56052.4	61597.1	65707.5	85100.3
云南省	33454.0	36722.7	41873.7	48470.4	59838.9
西藏自治区	105.0	40.0	54.0	68.5	370.6
陕西省	66021.5	71866.1	73269.1	79564.5	120660.7
甘肃省	32840.4	35402.5	37238.1	45853.2	61187.7
青海省	5394.8	6911.5	7296.8	6813.5	9256.3
宁夏自治区	47049.0	49976.9	53435.9	59896.0	74947.0
新疆自治区	34770.3	37276.4	36278.8	40228.3	50619.8
神华集团					
中煤集团					
伊敏集团					

——按 现 价 计 算

单位：万元

1990 年	1991 年	1992 年	1993 年	1994 年
5272157.9	**5963366.0**	**6846573.8**	**8721023.5**	**10753829.3**
54398.0	51382.8	82668.0	85247.3	106935.0
3281.0	16424.0	3388.0	2845.0	4535.0
344542.4	362102.8	423656.5	547619.0	716037.9
998060.4	1146400.1	1318030.5	1562124.7	1927834.1
167950.1	201983.5	225765.7	284371.0	332725.8
404946.7	444254.0	498495.9	581275.5	682481.0
141354.0	160279.0	178348.0	192851.2	223385.8
510386.8	622040.2	664768.6	670084.9	738403.3
1381.5	1548.0	1142.0	279.0	303.0
203053.9	224576.5	278920.4	383964.2	461682.2
62273.3	69969.5	85101.6	135313.9	147838.4
224088.6	256848.6	313187.4	492361.2	615556.4
44453.1	42332.8	46195.6	67123.8	97237.6
128786.4	149376.3	170667.3	221662.4	258511.6
410945.5	427664.6	542598.8	779136.5	1088374.2
405140.0	438458.4	519174.7	655441.6	858014.0
48746.5	45224.3	53175.4	68154.1	87151.7
178199.2	223520.5	178199.2	352814.6	436362.6
57970.4	85657.7	102748.3	136473.9	141419.5
46506.1	53634.2	62691.4	88284.8	108219.2
297109.7	350020.6	407025.7	569242.1	677079.9
92521.1	99807.5	120041.3	156807.4	211619.9
84216.6	88756.8	106718.6	133427.4	166109.0
480.8	474.2			
126503.2	135262.2	166530.9	183619.0	204107.9
72001.2	77974.5	85698.6	120262.8	127493.5
10124.2	1140.3	10599.0	9932.6	14894.4
93588.0	102098.0	110953.0	131453.0	165493.6
59149.2	74154.1	90083.4	108850.6	154022.8

	1995 年	1996 年	1997 年	1998 年	1999 年
全国总计	**13081123.2**	**15515486.9**	**15773502.5**	**14636936.9**	**13477038.0**
北京市	127841.5	149607.5	187707.1	285782.0	147416.9
天津市	4192.0	3798.0	4547.0	1137.0	
河北省	856096.0	995327.4	985635.0	886418.0	856477.0
山西省	2334551.8	2696702.6	2852001.2	2565663.8	2316440.2
内蒙古自治区	406433.2	465536.0	570323.5	534361.1	601494.1
辽宁省	635279.2	798368.1	693846.7	743763.4	699193.5
吉林省	232021.7	281766.3	279783.6	248917.2	226391.0
黑龙江省	828397.6	933608.3	984721.0	942705.3	806505.9
上海市	574.0	749.0	535.0	313.0	
江苏省	515676.0	635360.4	624156.9	549863.3	518551.0
浙江省	177648.1	197722.6	84111.9	98387.2	93257.6
安徽省	733690.9	978934.9	1067617.9	872518.3	825531.7
福建省	138142.2	172100.0	116201.1	108754.2	90719.2
江西省	313604.1	331800.8	318446.0	294141.5	343387.9
山东省	1314576.7	1606208.2	1851009.6	1849177.1	1836210.4
河南省	1494856.3	1670661.0	1628184.0	1205692.5	1143951.2
湖北省	95391.3	191391.6	204643.5	167713.2	145228.5
湖南省	523939.1	681430.9	520928.0	511485.4	397184.1
广东省	158000.0	155155.4	165212.6	136562.4	110393.4
广西自治区	123300.0	133601.4	105341.8	96943.6	87794.9
海南省		990.6			
四川省	831182.8	1014159.2	693665.9	616017.4	525873.0
重庆市			241601.0	380351.0	320955.0
贵州省	247810.2	218667.4	259019.9	256117.0	225453.8
云南省	217607.2	236569.5	287099.0	280766.1	260191.4
西藏自治区					
陕西省	248013.0	320322.2	353460.1	312986.2	245529.0
甘肃省	132537.5	206602.4	203895.1	200100.7	182495.6
青海省	19308.5	20147.7	24190.9	22570.4	20281.0
宁夏自治区	196567.0	218851.0	243628.0	242888.0	230320.0
新疆自治区	173885.3	199346.5	221989.2	224840.6	219810.7
神华集团					
中煤集团					
伊敏公司					

续表

2000年	2001年	2002年	2003年	2004年
13543262.2	**15762307.6**	**20264126.3**	**26398235.8**	**38978742.3**
130837.8	132708.8	142832.4	137495.5	179672.3
865432.0	956777.0	1141891.8	1497579.0	2140995.9
2373733.0	2987382.9	3856316.2	5318745.4	7923200.6
716350.9	873334.3	462144.9	834216.3	688164.8
755710.8	764793.6	845879.4	967839.4	1535461.0
208112.5	180982.7	183257.2	850336.5	343314.2
758004.8	771595.9	935280.9	1189832.2	1667591.4
497439.3	520725.7	439871.5	512828.1	751390.9
99498.4		64061.6	134748.5	85751.0
855783.7	999928.6	1315138.1	1466998.1	2186001.5
88078.2	156875.4	218037.7	232167.8	317784.4
267368.5	314629.7	251534.9	277649.6	277649.6
1942180.3	2719925.6	3283528.9	3848419.1	6063309.7
1174060.7	1469673.4	1897524.7	2589423.2	3956630.6
107925.7	98181.2	123180.5	123020.0	198616.5
398529.2	420002.4	658411.2	837166.0	1416688.7
96554.6		61228.2	98794.7	98794.7
75389.9	83143.4	61485.0	62667.5	101107.1
520318.6	534109.3	680294.7	839373.3	1342862.1
312654.0	317239.0	325455.0	365190.2	783026.0
230577.4	254416.1	330621.3	330621.3	1311069.9
236165.5	267486.8	351776.1	491035.7	816687.0
182489.6	250298.5	460012.4	622389.7	1042431.8
169503.8	176952.7	242792.0	323052.4	323052.4
20281.0				
231236.0	242818.0	279535.0	407177.0	426365.0
229046.0	268326.6	306174.2	306174.2	306174.2
		645371.7	888803.0	1227432.9
		564077.0	692308.0	1288177.0
		136412.0	152184.0	179339.0

	1949年	1952年	1957年	1958年	1959年
全国总计	**62006.2**	**109435.8**	**264608.8**	**479541.0**	**743604.7**
北京市	2122.3	3789.0	5089.7	5782.4	9346.2
天津市					
河北省	9540.9	17103.1	32472.7	58384.9	87417.8
山西省	5812.5	17722.1	47129.3	61445.1	77936.2
内蒙古自治区	745.7	1036.9	4309.4	7678.8	13755.3
辽宁省	10401.3	19189.5	45992.7	110292.9	135467.3
吉林省	4799.1	6839.4	13521.5	19903.4	28949.5
黑龙江省	8814.3	10021.8	27549.1	54679.9	82662.3
上海市					
江苏省	1701.7	1963.0	3770.0	6873.8	11743.1
浙江省		3.3	179.2	298.4	473.5
安徽省	2179.7	4430.0	10756.0	16542.8	33718.7
福建省		3.3	163.2	841.9	1066.2
江西省	822.1	1901.0	5272.9	9573.3	15133.0
山东省	3651.9	6102.5	12304.6	26157.1	42929.5
河南省	2198.8	5394.9	12166.0	20814.8	46128.5
湖北省	458.9	676.6	1469.0	1796.9	3623.6
湖南省	1510.5	2902.1	6789.6	11389.1	19415.5
广东省	133.8	190.7	1731.7	2674.3	7343.4
广西自治区	114.7	146.7	1039.1	3408.8	5378.8
四川省	4034.3	5440.5	15382.7	25230.9	48703.4
贵州省	573.6	516.8	2738.9	6923.0	13139.6
云南省	458.9	642.4	3825.8	8630.5	13780.8
西藏自治区					
陕西省	1128.1	1775.1	3973.0	8634.4	13782.6
甘肃省	382.4	890.2	3776.0	1253.3	13923.3
青海省	76.5	154.9	959.4	2692.7	4524.6
宁夏自治区				1227.8	4291.8
新疆自治区	344.2	600.0	2247.3	6409.8	8970.2

按1970年不变价格计算

单位：万元

1960年	1961年	1962年	1965年	1970年
874085.9	**579676.4**	**461666.1**	**437705.2**	**760886.3**
11765.2	11503.8	11181.1	9989.0	14170.2
		825.9		
116141.1	78125.1	62789.8	47061.6	90054.7
92458.9	64875.3	66784.6	74149.0	106970.2
17207.2	12106.6	8752.2	12205.8	15133.7
145908.8	90394.5	64015.7	45953.1	95504.8
34495.4	28711.5	22549.9	19402.1	30727.8
88643.5	55656.0	49507.4	38753.2	58866.4
				1500.2
13838.7	11319.8	8865.8	9228.1	16416.4
1789.4	1697.9	1192.5	608.0	5183.8
43949.2	37689.9	28395.5	21669.9	34333.7
1637.2	934.8	834.9	1136.7	2078.1
18754.2	11925.4	7946.7	7456.8	20138.5
54410.3	37123.1	29291.7	32929.7	53672.9
63435.6	37764.8	30647.0	35932.1	52356.9
3470.7	2512.8	2196.5	2213.1	5989.5
22967.9	13108.8	9733.0	10006.0	24878.4
6908.4	3758.7	3147.6	2960.8	9192.6
5854.3	3360.5	1004.4	2700.2	5088.8
58564.3	40759.4	23325.1	21409.3	38253.6
10426.8	3884.9	4541.4	6288.0	16394.8
12550.5	7348.2	4588.5	10130.6	19343.7
			35.9	18.0
15906.2	9762.6	8006.2	7447.4	13149.0
13235.2	3768.7	3160.4	3727.5	8811.3
5481.3	1718.4	1183.2	1182.1	2527.9
6086.2	4774.4	4757.0	5821.6	9087.7
8199.4	5090.5	2442.1	7307.6	11043.1

	1971年	1972年	1973年	1974年	1975年
全国总计	**830745.5**	**837992.4**	**843871.1**	**830239.3**	**970170.5**
北京市	13342.8	14007.0	13684.8	14968.7	15291.7
天津市					
河北省	97242.3	92084.1	98411.1	106515.0	118416.4
山西省	108658.7	112341.7	121069.9	127115.3	142758.3
内蒙古自治区	15929.4	14808.0	14162.7	13242.3	16471.6
辽宁省	99866.3	101002.4	97543.3	101445.2	101955.9
吉林省	31618.9	31729.6	31553.2	32215.7	33502.7
黑龙江省	56928.5	52644.0	53437.4	56889.1	62880.7
上海市	915.1				
江苏省	21532.0	25464.8	25745.3	19018.7	25880.7
浙江省	4550.6	4188.0	3414.3	1868.4	2963.1
安徽省	42094.4	38784.1	40806.3	34023.8	44335.9
福建省	2774.0	3518.3	3836.7	3851.2	4415.6
江西省	21186.2	18412.4	20050.9	18596.6	21674.0
山东省	61330.8	65120.2	59208.1	30801.4	65580.7
河南省	59064.7	67979.7	65396.5	71688.1	79917.8
湖北省	5858.8	5313.6	5146.0	5815.7	7097.2
湖南省	30882.1	32102.9	34258.7	26714.3	33584.1
广东省	12594.7	11833.4	11269.5	11985.9	15225.6
广西自治区	6217.3	7454.5	6707.6	8339.1	9494.4
四川省	47750.2	50254.3	42357.1	39955.6	52164.1
贵州省	16590.9	19338.2	14684.3	15982.7	19651.3
云南省	20763.9	19747.8	15664.1	18676.1	18013.0
西藏自治区	21.9	41.0	70.6	82.2	102.4
陕西省	16618.5	19463.0	24035.4	23722.7	25166.2
甘肃省	11773.5	11200.5	12064.9	14133.3	16366.9
青海省	2083.3	2371.4	2681.0	2818.6	3162.9
宁夏自治区	10947.2	13522.7	16360.4	17904.7	21656.8
新疆自治区	11608.5	3264.8	10251.0	11868.9	12441.5

续表

1976年	1977年	1978年	1979年	1980年
967860.2	**1106548.1**	**1258082.9**	**1297061.7**	**1250991.8**
16491.5	15286.0	18787.0	19339.6	20031.2
		1299.0	1274.0	22587.0
100519.7	100359.0	127029.7	131801.3	116146.2
137942.6	163387.7	183314.5	202249.4	223766.0
18375.4	20742.4	23871.4	23346.7	33642.4
101962.1	98446.0	108692.0	104881.4	86914.0
35006.6	36235.8	37865.2	38955.5	32303.2
67509.6	71424.1	80755.3	90048.3	88505.0
	2778.9	4018.5	4643.0	
31337.4	36042.0	42086.0	41261.0	41532.3
3337.8	6275.1	8048.6	8407.3	7903.4
47999.1	51670.1	57614.3	61656.0	55250.1
4426.7	5173.5	6352.3	7373.3	7013.5
21665.5	25571.9	31721.3	30965.4	27279.4
76201.8	85503.1	92662.3	101446.7	95028.7
66621.3	98854.8	108496.9	110630.5	105084.8
7475.3	9592.2	12442.3	9953.4	7257.5
32347.9	41272.6	50177.7	49541.0	44627.1
17862.5	19622.4	20388.7	18345.8	15583.9
11440.4	12343.4	13363.7	11198.3	9109.1
49204.5	63070.5	67539.5	69079.4	69413.8
19093.5	26151.6	32462.3	31996.2	26217.9
15751.5	20013.4	23434.0	21695.3	16878.8
117.8	126.0	149.5	97.2	40.6
24884.5	31999.0	35848.0	37585.1	35938.6
19835.3	18608.9	19403.9	17950.1	15182.3
3508.4	3918.4	4330.3	3741.9	3702.8
22116.6	23937.4	26230.4	29299.7	25258.5
14824.9	18141.9	19698.3	18298.9	18793.7

	1981年	1982年	1983年	1984年
全国总计	**1547864.4**	**1674394.5**	**1807489.5**	**2006409.7**
北京市	21977.1	25568.5	28507.4	33732.8
天津市	984.0	1190.0	1521.0	1895.0
河北省	139771.5	146008.8	154518.0	157217.0
山西省	313036.5	336837.5	353750.0	425194.9
内蒙古自治区	44620.5	50773.9	52558.9	57938.9
辽宁省	97745.0	106782.0	108547.8	116094.1
吉林省	42394.4	45181.3	51439.4	57593.8
黑龙江省	106805.8	121829.7	133293.0	150304.2
上海市	5969.1	7858.8	10369.7	11948.4
江苏省	42646.7	45474.5	50560.9	58744.2
浙江省	9785.9	10650.0	12089.5	13176.3
安徽省	65937.8	64107.9	75404.5	72359.0
福建省	8143.9	8922.1	10470.4	11284.2
江西省	35277.8	40870.2	42522.0	48027.9
山东省	116352.2	121086.0	125466.7	131327.7
河南省	139437.3	147594.6	157942.0	172208.3
湖北省	10244.1	11848.4	13118.5	14735.7
湖南省	55476.0	58266.7	61324.1	66059.5
广东省	20126.6	19886.5	24647.1	25167.9
广西自治区	9693.3	11058.4	13168.9	12763.2
四川省	84661.0	91723.6	99256.7	115738.9
贵州省	33332.8	38975.0	43735.9	47635.0
云南省	20732.1	28261.0	33657.0	37380.0
西藏自治区	33.0	56.0	72.0	54.2
陕西省	45203.1	50650.2	56265.8	63340.3
甘肃省	20137.6	23335.5	25673.5	29201.1
青海省	3670.3	3946.2	4217.9	4930.7
宁夏自治区	28586.1	29595.9	34364.7	38121.5
新疆自治区	25082.9	26055.3	29026.2	32235.0

按 1980 年不变价格计算

单位：万元

1985年	1986年	1987年	1988年	1989年
2255250.3	**2272518.3**	**2349464.4**	**2529847.6**	**2754278.8**
39234.6	33953.6	30267.4	35427.1	33362.0
1945.0	1811.0	1900.0	1450.0	1819.0
166908.5	176039.5	181057.0	182721.2	182203.3
478188.8	468267.1	489358.3	532294.5	591983.9
69883.5	76374.6	77465.7	86623.7	98914.4
143186.2	140510.5	140403.6	148108.4	166691.0
59728.6	58121.1	57950.9	61033.4	67764.4
183303.0	191933.3	202657.7	212960.5	238593.4
2003.0	1700.0	1200.0	1251.1	1315.2
76256.4	72274.1	74965.6	80943.0	87806.6
17067.8	19703.4	22564.5	28156.2	33411.0
89229.4	93103.7	88401.8	94160.4	98368.8
12391.4	13438.5	15199.7	16705.7	18390.4
51100.3	49548.0	52986.1	74967.5	59686.8
144615.5	149936.6	154806.2	164119.9	175406.4
189052.8	183734.4	186179.6	197412.6	219628.3
17266.3	16454.8	17088.9	20188.3	23490.2
64556.9	64101.2	67790.6	69936.2	75285.4
23560.2	25421.8	24196.2	25184.8	26441.9
10828.0	11669.1	13532.0	15843.0	18478.3
130117.5	127181.2	145774.7	157847.6	182385.1
53552.9	58079.8	57995.1	56607.2	60309.5
40191.0	41974.2	47730.4	50866.7	54684.6
60.0	40.0	43.0	42.2	182.3
70013.0	74968.6	73749.1	77916.6	86800.9
31569.3	33517.7	34551.6	40516.4	42804.9
6095.3	5986.3	6335.4	5856.2	6654.1
45950.0	46169.0	47996.5	51278.0	55630.0
37395.1	36505.2	35316.8	39429.0	46146.7

煤炭工业总产值——

	1990年	1991年	1992年	1993年	1994年	1995年	1996年
全国总计	**5873724.0**	**6020409.2**	**6189188.0**	**6363981.8**	**6742775.1**	**7376622.0**	**8440150.8**
北京市	64774.7	57083.7	74860.8	76329.8	67649.0	71420.7	82626.9
天津市	3426.0	16068.0	3453.0	3055.0	4185.0	4541.0	3643.0
河北省	374615.7	371706.8	373163.6	361641.6	360983.0	393337.0	441799.0
山西省	1378632.7	1398391.1	1442403.7	1450504.3	1529412.4	1607639.2	1752787.5
内蒙古自治区	233595.1	247178.8	249766.3	260236.6	267506.5	335366.6	348541.0
辽宁省	324566.8	334422.0	344043.6	333044.0	323373.4	299790.1	368370.1
吉林省	142543.0	142170.4	144324.2	132767.1	144682.8	143572.6	167809.6
黑龙江省	546083.1	565409.0	570456.8	487474.3	506795.6	545662.1	568542.8
上海市	1453.8	1493.0	1101.0	248.0	253.0	515.0	803.0
江苏省	179077.1	184538.0	192388.6	203420.1	212664.6	221681.4	255607.1
浙江省	55621.9	62244.6	68416.3	83172.4	84668.0	102482.2	119742.6
安徽省	242779.8	195517.5	207530.1	222594.1	238086.7	252894.7	354551.7
福建省	37159.1	37190.8	38100.4	42615.0	46095.6	66575.6	77107.5
江西省	106184.0	115769.1	119698.6	124615.3	140471.1	168244.8	167871.6
山东省	365370.1	374382.1	393915.9	422014.8	501100.1	552510.6	640635.8
河南省	449396.0	454255.5	473393.7	487761.0	535725.8	745183.0	765322.9
湖北省	31648.8	42806.5	47971.8	55339.4	66244.9	68570.2	127708.3
湖南省	149669.8	177500.9	149669.8	202861.9	209099.5	214497.7	291842.5
广东省	50000.4	72571.6	82366.0	85313.9	78452.9	83296.2	103363.3
广西自治区	36212.5	39465.6	44394.5	51587.8	55174.0	60400.3	69290.8
海南省							451.9
四川省	328696.9	359414.2	380835.1	444512.5	483350.7	557128.4	633592.9
重庆市							
贵州省	130022.2	129295.1	137700.4	148562.0	162724.8	168743.8	154418.4
云南省	125304.5	126304.8	134430.4	135697.0	157297.7	186405.9	200437.6
西藏自治区	723.2	589.1					
陕西省	190224.2	191899.6	188156.5	203362.0	218593.6	142690.1	277385.3
甘肃省	92928.6	92276.7	91489.8	110074.4	98369.3	105228.9	154963.0
青海省	14282.7	13454.7	12446.2	10232.0	11976.7	13176.2	15534.9
宁夏自治区	122463.0	116748.0	118425.0	116289.0	119863.3	132123.0	156650.0
新疆自治区	96268.4	100262.0	104285.9	108656.5	117975.1	132944.7	138749.8
神华集团							
中煤集团							
伊敏公司							

按 1990 年不变价格计算

单位：万元

1997 年	1998 年	1999 年	2000 年	2001 年	2002 年	2003 年
8353907.9	**8100000.8**	**7526250.9**	**7517515.7**	**8366811.8**	**10178385.1**	**12371589.3**
91198.4	151211.7	51942.3	46285.8	38359.7	44624.2	46152.9
4470.0	1141.0					
446802.9	411709.0	420176.0	427144.0	438350.0	479201.2	558031.9
1758934.5	1691927.0	1574186.7	1495110.3	1706448.8	2080602.7	2475401.9
395383.5	381757.6	389607.8	480123.2	612935.5	391746.6	683191.4
282535.5	309975.7	279973.5	297015.7	312672.1	335061.3	361023.5
151494.8	135208.8	118035.1	110312.1	103489.6	98254.4	423419.6
561437.3	550925.2	460415.3	411359.1	431311.0	511011.6	644259.8
493.0	289.0					
237516.9	235645.7	228183.3	242450.3	233307.3	168642.8	200553.9
50419.3	61839.3	54941.7	63189.5			67374.3
401738.6	317469.1	347318.8	377573.8	412982.4	493323.4	511868.4
54037.7	53556.8	50664.5	45466.3	68963.8	84837.2	88197.4
158743.9	153988.5	167332.5	135514.2	127152.7	119757.8	
819161.8	833622.1	916320.4	998449.6	1298203.4	1413245.0	1585593.4
776758.8	636292.1	631538.6	684329.0	796247.8	908113.5	1081508.7
118018.9	112836.0	97141.0	77504.0	72160.3	63962.2	65081.8
229134.0	243328.5	182230.0	165199.9	170119.0	244739.5	292907.0
92726.5	77309.8	65261.9	54792.7		20105.4	26032.0
53469.8	49424.9	45546.9	37817.8	36452.7	27000.2	26690.0
422796.2	384178.8	317289.7	328709.5	342755.0	389543.0	431881.1
119024.0	206897.0	171536.0	171760.0	172367.0	195722.0	165844.5
164056.8	163259.4	139626.4	132903.4	148824.8	176193.5	176193.5
219794.7	217269.8	191954.7	165140.6	192138.0	246288.7	302489.8
283302.9	257892.0	199986.5	145487.9	193425.3	431157.2	569799.6
134970.1	132602.4	114654.0	104842.0	116248.7	141090.7	173902.6
16405.2	19455.9	12679.4	12679.4			
165350.0	160627.0	152979.0	153110.0	159688.0	174112.0	250607.0
143731.9	148360.7	144728.9	153245.6	182208.9	183120.4	183120.4
					464445.5	649814.0
					252073.0	287526.0
					40410.0	43123.0

国有重点煤矿原煤产量——按构成分

单位：万吨

年份	总计	矿井产量			露天产量	其他
		合计	其中			
			回采产量	掘进产量		
1949	1787.3	1559.8	1014.7	486.3	202.9	24.6
1950	2281.7	1996.7	1450.5	474.9	241.5	43.5
1951	2913.8	2574.5	1914.2	567.0	268.9	70.4
1952	4409.9	4011.2	3014.8	833.5	322.7	76.0
1953	4843.0	4378.5	3356.5	887.0	431.6	32.9
1954	5888.0	5082.2	3887.5	1017.6	635.5	170.3
1955	6952.8	6167.4	4905.7	1055.8	785.4	
1956	8139.9	7387.5	6024.5	1133.4	715.8	36.1
1957	9433.1	8690.8	7186.2	1274.2	636.8	105.5
1958	15777.0	13972.5	11155.7	2134.8	1488.3	316.2
1959	21643.2	18708.8	13957.7	2951.9	2319.2	615.2
1960	24036.1	20851.6	16322.8	3269.7	2462.9	721.6
1961	17554.8	15988.1	12657.5	2547.5	1224.5	341.6
1962	14754.8	13945.3	11158.7	2210.7	683.8	125.7
1963	15129.1	14373.4	11781.3	2056.8	600.1	155.6
1964	15056.0	14401.0	12113.0	1781.1	508.9	146.1
1965	16427.9	15847.1	13707.7	1659.8	422.0	158.8
1966	18072.2	17219.7	15149.0	1615.1	760.3	92.2
1967	13588.0	12867.2	11484.8	1078.1	668.5	52.3
1968	14730.1	14068.1	12541.1			
1969	17857.0	16944.0	15077.6			
1970	22672.4	21290.1	18930.0	1862.8	1220.9	161.4
1971	24658.2	23139.3	20672.8	1970.3	1213.8	305.1
1972	24921.6	23527.8	21079.0	1864.9	1162.3	231.5
1973	24767.1	23336.8	20924.2	1756.1	1175.4	254.9
1974	24277.5	22547.6	20111.4	1807.9	1444.2	285.7
1975	27995.2	26109.9	23458.7	1981.4	1571.1	314.2
1976	27364.3	25379.9	22861.7	1852.3	1568.0	416.3

续表

年份	总计	矿井产量			露天产量	其他
		合计	其中			
			回采产量	掘进产量		
1977	29527.3	27520.4	24674.9	2044.9	1499.0	507.9
1978	34184.1	31936.1	28575.2	2453.6	1697.7	550.3
1979	35776.9	33514.3	29783.8	2780.4	1655.7	606.9
1980	34439.2	32462.5	28686.9	2819.5	1403.3	573.4
1981	33505.1	31485.9	27939.4	2696.8	1335.1	684.1
1982	34990.2	32743.3	28987.0	2908.5	1496.2	750.7
1983	36312.0	33947.5	30014.6	2996.2	1521.7	842.8
1984	39469.9	36379.1	32080.1	3228.9	1751.2	1339.6
1985	40625.8	37723.1	32941.1	3493.5	1941.7	961.0
1986	41392.2	38301.7	33542.7	3459.5	2021.8	1068.7
1987	42019.6	38873.0	34088.7	3416.8	2010.0	1136.6
1988	43447.6	39663.6	35036.4	3277.3	2349.4	1435.2
1989	45830.0	41545.9	36782.4	3229.0	2723.6	1560.8
1990	48022.0	42629.0	38068.0	3084.0	3304.0	1477.0
1991	48060.0	42969.0	38704.0	2846.0	3306.0	1785.0
1992	48253.7	41851.3	38105.1	2551.4	3181.9	3220.5
1993	45803.2	39273.0	35900.9	2383.2	3115.6	3414.6
1994	46867.2	40452.2	36998.1	2490.9	3081.4	3333.5
1995	48445.3	40951.9	37403.7	2625.5	3226.3	4267.1
1996	53725.5	43051.8	39231.8	2687.2	3377.8	7295.9
1997	52916.0	42428.4	38683.1	2572.3	3263.4	7224.2
1998	50349.2	40917.8	36968.2	2567.2	3354.8	6076.7
1999	51270.9	43379.3	38588.0	2574.5	3589.6	4302.0
2000	53573.8	44934.2	40859.9	2772.2	4060.5	4579.2
2001	61857.5	52352.7	47262.0	3207.6	4737.1	4767.8
2002	71012.7	60311.9	53857.1	3844.9	5528.8	5172.0
2003	81405.1	69709.3	62683.8	4664.1	6384.9	5310.9
2004	93879.7	78822.1	70838.7	5658.7	7779.4	7278.4

	1949年	1950年	1951年	1952年	1953年	1954年
总　计	**2352.6**	**3017.5**	**3713.7**	**4833.6**	**5217.5**	**6228.0**
北京市	**48.8**	**42.5**	**82.2**	**121.3**	**118.6**	**133.1**
北　京	48.8	42.5	82.2	121.3	118.9	133.1
河北省	**446.2**	**610.0**	**790.2**	**884.5**	**867.1**	**1027.3**
开　滦	334.5	439.3	532.3	562.5	567.5	710.3
峰　峰	51.8	74.4	147.1	188.6	184.3	214.1
井　陉	59.9	96.3	110.8	133.4	115.3	102.9
兴　隆						
邢　台						
山西省	**102.5**	**192.8**	**329.3**	**513.9**	**546.9**	**779.8**
大　同	7.6	46.7	138.7	234.0	237.7	338.1
阳　泉	34.8	81.1	100.8	136.9	132.3	217.9
西　山	27.1	36.1	51.0	84.6	107.6	129.8
汾　西	3.7	20.6	30.3	42.7	119.6	75.0
潞　安	29.3	8.3	8.5	15.7	19.7	19.0
轩　岗						
晋　城						
内蒙古自治区	**26.6**	**33.5**	**43.4**	**51.0**	**47.2**	**56.1**
包　头						
乌　达						
扎赉诺尔	26.6	33.5	43.4	51.0	47.2	56.1
呼鲁斯太						
辽宁省	**509.0**	**727.0**	**855.8**	**1141.0**	**1372.7**	**1693.3**
抚　顺	204.7	310.0	410.3	533.0	654.7	816.4
阜　新	188.5	252.9	260.1	338.1	407.2	531.5
本　溪	91.7	120.9	128.3	167.1	154.8	169.1
北　票	24.1	43.2	57.1	102.8	156.0	176.3
平　庄						
铁　法						
南　票						
沈　阳						

说明：①资料来源1949～1957年是按1957年隶属关系口径的煤炭部直属企业原煤产量，1958年及以后都是当年统计
其他产煤。1955年87.4万吨，1956年114.6万吨，1957年132.5万吨。

产 量——按 单 位 分

单位：万吨

1955年	1956年	1957年	1958年	1959年	1960年	1961年	1962年
7299.5	**8151.2**	**9433.1**	**15777.0**	**21643.2**	**24036.1**	**17554.2**	**14754.8**
155.2	**172.3**	**237.5**	**406.7**	**641.0**	**511.5**	**769.2**	**631.0**
155.2	172.3	237.5	406.7	641.0	811.5	769.2	631.0
1124.1	**1186.4**	**1296.8**	**2081.7**	**2898.8**	**3219.3**	**2393.8**	**2063.3**
773.3	792.5	838.8	1269.1	1600.4	1715.5	1371.6	1208.6
244.8	285.1	331.0	540.6	817.0	870.4	575.3	547.9
106.0	108.8	127.0	240.4	385.2	454.7	320.7	238.2
			31.6	96.2	178.7	126.2	68.6
1028.4	**1124.8**	**1417.4**	**2223.7**	**2716.8**	**2808.2**	**2053.9**	**1935.6**
447.1	444.4	553.0	915.2	1094.9	1109.3	827.5	742.2
266.6	349.1	418.0	610.9	744.1	725.8	516.9	514.3
189.4	181.6	247.0	403.7	483.3	525.0	368.9	367.4
104.4	117.6	142.7	205.8	242.2	250.3	176.8	143.9
20.9	27.0	33.5	40.7	85.4	103.0	79.8	76.8
	5.1	23.2	46.5	60.1	67.6	48.8	37.4
			0.9	6.8	27.2	35.2	53.6
65.9	**68.9**	**94.7**	**258.7**	**537.5**	**706.8**	**533.6**	**378.8**
		7.6	128.5	222.3	320.8	236.5	137.3
				140.2	185.5	135.8	102.5
65.9	68.9	87.1	130.2	175.0	200.5	159.0	138.2
						2.3	0.8
1965.2	**2101.2**	**2221.2**	**3632.8**	**4649.2**	**4884.1**	**3101.1**	**2226.0**
888.9	904.8	922.6	1518.3	1823.9	1832.7	1117.2	849.3
641.0	686.0	755.9	1360.4	1820.0	1961.2	1105.9	715.6
244.0	310.2	345.7	452.6	353.2	423.8	379.5	284.3
191.3	200.2	197.0	301.5	383.5	435.1	261.2	191.4
				75.3	139.3	122.7	94.8
				2.9	20.1	22.7	15.9
				4.6	50.9	70.1	52.9
				3.8	21.0	21.8	21.8

年报中重点煤矿的产量数。②1955～1957年产量是不包括未列入生产任务的基建工程煤巷道大修煤，经济拨款产煤及

	1949年	1950年	1951年	1952年	1953年	1954年
吉林省	**226.2**	**245.7**	**297.9**	**387.1**	**423.5**	**432.3**
辽　源	117.4	123.5	133.9	188.7	202.5	221.2
通　化	36.2	35.5	43.3	61.1	66.0	58.3
舒　兰						
蛟　河	72.6	86.7	120.7	137.3	155.0	152.8
营　城						
黑龙江	**459.2**	**489.4**	**473.1**	**609.2**	**657.4**	**708.8**
鸡　西	240.8	234.9	233.6	306.2	341.8	347.1
鹤　岗	176.2	193.0	194.1	218.6	223.2	254.3
双鸭山	42.2	61.5	45.4	84.4	92.4	107.4
七台河						
江苏省	**89.3**	**105.4**	**110.6**	**112.0**	**117.2**	**133.0**
徐　州	89.3	105.4	110.6	112.0	117.2	133.0
安徽省	**112.5**	**150.8**	**197.5**	**256.2**	**238.1**	**285.4**
淮　南	112.5	150.8	197.5	256.2	238.1	285.4
淮　北						
江西省	**8.3**	**22.3**	**38.5**	**55.8**	**67.8**	**76.3**
萍　乡	8.3	22.3	38.5	55.8	67.8	76.3
丰　城						
英岗岭						
山东省	**166.8**	**227.4**	**267.1**	**358.7**	**361.8**	**420.7**
淄　博	119.4	165.4	203.3	262.9	250.9	295.7
枣　庄	14.3	22.0	24.5	50.0	62.7	63.5
新　汶	12.8	15.8	17.9	24.9	27.3	33.5
肥　城						
坊　子	20.3	24.2	21.4	20.9	20.9	28.0
莱　芜						
枣庄矿						
官　桥						
兖　州						
基　建						

续表

1955年	1956年	1957年	1958年	1959年	1960年	1961年	1962年
479.6	**547.7**	**630.0**	**864.7**	**1208.1**	**1331.5**	**1132.8**	**919.6**
240.6	279.2	307.4	397.4	461.4	439.2	375.9	321.1
66.4	86.6	115.0	206.4	406.0	445.5	376.4	242.1
				16.2	56.1	55.4	82.3
172.6	181.9	207.6	144.6	178.0	193.5	178.5	15.0
			116.3	146.5	197.2	146.6	124.1
868.0	**1093.2**	**1305.4**	**2066.2**	**2953.2**	**2974.9**	**2019.5**	**1790.9**
401.1	494.1	584.5	866.0	1204.5	1173.7	888.6	872.5
322.0	406.5	488.8	800.1	1180.2	1163.0	691.7	537.0
144.9	192.6	232.1	400.1	520.3	582.3	406.1	351.1
				48.2	55.9	33.1	30.3
146.9	**162.2**	**182.7**	**321.2**				
146.9	162.2	182.7	321.2	477.4	463.0	423.0	444.3
324.9	**367.1**	**491.2**	**816.9**	**1464.2**	**1714.8**	**1593.7**	**1369.3**
324.9	367.1	491.2	816.9	1414.2	1614.5	1422.2	1202.6
				50.0	100.3	171.5	166.7
109.5	**157.2**	**184.1**	**294.9**	**486.3**	**471.2**	**357.9**	**286.3**
109.5	157.2	184.1	294.9	450.2	401.3	303.1	245.6
				36.1	69.9	54.8	40.7
492.5	**539.3**	**610.1**	**1207.5**	**1660.0**	**1932.8**	**1326.3**	**1194.0**
337.2	353.5	374.1	578.4	784.4	800.8	515.1	448.4
77.8	94.7	110.8	300.0	495.6	545.4	445.1	391.8
41.9	47.6	65.3	250.2	370.2	518.3	325.5	242.4
				3.5	23.7	29.4	36.3
35.6	35.4	36.1	78.0				75.1
				0.6	7.7	11.2	
	8.1	23.8					
				5.7	36.6		
			0.9				

	1949年	1950年	1951年	1952年	1953年	1954年
浙江省						
长广						
河南省	**62.7**	**81.1**	**107.3**	**170.9**	**176.3**	**179.6**
焦作	59.1	79.1	105.1	168.9	171.9	174.0
平顶山						
鹤壁						
宜洛	3.6	2.0	2.2	2.0	4.4	5.6
观音堂						
湖南省	**10.1**	**14.2**	**18.6**	**23.7**	**29.1**	**39.4**
涟邵						
资兴		1.3	1.5	8.3	18.5	27.7
湘江	10.1	12.9	17.1	15.4	10.6	11.7
四川省	**57.0**	**52.1**	**66.6**	**90.5**	**115.3**	**152.5**
南桐	3.5	6.6	11.8	15.9	24.7	34.8
永荣						
华安	1.7	1.8	3.2	3.9	3.8	4.3
天府	39.4	29.5	31.9	35.4	40.1	45.5
东林	3.0	2.8	6.8	12.2	15.2	20.2
嘉阳	5.4	7.9	8.6	14.6	13.1	20.7
广元			0.8	14.4	3.3	5.2
永川	0.6	0.6	0.4	2.0	6.5	10.4
曾家山				1.6	5.1	7.7
荣昌						
全济	3.4	2.9	3.1	3.5	3.5	3.7
云南省	**6.5**	**5.0**	**6.2**	**6.8**	**7.0**	**12.3**
一平浪	6.5	5.0	6.2	6.8	7.0	12.3
来宾						
恩洪						
羊场						
宣威						
榕峰						

续表

1955年	1956年	1957年	1958年	1959年	1960年	1961年	1962年
				6.4	**33.3**	**30.0**	**21.8**
				6.4	33.3	30.0	21.8
198.0	**222.8**	**263.9**	**624.9**	**1369.5**	**1984.8**	**1327.5**	**982.6**
190.3	213.9	243.8	410.8	613.1	691.2	466.1	388.5
	4.1	2.4	80.9	326.3	563.6	378.6	283.2
		2.4	86.3	255.5	504.5	356.2	212.9
7.7	4.8	15.3	46.9	67.9	91.2	37.3	36.8
				106.9	134.3	89.3	61.2
42.8	**47.5**	**53.2**	**87.1**	**171.0**	**227.9**	**168.5**	**144.6**
				40.5	70.3	55.0	48.9
30.7	36.1	43.9	87.1	130.5	157.6	113.5	95.7
12.1	11.4	9.3					
176.2	**204.4**	**243.3**	**398.2**				
49.1	60.8	61.2	164.5				
			100.2				
2.4	2.1	3.4					
44.4	53.6	67.6	91.1				
23.4	24.8	31.3					
25.4	25.6	28.6	42.4				
7.0	5.6	7.5					
10.6	11.7	15.8					
10.2	15.5	21.6					
		1.5					
3.7	4.7	4.8					
11.1	**14.0**	**18.4**	**41.5**	**173.3**	**163.5**	**89.8**	**71.3**
11.1	14.0	18.4	41.5	115.8	106.4	63.8	50.9
							7.7
					46.8	12.5	11.5
							0.5
					10.3	11.6	
				1.4			

	1949年	1950年	1951年	1952年	1953年	1954年
东　　山						
基　　建						
贵州省		**0.2**	**0.7**	**2.3**	**7.9**	**14.1**
林　　东		0.2	0.7	2.3	7.9	14.1
蔡　　冲						
六　　枝						
水　　城						
龙　　山						
郎　　岱						
基　　建						
陕西省	**16.7**	**11.6**	**19.6**	**33.2**	**41.8**	**46.1**
铜　　川	16.7	11.6	19.6	33.2	41.8	46.1
蒲　　白						
澄　　合						
韩　　城						
基建(合华山)						
甘肃省	**4.2**	**6.5**	**9.1**	**15.5**	**21.5**	**37.9**
甘　　肃	4.2	6.5	9.1	15.5	21.5	37.9
窑　　街						
阿干镇						
靖　　远						
山　　丹						
天　　祝						
宁夏自治区						
石嘴山						
石炭井						
基建(大峰露天)						
青海省						
大　　通						
新疆自治区						
哈　　密						

续表

1955年	1956年	1957年	1958年	1959年	1960年	1961年	1962年
				56.1			
						1.9	0.7
14.5	**21.4**	**19.3**	**29.2**	**105.7**	**123.2**	**92.0**	**59.3**
14.5	21.4	19.3	29.2	79.4	72.8	66.6	46.5
						8.3	5.8
				19.3	33.8	14.3	6.9
				2.3	13.6		
				4.7	3.0	2.8	0.1
48.7	**67.7**	**94.5**	**253.9**	**383.0**	**398.4**	**346.4**	**331.0**
48.7	67.7	94.5	253.9	307.3	328.8	282.2	277.8
				60.0	51.9	55.0	45.9
				15.7	17.7	7.7	7.3
						1.5	
48.0	**53.1**	**69.4**	**151.7**				**93.2**
48.0	53.1	69.1					
			23.2				32.9
			90.4				33.5
							4.7
		0.3	19.6				22.1
			18.5				
			15.5	**130.3**	**184.2**	**180.9**	**219.8**
			15.5	100.3	139.8	135.1	159.3
				30.0	44.4	45.8	60.5
							26.9
							26.9

	1963 年	1964 年	1965 年	1966 年	1967 年
总　计	**15129.1**	**15056.0**	**16427.9**	**18072.2**	**13588.0**
北京市	**601.9**	**542.5**	**505.5**	**515.3**	**409.9**
北　京	601.9	542.5	505.5	515.3	409.9
河北省	**1925.7**	**1978.4**	**2081.4**	**2139.0**	**1920.7**
开　滦	1160.4	1150.0	1225.3	1280.4	1139.1
峰　峰	497.6	562.0	591.7	600.3	518.6
井　陉	193.1	194.3	196.8	187.9	197.9
兴　隆	74.6	72.1	67.5	70.4	65.1
邢　台			0.1		
邯　郸					
下花园					
八宝山					
山西省	**2106.5**	**2197.6**	**2336.9**	**2488.1**	**1703.8**
大　同	847.8	902.4	943.3	997.2	677.7
阳　泉	526.8	551.1	567.8	531.6	372.7
西　山	354.3	335.0	356.2	386.4	196.1
汾　西	156.7	160.3	165.4	220.2	161.6
潞　安	94.4	100.4	126.2	154.1	146.4
轩　岗	44.1	50.3	44.9	56.4	58.4
晋　城	82.4	98.1	133.1	142.2	90.9
霍　县					
东　山					
荫　营					
南　庄					
西峪寨沟					
小　峪					
辽宁省	**2129.5**	**2110.5**	**2268.9**	**2879.1**	**2089.4**
抚　顺	763.4	685.6	699.7	935.9	530.7
阜　新	681.5	719.2	792.3	1003.6	804.7
本　溪	264.7	248.6	276.7	302.4	246.0
北　票	198.5	204.7	190.7	222.6	213.9
平　庄	126.4	140.6	159.5	202.1	149.1
铁　法	13.3	13.1	32.8	59.2	37.1
南　票	47.3	58.4	76.7	101.7	83.8

说明：③辽宁省的沈阳煤矿 1965～1967 年三年并入铁法矿务局，1968 年又独立出来，本表沈阳的 1965～1967 年产量查
水城及盘江等单位。⑤1965 年西北区成立贺兰山公司统辖内蒙、甘肃、宁夏、新疆等省自治区的重点煤矿。⑥1965 年

续表

1968 年	1969 年	1970 年	1971 年	1972 年	1973 年
14730.1	**17857.0**	**22672.4**	**24658.2**	**24921.6**	**(25391.4) 24767.1**
454.8	**511.5**	**577.4**	**629.0**	**624.6**	**(634.3) 634.3**
454.8	511.5	577.4	629.0	624.6	634.3
2344.2	**2534.4**	**2871.0**	**3051.9**	**3104.0**	**(3590.2) 3265.8**
1354.7	1451.5	1664.2	1780.7	1805.2	2012.8
681.9	718.9	801.6	855.4	875.7	835.1
232.6	250.7	260.1	250.8	248.7	243.2
67.8	75.1	90.0	100.3	104.2	110.9
7.2	38.2	55.1	64.7	70.2	63.8
					(223.8)
					(70.0)
					(30.6)
1782.6	**2468.8**	**3032.7**	**3230.4**	**3329.7**	**(4073.3) 3576.3**
866.1	1080.7	1154.3	1224.7	1260.2	1370.8
406.7	677.0	763.4	770.8	802.0	836.7
146.9	216.3	408.9	463.7	487.3	512.8
47.9	63.6	221.0	245.4	224.6	243.3
150.7	207.5	229.6	242.2	250.0	270.4
71.3	96.0	110.0	120.5	102.6	112.2
93.0	127.7	145.5	163.1	203.0	230.1
					(154.1)
					(26.0)
					(140.5)
					(35.1)
					(95.0)
					(46.3)
2316.6	**3176.6**	**3865.6**	**3897.7**	**3852.6**	**(3812.5) 3719.2**
579.0	1073.1	1261.0	1242.2	1221.8	1131.0
892.8	1070.5	1300.3	1266.9	1239.0	1214.0
310.7	353.9	368.3	367.8	343.0	340.0
227.1	278.9	339.3	360.1	343.8	287.3
140.9	152.8	245.0	261.4	307.4	336.6
49.6	107.0	131.1	148.6	170.9	187.7
87.1	94.2	155.1	180.0	160.5	150.1

自辽宁省煤管局历史资料，从铁法矿分局总产量中调整出来。④1965 年贵州省成立六盘水指挥部统辖六枝、凉水井、陕西省成立渭北公司统辖铜川、蒲白及澄合三个单位。

	1963年	1964年	1965年	1966年	1967年
沈　阳	34.4	40.3	40.5	51.6	24.1
烟　台					
八道壕					
吉林省	**921.0**	**889.8**	**929.7**	**1025.5**	**840.1**
辽　源	316.7	310.4	290.8	310.5	281.4
通　化	215.4	197.2	233.9	298.7	214.5
舒　兰	113.4	95.7	124.8	152.0	139.5
蛟　河	159.1	175.2	181.4	178.2	140.4
营　城	116.4	111.3	98.8	86.1	64.3
延　边					
和　龙					
黑龙江	**1817.6**	**1868.2**	**1924.2**	**2028.7**	**1469.8**
鸡　西	901.1	897.6	877.7	894.9	580.1
鹤　岗	514.9	547.8	599.2	630.7	452.9
双鸭山	348.3	350.3	356.0	381.7	357.3
七台河	53.3	72.5	91.3	121.4	79.5
扎赉诺尔					
大　雁					
江苏省	**439.9**	**443.0**	**475.4**	**505.0**	**392.3**
徐　州	439.9	443.0	475.4	505.0	392.3
安徽省	**1204.3**	**1149.0**	**1131.1**	**1168.6**	**641.3**
淮　南	1025.2	946.3	906.9	892.9	456.7
淮　北	179.1	202.7	224.2	275.7	184.6
江西省	**288.5**	**290.2**	**296.6**	**293.5**	**182.8**
萍　乡	234.8	216.6	201.4	210.4	131.0
丰　城	53.7	73.7	95.2	83.1	51.8
英岗岭					
山东省	**1256.8**	**1324.2**	**1446.9**	**1653.0**	**1522.4**
淄　博	460.9	449.2	440.2	436.6	382.5
枣　庄	415.9	440.9	476.1	524.8	460.5
新　汶	255.5	291.5	341.5	423.8	413.6
肥　城	55.7	82.1	125.6	202.6	211.1
坊　子	68.3	60.5	62.2	56.0	51.0
莱　芜					

续表

1968年	1969年	1970年	1971年	1972年	1973年
29.4	46.2	65.5	70.7	66.2	72.5
					(35.2)
					(58.1)
874.0	**1014.0**	**1198.5**	**1268.8**	**1273.6**	**(1346.2) 1282.0**
288.2	322.4	377.1	406.9	397.2	390.5
230.1	301.3	365.0	375.8	381.9	395.1
159.1	162.1	174.6	185.6	201.8	208.6
139.4	154.5	180.4	185.1	175.2	171.6
57.2	73.7	101.4	115.4	117.5	116.2
					(33.5)
					(30.7)
1705.2	**2101.9**	**2269.6**	**2174.3**	**2028.4**	**(2294.8) 2081.9**
808.3	885.4	931.3	916.5	910.6	940.0
389.6	707.7	800.2	750.9	704.2	701.8
409.1	387.6	400.3	380.3	286.1	301.0
98.2	121.2	137.8	126.6	127.5	139.1
					(212.9)
238.1	**161.9**	**632.1**	**832.9**	**873.5**	**(902.7) 920.7**
238.1	161.9	632.1	832.9	873.5	920.7
824.1	**1201.5**	**1505.8**	**1664.5**	**1701.9**	**(1741.1) 1741.1**
638.5	846.5	1004.9	1052.1	1027.5	1006.1
185.6	355.0	500.9	612.4	674.4	735.0
275.9	**367.9**	**505.6**	**549.6**	**541.3**	**(533.5) 533.5**
195.8	242.8	343.5	376.2	351.1	340.0
80.1	125.1	162.1	173.4	185.2	185.4
				5.0	8.1
1626.1	**1204.9**	**1844.1**	**1985.7**	**2020.2**	**(1779.4) 1779.4**
422.0	319.4	466.8	496.6	511.8	527.2
564.0	379.0	615.9	671.9	659.3	458.0
421.2	310.8	467.8	473.6	443.4	423.5
169.7	148.6	241.7	289.0	314.9	282.1
49.2	47.1	51.9	54.6	51.0	46.8
				37.3	40.6

	1963年	1964年	1965年	1966年	1967年
枣庄矿					
官　桥					
兖　州					
基　建	0.5		1.3	9.2	3.7
浙江省	**24.3**	**20.9**	**25.2**	**28.3**	**25.4**
长　广	24.3	20.9	25.2	28.3	25.4
河南省	**1004.2**	**1037.1**	**1222.6**	**1456.4**	**1290.3**
焦　作	388.8	377.8	385.6	401.7	306.7
平顶山	304.7	324.6	447.6	584.4	424.3
鹤　壁	221.2	262.4	301.3	338.3	237.3
宜　洛	25.8	39.9	53.0	70.3	74.4
张　村					
观音堂	63.7	32.4	35.1	61.7	47.6
义　马					
新　密					
湖南省	**138.8**	**122.3**	**130.9**		
涟　邵	51.8	50.6	53.3		
资　兴	87.0	71.7	77.6		
湘　江					
马　田					
永　红					
四川省			**442.0**	**546.6**	**428.9**
南　桐			144.4	174.1	125.8
永　荣			121.5	150.5	98.7
广　旺			76.2	87.8	79.0
天　府			49.9	50.3	42.2
中梁山			32.5	45.9	33.9
松　藻			16.2	31.6	25.5
芙　蓉			0.4	6.4	8.3
渡　口			0.9		15.5
打　通					
云南省	**67.9**	**57.9**	**79.2**	**101.5**	**77.5**
一平浪	49.5	45.2	48.4	52.9	36.7
来　宾	11.1	8.9	16.3	16.2	15.0

续表

1968年	1969年	1970年	1971年	1972年	1973年
				2.5	1.2
31.2	**37.4**	**68.4**	**90.3**	**86.2**	**61.3**
31.2	37.4	68.4	90.3	86.2	61.3
1059.7	**1474.6**	**1737.1**	**1899.7**	**1947.7**	**(2334.6)** **1782.7**
360.4	426.7	476.4	500.9	517.0	479.7
323.8	559.5	683.1	814.9	850.2	825.9
285.3	375.1	424.2	427.3	398.2	352.8
55.9	78.9	91.3	102.4	111.9	83.4
34.3	34.4	62.1	64.2	70.4	40.9
					(307.7)
					(244.2)
					(375.2) **375.2**
					(120.0)
					(153.0)
271.1	**422.2**	**698.5**	**1032.7**	**1125.3**	**948.8**
54.1	130.1	165.8	204.0	211.8	190.8
37.2	45.2	107.2	140.5	138.8	57.5
59.5	90.1	111.4	132.1	140.6	145.1
61.0	55.5	59.0	76.7	77.1	55.3
26.4	34.9	65.3	82.5	85.0	55.6
13.5	25.0	60.2	176.2	74.9	48.5
	10.1	62.5	140.4	152.5	118.7
19.4	31.3	67.1	150.1	195.7	235.0
			30.2	48.9	42.3
17.4	**83.2**	**103.5**	**158.3**	**167.7**	**156.4**
13.6	41.4	55.9	60.2	62.1	63.8
1.2	4.2	12.3	29.0	31.7	14.8

	1963年	1964年	1965年	1966年	1967年
恩　洪	6.1	1.0			
羊　场	1.2	2.8	14.5	32.4	25.8
田　坝					
贵州省	**56.5**	**21.6**	**53.7**	**112.5**	**91.4**
林　东	45.2	19.2	41.1	45.4	36.2
蔡　冲				10.7	10.1
六　枝	6.2	1.8	7.3	39.3	27.5
水　城	5.1	0.6	5.3	12.4	9.1
龙　山				4.7	
盘　江					8.5
基　建					
陕西省	**383.9**	**313.3**	**285.7**	**321.5**	**174.9**
铜　川	327.6	273.1	248.4	276.0	142.0
蒲　白	50.2	35.7	34.3	42.6	30.1
澄　合			3.0	2.9	2.8
韩　城	6.1	4.5			
基建(合华山)					
甘肃省	**101.7**	**102.2**	**104.6**	**121.5**	**88.4**
甘　肃					
窑　街	37.1	44.0	55.9	68.5	52.2
阿干镇	35.5	35.2	37.8	45.9	29.1
靖　远	5.3	5.6	5.2	7.1	7.1
山　丹	23.8	17.4	5.7		
宁夏自治区	**251.1**	**212.6**	**251.6**	**286.1**	**165.8**
石嘴山	178.3	151.9	183.6	202.4	91.2
石炭井	72.8	60.7	68.0	83.7	74.6
卫　东					
基建(大峰露天)					
青海省				**51.0**	**49.4**
大　通				51.0	49.4
新疆自治区	**25.0**	**19.4**	**22.9**	**28.0**	**19.3**
哈　密	25.0	19.4	22.9	28.0	19.3

续表

1968年	1969年	1970年	1971年	1972年	1973年
2.6	37.6	35.3	69.1	70.8	74.6
89.0	**75.0**	**179.7**	**322.8**	**346.6**	**222.5**
34.6	27.8	45.6	55.4	48.4	5.3
9.0	8.1	13.1	19.5	12.2	5.7
31.8	27.2	63.6	115.4	121.4	62.1
13.6	11.9	54.5	118.7	136.6	114.0
		2.9	13.8	28.0	35.4
205.4	**335.7**	**420.1**	**511.3**	**589.1**	**(705.3) 705.3**
183.1	301.6	384.6	452.4	521.1	612.0
9.5	15.2	15.4	25.7	25.3	30.3
8.8	13.7	20.1	27.2	32.1	42.0
4.0	5.2		6.0	10.6	21.0
126.4	**177.7**	**264.8**	**353.6**	**354.9**	**(352.9) 366.1**
70.1	100.0	150.1	194.2	195.4	208.3
47.7	67.5	95.2	101.6	87.4	80.3
8.6	10.2	19.5	47.8	60.0	64.3
			10.0	12.1	13.2
169.7	**274.4**	**372.5**	**432.9**	**476.0**	**(547.4) 547.4**
104.8	140.8	175.6	185.4	161.7	185.1
64.9	133.6	196.9	243.5	284.9	362.3
			4.0	13.6	
				15.8	
59.4	**64.0**	**68.2**	**74.6**	**85.7**	**92.4**
59.4	64.0	68.2	74.6	85.7	92.4
17.2	**16.7**	**39.4**	**74.7**	**11.6**	**(15.7) 15.7**
17.2	16.7	39.4	74.7	11.6	15.7

	1974年	1975年	1976年	1977年	1978年	1979年	1980年	1981年
合　计	**24277.5**	**27995.2**	**27364.3**	**29527.3**	**34184.1**	**35776.9**	**34439.2**	**33505.2**
北　京	644.2	643.1	637.2	650.0	663.0	655.1	620.2	602.4
河北省	**3823.0**	**4236.0**	**3325.9**	**3282.7**	**4365.9**	**4407.0**	**3996.7**	**3841.0**
开　滦	2306.5	2563.8	1534.7	1268.6	2150.9	2157.9	1928.7	1935.3
河北煤管局	1516.5	1672.2	1791.3	2014.1	2215.0	2249.1	2068.0	1905.7
峰　峰	762.8	841.2	910.1	1004.1	1124.2	1128.9	1031.2	979.3
井　陉	243.4	245.7	247.5	262.5	262.7	267.7	243.6	215.3
兴　隆	120.5	136.0	171.0	234.1	237.4	235.4	190.4	121.1
邢　台	77.5	90.8	93.1	103.1	130.0	140.0	141.7	142.1
邯　郸	212.9	255.4	275.8	319.4	362.9	374.4	366.1	362.1
下花园	66.4	70.1	64.3	60.8	67.8	102.7	95.0	85.8
八宝山	33.0	33.0	29.5	30.1	30.0			
上花园								
山西省	**4434.2**	**4896.4**	**5003.2**	**5387.8**	**6017.6**	**6375.9**	**6672.0**	**6760.1**
大　同	1620.5	1803.9	2024.1	2050.2	2303.0	2404.9	2452.0	2424.4
山西煤管局	2322.1	2572.8	2488.7	2808.7	3141.8	3378.2	3637.0	3762.3
阳　泉	1004.7	1100.1	1252.2	1148.8	1172.7	1122.8	1217.8	1219.4
西　山	476.7	572.5	484.9	650.0	750.2	859.0	930.8	1003.1
汾　西	258.1	258.7	155.5	301.7	364.6	423.0	450.2	457.2
潞　安	263.0	286.1	260.9	291.7	364.3	413.8	451.7	475.7
轩　岗	120.4	130.6	140.2	150.8	159.1	170.9	170.0	171.1
晋　城	199.6	224.8	195.0	265.7	331.0	388.7	416.5	435.8
太　煤								
王　坪								
山西煤炭厅	491.6	519.7	490.4	528.9	572.7	592.8	583.0	573.4
霍　县	131.1	134.8	116.2	127.7	141.5	142.7	144.0	143.7
东　山	29.4	25.4	12.7	30.0	44.6	53.6	58.7	60.0
荫　营	148.6	162.6	167.3	167.3	170.2	176.3	166.8	166.8
固　庄								
小　峪	51.1	56.4	53.0	61.5	70.0	73.7	75.6	76.0
南　庄	35.5	38.3	40.1	40.1	43.5	45.1	37.7	36.6
寨　沟	95.5	102.2	101.1	102.3	102.9	101.4	100.2	90.3
平朔露天								
内蒙古自治区	**840.4**	**1042.5**	**1099.1**	**1095.4**	**1005.6**	**1496.9**	**1540.5**	**1478.7**
内蒙煤炭厅	304.7	436.8	485.5	547.7	315.5	806.8	759.3	718.6
包　头	112.2	135.1	115.3	148.4	167.6	175.1	168.6	176.6
乌　达	192.5	301.7	370.2	399.3	147.9	474.4	448.3	368.1

续表

1982年	1983年	1984年	1985年	1986年	1987年	1988年	1989年	1990年
34990.2	**36312.0**	**39469.9**	**40626.0**	**41392.2**	**42019.6**	**43445.2**	**45830.0**	**48021.6**
618.9	618.3	625.1	597.5	570.9	589.0	596.6	613.5	602.2
3973.4	**4043.7**	**3761.0**	**3975.5**	**4186.0**	**4213.8**	**4090.5**	**3998.4**	**3952.8**
1995.4	1996.0	1614.4	1666.3	1849.6	1880.9	1752.4	1796.2	1782.1
1978.0	2047.7	2146.6	2309.2	2336.4	2332.9	2338.1	2202.4	2170.7
1026.6	1060.1	1091.0	1130.5	1135.6	1149.1	1154.0	1157.5	1145.5
210.5	199.3	193.9	183.7	171.3	155.9	152.4	142.7	135.0
127.8	131.5	131.1	140.4	133.5	135.6	134.2	126.0	114.0
155.4	166.4	193.0	276.5	336.7	366.3	387.2	371.0	377.8
375.5	417.1	463.0	501.4	491.2	453.0	435.1	332.5	320.4
82.2	73.3	74.6	50.6	43.1	44.7	44.7	44.4	50.4
			26.1	25.0	28.3	30.7	28.1	27.5
7243.4	**7600.7**	**8076.0**	**8563.5**	**8816.0**	**9206.6**	**9808.3**	**10545.6**	**11262.2**
2620.4	2722.6	2900.1	3080.5	2918.4	2873.8	2922.9	2999.0	2993.1
4907.0	4203.9	4434.3	4678.9	5045.8	5440.2	5819.0	6245.1	6304.3
1265.6	1295.8	1366.2	1393.2	1429.8	1497.2	1508.9	1568.1	1623.3
1050.5	1101.9	1142.9	1177.2	1257.3	1355.7	1311.1	1570.5	1515.2
520.5	550.6	595.4	618.5	673.1	666.8	692.4	708.3	692.9
523.6	571.1	605.1	684.0	802.6	880.5	1000.1	1010.5	1010.2
182.1	182.9	189.0	192.9	204.4	224.5	229.7	241.4	252.3
464.7	501.6	533.7	613.1	678.6	815.5	1003.3	1004.2	1036.3
					25.5	70.5	103.7	114.0
						3.0	38.4	60.0
616.4	674.2	743.6	804.1	851.8	852.4	865.2	910.9	1035.5
157.0	187.1	205.8	252.8	300.5	304.0	312.2	349.0	450.0
60.0	70.1	82.6	84.6	90.7	112.0	97.1	94.5	102.9
129.1	127.1	133.9	136.2	138.3	118.8	128.5	137.5	138.5
50.3	51.1	53.6	52.0	52.1	47.2	52.0	61.8	59.5
82.0	87.5	107.3	120.1	114.1	116.5	120.2	120.2	120.0
46.8	52.4	55.4	55.4	57.5	55.9	63.2	67.1	68.2
92.2	98.9	105.0	103.0	98.6	98.0	92.0	80.7	96.4
					14.7	201.2	390.7	929.4
1645.5	**1663.5**	**1870.4**	**2065.2**	**2093.9**	**2062.2**	**2117.4**	**2460.5**	**2726.4**
838.3	762.5	818.3	826.9	852.2	826.1	696.3	790.7	854.5
179.3	181.2	186.1	161.8	177.4	157.5	161.1	148.1	169.1
407.5	401.0	432.2	432.8	450.8	442.2	374.1	462.4	462.6

	1974年	1975年	1976年	1977年	1978年	1979年	1980年	1981年
海勃湾（宝矿）						157.3	142.4	173.9
内蒙东部	535.7	605.7	613.6	613.0	690.1	690.1	781.2	760.1
平庄	350.1	371.7	355.0	355.0	413.4	413.4	435.7	422.0
扎局	160.2	202.6	229.8	225.3	235.2	235.2	267.2	262.7
大雁	25.4	31.4	28.8	32.7	41.5	41.5	78.8	75.4
霍林河								
伊敏河								
辽宁省	**3655.6**	**3638.2**	**3748.5**	**3517.3**	**3791.2**	**3639.5**	**3236.0**	**2887.3**
抚顺	1211.7	1187.2	1183.0	1202.8	1170.0	1005.6	807.9	722.6
阜新	1270.0	1300.3	1330.0	1191.1	1360.1	1346.6	1174.9	1033.5
北票	287.7	290.6	291.1	270.0	287.0	282.5	261.3	230.4
铁法	214.0	191.9	179.9	177.7	210.0	202.0	217.3	212.8
南票	156.5	175.5	174.1	165.2	199.0	195.4	172.3	165.9
沈阳	422.6	414.3	444.8	463.6	505.6	552.7	539.6	462.9
烟台	34.3	25.2	9.7	9.1	11.1	11.6	11.5	11.1
八道壕	58.8	53.2	48.6	37.8	48.4	43.1	51.2	48.1
吉林省	**1272.1**	**1323.8**	**1329.2**	**1350.8**	**1434.1**	**1468.2**	**1275.0**	**1239.5**
辽源	372.5	373.6	360.1	341.1	369.2	380.4	371.8	357.4
通化	423.3	451.5	492.0	528.1	572.0	583.6	456.3	451.0
舒兰	316.3	345.6	329.1	339.2	342.0	355.2	325.2	316.9
珲春	160.0	153.1	148.0	142.4	150.9	149.0	121.7	114.2
黑龙江省	**2194.4**	**2617.6**	**2549.0**	**2642.5**	**2984.0**	**3324.1**	**3395.4**	**3331.7**
鸡西	951.6	1054.9	1097.5	1129.1	1207.6	1291.3	1270.0	1213.0
鹤岗	765.2	778.0	815.0	863.3	1050.0	1203.6	1273.2	1290.1
双鸭山	336.6	383.1	427.9	448.5	466.2	526.8	527.2	530.9
七台河	141.0	167.6	208.6	201.6	260.2	302.4	325.0	297.7
江苏省	**609.0**	**810.2**	**958.4**	**1026.6**	**1240.1**	**1392.0**	**1382.2**	**1316.7**
大屯						106.7	126.4	165.4
江苏省煤炭公司								
徐州	609.0	810.2	958.4	1026.6	1240.1	1285.3	1255.8	1151.3
安徽省	**1374.0**	**1818.8**	**1950.2**	**2074.1**	**2232.9**	**2277.5**	**2232.7**	**2192.1**
淮南	731.9	964.6	930.0	953.2	991.8	961.7	904.3	866.8
淮北（刘桥）	642.1	854.2	1120.9	1120.2	1241.1	1315.8	1328.4	1325.3

续表

1982年	1983年	1984年	1985年	1986年	1987年	1988年	1989年	1990年
207.3	180.3	200.0	203.2	188.7	186.2	126.4	150.9	206.2
						34.7	29.2	16.6
807.2	901.0	1052.1	1238.3	1241.7	1236.1	1421.1	1669.9	1872.0
451.7	470.3	499.6	503.6	391.8	528.1	567.4	597.0	616.1
265.2	313.6	347.0	376.6	151.3	393.0	411.5	419.5	480.1
90.3	102.3	135.3	169.0	151.3	105.2	170.7	223.3	271.9
	14.8	54.9	119.1	151.0	172.9	206.1	328.9	370.5
		15.3	70.0	70.0	36.9	65.4	101.2	133.4
3060.1	**3134.8**	**3307.5**	**3411.9**	**3415.4**	**3291.6**	**3430.2**	**3637.6**	**3753.7**
780.6	756.4	782.6	821.3	815.0	690.4	705.3	735.7	758.4
1095.3	1113.6	1137.9	1150.0	1123.5	1104.3	1094.5	1086.2	1102.4
241.3	235.1	240.0	240.1	239.6	244.8	243.5	241.4	240.8
260.5	323.9	385.7	455.5	492.9	563.0	670.9	803.5	857.0
181.7	181.8	182.0	195.7	209.5	213.0	213.3	209.7	215.1
447.6	462.4	515.7	495.3	481.6	427.9	461.6	515.9	534.5
11.7	12.9	14.7	13.8	10.3	6.1	5.2	5.1	5.1
41.4	48.7	48.9	40.2	43.0	42.1	35.9	40.0	40.5
1236.0	**1264.5**	**1340.6**	**1177.4**	**1099.3**	**1101.1**	**1123.8**	**1182.3**	**1260.3**
362.5	369.2	391.1	345.0	330.6	340.0	333.4	365.6	368.4
449.2	460.1	504.0	400.6	384.2	411.9	417.2	422.9	430.8
312.8	317.0	332.3	338.4	299.0	274.0	301.4	317.8	363.9
111.5	118.2	113.2	93.4	85.5	75.2	71.8	76.0	97.3
3488.5	**3655.5**	**3989.6**	**3887.0**	**4076.0**	**4257.2**	**4318.2**	**4660.2**	**4997.7**
1275.8	1312.5	1492.0	1299.7	1346.8	1344.0	1332.2	1460.7	1570.7
1340.4	1401.4	1450.5	1429.8	1447.7	1458.6	1445.1	1475.0	1570.8
553.1	576.3	611.0	674.1	738.9	803.5	829.0	967.8	1059.7
319.2	365.3	436.1	483.4	542.6	651.1	711.9	756.7	796.5
1335.1	**1411.6**	**1489.2**	**1561.0**	**1513.4**	**1557.8**	**1613.7**	**1681.1**	**1682.2**
193.1	218.7	249.5	278.0	265.5	293.9	362.7	388.8	365.7
1142.0	1192.9	1239.7	1283.0	1247.9	1263.9	1251.0	1292.3	1316.5
2188.0	**2255.0**	**2350.9**	**2387.9**	**2418.7**	**2248.8**	**2334.4**	**2360.8**	**2454.0**
840.8	863.0	913.4	923.2	953.7	791.0	894.8	916.2	1005.3
1347.2	1368.9	1407.5	1434.7	1435.0	1427.8	1409.6	1414.7	1418.7
	23.1			30.0	30.0	30.0	30.0	30.0

	1974年	1975年	1976年	1977年	1978年	1979年	1980年	1981年
江西省	**431.6**	**492.5**	**484.3**	**551.9**	**617.8**	**642.2**	**585.5**	**604.6**
萍乡	282.5	320.3	300.2	350.8	387.4	387.2	340.8	342.7
丰城	140.2	159.4	172.0	188.0	207.6	222.9	223.1	226.8
英岗岭	8.9	12.8	12.1	13.1	22.8	32.1	21.6	35.1
洛市								
山东省	**823.2**	**1840.0**	**2135.5**	**2343.0**	**2564.5**	**2267.2**	**2552.2**	**2377.2**
淄博	336.1	499.0	534.4	535.8	567.4	580.5	522.3	461.2
新汶	186.9	440.0	507.6	535.4	566.5	613.3	629.9	614.5
枣庄	118.7	545.0	643.8	703.5	786.7	811.5	750.9	686.1
肥城	103.5	273.7	325.3	390.1	405.2	402.1	368.3	347.0
兖州	13.1	40.0	80.3	133.2	189.1	209.3	233.3	224.0
坊子	38.1	42.3	44.0	45.0	49.6	50.4	47.5	44.4
龙口								
河南省	**2360.5**	**2781.4**	**2094.1**	**3039.7**	**3390.1**	**3457.3**	**3277.2**	**3286.5**
平顶山	742.2	1001.2	725.6	1157.2	1373.8	1387.1	1365.1	1356.6
河南煤管局	1618.3	1609.0	1368.2	1882.3	2016.3	2070.2	1912.1	1929.9
焦作	457.4	487.3	365.1	531.9	574.2	528.7	422.0	436.0
鹤壁	444.3	470.0	381.3	500.3	484.6	512.0	468.3	438.7
义马	461.2	561.9	436.5	580.0	652.4	664.4	641.6	644.8
新密	255.4	260.9	185.3	270.1	305.1	365.1	380.2	410.4
湖南省	**254.5**	**313.5**	**285.1**	**313.3**	**348.0**	**345.2**	**316.2**	**327.2**
涟邵	63.0	83.9	78.0	89.0	101.5	99.0	94.1	92.0
资兴	118.8	146.9	133.3	153.5	172.9	174.7	159.5	172.2
白沙	72.7	82.6	73.8	70.8	73.6	71.5	62.5	63.0
四川省	**(822.1)**	**1119.3**	**959.7**	**1266.8**	**1369.6**	**1454.4**	**1398.5**	**1382.7**
四川煤管局	512.2	601.9	516.7	668.3	694.7	702.7	684.2	679.7
广旺	141.8	156.0	133.3	160.6	146.5	153.1	169.1	174.4
芙蓉	105.1	150.3	133.4	201.5	216.3	209.4	185.1	175.6
渡口	265.3	295.6	250.0	306.2	331.9	340.2	330.0	329.7
达竹								
重庆公司	309.9	517.2	442.9	598.5	974.9	751.7	714.3	703.0
南桐	124.4	164.5	123.6	171.5	195.0	214.3	204.0	204.0
天府	47.7	66.8	61.3	75.2	84.1	121.9	122.7	121.8
松藻	61.6	105.6	107.4	130.0	138.3	140.8	140.1	142.4

续表

1982年	1983年	1984年	1985年	1986年	1987年	1988年	1989年	1990年
615.6	**606.5**	**637.2**	**645.7**	**628.6**	**651.0**	**654.5**	**657.6**	**643.4**
343.0	344.6	344.4	336.9	321.7	311.2	325.3	327.6	323.1
234.6	211.9	233.2	223.5	218.1	232.1	220.1	210.9	200.1
38.0	50.0	55.8	60.2	62.1	60.6	59.1	59.1	60.1
		3.8	25.1	26.7	47.1	50.0	60.0	60.1
2452.0	**2515.7**	**2622.1**	**2669.1**	**2744.5**	**2876.3**	**3109.7**	**3273.5**	**3284.7**
437.7	436.0	427.4	439.8	426.8	396.7	419.5	442.4	453.1
629.5	622.5	641.6	666.7	669.6	682.8	751.9	772.1	735.9
645.2	671.7	663.8	661.3	631.6	638.8	616.1	607.0	595.0
352.6	354.4	367.7	307.1	303.2	329.9	354.6	383.1	388.4
340.9	391.1	455.5	520.0	634.8	743.7	865.9	936.4	968.7
44.1	39.6	41.1	40.7	38.2	34.4	34.4	40.3	41.0
	0.4	25.0	33.5	40.3	50.0	67.3	92.3	102.5
3328.6	**3545.2**	**3600.5**	**3751.1**	**3807.2**	**3881.6**	**3961.8**	**4202.3**	**4318.2**
1357.0	1444.1	1505.0	1596.6	1668.3	1723.6	1743.4	1761.2	1749.9
1971.1	2101.1	2095.5	2155.1	2138.9	2158.0	2218.4	2441.0	2568.3
429.8	448.7	446.4	440.3	390.8	414.5	424.3	421.2	431.1
445.8	451.7	457.1	485.4	491.7	513.5	518.1	500.9	504.8
666.9	755.6	760.9	830.4	849.7	823.3	825.2	1008.2	1065.9
429.1	445.1	431.1	339.0	406.7	406.7	450.8	510.7	566.5
337.3	**331.9**	**335.3**	**285.5**	**287.7**	**283.3**	**301.1**	**300.0**	**302.0**
94.3	90.4	90.9	86.9	91.3	90.4	100.8	100.7	104.4
182.9	187.7	191.0	149.2	150.2	144.5	150.8	149.2	144.0
60.1	53.8	53.4	49.4	46.2	48.4	49.5	50.1	53.6
1457.4	**1496.5**	**1576.7**	**1610.5**	**1557.0**	**1619.7**	**1719.9**	**1798.1**	**1794.2**
713.3	709.1	743.2	763.3	726.2	748.1	784.7	844.2	877.6
188.8	180.8	198.7	205.6	176.1	171.1	186.2	194.8	190.2
179.7	186.0	201.6	221.3	211.7	236.0	246.6	289.5	294.2
344.8	342.3	342.9	336.4	338.4	341.0	351.9	351.9	372.6
							28.0	20.5
744.1	787.4	833.5	847.2	830.8	871.6	935.2	953.9	916.7
210.3	215.8	230.1	235.0	241.5	254.0	260.2	260.6	236.1
127.1	132.8	138.6	140.5	145.8	148.5	258.5	159.9	156.2
160.2	196.3	221.3	236.1	216.2	251.1	292.9	303.5	300.8

	1974年	1975年	1976年	1977年	1978年	1979年	1980年	1981年
中梁山	40.2	80.0	47.1	76.0	88.2	86.0	70.2	70.2
永　荣	36.0	100.3	103.5	145.8	169.3	188.7	177.3	164.6
贵州省	**176.2**	**328.0**	**309.9**	**474.0**	**615.2**	**638.3**	**621.9**	**588.5**
六　枝	28.8	58.7	55.5	102.5	131.2	141.8	138.6	128.8
盘　江	50.3	91.6	80.9	141.2	192.3	175.4	200.2	174.5
水　城	97.1	177.7	173.5	230.3	291.7	321.1	283.1	285.2
林　东								
陕西省	**647.4**	**677.0**	**642.9**	**846.9**	**992.9**	**1231.6**	**1183.1**	**1161.5**
铜　川	521.4	543.0	501.1	622.0	703.6	770.3	668.4	625.1
蒲　白	38.4	45.0	32.9	49.5	61.7	74.8	80.0	77.0
澄　合	57.4	58.2	51.4	70.9	84.4	95.1	100.6	107.8
韩　城	30.2	30.8	57.5	85.8	115.2	143.4	188.0	225.1
崔家沟						130.0	130.0	110.3
车　村								
苍　村								
甘肃省	**381.9**	**426.0**	**454.7**	**477.7**	**483.8**	**482.8**	**443.2**	**437.0**
窑　街	212.4	239.4	260.3	271.1	274.5	260.6	233.0	240.7
阿干镇	79.2	78.0	78.7	82.1	82.6	85.2	77.3	68.1
靖　远	90.3	108.6	115.7	124.5	126.7	137.0	132.9	128.2
宁夏自治区	**446.0**	**573.3**	**616.7**	**687.8**	**778.7**	**827.0**	**783.1**	**775.1**
石嘴山	105.6	154.7	182.6	198.2	230.9	252.4	245.2	247.2
石炭井	340.4	418.6	434.1	489.6	547.8	574.6	537.9	527.9
汝箕沟								
灵　武								
新疆自治区	**20.6**	**36.8**	**70.4**	**107.4**	**136.8**	**297.0**	**289.0**	**298.1**
哈　密	20.6	36.8	70.4	107.4	136.8	148.4	134.1	137.3
乌鲁木齐						148.6	154.9	160.8
艾维尔沟								
云南省								
一平浪								
羊　场								
来　宾								
田　坝								
小龙潭								

续表

1982年	1983年	1984年	1985年	1986年	1987年	1988年	1989年	1990年
75.1	70.1	71.5	75.1	75.6	67.8	66.0	68.6	69.0
171.4	172.4	172.0	160.5	151.7	150.2	157.6	161.2	154.6
678.8	**692.9**	**715.2**	**716.4**	**759.4**	**810.8**	**861.4**	**942.2**	**1024.3**
141.8	144.6	154.7	157.1	151.2	160.0	153.1	165.0	170.3
215.6	224.5	236.4	264.1	280.2	280.1	298.2	325.5	40.0
321.4	323.8	324.1	295.2	313.0	342.1	382.1	407.8	470.0
				15.0	28.6	28.0	44.0	44.0
1265.5	**1356.2**	**1398.9**	**1434.9**	**1464.6**	**1410.7**	**1326.5**	**1349.2**	**1481.7**
677.7	715.3	706.0	705.9	699.7	651.5	585.7	585.5	614.6
90.9	96.4	106.6	119.3	135.8	127.5	122.1	128.1	150.0
114.0	142.4	152.1	161.7	159.6	150.1	137.7	149.8	170.7
253.1	293.3	324.8	334.5	353.3	372.9	384.7	359.0	402.7
113.9	92.0	96.3	100.1	95.2	69.3	50.8	66.6	72.0
		13.1	13.4	21.0	21.4	24.1	30.1	29.7
					18.0	21.4	30.2	42.0
482.8	**498.1**	**566.4**	**593.5**	**597.7**	**615.0**	**628.1**	**664.4**	**684.3**
252.7	256.5	286.2	292.3	273.5	286.1	291.4	314.3	324.4
69.5	70.7	77.7	70.4	70.9	66.6	70.8	60.1	40.8
160.6	170.9	202.5	230.8	253.3	262.3	265.9	290.0	319.1
743.0	**764.6**	**829.6**	**898.2**	**897.7**	**913.3**	**951.6**	**967.7**	**1077.2**
247.1	255.8	281.2	305.2	287.1	292.8	300.0	296.5	305.7
495.9	508.8	548.4	578.0	580.6	590.5	621.6	631.9	719.0
			15.0	30.0	30.0	30.0	30.0	30.0
							9.2	22.6
329.2	**353.3**	**377.7**	**393.6**	**383.2**	**354.8**	**422.5**	**459.7**	**464.5**
146.8	156.2	165.3	174.4	164.0	164.5	167.1	182.0	186.2
182.4	197.1	212.4	219.2	219.2	190.3	206.7	217.7	212.6
						48.7	60.0	65.7
								255.5
								53.7
								45.2
								30.0
								51.7
								75.0

续表

	1991年	1992年	1993年	1994年	1995年	1996年
总　计	**48059.74**	**48253.65**	**45803.17**	**46867.15**	**48227.84**	**53725.49**
北京市	**593.04**	**563.40**	**551.71**	**495.72**	**489.82**	**493.12**
北　京	593.04	563.40	551.71	495.72	489.82	493.12
河北省	**3899.05**	**3787.57**	**3758.91**	**3715.21**	**3841.29**	**3982.24**
开　滦	1725.16	1727.21	1760.48	1754.25	1784.39	1864.44
峰　峰	1100.29	1047.13	1015.63	1034.22	1062.00	1077.00
井　陉	125.56	114.34	110.54	108.86	104.28	70.92
兴　隆	112.35	101.24	91.81	48.72	63.03	58.04
邢　台	418.75	394.98	454.70	438.59	475.28	485.73
邯　郸	328.52	333.14	254.71	260.07	280.07	338.90
下花园	62.39	42.31	42.01	43.35	50.24	63.09
八宝山	26.03	27.22	29.03	27.15	22.00	24.12
山西省	**11378.80**	**11344.50**	**10876.58**	**11491.82**	**12039.28**	**13093.19**
大　同	3001.03	3072.07	3175.46	3151.83	3101.82	3705.99
阳　泉	1557.67	1600.27	1407.69	1572.06	1559.92	1615.88
西　山	1574.09	1518.98	1412.77	1589.54	1752.70	1772.88
汾　西	681.77	568.55	481.90	522.22	541.03	602.20
潞　安	1018.14	912.21	910.64	906.63	923.65	1015.00
轩　岗	260.04	235.16	206.21	237.44	250.03	246.80
晋　城	1026.12	1085.38	1032.06	1003.82	1072.93	1151.22
煤气化	121.67	120.14	115.70	114.25	111.16	127.31
直属矿						350.00
晋　城		20.00	20.00	165.00	350.00	
王　坪	65.26	80.20	110.17	120.15	120.00	120.05

续表

	1991年	1992年	1993年	1994年	1995年	1996年
霍　州	500.56	502.10	401.68	451.71	448.56	484.93
东　山	106.44	110.29	106.09	108.16	104.12	104.26
荫　营	120.84	120.57	120.31	130.46	141.78	150.50
固　庄	55.42	55.74	66.72	68.56	80.00	81.13
小　峪	120.52	120.14	110.12	124.13	122.22	112.38
南　庄	68.10	65.49	65.11	70.11	75.01	84.63
寨　沟	100.16	105.09	102.08	105.65	105.65	105.03
平　朔	1000.37	1052.12	1031.87	1050.10	1178.70	1263.00
内蒙古自治区	**2756.72**	**2650.71**	**2572.23**	**2551.39**	**2596.15**	**3172.74**
包　头	155.01	151.07	190.45	45.67	151.99	151.91
乌　达	442.19	377.04	322.33	319.76	284.05	384.80
海勃湾	189.01	166.70	174.33	196.10	169.38	239.18
宝日希勒	45.01	29.84	34.41	27.90	42.17	51.83
准格尔						
平　庄	603.75	612.80	633.18	665.47	630.63	706.20
扎赉诺尔	483.72	462.60	405.02	420.24	398.15	416.04
大　雁	300.84	323.33	308.77	290.06	306.80	362.15
霍林河	407.19	397.33	369.42	446.14	452.87	554.99
伊敏河	130.00	130.00	134.32	140.05	160.11	162.84
神　东						142.80
辽宁省	**3925.58**	**3951.52**	**3612.00**	**3500.19**	**3494.14**	**4157.14**
抚　顺	775.44	755.34	749.69	714.15	700.02	856.05
阜　新	1109.37	1118.28	1062.42	933.00	948.40	1152.09
北　票	241.71	240.21	213.25	210.02	175.71	165.27

续表

	1991年	1992年	1993年	1994年	1995年	1996年
铁　法	1003.14	1000.07	1000.16	1105.38	1220.00	1464.63
南　票	220.08	217.44	186.42	169.90	150.01	180.70
沈　阳	532.70	580.37	400.06	367.74	300.00	272.85
本　溪						65.55
烟　台	5.04	2.81				
八道壕	38.10	37.00				
吉林省	**1312.92**	**1220.21**	**1052.52**	**1054.90**	**973.17**	**1300.79**
辽　源	355.99	300.99	264.05	331.10	304.58	395.72
通　化	442.59	396.13	301.44	269.89	219.31	310.90
舒　兰	373.69	371.76	349.83	316.46	324.59	393.97
珲　春	140.65	151.33	137.20	137.45	124.69	200.20
黑龙江省	**5029.05**	**4991.87**	**3977.75**	**3952.44**	**3923.34**	**4527.81**
鸡　西	1525.27	1429.56	1007.15	1039.52	1108.15	1208.81
鹤　岗	1532.36	1530.10	1130.04	1154.83	1115.14	1360.11
双鸭山	1042.02	1074.32	940.55	970.09	925.04	1045.89
七台河	929.40	957.89	900.01	788.00	775.01	913.00
江苏省	**1718.62**	**1638.28**	**1650.01**	**1684.05**	**1700.11**	**1772.00**
大　屯	365.68	363.70	387.58	405.22	410.06	460.92
徐　州	1352.94	1274.58	1262.43	1278.83	1290.05	1311.08
浙江省		**103.28**	**102.76**	**90.67**	**79.13**	**81.29**
长　广		103.28	102.76	90.67	79.13	81.29
安徽省	**2294.17**	**2492.57**	**2603.06**	**2720.21**	**2913.05**	**3072.74**
淮　南	901.53	1038.49	1149.85	1240.98	1309.73	1357.40
淮　北	1362.64	1424.08	1423.21	1449.23	1573.32	1685.34

续表

	1991年	1992年	1993年	1994年	1995年	1996年
刘桥	30.00	30.00	30.00	30.00	30.00	30.00
江西省	**675.20**	**736.54**	**693.45**	**686.20**	**683.82**	**739.35**
萍乡	321.86	302.08	274.14	260.64	262.99	283.33
丰城	233.23	213.44	200.03	253.45	248.10	275.64
英岗岭	60.01	54.01	50.53	54.28	53.74	51.58
洛市	60.10	55.03	60.46			
乐平		111.98	108.29	117.83	118.99	128.80
山东省	**3341.64**	**3379.68**	**3529.66**	**3969.36**	**4224.87**	**4668.06**
淄博	397.85	446.37	426.07	377.16	349.91	382.90
新汶	743.96	722.53	719.33	779.67	848.65	904.10
枣庄	623.77	576.29	592.71	696.76	747.31	822.21
肥城	381.20	382.50	335.51	371.11	381.50	378.05
兖矿	1052.96	1084.76	1200.31	1460.62	1605.55	1864.54
坊子	41.80	42.17	44.04	45.34	41.65	42.76
龙口	100.10	125.06	211.69	238.70	250.30	273.50
临沂						
河南省	**4129.60**	**4005.20**	**3928.08**	**3980.66**	**4237.11**	**4677.24**
平顶山	1689.37	1691.77	1714.78	1718.51	1783.53	2071.30
焦作	394.52	420.95	379.96	379.82	396.18	394.65
鹤壁	480.04	442.76	467.15	480.92	554.49	592.30
义马	1030.14	937.23	860.96	871.90	894.69	908.66
郑州	535.53	512.49	505.23	529.51	608.22	710.33
永城						
湖南省	**301.37**	**696.36**	**617.93**	**630.75**	**648.77**	**654.16**

续表

	1991年	1992年	1993年	1994年	1995年	1996年
涟　邵	104.58	286.61	236.01	252.83	259.08	263.36
资　兴	144.40	230.38	214.24	206.66	203.16	207.09
白　沙	52.39	179.37	167.68	171.26	186.53	183.71
四川省	**1791.15**	**1818.93**	**1729.79**	**1679.20**	**1771.07**	**2086.50**
广　旺	186.51	182.14	165.72	161.67	189.64	233.26
芙　蓉	289.61	247.95	239.47	230.22	249.54	271.24
攀枝花	367.87	367.56	352.72	270.02	279.03	387.53
华蓥山		81.16	66.98	75.36	76.71	114.66
达　竹	27.15	100.81	101.29	101.85	113.19	133.41
南　桐	240.68	218.14	216.30	224.16	235.20	273.20
天　府	161.99	152.28	133.68	143.03	143.44	152.21
松　藻	300.29	276.64	256.46	271.85	292.70	306.42
中梁山	66.06	60.62	61.38	62.04	52.11	58.50
永　荣	150.99	131.63	135.79	139.00	139.51	156.07
贵州省	**1087.49**	**1166.22**	**1103.06**	**1191.30**	**1054.07**	**947.66**
六　枝	171.33	171.68	145.44	161.15	150.67	156.49
盘　江	436.16	477.15	501.40	561.34	500.48	427.42
水　城	436.00	473.39	412.22	425.34	358.92	328.02
林　东	44.00	44.00	44.00	43.47	44.00	35.73
云南省	**257.84**	**260.65**	**232.55**	**258.10**	**242.38**	**248.66**
一平浪	53.06	53.61	56.93	57.39	56.04	62.84
羊　场	45.09	44.00	31.69	43.58	42.19	40.70
来　宾	30.10	30.02	10.88	23.91	22.33	16.66
田　坝	54.59	58.02	58.05	58.22	46.82	53.46

续表

	1991年	1992年	1993年	1994年	1995年	1996年
小龙潭	75.00	75.00	75.00	75.00	75.00	75.00
陕西省	**1428.20**	**1438.00**	**1240.96**	**1281.09**	**1310.92**	**1616.85**
铜川	619.66	594.10	472.16	497.03	521.26	523.50
蒲白	150.07	146.00	140.11	122.06	120.03	121.73
澄合	128.24	156.71	118.91	132.95	135.14	160.05
韩城	370.01	377.87	346.28	372.13	365.06	367.18
崔家沟	72.75	74.03	86.31	83.12	85.06	81.28
车村	34.45	33.55	30.22	35.10	37.35	41.02
苍村	53.02					
陕西煤建		55.74	46.97	38.70	47.02	60.23
黄陵						30.99
神华神府						230.87
甘肃省	**680.45**	**621.19**	**641.86**	**623.52**	**602.83**	**777.33**
窑街	304.18	240.91	271.81	247.60	258.51	288.67
阿干	35.20	35.20	34.97	34.03	30.09	46.98
靖远	341.07	345.08	335.08	341.89	314.23	441.68
华亭						
宁夏自治区	**1017.78**	**974.95**	**939.94**	**946.83**	**989.66**	**1087.46**
石嘴山	286.10	286.20	256.08	263.62	270.32	292.87
石炭井	660.51	617.16	600.58	572.83	589.45	635.72
灵武	41.17	41.59	53.28	80.38	99.89	128.87
汝箕沟	30.00	30.00	30.00	30.00	30.00	30.00
新疆自治区	**441.07**	**412.02**	**388.36**	**363.54**	**412.86**	**569.16**
哈密	184.59	165.82	159.37	168.45	186.67	249.77
乌鲁木齐	193.82	191.88	179.43	146.54	177.29	260.66
艾维尔沟	62.66	54.32	49.56	48.55	48.90	58.73

续表

	1997年	1998年	1999年	2000年	2001年	2002年	2003年	2004年
总　计	**52915.91**	**50349.15**	**51270.99**	**53573.77**	**61857.49**	**71458.20**	**81405.12**	**93879.65**
北京市	**490.31**	**458.11**	**419.26**	**426.76**	**547.72**	**629.11**	**578.76**	**540.32**
北　京	490.31	458.11	419.26	426.76	547.72	629.11	578.76	540.32
河北省	**3907.60**	**3657.96**	**3633.17**	**3761.11**	**4376.90**	**4779.82**	**4960.23**	**5329.78**
开　滦	1863.12	1864.73	1880.00	1918.46	2233.82	2318.21	2549.73	2612.43
峰　峰	1002.83	879.30	866.28	1026.33	1015.11	1055.93	1180.03	1202.21
井　陉	72.06	41.11	52.97	64.11	73.69	73.74	76.16	80.23
兴　隆	62.92	54.01	56.09	55.05	43.68	47.18	50.41	49.79
邢　台	488.33	485.88	485.75	449.08	663.65	744.61	597.73	740.22
邯　郸	357.85	290.93	251.85	224.92	306.24	331.28	383.55	620.23
下花园	36.09	20.00	20.90	23.16	17.50	79.20	95.10	
八宝山	24.40	22.00	19.33		23.21	27.09	27.52	24.67
蔚　州						102.58		
山西省	**12630.51**	**11464.18**	**10495.85**	**10671.83**	**11711.15**	**13639.92**	**16444.59**	**18992.39**
大　同	3407.20	2864.45	2959.01	3200.05	3502.30	4008.03	5170.80	5358.07
阳　泉	1634.31	1230.04	1445.96	1720.06	1399.13	1868.59	2268.95	2826.93
西　山	1709.03	1612.37	1701.37	1337.31	1912.93			
焦　煤						4019.52	4649.89	5496.06
汾　西	569.54	485.87	430.68	487.06	552.2			
潞　安	1283.68	1219.14	1199.66	1148.62	1259.50	1392.28	1752.80	2051.70
轩　岗	229.93	140.14	179.58	135.90	132.06			
晋　城	967.01	1080.81	1102.91	1171.53	1370.29	1484.33	1884.89	2443.08
直属矿	286.32	227.61						
煤气化	141.32	156.12	165.41	178.23	161.21			
霍　州	480.93	598.19	600.00	604.00	661.73			
东　山	99.90	89.11	88.08	104.40	126.70	144.52	145.44	165.74
荫　营	150.21	151.02	155.23	154.30	158.43	197.69	192.59	202.52

续表

	1997年	1998年	1999年	2000年	2001年	2002年	2003年	2004年
固　庄	86.03	89.46	89.65	80.08	93.79	114.17	120.98	135.86
小　峪	107.59	61.30	95.30	85.90	101.08	102.17		
南　庄	90.09	101.03	90.00	93.07	104.89	119.19	153.02	201.03
寨　沟	105.02	95.04	100.01	95.22	96.21	95.83	105.23	111.40
王　坪	122.00	82.00	93.00	76.10	78.70	93.60		
平　朔	1160.40	1180.48						
内蒙古自治区	**3295.76**	**3343.62**	**1660.03**	**1803.84**	**2034.53**	**2364.71**	**2677.81**	**3517.23**
平　庄	663.09	696.38	631.01	678.69	746.09	802.31	928.21	1100.97
扎赉诺尔	420.64	324.82	279.32	244.54	303.66	265.30	358.13	452.61
大　雁	372.58	321.66	274.58	210.89	235.73	350.20	293.28	359.31
霍林河	464.57	384.28	410.47	529.20	553.97	736.90	846.19	1236.25
宝日希勒	58.55	58.53	64.65	140.50	195.08	210.00	252.00	336.80
李家塔								31.29
神华集团			**2283.96**	**3600.13**	**5432.99**	**7432.71**	**10197.04**	**12109.62**
准格尔	108.92	264.33	374.48	634.70	795.79	1140.68	1399.94	1709.48
神　东	230.41	375.98	1107.47	2105.47	3787.19	5165.25	7384.03	8501.08
万　利			72.97	77.04	130.14	162.54	203.08	330.50
包　头	185.74	106.78	134.05	128.94	125.99	202.02	290.36	337.68
乌　达	365.27	368.03	316.47	332.98	311.49	362.02	388.77	420.64
海渤湾	254.17	222.80	229.69	266.64	245.02	310.17	350.65	427.89
伊敏河	171.82	220.03						
呼企局(金峰)			48.83	54.36	37.37	90.03	180.21	266.35
北　胜								116.00
辽宁省	**4215.41**	**4046.76**	**3711.59**	**3687.86**	**3669.28**	**4047.10**	**4354.53**	**5019.64**
抚　顺	760.29	674.90	646.61	552.91	577.88	577.84	568.68	605.27
阜　新	1183.58	1139.00	929.85	987.03	825.50	924.78	1063.44	1115.05
北　票	156.02	160.01	120.00	111.62	93.25			

续表

	1997 年	1998 年	1999 年	2000 年	2001 年	2002 年	2003 年	2004 年
铁　法	1506.71	1421.11	1382.21	1465.41	1555.53	1679.02	1939.03	2162.00
南　票	223.66	214.34	183.83	176.08	202.32	189.46	181.28	226.82
沈　阳	314.77	384.50	410.00	394.81	414.80	676.00	602.10	910.50
本　溪	70.38	52.90	39.09					
吉林省	**1174.72**	**1089.93**	**944.52**	**885.71**	**853.82**	**878.26**	**953.28**	**1146.05**
辽　源	391.00	346.89	320.98	312.06	349.62	408.10	508.21	630.13
通　化	230.64	249.11	233.36	236.81	196.12	210.60	212.77	231.56
舒　兰	346.06	274.93	202.56	148.47	166.44	148.16	124.78	162.93
珲　春	207.02	218.97	123.72	136.77	117.07	111.40	107.52	121.43
营　城			35.01	29.68	21.42			
蛟　河			28.89	21.92	3.15			
黑龙江省	**4128.15**	**3832.44**	**3712.51**	**3706.24**	**3947.62**	**4450.19**	**4900.33**	**5285.69**
鸡　西	948.15	653.26	700.41	700.06	768.17	808.52	965.39	1050.07
鹤　岗	1299.80	1248.79	1151.36	1174.98	1235.93	1402.48	1486.65	1672.20
双鸭山	1000.20	887.72	780.74	781.20	843.52	939.19	1041.20	1100.20
七台河	880.00	1042.67	1080.00	1050.00	1100.00	1300.00	1407.09	1463.22
江苏省	**1728.70**	**1797.95**	**1288.20**	**1362.31**	**1372.16**	**1526.44**	**1633.60**	**1515.95**
大　屯	460.47	520.89						
徐　州	1268.23	1277.06	1288.20	1362.31	1372.16	1526.44	1633.60	1515.95
浙江省	**79.00**	**79.72**	**74.06**	**64.80**	**65.16**	**63.50**	**60.07**	**43.29**
长　广	79.00	79.72	74.06	64.80	65.16	63.50	60.07	43.29
安徽省	**2850.09**	**2840.65**	**3034.67**	**3121.38**	**3801.47**	**4360.34**	**4850.33**	**4991.60**
淮　南	1381.60	1314.88	1397.04	1428.33	1800.35	2367.49	2830.93	2840.71
淮　北	1438.49	1495.77	1637.63	1693.05	2001.12	1992.85	2019.40	2150.89
刘　桥	30.00	30.00						
江西省	**626.05**	**550.14**	**577.53**	**535.58**	**549.04**	**556.70**	**594.32**	**668.78**
萍　乡	256.36	233.95	247.23	225.51	224.49	221.01	220.62	230.09

续表

	1997年	1998年	1999年	2000年	2001年	2002年	2003年	2004年
丰城	221.17	180.23	153.00	140.90	153.59	157.90	199.53	260.55
英岗岭	41.40	45.54	51.34	50.16	55.02	91.16	101.21	97.90
乐平	107.12	90.42	33.46	95.51	86.39	86.63	72.96	80.24
洛市			92.50	23.50	29.55			
山东省	**5422.88**	**5685.76**	**5909.28**	**5812.21**	**7646.19**	**9097.72**	**10262.63**	**10176.91**
淄博	499.52	513.78	579.96	494.41	849.15	1186.72	1259.28	1257.40
新汶	1170.76	1173.06	1139.96	999.68	1138.55	1158.45	1308.08	1164.10
枣庄	808.79	806.70	799.98	685.36	951.77	1413.66	1592.57	1777.00
肥城	549.49	577.79	524.16	451.37	579.50	682.77	700.49	711.42
兖州	1923.98	2179.14	2457.20	2800.63	3608.99	4072.30	4560.00	4111.00
坊子	36.29	29.48	23.23	21.13	30.44			
龙口	369.82	342.65	326.36	304.65	362.56	370.52	550.64	648.58
临沂	64.23	63.16	58.43	54.98	125.23	213.30	291.57	507.41
河南省	**4425.84**	**4175.36**	**4255.05**	**4376.98**	**5163.46**	**5915.63**	**6649.17**	**7677.42**
平顶山	1956.41	1847.36	1899.17	1834.36	2099.40	2369.00	2669.00	3069.66
焦作	360.00	301.00	305.00	318.00	350.00	365.00	393.00	517.34
鹤壁	590.43	566.49	570.04	602.51	682.22	710.99	718.06	756.18
义马	850.60	730.14	666.13	671.82	837.32	1076.09	1101.34	1373.98
郑州	650.61	610.37	653.83	702.03	834.52	891.76	1011.34	982.00
永城	17.79	120.00	160.88	248.26	360.00	502.79	756.43	978.26
湖南省	**571.58**	**525.03**	**532.01**	**500.26**	**437.61**	**478.87**	**495.52**	**507.40**
涟邵	231.57	207.23	218.24	193.11	143.15	141.36	150.16	158.87
资兴	190.15	166.02	160.08	149.49	111.71	157.17	154.31	147.34
白沙	149.86	151.78	153.69	157.66	182.75	180.34	191.05	201.19
四川省	**1065.02**	**906.16**	**855.48**	**883.23**	**924.98**	**941.21**	**985.52**	**1048.78**
广旺			125.46	98.65	114.76	103.18	101.09	121.75
芙蓉	208.18	152.39	165.57	172.58	202.92	157.38	166.12	180.39

续表

	1997年	1998年	1999年	2000年	2001年	2002年	2003年	2004年
攀枝花	241.49	195.33	334.43	363.72	342.33	316.84	327.31	330.85
华蓥山			89.67	91.97	109.27	137.37	162.99	183.22
达　竹	371.33	338.28	130.70	148.10	143.59	147.44	154.29	162.32
隆　昌	115.79	98.15	9.65	8.21	12.11	10.66	5.53	2.25
芙蓉煤炭	128.23	122.01				68.34	68.19	68.00
重庆市	**900.28**	**815.68**	**800.36**	**824.00**	**809.62**	**741.52**	**818.85**	**915.45**
南　桐	251.92	225.04	228.91	235.21	233.96	125.88	170.70	204.84
天　府	164.32	152.78	139.91	139.15	142.86	143.44	148.78	165.77
松　藻	270.22	239.26	245.73	285.93	308.25	339.81	357.39	378.70
中梁山	59.69	52.52	52.05	45.64	40.77	47.17	44.80	49.00
永　荣	154.13	146.08	133.76	118.07	83.78	85.22	97.18	117.14
贵州省	**936.06**	**860.52**	**997.84**	**1075.76**	**1130.75**	**1205.58**	**1383.43**	**1544.12**
六　枝	125.19	74.84	75.91	110.19	139.07	144.50	171.76	203.80
盘　江	437.71	453.27	491.73	523.57	550.29	583.64	633.87	708.20
水　城	341.28	309.15	406.91	425.28	420.70	462.59	563.77	631.39
林　东	31.88	23.26	23.29	16.72	20.69	14.85	14.03	0.73
云南省	**238.11**	**241.05**	**197.84**	**203.99**	**217.91**	**120.89**	**119.53**	**160.00**
一平浪	51.63	63.54	50.74	49.25	69.70	45.48	49.33	87.15
羊　场	40.11	35.02	27.72	28.54	30.83	37.87	39.28	42.84
来　宾	21.88	15.42	16.46	19.63	7.10			
田　坝	49.49	52.07	27.92	31.57	35.28	37.54	30.92	30.01
小龙潭	75.00	75.00	75.00	75.00	75.00			
陕西省	**1760.29**	**1607.96**	**1272.91**	**1326.99**	**1465.16**	**1892.15**	**2317.64**	**2655.44**
铜　川	555.88	509.30	550.73	536.88	576.32	781.91	888.07	1058.39
蒲　白	134.00	105.22	105.39	115.00	133.40	174.09	188.04	230.56
澄　合	162.99	136.94	123.34	130.31	133.69	180.11	216.49	231.29
韩　城	369.92	320.48	317.43	350.37	354.39	345.90	386.43	424.17

续表

	1997年	1998年	1999年	2000年	2001年	2002年	2003年	2004年
崔家沟	74.34	90.01	85.00	93.10	100.22	113.28	150.00	174.29
车　村	26.92	27.70	19.53	19.10	22.79	25.68	26.03	25.13
陕西煤建	60.69	40.27	55.00	53.68	73.47	76.97	98.76	133.78
黄　陵	40.44	41.03	16.49	28.55	70.88	194.21	363.82	377.83
神府公司	335.11	337.01						
甘肃省	**823.78**	**806.08**	**843.96**	**872.51**	**854.68**	**769.11**	**898.76**	**1087.67**
窑　街	287.86	299.22	311.35	292.21	294.10	331.02	336.00	351.67
阿　干	42.01	41.68	26.35	28.43				
靖　远	459.66	420.07	376.01	416.80	421.18	438.09	562.76	736.00
华　亭	34.25	45.11	130.25	135.07	139.40			
宁夏自治区	**1076.29**	**1017.48**	**1019.59**	**1040.68**	**1283.25**	**1449.44**	**1819.55**	**2070.15**
宁煤集团							1819.55	2070.15
石嘴山	286.65	253.92	196.06	195.81	216.42	236.97		
石炭井	605.81	574.39	600.01	609.28	598.19	647.60		
灵　武	153.83	189.17	223.52	235.59	468.64	564.87		
汝箕沟	30.00							
新疆自治区	**569.48**	**546.61**	**539.05**	**543.72**	**653.62**	**737.81**	**893.21**	**1051.12**
哈　密	243.00	229.37	226.45	233.87	263.40	307.27	382.80	420.83
乌鲁木齐	261.46	261.55	263.27	254.22	319.73	352.26	412.47	506.38
艾维尔沟	65.02	55.69	49.33	55.63	70.49	78.28	97.94	123.91
中煤集团						**2867.56**	**3464.53**	**4818.15**
平　朔			1280.34	1353.53	1707.36	1975.78	2526.93	3836.85
煤气化						185.54	211.19	262.68
大　屯			616.57	665.99	707.29	706.24	726.41	718.62
其　他								**368.70**
伊敏河			**315.36**	**466.37**	**493.77**	**511.91**	**550.92**	**638.00**

煤炭工业炼焦用洗精煤

	1949年	1950年	1951年	1952年	1953年	1954年	1955年
全国总计	**67.5**	**193.5**	**158.1**	**277.0**	**387.0**	**519.0**	**710.0**
北京市							
天津市							
河北省	12.5	67.2	18.8	7.9	37.0	47.6	59.6
山西省							
内蒙古自治区							
辽宁省	42.8	107.0	133.2	168.3	203.1	248.6	312.4
吉林省	2.4	3.1		1.9	9.7	12.5	15.2
黑龙江省	9.8	16.2	6.1	16.6	25.2	74.0	104.1
上海市							
江苏省							
浙江省							
安徽省							
福建省							
江西省				41.7	28.6	29.4	11.7
山东省							
河南省							
湖北省							
湖南省							
广东省							
广西自治区							
四川省				11.7	33.4	46.6	67.7
贵州省							
云南省							
西藏自治区							
陕西省							
甘肃省							
青海省							
宁夏自治区							
新疆自治区							

注：1952～1955年、1967～1969年分省产量系本系统口径。

产量——按省市区分

单位：万吨

1956年	1957年	1958年	1959年	1960年	1961年	1962年
853.2	**885.7**	**1464.7**	**2612.8**	**4225.6**	**2402.7**	**1571.2**
63.5	69.0	75.9	107.2	141.9	104.2	95.0
91.2	93.6	133.0	310.6	761.5	445.9	380.4
		31.7	41.0	174.4	155.5	123.0
			4.5	50.4	27.3	9.0
451.4	488.0	801.4	946.0	943.9	486.9	364.8
21.6	30.7	38.4	72.0	157.3	73.8	26.6
139.7	146.8	228.4	373.3	484.7	215.0	205.5
			17.8		14.9	44.8
			2.1	35.7	31.3	8.9
						3.8
		6.6	245.7	366.1	260.7	77.5
					53.5	2.0
25.3		72.8	60.7	104.7	11.0	23.1
		3.9	31.9	280.7	198.5	97.7
			20.0	198.9	96.9	4.5
				0.5	0.5	
		3.7	17.3	108.5	54.9	60.6
			2.9	9.5	1.4	1.1
			2.1	5.5	3.0	1.0
51.4	57.6	68.9	351.0	219.0	141.4	39.7
				54.5	2.0	0.7
8.8				45.4	3.2	
			1.7	26.5	11.4	1.5
			4.4	36.2	3.8	
				13.9	2.5	
			0.6	3.8	1.6	
				2.1	1.6	

	1963年	1964年	1965年	1966年	1967年	1968年	1969年
全国总计	**1456.7**	**1471.4**	**1846.7**	**2040.7**	**1648.0**	**1574.0**	**2147.0**
北京市	75.5	76.1	93.0				
天津市							
河北省	345.9	392.0	490.0	582.7	515.5	522.5	687.0
山西省	106.0	123.1	144.8	119.4	83.5	34.9	49.2
内蒙古自治区	8.6	28.9	38.1	20.3	15.4	27.3	15.7
辽宁省	382.1	318.9	417.0	468.9	301.1	305.4	508.7
吉林省	30.3	15.1		28.9	32.2	28.1	51.6
黑龙江省	215.0	204.3	215.8	227.1	141.1	147.4	247.5
上海市	18.7	5.9	11.7				
江苏省			23.2	33.1	16.5	10.3	5.9
浙江省							
安徽省	80.0	66.4	65.3	79.0	38.1	55.5	62.4
福建省							
江西省	24.1	38.8	20.3	36.3	16.5	33.8	64.3
山东省	82.4	102.6	183.7	256.8	285.3	295.9	239.8
河南省							
湖北省							
湖南省	46.7	51.3	81.4	80.6	39.2	16.0	32.8
广东省							
广西自治区							
四川省	32.0	27.2	40.5	75.2	38.8	10.4	28.2
贵州省	1.2			0.2			5.5
云南省		20.8	21.9	32.2	14.2	3.8	17.3
西藏自治区							
陕西省	1.5						
甘肃省							
青海省							
宁夏自治区							
新疆自治区							

续表

1970年	1971年	1972年	1973年	1974年	1975年	1976年
2956.5	**3743.3**	**3981.2**	**4015.3**	**3598.4**	**4438.3**	**4072.8**
94.3	94.9	97.3	91.8	81.8	63.9	59.9
810.6	924.9	985.8	985.1	1107.2	1199.7	901.6
141.0	241.5	260.0	288.6	250.6	322.3	199.3
47.1	52.1	57.3	47.7	43.8	58.6	68.7
614.1	677.2	629.7	643.5	692.4	668.8	641.4
82.2	107.0	108.0	128.3	124.2	128.0	128.7
268.3	312.6	313.2	313.9	331.8	329.6	378.3
42.8	76.3	99.3	126.4	79.4	117.4	154.2
121.7	137.4	179.2	232.7	199.3	306.1	315.6
90.2	91.8	96.6	92.0	84.5	96.7	93.8
429.4	541.4	574.0	510.8	163.8	535.5	638.7
	38.4	61.3	48.6	49.5	84.3	65.5
					2.6	2.1
48.5	87.4	106.4	122.7	44.5	67.1	46.2
0.2		3.0	4.3	6.3	8.6	12.1
70.1	149.4	174.4	155.5	140.5	189.2	161.6
21.4	49.2	61.9	57.9	47.8	85.0	74.3
48.4	86.6	79.8	78.8	71.1	71.6	40.1
0.2	1.5		1.4	6.1	7.4	12.1
7.4	6.0	8.0			3.8	5.7
18.7	67.7	86.0	80.9	73.8	92.1	72.9

	1977年	1978年	1979年	1980年	1981年	1982年	1983年
全国总计	**4442.9**	**5398.9**	**5444.9**	**5371.2**	**5144.8**	**5300.8**	**5636.0**
北京市	68.7	69.1	68.7	56.0	35.6	42.4	37.7
天津市							
河北省	799.1	1197.9	1198.8	1187.8	1167.3	1191.7	1233.1
山省西	334.8	395.1	354.2	409.1	401.7	447.8	470.4
内蒙古自治区	77.9	86.1	87.0	79.7	42.7	55.7	57.6
辽宁省	592.6	647.1	585.2	586.8	533.9	502.3	510.4
吉林省	125.5	129.7	131.8	98.3	80.3	80.0	79.2
黑龙江省	403.7	446.4	483.0	507.2	507.2	521.8	576.2
上海市						10.4	62.7
江苏省	158.0	213.2	214.4	187.9	182.2	196.8	220.3
浙江省							
安徽省	331.5	355.7	362.2	357.7	361.3	426.0	470.1
福建省							
江西省	106.4	124.5	131.7	138.3	137.8	142.8	132.8
山东省	691.2	771.3	805.4	732.8	700.2	674.9	699.5
河南省	153.5	190.8	212.6	224.0	212.5	210.5	224.7
湖北省	2.1	2.6	2.4	1.9	0.9	0.8	1.4
湖南省	67.8	99.3	118.3	120.8	108.4	116.8	114.6
广东省	13.8	12.4	12.7	11.3	11.3	10.4	10.5
广西自治区							
四川省	211.9	247.6	260.5	261.7	302.0	274.1	286.3
贵州省	120.4	186.0	201.1	191.8	164.5	191.0	228.9
云南省	61.2	77.3	66.3	61.0	56.9	56.3	55.1
西藏自治区							
陕西省	18.5	24.7	36.0	41.5	44.9	47.3	47.3
甘肃省	3.6	3.8	0.9				
青海省							
宁夏自治区	100.7	118.3	111.7	115.6	93.2	101.0	117.2
新疆自治区							

续表

1984 年	1985 年	1986 年	1987 年	1988 年	1989 年	1990 年
6009.6	**6676.9**	**6854.36**	**7025.01**	**7233.98**	**7730.15**	**8551.82**
35.6	38.5	36.14	35.24	34.20	30.54	31.04
1234.9	1230.0	1332.54	1335.29	1245.35	1147.33	1184.76
494.7	519.5	585.25	594.00	831.68	1126.48	1767.47
71.7	78.2	94.04	119.83	144.42	140.82	133.22
525.6	568.8	507.73	483.01	464.71	482.69	471.26
86.6	122.4	110.29	110.88	108.00	110.24	112.22
632.9	824.8	825.00	812.61	815.58	866.95	868.56
68.3						
275.9	406.0	467.97	421.62	399.22	413.97	434.33
482.6	505.9	499.78	507.26	552.04	588.37	572.86
163.8	177.6	153.94	169.04	143.10	146.05	131.24
777.5	778.0	764.53	826.37	929.94	964.84	941.59
252.0	361.8	409.00	464.90	432.76	530.42	551.31
2.6	2.7	2.54	2.09	2.35	6.28	
121.7	153.0	145.60	154.34	127.85	138.75	170.66
10.7	10.1	7.43	8.48	16.10	8.10	7.83
298.0	409.9	324.75	451.34	459.78	493.51	528.87
235.3	239.7	242.78	263.82	264.58	286.26	290.05
64.6	70.8	52.19	78.97	75.85	86.76	122.91
48.2	50.4	54.11	50.05	49.45	32.77	67.55
126.4	128.8	130.74	135.87	137.02	127.62	142.12
						21.97

	1991 年	1992 年	1993 年	1994 年	1995 年	1996 年
全国总计	**7851.09**	**7741.90**	**7615.09**	**7772.84**	**8142.27**	**8778.56**
北京市	31.51	34.96	36.15	36.86	38.24	
天津市						
河北省	1138.43	1133.59	1082.25	1052.02	1083.88	1093.41
山西省	1158.91	1240.33	1489.93	1423.69	1609.35	1714.41
内蒙古自治区	153.99	157.68	158.49	210.00	210.96	254.26
辽宁省	468.04	394.81	334.45	325.61	328.38	310.58
吉林省	117.96	102.91	75.56	70.69	60.90	47.75
黑龙江省	868.80	860.68	791.32	769.25	784.28	935.95
上海市						
江苏省	442.72	454.13	377.39	387.49	368.11	367.93
浙江省						
安徽省	574.71	577.29	555.68	557.42	547.46	545.67
福建省						
江西省	142.92	140.95	129.32	131.52	122.09	143.74
山东省	871.23	872.00	827.76	1014.43	1249.31	1396.34
河南省	527.88	467.03	485.09	463.35	501.99	502.80
湖北省						0.39
湖南省	174.23	156.56	128.75	107.62	90.57	87.34
广东省	8.10	6.72	5.04	2.43		
广西自治区						
海南省						
四川省	498.55	477.98	463.63	475.25	484.99	505.83
重庆市						
贵州省	279.22	266.93	279.42	296.19	260.46	321.48
云南省	132.03	128.94	124.63	162.91	176.02	190.68
西藏自治区						
陕西省	84.73	74.74	67.67	96.00	66.00	128.63
甘肃省						
青海省						
宁夏自治区	147.13	167.12	177.53	160.57	132.51	169.12
新疆自治区	30.00	26.55	25.03	29.54	26.77	20.81
神华集团						
中煤集团						
伊敏公司						

续表

1997年	1998年	1999年	2000年	2001年	2002年	2003年	2004年
9163.71	**8091.57**	**7975.29**	**8390.58**	**9549.81**	**11702.86**	**11998.68**	**13954.41**
41.44							
1033.22	966.08	914.88	953.25	956.79	1661.85	1339.22	1547.78
1743.52	1379.84	1526.27	1587.29	1825.01	1938.07	2478.98	2764.36
493.69	338.70	478.32	382.53	498.58	506.74		154.00
273.32	285.05	243.73	235.75	306.94	299.15	338.54	405.04
39.26	29.70	23.28	22.02	12.70			4.28
1072.28	887.94	786.66	770.27	768.17	963.15	1107.92	1276.61
309.01	286.90	208.92	218.81	224.02	71.23	85.70	123.92
529.54	482.55	482.90	464.93	453.90	673.13	624.30	739.04
143.58	114.76	85.23	72.29	75.55	73.31	94.22	94.22
1572.96	1483.57	1493.16	1869.48	2382.69	2731.83	2981.21	3114.66
452.02	429.29	385.18	322.34	516.97	902.11	576.80	801.94
0.20							
83.04	81.58	75.53	69.89	52.96	30.25	49.51	104.81
328.95	301.47	298.93	424.52	448.13	240.85	544.25	646.04
215.28	197.57	185.02	171.55	166.54	111.49	144.39	183.99
310.01	301.79	279.89	316.15	327.32	354.64	354.64	380.41
218.26	219.92	207.12	208.08	210.33	245.26	289.30	396.22
149.63	88.79	80.15	80.33	77.60	71.75	73.84	69.20
168.71	194.81	197.83	195.29	202.48	177.63	275.47	443.61
27.23	21.26	22.29	25.81	43.13	56.86	67.17	67.17
					334.03	286.98	369.67
					259.54	286.24	267.44

全国烟煤产量

	1980年	1981年	1982年	1983年	1984年	1985年
全国总计	**46685.5**	**46713.7**	**50230.6**	**53576.8**	**58939.8**	**65778.2**
北京市					1.7	
河北省	4540.5	4390.6	4543.6	4667.8	4533.5	4828.9
山西省	8378.5	9450.7	10400.7	11299.5	13691.3	15967.7
内蒙古自治区	1114.5	1175.8	1317.2	1261.6	1334.1	1533.4
辽宁省	3293.2	2975.9	3199.5	3347.3	3841.0	4076.5
吉林省	1289.6	1269.0	1383.2	1494.7	1599.2	1733.4
黑龙江省	4203.4	4137.6	4537.1	5005.9	5668.6	6191.6
上海市		165.4	193.1	218.7	249.5	
江苏省	1755.0	1519.1	1558.5	1650.0	1751.6	2137.2
浙江省	108.0	102.3	106.2	111.3	112.6	115.9
安徽省	2249.4	2214.9	2283.6	2329.1	2552.9	2666.1
福建省	23.3	21.3	22.0	22.7	21.8	21.7
江西省	1047.3	976.2	1062.8	1193.6	1274.2	1280.2
山东省	3934.7	3799.0	3915.4	4051.9	4187.6	4533.7
河南省	3796.8	3820.3	3982.1	4399.6	4603.3	5637.2
湖北省	119.6	125.7	156.6	205.3	200.8	274.9
湖南省	1141.4	874.3	1211.6	1244.9	1271.9	1495.2
广东省	77.7	69.0	68.9	56.4	53.8	47.3
广西自治区	323.7	294.7	295.5	397.0	371.2	350.0
海南省						
四川省	3278.6	3323.9	3436.5	3634.5	3957.3	4284.1
重庆市						
贵州省	987.6	975.9	1142.2	1213.3	1306.9	1429.4
云南省	574.3	559.6	635.2	659.8	721.1	794.7
西藏自治区	1.4	0.8	2.1	2.7	2.5	3.0
陕西省	1787.4	1839.4	2009.3	2218.4	2402.3	2685.1
甘肃省	681.1	706.2	807.2	850.3	948.3	1074.7
青海省	215.4	190.9	207.1	218.8	239.8	276.7
宁夏自治区	718.8	707.4	685.5	685.6	751.7	821.4
新疆自治区	1044.3	1027.8	1067.9	1136.1	1289.3	1518.2

——按省市区分

单位：万吨

1986年	1987年	1988年	1989年	1990年	1991年
67726.5	**70255.0**	**74055.9**	**79339.5**	**82094.3**	**82512.4**
5013.9	5022.0	4804.6	5017.6	4886.4	4844.5
16614.4	17168.5	18619.1	20771.1	21829.3	22230.4
1680.7	1650.1	1795.5	2135.9	2219.1	2312.3
3939.9	3815.3	4059.8	4329.4	4419.1	4538.8
1580.2	1593.0	1653.4	1762.0	1903.3	1902.2
6551.5	6764.9	7107.6	7504.1	8108.0	8434.1
2134.8	2193.6	2299.9	2416.0	2381.5	2443.8
117.8	117.8	118.9	120.1	117.9	118.1
2788.1	2584.6	2721.8	2826.7	2843.0	2647.8
23.2	27.2	32.6	35.5	32.9	32.2
1242.0	1570.1	1410.2	1393.3	1468.6	1554.1
4613.2	4960.9	5192.3	5291.9	5591.9	5649.1
5968.8	6033.5	6251.2	6824.9	6976.0	6846.5
189.2	225.0	277.5	294.1	270.3	224.2
1524.3	1835.7	1963.5	1600.7	1849.5	1354.8
50.0	53.2	41.7	61.1	59.4	55.9
380.5	517.6	658.7	723.5	603.2	629.7
		1.4	0.4	1.3	1.5
4448.2	4789.4	5219.5	5501.3	5095.7	5272.8
1530.7	1816.1	1847.1	1996.1	2116.8	2160.1
828.6	951.5	1003.7	1083.3	1184.0	1201.5
1.9	0.6	0.6	0.7	0.9	0.9
2848.9	2846.9	2755.2	3130.9	3310.7	3279.0
1096.1	1191.6	1232.9	1297.1	1441.1	1424.9
270.7	272.6	266.5	300.7	319.6	286.8
798.8	829.4	907.5	901.1	964.9	954.9
1480.1	1423.9	1813.2	2020.1	2100.2	2111.6

	1992年	1993年	1994年	1995年	1996年	1997年
全国总计	**84632.2**	**87550.5**	**93389.0**	**97834.9**	**103391.3**	**102651.6**
北京市						
河北省	4975.0	5148.9	5125.8	5125.4	5803.1	5265.8
山西省	22745.5	23975.9	25438.1	26200.1	27340.8	26199.3
内蒙古自治区	2382.7	3319.3	3403.4	3756.8	4216.5	4604.7
辽宁省	4601.3	4524.9	4684.1	4705.2	5181.1	5062.6
吉林省	1848.3	1851.1	1719.9	1644.3	1757.0	1671.1
黑龙江省	8275.5	7114.0	7437.7	7737.3	8044.2	7462.4
上海市						
江苏省	2428.4	2468.2	2464.7	2511.8	2569.7	2442.6
浙江省	118.1	117.2	104.6	90.3	94.8	87.9
安徽省	3005.1	3198.5	3524.5	3897.0	4166.0	4339.2
福建省	26.9	27.2	25.2	15.5	23.2	17.2
江西省	1533.4	1536.6	1703.3	1777.8	1915.9	1609.7
山东省	5939.3	6398.9	7114.3	7593.4	8232.9	8353.6
河南省	6932.3	7174.4	7518.4	8000.6	7985.5	8542.5
湖北省	295.8	295.8	365.2	429.1	499.4	427.3
湖南省	1431.2	1439.4	1501.8	1432.5	1421.8	1489.8
广东省	53.1	53.9	51.6	54.8	49.6	48.8
广西自治区	684.8	791.6	743.9	810.7	813.9	731.5
海南省	1.6	1.5				
四川省	5467.9	5878.9	6648.7	7236.5	6905.9	4797.7
重庆市						2191.7
贵州省	2381.3	2488.4	3137.0	3263.6	3696.5	4045.0
云南省	1232.1	1189.3	1361.2	1482.7	1594.7	1644.9
西藏自治区	0.7				1.1	1.1
陕西省	3403.8	3361.9	3618.0	3932.5	4596.0	4932.8
甘肃省	1413.2	1606.6	1812.7	2155.5	2095.8	2182.5
青海省	282.4	231.5	263.7	288.0	297.3	328.6
宁夏自治区	967.7	964.5	988.2	1000.4	1108.0	1155.1
新疆自治区	2204.5	2392.3	2633.3	2693.2	2980.8	3016.3

续表

1998年	1999年	2000年	2001年	2002年	2003年	2004年
95309.6	**81625.7**	**78066.9**	**86802.5**	**111305.9**	**136086.1**	**145380.9**
4874.2	4456.1	4604.3	4630.8	5026.6	5858.3	5464.5
24345.0	19267.8	18186.8	20677.6	25719.3	34421.1	38008.8
4734.8	4593.5	5723.3	7364.2	4108.7	10811.3	9362.5
4807.9	4227.8	3990.1	3958.7	4641.8	5047.3	5815.1
1503.7	1318.8	1261.9	1150.4	1045.7	1829.1	2079.6
7003.3	6143.1	5378.9	5604.3	6585.2	7959.6	9211.4
2453.2	2400.3	2481.7	2489.7	1825.7	2701.2	2623.1
79.7	74.6	64.8	65.2	63.5	60.1	43.3
4214.5	4377.7	4518.0	5124.4	6084.1	6733.6	7192.2
24.4	16.8	14.9	45.8	57.1	69.3	67.1
1403.3	1140.6	976.2	985.6	1393.7	969.4	922.4
8312.9	7844.5	7516.4	10317.2	12227.8	13684.7	13211.6
6960.8	6097.9	5719.1	5962.3	7140.4	8816.8	9371.8
308.5	211.8	145.3	152.9	215.3	232.3	282.7
1140.6	900.6	796.6	765.0	1014.2	1236.0	1780.4
35.8	25.5	24.2			70.3	
678.1	538.0	434.0	347.8	251.9	310.4	387.4
4201.2	3346.1	3107.5	3094.5	3861.0	5093.2	6034.0
1596.4	1634.1	1163.8	1458.1	1789.6	1803.7	2473.5
3992.4	2640.1	2463.0	2487.3	3194.1	6268.6	4667.7
1623.9	1381.4	1108.4	1259.1	1676.1	2138.4	2985.6
4440.4	3140.1	2764.6	2879.4	6103.3	11612.0	13279.3
2231.3	1812.8	1578.6	1778.9	2310.8	2862.4	3466.0
322.7	224.8	193.0	251.3	281.5	378.0	470.9
1098.4	1036.8	1054.8	1132.4	1295.8	1642.4	1997.3
2922.4	2774.2	2796.7	2819.6	3092.6	3476.8	4182.8

全国无烟煤产量

	1980年	1981年	1982年	1983年	1984年	1985年
全国总计	**12896.7**	**13110.5**	**13904.6**	**15186.5**	**16972.0**	**18228.2**
北京市	791.5	789.8	811.3	840.5	882.6	977.3
河北省	806.2	839.0	802.2	882.6	1087.3	1252.8
山西省	3724.9	3803.9	4130.8	4618.8	5025.0	5450.0
内蒙古自治区	40.9	38.5	53.2	66.3	51.5	103.6
辽宁省	311.4	287.3	280.4	295.8	326.1	366.2
吉林省	46.4	37.8	37.4	44.7	52.6	58.9
黑龙江省	9.1	10.2		12.1	13.3	15.5
上海市						
江苏省	60.5	52.4	51.3	47.1	48.9	56.6
浙江省	34.3	30.0	33.4	34.2	35.5	34.2
安徽省	162.0	168.0	115.4	195.3	202.7	239.0
福建省	439.4	395.2	418.2	501.6	554.1	584.8
江西省	443.7	577.0	570.7	514.1	600.8	658.0
山东省	286.2	260.0	258.5	249.1	238.7	235.2
河南省	1827.8	2004.9	1985.5	2002.5	2330.3	2219.7
湖北省	263.9	308.4	359.7	419.4	541.9	611.1
湖南省	1257.7	1119.8	1319.4	1423.1	1576.3	1449.6
广东省	690.8	629.0	715.7	793.0	762.3	740.5
广西自治区	119.5	134.0	182.9	167.7	180.0	118.6
海南省						
四川省	618.1	614.9	673.1	797.5	1007.3	1271.6
重庆市						
贵州省	410.2	440.5	552.7	633.5	719.8	914.8
云南省	115.8	124.8	131.0	125.6	165.8	210.2
西藏自治区	1.0	1.2				
陕西省	4.5	5.2	8.4	10.5	15.1	7.9
甘肃省	85.7	81.4	70.8	70.2	91.5	109.6
青海省						
宁夏自治区	252.7	244.6	242.4	292.3	318.5	392.3
新疆自治区	92.5	112.7	100.2	149.0	144.1	150.2

——按省市区分

单位：万吨

1986年	1987年	1988年	1989年	1990年	1991年
18474.8	**19234.5**	**20261.7**	**21797.7**	**21285.1**	**21437.1**
917.2	899.8	902.7	1016.6	1002.7	993.5
1268.3	1317.9	1578.4	1303.0	1301.0	1295.9
5575.8	5925.2	6069.7	6730.0	6763.9	6626.6
110.0	84.9	121.9	82.9	122.7	68.5
365.3	377.6	414.4	481.2	499.0	510.3
48.4	39.2	53.5	47.4	29.4	37.8
12.9	20.3	23.2	30.1	21.7	12.5
47.7	41.4	31.9	30.1	26.5	26.7
29.7	26.3	24.0	23.6	19.1	21.1
232.1	299.7	331.0	289.1	362.4	432.5
655.3	760.0	831.8	909.3	892.5	825.0
621.1	397.7	639.0	670.0	558.5	568.9
303.5	242.5	237.3	261.7	265.2	263.8
1975.7	2028.2	1993.1	2015.7	2091.6	2111.6
645.4	624.1	723.9	743.9	654.0	586.2
1528.9	1524.4	1598.1	2089.8	1521.5	1959.3
780.2	793.9	861.6	894.4	808.5	853.3
113.0	110.4	141.9	169.5	156.7	156.3
1238.9	1339.2	1484.6	1626.0	1684.8	1626.9
1023.5	1354.2	1362.7	1499.9	1578.1	1563.1
202.7	304.6	280.6	308.9	307.4	320.1
12.2	8.7	10.2	18.1	16.8	10.5
152.7	90.8	124.8	118.1	123.1	118.3
1.5	1.7	1.2	1.0	0.1	
438.5	467.3	420.2	437.5	478.1	448.3
174.3	154.5				

	1992年	1993年	1994年	1995年	1996年	1997年
全国总计	**22095.8**	**23413.0**	**24866.4**	**26432.7**	**28564.8**	**24156.7**
北京市	1015.2	1051.9	1006.7	995.4	1001.3	980.3
河北省	1281.4	1187.6	1340.6	1928.4	1606.0	1518.7
山西省	6758.3	6680.6	6811.4	6976.2	7605.2	6838.2
内蒙古自治区	65.5	41.5	34.0	133.7	161.9	73.3
辽宁省	586.6	617.9	706.1	484.4	799.5	725.7
吉林省	30.7	32.4	240.1	26.4	35.8	29.1
黑龙江省	27.1	6.3	27.3	42.9	42.2	38.2
上海市						
江苏省	29.3	37.3	38.8	37.4	36.9	35.2
浙江省	25.8	21.5	27.7	22.4	27.8	27.0
安徽省	362.5	414.4	411.3	424.7	476.2	429.7
福建省	882.8	955.4	952.2	844.5	1144.7	764.6
江西省	554.4	567.6	563.9	555.4	521.8	454.7
山东省	294.3	276.6	299.5	298.4	288.6	312.9
河南省	2084.0	2088.0	2093.9	2180.5	2794.7	1485.9
湖北省	589.1	690.8	785.5	1007.8	1021.6	1089.8
湖南省	2169.8	2635.4	3256.4	3520.4	3671.0	2533.5
广东省	881.6	881.9	856.4	1002.3	820.0	776.8
广西自治区	166.8	164.0	184.3	184.5	185.0	155.9
海南省						
四川省	1621.0	2050.9	2142.2	2501.6	2660.9	1424.2
重庆市						595.5
贵州省	1780.3	2040.4	1988.6	2246.1	2446.6	2551.8
云南省	330.7	362.7	432.7	495.2	578.5	630.6
西藏自治区						
陕西省	18.1	1.1	13.7	24.9	16.5	25.3
甘肃省	129.2	200.0	252.6	53.1	108.9	110.2
青海省						
宁夏自治区	411.3	407.0	400.7	446.2	507.7	544.6
新疆自治区					5.2	5.1

续表

1998年	1999年	2000年	2001年	2002年	2003年	2004年
22864.6	**18181.2**	**17572.7**	**18975.0**	**24960.5**	**30410.4**	**46382.1**
953.9	765.4	678.5	831.9	1054.1	993.3	1108.5
762.6	1040.7	834.2	790.6	731.1	1031.2	1974.0
6374.5	5342.0	6424.7	6216.2	8380.7	10530.8	12521.0
91.0	76.8	74.6	121.7	373.2	234.7	5774.0
766.3	450.1	363.9	367.4	495.3	735.9	850.4
23.6	23.8	35.3	28.4	39.3	40.7	46.2
37.2	38.9	21.5	18.7	65.8	74.1	75.5
28.1	24.8	23.8		29.3	30.3	37.4
29.6	16.0	6.9	8.4	7.4	9.1	8.8
369.0	290.2	265.4	276.9	387.6	365.9	407.8
702.8	560.3	445.0	1017.5	1146.7	1278.0	1439.8
577.2	579.4	487.8	533.3	268.3	852.0	1030.0
270.3	250.1	169.5	165.1	191.9	178.1	160.0
1729.9	1904.5	1973.4	2363.8	2911.6	3817.3	6048.4
1017.8	699.1	502.0	402.5	566.5	567.6	758.0
2669.9	1718.3	1309.7	1440.5	2677.3	3140.9	3273.3
636.1	456.0	397.7	246.1	698.3	496.1	708.6
140.3	107.7	117.0	101.5	54.7	12.6	33.3
1495.2	1004.2	874.3	1302.5	1498.2	2168.8	2414.6
445.3	392.2	427.7	613.0	401.7	698.4	949.7
2568.7	1385.0	1213.7	1244.1	1807.1	1533.9	5089.0
598.4	456.6	320.7	341.7	591.4	1002.0	1116.9
6.2						3.0
81.9	78.5	54.1	40.1	54.7	60.2	36.2
	22.5	23.0				
484.6	494.2	526.2	503.4	522.4	552.4	511.8
4.5	4.0	2.3		6.1	6.1	6.1

全国原煤生产能力——按隶属关系分（县营3万吨及以上）

单位：处－万吨/年

年份	全国总计	国有重点煤矿	地方煤矿			
			合计	省营	专营	县营
1949	137－4295	92－3311	45－984			
1950						
1951						
1952	299－7161	228－6150	71－1011			
1953		－6821				
1954		－7720				
1955		－8556				
1956		－9376				
1957	536－14367	291－10863	245－3504			
1958	529－14050	290－10643	239－3407			
1959	511－13954	283－10691	228－3263			
1960	489－13740	270－10579	219－3161			
1961	462－13507	264－10571	198－2936			
1962	1125－23608	508－17647	617－5961			
1963						
1964						
1965	972－24118	475－18678	497－5440			
1966						
1967						
1968						
1969						
1970	－32385	521－22258	－10127			
1971	－34907	547－23338	－11569			
1972	1748－36385	571－23949	1177－12436			
1973	1852－38361	581－25010	1271－13351			
1974	1958－40075	579－24882	1379－15193			
1975	2055－42195	582－25760	1473－16435			
1976	2117－43644	576－26092	1541－17552	350－7916	515－5426	676－4210

续表

年　份	全国总计	国有重点煤矿	地方煤矿			
			合　计	省　营	专　营	县　营
1977	2217－45442	570－26421	1647－19021	370－8526	561－6088	716－4407
1978	2263－46428	587－27720	1676－18708	398－8410	523－5500	755－4798
1979	2259－47639	591－29127	1668－18512	439－8612	466－5008	763－4892
1980	2206－47549	580－29371	1626－18178	424－8491	479－5010	723－4677
1981	2250－47856	553－29975	1697－17881	435－8420	478－4579	784－4882
1982	2208－51540	552－33825	1656－17715	428－8109	474－4627	754－4979
1983	2242－53631	562－35292	1680－18339	449－8336	468－4751	763－5252
1984	2249－55361	600－38285	1649－17076	409－6714	486－4919	754－5443
1985	2285－56743	601－39052	1684－17691	379－6137	493－5458	812－6096
1986	2321－58579	603－40345	1718－18234	386－6400	506－5692	826－6142
1987	2323－60454	598－41762	1725－18692	390－6446	511－5922	824－6324
1988	2326－63397	600－44374	1726－19023	382－6482	513－5981	831－6560
1989	2296－65239	610－46369	1686－18870	341－6189	510－5961	835－6720
1990	2299－67524	598－48375	1701－19149	339－6120	504－5973	858－6966
1991	2288－69399	603－50282	1685－19117	351－6063	487－5978	847－7076
1992	2286－67534	636－48911	1650－18623	296－5226	485－5976	869－7421
1993	2279－68558	626－49520	1653－19038	288－5251	482－6143	883－7644
1994	2337－69187	614－49338	1723－19849	322－5555	452－5973	949－8321
1995	2342－70908	609－50691	1733－20217	320－5578	453－6030	960－8609
1996	2319－71654	596－51306	1723－20348	321－5525	442－6093	960－8730
1997	2223－74104	594－53488	1629－20616	310－5109	396－6251	923－9256
1998	2249－74638	539－53411	1649－21214	314－5273	394－6255	941－9686
1999	2216－76194	595－55094	1621－21100	284－4887	385－6357	952－9856
2000	2175－76976	577－55954	1598－21022	275－4847	381－6333	942－9842
2001	2119－78718	571－57646	1548－21072	226－4153	386－6604	936－10315
2002	2143－83499	570－60500	1573－22999	203－4960	384－6797	986－11242
2003	2330－100548	736－73421	1594－27127	190－5171	380－7018	1024－14938
2004	2284－105580	740－77368	1544－28212	197－5405	348－7035	999－15772

注：本资料按当年口径计算。

	1949年	1952年	1957年	1958年	1959年	1960年	1961年
全国总计	**137－4295**	**299－7161**	**536－14367**	**529－14050**	**511－13954**	**489－13740**	**462－13507**
北京市	1－40	8－177	9－300	9－330	9－410	9－410	9－410
天津市							
河北省	1－1114	24－1296	36－1686	36－1686	33－1658	32－1568	30－1538
山西省	20－385	40－1044	86－2203	91－2318	88－2249	84－2185	84－2185
内蒙古自治区	2－13	4－78	13－197	17－253	17－253	17－253	17－253
辽宁省	17－1089	31－1372	47－2643	51－2657	51－2657	50－2677	48－2722
吉林省	13－293	23－435	44－805	36－721	33－701	32－695	32－695
黑龙江省	28－388	75－880	79－1659	85－1663	80－1595	73－1537	69－1495
上海市							
江苏省	2－140	2－135	7－366	4－201	4－201	4－201	3－180
浙江省							
安徽省	1－90	4－260	10－650	9－665	9－665	9－665	9－665
福建省			2－13	2－13	2－13	1－10	1－10
江西省	2－50	4－72	11－215	9－215	9－215	10－255	9－250
山东省	8－232	23－481	35－838	30－752	28－727	27－719	24－707
河南省	6－224	12－308	29－652	29－652	27－621	26－611	24－581
湖北省			4－87	4－87	4－87	4－87	4－87
湖南省	2－24	9－110	16－197	17－247	17－257	15－231	12－194
广东省			5－23	5－23	4－18	3－13	
广西自治区			3－46	3－46	3－46	1－21	1－21
四川省	11－151	20－287	54－958	40－702	40－702	40－702	38－650
贵州省		3－20	4－26	3－37	3－37	3－37	3－37
云南省	2－16	4－47	11－154	13－184	15－209	15－209	14－199
西藏自治区							
陕西省	4－31	7－59	10－160	20－274	19－309	18－330	17－324
甘肃省		4－55	14－366	9－201	9－201	9－201	8－186
青海省			1－45	1－45	1－45	1－45	1－45
宁夏自治区	1－15	1－15	3－38	3－38	3－38	3－38	3－38
新疆自治区		1－30	3－40	3－40	3－40	3－40	2－35

注：统计口径为3万吨及以上矿井。

按省市区分（县营3万吨及以上）

单位：处－万吨/年

1962年	1965年	1970年	1971年	1972年	1973年	1974年	1975年	1976年
1125－23608	**972－24118**	**－32385**	**－34907**	**1748－36385**	**1852－38361**	**1958－40075**	**2055－42195**	**2117－43644**
11－580	11－600	－630	－642	14－648	14－648	14－648	15－720	15－721
62－2366	53－2412	－2922	－3180	103－3297	128－3380	117－3349	144－3674	150－3838
127－3529	126－3865	－4767	－4719	207－5009	212－5481	231－5760	232－5920	232－6060
34－533	41－663	－840	－935	43－961	43－958	49－967	38－962	36－901
92－3332	75－3266	－3487	－3639	112－3783	114－3880	114－3911	114－4005	113－4070
55－1108	49－1132	－1173	－1206	68－1207	63－1246	66－1291	75－1368	113－1406
134－2061	113－1999	－2434	－2426	122－2431	130－2532	135－2667	142－2793	137－2847
								1－120
18－483	17－531	－624	－644	51－792	54－928	62－962	70－1060	75－1213
2－30	4－36	－80	－118	16－121	16－124	16－124	16－124	14－124
19－1079	21－1197	－1442	－1492	27－1564	30－1585	32－1585	35－1696	33－1687
10－43	9－72	－112	－174	11－174	17－243	23－305	29－413	29－413
28－447	15－373	－816	－839	42－745	42－750	46－818	47－839	48－851
70－1617	65－1721	－1923	－2208	81－2232	85－2426	85－2472	92－2571	96－2686
101－2092	85－2199	－2666	－3075	121－3033	120－3235	125－3534	124－3735	126－3906
11－106	5－81	－137	－276	35－267	40－295	42－308	43－323	51－384
78－649	58－588	－1264	－1268	156－1507	155－1574	157－1651	163－1713	183－1665
20－129	15－120	－299	－333	41－379	40－450	47－476	53－554	56－602
14－168	14－142	－234	－354	34－417	37－447	46－533	44－539	46－638
104－1239	75－1147	－2068	－2501	181－2587	213－2703	229－2791	232－2872	237－2916
20－270	16－247	－799	－930	42－1019	54－1137	62－1261	62－1340	63－1343
32－283	44－433	－643	－651	55－825	54－777	53－789	65－794	62－847
					1－3	1－3	1－3	1－3
32－570	30－578	－1254	－978	56－1050	59－1082	65－1178	69－1314	74－1435
21－300	13－245	－431	－594	47－726	43－687	47－807	49－867	49－888
4－72	4－59	－146	－103	10－125	15－161	20－255	20－255	20－255
10－316	8－295	－560	－696	18－713	18－813	18－813	19－903	19－933
16－206	6－117	－634	－926	55－773	55－816	56－817	62－838	72－892

	1977年	1978年	1979年	1980年	1981年	1982年	1983年
全国总计	**2217－45442**	**2263－46428**	**2259－47639**	**2206－47549**	**2250－47856**	**2208－51540**	**2242－53631**
北京市	15－704	15－676	15－680	14－674	15－689	14－608	14－602
天津市							
河北省	153－3925	153－3910	150－3945	143－3959	143－3765	126－4638	129－4858
山西省	232－6142	226－6285	225－6659	230－6667	233－6870	242－8311	244－8690
内蒙古自治区	37－923	34－948	45－1110	84－1925	80－1877	76－1933	77－2114
辽宁省	115－4049	122－3890	126－4018	112－3666	93－3628	95－3702	93－3694
吉林省	84－1556	79－1508	82－1562	75－1490	78－1460	81－1452	84－1521
黑龙江省	144－2949	145－3084	139－3105	124－2725	113－2901	106－3346	116－3436
上海市	2－180	2－180	3－270		3－270	3－270	3－270
江苏省	77－1223	76－1319	71－1333	72－1662	67－1280	64－1517	63－1512
浙江省	15－128	19－166	20－169	23－190	16－170	16－151	17－154
安徽省	35－1753	34－1738	35－1738	35－1743	32－1709	31－1961	34－2411
福建省	30－434	44－482	47－541	48－562	48－562	43－470	45－479
江西省	50－871	49－865	49－889	48－880	85－1020	86－1071	84－1064
山东省	115－2909	123－3061	121－3041	111－2926	113－3262	111－3692	111－3828
河南省	132－4020	149－4291	144－4331	138－4386	139－4523	140－4991	140－5269
湖北省	54－419	56－446	52－423	45－389	40－299	43－321	43－316
湖南省	182－1709	190－1783	192－1794	181 1741	202－1730	202－1693	209－1786
广东省	64－665	70－690	68－702	61－686	72－585	59－578	59－583
广西自治区	54－761	56－799	53－760	49－710	49－675	49－691	48－688
四川省	258－3144	253－3172	248－3191	245－3171	254－3158	251－3001	248－3008
贵州省	65－1345	62－1356	63－1338	61－1328	57－1315	55－1048	59－1072
云南省	62－861	63－891	63－918	57－845	56－829	51－822	54－844
西藏自治区	1－3	1－3	1－3	1－3	1－3		
陕西省	76－1715	81－1823	87－2053	85－2075	85－2140	87－2114	90－2169
甘肃省	55－936	54－938	54－938	54－986	57－983	58－929	60－989
青海省	20－285	14－267	13－260	13－242	13－242	14－226	14－226
宁夏自治区	20－939	20－937	19－928	18－918	18－918	18－994	18－1024
新疆自治区	70－894	73－920	74－940	79－980	88－993	87－1010	86－1024

注：1980年上海市生产能力并入江苏省。

续表

1984年	1985年	1986年	1987年	1988年	1989年	1990年	1991年
2249 − 55361	**2285 − 56743**	**2321 − 58579**	**2323 − 60454**	**2326 − 63397**	**2296 − 65239**	**2299 − 67524**	**2288 − 69399**
14 − 602	13 − 596	11 − 596	10 − 574	10 − 574	10 − 574	10 − 574	9 − 565
128 − 4867	130 − 5131	128 − 5166	122 − 5159	119 − 5510	122 − 5607	120 − 5589	124 − 5492
242 − 9552	251 − 9891	256 − 10302	266 − 11322	274 − 12476	270 − 12734	272 − 14048	272 − 15749
82 − 2564	85 − 2733	86 − 2772	88 − 2823	90 − 2922	92 − 3069	99 − 3343	95 − 3577
96 − 3819	101 − 3857	102 − 3914	97 − 4076	95 − 4049	97 − 4144	97 − 4669	93 − 4665
85 − 1536	86 − 1527	91 − 1650	90 − 1620	90 − 1614	89 − 1594	84 − 1568	80 − 1523
135 − 3637	145 − 3921	149 − 4215	148 − 4311	145 − 4670	151 − 4819	149 − 4861	176 − 5272
3 − 270							
63 − 1453	65 − 1723	66 − 1837	65 − 1971	65 − 2064	66 − 2073	64 − 2067	60 − 1940
17 − 154	17 − 154	17 − 151	18 − 156	19 − 192	20 − 195	19 − 192	19 − 201
36 − 2422	39 − 2639	42 − 2654	43 − 2804	36 − 2794	38 − 3038	37 − 2951	37 − 2982
40 − 471	40 − 483	40 − 486	42 − 516	44 − 537	45 − 570	49 − 606	49 − 567
89 − 1143	88 − 1195	91 − 1255	92 − 1270	93 − 1270	93 − 1265	92 − 1316	96 − 1361
112 − 3850	113 − 3610	108 − 3881	109 − 3876	107 − 3867	107 − 4615	95 − 4430	89 − 4286
137 − 5435	135 − 5450	135 − 5504	135 − 5534	132 − 5848	132 − 6003	131 − 5994	131 − 6014
45 − 310	46 − 316	50 − 342	49 − 332	54 − 352	56 − 358	59 − 383	57 − 369
200 − 1741	204 − 1813	213 − 1894	218 − 1975	217 − 1973	218 − 1985	219 − 2006	182 − 1768
59 − 511	59 − 507	58 − 509	50 − 467	51 − 476	46 − 404	49 − 419	46 − 411
47 − 545	49 − 568	51 − 647	53 − 663	54 − 686	53 − 677	53 − 677	54 − 697
248 − 3059	247 − 3140	248 − 3179	250 − 3262	252 − 3390	256 − 3602	262 − 3720	264 − 3763
61 − 1209	58 − 1185	58 − 1180	58 − 1170	58 − 1263	57 − 1263	60 − 1361	66 − 1359
52 − 843	56 − 876	60 − 953	60 − 961	59 − 975	57 − 963	59 − 1032	57 − 972
91 − 2187	91 − 2201	93 − 2236	91 − 2272	92 − 2459	95 − 2459	92 − 2369	91 − 2376
46 − 884	48 − 914	49 − 944	50 − 987	51 − 1032	53 − 1194	56 − 1206	57 − 1227
15 − 236	15 − 261	15 − 251	15 − 262	15 − 262	14 − 247	13 − 243	13 − 240
17 − 1003	17 − 1003	17 − 1008	17 − 1008	17 − 1008	18 − 1014	19 − 1119	21 − 1233
89 − 1058	87 − 1049	87 − 1053	87 − 1053	87 − 1134	41 − 772	42 − 781	43 − 790

	1992年	1993年	1994年	1995年	1996年	1997年
全国总计	**2286－67534**	**2279－68558**	**2337－69187**	**2342－70908**	**2319－71654**	**2223－74104**
北京市	9－465	9－465	9－465	9－465	9－465	9－520
河北省	122－4538	121－4588	119－4544	116－4555	111－4446	95－4438
山西省	283－16184	287－16401	276－16392	280－17273	285－17525	336－18523
内蒙古自治区	94－4166	93－4181	128－4433	126－4436	126－4487	136－4863
辽宁省	93－4538	93－4538	93－4538	94－4517	94－4517	75－4008
吉林省	77－1432	77－1432	77－1432	70－1372	70－1375	60－1225
黑龙江省	180－5133	179－5311	178－5320	178－5431	168－5326	133－4615
江苏省	61－1864	60－1858	55－1848	49－1835	48－1832	45－1789
浙江省	19－176	18－173	17－167	17－167	16－158	10－102
安徽省	37－2677	38－2827	41－2932	43－3178	43－3212	47－4364
福建省	50－573	50－579	50－543	52－558	53－570	52－502
江西省	88－1105	86－1125	86－1125	87－1131	86－1122	68－967
山东省	87－4129	94－4315	98－4489	104－4729	103－4792	113－6205
河南省	124－5568	122－5738	119－5739	122－5809	123－5891	115－6179
湖北省	55－361	50－330	54－342	52－336	52－340	49－317
湖南省	178－1607	170－1550	172－1568	171－1574	169－1556	144－1359
广东省	47－414	45－412	39－322	39－322	32－301	29－240
广西自治区	55－700	55－698	50--590	51－605	52－620	47－518
海南省					2－9	
四川省	268－3753	272－3831	267－3786	266－3789	264－3840	145－2133
重庆市						103－1454
贵州省	66－1355	67－1343	67－1358	69－1403	68－1388	61－1662
云南省	57－1124	58－1092	56－1120	55－1092	51－1083	50－1051
陕西省	99－2282	98－2336	103－2393	105－2470	106－2885	107－2889
甘肃省	58－1176	55－1131	57－1155	57－1173	57－1212	56－1346
青海省	15－252	16－258	16－258	18－270	19－276	20－306
宁夏自治区	21－1150	21－1150	23--1165	24－1195	24－1195	30－1259
新疆自治区	43－812	45－896	87--1163	88－1223	88－1231	88－1270
神华集团						
中煤集团						
伊敏公司						

续表

1998年	1999年	2000年	2001年	2002年	2003年	2004年
2249－74638	**2216－76194**	**2175－76976**	**2119－78718**	**2143－83499**	**2330－100548**	**2284－105580**
8－505	8－505	8－505	7--475	6－610	5－590	5－590
96－4492	99－4486	98－4371	95－4464	96－4479	101－4967	98－4937
343－18716	342－18802	343－18569	354－19733	388－20844	489－23015	479－25208
136－4828	142－6436	144－6966	129－7949	134－9239	47－3043	48－3651
76－4029	76－4029	77－4179	82－4218	78－4004	70－4832	66－5677
60－1225	61－1240	60－1228	62－1249	56－1153	67－1148	58－1229
133－4615	132－4600	128－4429	105－4163	98－4019	185－5184	187－5004
42－1768	42－1950	32－1826	32－1815	33－1916	30－1686	30－1686
8－90	7－90	6－78		7－110	6－99	6－64
54－4377	47－4342	48－4522	43－4576	44－5689	42－6631	44－6838
55－544	57－565	53－510	53－510	57－542	58－526	56－584
69－991	70－997	70－997	65－958	61－879	64－1048	64－1042
113－6205	111－6205	109－6750	95－6574	113－7075	146－11506	152－12207
112－6143	113－6233	112－6389	112－6524	111－6704	115－7072	114－7177
50－320	45－293	49－308	40－265	38－267	38－258	42－288
146－1395	146－1395	137－1176	139－1203	135－1194	135－1186	138－1231
28－237	19－138	10－60			5－21	
45－503	45－503	45－503	37－352	24－235	32－277	47－382
			1－6			
143－2127	140－2115	139－2170	147－2199	165－2389	147－2304	88－2000
102－1454	85－1311	71－1278	67－1230	84－1248	80－1283	25－1204
59－1638	58－1632	59－1878	59－1848	61－1905	61－1905	78－2753
65－1250	66－1260	67－1310	63－1360	61－1275	65－1386	59－1358
108－2939	106－2598	107－2613	108－2713	110－2800	111－3701	109－2894
56－1346	54－1358	55－1373	55－1373	57－2060	65－2309	65－2309
23－333	24－339	28－306				
30－1259	31－1448	30－1358	30－1338	30－1338	37－1825	85－2057
89－1309	90－1324	90－1324	139－1623	91－1504	91－1504	91－1504
				34－5463	33－7313	38－7567
				9－2381	9－3450	11－3525
				1－500	1－500	1－605

全国原煤生产能力

		计算单位	1974 年	1975 年	1976 年	1977 年	1978 年
全国	能力	处－万吨/年	1958－40075	2055－42195	2117－43644	2217－45442	2263－46428
	原煤产量	万吨	33179	39181	38266	43368	48543
	能力利用率	%	82.80	92.90	87.70	95.40	104.60
国有重点煤矿	能力	处－万吨/年	579－24882	582－25760	576－26092	570－26421	587－27720
	原煤产量	万吨	23542	27254	26412	28524	32848
	能力利用率	%	94.60	105.80	101.20	108.00	118.50
国有地方煤矿	能力	处－万吨/年	1379－15193	1473－16435	1541－17552	1647－19021	1676－18708
	原煤产量	万吨	9637	11927	11854	14844	15695
	能力利用率	%	63.40	72.60	67.50	78.00	83.90
省营煤矿	能力	处－万吨/年			350－7916	370－8526	398－8410
	原煤产量	万吨			4803	5717	6687
	能力利用率	%			60.70	67.10	79.50
地营煤矿	能力	处－万吨/年			515－5426	561－6088	523－5500
	原煤产量	万吨			3727	4544	4101
	能力利用率	%			68.70	74.60	74.60
县营煤矿	能力	处－万吨/年			676－4210	716－4407	755－4798
	原煤产量	万吨			3324	4583	4907
	能力利用率	%			79.00	104.00	102.30
不计算能力的小井产量		万吨	8138	9043	10079	11700	13245

注：均按当年口径计算。

利用情况(县营3万吨及以上)

1979年	1980年	1981年	1982年	1983年	1984年	1985年	1986年
2259－47639	2206－47549	2250－47856	2208－51540	2242－53631	2249－55361	2285－56743	2321－58579
49650	47655	46812	48899	51231	53508	55386	55926
104.20	100.20	97.80	94.90	95.50	96.70	97.60	95.50
591－29127	580－29371	553－29975	552－33825	562－35292	600－38285	601－39052	603－40345
34365	33209	32163	33641	34974	37670	39082	39701
118.00	113.10	107.30	99.50	99.10	98.50	100.10	98.40
1668－18512	1626－18178	1697－17881	1656－17715	1680－18339	1649－17076	1684－17691	1718－18234
15285	14446	14649	15258	16257	15838	16304	16225
82.60	79.5	81.9	86.1	88.7	92.8	92.2	89
439－8612	424－8491	435－8420	428－8109	449－8336	409－6714	379－6137	386－6400
6780	6340	6413	6722	7302	6223	5741	5710
78.70	74.7	76.2	82.9	87.6	92.7	93.5	89.2
466－5008	479－5010	478－4579	474－4627	468－4751	486－4919	493－5458	506－5692
4060	3871	3736	3881	4024	4248	4710	4762
81.10	77.2	81.6	83.9	84.7	86.4	86.3	83.7
763－4892	723－4677	784－4882	754－4979	763－5252	754－5443	812－6096	826－6142
4445	4235	4500	4655	4931	5367	5853	5753
90.90	90.6	92.2	93.5	93.9	98.6	96	93.7
13904	14358	15351	17733	20222	25415	31482	33478

		计算单位	1987年	1988年	1989年	1990年	1991年
全国	能　力	处－万吨/处	2323－60454	2326－63397	2296－65239	2299－67524	2288－69399
	原煤产量	万吨	56727	58812	61469	62857	62386
	能力利用率	%	93.80	92.80	94.30	93.10	89.89
国有重点煤矿	能　力	处－万吨/年	598－41762	600－44374	610－46369	598－48375	603－50282
	原煤产量	万吨	40277	41504	43623	44997	44873
	能力利用率	%	96.40	93.50	94.10	93.00	89.24
国有地方煤矿	能　力	处－万吨/年	1725－18692	1726－19023	1686－18870	1703－19149	1685－19117
	原煤产量	万吨	16450	17319	17846	17860	17512
	能力利用率	%	88	91	94.6	93.3	91.61
省营煤矿	能　力	处－万吨/年	390－6446	382－6492	341－6189	339－6120	351－6063
	原煤产量	万吨	5940	6125	6077	5871	5648
	能力利用率	%	92.2	94.5	98.2	94.6	93.16
地营煤矿	能　力	处－万吨/年	511－5922	513－5981	510－5961	504－5973	487－5978
	原煤产量	万吨	4704	4999	5271	5405	5318
	能力利用率	%	79.4	83.6	88.4	90.5	88.95
县营煤矿	能　力	处－万吨/年	824－6324	831－6560	835－6720	858－6966	847－7076
	原煤产量	万吨	5804	6185	6498	6584	6547
	能力利用率	%	91.8	94.3	96.7	94.5	92.52
不计算能力的小井产量		万吨	36082	39175	43946	45073	46224

续表

1992年	1993年	1994年	1995年	1996年	1997年	1998年	1999年
2286－67534	2279－68558	2337－69187	2342－70908	2319－71654	2223－74104	2249－74638	2216－76194
62224	60566	61631	62956	65857	66145	61826	64057
92.14	88.34	89.08	88.79	91.91	89.26	82.00	84.07
636－48911	626－49520	614－49338	609－50691	596－51306	594－53488	593－53411	595－55094
45008	43288	43740	44659	46881	46716	44146	46773
92.00	87.41	88.65	88.10	91.37	87.34	82.65	84.90
1650－18623	1653－19038	1723－19849	1733－20217	1723－20348	1629－20616	1649－21214	1621－21100
17216	17278	17891	18297	18977	19428	17680	17284
92.44	90.76	90.14	90.5	93.26	94.24	83.34	81.91
296－5226	288－5251	322－5555	320－5578	321－5525	310－5109	314－5273	284－4887
4890	4747	5089	4937	5270	4690	4239	4031
93.57	90.41	91.61	88.51	95.39	91.79	80.38	82.49
485－5976	482－6143	452－5973	453－6030	442－6093	396－6251	394－6255	385－6357
5370	5456	5317	5581	5668	5986	5322	5140
89.96	88.82	89.02	92.55	93.03	95.76	85.09	80.85
869－7421	883－7644	949－8321	960－8609	960－8730	923－9256	941－9686	952－9856
6956	7075	7485	7779	8038	8753	8119	8113
93.73	92.55	89.95	90.35	92.08	94.57	83.82	82.31
49237	54571	61332	66261	65754	66381	61415	40306

续表

		计算单位	2000年	2001年	2002年	2003年	2004年
全国	能　力	处－万吨/年	2175－76976	2119－78718	2143－83499	2330－100548	2284－105580
	原煤产量	万吨	65065	74989	87048	104203	115312
	能力利用率	%	84.53	95.26	104.25	103.64	109.21
国有重点煤矿	能　力	处－万吨/年	577－55954	571－57646	570－60500	736－73421	740－77368
	原煤产量	万吨	48498	55996	63753	78318	88265
	能力利用率	%	86.68	97.14	105.38	106.67	114.08
国有地方煤矿	能　力	处－万吨/年	1598－21022	1548－21072	1573－22999	1594－27127	1544－28212
	原煤产量	万吨	16567	18992	23295	25885	27047
	能力利用率	%	78.81	90.13	101.29	95.42	95.87
省营煤矿	能　力	处－万吨/年	275－4847	226－4153	203－4960	190－5171	197－5405
	原煤产量	万吨	3885	4217	5235	5739	6219
	能力利用率	%	80.14	101.53	105.54	110.98	115.06
地营煤矿	能　力	处－万吨/年	381－6333	386－6604	384－6797	380－7018	348－7035
	原煤产量	万吨	5269	5700	6763	7135	6930
	能力利用率	%	83.20	86.32	99.50	101.66	98.5
县营煤矿	能　力	处－万吨/年	942－9842	936－10315	986－11242	1024－14938	999－15772
	原煤产量	万吨	7414	9076	11297	13011	13898
	能力利用率	%	75.33	87.98	100.49	87.1	88.11
不计算能力的小井产量		万吨	34852	35570	54483	68584	84423

国有重点煤矿工业总产值——按现价计算

单位：万元

	1991年	1992年	1993年	1994年	1995年	1996年	1997年	1998年
总　计	**3340932.1**	**4032813.3**	**5240893.7**	**6488732.8**	**7532814.5**	**8878871.3**	**9351411.3**	**8937028.4**
北京市	**34958.8**	**35164.8**	**44745.6**	**60667.0**	**69288.5**	**85597.7**	**116167.1**	**254126.0**
北　京	34958.8	35164.8	44745.6	60667.0	69288.5	85597.7	116167.1	254126.0
河北省	**210265.6**	**258858.1**	**392801.0**	**526374.0**	**609893.0**	**701483.4**	**738114.0**	**674625.0**
开　滦	81376.0	114122.0	172139.0	239406.0	269021.0	275474.0	282204.0	260427.0
峰　峰	61586.0	68673.0	117404.0	163121.0	186530.0	223748.0	223494.0	201512.0
井　陉	12290.0	13598.0	14961.0	18850.0	24171.0	20684.4	25556.0	22712.0
兴　隆	3271.0	4558.0	5189.0	4796.0	7445.0	12109.0	11894.0	13240.0
邢　台	27855.6	29251.7	42144.0	56624.0	74176.0	98743.0	122009.0	124227.0
邯　郸	20683.0	23756.0	33724.0	35947.0	39302.0	57629.0	63313.0	44717.0
盛　源	2254.4	3410.0	4987.0	5450.0	7254.0	9558.0	5912.0	4021.0
八宝山	949.6	1489.4	2253.0	2180.0	1994.0	3538.0	3732.0	3769.0
山西省	**709187.4**	**822560.5**	**1033376.2**	**1325709.7**	**1575543.7**	**1784695.7**	**1902730.4**	**1695050.6**
大　同	223440.6	274022.1	360431.6	443721.9	472032.7	555349.6	511733.0	360533.4
阳　泉	72504.3	92228.1	117699.7	156265.0	205182.0	254213.0	285343.0	200263.9
西　山	88270.9	91232.4	132392.0	184149.0	220678.0	232346.0	267920.0	257686.0
汾　西	49966.8	54992.4	55697.0	82750.2	98465.0	100504.0	93020.0	78908.0
潞　安	54354.4	53708.8	71898.3	84153.3	85846.0	89234.0	180888.0	173653.0
轩　岗	10817.8	11899.9	17217.5	22024.0	25800.0	25551.0	25991.8	15595.5
晋　城	35133.5	46715.8	60258.7	73953.0	111999.0	124913.0	123992.3	125401.8
煤气化	30890.0	35067.0	40408.4	64281.5	77023.0	82800.0	96745.9	103648.5
王　坪	3801.8	5213.3	8373.0	9251.5	8929.0	10439.0		7353.0
霍　州	19279.3	23357.0	39236.0	45062.5	52454.1	64222.9	64051.0	77162.4
东　山	4786.0	6067.0	7352.0	9027.0	11251.8	14831.1	16300.0	10329.0
荫　营	7397.7	8541.0	6934.0	9019.5	14764.6	16184.7	18924.5	17032.6

续表

	1991 年	1992 年	1993 年	1994 年	1995 年	1996 年	1997 年	1998 年
固　庄	2108.0	3822.5	5151.0	6120.3	8366.0	9310.8	11158.1	10894.3
小　峪	5038.3	5283.0	6790.0	8310.6	9296.1	11043.1	11653.6	6327.0
南　庄	3510.8	3773.8	4619.0	6160.8	8695.2	10297.4	12472.7	12278.3
寨　沟	3135.2	5465.4	7860.0	7631.6	9761.2	9795.1	10556.3	9631.9
平　朔	94748.0	101171.0	91058.0	113828.0	155000.0	173661.0	171980.2	228352.0
内蒙古自治区	**143310.9**	**156405.4**	**200373.0**	**218043.1**	**245494.6**	**294327.0**	**346765.0**	**337090.6**
包　头	9329.0	10931.5	16240.0	15376.0	15327.0	18544.0	18365.0	11764.0
乌　达	19953.8	22891.0	33149.0	30419.0	33170.0	44665.0	50694.0	55845.0
海勃湾	11190.1	10212.0	16861.0	18337.0	18124.0	26477.0	27650.0	23856.0
平　庄	34979.0	40257.5	47561.1	53061.8	62747.6	66411.0	73922.0	73155.0
扎赉诺尔	24684.2	23115.9	29965.6	34547.2	32676.9	41894.0	45708.0	36723.0
大　雁	16664.2	18559.4	20750.1	20268.0	39735.6	31804.0	35805.0	31954.0
霍林河	17798.4	19997.1	22493.0	31179.5	31723.5	38719.0	41302.0	33261.0
宝日希勒							4397.0	4368.0
神府东胜							15866.0	
准格尔							18805.0	47199.7
伊敏河	8712.2	10441.0	13353.2	14854.6	11990.0	25813.0	14251.0	18964.9
辽宁省	**393599.5**	**440705.5**	**522666.5**	**618347.7**	**564803.6**	**706398.5**	**629454.9**	**686588.2**
抚　顺	153865.9	166218.6	173627.2	201276.4	161772.9	182039.2	129738.3	145839.7
阜　新	114369.4	127186.4	169084.3	209097.9	199658.0	190321.8	181346.7	202035.6
北　票	16209.1	18850.5	25028.7	28442.7	25520.6	23297.2	23398.9	23098.2
铁　法	52946.0	60169.0	83725.0	108340.0	108387.6	222272.0	200630.0	205868.0
南　票	12636.0	14264.0	13276.0	15700.0	14752.0	20066.0	29240.0	31163.0
沈　阳	41232.8	51892.2	57925.3	55490.7	54712.5	68402.3	47444.0	63898.1
本　溪							17657.0	14685.6
烟　台	224.0	130.0						

续表

	1991年	1992年	1993年	1994年	1995年	1996年	1997年	1998年
八道壕	2116.3	1994.8						
吉林省	**108668.2**	**111988.3**	**125748.4**	**137632.9**	**127874.5**	**162104.9**	**163455.4**	**142528.4**
辽　源	42752.4	48369.1	54674.3	59689.9	56120.0	71710.6	67340.0	60952.5
通　化	37485.8	33180.1	33437.6	39130.8	32287.0	39082.0	45494.0	37967.9
舒　兰	21899.5	21329.1	25442.5	24980.2	27418.5	32255.0	32716.7	23430.0
珲　春	6530.5	9110.0	12194.0	13832.0	12049.0	19057.3	17904.7	20178.0
黑龙江省	**451527.3**	**484328.1**	**496868.1**	**537482.2**	**597967.2**	**650278.5**	**690334.5**	**664821.2**
鸡　西	129895.3	146378.0	136743.0	137158.0	163908.0	168090.0	142323.0	101184.0
鹤　岗	159369.0	163639.0	143775.0	151131.0	174956.7	181762.5	205648.6	195254.2
双鸭山	81916.0	84544.0	99502.0	125585.2	124492.5	148570.0	159763.9	193031.0
七台河	80347.0	89767.1	116868.1	123608.0	134610.0	151856.0	182599.0	175352.0
江苏省	**152763.5**	**190975.1**	**267099.0**	**325217.2**	**354871.5**	**406853.0**	**401796.5**	**373234.5**
大　屯	38651.0	44616.7	70516.0	80763.0	83532.8	111857.0	124920.0	117064.0
徐　州	114112.5	146358.4	196583.0	224454.2	271338.7	294996.0	276876.5	256170.5
浙江省		**17671.1**	**34409.8**	**40221.2**	**41685.8**	**42900.0**	**39872.0**	**42059.0**
长　广		17671.1	34409.8	40221.2	41685.8	42900.0	39872.0	42059.0
安徽省	**181563.6**	**226184.0**	**378504.8**	**455500.0**	**510003.3**	**690457.5**	**693146.2**	**604177.8**
淮　南	94208.0	121297.0	174241.0	208132.0	220005.0	341680.0	323168.0	254706.0
淮　北	87355.6	104887.0	204263.8	247368.0	289998.3	348777.5	369978.2	349471.8
江西省	**51847.4**	**132449.5**	**110739.0**	**127688.2**	**167589.5**	**152417.6**	**170693.8**	**153374.1**
萍　乡	29420.9	34539.0	51542.5	57655.1	82729.9	74618.6	82406.1	84891.1
丰　城	15775.8	14699.9	31848.0	41446.8	47484.1	45173.0	60738.9	42498.0
英　岗	4161.8	5335.6	8018.8	10967.5	13663.5	11388.0	10055.9	10180.0
洛　市	2488.9	2687.6	4073.9					
乐　平		75187.4	15255.8	17618.8	23712.0	21238.0	17492.9	15805.0
山东省	**284439.3**	**386334.3**	**569524.5**	**782160.2**	**949654.3**	**1140435.9**	**1407580.9**	**1391419.6**

续表

	1991年	1992年	1993年	1994年	1995年	1996年	1997年	1998年
淄　博	39458.5	46480.4	60543.1	64456.9	82429.2	113993.0	119556.4	111928.0
新　汶	72451.2	96186.8	137378.5	160284.7	210499.9	236262.0	332744.0	315598.0
枣　庄	59140.8	79509.5	93154.0	136775.0	159263.9	171003.0	218082.0	220253.0
肥　城	38210.5	50771.5	65767.7	71939.1	83182.3	102618.4	113082.5	105702.4
兖　矿	64793.7	80022.6	167461.7	280575.4	302461.4	436587.5	484643.0	520423.0
坊　子	3608.0	6027.0	6459.7	15200.0	17080.0	17645.0	12482.0	11200.0
龙　口	6776.6	16987.7	38760.1	52929.1	62725.0	62327.0	101298.0	82369.2
临　沂							25693.0	23946.0
河南省	**243403.1**	**293628.2**	**395853.4**	**506430.9**	**705459.9**	**896796.0**	**932971.1**	**839957.1**
平顶山	119066.6	135806.5	177559.0	225474.0	316286.0	423052.0	435742.0	393308.0
焦　作	27427.7	37414.8	46930.0	68418.9	85193.9	111935.7	117083.5	98836.3
鹤　壁	28837.8	36012.0	48740.8	64524.0	96328.0	117337.0	126162.0	118502.9
义　马	42829.4	52439.9	70783.6	77936.0	106786.0	131413.3	137348.6	111586.9
郑　州	25241.6	31955.0	51840.0	70078.0	100866.0	113058.0	111268.0	100332.0
永　城							5367.0	17391.0
湖南省	**15975.7**	**55023.3**	**78114.1**	**96768.9**	**114412.4**	**124274.5**	**116778.7**	**111833.3**
涟　邵	7268.1	25820.7	31260.0	40888.1	53008.2	56421.6	49866.6	44860.6
资　兴	4989.1	14745.1	27180.5	31617.6	34348.1	38736.1	39151.7	36643.5
白　沙	3718.5	14457.5	19673.6	24263.2	27056.1	29116.8	27760.4	30329.2
四川省	**119835.0**	**153387.8**	**213633.1**	**243674.5**	**275684.0**	**312271.0**	**332580.2**	**313610.9**
广　旺	9149.4	11863.0	17780.1	18603.1	23756.9	32413.9	29369.9	24205.4
芙　蓉	13241.9	12966.8	17253.4	20777.9	27480.3	29982.2	29870.3	26645.8
攀枝花	29800.9	36760.6	55210.3	65802.0	70701.8	74194.7	78896.0	68386.0
华蓥山		5753.7	6937.7	7946.5	9170.5	12728.1	13422.5	12968.0
达　竹		9254.1	11364.6	12342.0	16748.5	20307.1	24460.5	28955.7
南　桐	20558.2	21687.4	28523.0	30978.0	33734.0	41742.0	42670.0	38216.0

续表

	1991年	1992年	1993年	1994年	1995年	1996年	1997年	1998年
天　府	7381.1	10772.9	14649.0	17156.0	18988.0	19981.0	24402.0	23962.0
松　藻	16500.2	20637.8	27752.0	32005.0	37135.0	40818.0	47585.0	38782.0
中梁山	4260.4	5055.2	6794.0	7751.0	6884.0	8071.0	10023.0	9639.0
永　荣	18942.9	18636.3	27369.0	30313.0	31085.0	32033.0	31881.0	41851.0
贵州省	**54666.6**	**66323.6**	**92577.6**	**133605.8**	**140790.9**	**132508.5**	**134832.1**	**133785.4**
六　枝	7130.3	10752.2	15150.7	20013.1	21824.0	28702.9	28251.7	22765.3
盘　江	23407.9	28852.2	38050.9	65211.0	71115.4	51714.6	51888.0	60054.6
水　城	24128.4	26719.0	39376.0	48381.7	47851.5	52091.0	54692.4	50965.5
云南省	**13057.4**	**15028.0**	**18720.7**	**25869.7**	**29193.4**	**28581.4**	**31899.3**	**32383.0**
一平浪	3425.8	3617.6	5184.0	7429.2	8980.9	8837.1	10408.0	11301.0
羊　场	3977.9	4765.8	5933.6	7038.8	8430.1	8898.8	9237.8	9937.4
来　宾	1888.2	2362.6	2601.7	3852.8	4206.0	3415.6	4396.2	3454.6
田　坝	3765.5	4282.0	5001.4	7548.9	7576.4	7429.9	7857.3	7690.0
陕西省	**61551.7**	**69351.5**	**96177.0**	**105479.0**	**126929.7**	**150756.7**	**175937.3**	**164359.7**
铜　川	24621.5	24875.6	33359.0	37730.1	50081.1	60205.9	69422.0	64659.2
蒲　白	6519.7	7591.6	10879.0	10159.0	12907.9	14548.7	18652.0	15655.3
澄　合	5761.4	8510.0	10776.0	12518.0	12968.3	18960.7	20650.0	16400.2
韩　城	16879.9	18777.6	28430.0	32318.0	34639.0	45079.0	53411.0	54346.0
崔家沟	3561.6	3564.9	4663.0	3865.0	5275.8	5505.0	5751.0	8221.0
车　村		1624.4	1597.0	1885.0	2210.0		2507.3	1995.1
陕西煤建	4207.6	4407.4	6473.0	7003.9	8846.9	6457.4	5544.0	3082.9
甘肃省	**32217.5**	**38885.2**	**52420.9**	**67763.4**	**65618.4**	**85189.1**	**98619.6**	**97714.1**
窑　街	13198.0	14164.6	21664.7	27448.5	27984.0	32719.5	33653.3	37451.8
阿　干	1785.9	2719.6	3097.6	3531.9	3600.4	4982.6	4808.6	4254.2
靖　远	17233.6	22001.0	27658.6	36783.0	34034.0	47487.0	57382.0	52347.1
华　亭							2775.7	3661.0

续表

	1991年	1992年	1993年	1994年	1995年	1996年	1997年	1998年
宁夏自治区	**56168.0**	**51159.0**	**83955.0**	**106420.6**	**125624.0**	**133865.0**	**144851.0**	**143106.0**
亘　元	15149.0	16584.0	22584.0	27882.1	31964.0	37929.0	42091.0	40916.0
太　西	39529.0	32879.0	58531.0	72651.0	84294.0	83038.0	87915.0	85379.0
灵　州	1490.0	1696.0	2840.0	5887.5	9366.0	12898.0	14845.0	16811.0
新疆自治区	**21925.6**	**26402.0**	**32586.0**	**47676.6**	**59273.3**	**72611.4**	**82831.3**	**81183.9**
哈　密	9243.2	10213.8	13141.0	20326.3	28347.3	35405.8	34876.2	36627.9
乌鲁木齐	8343.2	10921.6	13063.3	18674.1	21396.5	27135.0	35350.2	32949.0
艾维尔沟	4338.9	5266.6	6381.7	8676.2	9529.5	10070.6	12604.9	11607.0
神华集团					**75159.0**	**124068.0**		

	1999年	2000年	2001年	2002年	2003年	2004年
总　计	**8575262.3**	**8996998.0**	**10840747.0**	**13276375.3**	**16627549.4**	**23796167.5**
北京市	**108793.9**	**100075.8**	**132708.8**	**142832.4**	**137495.5**	**179672.5**
北　京	108793.9	100075.8	132708.8	142832.4	137495.5	179672.5
河北省	**655969.0**	**662150.0**	**770455.0**	**982122.8**	**1162511.0**	**1805927.9**
开　滦	261730.0	277802.0	310166.0	411061.0	432609.0	551124.0
峰　峰	199695.0	194738.0	202637.0	231720.0	332274.0	439145.0
井　陉	20331.0	19293.0	27381.0	47816.0	64363.0	90236.0
兴　隆	12655.0	12576.0	12800.0	12336.0	13544.0	13544.0
邢　台	115623.0	110210.0	160155.0	200465.3	212815.8	616927.6
邯　郸	38376.0	44077.0	52335.0	72617.0	90999.0	90999.0
盛　源	4264.0		1191.0	1645.5	11953.9	
八宝山	3295.0	3454.0	3790.0	4462.0	3952.3	3952.3
山西省	**1411751.4**	**1511589.3**	**1914327.1**	**2371363.3**	**3179237.8**	**4850485.3**
焦　煤				710069.4	911016.4	1514668.2
大　同	336754.0	379635.2	654889.4	783939.6	1056051.8	1353076.7
阳　泉	207630.0	211818.0	240971.5	336674.6	453148.9	678829.2

续表

	1999年	2000年	2001年	2002年	2003年	2004年
西　山	262572.0	323620.0	337918.0			
汾　西	66756.0	73279.0	94982.0			
潞　安	158082.0	146691.0	173850.7	218161.0	308460.6	480662.0
轩　岗	19757.6	15359.8	14332.8			
晋　城	117110.0	125717.3	152472.9	206976.9	337158.0	671485.0
煤气化	94151.9	94623.0	84934.0			
霍　州	71000.0	69866.0	77439.5			
东　山	10510.5	9294.3	16282.3	20033.9	22242.4	28771.5
荫　营	15497.0	15502.5	16796.3	26953.8	27993.3	36722.4
固　庄	11033.6	9752.2	11121.4	19686.0	23514.0	28051.0
小　峪	9720.7	8731.2	7839.0	8849.0		
南　庄	10760.7	11264.2	13582.0	20102.7	26544.4	40223.3
寨　沟	9893.0	9387.1	9749.6	11231.5	13108.0	17995.9
王　坪	10522.4	7048.5	7165.7	8685.0		
内蒙古自治区	**152223.9**	**147120.0**	**168441.0**	**196855.0**	**291824.0**	**391753.2**
平　庄	58070.9	58139.0	63879.0	67683.0	76293.0	125828.0
扎赉诺尔	27962.0	24072.0	26767.0	31574.0	33135.0	41757.0
大　雁	25108.0	17937.0	18628.0	25782.0	34232.0	32632.0
霍林河	36317.0	39186.0	49867.0	59382.0	132027.0	165638.0
宝日希勒	4766.0	7786.0	9300.0	12434.0	16137.0	22347.0
李家塔						3551.2
神华集团	**254351.4**	**331744.6**	**446330.9**	**645371.7**	**888803.0**	**1227432.9**
准格尔	77828.0	92403.1	107944.9	153147.7	183904.0	256593.0
神府东胜	70925.0	137715.0	235743.0	355896.0	502479.0	622619.0
万　利	5188.4	7463.5	9295.0	12617.0	20291.0	42137.0
包　头	16260.0	13880.0	16104.0	24514.0	41713.0	61608.0

续表

	1999年	2000年	2001年	2002年	2003年	2004年
乌　达	50003.0	43153.0	42153.0	46002.0	62352.0	99140.0
海渤湾	25471.0	25843.0	24688.0	37238.0	56519.0	95510.0
呼企局（金烽）	8676.0	11287.0	10403.0	15957.0	21545.0	44266.0
北　胜						5559.9
辽宁省	**645059.7**	**716750.2**	**715979.8**	**816814.0**	**921795.4**	**1212094.0**
抚　顺	158801.6	164245.4	174342.3	184365.6	187198.8	222368.0
阜　新	166527.2	199217.2	168243.7	219600.2	258578.0	294733.0
北　票	16073.8	12686.2	12534.0	12617.0		
铁　法	206672.0	235411.0	252397.0	260194.0	331962.0	452930.0
南　票	22408.0	24104.0	25990.0	23311.0	19379.0	24115.0
沈　阳	66151.8	81086.4	82472.8	116726.2	124677.6	217948.0
本　溪	8425.3					
吉林省	**134768.9**	**121984.4**	**109257.8**	**109821.2**	**691244.5**	**139533.5**
辽　源	57812.0	53168.4	49645.6	54845.2	641006.0	76814.5
通　化	41005.6	36780.0	31844.8	34130.0	34120.5	42670.0
舒　兰	15555.0	11446.0	11761.0	10401.0	7818.0	10062.0
珲　春	10786.0	11360.0	11100.0	10445.0	8300.0	9987.0
营　城	6195.4	6597.6	4539.4			
蛟　河	3414.9	2632.4	367.0			
黑龙江省	**580687.5**	**561384.2**	**601546.8**	**659259.0**	**772968.0**	**1008866.0**
鸡　西	103294.0	98861.0	110592.0	131678.0	151919.0	181084.0
鹤　岗	178464.5	175283.2	184043.8	201641.0	244956.0	328012.0
双鸭山	126387.0	109240.0	126911.0	133893.0	155404.0	195862.0
七台河	172542.0	178000.0	180000.0	192047.0	220689.0	303908.0
江苏省	**223255.5**	**255023.0**	**292933.5**	**360924.6**	**395196.0**	**558739.2**
徐　州	223255.5	255023.0	292933.5	360924.6	395196.0	558739.2

续表

	1999年	2000年	2001年	2002年	2003年	2004年
浙江省	**46621.7**	**51933.7**		**64061.6**	**67374.3**	**84941.0**
长　广	46621.7	51933.7		64061.6	67374.3	84941.0
安徽省	**583293.1**	**605748.0**	**737404.2**	**915190.7**	**1031631.0**	**1443547.8**
淮　南	280056.0	298805.0	363653.0	492169.0	574344.0	737284.0
淮　北	303237.1	306943.0	373751.2	423021.7	457287.0	706263.8
江西省	**171978.9**	**146712.8**	**164375.0**	**198631.1**	**214221.7**	**214221.7**
萍　乡	91915.9	85146.0	92383.0	104774.0	127211.0	127211.0
丰　城	52654.5	33569.5	36041.8	50088.0	50690.0	50690.0
英岗岭	12403.0	13598.0	15273.0	26164.0	25529.5	25529.5
洛　市	15005.5	14399.3	15392.0	17605.1	10791.1	
乐　平			5285.2			10791.1
山东省	**1410777.2**	**1552105.4**	**2122735.6**	**2572098.3**	**2869919.2**	**4449315.1**
淄　博	122739.0	139225.0	236508.0	222929.0	250412.0	441183.0
新　汶	301830.4	265299.0	422196.6	487892.3	580354.3	846919.1
枣　庄	226544.0	230771.0	297994.0	388983.0	435701.0	862379.0
肥　城	84593.2	86812.3	117751.0	174593.2	191750.8	331865.2
兖　矿	570005.0	736409.1	927772.0	1157229.0	1255079.0	1727772.0
坊　子	8800.0	6306.0				
龙　口	71803.0	63663.0	73424.0	77285.8	99907.9	176904.6
临　沂	24462.6	23620.0	47090.0	63186.0	56714.2	62292.2
河南省	**800690.4**	**783789.4**	**1017566.3**	**1316145.6**	**1653217.1**	**2608869.1**
平顶山	379730.0	337834.0	443647.0	550351.0	666545.0	1079487.0
焦　作	85064.9	92667.4	107197.8	141340.0	166478.0	271916.0
鹤　壁	126310.0	137221.1	151634.0	175859.0	193577.6	246700.0
义　马	94897.5	80746.9	116644.0	170303.6	188821.4	293311.5
郑　州	94514.0	101100.0	142046.5	178219.0	226563.1	297614.6
永　城	20174.0	34220.0	56397.0	100073.0	211232.0	419840.0

续表

	1999年	2000年	2001年	2002年	2003年	2004年
湖南省	**111129.1**	**98220.1**	**82110.4**	**91509.2**	**124801.0**	**181559.1**
涟　邵	46998.3	39288.7	26464.4	29883.3	34392.0	45925.6
资　兴	34634.2	30828.5	19532.3	21253.2	41722.0	78137.9
白　沙	29496.6	28102.9	36113.7	40372.7	48687.0	57495.6
四川省	**159535.7**	**150219.5**	**158620.2**	**173136.2**	**190395.1**	**297857.7**
广　旺	22718.2	19376.6	23196.0	24586.5	30136.1	61418.6
芙　蓉	22771.8	20929.4	24051.9	21861.1	24992.4	30011.2
攀枝花	66198.2	65950.4	64673.6	63077.1	65080.4	98084.6
华蓥山	12596.3	13239.9	16091.3	22174.5	27080.3	38766.1
达　竹	32747.0	28284.7	27990.5	29732.0	32337.0	57665.0
隆　昌	2504.2	2438.5	2616.9	2559.4	1873.2	1152.6
芙蓉煤炭				9145.6	8895.8	10759.6
重庆市	**137881.0**	**133700.0**	**132447.0**	**137707.0**	**148036.2**	**219889.0**
南　桐	40607.0	35151.0	37701.0	31911.0	35622.2	56546.0
天　府	21706.0	22015.0	20959.0	22742.0	22386.0	30809.0
松　藻	39254.0	42442.0	43396.0	49179.0	50617.0	58748.0
中梁山	9007.0	8915.0	7752.0	9871.0	10511.0	60929.0
永　荣	27307.0	25177.0	22639.0	24004.0	28900.0	12857.0
贵州省	**138828.3**	**149558.5**	**171785.9**	**191859.6**	**191859.6**	**351311.8**
六　枝	26189.9	23829.1	32009.9	36236.0	36236.0	57495.2
盘　江	57106.6	64843.9	75408.8	87744.7	87744.7	185533.1
水　城	55531.8	60885.5	64367.2	67878.8	67878.8	108283.5
云南省	**27364.9**	**28443.2**	**31251.7**	**33261.3**	**33285.7**	**52407.5**
一平浪	8866.0	10445.0	10966.0	12051.0	12631.0	20303.0
羊　场	8670.9	7900.0	9840.4	13731.2	13169.5	19998.6
来　宾	3602.4	3992.0	2802.0			
田　坝	6225.6	6106.2	7643.3	7479.1	7485.2	12105.9

续表

	1999 年	2000 年	2001 年	2002 年	2003 年	2004 年
陕西省	**151868.1**	**103759.7**	**158979.7**	**202585.7**	**272727.0**	**439751.9**
铜 川	60624.0	58546.1	60102.5	76281.4	103235.0	154499.9
蒲 白	14434.3	16214.9	19924.5	27628.0	30089.0	45675.6
澄 合	13400.8	12706.4	13465.8	17852.3	22758.0	37949.6
韩 城	50582.0	4722.6	45446.0	46534.0	55637.0	85132.0
崔家沟	7626.0	7081.7	7994.4	8598.0	13752.0	21005.4
车 村	1402.0	1083.0	1423.4	2224.0	2434.0	3962.7
陕西煤建	3799.0	3405.0	5244.1	5213.0		16550.1
黄 陵			5379.0	18255.0	8440.0	74976.6
黄陵公司					36382.0	
甘肃省	**104623.5**	**108235.6**	**104093.1**	**102917.0**	**130473.6**	**130473.6**
窑 街	42270.2	40224.9	39393.4	46017.0	55201.0	55201.0
阿 干	4095.0	3617.3			75272.6	75272.6
靖 远	48029.0	55803.0	54807.0	56900.0		
华 亭	10229.3	8590.4	9892.7			
宁夏自治区	**127544.0**	**153171.0**	**165266.0**	**188956.0**	**311578.0**	**377539.0**
亘 元	36837.0	25462.0	26436.0	28039.0	311578.0	377539.0
太 西	90707.0	93507.0	95990.0	109965.0		
灵 州		34202.0	42840.0	50952.0		
新疆自治区	**74369.2**	**77334.6**	**89985.2**	**102463.0**	**102463.1**	**102463.0**
哈 密	33622.2	36479.6	37353.2	35995.0	35995.1	35995.0
乌鲁木齐	30974.0	30936.0	40063.0	53000.0	53000.0	53000.0
艾维尔沟	9773.0	9919.0	12569.0	13468.0	13468.0	13468.0
中煤集团				**564077.0**	**692308.0**	**1288177.0**
平 朔	200137.0	210699.0	270745.0	304121.0	370114.0	598164.0
大 屯	125131.0	133697.0	151140.0	169891.0	189469.0	229575.0
煤气化				90065.0	132725.0	194266.0
中煤其他						266172.0
伊敏公司	**36628.0**	**101849.0**	**130261.0**	**136412.0**	**152184.0**	**179339.0**

	1981年	1982年	1983年	1984年
合　计	**898541.8**	**946003.2**	**992395.7**	**1089624.0**
其中：统配总公司	682622.6	711707.0	749515.2	827923.1
东煤公司	215919.2	234296.2	242880.5	261700.9
北京市	**15659.8**	**17079.2**	**18542.8**	**19370.0**
北　京	15659.8	17079.2	18542.8	19370.0
河北省	**102234.0**	**104058.6**	**108127.1**	**104866.0**
开　滦	47839.0	48237.0	49957.0	44084.0
峰　峰	32277.0	33119.0	34227.0	35305.0
井　陉	5555.0	5349.0	5557.0	5066.0
兴　隆	1253.0	1428.0	1516.0	1586.0
邢　台	3918.1	4393.6	4523.0	5208.0
邯　郸	9483.9	9723.0	10736.0	11956.0
下花园	1908.0	1809.0	1611.1	1660.0
八宝山				
山西省	**189368.3**	**204125.7**	**215105.1**	**232197.1**
大　同	75867.9	82659.7	86041.9	92506.6
阳　泉	28269.4	29367.3	31320.5	34559.8
西　山	29628.6	30673.1	31440.8	32581.4
汾　西	14362.6	16189.1	17204.0	19155.4
潞　安	12532.7	13793.2	15013.1	16107.3
轩　岗	3053.4	3950.2	3976.5	4129.9
晋　城	11567.1	12259.1	13386.4	14613.7
山西煤气				
王　坪				
霍　州	3725.0	4427.4	5229.8	5840.8
东　山	1338.3	1659.9	1903.0	2238.3
荫　营	4026.9	2937.3	2889.5	3044.9
固　庄		1148.9	1150.5	1193.5
小　峪	1824.7	1195.4	2122.9	2597.0
南　庄	885.8	1124.3	1280.8	1353.2
寨　沟	1985.9	1980.8	2145.4	2275.3
平朔露天				

注：1981～1989年为1980年不变价，1990年以后均按1990年不变价格计算，下同。

产值——按不变价计算

单位：万元

1985年	1986年	1987年	1988年	1989年	1990年
1153114.1	**1162378.1**	**1208295.8**	**1630709.7**	**1509522.8**	**3232819.6**
880449.6	890630.3	934168.6	1000896.0	1105043.5	2372290.8
272664.5	271747.8	274127.2	359813.7	404479.2	860528.8
20972.8	**16642.4**	**16752.3**	**20223.2**	**19481.0**	**40105.3**
20972.8	16642.4	16752.3	20223.2	19481.0	40105.3
110495.5	**116640.5**	**121898.8**	**117269.0**	**114454.4**	**38840.2**
44271.4	48123.0	51551.0	45189.0	46374.0	94900.0
36540.0	37555.0	38272.6	38127.0	37102.0	75578.0
5692.0	5089.0	5484.0	5825.0	5109.3	10231.0
1760.0	1710.0	1750.0	1815.0	1769.0	3842.0
7620.9	10121.5	11369.4	12721.5	12224.6	28156.1
12929.0	12492.0	11859.0	11858.0	9955.0	22023.0
1103.0	1006.0	996.0	1069.2	1300.4	2784.2
579.2	544.0	616.8	664.3	620.4	1325.9
247984.6	**252734.8**	**261152.0**	**288051.2**	**348841.2**	**768613.7**
100340.5	95903.3	94467.6	110328.8	118002.8	233528.4
33546.3	35710.1	38021.2	39128.3	41007.1	87233.6
34161.9	35134.1	35552.1	35242.9	44906.0	92872.6
20556.5	19905.1	22735.2	20438.9	30418.9	60402.6
18137.8	21644.6	21745.1	25020.9	25906.2	59866.3
4468.5	4646.4	5107.3	5340.4	5623.5	16284.2
16293.5	17854.9	21299.8	25022.8	26447.4	49814.9
					33591.3
					2785.9
7257.0	8582.6	8939.7	9022.1	10828.4	30801.5
2390.2	2582.1	3036.2	2666.4	2575.4	6856.1
3131.0	3150.5	2686.9	3013.7	3230.6	7049.7
1157.3	1162.0	1086.4	1173.8	1299.8	2754.6
2958.6	2958.8	3004.5	3100.2	3102.6	5925.1
1350.9	1388.7	1338.4	1530.2	1632.6	3234.7
2234.6	2111.6	2132.5	2021.8	1758.5	4690.2
			1615.2	31601.0	68922.0

	1981 年	1982 年	1983 年	1984 年
内蒙古	**17413.1**	**20199.2**	**19727.5**	**20890.6**
包　头	4421.6	5160.4	5204.2	5425.5
乌　达	8888.4	10015.3	10175.6	10987.3
海勃湾	4103.1	5023.5	4347.7	4478.1
宝日希勒				
东煤公司	**215919.2**	**234296.2**	**242880.5**	**261700.9**
辽宁省	**86495.3**	**93982.0**	**93980.1**	**98204.1**
抚　顺	32217.0	34789.0	31774.8	33955.4
阜　新	26505.0	29563.0	30135.0	29155.0
北　票	5688.8	6227.0	5725.3	5699.7
铁　法	3549.5	4262.0	5347.0	6682.0
南　票	3301.0	3857.0	3818.0	3952.0
沈　阳	13741.0	13626.0	15336.0	16898.0
烟　台	460.0	492.0	612.0	623.0
八道壕	1033.0	1076.0	1237.0	1239.0
吉林省	**29980.1**	**31408.2**	**33277.2**	**36514.3**
辽　源	12580.9	12771.0	13709.7	15290.7
通　化	10455.2	10460.3	10900.0	12201.7
舒　兰	4673.7	5843.9	6459.5	6570.9
珲　春	2270.3	2333.0	2508.0	2451.0
黑龙江省	**85216.9**	**93928.6**	**98422.1**	**106800.6**
鸡　西	26922.9	30723.5	28747.0	35316.6
鹤　岗	35291.6	37329.8	40583.1	39807.4
双鸭山	14709.7	16625.4	17902.0	19005.0
七台河	8292.7	9240.9	11190.0	12671.6
内蒙古东部	**14226.9**	**15067.4**	**17201.0**	**20181.9**
平　庄	7482.2	7991.0	8367.1	9330.4
扎赉诺尔	5664.9	5740.4	6746.4	7192.4
大　雁	1079.8	1336.0	1605.4	2238.3
霍林河				1231.9
伊敏河				188.9
江苏省	**34952.3**	**35981.6**	**40185.2**	**45360.5**
大　屯	5969.1	6802.8	8810.8	10000.2
徐　州	28983.2	29178.8	31374.4	35360.5

续表

1985 年	1986 年	1987 年	1988 年	1989 年	1990 年
47887.9	**25016.3**	**22224.0**	**23428.6**	**27326.2**	**63306.1**
6526.2	5939.1	4889.1	6160.3	6413.6	17862.0
11307.1	12669.9	11198.0	11384.5	13221.0	29432.1
4872.6	5626.4	5241.8	5121.8	7067.5	15426.7
600.3	780.9	895.1	762.0	624.1	585.3
272664.5	**271747.8**	**274127.2**	**359813.7**	**404479.2**	**860528.8**
101529.2	**98742.1**	**95191.0**	**128901.9**	**144039.0**	**282927.1**
38439.0	36156.2	32490.3	45322.5	49845.1	100889.3
30737.0	29313.4	28949.6	37742.7	42460.1	81700.4
5815.2	5613.5	5655.4	7293.6	7640.1	13676.8
8214.0	9336.0	10682.0	15308.2	19222.6	39210.2
3531.0	3681.0	4058.4	5202.0	5024.6	9638.0
13652.0	13518.0	12203.0	16991.1	18676.2	35501.6
287.0	207.0	131.0	152.0	141.0	316.0
854.0	917.0	1021.3	889.8	1029.3	1994.8
31736.9	**30961.8**	**32133.7**	**41174.0**	**47152.5**	**95429.8**
13393.4	13360.0	14242.8	17279.1	21456.0	38168.4
9922.2	9365.5	10249.8	13726.7	14362.2	29431.2
6301.3	6343.3	5588.2	8000.3	8986.0	22924.1
2120.0	1893.0	2052.9	2167.9	2348.3	4906.1
114816.7	**116616.5**	**121215.5**	**154364.9**	**170413.2**	**387995.7**
33139.8	35994.8	35051.2	48392.8	50966.1	119284.4
46288.0	41417.5	40835.7	51654.7	57136.4	132531.1
20933.0	22731.8	25017.3	29348.8	34871.8	80883.9
14455.9	16472.4	20311.3	24968.6	27438.9	55296.3
24581.7	**25427.4**	**25587.1**	**35872.9**	**42874.5**	**94176.2**
10365.6	10741.9	11523.6	15589.6	17586.6	32284.3
7907.4	8207.4	8372.8	10037.1	10487.3	22742.2
3171.3	2924.3	2089.9	3470.2	5748.0	14236.5
1960.4	2340.3	2694.3	4098.2	5846.5	16112.6
1177.0	1213.5	906.5	2177.8	3206.1	8800.6
48091.2	**45562.9**	**47198.8**	**52576.2**	**55574.8**	**120546.7**
11375.8	11325.3	12698.3	15527.9	15936.0	30370.9
36715.4	34237.6	34500.5	37048.3	39638.8	90175.8

	1981年	1982年	1983年	1984年
安徽公司	**56889.3**	**59631.3**	**61473.9**	**63998.2**
淮　　南	24999.1	26909.3	26104.9	27099.4
淮　　北	31890.2	32722.0	35369.0	26898.8
江西省	**15871.4**	**17863.4**	**18070.6**	**17930.1**
萍　　乡	8454.1	9452.9	10231.6	9479.4
丰　　城	6453.7	7295.2	6314.1	6768.5
英 岗 岭	963.6	1115.3	1524.9	1601.9
洛　　市				80.3
山东省	**82458.8**	**72038.5**	**75495.9**	**77909.1**
淄　　博	13129.6	10567.5	10760.4	10563.8
新　　汶	23789.1	19869.9	19935.4	20927.5
枣　　庄	23544.1	21709.3	22807.4	22523.9
肥　　城	14282.8	10554.4	10806.0	11251.1
兖　　州	6949.2	8594.4	9808.7	11464.6
坊　　子	764.0	743.0	666.0	756.0
龙　　口			712.0	422.2
河南省	**81334.0**	**85173.4**	**91729.3**	**97037.0**
焦　　作	11151.0	11784.4	12576.1	13227.2
平 顶 山	33176.3	34803.3	37056.7	39858.3
鹤　　壁	12834.1	13443.3	14274.6	16297.3
义　　马	14473.4	14701.4	17329.9	17502.2
新　　密	9699.2	10441.0	10492.0	10152.0
湖南省	**5315.7**	**5214.8**	**4856.5**	**5584.4**
涟　　邵	2217.4	2237.9	2189.7	2200.4
资　　兴	1642.4	1636.5	1471.6	2151.0
白　　沙	1455.9	1340.4	1195.2	1233.0
四川省	**35242.6**	**37644.9**	**38339.1**	**40890.7**
四川煤管局	15649.3	16397.2	15867.0	17096.0
广　　旺	2932.9	3285.0	2502.6	3170.4
芙　　蓉	3161.9	3226.8	3396.1	3603.8
渡　　口	9554.5	9885.4	9968.3	10322.0
重庆公司	19593.3	21247.7	22472.1	23794.1
南　　桐	6215.5	6719.9	7064.8	7668.1
天　　府	2722.5	2864.2	3011.8	3112.0

续表

1985年	1986年	1987年	1988年	1989年	1990年
66529.2	**67610.3**	**63251.4**	**67329.6**	**70504.8**	**151564.2**
27782.3	28020.0	24414.0	27271.0	29135.0	66158.0
38746.9	39590.3	38337.4	40058.6	41369.8	85406.2
19751.8	**18187.5**	**20327.8**	**23561.3**	**24802.4**	**39469.9**
10721.6	9681.4	10696.3	12747.8	13805.6	21206.2
6848.7	6323.9	6812.6	7602.8	7642.1	12580.8
1706.5	1882.9	2107.6	2499.9	2525.2	4005.8
475.0	299.3	711.3	710.8	829.5	1677.1
81189.3	**84467.6**	**106448.1**	**115589.2**	**124047.9**	**267267.4**
10757.1	10456.6	12008.9	12687.1	14684.6	29078.7
22438.2	21493.7	27628.1	30199.2	30842.1	68038.5
22401.4	22084.9	22920.3	22964.4	22390.0	44432.6
9636.8	9433.8	15139.1	15990.8	17330.8	37172.3
14514.3	19397.3	25803.5	30195.1	31096.4	73611.4
823.0	841.0	806.2	802.0	917.0	2017.0
618.5	760.3	2142.0	2750.6	3419.2	6776.6
104358.9	**105749.5**	**110385.4**	**118516.1**	**133075.5**	**265120.1**
13064.5	12210.1	13253.4	15080.9	17074.6	27568.8
44355.2	46278.5	49815.6	51480.0	53218.3	110120.9
17522.2	17687.5	18353.6	19313.2	19517.0	35819.1
18801.0	18929.4	18013.9	18901.4	25884.3	55861.9
10616.0	10644.0	10948.9	13740.6	17381.3	35749.4
4541.0	**4816.4**	**5193.5**	**5854.7**	**5899.9**	**11932.5**
2101.3	2294.5	2329.1	2556.9	2567.9	5221.8
1296.1	1465.0	1741.6	2101.7	2119.6	3709.4
1143.6	1056.9	1122.8	1196.1	1212.4	3001.3
43967.1	**42516.9**	**45400.4**	**51425.4**	**58257.5**	**103299.7**
18225.7	17383.4	18037.1	20677.3	21698.2	46779.4
3429.0	3211.5	3321.9	3966.6	4182.4	9551.3
4217.8	4054.1	4453.1	4725.2	5588.4	10395.4
10578.9	10117.8	10262.1	11985.5	11927.4	26832.7
25741.4	25133.5	27363.3	30748.1	31559.3	56520.3
8459.4	8570.9	9021.2	9969.1	10394.1	17516.3
3467.7	3525.2	3764.7	4520.0	4388.8	7550.7

	1981年	1982年	1983年	1984年
松　　藻	2993.7	3688.7	4272.6	4624.0
中 梁 山	1728.7	1832.1	1750.0	1781.0
永　　荣	5932.9	6142.8	6372.9	6609.0
贵州省	**15996.1**	**18163.7**	**19051.7**	**19823.7**
六　　枝	3093.8	3306.6	3456.8	4009.5
盘　　江	5541.2	6622.4	6895.0	6924.1
水　　城	7361.1	8234.7	8699.9	8890.1
陕西省	**26796.0**	**31159.2**	**33549.5**	**34085.7**
铜　　川	14147.3	15892.8	16905.3	16141.9
蒲　　白	2125.8	2435.1	2589.2	2963.6
澄　　合	2401.7	2730.7	3449.0	3707.9
韩　　城	5576.0	6224.1	7122.7	7923.7
崔 家 沟	2545.2	2583.7	2094.9	2197.1
车　　村				
煤建公司				
甘肃省	**12079.2**	**14254.4**	**14657.9**	**16932.9**
窑　　街	6761.0	7371.8	7448.8	8490.7
阿 干 镇	1574.4	1875.0	1829.0	2169.0
靖　　远	3743.8	5007.6	5380.1	6273.2
宁夏回族自治区	**18912.9**	**18397.8**	**20133.2**	**21498.6**
石 嘴 山	5867.8	5873.5	6344.8	6305.2
石 炭 井	13045.1	12524.3	13788.4	15193.4
灵　　武				
新疆维吾尔自治区	**7341.7**	**8219.8**	**8809.0**	**9548.2**
哈　　密	3559.3	3907.0	4185.6	4522.2
乌鲁木齐	3782.4	4312.8	4623.4	5026.0
艾维尔沟				
云南省	**4059.6**	**3933.0**	**4045.2**	**4749.0**
一 平 浪	1410.3	1339.7	1228.9	1429.2
来　　宾	423.6	484.3	513.0	655.1
羊　　场	1513.9	1246.2	1377.3	1554.7
田　　坝	711.8	862.8	926.0	1110.0

续表

1985 年	1986 年	1987 年	1988 年	1989 年	1990 年
5120.0	4860.6	5376.3	6300.6	6949.9	13141.4
2054.0	2181.5	3122.1	2167.4	2132.8	4236.9
6640.3	5995.3	6079.0	7591.0	7663.7	14075.0
20714.6	**22429.9**	**23802.9**	**24512.3**	**27355.2**	**57170.6**
4370.0	4320.4	4523.8	4702.9	4905.1	11076.9
8381.9	9300.2	9413.1	9641.2	11120.2	19983.8
7962.7	8809.3	9866.0	10168.2	11324.9	26009.9
35908.5	**36516.4**	**37445.0**	**38212.5**	**38927.0**	**92122.8**
16857.5	17103.2	16145.7	16631.2	16600.1	39223.7
3296.5	3369.8	3670.1	3565.8	3864.0	8117.6
4143.8	4012.6	3899.6	3769.0	4171.4	10433.5
9033.3	9439.3	9789.5	10316.1	9455.4	24529.5
2288.6	2139.9	1950.0	1296.0	1653.2	3631.3
288.8	451.6	1467.0	589.6	736.3	1673.4
				2446.6	4453.8
17396.6	**17652.8**	**18216.8**	**19713.4**	**21066.3**	**43062.5**
8694.6	8132.9	8802.4	9238.5	9975.0	21201.6
1830.0	1782.1	1503.9	1892.0	1841.8	2753.0
6872.0	7737.8	7910.5	8582.9	9249.5	19107.9
25169.0	**24008.8**	**24746.6**	**27302.0**	**27040.0**	**70458.0**
7864.0	6594.8	6507.2	7341.0	7402.0	23652.0
17305.0	17414.0	18239.4	19961.0	19638.0	46806.0
10073.3	**10077.3**	**9723.8**	**12331.3**	**13889.5**	**26631.9**
4918.5	4890.0	5259.1	5210.8	5804.2	10578.5
5154.8	5187.3	4464.7	5368.0	5675.2	11208.9
			1752.5	2410.1	4844.5
5183.7	**5031.7**	**4743.0**	**4727.8**	**5809.2**	**12779.2**
1478.0	1643.1	1753.8	1895.9	1697.4	3500.6
677.6	502.7	316.9	469.9	738.9	3589.6
1762.1	1668.9	1410.0	1340.3	1805.1	2291.9
1266.0	1217.0	1262.3	1021.7	1507.8	3397.1

续表

	1991年	1992年	1993年	1994年	1995年	1996年	1997年	1998年
总　计	**3247741.0**	**3297892.6**	**3265472.0**	**3386585.3**	**3624381.2**	**4128142.5**	**4159622.9**	**4113457.5**
北京市	**41015.7**	**35399.4**	**35301.5**	**32498.8**	**32542.0**	**32782.4**	**39604.4**	**116149.7**
北　京	41015.7	35399.4	35301.5	32498.8	32542.0	32782.4	39604.4	116149.7
河北省	**234002.0**	**229697.8**	**237833.0**	**234593.0**	**249301.0**	**290946.0**	**305994.0**	**286517.0**
开　滦	91629.0	89564.0	98237.0	94493.0	94940.0	95958.0	97963.0	98069.0
峰　峰	73068.0	69889.0	67048.0	70709.0	76458.0	103422.0	103451.0	98828.0
井　陉	10619.0	10478.0	10565.0	11390.0	14598.0	13735.0	15924.0	14989.0
兴　隆	3610.0	3592.0	3603.0	2628.0	3757.0	5934.0	5500.0	5457.0
邢　台	28973.1	30136.8	33677.0	32020.0	36017.0	39646.0	47621.0	39926.0
邯　郸	21866.0	21540.0	19783.0	18619.0	18527.0	26519.0	30313.0	24686.0
盛　源	2977.7	3177.0	3497.0	3406.0	3922.0	3967.0	3228.0	2488.0
八宝山	1259.2	1321.0	1423.0	1328.0	1082.0	1765.0	1994.0	2074.0
山西省	**780331.6**	**779211.6**	**770494.4**	**794495.4**	**816085.9**	**884467.8**	**867366.6**	**844870.4**
大　同	235336.3	245247.0	231608.9	258576.8	255581.1	283481.1	256429.0	211566.0
阳　泉	83612.3	84567.2	76041.2	80030.0	80929.0	83180.0	83186.2	96407.3
西　山	96687.4	95796.7	94004.0	109979.0	122946.0	129132.0	128310.0	126885.0
汾　西	63861.4	54842.5	44209.0	46253.1	47484.0	58597.0	53126.0	47405.0
潞　安	61542.4	60352.6	56863.7	55238.2	57169.0	59580.0	79795.0	95357.0
轩　岗	15882.6	14400.0	13802.7	14758.8	16524.0	15280.0	13865.4	8722.1
晋　城	49670.4	46578.9	42602.4	42491.0	42457.0	41929.0	40062.7	44711.7
煤气化	38070.3	38613.4	47170.5	42072.9	42741.0	46550.0	50931.0	51439.1
王　坪	2832.0	4924.0	5200.0	5671.0	5705.0	5666.0		3809.2
霍　州	31923.7	31038.0	26789.0	30381.7	30881.4	33838.2	32954.0	38448.4
东　山	7056.7	7302.0	7078.0	7105.0	6903.4	8528.2	8955.0	5908.2
荫　营	6054.0	6027.0	6035.0	6489.3	7164.0	7701.8	7676.4	7736.2
固　庄	2478.3	2581.9	3561.0	3626.9	4206.4	4351.5	4782.1	5203.0
小　峪	5988.7	5901.0	6011.0	7001.9	7084.8	8400.5	8900.9	2894.3
南　庄	3183.4	3175.7	3540.0	4231.4	4478.4	5144.5	5307.3	6075.4

续表

	1991年	1992年	1993年	1994年	1995年	1996年	1997年	1998年
寨　沟	4863.7	5188.7	5012.0	5188.6	5286.4	5104.0	5088.6	4986.5
平　朔	71288.0	72675.0	70966.0	75399.0	78545.0	88004.0	87997.0	87316.0
内蒙古自治区	**152949.0**	**147204.1**	**142381.6**	**146881.2**	**160443.9**	**179883.0**	**186523.0**	**165311.5**
包　头	11024.8	9718.6	10516.0	8999.9	9003.0	11378.0	9569.0	5749.0
乌　达	31225.2	28410.0	25726.0	23721.0	24660.0	32476.0	34192.0	31765.0
海勃湾	14569.7	13634.0	13658.0	16515.0	15153.0	21556.0	19823.0	18208.0
平　庄	32935.6	32789.1	32861.1	35954.6	33939.5	36485.0	36127.0	35040.0
扎赉诺尔	20926.2	18950.9	17353.4	18321.5	16820.5	23414.0	20174.0	17176.0
大　雁	16328.0	16665.3	15633.7	15016.6	18710.1	17145.0	18135.0	15005.0
霍林河	18582.8	18470.1	18970.3	19850.5	19700.8	23159.0	16750.0	13605.0
宝日希勒							2558.0	2508.0
神府东胜		1180.3					11954.0	
准格尔							9994.0	16800.5
伊敏河	7356.7	7385.8	7663.1	8502.1	22457.0	14270.0	7247.0	9455.0
辽宁省	**293474.2**	**300252.4**	**291454.0**	**281034.7**	**252063.9**	**316585.7**	**243374.9**	**274558.5**
抚　顺	106303.2	105606.9	101355.9	98332.5	74268.0	85283.3	59300.2	67526.7
阜　新	85891.1	90705.3	94706.9	89126.0	84722.0	100000.4	74539.6	82929.8
北　票	14058.5	14250.3	14093.5	13076.8	12044.3	12594.5	10737.1	11087.0
铁　法	41225.0	40747.0	41803.0	47030.0	50576.6	81666.0	59335.0	70613.0
南　票	9829.0	10398.0	8866.0	7473.0	6633.0	8301.0	15012.0	12298.0
沈　阳	34160.8	36695.7	30628.7	25996.4	23820.0	28740.5	15391.0	22407.1
本　溪							9060.0	7696.9
烟　台	276.0	160.0						
八道壕	1730.6	1689.2						
吉林省	**94865.7**	**93886.9**	**85109.2**	**78099.2**	**67935.1**	**90146.8**	**77053.1**	**70911.1**
辽　源	36977.3	38039.7	34007.3	32623.2	27104.3	43122.1	34435.0	31313.4
通　化	29147.3	28187.5	23057.6	21433.5	16722.6	15834.0	15747.0	16319.7
舒　兰	22020.0	19768.1	19774.3	17525.5	18632.2	21391.0	20194.4	15698.0

续表

	1991年	1992年	1993年	1994年	1995年	1996年	1997年	1998年
珲　春	6721.1	7891.6	8270.0	6517.0	5476.0	9799.7	6676.7	7580.0
黑龙江省	**398823.0**	**398963.7**	**331606.5**	**336873.5**	**358771.9**	**349808.1**	**340127.0**	**331717.5**
鸡　西	119225.7	117408.4	86566.0	80799.0	98934.0	89352.0	73901.0	52147.0
鹤　岗	131802.4	134745.4	106693.7	117311.8	120705.3	113282.1	113855.3	101070.5
双鸭山	77050.7	75578.0	66072.8	68816.1	69202.6	69320.0	70838.7	95744.0
七台河	70744.2	71231.9	72274.0	69946.6	69930.0	77854.0	81532.0	82756.0
江苏省	**125627.2**	**126170.0**	**131514.9**	**135493.2**	**139390.0**	**142825.7**	**138057.6**	**141848.7**
大　屯	30780.5	31869.8	34030.0	35248.0	36412.5	39348.0	41098.0	43515.0
徐　州	94846.7	94300.2	97484.9	100245.2	102377.5	103477.7	96959.6	98333.7
浙江省		**9552.2**	**11796.2**	**13696.0**	**12726.1**	**14067.5**	**12658.0**	**15368.0**
长　广		9552.2	11796.2	13696.0	12726.1	14067.5	12658.0	15368.0
安徽省	**145123.7**	**156554.9**	**167368.8**	**175207.9**	**180808.2**	**263161.0**	**254251.7**	**220690.3**
淮　南	59677.0	66589.0	76183.0	81760.0	80813.0	127077.0	104656.0	87570.0
淮　北	85446.7	89965.9	91185.8	93447.9	99995.2	136084.0	149595.7	133120.3
江西省	**44372.5**	**47427.6**	**54901.8**	**62451.1**	**86933.0**	**75800.0**	**83073.3**	**81856.4**
萍　乡	23743.0	23233.3	26828.2	31612.1	51051.6	37568.8	41838.1	44817.8
丰　城	15244.9	12118.3	13761.1	15893.6	19237.3	21669.2	27332.5	23000.0
英　岗	4015.6	4051.9	4281.8	5158.0	4988.0	5424.0	5159.8	5408.0
洛　市	1369.0	1350.4	1585.2					
乐　平		6673.7	8445.5	9787.4	11656.1	11138.0	8742.9	8630.6
山东省	**265865.1**	**282006.4**	**289499.0**	**332952.0**	**381613.6**	**426818.1**	**609502.3**	**610203.7**
淄　博	30074.5	31063.8	31280.0	30280.2	37848.0	45767.0	55492.7	53869.0
新　汶	68050.4	68981.4	66450.9	70322.9	75188.8	79008.5	170991.0	147721.0
枣　庄	46016.3	45611.1	47703.4	55634.2	60239.3	62875.0	74544.0	86437.8
肥　城	36503.5	36092.1	30737.4	33422.2	33038.8	34447.9	39596.6	40230.7
兖　矿	75798.3	77298.5	86698.4	104717.3	117433.1	179002.2	200949.0	215409.0
坊　子	2667.0	3789.0	3182.5	8976.0	10086.0	14940.0	6025.0	5376.0
龙　口	6755.1	11527.8	23446.4	29599.2	29866.6	14777.5	47940.0	46305.8

续表

	1991年	1992年	1993年	1994年	1995年	1996年	1997年	1998年
临　沂							13964.0	14854.4
河南省	**259997.6**	**255332.5**	**259838.3**	**281826.0**	**322748.5**	**456676.0**	**436002.3**	**405361.0**
平顶山	109131.7	108062.7	110719.0	116051.0	127384.0	206140.0	192995.0	182180.0
焦　作	26257.8	30564.0	31508.0	33715.0	43893.2	59477.6	52656.8	49966.5
鹤　壁	37280.6	34389.5	36750.7	41572.0	49478.0	66163.0	67313.0	60868.0
义　马	51585.5	45166.3	43158.6	45326.0	46675.3	59884.4	59522.5	46879.5
郑　州	35742.0	37150.0	37702.0	45162.0	55318.0	65011.0	62097.0	58277.0
永　城							1418.0	7190.0
湖南省	**12335.6**	**39813.9**	**36340.4**	**38083.3**	**41012.9**	**42255.2**	**40190.3**	**41360.1**
涟　邵	5419.3	18152.1	14710.8	15826.2	17021.1	19101.1	17210.3	16621.4
资　兴	3957.3	10522.0	11722.6	11976.1	12989.1	12817.1	12862.2	11974.3
白　沙	2959.0	11139.8	9907.0	10281.0	11002.7	10337.0	10117.8	12764.4
四川省	**105032.2**	**114148.9**	**118390.5**	**124301.5**	**135581.4**	**145492.9**	**80556.8**	**73760.8**
广　旺	9166.7	10007.9	9729.8	9998.5	11704.5	15690.7	14783.9	12459.4
芙　蓉	10845.8	9256.4	9233.5	8925.6	10936.7	12624.3	12532.3	10791.5
攀枝花	24762.1	25847.7	28667.6	31366.2	32925.0	35105.7	35186.5	30062.0
华蓥山		5059.3	4195.5	4634.9	4920.6	6147.5	7184.2	6617.0
达　竹		6741.1	6996.1	7042.3	8596.6	9745.6	10869.9	13830.9
重庆市							**66935.0**	**65894.0**
南　桐	17210.9	16340.2	17003.0	16408.0	18577.0	19677.0	19395.0	19847.0
天　府	10343.9	9282.1	9245.0	9354.0	8751.0	9567.0	11211.0	10825.0
松　藻	13620.8	13658.3	13696.0	16213.0	19422.0	17628.0	17405.0	17076.0
中梁山	4612.7	4191.3	4471.0	5106.0	4142.0	4416.0	4904.0	5347.0
永　荣	14469.3	13764.6	15153.0	15253.0	15606.0	14891.0	14020.0	12799.0
贵州省	**62799.4**	**64350.8**	**68310.2**	**75007.6**	**71678.3**	**73110.2**	**72940.1**	**70426.3**
六　枝	11810.9	11943.5	14582.5	16467.6	16045.8	22073.6	20459.2	17217.4
盘　江	25696.4	26623.4	29475.0	33399.0	31263.3	25704.6	26041.9	28850.5
水　城	25292.1	25783.9	24252.7	25141.0	24369.3	25332.0	26439.0	24358.4

续表

	1991年	1992年	1993年	1994年	1995年	1996年	1997年	1998年
云南省	**13764.9**	**14280.5**	**13332.2**	**17266.0**	**18632.5**	**17519.2**	**17324.9**	**18779.7**
一平浪	3102.0	3028.5	3500.0	4809.7	4990.6	4811.4	4689.0	5552.0
羊　场	4768.5	4958.0	4575.6	4689.3	5601.2	5732.9	5937.0	6484.1
来　宾	2185.6	2505.4	2023.7	2783.4	3441.1	2408.8	2654.6	1963.6
田　坝	3708.8	3788.6	3232.9	4983.6	4799.6	4566.1	4044.3	4780.0
陕西省	**82845.6**	**84282.7**	**81622.0**	**85296.0**	**88081.1**	**97138.8**	**102220.2**	**92956.0**
铜　川	33192.9	29554.2	27300.0	28370.1	30953.7	37494.6	38602.0	32123.0
蒲　白	8582.8	8590.8	8015.0	7253.0	7381.2	7504.8	8761.0	7048.0
澄　合	8531.5	11147.3	9180.0	11886.0	10868.1	14720.6	13888.0	12125.9
韩　城	23886.8	24409.9	25534.0	26016.0	25178.0	29842.0	32574.0	33553.0
崔家沟	3609.9	3638.9	4123.0	3950.0	4076.4	3747.8	3493.0	4273.0
车　村							1518.2	1562.0
陕西煤建	5041.7	5049.5	5766.0	5840.9	7517.1	3829.0	3384.0	2271.1
甘肃省	**42245.2**	**40802.0**	**42652.3**	**42101.9**	**42475.9**	**48233.0**	**54544.8**	**53387.4**
窑　街	19562.3	16164.1	17775.8	16880.0	19516.8	19956.0	19793.5	21353.4
阿　干	2426.9	2636.9	2708.5	3050.9	2490.1	3008.0	2728.0	2826.6
靖　远	20256.0	22001.0	22168.0	22171.0	20469.0	25269.0	30272.0	26903.4
华　亭							1751.3	2304.0
宁夏自治区	**66936.0**	**54739.0**	**71113.0**	**72782.4**	**79652.0**	**86867.0**	**89768.0**	**86968.0**
亘　元	22323.0	20104.0	23931.0	25253.9	27999.0	30892.0	31682.0	28074.0
太　西	42565.0	32525.0	44248.0	42720.0	45298.0	47497.0	47976.0	47701.0
灵　州	2048.0	2110.0	2934.0	4808.5	6355.0	8478.0	10110.0	11193.0
新疆自治区	**25334.8**	**23815.3**	**24612.2**	**25644.6**	**32378.0**	**38918.1**	**41554.6**	**44561.4**
哈　密	10847.0	9241.6	10881.0	10953.8	14533.6	18646.3	18738.2	20461.4
乌鲁木齐	9792.4	10229.1	9634.8	10298.8	12732.0	15373.2	17102.4	18953.0
艾维尔沟	4695.4	4344.6	4096.4	4392.0	5112.4	4898.6	5714.0	5147.0
神华集团					**53526.0**	**54640.0**		

续表

	1999年	2000年	2001年	2002年	2003年
总　计	**4192773.3**	**4519781.0**	**5270375.6**	**6029124.1**	**7348825.8**
北京市	**33285.3**	**32890.8**	**38359.7**	**44624.2**	**46152.9**
北　　京	33285.3	32890.8	38359.7	44624.2	46152.9
河北省	**299256.0**	**307440.0**	**331192.0**	**414664.2**	**463622.9**
开　　滦	105543.0	110697.0	116424.0	162415.0	165899.0
峰　　峰	104605.0	103451.0	103779.0	111203.0	128358.0
井　　陉	14138.0	12845.0	17804.0	21668.0	32245.0
兴　　隆	6251.0	6287.0	6920.0	6659.0	7730.0
邢　　台	39658.0	44265.0	59225.0	82097.9	87903.6
邯　　郸	25804.0	28214.0	24486.0	27487.0	34038.0
盛　　源	1756.0		813.0	946.3	5363.7
八 宝 山	1501.0	1681.0	1741.0	2188.0	2085.6
山西省	**784093.6**	**803512.5**	**899519.2**	**1006308.5**	**1383906.8**
焦　　煤				357316.0	444664.4
大　　同	226852.0	238117.9	257296.7	295582.3	419142.7
阳　　泉	107091.5	110138.7	121241.0	146816.2	201775.3
西　　山	142486.0	143108.0	177825.0		
汾　　西	42776.0	46439.0	55163.0		
潞　　安	74146.0	74768.0	85900.9	97154.0	165108.2
轩　　岗	10888.7	8048.2	8009.2		
晋　　城	48659.4	51224.8	53690.7	59089.4	108914.8
煤 气 化	51802.6	52733.0	52759.0		
霍　　州	38499.0	41027.0	44102.6		
东　　山	6564.7	6726.9	9777.5	11239.5	13148.6
荫　　营	7785.6	7937.1	8091.3	10114.9	9873.6
固　　庄	5731.4	5042.7	5980.8	7151.0	6975.0
小　　峪	4498.1	4054.6	4771.0	4822.0	
南　　庄	5295.0	5578.8	6155.8	7225.4	9203.3
寨　　沟	4947.6	4573.1	4649.0	4625.9	5100.9
王　　坪	6070.0	3994.7	4105.7	5172.0	

续表

	1999年	2000年	2001年	2002年	2003年
内蒙古自治区	**71087.0**	**72872.0**	**87112.0**	**102528.0**	**165052.0**
平　　庄	28092.0	28888.0	32634.0	33508.0	38221.0
扎赉诺尔	11973.0	10538.0	12526.0	15094.0	15257.0
大　　雁	12303.0	8908.0	10640.0	14581.0	16529.0
霍 林 河	15943.0	18500.0	24805.0	30313.0	84267.0
宝日希勒	2776.0	6038.0	6507.0	9032.0	10778.0
神华集团	**153232.1**	**231268.2**	**336199.5**	**464445.5**	**649814.0**
准 格 尔	24421.9	31012.1	35911.5	48791.9	62441.0
神府东胜	65485.0	137342.0	239354.0	333511.0	476259.0
万　　利	3195.2	3393.1	5516.0	7533.0	10190.0
包　　头	7498.0	7676.0	8998.0	13038.6	19049.0
乌　　达	30167.0	27063.0	23220.0	28564.0	36649.0
海 渤 湾	18605.0	19542.0	19559.0	27423.0	37685.0
金　　烽	3860.0	5240.0	3641.0	5584.0	7541.0
辽宁省	**248140.4**	**273642.4**	**283743.1**	**315571.7**	**330983.5**
抚　　顺	68427.9	67094.2	65131.4	71064.8	69407.5
阜　　新	73150.6	81300.7	68008.0	93600.4	108000.0
北　　票	7029.9	5094.8	5453.0	12000.0	
铁　　法	68397.0	80966.0	101021.0	89703.0	101881.0
南　　票	9152.0	9156.0	9484.0	8907.0	7441.0
沈　　阳	17594.5	30030.7	34645.7	40296.5	44254.0
本　　溪	4388.5				
吉林省	**64314.4**	**59301.6**	**54774.4**	**53880.7**	**333630.8**
辽　　源	29377.1	26124.6	26004.3	27055.7	312695.0
通　　化	16733.2	16393.9	13395.4	14434.0	11661.8
舒　　兰	10045.0	7218.0	7491.0	7249.0	5248.0
珲　　春	4387.0	5146.0	5450.0	5142.0	4026.0
营　　城	2520.6	3427.6	2276.7		
蛟　　河	1251.5	991.5	157.0		
黑龙江省	**298951.6**	**289871.0**	**318694.1**	**345993.0**	**409021.0**

续表

	1999年	2000年	2001年	2002年	2003年
鸡　西	52479.0	48687.0	57422.0	74147.0	84606.0
鹤　岗	95754.6	97149.0	98028.1	104316.0	131232.0
双鸭山	60717.0	54029.0	73178.0	74077.0	95857.0
七台河	90001.0	90006.0	90066.0	93453.0	97326.0
江苏省	**96469.1**	**118572.9**	**136742.3**	**137043.9**	**138167.4**
徐　州	96469.1	118572.9	136742.3	137043.9	138167.4
浙江省	**16275.0**	**18206.8**			**67374.3**
长　广	16275.0	18206.8			67374.3
安徽省	**254273.7**	**281569.5**	**321142.8**	**364887.1**	**381140.9**
淮　南	122585.0	132006.0	153253.0	196417.0	206370.0
淮　北	131688.7	149563.5	167889.8	168470.1	174770.9
江西省	**92397.2**	**76732.9**	**81319.1**	**97388.0**	
萍　乡	52546.0	44734.0	47880.0	59898.9	
丰　城	24051.7	15462.0	14904.3	17240.0	
英岗岭	6929.0	7844.0	8694.0	11794.0	
洛　市	8870.5	8692.9	8092.0	8455.1	
乐　平			1748.8		
山东省	**667922.7**	**798041.1**	**1045280.6**	**1147673.8**	**1216382.3**
淄　博	60083.0	77900.0	123115.0	103988.0	138493.0
新　汶	170579.0	157705.0	204802.6	187483.1	229208.0
枣　庄	89670.0	117171.0	146841.0	159579.0	162109.0
肥　城	35438.5	40424.9	48360.0	102072.2	99770.8
兖　矿	252151.0	349557.6	456925.0	539146.0	529567.0
坊　子	4664.0	3829.0			
龙　口	37079.0	34442.0	41451.0	28868.4	36649.3
临　沂	18258.2	17011.6	23786.0	26537.1	20585.2
河南省	**416991.7**	**437741.6**	**525647.9**	**595598.1**	**682794.6**
平顶山	184466.0	191348.0	229163.0	262963.0	308759.0
焦　作	49656.4	52422.8	60212.7	71558.0	73711.0
鹤　壁	72913.0	78801.6	85183.0	90682.9	97287.5

续表

	1999 年	2000 年	2001 年	2002 年	2003 年
义　马	42486.3	39574.2	53105.0	63467.3	68448.4
郑　州	56899.0	62214.0	78840.2	83467.9	95752.7
永　城	10571.0	13381.0	19144.0	23459.0	38836.0
湖南省	**42606.1**	**40152.2**	**29480.4**	**29759.1**	**41520.0**
涟　邵	17721.9	15223.7	9222.3	9715.7	10408.0
资　兴	11953.8	11245.7	5228.4	5213.8	12840.0
白　沙	12930.4	13682.8	15029.7	14829.6	18272.0
四川省	**75396.1**	**75538.0**	**75213.3**	**78943.6**	**92539.1**
广　旺	11307.6	10587.4	13415.0	13906.0	17420.3
芙　蓉	10429.9	10449.5	11672.7	10593.4	12064.0
攀枝花	29230.4	32025.8	27014.9	24967.6	24572.0
华蓥山	6672.8	6885.8	7249.0	9076.0	16458.2
达　竹	16244.2	13998.8	13964.9	14701.0	16903.0
隆　昌	1511.2	1590.7	1896.8	1814.8	1463.7
芙蓉煤炭				3884.8	3657.8
重庆市	**63553.0**	**62745.0**	**61862.0**	**79816.0**	**59732.5**
南　桐	19050.0	17297.0	18161.0	31911.0	13281.5
天　府	9953.0	10320.0	10130.0	9961.0	10710.0
松　藻	17783.0	19035.0	19226.0	21345.0	19867.0
中梁山	4846.0	5239.0	4857.0	6680.0	4268.0
永　荣	11921.0	10854.0	9488.0	9919.0	11606.0
贵州省	**80986.5**	**80184.4**	**90447.8**	**99169.8**	**99169.8**
六　枝	19879.3	17502.6	22783.7	25818.0	25818.0
盘　江	31423.7	31801.6	35337.2	38935.1	38935.1
水　城	29683.5	30880.2	32326.9	34416.7	34416.7
云南省	**14305.9**	**16232.5**	**18166.3**	**18824.7**	**17594.3**
一平浪	3445.0	4826.0	4820.0	4800.0	5075.0
羊　场	5949.5	5688.8	7843.0	10620.3	9215.7
来　宾	2023.1	2401.0	1525.0		
田　坝	2888.3	3316.7	3978.3	3404.4	3303.6

续表

	1999年	2000年	2001年	2002年	2003年
陕西省	**88577.5**	**60454.8**	**97916.6**	**120403.2**	**148152.5**
铜　川	30576.4	30606.9	32555.6	40758.0	48718.5
蒲　白	7073.3	7925.6	9283.9	13499.0	15118.0
澄　合	10188.8	10188.0	10865.0	13297.1	16453.0
韩　城	32499.0	3277.7	30965.0	30472.0	33049.0
崔家沟	4037.0	4353.6	4821.0	5634.0	7257.0
车　村	1101.0	1076.0	1284.8	1449.0	1467.0
陕西煤建	3102.0	3027.0	4143.8	4341.1	
黄　陵			3997.5	10953.0	5570.0
黄陵公司					20520.0
甘肃省	**58758.7**	**60069.0**	**63283.3**	**54081.0**	**62865.3**
窑　街	23594.7	23237.5	28940.5	26694.0	28988.0
阿　干	2660.1	2268.1			33877.3
靖　远	25873.0	27782.0	27325.0	27387.0	
华　亭	6630.9	6781.4	7017.8		
宁夏自治区	**79254.0**	**95540.0**	**103066.0**	**110961.0**	**174484.0**
亘　元	25806.0	17601.0	19051.0	18413.0	174484.0
太　西	53448.0	55778.0	55878.0	59290.0	
灵　州		22161.0	28137.0	33258.0	
新疆自治区	**41711.7**	**44194.8**	**48222.2**	**54076.0**	**54076.0**
哈　密	19662.7	21790.8	21134.2	20239.0	20239.0
乌鲁木齐	17522.0	17628.0	20873.0	26874.0	26874.0
艾维尔沟	4527.0	4776.0	6215.0	6963.0	6963.0
中煤集团				**252073.0**	**287526.0**
平　朔	47654.0	52539.0	61509.0	58722.0	60834.0
大　屯				57906.0	59971.0
煤气化	89564.0	94450.0	121975.0	135445.0	166721.0
伊敏公司	**13716.0**	**36018.0**	**39507.0**	**40410.0**	**43123.0**

国有重点煤矿炼焦用洗精煤产量——按单位分

单位：万吨

	1976年	1977年	1978年	1979年	1980年	1981年	1982年	1983年
合　计	**3889.3**	**4253.8**	**5170.4**	**5205.8**	**5074.6**	**4887.9**	**4984.0**	**5315.3**
河北省	**901.6**	**799.1**	**1197.9**	**1198.8**	**1187.8**	**1167.3**	**1191.5**	**1228.9**
开　滦	431.7	288.2	659.5	624.9	587.5	580.4	600.6	629.5
峰　峰	341.7	373.5	391.7	407.1	427.0	420.6	421.4	439.8
井　陉	78.5	79.9	81.2	86.6	88.2	77.1	74.2	69.8
邢　台	23.8	26.2	30.3	40.1	40.9	40.9	46.2	45.3
邯　郸	25.9	31.3	35.1	40.1	44.3	48.3	49.1	44.5
辽宁省	**639.2**	**592.6**	**642.6**	**579.4**	**544.2**	**498.4**	**500.5**	**508.0**
抚　顺	406.6	372.7	413.3	350.0	322.4	298.8	302.1	314.8
沈　阳	156.4	153.9	155.1	155.6	151.3	138.2	131.9	131.8
北　票	76.3	63.8	74.3	73.8	70.5	61.5	66.5	61.4
山西省	**165.7**	**299.0**	**354.5**	**354.2**	**359.9**	**357.7**	**394.6**	**410.2**
西　山	99.2	138.6	157.2	155.4	166.0	173.4	184.0	178.9
汾　西	47.4	124.7	154.3	155.2	152.2	148.4	161.4	172.5
潞　安	0.7	10.2	15.3	15.0	15.1	15.0	18.1	20.2
霍县辛置	18.4	25.6	27.8	28.6	26.5	20.8	31.1	38.7
霍县圣佛								
内蒙古自治区	**40.1**	**45.5**	**47.6**	**47.2**	**43.1**	**3.4**	**停扩**	**10.0**
乌　达	40.1	45.5	47.6	47.2	43.1	3.4	停扩	10.0
黑龙江省	**378.3**	**403.7**	**446.4**	**483.0**	**507.2**	**507.2**	**521.8**	**576.2**
鸡　西	179.3	183.7	199.6	210.8	215.5	212.9	214.2	214.5
鹤　岗	87.2	90.4	103.2	107.4	115.2	125.6	138.8	159.5
双鸭山	89.2	94.9	96.2	98.0	104.5	105.2	102.1	123.6
七台河	22.6	34.7	47.5	66.7	72.0	63.5	66.8	78.7
山东省	**638.7**	**691.2**	**771.4**	**787.4**	**714.9**	**681.6**	**656.0**	**680.4**
新　汶	230.5	230.0	246.5	272.1	267.9	271.8	269.5	275.0
枣　庄	281.7	305.5	354.7	363.9	312.0	283.6	258.1	274.4
肥　城	116.8	142.1	153.9	151.4	135.1	126.2	128.4	131.1
淄　博	9.7	13.7	16.3		归计划	归地方		
兖　矿								
河南省	**51.7**	**127.0**	**162.7**	**156.6**	**170.9**	**161.7**	**157.4**	**172.5**
平顶山田庄	40.0	105.0	139.4	151.1	160.1	152.8	152.1	160.1
安阳岗子窑	11.7	21.8	20.5	27.5	10.9	8.9	5.3	12.4
平顶山八矿								
吉林省	**128.7**	**125.5**	**129.7**	**127.0**	**94.6**	**80.3**	**80.0**	**79.2**

续表

	1976 年	1977 年	1978 年	1979 年	1980 年	1981 年	1982 年	1983 年
通　化	117.6	114.0	123.4	127.0	94.6	80.3	80.0	79.2
杉松岗	11.1	11.5	6.2					
江苏省	**154.2**	**158.0**	**213.2**	**214.4**	**187.9**	**182.2**	**171.1**	**189.9**
徐　州	154.2	158.0	213.2	214.4	187.9	182.2	171.1	189.9
云南省	**40.1**	**61.2**	**54.5**	**50.5**	**53.1**	**48.7**	**38.0**	**39.2**
一平浪	22.7	28.9	29.7	30.8	26.3	22.1	18.8	18.9
羊　场	4.7	12.0	24.8	19.7	19.5	19.6	13.9	16.1
富　源	9.3	12.3			7.3	7.1	5.3	4.1
后　所								
恩　洪	3.5	7.9						
田　坝								
贵州省	**74.3**	**120.4**	**185.4**	**201.1**	**191.8**	**164.5**	**191.1**	**228.9**
六　枝	3.8	8.1	10.3	10.0	9.8	9.0	7.5	23.0
水　城	52.6	77.6	100.3	101.6	77.7	70.0	81.9	90.6
盘　江	17.9	33.4	44.6	89.5	104.4	85.4	101.6	115.3
四川省	**161.6**	**211.9**	**247.6**	**260.6**	**261.7**	**302.0**	**258.2**	**258.4**
南　桐	21.7	36.0	39.7	45.1	45.4	60.0	36.2	37.4
永　荣	30.8	47.5	64.7	69.5	64.6	84.5	70.6	71.7
广　旺	5.3	5.2	5.4	3.6				
渡　口	97.8	114.3	126.8	133.2	142.7	146.3	151.4	149.2
威　远	6.0	9.0	11.0	9.2	9.1	11.3		
安徽省	**312.3**	**328.8**	**354.1**	**362.2**	**357.7**	**361.3**	**426.0**	**470.1**
淮　南	116.6	133.4	138.8	139.8	140.4	134.0	153.3	166.9
淮　北	195.7	195.4	215.3	222.4	217.3	227.3	272.7	303.3
江西省	**93.7**	**106.4**	**124.5**	**131.7**	**138.3**	**137.8**	**142.8**	**132.8**
萍　乡	45.8	48.9	51.5	56.6	67.0	65.0	61.7	64.1
丰　城	47.9	57.5	72.9	75.1	71.3	72.8	81.1	68.7
湖南省	**40.8**	**57.3**	**106.7**	**105.9**	**105.6**	**101.2**	**102.8**	**109.5**
株　州	40.8	57.3	106.7	105.9	105.6	101.2	102.8	109.5
宁夏自治区	**72.8**	**100.7**	**118.3**	**111.7**	**115.6**	**93.2**	**101.1**	**117.2**
大武口	72.8	100.7	118.3	111.7	115.6	93.2	101.1	117.2
陕西省		**13.8**	**12.4**	**34.2**	**40.2**	**39.6**	**40.9**	**41.3**
下禹口		13.8	12.4	34.2	40.2	39.6	40.9	41.3
新疆自治区								
艾维尔沟								

续表

	1984年	1985年	1986年	1987年	1988年	1989年	1990年
合　计	**5592.9**	**5819.7**	**5963.8**	**6115.8**	**6235.9**	**6567.1**	**6742.4**
河北省	**1214.0**	**1230.0**	**1332.5**	**1335.3**	**1245.6**	**1147.3**	**1184.8**
开　滦	593.3	570.6	640.0	624.9	560.5	560.9	580.1
峰　峰	456.2	461.6	467.6	451.7	420.7	372.2	365.4
井　陉	69.3	72.5	65.1	77.4	72.4	54.8	62.3
邢　台	47.0	69.8	109.5	138.0	144.8	133.4	149.3
邯　郸	48.2	55.6	50.4	43.3	47.1	26.0	27.7
辽宁省	**525.6**	**530.1**	**482.1**	**438.4**	**432.9**	**445.6**	**448.0**
抚　顺	325.9	328.2	280.9	257.6	247.6	264.1	263.6
沈　阳	129.1	124.8	130.3	118.7	112.2	107.2	111.4
北　票	68.0	77.1	71.0	62.2	73.1	74.2	73.1
山西省	**433.4**	**446.5**	**505.0**	**594.0**	**680.7**	**686.2**	**676.2**
西　山	181.4	184.8	201.1	200.0	200.2	230.1	200.0
汾　西	187.4	197.5	210.5	231.8	232.9	234.1	223.5
潞　安	18.7	16.0	38.1	50.0	30.1	63.1	57.0
霍县辛置	46.0	48.2	55.3	62.7	56.0	69.7	90.0
霍县圣佛				15.8	19.2	19.5	19.5
内蒙古自治区	**23.9**	**33.9**	**46.1**	**55.3**	**51.4**	**56.0**	**48.8**
乌　达	23.9	33.9	46.1	55.3	51.4	56.0	48.8
黑龙江省	**633.0**	**693.6**	**682.5**	**652.0**	**666.6**	**769.9**	**774.6**
鸡　西	221.1	246.9	237.8	220.2	200.9	262.6	259.2
鹤　岗	190.6	206.8	190.6	180.3	203.2	218.5	204.0
双鸭山	137.2	137.9	145.0	146.6	147.0	156.0	141.7
七台河	84.0	102.0	109.2	105.0	115.4	132.9	169.8
山东省	**704.1**	**754.3**	**746.4**	**767.1**	**863.6**	**949.1**	**930.3**
新　汶	296.5	306.6	278.7	275.6	314.5	323.5	323.7
枣　庄	271.6	265.7	252.2	265.9	280.9	282.3	253.5
肥　城	136.0	118.0	109.3	104.0	101.3	120.9	127.8
淄　博							
兖　矿		64.0	106.2	121.6	166.9	222.5	225.4
河南省	**200.5**	**209.8**	**265.5**	**325.8**	**315.5**	**346.2**	**337.7**
平顶山田庄	174.3	181.7	193.0	208.8	216.7	219.9	207.8
安阳岗子窑	13.3			14.3			
平顶山八矿			47.6	80.0	78.7	100.1	105.4
吉林省	**86.6**	**82.8**	**73.0**	**83.2**	**82.4**	**88.0**	**91.0**

续表

	1984年	1985年	1986年	1987年	1988年	1989年	1990年
通　化	86.6	82.8	73.0	83.2	82.4	88.0	91.0
杉松岗							
江苏省	**275.9**	**221.7**	**184.4**	**194.9**	**183.1**	**198.2**	**209.0**
徐　州	275.9	221.7	184.4	194.9	183.1	198.2	209.0
云南省	**53.8**	**53.0**	**58.8**	**65.7**	**69.4**	**79.5**	**97.5**
一平浪	22.2	23.2	26.3	29.2	32.5	32.4	30.3
羊　场	17.5	18.9	16.1	11.7	10.2	18.1	18.7
富　源		10.9	9.6	14.6			
后　所	9.4				15.4	17.2	19.7
恩　洪	4.7				11.2	13.7	13.8
田　坝							14.9
贵州省	**232.8**	**239.7**	**242.8**	**263.8**	**261.9**	**182.3**	**287.4**
六　枝	25.9	22.0	17.8	23.0	24.5	25.3	30.0
水　城	95.9	75.8	73.7	81.8	83.2		97.3
盘　江	111.0	142.0	151.3	159.0	154.2	157.0	160.1
四川省	**295.2**	**273.1**	**301.4**	**301.9**	**314.6**	**306.5**	**324.8**
南　桐	38.1	39.6	42.7	42.4	47.4	53.8	57.2
永　荣	72.7	76.3	82.9	82.7	86.7	88.9	90.5
广　旺							
渡　口	157.3	157.2	162.3	163.3	169.9	163.8	177.1
威　远	9.7		13.6	13.5	10.6		
安徽省	**482.6**	**505.8**	**492.0**	**492.5**	**532.8**	**559.6**	**568.1**
淮　南	159.8	155.8	140.5	136.1	150.3	151.7	161.8
淮　北	322.8	350.1	351.5	356.4	382.5	407.9	406.4
江西省	**146.9**	**145.8**	**142.3**	**143.6**	**125.6**	**127.3**	**114.0**
萍　乡	61.8	60.0	65.9	61.2	52.7	53.1	50.4
丰　城	85.1	85.8	76.4	82.4	72.9	74.2	63.6
湖南省	**119.4**	**136.7**	**125.8**	**129.6**	**105.1**	**115.1**	**147.7**
株　州	119.4	136.7	125.8	129.6	105.1	115.1	147.7
宁夏自治区	**126.5**	**128.8**	**130.7**	**135.9**	**137.6**	**127.6**	**125.4**
大武口	126.5	128.8	130.7	135.9	137.6	127.6	125.4
陕西省	**43.4**	**43.7**	**42.5**	**41.5**	**44.3**	**20.4**	**52.3**
下禹口	43.4	43.7	42.5	41.5	44.3	20.4	52.3
新疆自治区							**21.1**
艾维尔沟							21.1

续表

	1991年	1992年	1993年	1994年	1995年	1996年	1997年
合　计	**6545.08**	**6732.91**	**6437.00**	**6633.81**	**6946.09**	**7149.03**	**7274.60**
河北省	**1138.44**	**1114.32**	**1071.51**	**1052.01**	**1083.88**	**1048.36**	**981.90**
开　滦	554.63	548.26	515.14	497.70	496.03	449.97	453.57
峰　峰	353.34	345.29	353.52	388.65	391.53	391.70	318.24
井　陉	58.29	48.15	40.00	36.42	30.33	26.79	25.78
邢　台	147.51	148.39	137.87	112.73	151.91	168.05	183.34
邯　郸	24.67	24.23	24.98	16.51	14.08	11.85	0.98
山西省	**871.89**	**910.75**	**964.77**	**1032.51**	**1200.93**	**1307.82**	**1289.09**
焦　煤							
西　山	363.17	394.90	417.35	542.85	638.80	693.10	681.46
汾　西	234.91	238.98	222.82	168.45	186.76	211.25	174.42
潞　安	103.94	101.86	115.94	101.64	115.43	125.01	140.18
煤气化	11.21	25.01	38.72	51.41	57.59	70.97	86.51
霍　州	158.66	150.00	169.94	168.16	202.35	207.49	206.52
内蒙古自治区	**45.95**	**40.61**	**40.24**	**45.27**	**54.29**	**81.09**	**97.09**
神华集团							
包　头							
乌　达	45.95	40.61	40.24	45.27	54.29	59.50	64.71
海勃湾						21.59	32.38
辽宁省	**468.03**	**394.82**	**334.40**	**325.61**	**327.50**	**298.05**	**252.58**
抚　顺	269.63	214.96	194.43	201.71	211.25	194.77	145.87
北　票	84.35	74.98	57.10	60.90	47.55	39.14	44.32
沈　阳	114.05	104.88	82.87	63.00	68.70	64.14	62.40
吉林省	**101.84**	**90.61**	**66.83**	**70.69**	**58.77**	**40.11**	**38.16**
通　化	101.84	90.61	66.83	70.69	58.77	40.11	38.16
黑龙江省	**817.12**	**808.31**	**734.71**	**728.85**	**670.38**	**689.99**	**721.54**
鸡　西	269.26	243.44	176.87	162.18	150.23	142.75	120.33
鹤　岗	236.61	258.38	252.68	191.43	187.63	177.08	160.84
双鸭山	135.24	111.37	109.92	163.60	124.71	106.31	139.80
七台河	176.01	195.12	195.24	211.64	207.81	263.85	300.57

续表

	1991年	1992年	1993年	1994年	1995年	1996年	1997年
江苏省	**361.46**	**397.79**	**342.05**	**347.52**	**332.48**	**337.66**	**293.94**
徐　州	208.07	231.27	198.98	182.63	175.96	180.25	140.63
大　屯	153.39	166.52	143.07	164.89	156.52	157.41	153.31
安徽省	**574.71**	**577.28**	**555.68**	**525.14**	**542.76**	**492.71**	**526.85**
淮　南	136.13	156.50	135.37	92.28	119.57	51.63	64.41
淮　北	438.58	420.78	420.31	432.86	423.19	441.08	462.44
皖　北							
江西省	**123.11**	**118.17**	**113.84**	**107.98**	**108.53**	**129.21**	**130.45**
萍　乡	47.00	49.61	43.29	36.21	52.38	61.31	65.71
丰　城	76.11	68.56	70.55	68.75	56.15	67.90	64.75
乐　平				3.02			
山东省	**862.40**	**861.29**	**815.18**	**1003.98**	**1241.49**	**1371.53**	**1547.32**
新　汶	311.10	293.13	243.43	233.78	296.27	296.38	311.68
枣　庄	202.99	231.51	250.95	302.35	339.65	354.33	377.35
肥　城	125.59	96.44	63.81	72.77	61.44	73.16	80.25
兖　州	222.72	240.21	256.99	378.30	544.13	647.65	778.04
淄　博				16.78			
河南省	**124.96**	**370.82**	**381.15**	**370.62**	**402.56**	**387.62**	**363.82**
平顶山		311.44	315.75	342.18	369.36	356.35	341.16
鹤　壁	115.43	50.77	54.69	14.39	17.94	12.91	6.24
义马	9.53	8.61	10.71	14.05	15.26	18.36	16.42
湖南省	**138.41**	**117.92**	**83.81**	**61.62**	**50.48**	**54.28**	**47.77**
株　州	138.41	117.92	83.81	61.62	50.48	54.28	47.77
涟　邵							
资　兴							
四川省	**156.04**	**199.35**	**194.14**	**204.89**	**156.53**	**165.93**	**230.04**
芙蓉煤炭							
攀枝花	156.04	162.44	161.19	154.39	156.53	165.93	164.53

续表

	1991年	1992年	1993年	1994年	1995年	1996年	1997年
达　竹		36.91	32.95	40.83			59.94
华蓥山							5.57
威　远				9.67			
重庆市	**169.97**	**156.24**	**145.17**	**145.75**	**130.30**	**153.66**	**149.58**
南　桐	83.28	76.40	61.57	55.52	58.85	66.52	63.47
天　府	3.19	13.37	16.52	15.65	13.18	19.23	22.38
永　荣	83.50	66.47	67.08	65.72	58.27	67.91	63.73
中梁山				8.86			
贵州省	**279.22**	**266.93**	**279.42**	**296.19**	**258.51**	**256.45**	**264.26**
六　枝	31.35	29.82	26.35	22.90	17.34	20.36	19.37
盘　江	159.75	148.34	160.30	177.18	156.65	136.28	140.30
水　城	88.12	88.77	92.77	96.11	84.53	99.81	104.58
云南省	**100.82**	**93.10**	**94.41**	**102.51**	**113.09**	**121.48**	**127.57**
一平浪	28.29	27.75	28.70	31.48	35.62	38.65	40.47
羊　场	16.22	14.33	14.06	15.48	17.15	20.52	24.65
后　所	20.39	16.16	15.46	20.83	22.81	19.01	19.25
恩　洪	14.27	13.84	15.47	11.43	12.91	16.92	19.69
田　坝	21.65	21.02	20.72	23.29	24.60	26.38	23.51
陕西省	**60.83**	**68.27**	**67.32**	**59.61**	**66.00**	**69.56**	**74.83**
韩　城	60.83	68.27	67.32	59.61	66.00	69.56	74.83
宁夏自治区	**121.00**	**120.69**	**127.60**	**124.68**	**120.83**	**122.71**	**110.58**
石炭井	121.00	120.69	127.60	124.68	120.83	122.71	110.58
亘　元							
新疆自治区	**28.88**	**25.64**	**24.77**	**28.38**	**26.78**	**20.81**	**27.23**
艾维尔沟	28.88	25.64	24.77	28.38	26.78	20.81	27.23
中煤集团							
煤气化							
大　屯							

续表

	1998年	1999年	2000年	2001年	2002年	2003年	2004年
合　计	**6786.77**	**6496.26**	**7061.19**	**8120.74**	**8873.98**	**10739.58**	**13954.41**
河北省	**922.50**	**886.84**	**923.00**	**970.34**	**1071.38**	**1339.22**	**1547.78**
开　滦	416.25	385.84	431.65	438.25	500.61	606.98	693.57
峰　峰	270.31	266.38	250.36	274.66	293.95	389.50	424.72
井　陉	23.90	19.64	19.50	13.95	16.63	37.13	32.64
邢　台	212.00	214.98	221.49	243.48	260.19	212.69	303.93
邯　郸	0.04					92.92	92.92
山西省	**1172.66**	**1236.39**	**1368.59**	**1529.48**	**1602.69**	**2186.57**	**2590.88**
焦　煤						1834.72	2165.71
西　山	590.79	695.81	745.84	803.82	782.24		
汾　西	141.20	119.76	144.93	188.04	230.70		
潞　安	132.41	117.75	136.27	147.34	158.04	351.85	425.17
煤气化	97.32	96.35	102.22	111.56	114.96		
霍　州	210.94	206.72	239.33	278.72	316.75		
内蒙古自治区	**81.39**	**81.73**					**154.00**
神华集团			**69.81**	**86.62**	**149.01**	**286.98**	**369.67**
包　头						19.64	26.03
乌　达	51.64	39.87	32.58	48.96	78.43	147.01	180.47
海渤湾	29.75	41.86	37.23	37.66	70.58	120.33	163.17
辽宁省	**264.12**	**226.44**	**226.46**	**306.94**	**302.83**	**338.54**	**405.04**
抚　顺	155.66	144.06	140.20	142.32	161.09	133.49	128.91
北　票	36.76	14.75	11.00	24.42			
沈　阳	71.70	67.63	75.26	140.20	141.74	205.05	276.13
吉林省	**29.01**	**22.42**	**21.18**	**11.96**			**4.29**
通　化	29.01	22.42	21.18	11.96			4.28
黑龙江省	**668.34**	**616.32**	**551.49**	**619.16**	**713.32**	**881.95**	**1085.56**
鸡　西	69.37	72.19	78.78	108.18	129.57	154.40	222.15
鹤　岗	172.58	146.71	101.08	110.64	119.23	214.99	267.54
双鸭山	125.80	98.91	86.19	94.78	101.17	98.00	136.45

续表

	1998年	1999年	2000年	2001年	2002年	2003年	2004年
七台河	300.59	298.51	285.44	305.56	363.35	414.56	459.42
江苏省	**261.00**	**195.80**	**183.90**	**195.57**	**194.39**	**85.70**	**123.92**
徐　州	129.22	96.23	77.15	91.66	64.05	85.70	123.92
大　屯	131.78	99.57	106.75	103.91	130.34		
安徽省	**458.15**	**421.93**	**439.18**	**484.55**	**493.33**	**624.30**	**603.39**
淮　南	56.71	49.71	63.71	94.36	110.26	121.51	136.70
淮　北	401.44	372.22	375.47	390.19	383.07	386.68	466.69
皖　北						116.11	
江西省	**101.03**	**79.54**	**66.78**	**67.34**	**67.52**	**91.93**	**91.93**
萍　乡	56.88	50.39	43.25	44.80	43.10	52.84	52.84
丰　城	44.15	29.15	23.53	22.54	24.42	39.09	39.09
乐　平							
山东省	**1483.60**	**1493.14**	**1887.81**	**2376.45**	**2729.71**	**2981.21**	**3114.66**
新　汶	308.97	337.81	388.38	367.63	377.97	449.14	440.28
枣　庄	338.38	305.53	250.80	319.23	435.03	530.02	552.46
肥　城	15.74	4.81	5.64	9.87	22.57	52.56	164.92
兖　州	799.03	830.08	1234.31	1670.63	1885.89	1926.00	1957.00
淄　博	21.48	14.91	8.68	9.09	8.25	23.49	
河南省	**368.13**	**325.57**	**316.98**	**408.17**	**462.66**	**512.50**	**674.40**
平顶山	336.72	307.14	310.01	400.54	437.00	490.50	646.56
鹤　壁	7.97	11.56	5.48	7.25	25.36	21.57	27.84
义　马	23.44	6.87	1.49	0.38	0.30	0.43	
湖南省	**39.27**	**29.05**	**39.93**	**22.74**	**19.89**	**40.90**	**96.50**
株　州	39.27	29.05	39.93	22.74	19.89	25.13	67.55
涟　邵						15.77	15.62
资　兴							13.33
四川省	**213.65**	**212.32**	**229.87**	**230.57**	**221.91**	**178.98**	**274.40**
芙蓉煤炭						10.51	
攀枝花	147.61	151.40	159.13	162.56	148.11	168.47	176.93

续表

	1998 年	1999 年	2000 年	2001 年	2002 年	2003 年	2004 年
达　竹	59.97	57.16	65.78	64.51	67.27		81.25
华蓥山	6.07	3.73	4.96	3.50	6.53		16.22
威　远							
重庆市	**141.28**	**130.20**	**121.42**	**125.65**	**108.90**	**144.39**	**906.60**
南　桐	51.41	52.94	51.47	49.74	34.24	55.01	270.71
天　府	22.05	19.33	11.80	16.30	11.97	10.94	109.70
永　荣	65.32	0.42	58.15		62.69	78.44	129.57
中梁山	2.50	57.51		59.61			396.22
贵州省	**241.73**	**218.40**	**272.20**	**324.33**	**353.90**	**354.64**	**80.82**
六　枝	11.01	4.73	0.03				
盘　江	130.52	128.27	164.30	211.70	223.38	223.38	52.31
水　城	100.20	85.40	107.87	112.63	130.52	131.26	28.51
云南省	**130.81**	**108.55**	**120.64**	**130.06**	**144.30**	**135.60**	**360.74**
一平浪	42.26	35.47	43.80	44.79	45.70	48.59	183.99
羊　场	26.79	23.11	20.92	20.47	28.76	17.81	70.61
后　所	20.75	18.35	18.21	23.10	25.04	29.77	93.27
恩　洪	18.02	15.12	19.03	20.39	25.83	23.92	5.10
田　坝	22.99	16.50	18.68	21.31	18.97	15.51	7.77
陕西省	**83.32**	**75.84**	**80.33**	**77.60**	**71.75**	**73.84**	**69.20**
韩　城	83.32	75.84	80.33	77.60	71.75	73.84	69.20
宁夏自治区	**105.50**	**113.49**	**115.81**	**110.08**	**109.61**	**128.92**	**156.63**
石炭井	105.50	113.49	115.81	110.08	109.61		
亘　元						128.92	156.63
新疆自治区	**21.28**	**22.29**	**25.81**	**43.13**	**56.88**	**67.17**	**67.17**
艾维尔沟	21.28	22.29	25.81	43.13	56.88	67.17	67.17
中煤集团						**286.24**	**267.44**
煤气化						124.47	103.19
大　屯						161.77	164.25

国有重点煤矿选煤厂选煤产量及入选比重

单位：万吨

年份	一、合计		二、炼焦煤			三、动力煤		
	入选原煤	入选比重（%）	入选原煤	选出量	产率（%）	入选原煤	选出量	产率（%）
1949				68				
1950				194				
1951				158				
1952				248				
1953	591	8.5	591	274	46.34			
1954	1113	13.3	731	377	51.54	382	305	79.84
1955	1640	16.7	983	471	46.81	657	360	54.79
1956	1884	17.1	1176	556	47.27	708	363	51.28
1957	2111	16.1	1371	708	50.22	740	333	44.99
1958	2852	10.6	2013	1134	54.63	839	332	39.55
1959	4498	12.2	3229	1776	55.00	1286	461	35.83
1960	5333	13.4	4087	2235	53.58	1445	394	31.64
1961	3405	12.3	2514	1252	48.93	891	363	40.81
1962	3094	14.1	2164	1102	49.78	930	348	37.37
1963	2945	13.6	2219	1147	51.67	725	495	68.32
1964	3291	15.3	2319	1305	56.28	972	637	65.53
1965	4056	17.5	2865	1698	59.25	1191	693	58.17
1966	4843	19.3	3299	2004	60.74	1545	955	61.80
1967	3631	17.7	2532	1537	60.72	1099	488	44.40
1968	2404	10.9	2404	1491	62.12			
1969	3491	13.1	3491	2016	58.24			
1970	4917	13.9	4917	2742	55.77			
1971	7805	19.9	6294	3506	55.62	1512	1134	75.02
1972	8804	21.4	6771	3793	55.77	2034	1291	64.47
1973	8423	20.2	6791	3832	56.42	1631	979	59.99
1974	7961	19.3	6418	3422	53.33	1543	903	58.49
1975	9267	19.2	7749	4264	54.86	1518	980	64.57
1976	8400	17.4	6880	3889	56.41	1519	1007	66.29

续表

年份	一、合计		二、炼焦煤			三、动力煤		
	入选原煤	入选比重（%）	入选原煤	选出量	产率（%）	入选原煤	选出量	产率（%）
1977	8963	16.3	7522	4254	56.27	1441	894	62.05
1978	11317	18.3	9092	5170	56.86	2225	1143	51.38
1979	11612	18.3	9188	5206	56.66	2424	1278	52.73
1980	11422	18.4	9036	5075	56.16	2386	1212	50.79
1981	11255	17.8	8944	4889	54.49	2310	1157	50.06
1982	12261	18.4	9495	4984	52.65	2767	1230	44.50
1983	12688	17.8	9828	5315	54.08	2860	1264	44.20
1984	13399	17.0	10287	5593	54.37	3112	1435	46.12
1985	14294	16.4	10715	5820	54.31	3579	1568	43.82
1986	15270	17.1	11266	5964	52.94	4004	1571	39.23
1987	16328	17.6	11474	6116	53.30	4854	1928	39.71
1988	17117	17.5	11728	6236	53.17	5389	1929	35.81
1989	18111	17.2	12303	6567	53.38	5808	2175	37.45
1990	19088	17.7	12677	6742	53.19	6411	2481	38.71
1991	19582	18.1	12731	6564	51.56	6851	2379	34.72
1992	19228	17.25	12725	6902	54.24	6503	4834	74.33
1993	18259	15.86	11870	6622	55.79	6389	3340	52.28
1994	19346	15.73	12385	7073	56.95	6961	5320	76.43
1995	20172	15.61	13104	7644	58.33	7068	5502	77.84
1996	21298	15.50	13554	7691	56.75	7744	6297	81.31
1997	22343	16.86	13813	8089	58.56	8530	6742	79.04
1998	21640	17.56	12944	7485	57.83	8696	6613	76.05
1999	21475	20.58	12595	7269	57.71	8880	7227	81.39
2000	23989	24.01	13305	8122	61.04	10684	9230	86.39
2001	25254	22.84	14624	9332	63.81	10630	8224	77.37
2002	30473	21.53	16954	11703	69.03	13519	10443	77.25
2003	39550	22.89	21318	11387	53.41	18232	14788	81.11
2004	44650	22.35	21123	12852	60.84	23527	19733	83.87

	计算单位	1950 年	1951 年	1952 年	1953 年
一、产品产量					
原煤产量	万吨	2282	2914	4410	4843
冶炼用洗精煤产量	万吨	194	158	248	337
二、开拓进尺	万米				
三、质　　量					
商品煤灰分	%				20.43
商品煤含矸率	%				
冶炼用洗精煤灰分	%				9.43
冶炼用洗精煤产率	%				46.34
四、劳动生产率					
原煤生产人员效率	吨/工	0.445	0.553	0.661	0.736
回采工效率	吨/工	1.449	1.807	2.341	2.916
掘进工效率	米/工				
五、材料电力消耗					
原煤生产坑木消耗	立方米/万吨	282.30	272.50	244.10	251.20
综合电力消耗	度/吨				
原煤生产电力消耗	度/吨	15.45	15.37	12.36	14.44
六、财务成本					
原煤单位成本	元/吨			9.77	9.97
利润（+）或亏损（-）	万元			8498	7773
七、其　　他					
回采工作面平均月产量	吨/个/月			4331	4253
掘进工作面平均月进度	米/个/月				
采煤机械化程度	%				0.73
掘进装载机械化程度	%				
采区回采率	%				

要经济技术指标

1954 年	1955 年	1956 年	1957 年	1958 年	1959 年
5888	6953	8140	9433	15777	21643
459	571	555	817	1136	2240
18.83	20.07	19.46	20.57	20.46	21.52
9.49	9.76	9.72	9.59	10.53	10.94
51.54	46.81	47.27	50.22	54.63	55.00
0.789	0.850	0.943	0.978	1.304	1.117
3.133	3.129	3.693	3.545	4.167	3.677
	0.255	0.307	0.277	0.296	0.236
255.70	251.80	259.20	248.10	224.20	219.60
14.20	15.29	16.33	14.81	13.11	12.96
10.38	9.84	10.41	10.90	9.21	8.76
7721	12201	14319	15447	82816	124531
4935	4968	5130	5137	6194	7051
90.38	87.13	109.12	92.84	102.63	106.05
1.63	3.06	4.73	4.12	6.71	7.89
			1.99	1.76	1.60

	计算单位	1960年	1961年	1962年	1963年
一、产品产量					
原煤产量	万吨	24036	17555	14755	15129
冶炼用洗精煤产量	万吨	3654	2044	1393	1306
二、开拓进尺	万米				
三、质　　量					
商品煤灰分	%	21.68	23.26	23.17	21.51
商品煤含矸率	%	2.13	3.02	2.29	1.27
冶炼用洗精煤灰分	%	11.62	11.77	11.35	10.68
冶炼用洗精煤产率	%	53.58	48.93	49.78	51.67
四、劳动生产率					
原煤生产人员效率	吨/工	1.059	0.739	0.655	0.663
回采工效率	吨/工	3.471	2.847	2.807	2.998
掘进工效率	米/工	0.216	0.164	0.161	0.176
五、材料电力消耗					
原煤生产坑木消耗	立方米/万吨	184.30	233.59	253.73	225.10
综合电力消耗	度/吨			29.69	30.40
原煤生产电力消耗	度/吨	14.19	19.43	23.46	23.39
六、财务成本					
原煤单位成本	元/吨	9.17	14.15	17.28	16.48
利润（+）或亏损（-）	万元	141095	11003	-45228	-24814
七、其　　他					
回采工作面平均月产量	吨/个/月	7313	5541	5167	5332
掘进工作面平均月进度	米/个/月	115.34	88.36	82.95	87.32
采煤机械化程度	%	9.46	8.36	7.33	6.66
掘进装载机械化程度	%		1.78	1.43	1.81
采区回采率	%				

续表

1964年	1965年	1966年	1967年	1968年	1969年
15056	16428	18072	13588	14730	17857
1305	1698	2004	1537	1491	2016
	69.09				
20.01	19.56	20.15	21.05	21.79	22.29
0.77	0.64	0.62			
10.32	9.73	9.62	9.87	9.71	11.32
56.28	59.25	60.74	60.72	62.12	58.24
0.769	0.863	0.950	0.720	0.732	0.792
3.493	3.821	3.906	2.895	2.838	2.915
0.193	0.196	0.193	0.133		
200.82	167.54	145.26	149.20	169.84	160.13
30.37	28.19	26.34			
23.48	21.41	19.85	24.74	24.16	23.03
15.77	16.56	15.60	17.31	16.71	15.61
-9191	16113	43399	6770	11389	34634
6016	6646	7342	5800	6370	7079
91.97	100.56	116.65	93.95	52.53	56.03
7.41	8.23	11.66	15.85	23.80	14.28
3.49	6.77	10.41	11.14		

	计算单位	1970年	1971年	1972年	1973年
一、产品产量					
原煤产量	万吨	22672	24658	24922	24767
冶炼用洗精煤产量	万吨	2742	3506	3795	3832
二、开拓进尺	万米	55.87	59.37	59.92	58.72
三、质　　量					
商品煤灰分	%	22.87	22.92	22.87	23.41
商品煤含矸率	%	1.03	0.96	0.87	0.83
冶炼用洗精煤灰分	%	10.28	11.53	10.22	10.61
冶炼用洗精煤产率	%	55.77	55.62	55.77	56.42
四、劳动生产率					
原煤生产人员效率	吨/工	0.910	0.915	0.881	0.847
回采工效率	吨/工	3.074	3.090	3.080	3.214
掘进工效率	米/工		0.126	0.121	0.123
五、材料电力消耗					
原煤生产坑木消耗	立方米/万吨	133.31	130.79	127.35	130.31
综合电力消耗	度/吨	25.62	26.17	28.05	30.23
原煤生产电力消耗	度/吨	19.73	19.68	20.44	21.40
六、财务成本					
原煤单位成本	元/吨	13.47	13.57	14.08	15.41
利润（+）或亏损（-）	万元	88733	92826	80482	46168
七、其　　他					
回采工作面平均月产量	吨/个/月	7931	8039	7941	8177
掘进工作面平均月进度	米/个/月	113.08	113.46	109.34	112.94
采煤机械化程度	%	18.43	19.91	20.17	21.79
掘进装载机械化程度	%	16.11	16.51	17.04	19.46
采区回采率	%				

续表

1974年	1975年	1976年	1977年	1978年	1979年
24278	27995	27364	29527	34184	35777
3443	4280	3908	4252	5194	5288
51.23	64.00	63.12	69.60	84.60	84.20
23.59	23.54	23.27	23.41	22.91	22.05
0.97	1.02	1.06	1.10	0.64	0.64
10.80	10.79	10.67	10.76	10.30	10.30
53.33	54.86	56.41	56.27	56.86	56.16
0.794	0.901	0.849	0.871	0.931	0.965
2.985	3.513	3.322	3.479	3.698	4.076
0.107	0.122	0.113	0.115	0.122	0.134
134.38	127.40	122.47	120.30	109.90	100.70
31.59	30.25	31.62	31.92	31.45	32.08
22.67	21.72	22.81	22.62	22.19	22.62
17.14	15.50	16.25	16.61	16.12	17.80
-21479	26435	-7122	1310	37244	98130
8153	9658	9633	10356	10989	11220
103.79	122.70	117.20	120.40	119.40	116.80
23.59	27.78	28.00	27.53	32.52	32.34
19.23	21.69	26.64	29.34	34.52	35.60
	76.92	76.02	75.76	77.52	76.70

	计算单位	1980 年	1981 年	1982 年	1983 年
一、产品产量					
原煤产量	万吨	34439	33505	34990	36312
冶炼用洗精煤产量	万吨	5191	4985	5094	5432
二、开拓进尺	万米	94.60	78.90	77.90	77.20
三、质　　量					
商品煤灰分	%	21.58	21.17	20.91	20.31
商品煤含矸率	%	0.51	0.46	0.45	0.40
冶炼用洗精煤灰分	%	10.27	10.34	10.32	10.31
冶炼用洗精煤产率	%	56.16	54.65	52.49	54.08
四、劳动生产率					
原煤生产人员效率	吨/工	0.912	0.870	0.873	0.891
回采工效率	吨/工	4.129	4.040	4.094	4.229
掘进工效率	米/工	0.125	0.115	0.113	0.113
五、材料电力消耗					
原煤生产坑木消耗	立方米/万吨	90.34	86.79	80.20	73.20
综合电力消耗	度/吨	34.34	35.68	35.88	36.35
原煤生产电力消耗	度/吨	24.27	25.58	26.02	26.35
六、财务成本					
原煤单位成本	元/吨	20.05	21.54	21.95	22.33
利润（+）或亏损（-）	万元	66062	866	-8833	7844
七、其　　他					
回采工作面平均月产量	吨/个/月	11032	10908	11150	11643
掘进工作面平均月进度	米/个/月	107.90	99.70	101.02	102.44
采煤机械化程度	%	37.06	39.77	39.99	41.79
掘进装载机械化程度	%	37.49	38.30	39.70	41.31
采区回采率	%	77.99	77.31	77.39	77.78

续表

1984年	1985年	1986年	1987年	1988年	1989年
39470	40628	41392	42020	43448	45830
5812	5892	6529	6235	6236	7046
84.50	76.70	76.40	75.60	76.96	77.20
20.05	19.78	19.77	19.19	18.82	18.65
0.39	0.33	0.25	0.19	0.15	0.14
10.30	10.27	10.28	10.27	10.15	10.16
54.37	54.31	52.94	53.30	53.17	53.38
0.903	0.939	1.001	1.053	1.092	1.146
4.292	4.405	4.544	4.881	5.158	5.421
0.114	0.116	0.114	0.117	0.118	0.118
67.65	62.70	58.40	53.20	47.56	43.71
36.38	37.45	39.12	39.55	40.89	42.73
26.33	26.46	27.37	27.56	27.94	27.98
23.37	29.33	32.33	33.90	39.97	53.37
-1375	-41031	-116402	-151632	-167738	-391051
11555	11728	12197	13082	13941	14970
105.00	104.20	104.10	107.10	111.21	116.14
42.62	44.98	49.74	54.48	58.02	60.94
43.66	45.82	48.07	52.33	55.53	59.28
77.58	77.87	77.54	77.39	78.65	78.77

	计算单位	1990年	1991年	1992年	1993年
一、产品产量					
原煤产量	万吨	48022	48060	48254	45803
冶炼用洗精煤产量	万吨	6742	6564	6473	6190
二、开拓进尺	万米	82.20	83.09	83.20	67.30
三、质　　量					
商品煤灰分	%	18.96	19.27	19.96	19.93
商品煤含矸率	%	0.12	0.11	0.11	0.09
冶炼用洗精煤灰分	%	10.19	10.13	10.04	9.93
冶炼用洗精煤产率	%	53.19	51.56	50.99	51.91
四、劳动生产率					
原煤生产人员效率	吨/工	1.217	1.259	1.330	1.398
回采工效率	吨/工	5.716	6.093	6.667	7.104
掘进工效率	米/工	0.119	0.123	0.125	0.125
五、材料电力消耗					
原煤生产坑木消耗	立方米/万吨	39.79	36.94	33.14	31.44
综合电力消耗	度/吨	43.98	46.97	50.47	53.82
原煤生产电力消耗	度/吨	25.81	29.82	30.79	31.40
六、财务成本					
原煤单位成本	元/吨	58.60	64.59	74.70	95.50
利润（+）或亏损（-）	万元	-575610	-611149	-574842	-326410
七、其　　他					
回采工作面平均月产量	吨/个/月	16040	17126	18942	19514
掘进工作面平均月进度	米/个/月	118.86	123.94	127.99	129.48
采煤机械化程度	%	65.10	68.70	72.26	72.14
掘进装载机械化程度	%	63.01	68.83	71.34	72.26
采区回采率	%	78.08	78.90	79.11	78.99

注：1995年以后，原煤全员效率为原煤生产人员效率。

续表

1994年	1995年	1996年	1997年	1998年	1999年
46867	48228	53725	52916	50349	51271
6362	6742	7069	6899	6625	6496
58.70	56.00	60.00	60.11	56.57	54.47
19.88	19.97	20.20	20.49	20.21	
0.09	0.08	0.10	0.10	0.10	
9.97	10.03	9.88	9.85	9.75	9.71
51.18	53.99	53.85	53.55	53.09	51.70
1.590	1.780	1.923	2.079	2.180	2.258
7.696	8.823	8.636	9.270	9.511	10.521
0.127	0.131	0.136	0.144	0.144	
30.24	30.00	29.44	29.92	27.67	
53.78	54.35	53.47	54.88	56.18	
31.19	30.97	31.29	30.93	31.63	
101.35	107.03	112.31	108.57	110.82	103.80
−197384	−103218	−60806	21965	−415693	−369850
20562	21004	21879	22900	23514	24438
130.02	132.98	133.75	135.90	132.90	133.90
71.02	71.58	71.96	73.27	73.63	73.41
72.02	72.37	70.88	71.43	72.37	72.01
78.40	78.73	78.76	78.32	77.77	78.57

续表

	计算单位	2000 年	2001 年	2002 年	2003 年	2004 年
一、产品产量						
原煤产量	万吨	53575	61857	71458	81405	93879
冶炼用洗精煤产量	万吨	7061	8121	8874	10741	11801
二、开拓进尺	万米	55.91	67.49	74.46	85.71	108.68
三、质　　量						
商品煤灰分	%					
商品煤含矸率	%					
冶炼用洗精煤灰分	%	9.66	9.54	9.64	9.76	9.92
冶炼用洗精煤产率	%	52.66	54.57	54.69	54.43	54.62
四、劳动生产率						
原煤生产人员效率	吨/工	2.526	2.780	3.118	3.343	3.764
回采工效率	吨/工	11.472	12.134	13.126	14.976	16.071
掘进工效率	米/工					
五、材料电力消耗						
原煤生产坑木消耗	立方米/万吨					
综合电力消耗	度/吨					
原煤生产电力消耗	度/吨					
六、财务成本						
原煤单位成本	元/吨	101.54	106.19	121.37	123.23	168.55
利润（+）或亏损（-）	万元	-273886	-184354	-47148	92783	497088
七、其　　他						
回采工作面平均月产量	吨/个/月	27038	30086	33911	38297	41589
掘进工作面平均月进度	米/个/月	140.96	144.45	149.35	145.17	154.13
采煤机械化程度	%	74.43	75.43	77.78	81.47	82.72
掘进装载机械化程度	%	73.29	72.65	79.85	78.35	80.10
采区回采率	%	77.97				

国有重点煤矿回采工作面主要指标

年份	回采产量（万吨）	期末工作面		平均工作面					煤层生产能力（吨/平方米）
		个数（个）	总长度（米）	个数（个）	总长度（米）	面平均长度（米/个）	月进度（米/个/月）	月产量（吨/个/月）	
1952						41.12	46.00	4331	
1953				657.7	29194	44.53	40.00	4253	2.381
1954		938	52530	657.7	34363	52.35	40.58	4935	3.339
1955	4892	1108	67410	820.6	46813	57.07	38.49	4968	2.263
1956	6012	1304	81219	976.5	58857	60.27	37.85	5130	2.249
1957	7175	1553	100202	1164.0	71586	61.50	36.25	5137	2.304
1958	11120	1691	127074	1496.1	93043	62.19	40.86	6194	2.437
1959	14082	2110	131093	1664.3	103619	62.25	43.37	7051	2.611
1960	16381	2211	121798	1866.6	107036	57.62	47.08	7313	2.699
1961	12635	2067	114802	1900.3	103047	54.23	36.68	5541	2.786
1962	11048	2094	118106	1781.7	97054	54.47	35.59	5167	2.665
1963	11781	2158	129172	1841.2	103753	56.35	37.78	5332	2.505
1964	12113	1978	124211	1678.0	98358	58.97	41.97	6016	2.445
1965	13611	2079	152313	1706.6	113074	66.26	41.89	6646	2.394
1966	14991	2091	174437	1701.6	128684	75.63	39.66	7342	2.448
1967	10848			1558.6	124350	79.79	29.79	5800	2.440
1968	12438			1627.2	135285	83.14	31.16	6370	2.458

续表

年份	回采产量（万吨）	期末工作面		平均工作面					煤层生产能力（吨/平方米）
		个数（个）	总长度（米）	个数（个）	总长度（米）	面平均长度（米/个）	月进度（米/个/月）	月产量（吨/个/月）	
1969	14967			1762.0	146967	83.41	32.18	7079	2.637
1970	18860			1981.6	167140	84.35	35.58	7931	2.643
1971	20655			2141.2	182906	85.42	34.97	8039	2.691
1972	21046	2455	203850	2208.6	184495	83.62	34.90	7941	2.721
1973	20909	2343	200761	2130.8	179954	84.46	34.88	8177	2.776
1974	20183	2265	195120	2063.5	174886	84.78	32.84	8153	2.928
1975	23459	2213	197934	2024.2	177667	87.77	37.15	9658	2.962
1976	22862	2168	198079	1977.8	180800	91.42	35.88	9633	2.937
1977	24675	2187	205686	1985.6	183779	92.57	37.89	10366	2.953
1978	28575	2308	219071	2166.9	204789	94.51	39.61	10989	2.935
1979	29784	2313	220315	2212.1	209825	94.85	40.41	11220	2.927
1980	28687	2273	215956	2167.0	206036	95.08	39.32	11032	2.951
1981	27939	2276	218896	2134.5	204126	95.63	37.76	10908	3.021
1982	28987	2315	223451	2166.4	207660	95.85	37.79	11150	3.078
1983	30015	2268	221291	2148.3	208489	97.05	38.67	11643	3.102
1984	32080	2459	240698	2313.5	226701	97.99	38.97	11555	3.026
1985	32941	2500	247102	2341	231122	98.74	39.29	11728	3.023
1986	33543	2403	237265	2292	226872	99.00	39.82	12197	3.094

续表

年份	回采产量（万吨）	期末工作面		平均工作面					煤层生产能力（吨/平方米）
		个数（个）	总长度（米）	个数（个）	总长度（米）	面平均长度（米/个）	月进度（米/个/月）	月产量（吨/个/月）	
1987	34089	2295	228593	2171	216326	99.62	41.89	13082	3.135
1988	35036	2253	229098	2094	211399	101	43.32	13941	3.188
1989	36782	2216	225094	2056	210039	102	45.02	14907	3.242
1990	38068	2129	219061	1978	204727	104	47.52	16040	3.261
1991	38704	2022	212497	1883	196235	104	50.57	17126	3.250
1992	38105	1782	189226	1676	179385	107	53.80	18942	3.29
1993	35901	1709	181026	1533	164130	107	54.73	19514	3.33
1994	36998	1656	172991	1499	164998	110	54.85	20562	3.41
1995	37404	1607	179731	1484	162455	109	55.48	21004	3.48
1996	39232	1620	171881	1494	162000	108	57.04	21879	3.54
1997	38683	1541	165599	1408	153791	109	59.13	22900	3.55
1998	36968	1523	162601	1310	143225	109	59.46	23514	3.62
1999	38588	1461	154721	1316	141930	108	61.07	24438	3.71
2000	40860	1429	157481	1259	162255	129	54.74	27038	3.83
2001	46904	1475	170288	1307	143888	110	69.07	29912	3.93
2002	53367	1596	186973	1275	142756	112	75.97	34887	4.10
2003	62684	1534	187812	1362	149940	110	80.46	38351	4.33
2004	71327	1514	192047	1353	149809	111	86.22	43948	4.60

		计算单位	1975年	1976年	1977年	1978年	1979年	1980年
合　计	机械化程度	%	27.78	28.00	27.53	32.52	32.34	37.06
	平均个数	个	2024	1978	1986	2167	2212	2167
	单　　产	吨/个/月	9658	9633	10356	10989	11220	11032
一、机采面	机械化程度	%	27.78	28.00	27.53	32.52	32.34	37.06
	平均个数	个	441	440	417	539	533	547
	单　　产	吨/个/月	13095	12787	13562	14374	15068	16200
综采面	机械化程度	%	3.20	4.29	3.42	4.33	6.36	13.16
	平均个数	个	25	36	32	44	57	94
	单　　产	吨/个/月	25202	23735	21670	23537	27687	33607
高档面	机械化程度	%						
	平均个数	个						
	单　　产	吨/个/月						
普采面	机械化程度	%	21.06	20.74	20.99	25.65	23.65	21.97
	平均个数	个	393	384	361	410	452	431
	单　　产	吨/个/月	13000	10240	11944	12994	12976	12186
水采面	机械化程度	%	3.52	2.97	3.12	2.54	2.33	1.93
	平均个数	个	23	20	24	25	23	22
	单　　产	吨/个/月	29693	27961	27168	24282	24752	20753
二、非机采面	机械化程度	%						
	平均个数	个	1583	1538	1569	1628	1679	1620
	单　　产	吨/个/月	8701	8731	9503	9869	9999	9287

作面采煤机械化及单产

1981年	1982年	1983年	1984年	1985年	1986年	1987年	1988年	1989年
39.37	39.99	41.79	42.62	44.98	49.74	54.48	58.02	60.94
2134	2166	2148	2314	2341	2292	2171	2094	2056
10908	11150	11643	11555	11728	12197	13082	13941	14907
39.77	39.99	41.79	42.62	44.98	49.74	54.48	58.02	60.94
556	547	567	618	659	702	723	744	773
16634	17652	18422	18434	18746	19792	21383	22760	24168
17.67	19.36	20.62	20.73	22.46	25.65	29.06	31.36	33.31
122	135	145	155	172	193	209	216	235
33570	34543	35664	35774	35777	37163	39419	42341	43507
		2.90	4.93	8.02	11.25	15.20	18.19	20.72
		44	79	137	201	269	329	373
		16519	16787	16113	15661	16078	16166	17051
20.20	19.19	16.63	15.55	13.16	10.99	8.31	6.58	5.05
411	389	355	363	328	279	216	170	137
11433	11907	11707	12099	11028	11002	10915	11298	11320
1.90	1.44	1.64	1.41	1.34	1.84	1.91	1.89	1.85
23	23	23	21	22	29	29	29	29
19439	15454	17360	17846	16637	17482	18431	18759	19652
1578	1619	1581	1696	1682	1590	1480	1350	1283
8888	8952	9209	9048	8979	8840	8931	9079	9330

		计算单位	1990 年	1991 年	1992 年	1993 年	1994 年	1995 年
合　计	机械化程度	%	65.10	68.69	72.26	72.14	71.02	71.58
	平均个数	个	1978	1883	1676	1533	1499	1484
	单　　产	吨/个/月	16040	17126	18942	19514	20562	21004
一、机采面	机械化程度	%	65.10	68.69	72.26	72.14	71.02	71.58
	平均个数	个	819	824	785	696	659	638
	单　　产	吨/个/月	25208	26879	29245	30995	33222	34984
综采面	机械化程度	%	35.47	37.56	41.07	43.80	44.75	46.66
	平均个数	个	247	255	259	250	243	244
	单　　产	吨/个/月	45642	47541	50412	52339	56881	59719
高档面	机械化程度	%	24.12	26.20	27.24	24.85	23.05	21.77
	平均个数	个	432	453	444	377	351	330
	单　　产	吨/个/月	17719	18662	19498	19739	20241	20552
普采面	机械化程度	%	3.73	3.11	2.15	1.92	1.70	1.65
	平均个数	个	112	89	57	46	43	41
	单　　产	吨/个/月	10530	11247	12053	12444	12206	12569
水采面	机械化程度	%	1.77	1.82	1.80	1.56	1.52	1.50
	平均个数	个	28	27	26	23	23	23
	单　　产	吨/个/月	19765	21481	22239	20255	20802	20163
二、非机采面	机械化程度	%			27.74	27.86	28.98	28.42
	平均个数	个	1159	1059	892	837	840	846
	单　　产	吨/个/月	9558	9535	9877	9962	10632	10469

续表

1996年	1997年	1998年	1999年	2000年	2001年	2002年	2003年	2004年
71.96	73.27	73.63	73.41	74.43	75.43	77.78	81.47	82.72
1494	1407	1310	1315	1259	1306	1274	1362	1353
21879	22900	23514	24438	27038	29912	34887	38351	43948
71.96	73.27	73.63	73.41	74.43	75.43	77.78	81.47	82.72
632	611	573	567	544	576	596	680	695
37225	38653	39603	41652	46621	51206	58013	62552	70788
47.18	48.38	49.32	51.70	56.73	59.42	62.98	68.65	71.81
240	238	221	241	266	298	326	418	442
64233	65402	68889	69120	72699	78048	85946	85710	96661
21.76	22.11	21.71	19.27	15.67	14.19	13.34	11.39	9.98
329	320	303	275	234	233	232	219	219
21617	22261	22071	22512	22825	23805	25530	27165	27044
1.59	1.20	1.04	1.05	0.77	0.77	0.63	0.90	0.28
42	32	31	33	26	27	24	34	25
12417	12171	10494	10379	9997	11245	11527	13974	6774
1.43	1.58	1.57	1.39	1.26	1.06	0.82	0.53	0.65
21	21	19	18	18	19	14	9	9
22118	24613	25778	24249	24035	22353	26904	29664	43402
28.04	26.73	26.37	26.59	25.57	24.57	22.22		
862	797	737	749	716	731	679	682	658
10631	10816	11016	11415	12163	13138	14564	14197	15611

		1953年	1954年	1955年	1956年	1957年	1958年	1959年
掘进进尺（万米）	全　部	148	194	208	238	264	420	603
	其中：开拓进尺							
	煤　巷			138	157	173	290	401
	半煤岩			49	61	67	97	120
	岩　巷			21	20	24	33	82
工作面平均个数（个）	全　部		1793		1816	2373	3409	4727
	其中：开拓进尺							
	煤　巷						2015	2629
	半煤岩							
	岩　巷							
工作面平均月进度（米/个/月）	全　部		89.0	85.9	97.0	98.3	102.6	106.1
	其中：开拓进尺							
	煤　巷						119.9	127.0
	半煤岩						90.2	90.2
	岩　巷					53.8	55.4	55.8
掘进率（米/万吨）	生产掘进率					312.5	315.9	333.6
	开拓掘进率							
回采率（%）	采区回采率	76.43	79.71	83.12	83.89	82.56	82.66	79.80

工作面主要指标

1960年	1961年	1962年	1963年	1964年	1965年	1966年	1967年	1968年	1969年
665	517	473	491	469	435	434	304	306	630
					69	67	37	31	31
476	365	295	281	249	223	213	152		
115	103	122	138	128	125	132	93		
74	49	56	72	92	87	89	58	50	50
8046	4878	4748	5193	4420	3607	3200	2638		938
					831	697	530		
2715	2741	2338	2099	1707	1403	1159	1001		
					1050	924	801		
					1154	1018	836	791	791
115.3	88.4	83.0	83.2	92.0	100.6	116.7	94.0	52.5	56.0
		53.5	58.3						
146.1	111.1	105.0	111.5	120.2	132.5	153.0	124.0		
91.0	72.5	75.9	84.3	89.6	99.4	119.3	96.0		
54.7	42.4	43.6	49.2	52.8	62.7	72.8	56.2	52.5	56.0
324.4	340.2	357.6	354.9	318.6	271.2	241.1	234.3		
		49.7	63.7	57.9	43.6	38.9	28.4		
76.41	77.20	77.67	75.85	76.90	78.84	80.61	81.47	82.78	79.92

		1970年	1971年	1972年	1973年	1974年	1975年	1976年
掘进进尺（万米）	全　　部	492	522	517	509	470	544	530
	其中：开拓进尺	56	59	60	66	51	64	63
	煤　　巷			275	264	260	289	272
	半煤岩			150	150	124	153	152
	岩　　巷	85	85	90	93	86	102	104
工作面平均个数（个）	全　　部	3624	3843	3928	3739	3772	3695	3753
	其中：开拓进尺	714	745	744	721	713	742	790
	煤　　巷			1631	1476	1562	1504	1472
	半煤岩			1113	1082	995	976	985
	岩　　巷	1097	1111	1184	1181	1215	1215	1296
工作面平均月进度（米/个/月）	全　　部	64.3	63.7	109.3	112.9	103.8	122.7	117.2
	其中：开拓进尺			64.4	66.7	59.9	71.9	66.6
	煤　　巷			140.4	149.1	138.7	160.0	153.9
	半煤岩			112.3	115.2		130.6	128.7
	岩　　巷	64.3	63.7	63.3	65.7	59.1	70.1	66.8
掘进率（米/万吨）	生产掘进率		222.2	213.0	210.1	199.8	199.0	197.9
	开拓掘进率	26.3	25.7	25.5	25.2	22.7	24.5	24.9
回采率（%）	采区回采率	80.47	79.52	78.99	77.77	76.9	76.92	76.02

续表

1977年	1978年	1979年	1980年	1981年	1982年	1983年	1984年	1985年	1986年
584	673	709	682	610	624	635	684	677	656
70	85	84	95	79	78	77	84	77	76
298	327	351	323	294	301	305	316	319	315
170	201	209	202	179	181	187	211	210	201
116	145	149	157	137	142	143	157	148	140
4042	4697	5059	5269	5103	5148	5163	5426	5419	5250
867	1060	1151	1338	1254	1176	1169	1230	1136	1135
1538	1653	1765	1744	1719	1753	1756	1781	1819	1809
1077	1260	1346	1381	1337	1347	1364	1505	1545	1477
1427	1784	1947	2144	2047	2048	2043	2140	2055	1964
120.4	119.4	116.8	107.9	99.7	101.0	102.4	105.0	104.2	104.1
66.9	66.5	61.0	58.9	52.4	55.2	54.8	57.2	56.2	56.1
161.5	165.0	165.7	154.6	142.8	143.2	144.5	147.8	146.2	145.0
131.2	133.0	129.2	121.9	111.7	112.0	114.3	116.6	113.5	113.0
67.9	67.5	63.8	60.9	55.7	57.7	58.4	61.3	60.0	59.5
201.9	198.8	200.1	197.2	182.3	179.8	175.7	175.1	169.0	160.9
25.3	26.5	25.1	29.1	25.1	23.8	22.7	23.2	20.3	20.0
75.76	77.52	76.70	77.99	77.31	77.39	77.78	77.58	77.87	77.54

		1987年	1988年	1989年	1990年	1991年	1992年	1993年	1994年
掘进进尺（万米）	全　部	648	642	653	662	665	623	544	523
	其中：开拓进尺	76	77	77	82	83	83	67	59
	煤　巷	316	308	306	303	294	271	250	254
	半煤岩	198	197	203	207	213	197	169	158
	岩　巷	134	137	144	152	158	155	124	111
工作面平均个数（个）	全　部	5040	4814	4689	4643	4470	4057	3499	3342
	其中：开拓进尺	1101	1065	1029	1081	1051	989	799	692
	煤　巷	1792	1696	1591	1518	1393	1245	1168	1184
	半煤岩	1414	1336	1303	1279	1247	1293	929	893
	岩　巷	1834	1781	1795	1846	1830	1719	1401	1265
工作面平均月进度（米/个/月）	全　部	107.1	111.2	116.1	118.9	123.9	128.0	129.5	130.51
	其中：开拓进尺	57.3	60.3	62.5	63.4	65.9	70.1	70.3	70.68
	煤　巷	146.9	151.3	160.4	166.1	175.7	181.3	178.5	178.8
	半煤岩	116.8	123.1	130.0	135.1	142.5	150.1	151.9	147.8
	岩　巷	60.7	64.0	67.0	68.8	71.9	75.3	73.7	73.2
掘进率（米/万吨）	生产掘进率	157.1	152.3	148.6	146.0	144.9	138.9	130.50	123.19
	开拓掘进率	19.5	19.4	18.6	19.3	19.3	19.9	17.20	14.51
回采率（%）	采区回采率	77.39	78.65	78.77	78.08	78.90	79.11	78.99	78.40

续表

1995 年	1996 年	1997 年	1998 年	1999 年	2000 年	2001 年	2002 年	2003 年	2004 年
524	541	534	502	500	505	557	597	655	719
56	60	60	57	54	56	67	74	86	109
261	271	270	258						
157	157	155	142						
106	113	108	102						
3286	3372	3275	3144	3112	2983	3211	3329	3761	3886
651	672	673	635	604	607	692	727	851	958
1198	1238	1225	1189						
880	879	853	829						
1208	1255	1196	1127						
133.0	133.75	135.90	132.95	133.92	140.96	144.5	149.35	145.17	154.13
71.7	73.9	74.37	74.25	75.16	76.72	81.3	85.38	83.94	94.54
181.5	182.4	183.7	180.5						
149.4	149.0	151.6	142.8						
73.7	75.1	75.7	75.5						
122.60	121.55	120.56	117.08	102.51	112.28	106.30	98.93	93.98	91.19
13.70	13.94	14.17	13.83	10.62	12.44	12.89	12.35	12.29	13.79
78.73	78.76	78.32	78.53	78.57	77.97				

国有重点煤矿三个煤量、可采期及采区回采率

年份	三个煤量						采区回采率（%）
	煤量（万吨）			可采期			
	开拓	准备	回采	开拓（年）	准备（月）	回采（月）	
1953	40339	8194	3151				76.43
1954	49823	8194	3905	7.51	17.21	7.05	79.71
1955	72207	13215	4103	10.59	23.26	7.22	83.12
1956	89625	17994	4418	10.90	26.25	7.52	83.89
1957	93748	21419	5193	8.63	23.66	7.53	82.56
1958		23533	7681			6.45	82.66
1959	113604	32583	8415	5.30	13.20	5.80	79.80
1960	104486	33156	7486	5.38	20.49	5.93	76.41
1961	48055	19934	5563	2.46	12.46	5.17	77.20
1962	52900	21836	6004	2.97	14.74	6.27	77.67
1963	59820	25571	6742	3.30	16.91	6.75	75.85
1964	75077	31269	7475	4.04	20.21	7.06	76.90
1965	97139	40861	9232	5.08	25.68	8.10	78.84
1966	120040	49933	11417	6.08	30.36	8.71	80.61
1967	121898	50295	11596	6.00	29.90	8.11	81.47
1968	128359			6.26			82.78
1969	132023			6.26			79.92
1970	149719			6.24			80.47
1971	156950	54362	11835	6.01	26.80	6.99	79.52
1972	153320	64979	14058	5.85	29.91	7.52	78.99
1973	160216	66361	13704	5.98	29.72	7.26	77.77
1974	168685	71318	14068	6.10	31.14	7.41	76.90
1975	186635	77863	14989	6.56	32.78	7.42	76.92
1976	179769	77122	14576	6.04	31.14	6.80	76.02

续表

年份	三个煤量						采区回采率（%）
	煤量（万吨）			可采期			
	开拓	准备	回采	开拓（年）	准备（月）	回采（月）	
1977	203638	88118	16710	6.91	35.88	7.88	75.76
1978	226122	96027	17501	6.79	34.55	7.11	77.52
1979	226118	97963	18867	6.45	33.57	7.31	76.70
1980	247357	105790	19743	7.19	36.90	7.90	77.99
1981	260302	110453	19763	7.59	38.65	8.12	77.31
1982	274292	116923	21110	7.80	39.85	8.36	77.39
1983	294353	129247	21914	8.15	43.03	8.46	77.78
1984	316472	141758	23399	8.23	44.42	8.48	77.58
1985	332273	156129	24629	8.35	47.25	8.75	77.87
1986	335981	161471	25331	8.10	46.66	8.60	77.54
1987	345800	173076	26208	8.22	49.21	8.87	77.39
1988	356728	188914	28366	8.29	52.78	9.44	78.65
1989	381794	202600	30928	8.59	55.15	10.12	78.77
1990	425548	225709	34193	9.36	60.00	10.90	78.08
1991	439277	235330	35715	9.61	58.42	11.09	78.91
1992	519129	245056	36056	11.24	60.36	10.93	79.11
1993	446448	241980	34751	9.66	63.02	10.88	78.99
1994	438712	238172	34037	9.58	62.60	10.80	78.40
1995	442683	246737	33197	9.46	64.40	10.30	78.73
1996	460137	257625	34011	9.73	66.40	10.30	78.76
1997	472263	268831	36042	9.53	63.21	10.67	78.32
1998							78.53
1999							78.57
2000							77.97

国有重点煤矿露天采剥量

年份	露天产量（万吨）		剥离量（万立方米）			剥采比（立方米/吨）
	计	其中：计算剥采比的产量	合计	其中		
				工作帮	非工作帮	
1949	202.9	202.8				
1950	241.5	241.5				
1951	268.9	268.9				
1952	322.7	322.7				
1953	431.6	431.6				
1954	635.5	635.5				
1955	785.4	785.4	4492.8			5.72
1956	715.8	715.8	4631.8			6.47
1957	636.8	636.5	4786.5			7.52
1958	1488.3	1327.7	6562.4	5706.6	108.8	4.94
1959	2319.2	2158.4	7940.0	6708.0	150.1	3.68
1960	2462.9	2337.7	6667.9	5951.8		2.85
1961	1224.5	1168.1	5095.6	4925.3		4.36
1962	683.8	665.8	4805.3	4332.3	161.6	7.22
1963	600.1	599.1	5867.4	5696.2	279.0	9.79
1964	508.9	508.5	6962.0			13.69
1965	422.0	422.0	7244.4	6812.5	241.9	17.16
1966	760.3	760.3				
1967	668.5	668.5				
1968						
1969						
1970	1220.9	1220.9				
1971	1213.8	1213.8				
1972	1162.3	1162.3				
1973	1175.4	1175.4	8678.7	7921.9	615.8	7.38
1974	1444.2	1444.2	8984.7	8148.8	584.3	6.22
1975	1571.1	1571.1	8914.3	7976.7	621.6	5.67
1976	1568.0	1568.0	7793.6	6792.7	556.4	4.97

续表

年份	露天产量（万吨）		剥离量（万立方米）			剥采比（立方米/吨）
	计	其中：计算剥采比的产量	合计	其中		
				工作帮	非工作帮	
1977	1499.0	1499.0	8139.7	7183.2	472.9	5.43
1978	1697.7	1697.7	10257.1	8974.3	750.3	6.04
1979	1655.7	1655.7	11161.8	9822.4	1045.0	6.74
1980	1403.3	1403.3	10872.2	9662.4	938.9	7.75
1981	1315.1	1313.7	9725.9	8613.5	893.7	7.40
1982	1496.2	1458.0	9289.8	6908.1	2152.9	6.37
1983	1521.7	1509.8	9540.4	8110.4	1150.9	6.32
1984	1751.2	1744.0	9901.2	8742.3	812.6	6.00
1985	1944.9	1944.9	10420.4	9674.3		5.36
1986	2020.8	1699.6	9980.6	9149.9		4.94
1987	2006.6	1680.9	9141.8	8168.8		4.56
1988	2071.8	1736.5	9061.0	7947.1		4.37
1989	2257.1	1923.2	9133.9	7883.8		4.05
1990	3228.8	2869.1	14533.7	13364.7		4.50
1991	3231.0	3176.7	14497.6	13243.3		4.49
1992	3292.5		14008.4	12716.0		4.25
1993	3270.6		13470.8	12729.6		4.12
1994	3013.0		13816.0			4.10
1995	3387.4		13815.8	13228.9	172.6	4.08
1996	3576.0		14200.9	13598.6	138.8	3.97
1997	3349.2		14446.0	13894.4	133.1	4.31
1998	3084.0					
1999	3458.0					
2000	3727.0					
2001	4809.0					
2002	5617.0					
2003	6247.0					
2004	9235.0					

国有重点煤矿掘进装载机械化程度

单位：%

年份	合计	按巷道性质分			按装载机械分					
		煤 巷	半煤巷	岩 巷	综合掘进机	铲斗装岩机	耙斗装岩机	装煤机	水力装载	其 他
1981	38.30	23.04	43.25	64.71		3.55	22.91	6.70		
1982	39.70	24.44	44.26	66.29	1.81	3.23	24.34	6.60		3.72
1983	38.30	23.04	43.25	64.71		3.55	22.91	6.70		
1984	43.66	27.82	48.32	69.19	2.78	2.21	29.17	6.39		3.10
1985	45.82	30.48	51.62	70.65	3.16	1.81	31.36	6.66		2.83
1986	48.07	33.96	53.54	71.88	3.40	1.71	32.85	6.42		3.69
1987	52.33	39.74	57.65	74.21	4.90	1.49	35.69	5.68		4.57
1988	55.53	42.64	61.13	76.45	5.67	1.40	37.95	6.02		4.47
1989	59.28	47.50	65.08	76.09	6.22	1.17	40.19	5.99		5.61
1990	63.01	51.09	68.82	78.79	7.01	1.09	43.24	5.82	1.15	4.58
1991	68.83	57.21	74.75	82.46	8.03	1.35	47.81	5.40	1.23	4.80

续表

年份	合计	按巷道性质分			按装载机械分					
		煤 巷	半煤巷	岩 巷	综合掘进机	铲斗装岩机	耙斗装岩机	装煤机	水力装载	其 他
1992	71.34	60.02	76.92	82.94	10.13	1.25	48.20	5.46	1.43	4.86
1993	72.26	62.00	78.85	83.95	10.22	1.23	48.81	5.53	1.57	4.58
1994	72.02	61.79	71.61	84.54	10.44	0.99	49.57	5.18	1.47	4.16
1995	72.37	62.61	80.42	84.41	10.91	0.87	49.25	4.73	1.69	4.92
1996	70.88	60.53	80.72	82.00	11.65	0.74	48.31	4.35	1.46	4.73
1997	71.43	61.65	80.47	82.81	11.90	0.71	48.42	4.13	1.65	4.62
1998	72.37	63.44	81.42	82.30	11.90	0.58	49.52	3.61	1.62	5.13
1999	72.01				12.71	0.37	48.71	3.67	1.47	5.09
2000	73.29				12.81	0.32	48.44	4.10	1.79	5.56
2001	81.15				15.03	0.48	53.75	3.86	1.87	6.16
2002	79.85				15.88	0.74	47.15	4.67	1.41	9.83
2003	78.35				21.53	0.68	45.05	3.97	1.18	5.94
2004	80.10				23.77	0.23	45.59	3.91	0.89	5.71

国有重点煤矿开拓

	1965 年	1970 年	1971 年	1972 年	1973 年	1974 年	1975 年	1976 年	1977 年	1978 年	1979 年
合　计	**690880**	**558723**	**593652**	**599214**	**587217**	**512308**	**639596**	**631195**	**695855**	**845679**	**842450**
北　京	27388	23962	25335	24634	27742	27374	24982	32234	28164	40450	36249
开　滦	25553	33750	35212	34951	39217	49371	52076	32896	22753	49734	54290
峰　峰	30408	24468	26985	26635	27939	22898	28699	29234	31862	33159	34531
井　陉	5869	6691	6967	2880	2298	1417		313	736	1739	1430
兴　隆	7608	2468	2760	3179	3193	3740	4895	471	7548	10651	12421
邢　台		1871	1510	1182	763	792	485	1268	784	792	1325
邯　郸					13321	8356	9032	11414	9139	11308	13775
下花园					4084	1874	1491	2125	1697	3271	6187
八宝山					2152	1643	11952	822	956	955	
大　同	23444	10670	12578	14888	12976	16893	19837	22674	24237	26165	27102
阳　泉	11355	11087	10279	10358	9079	8648	4561	10166	12638	13461	13656
西　山	9873	4311	5644	5645	5820	4393	5405	3487	5203	8270	8160
汾　西	11039	3325	3940	1850	1852	1597	2789	3101	2715	3746	6630
潞　安	5156	1534	2730	2822	3046	1853	4042	3220	4732	3915	3877
轩　岗	1155	3226	3051	2613	2511	1390	2195	2978	2935	3026	2634
晋　城	2402	868	284	562	436	613	560	1374	2128	2823	2763
霍　县					2501	2499	1528	2443	3063	3174	3708
东　山					1015	822	440	326	428	843	933
荫　营					1331	1474	1328	772	2796	3052	3892
固　庄											
小　峪					39	197	342	439	682	1529	1774
南　庄					364	441	495	505	806	874	1672
寨　沟				1142	1822	1352	1734	831	1360	1553	
包　头	12184	3185	5503	5336	4576	4771	2688	2090	2310	3031	2979
乌　达	8244	4605	3965	3385	2932	2829	2985	3138	5445	6241	7209
海渤湾									2877	2746	2422
宝　局											
平　庄	5661	3852	4597	5396	7664	6129	5684	10268	8329	13719	13107
扎　局					3374	1451	2423	3256	5772	4009	3461
大　雁						234	87	336	600	644	742
抚　顺	9246	18647	10927	8026	7468	8891	7341	7000	5986	6965	9404
阜　新	12344	12987	12262	10034	16353	14133	16579	14485	19955	20628	16604
北　票	6694	12873	11306	17342	18651	20255	17529	16836	16398	15772	11039

进尺——按单位分

单位：米

1980年	1981年	1982年	1983年	1984年	1985年	1986年	1987年	1988年	1989年	1990年
946216	**788812**	**779139**	**771626**	**844561**	**766871**	**764076**	**756074**	**769637**	**771950**	**822628**
39082	35783	36541	37767	36473	34326	33621	32404	34479	32171	32572
44701	43927	45492	43567	34923	31896	33193	31518	28769	28702	24389
36417	31434	28951	28467	30209	23140	22407	22895	20889	20810	19952
884	868							0		1408
13454	9856	6616	4911	3536	3227	2616	2177	2682	2471	6360
1893	2317	1838	1505	1241	1372	2616	2400	2716	2595	2787
13493	9964	10278	10518	12656	11169	11700	9819	11573	10543	10135
6670	5901	5448	6391	5926	2588	2469	2571	2304	3189	2258
							1777	2070	1565	2016
29447	24729	26279	24499	27672	26048	23657	22262	21797	27413	24897
17089	17337	17710	16239	15815	15281	12347	11377	9307	9102	10790
13214	10875	10226	8507	7075	7252	7475	11861	11646	11975	11992
3558	1873	1776	2123	3065	4687	5746	5400	4612	2167	1412
4708	3336	3550	6128	3978	5285	7767	5193	2604	2436	2938
2758	2141	2799	3082	3102	2436	3599	3416	3140	3410	3537
1495	2440	1361	778	771	1905	2867	4202	3436	1830	2490
3396	2496	3405	4753	5680	5089	5200	5127	5443	6103	4076
2541	1715	988	1850	1688	1177	975	306	427	1566	1446
2524	3024	1790	1650	1930	1990	3411	3536	3690	3903	3577
		1517	1656	1405	545	1350	1087	1342	1335	1713
2110	2352	1263	695	706	715	705	780	765	1332	1011
1534	1808	1001	835	802	395	306		401	824	691
2005	2100	2148	3002	3418	2754	2752	3174	2076	1201	1306
4249	3470	2479	2919	2330	4014	3882	3231	4104	3626	3726
6308	3514	4767	2247	3167	2579	1639	2298	2889	2959	2076
3984	2817	4115	3056	1844	1103	1007	1324	1071	1737	1613
12417	12094	10732	7891	7547	7724	7997	8880	8149	6985	7724
3558	3881	3766	4338	4599	5021	9395	6288	6630	4969	6400
2053	510	1838	202	1152	3249	2317	625	1213	1811	1624
15931	14413	7677	8264	9159	8271	7965	8120	7296	6817	6585
22720	21355	19916	14694	15656	13729	12985	11662	9893	8159	7809
21087	12842	11689	9088	8281	7885	8046	6981	6909	7469	7414

	1965 年	1970 年	1971 年	1972 年	1973 年	1974 年	1975 年	1976 年	1977 年	1978 年	1979 年
铁　法	4120	2426	744	784	1899	778		9459	2934	5188	4667
南　票	2622	4409	4090	2603	4549	5051	5848	7948	8955	10532	8888
沈　阳		1857	1728	1828	1609	1078	417	1841	1077	1287	1208
烟　台					215	18					
八道壕					1596	1491	1954	1788	2264	2483	2035
辽　源	15951	10948	10680	11562	10750	10808	10348	10018	10557	8688	12004
通　化	13988	9371	9748	9898	13333	5917	18549	14302	19730	24188	19499
舒　兰	15588	13467	11108	11397	11001	9452	12595	11800	10974	9573	12903
珲　春	11191	8413	7660	11336	9032	7583	8206	6802	11431	9083	7045
鸡　西	54817	47336	53812	43172	41603	36082	37175	35369	36186	36432	40727
鹤　岗	12058	15186	14633	14620	14918	14435	14814	15826	13128	16035	15483
双鸭山	34437	24496	18650	19408	20741	21405	23093	21428	22380	21314	21054
七台河	7392	4452	3113	3112	4927	5364	8298	9127	8361	10895	11749
大　屯											253
徐　州	33736	26406	32729	30331	31277	18747	24400	28109	33770	41121	43977
淮　南	8542	9419	14716	16074	13753	8825	17248	19630	20877	20399	18829
淮　北		11376	9918	10799	5860	3919	8440	10476	13373	15848	18623
萍　乡	10064	12248	10452	10792	8920	5469	7278	6025	9139	9199	9128
丰　城	4016	7765	5672	5236	2497	3555	3987	4372	7710	9529	8279
英岗岭				154		725	1306	478	646	1896	4055
洛　市											
淄　博	31870	16913	22938	24792	24216	13555	25369	27537	25922	34792	34113
新　汶	25247	12231	15558	11297	9886	3822	10927	10902	11493	12255	11604
枣　庄	27011	15492	17983	23037	14146	2418	19275	25119	29022	8718	28336
肥　城	4925	2395	7249	6455	4755	1707	6881	9387	8762	29577	4714
兖　州						124	1062	1358	2522	2601	3183
坊　子	2847	2125	1698	3253	4456	3071	3747	2369	3676	5226	3193
龙　口											
平顶山	11171	13761	12656	10645	12190	8139	17823	14188	26264	32290	27162
焦　作	13935	15294	12520	13403	10344	11395	13551	9357	17052	16804	16753
鹤　壁	8802	8142	10639	7084	6420	10492	13810	11113	13288	12682	14852
义　马	3560	4660	2551	4121	5331	10251	15064	8786	11633	17243	15326

续表

1980年	1981年	1982年	1983年	1984年	1985年	1986年	1987年	1988年	1989年	1990年
6680	4145	8477	8483	7001	6684	6212	6584	8911	9361	11483
11905	10146	8681	9282	9771	10232	10001	10524	11530	11744	12662
2692	1682	2223	8297	9800	10046	9381	9369	9698	10415	12855
	390	1015	633	739	735	914	77	0		
2924	2813	2403	1622	1464	1091	784	976	833	230	420
12765	10809	10440	10503	11361	9269	10449	9353	8728	7227	7381
26066	22297	18964	17065	16951	14913	13722	13030	11642	11547	11977
14279	12716	11293	10137	10062	10953	9124	7796	7710	7293	8441
6878	3872	2785	2266	2505	2636	3129	1300	1295	1529	1240
52581	47138	44040	48573	48193	44002	47096	41000	58657	59521	62685
22547	17942	20950	24495	24870	25529	26768	26675	23460	22999	23028
32739	25814	24914	23256	24768	22506	24958	26920	27029	26504	28589
17580	10338	9456	9236	11878	8330	9815	11990	12432	12982	15056
1663	1339	2223	2218	1990	2367	2380	4081	6348	7320	6135
44267	37429	39913	4116	43383	36708	31598	28797	28619	29741	27860
21359	17476	17494	18277	16697	17581	17380	15159	17055	16480	20199
23218	17748	19279	16462	17388	17459	16218	13985	12585	14522	14704
10588	7754	7614	7481	6823	7466	9470	10728	10063	9313	9407
11757	9320	8062	7718	7859	6220	6008	5914	5220	5938	6368
2449	3790	3357	4882	4946	5210	4930	4433	3112	4236	4205
							1016	1508	1612	1854
35649	30095	28767	27627	26128	20802	18986	16210	17115	15256	16923
11133	14097	16221	14063	16133	20200	12270	16010	13625	14965	13134
28242	23226	22046	19311	14277	26205	8123	6086	7330	7681	7670
7176	7994	9365	11297	12237	7317	7572	9839	10643	13417	11644
3451	2706	6151	7280	8342	8590	7488	9502	11242	12187	14180
4929	5312	3722	4737	5404	3008	2022	1274	1087	1132	1455
								1960	1304	2144
31074	26892	25572	28653	27425	28477	29177	30997	33310	30909	35626
17685	14013	12596	13653	13229	6952	6387	8506	7863	6744	9511
17584	11326	11791	9930	11067	9165	8106	8007	8424	8046	8378
16884	13544	13332	14816	16695	15734	14364	13724	15027	15472	15149

	1965 年	1970 年	1971 年	1972 年	1973 年	1974 年	1975 年	1976 年	1977 年	1978 年	1979 年
郑　州					5096	4458	5287	4852	5900	1187	6342
涟　邵	7069				5394	3012	5305	3360	5070	10795	10664
资　兴	5725				5382	4745	4593	5623	7092	9357	6002
白　沙							6976	7162	9609	16090	10439
广　旺	9362	5434	9010	7522	10001	7045				7044	
芙　蓉		104	1964	2606	893	1789				5278	
渡　口		2085	1064	5535	7294	8938				10236	
南　桐	7217	10256	9356	10168	6391	8607	13272	8214	12304	14882	10916
天　府	4438	5184	4983	3810	3677	2741	4717	6595	8734	11664	10940
松　藻	3083	2100	3920	5172	3431	2930	3609	4280	5045	7482	4116
中梁山	453	2665	3717	4810	5160	4992	8460	5024	5914	9166	8431
永　荣	19733	6816	12370	14835	5257	3997	11355	13276	14623	15186	19199
六　枝		2656	4634	4472	3369	1220				7771	7062
盘　江			59	261	828	824				3472	1378
水　城			661	667	246					1022	2980
铜　川	10136	5509	4990	8278	13777	10575	15628	14272	16086	23868	22239
蒲　白			386		866	1327	1683	1272	1416	2175	2978
澄　合				441	446	414	169	181	900	2123	3102
韩　城					347	34	1025	581	1882		1717
崔家沟											1289
窑　街		2711	952	470	1190	1328	3412	4556	4468	3988	3683
阿干镇	2390	3046	1567	1652	1520	2788	1755	2044	2981	2355	2261
靖　远	612	368	633	250	83	3363	3016	2690	1992	1720	3150
石嘴山	9579	555	1084	1336	1759	225	1782	2370	1590	3737	2824
石炭井	2221	2410	4242	2309	1009	1105	923	1682	1893	4880	5498
哈　密	478	1112	1195	154	773	360	686	467	234	683	551
乌　局											
艾维尔											
一平浪											
来　宾											
羊　场											
田　坝											

续表

1980年	1981年	1982年	1983年	1984年	1985年	1986年	1987年	1988年	1989年	1990年
9029	7933	7335	8726	6849	8659	7165	9176	8497	7307	8712
6792	5063	6007	5341	4986	4303	4747	4213	4226	4809	5552
5089	5164	5494	3602	2598	3234	3919	3545	3749	3769	3040
7129	5837	6561	6791	6124	3641	3876	3423	3873	3806	4644
10657	10695	10868	10899	10191	9153	9507	7891	11407	9616	10606
9351	8311	6722	6053	4921	4926	5272	5092	5436	7790	8910
11844	10313	11697	9812	10379	10127	11098	10973	12319	10414	13029
9787	9946	11614	10122	8122	7934	10666	10684	11378	9572	10345
14596	9095	9616	9819	10908	9998	11016	8901	10941	10694	13246
4199	3571	3961	5081	3256	2279	6276	5416	3763	9071	7762
11956	9582	8366	7720	8957	8317	7792	7195	7157	6596	7394
18774	15835	18424	16087	9475	10337	10023	11400	10749	8947	10972
8787	5336	6087	9658	13844	10673	7595	4806	6796	6181	6251
1569	2803	3531	5148	5544	4391	4244	3586	2782	2431	2413
2306	2509	3831	2952	4069	3579	2895	3801	3807	4249	4294
16885	11600	15304	15430	15018	15305	13046	12770	13297	13154	16906
2970	730	2012	2555	3190	2269	2890	3415	4012	5805	5011
3573	4000	3894	3893	4815	3685	3015	2524	1728	2236	3405
5595	2800	3376	3073	1893	2005	2134	2866	4640	4045	6313
1659	1500	1942	882	577	1393	1233	1581	1680	2604	2936
3490	3296	3333	3215	3717	4229	3614	3713	3524	3723	3327
1935	1054	612	2464	317	629	616	606	556	779	1499
3310	3952	3346	5629	6727	3173	4384	4834	4303	4496	6240
2659	2048	2027	1850	4201	3356	1795	463	2869	4273	3603
5728	4382	4220	3386	3297	1483	574	470	3375	2560	2653
30	389	131	173	418	129	622	356			
3236	4264	4072	3821	4766	5204	3654	4208	4190	4591	8975
										2042

续表

	1991 年	1992 年	1993 年	1994 年	1995 年	1996 年	1997 年
北　京	34080	33219	34866	27765	27785	32882	33164
开　滦	24377	28111	29734	28036	26068	27175	26845
峰　峰	18120	15520	12282	8160	6930	6945	4978
井　陉				316	472		
兴　隆	5958	4437	1847	564	1900	1507	1350
邢　台	3652	3881	3739	3286	3854	2902	2364
邯　郸	9158	8909	4877	4082	3455	6002	7685
盛　源	3030	2110	1137	1400	853	1511	1613
八宝山	2033	1934	1044	1321	1002	1213	1100
大　同	27310	32315	22691	20602	16549	15143	10402
阳　泉	12985	15678	13262	9468	10794	8397	7490
西　山	14808	10558	10818	7188	10274	9966	9282
汾　西	1833	4412	5216	5165	5153	5998	5014
潞　安	2114	2242	1810	2062	3136	8709	8254
轩　岗	4563	3641	3190	2992	1597	1814	1489
晋　城	4326	4475	3325	3840	3109	6000	4924
煤气化	1160	1453	1068	1628	709	597	
王　坪							
霍　州	4736	3322	2118	1498	1914	2317	2880
东　山	2696	2041	1829	2308	1573	2403	2829
荫　营	2186	2568	2903	3570	1173	2438	2818
固　庄	2172	1113	1539	1801	1371	1253	1077
小　峪	615	610	686	579	603	688	845
南　庄	730	575	526	804	703	586	315
寨　沟	1015	1066	1057	1103	1352	1559	1311
平　朔							
包　头	3389	1931	1073	456	527	1104	885
乌　达	3115	2679	2355	1224	1410	628	410
海勃湾	1279	524			30		
宝日希勒							

续表

	1991 年	1992 年	1993 年	1994 年	1995 年	1996 年	1997 年
平　庄	7735	8281	7653	6674	4441	4149	5958
扎赉诺尔	7211	6937	3860	3248	991	2231	2913
大　雁	2662	2503	1101	656	140	539	799
霍林河							
神　东							
万　利							
准格尔							
抚　顺	7525	6181	5754	5295	3392	3581	3577
阜　新	7995	8468	8652	6124	6854	6142	7503
北　票	8787	8889	6779	5448	2898	1957	2247
铁　法	10839	11732	12837	8155	4507	9938	11747
南　票	12760	14626	10359	8760	7980	7370	9180
沈　阳	13551	14820	9823	8851	5856	7578	7485
本　溪							
烟　台							
八道壕	686	1013					
辽　源	6715	7309	5416	5753	6103	6708	6700
通　化	12321	12724	9560	7117	7594	6270	6256
舒　兰	7315	4889	5085	4739	2890	3110	3186
珲　春	2895	2260	2150	1443	924	942	2285
营　城							
蛟　河							
鸡　西	68682	75020	48840	39961	43210	41029	33782
鹤　岗	22384	23963	18836	15956	18836	16918	17834
双鸭山	25908	26000	23009	19627	17046	14143	16029
七台河	15489	14209	11474	6769	3752	3174	6949
徐　州	30368	28590	26572	25463	27488	27086	23176
大　屯	6397	6019	5696	4625	6882	8285	7528
长　广		3539	2592	1671	3724	1975	3313
淮　南	19456	19911	13259	16085	11522	6664	10633

续表

	1991年	1992年	1993年	1994年	1995年	1996年	1997年
淮 北	12210	12049	10500	10914	10552	12396	10701
萍 乡	10114	9542	6423	4718	6991	7000	7824
丰 城	7013	5922	5069	5462	5251	4294	5186
英岗岭	3196	2553	1255	1155	620	498	739
洛 市	1840	1706	1857				
乐 平		5798	1890	1657	4510	6729	8112
淄 博	17935	11027	11388	11127	7788	9758	8224
新 汶	12104	11872	10839	10001	9734	10965	14961
枣 庄	8064	5313	4233	3673	2432	3124	2968
肥 城	11203	9543	5221	4880	5312	5049	4131
兖 州	13042	10963	10772	11090	10844	13227	15569
坊 子	1718	1678	1155	1292	1202	1238	1295
龙 口	1574	1151	3466	3054	3232	4607	4056
临 沂							
平顶山	27604	30892	27684	25635	27116	26744	26248
焦 作	9046	9420	9083	6807	5809	4763	2640
鹤 壁	8205	9129	7164	5179	7320	8493	7411
义 马	13846	12713	9550	9906	9911	10366	10902
郑 州	8605	7960	7205	6976	7925	9953	9604
永 城							
涟 邵	6093	11636	7971	5186	5569	8591	8073
资 兴	3846	3669	3327	4455	4167	3766	4235
白 沙	4654	3349	1732	930	1679	8822	8611
广 旺	8719	8792	7905	6738	6285	4898	4445
芙 蓉	8060	7578	6009	5752	3704	6222	5125
攀枝花	5446	8448	6458	4849	5416	6714	6886
达 竹			3965	5081	6470	4313	6924
华蓥山			862	1236	2143	2400	2501
隆 昌							
南 桐	11728	11737	9801	6132	4802	7219	7157

续表

	1991年	1992年	1993年	1994年	1995年	1996年	1997年
天　府	13019	16169	7503	5991	5164	4398	5735
松　藻	13038	9398	3740	4573	7059	7811	6779
中梁山	7279	7243	5982	6111	4873	4379	3232
永　荣	15037	10179	5900	5293	4829	5498	5610
六　枝	6061	4755	3754	2595	3115	2475	1599
盘　江	2941	3500	3520	4058	3546	1074	557
水　城	4364	4534	7161	8762	5405	5154	8281
一平浪	1019	1408	1327	2001	870	2669	2786
来　宾	1265	1204	950		551	904	1576
羊　场	1582	1275	1069	1367	1380	1501	2788
田　坝	3786	1999	1261	1294	1190	1810	1521
铜　川	13174	11364	8821	9097	7978	7485	7124
蒲　白	2173	1438	2295	3079	2232	2435	3207
澄　合	3039	3735	2663	617	2125	391	383
韩　城	6054	9734	5428	4465	2862	3159	2665
崔家沟	2530	3741	3187	3280	3388	4153	801
苍　村		1529	1192	653	785	1042	1880
车　村							
黄　陵							
窑　街	3498	2755	2653	1474	1101	1330	2017
兰　阿	1000	1010	1081	353	215		469
靖　远	6605	5548	4121	2946	3619	3747	5376
华　亭							
亘　元	4517	3750	4073	3933	2561	3903	4341
太　西	1021	2684	790	1830	608	111	
汝箕沟							
灵　州			726		1120	640	83
哈　密					107	1454	384
乌鲁木齐	10190	8002	5488	5043	4086	6023	4953
艾维尔	1735	3324	1569	693	1054	823	4072

续表

	1998年	1999年	2000年	2001年	2002年	2003年	2004年
北　京	28586	22247	21678	28287	31251	35451	39420
开　滦	26976	26764	27452	27471	28083	28343	32002
峰　峰	2817	4764	5364	7768	12146	12435	15230
井　陉						163	
兴　隆	1189	1014	630	853	907	1825	1239
邢　台	1459	685	646	1828	5285	5403	3909
邯　郸	3874	4981	4871	4888	5773	15181	9604
盛　源	991	1085				993	
八宝山	946	1708	1488	1308	1181	1183	846
大　同	6099	2004		4724	6186	10929	4329
阳　泉	9473	14461	10397	10614	12023	15549	20465
西　山	7601	9092	12021	15132	14572	22240	34048
汾　西	3029	2918	6086	7648	11125	14406	21725
潞　安	6825	8704	7209	6611	5564	9025	14219
轩　岗	907	343					
晋　城	4112	2942	4838	3788	6360	3356	6888
煤气化			716	5393	1929		3876
王　坪							
霍　州	3584	3926	230	4035	7329	9154	12714
东　山	1988	1170	61		1417	642	1450
荫　营	3707	4174	3191	4151	5490	3463	5134
固　庄	1072	1097	1052	2690	2980	4450	1939
小　峪	623	583	992	49	546		
南　庄	1185	528	103	922			221
寨　沟	1072	1102	1101	1067	1078	856	265
平　朔							
包　头	743	1384	2311	2175	4497	3847	3906
乌　达	1555	1731	1789	3495	750		8243
海勃湾				539			2
宝日希勒	1282	1193	306	701	732	1077	918

续表

	1998年	1999年	2000年	2001年	2002年	2003年	2004年
平　庄	10323	5549	5931	8664	6093	8092	6347
扎赉诺尔	3252	2512	1913	1040	981	6219	6599
大　雁	2383	1619	1416	136	1158	1638	1416
霍林河							
神　东			1828	1708	17545	26809	84140
万　利					311	56	
准格尔							
抚　顺	3147	3130	2375	1815	2185	1536	1726
阜　新	7044	3314	6603	6699	10475	12471	16491
北　票	2512	2736	2647	1505			
铁　法	12073	10043	9617	11241	10957	10589	15683
南　票	8380	7750	7544	9073	10458	12005	14571
沈　阳	8953	9100	10445	13730	16123	14530	16830
本　溪							
烟　台							
八道壕							
辽　源	6033	5313	5160	6224	8874	8435	10202
通　化	4994	6358	5561	6496	7317	9470	10071
舒　兰	1054	2007	640	806	187	1120	3838
珲　春	2131	2112	2303	3584	1866	1550	1090
营　城		825	504	336			
蛟　河							
鸡　西	24954	30463	26469	29371	31476	46472	53160
鹤　岗	16711	9927	9409	12403	12637	15406	15282
双鸭山	11971	11729	9228	13980	17526	16311	18595
七台河	8030	10535	17777	23968	20256	21404	26603
徐　州	23267	21667	23853	26498	24088	26888	30865
大　屯	5979	5414	4428	6221	6766	6631	6836
长　广	4405	6444	6914	4424	3631	4224	
淮　南	11798	15226	20539	24563	13664	10885	16199

续表

	1998年	1999年	2000年	2001年	2002年	2003年	2004年
淮　北	10047	10041	8841	13661	13080	16417	21417
萍　乡	9097	7255	8633	9343	12978	12443	11462
丰　城	4792	3074	3726	3360	4605	4885	7918
英岗岭	1232	730	640	914	1593	2987	2322
洛　市							
乐　平	5189	3666	5146	5399	6191	4218	5429
淄　博	15732	12935	11226	18603	18445	19644	33473
新　汶	19448	20304	20531	18531	18572	21072	26621
枣　庄	2173	4384	6270	9152	19415	28441	29804
肥　城	10681	10021	9926	12169	11418	10737	11447
兖　州	13213	10831	11842	28167	24385	21705	26889
坊　子	1204	520	681	2275			
龙　口	2425	1043	1534	3510	2801	2800	3306
临　沂	4435	3167	2328	7238	5405	6727	6584
平顶山	29460	25058	21848	17642	27315	34447	51609
焦　作	3125	2503	3182	4822	4820	4206	8141
鹤　壁	6178	4857	4224	4676	8759	11446	11636
义　马	9074	7294	6413	8572	10262	10807	13063
郑　州	5653	8709	9738	9689	9976	12987	11329
永　城		1169	1450	2333	4861	8030	13173
涟　邵	7216	6439	6126	6247	7373	8105	8255
资　兴	3856	3351	4935	3419	4923	3978	3276
白　沙	7714	6424	6036	7867	8028	6947	7432
广　旺	4971	5089	1495	1458	3338	2914	1264
芙　蓉	5598	4253	3753	2337	2950	3863	5698
攀枝花	6561	4484	5877	6022	5403	7119	6087
达　竹	7903	4600	4328	4838	5112	12095	10300
华蓥山	1302	777	1516	2063	4068	7314	11084
隆　昌		935	242		407		
南　桐	5142	4684	5155	9060	17936	1847	12231

续表

	1998 年	1999 年	2000 年	2001 年	2002 年	2003 年	2004 年
天　府	6423	6086	5590	6228	6473	7159	8998
松　藻	6994	8362	10284	11493	12346	15212	18130
中梁山	2836	2835	1854	1041	2467	3298	4047
永　荣	5062	5518	4526	1515	4198	6026	7964
六　枝	851	427	490	741	213	405	54
盘　江	598	488	4434	8667	6792	6037	9308
水　城	8573	8702	7110	7804	7505	6507	5309
一平浪	2994	4068	3072	2445	3194	3806	8009
来　宾	649	1289	1329	1112			
羊　场	1065	1464	2306	1331	1322	1956	3335
田　坝	23	1080	2291	1970	1626	1227	1772
铜　川	5480	8738	10373	11265	11484	12475	12809
蒲　白	2030	1537	1049	1188	1518	1739	1640
澄　合	1173	932	2380	2699	1460	2029	1046
韩　城	1125	3102	3310	2546	3438	4436	7081
崔家沟						660	1889
苍　村	577	85	1033	757	829	1142	
车　村							
黄　陵						3483	1623
窑　街	2062	1686	2649	2253	3232	3046	3119
兰　阿	468	522	432				
靖　远	3678	4050	4495	4333	3798	3304	4172
华　亭			120	812			
亘　元	3741	3341	3192	4684	6516	7758	8014
太　西		1712	3709	5758	3174	5602	8870
汝箕沟							
灵　州		582	1587	1778	2892	4292	2272
哈　密	165	634	470	143		110	2730
乌鲁木齐	4471	4460	4574	4690	2976	3430	3276
艾维尔	137		1086	3613	912	1037	943

国有重点煤矿商品

	1957年	1958年	1959年	1960年	1961年	1962年
合　计	**20.57**	**20.46**	**21.52**	**21.68**	**23.26**	**23.17**
北　京	22.68	20.81	22.07	23.35	24.54	24.91
开　滦	25.92	26.06	26.80	27.26	28.05	27.59
峰　峰	19.44	19.73	19.34	19.84	19.54	19.02
井　陉	19.66	19.20	19.91	12.45	20.91	22.32
兴　隆			39.62	40.21	40.21	40.53
邢　台						
邯　郸						
下花园			(21.20)			
八宝山						
大　同	9.19	9.18	8.81	8.92	8.98	9.26
阳　泉	13.49	14.43	15.39	15.29	15.43	16.02
西　山	15.59	14.09	15.28	15.65	16.09	16.37
汾　西	19.56	19.74	20.57	20.95	21.29	21.41
潞　安		15.10	20.20	15.58	15.18	
轩　岗	26.48	34.30	36.96	36.71	36.28	34.48
晋　城					14.30	22.26
霍　县						
包　头	25.56		23.45	24.55	25.71	26.38
乌　达					20.35	20.00
扎　矿					12.69	15.71
萍　乡	30.08	32.40	36.08	33.51	38.94	38.83
丰　城			21.25	21.67	24.59	23.62
英岗岭						
抚　顺	14.74	15.53	15.43	18.31	18.20	14.16
阜　新	22.10	22.69	24.89	25.40	23.39	24.17
本　溪	23.69	23.80	25.45	22.86	22.22	21.25
北　票	22.94	30.90	23.58	28.28	29.50	29.99
平　庄			29.02	27.78	26.28	24.87
铁　法			28.27	35.78	34.39	33.04
南　票				48.06	45.43	39.92
沈　阳			16.99	48.37	44.90	41.78

煤灰分——按单位分

单位：%

1963 年	1964 年	1965 年	1966 年	1967 年	1968 年	1969 年	1970 年
21.51	**20.01**	**19.56**	**20.15**	**21.05**	**21.79**	**22.29**	**22.87**
23.80	22.60	21.77	21.41	22.17	21.16	22.75	21.31
25.20	24.01	23.89	24.38	25.66	29.47	30.21	28.40
18.79	17.76	17.13	17.05	16.63	17.46	17.55	17.62
20.85	19.14	18.86	21.15	24.18	26.25	25.91	26.58
36.78	38.06	37.02	37.73	39.21	37.96	38.80	39.71
							26.22
			(23.40)				(22.57)
	18.64		(21.55)				(25.74)
							(22.95)
9.13	8.75	8.70	8.92	9.43	9.74	10.22	10.40
15.98	15.19	15.36	15.68	16.79	17.59	18.22	19.10
18.26	17.95	18.36	19.45	18.75	20.78	19.50	19.00
20.16	19.55	19.90	19.27	19.00	17.19	19.35	21.66
15.49	14.57	14.73	15.06	16.70	16.31	17.44	16.59
29.48	30.15	29.85	30.42	34.09	31.04	32.66	33.20
18.25	17.49	18.12	17.79	18.35	18.89	18.38	19.22
24.24	22.51	22.09	22.76	21.63	22.43	23.35	22.42
19.90	21.50	23.57	24.36	27.39	23.85	24.44	23.42
14.89	11.79						
33.98	28.88	29.25	30.99	31.71	28.38	26.75	31.28
21.87	21.18	19.80	19.11	21.70	23.81	24.49	20.31
11.81	10.72	10.39	10.10	10.06	10.28	10.94	12.45
20.97	19.48	19.94	20.21	20.80	22.11	24.11	25.40
19.11	17.94	18.71	17.67	18.85	13.90	21.86	22.99
27.62	22.63	20.97	20.66	21.13	21.58	23.56	23.41
25.09	24.12	23.05	22.63	24.64	27.65		27.39
34.01	31.52	31.77	31.60	31.24	30.98	36.62	35.72
36.63	31.53	29.66	30.07	28.23	29.00	29.46	30.47
36.90	36.71	32.41	(32.66)		35.44	33.79	35.04

	1957年	1958年	1959年	1960年	1961年	1962年
烟　台						
八道壕						
辽　源	24.24	24.80	26.65	26.94	27.73	27.59
通　化	25.87	28.23	28.76	31.19	32.52	32.23
舒　兰	…		40.74	45.75	39.57	37.64
蛟　河	30.19	32.15	33.76	31.61	32.97	30.03
营　城		27.10	29.83	29.47	31.64	30.33
延　边						
和　龙						
鸡　西	26.58	25.09	27.82	27.20	28.33	27.23
鹤　岗	22.89	22.07	21.93	20.05	23.30	24.52
双鸭山	15.89	16.59	16.65	18.47	19.31	20.58
七台河					17.66	
扎赉诺尔	15.84		12.60	12.85		
大　雁						
淄　博	20.66	20.38	20.88	20.06	20.41	20.10
新　汶	20.90	18.20	20.14	19.92	21.49	24.63
枣　庄	14.02	16.19	19.19	22.18	18.77	19.81
肥　城				22.81	22.04	22.98
兖　州						
坊　子	31.69	35.26	(34.28)	(35.45)		(43.08)
徐　州	14.99	14.15	16.06	18.17	…	20.94
淮　南	18.09	18.95	20.57	20.75	21.62	22.07
淮　北				…	26.65	25.72
焦　作	18.25	19.35	21.18	21.65	23.36	22.33
平顶山	…	24.90	26.46	24.12	28.84	27.95
鹤　壁	14.34	14.80	15.40	14.89	15.18	15.87
宜　洛	20.42	20.40	21.10	21.50	21.26	19.63
观音堂			23.88	25.52	25.50	29.31
张　村						
义　马						
新　密						

续表

1963 年	1964 年	1965 年	1966 年	1967 年	1968 年	1969 年	1970 年
25.81	22.06	21.03	21.80	21.62	22.38	24.39	24.23
28.69	27.39	25.86	25.17	28.03	32.65	34.09	28.24
35.56	32.43	32.73	35.05	34.07	34.02	35.90	35.55
29.55	27.64	26.97	27.20	28.17	29.45	28.66	32.95
29.75	29.80	30.44	28.70	29.37	33.02	34.32	36.33
							28.63
26.05	24.28	23.64	24.34	25.50	25.89	25.73	25.73
21.70	21.25	20.48	21.10	22.39	24.32	23.55	22.26
19.42	17.27	17.88	17.81	19.45	19.93	19.56	18.85
18.07	18.81	19.32	19.79	20.59	20.25	19.70	20.25
		10.34	11.22				13.04
21.10	19.73	18.88	19.86	20.74	21.43	21.98	23.45
21.80	18.44	16.95	16.86	16.53	17.87	18.47	18.08
17.47	16.22	15.28	15.68	15.65	16.40	16.46	16.89
19.91	19.07	16.64	15.67	16.35	19.12	18.97	19.81
37.03	30.38	27.68	31.39	31.32	29.75	31.51	31.09
19.76	18.64	17.52	17.39	19.11	20.94	21.13	
21.36	20.91	19.81	19.53	20.11	22.88	24.23	23.91
24.70	22.80	22.08	23.83	24.68	26.34	26.56	26.85
21.04	19.94	18.55	18.63	19.05	19.52	20.08	21.38
26.45	25.70	25.16	26.53	27.39	29.09	28.26	29.43
16.40	16.50	16.26	16.94	17.08	17.85	17.94	18.92
21.10	22.55	20.80	21.70	21.40	20.33	23.19	22.55
26.83	27.97	28.80	26.12	26.94	32.25	31.16	30.64
			(26.48)	26.44	24.90		
			(15.67)	15.55	17.22	17.89	16.50

	1957年	1958年	1959年	1960年	1961年	1962年
涟　邵			8.90	13.07	11.28	12.10
资　兴	32.96	35.74	36.98	39.26	38.75	40.47
白　沙	26.40		(18.70)			
铜　川	23.11	24.14	22.46	21.89	22.37	23.26
蒲　白						19.64
澄　合						
韩　城						
石嘴山			25.50	24.65	31.15	30.80
石炭井			28.93	23.50	30.13	32.83
窑　街		14.21	(10.23)	(10.45)		22.04
阿干镇		15.00	(14.96)	(14.90)		21.64
靖　远						7.48
大　祝		4.80	(4.33)			
哈　密						
长　广						
六　枝						
水　城			12.17	13.89	14.29	19.86
盘　江						
一平浪				19.80	19.93	17.89
来　宾						33.20
羊　场						
田　坝						
南　桐	19.32	19.20	(13.94)	(20.39)		
天　府	28.97	27.80	(35.35)			
中梁山						
松　藻						
永　荣						
广　旺						
芙　蓉						
渡　口						

续表

1963年	1964年	1965年	1966年	1967年	1968年	1969年	1970年
11.06	12.15	14.09					
27.56	23.08	22.86					
23.66	22.14	22.71	24.61	26.83		28.86	29.58
21.10	20.35						
29.97	27.96	29.04	30.29	29.74	27.82	30.86	31.03
32.82	31.61	29.94	36.00	30.57	35.62	36.83	33.93
19.64	17.35	17.33	20.32	23.53	27.18	25.97	23.41
15.63	14.85	16.40	17.11	16.05	16.44	16.90	18.50
8.00	10.93	11.70	10.76	11.97	12.52	12.42	10.00
9.80	9.12	9.08	11.90				
34.71	33.96	34.09	35.53	36.83	36.42	37.08	38.13
16.15	11.66	14.19	17.16	27.09		22.80	21.53
17.66	14.96	16.27	18.67	18.39	22.68	33.29	32.07
31.48	28.69	29.85	34.73	37.41	41.24	38.90	43.72
	29.41	28.92	33.05	34.83	34.96	33.56	33.01
		20.95	23.03	25.57	26.25	26.97	24.78
		26.36	26.66	27.35	26.74	27.39	28.19
		25.46	26.40	26.10	27.19	28.25	30.43
		20.98	26.42	23.98	27.95		24.84
		23.36	24.57	24.76	27.84	28.43	23.34
		28.70	29.35	29.34	31.83	37.60	37.10
							35.54

	1971年	1972年	1973年	1974年	1975年	1976年	1977年	1978年	1979年	1980年
合　计	**22.92**	**22.87**	**23.41**	**23.59**	**23.54**	**23.27**	**23.41**	**22.91**	**22.05**	**21.58**
北　京	21.94	22.80	23.30	23.63	23.50	23.16	23.26	21.76	21.23	21.39
开　滦	27.81	27.79	28.68	30.51	30.26	30.58	31.58	30.16	29.31	28.05
峰　峰	16.71	17.07	17.24	17.11	17.16	18.66	18.51	19.06	18.49	18.09
井　陉	26.80	26.61	29.18	28.90	29.09	30.33	30.31	25.68	23.95	22.01
兴　隆	40.04	39.62	40.51	40.99	42.11	43.48	44.96	42.89	42.97	44.04
邢　台	28.39	28.89	31.24	27.75	23.20	26.72	23.47	24.08	25.50	25.25
邯　郸	21.84	22.86	22.18	21.10	23.62	20.54	21.89	21.83	21.04	20.67
下花园	25.96	24.16	25.97	27.49	26.78	24.42	23.13	22.22	22.24	21.68
八宝山	15.78	21.94	22.71	26.31	27.10	25.29	25.81	26.89		
大　同	10.42	10.21	9.88	10.12	9.68	9.70	9.86	9.50	9.56	9.48
阳　泉	19.14	19.64	21.10	21.33	22.37	23.45	23.59	23.16	23.26	22.71
西　山	20.40	19.91	20.14	19.14	19.73	18.57	18.17	17.63	17.94	17.46
汾　西	22.74	22.76	22.39	25.80	23.73	22.84	22.94	21.90	21.27	18.28
潞　安	15.57	16.03	15.98	16.55	16.63	17.09	16.54	17.11	16.12	16.77
轩　岗	32.25	30.78	27.17	28.33	27.21	25.98	27.46	27.37	24.34	26.65
晋　城	19.87	19.44	20.94	19.86	19.49	20.09	22.39	19.31	17.81	17.80
霍　县			19.72	21.41	21.69	19.46	20.62	18.23	19.68	21.10
东　山			13.51	13.59	11.92		12.75	12.50	11.39	11.30
荫　营			14.50	15.85	18.47	20.00	20.04	20.73	20.95	20.19
固　庄										
小　峪			30.34	31.63	30.09	26.36	24.98	28.04	27.94	27.91
南　庄			17.17	19.33	21.14	21.69	20.22	22.53	22.31	22.23
寨　沟					21.84	18.62	20.53	21.10	20.74	22.88
包　头	21.28	23.50	24.27	23.25	22.87	22.53	21.78	20.40	19.88	21.19
乌　达	24.70	25.46	24.18	24.68	25.56	24.24	24.31	24.30	22.80	22.91
海勃湾							28.03	25.98	24.49	27.71
平　庄	27.64	27.69	28.07	30.08	33.13	31.05	30.06	27.78	28.75	28.00
扎　局	13.66		13.56	14.55	15.87	16.72	18.53	14.17	14.05	13.71
大　雁									27.44	28.33
霍林河										
伊敏河										

续表

1981年	1982年	1983年	1984年	1985年	1986年	1987年	1988年	1989年	1990年
21.17	**20.91**	**20.31**	**20.05**	**19.78**	**19.77**	**19.19**	**18.82**	**18.65**	**18.96**
22.13	21.76	20.88	19.73	19.23	20.04	19.41	19.61	19.62	20.35
25.63	25.42	23.89	22.09	23.78	25.06	24.48	25.09	25.93	25.59
17.70	17.17	17.34	17.46	17.28	17.23	16.50	18.19	17.75	18.10
20.28	19.83	20.81	22.36	21.64	22.35	18.90	18.75	21.45	19.01
45.27	44.86	44.50	43.22	42.85	42.73	42.10	42.49	41.89	41.76
21.25	19.15	20.18	17.47	17.63	15.75	15.31	15.87	17.04	16.27
20.60	20.88	19.76	18.33	17.89	18.50	18.30	17.28	17.37	19.00
21.96	22.20	21.40	22.07	26.11	25.23	24.73	21.44	15.24	17.33
				21.02	20.72	19.94	18.53	18.08	18.24
9.68	9.63	9.68	9.54	9.07	9.17	8.86	8.27	7.71	7.71
21.74	21.75	20.99	20.56	20.57	20.96	19.30	17.99	18.01	18.48
17.29	17.81	17.52	17.15	17.91	18.11	17.72	16.89	16.87	17.30
17.13	18.50	19.91	18.06	18.59	17.15	16.88	15.47	14.90	15.19
16.85	16.63	16.06	16.18	16.20	16.43	16.04	15.96	15.54	15.50
26.87	26.67	25.55	24.44	22.20	23.41	22.97	22.65	21.39	20.84
16.69	17.25	17.50	17.05	16.79	16.88	16.81	16.54	16.69	16.73
21.39	20.39	18.52	18.74	17.81	18.57	18.53	18.91	16.47	17.48
11.99	12.82	12.41	13.24	13.34	13.47	13.23	12.55	12.74	13.42
22.65	22.35	20.60	20.60	19.77	19.10	18.86	19.42	18.28	17.92
	26.83	24.12	24.13	22.83	21.67	20.60	20.14	20.13	19.49
27.61	27.00	27.27	29.90	26.66	25.49	24.07	23.66	22.40	21.39
27.58	31.81	28.08	24.96	25.13	26.64	25.27	23.48	23.44	20.92
24.17	24.24	22.87	21.99	23.22	21.93	20.81	17.11	18.73	19.10
20.64	19.49	19.47	18.99	18.27	18.30	19.27	19.24	19.26	22.33
24.24	24.13	23.79	24.60	22.43	21.71	20.86	20.57	21.56	22.63
26.04	23.83	25.11	27.36	25.26	24.10	23.54	23.27	23.01	23.61
28.93	29.57	29.37	28.80	29.50	28.07	26.91	26.56	25.90	26.18
11.64	11.83	13.11	12.34	13.82	13.97	12.70	12.14	12.05	12.05
28.27	26.85	26.94	22.84	21.68	22.17	19.86	17.48	16.76	18.13
			32.81	33.57	32.15	30.71	27.36	24.42	24.50
				20.98	21.99	20.20	20.68	21.61	23.32

	1971年	1972年	1973年	1974年	1975年	1976年	1977年	1978年	1979年	1980年
抚顺	11.83	11.30	12.11	11.54	11.85	13.13	13.90	11.98	12.41	11.66
阜新	24.08	23.87	24.26	24.04	24.85	24.99	25.63	25.15	24.04	23.43
北票	24.50	25.08	23.30	24.29	25.61	24.64	24.96	22.25	19.32	19.22
铁法	33.02	31.96	32.02	32.28	32.11	33.20	33.65	31.32	31.30	30.05
南票	32.10	30.96	30.47	30.05	31.21	30.18	31.50	32.63	30.58	29.63
沈阳	33.57	32.92	34.59	36.23	35.21	36.30	35.30	30.92	31.80	30.73
烟台	17.87	18.85	18.71	20.12	21.13	24.14	25.67	22.07	23.75	26.15
八道壕	33.49	34.66	32.53	32.96	39.75	33.66	22.00	31.70	32.96	38.98
辽源	24.09	23.87	22.41	26.04	25.15	24.54	25.13	24.66	23.51	21.21
通化	27.35	27.61	27.78	29.28	29.67	30.16	30.38	30.17	29.52	30.09
舒兰	37.48	37.13	39.50	41.58	41.30	41.69	43.13	41.56	39.42	40.17
珲春	32.13	35.15	39.28	39.30	39.01	38.66	40.04	41.43	37.71	35.19
鸡西	25.66	26.15	26.70	27.18	27.96	27.12	36.72	25.86	25.73	25.32
鹤岗	22.10	20.79	21.24	21.54	21.98	21.28	22.24	21.96	21.53	22.16
双鸭山	19.77	10.86	19.10	20.05	19.68	18.24	17.55	16.52	15.83	16.45
七台河	19.57	19.49	20.61	19.78	20.21	18.64	18.94	17.88	18.51	18.70
大屯									20.05	17.24
徐州	21.73	21.34	22.47	22.57	23.56	24.57	24.99	22.37	20.67	22.24
淮南	23.21	21.81	23.09	23.10	22.55	24.28	23.42	21.77	21.02	21.27
淮北	27.09	28.26	37.61	27.56	27.53	29.30	28.12	26.56	25.23	25.08
萍乡	34.34	32.94	35.01	36.74	37.18	37.78	38.13	42.47	37.41	30.68
丰城	21.63	.24.58	26.33	36.42	26.49	27.72	25.88	25.69	22.67	22.09
英岗岭			44.71			30.37	36.02	31.79	29.76	31.38
洛市										
淄博	24.21	24.71	24.37	25.79	26.43	26.33	28.43	25.44	24.40	24.56
新汶	17.34	16.70	16.58	17.18	16.84	16.21	17.13	17.16	15.87	15.72
枣庄	16.75	16.70	16.59	15.99	16.71	16.80	15.82	15.12	14.24	14.72
肥城	17.82	17.82	17.04	18.37	17.95	18.48	19.02	18.06	16.91	16.74
兖州					19.71	19.14	18.66	17.21	17.85	17.66
坊子	32.79	33.17	35.12	33.53	33.24	35.13	35.85	34.50	34.42	35.06
龙口										
平顶山	29.37	29.70	29.25	29.79	29.44	29.41	28.66	27.76	26.76	26.25

续表

1981年	1982年	1983年	1984年	1985年	1986年	1987年	1988年	1989年	1990年
11.27	11.10	10.94	10.88	11.26	11.42	10.69	10.92	11.76	11.88
22.12	22.23	22.46	22.45	21.42	21.10	20.39	20.89	21.14	20.84
18.37	19.43	19.33	19.49	19.50	19.69	20.68	18.87	19.86	21.65
32.57	33.37	33.07	32.48	34.49	32.07	29.48	28.25	27.68	27.54
28.91	28.46	29.52	29.95	33.84	30.31	29.92	31.93	33.29	33.79
33.35	35.06	23.91	23.39	26.95	26.40	27.62	25.20	26.26	26.36
29.54	31.00	31.38	33.65	38.73	34.25	35.23	31.61	33.22	40.05
37.29	38.28	39.45	39.02	40.04	39.93	41.06	39.46	36.44	36.75
18.83	19.37	18.86	18.52	17.90	17.53	16.34	16.69	17.24	17.45
30.56	29.99	27.98	27.69	26.51	28.56	28.10	28.93	31.62	32.80
38.51	37.98	38.66	37.90	37.14	36.58	34.85	30.82	30.90	32.42
35.47	34.82	34.16	33.21	31.94	33.65	31.83	34.09	35.32	36.05
25.99	24.93	23.92	23.48	22.53	22.36	21.91	21.40	20.93	22.15
21.21	21.03	20.58	19.53	19.36	18.84	17.72	16.86	26.49	17.21
15.39	14.95	13.84	13.90	15.36	16.21	16.12	16.49	16.27	16.42
18.88	19.14	18.67	17.79	17.43	17.32	17.59	17.19	17.95	18.28
18.24	17.40	15.07	14.86	13.57	13.99	13.61	13.83	14.15	13.95
22.61	22.55	21.68	21.19	20.96	20.16	19.18	19.28	19.06	19.67
21.37	20.79	19.23	19.32	19.15	19.27	18.95	18.61	18.71	19.85
25.90	25.37	24.88	24.19	23.74	24.32	23.59	22.84	22.18	22.46
29.40	30.17	29.41	30.08	30.03	29.88	30.50	30.43	29.43	27.53
21.82	21.10	21.75	20.13	20.43	21.29	20.12	21.30	21.40	21.85
30.92	24.41	21.18	22.34	22.08	23.71	22.33	26.03	23.41	23.37
				36.12	35.72	39.96	40.74	42.85	42.69
25.01	24.90	24.42	24.35	24.31	24.52	24.88	25.02	25.26	25.78
16.49	16.14	15.56	14.46	15.01	15.28	15.72	15.37	15.85	15.55
15.30	15.54	15.71	14.52	15.37	17.19	15.55	13.69	13.56	16.52
16.39	16.52	15.49	15.64	16.17	16.23	16.31	16.63	16.30	16.19
17.80	18.52	16.41	18.57	16.78	16.23	14.77	16.65	15.65	16.79
36.28	36.63	35.89	33.84	35.04	33.89	36.34	37.78	33.77	34.26
				33.53	35.54	25.99	20.33	20.70	19.86
26.15	26.36	26.06	25.48		23.57	22.60	22.71	22.04	21.99

	1971年	1972年	1973年	1974年	1975年	1976年	1977年	1978年	1979年	1980年
焦　作	22.32	21.11	20.32	21.07	21.48	21.44	21.37	21.19	20.34	20.34
鹤　壁	18.48	18.73	18.42	17.78	17.39	17.85	17.30	17.92	17.28	18.24
义　马		29.03					34.82	33.25	28.46	26.36
新　密	18.40	16.33	17.44	18.47	17.92	21.14	20.00	17.90	17.83	17.49
涟　邵			20.27	21.04	21.27	20.65	20.79	19.53	16.37	16.49
资　兴			41.49	44.51	47.09	50.39	52.28	52.68	52.84	52.49
白　沙					22.54	23.81	24.85	23.46	23.35	22.45
广　旺	38.78	39.35	39.62	40.96	40.90	40.86	39.00	38.15	37.68	38.86
芙　蓉		31.28	32.63	33.69	36.56	35.41	35.12	33.39	31.17	33.79
渡　口	21.78	19.47	21.20	23.12	24.33	23.96	23.65	22.77	22.56	33.85
南　桐		22.91	21.11	21.31	20.65	20.27	20.81	22.40	22.17	22.47
天　府	26.39	27.79	27.73	28.69	31.20	31.08	30.69	28.49	27.95	28.54
松　藻	24.00	24.63	24.87	24.83	24.46	24.38	28.39	28.02	26.21	24.78
中梁山	30.36	29.72	31.34	31.97	30.15	28.91	27.07	26.15	26.63	28.04
永　荣	25.89	25.48	23.48	23.59	22.59	23.74	22.08	19.83	19.30	29.61
六　枝		34.75	36.08	36.49	35.87	38.31	35.34	30.79	30.15	28.66
盘　江		33.37	23.24	27.86	31.31	43.97	27.59	27.89	19.87	17.58
水　城	21.88	26.78	28.97	26.49	30.61	26.77	29.27	25.61	26.54	22.92
铜　川	29.50	27.58	28.56	29.17	34.74	30.71	28.83	27.39	27.48	28.09
蒲　白		22.30	20.91	20.96				28.21	28.47	22.90
澄　合	17.88						24.36	24.93	22.20	22.50
韩　城					26.15			19.60	20.16	22.44
窑　街	24.92	23.23	22.08	20.61	19.75	18.98	18.57	18.46	16.94	15.22
阿干镇	18.84	20.39	17.62	16.77	15.97	18.16	18.59	16.87	15.62	15.75
靖　远					15.74	16.15	14.08	14.30	14.91	13.82
石嘴山	33.03	30.55	33.26	32.40	32.81	31.81	30.34	33.32	28.68	28.71
石炭井	32.66	32.06	35.23	36.35	32.87	29.82	27.41	26.96	25.87	24.90
哈　密			10.07	10.39	10.87	13.69	12.07	10.24	11.52	8.96
乌　局									18.53	17.21
一平浪	34.45	33.90	36.10	31.48	33.83	38.18	30.59	17.48	32.44	17.35
来　宾	42.88	48.41	44.87	40.83	42.52	44.36	44.11	42.22	38.17	36.96
羊　场	35.12	36.10	38.02	42.57	44.89	42.29	26.97	24.93	34.17	25.84
田　坝								22.74	24.24	24.21

续表

1981年	1982年	1983年	1984年	1985年	1986年	1987年	1988年	1989年	1990年
19.59	19.48	18.95	18.39	17.79	17.56	17.29	15.83	14.54	14.36
17.12	15.95	16.24	15.35	15.30	16.12	14.65	15.00	14.92	14.85
24.97	23.53	20.50	19.57	18.93	20.92	21.53	20.28	17.56	17.37
17.59	16.99	16.42	16.25	16.16	15.63	15.87	14.78	14.11	14.20
16.90	15.76	14.31	16.64	17.87	19.48	18.80	17.40	20.28	22.27
57.12	51.96	52.70	52.04	50.54	46.72	41.60	40.41	41.67	42.50
23.26	20.87	19.99	18.74	18.51	18.69	18.08	15.51	18.27	17.44
37.66	37.42	37.51	41.00	40.49	39.31	39.05	37.28	37.88	37.81
31.57	31.28	31.36	31.23	30.66	31.84	30.82	30.74	30.89	32.22
20.50	21.22	20.51	20.50	19.44	18.32	18.29	18.62	17.68	15.31
21.05	21.35	21.45	20.26	20.10	21.34	21.83	21.76	21.11	20.40
27.43	26.83	26.90	27.63	27.10	26.89	26.43	25.09	24.78	25.43
26.46	26.68	26.58	27.13	27.61	26.51	25.60	25.87	27.43	26.94
25.43	24.66	24.09	23.46	23.38	23.27	24.68	23.46	23.65	23.89
15.27	15.02	14.17	13.01	13.37	12.96	12.83	13.16	12.46	12.53
25.91	24.67	22.59	22.02	22.54	22.00	21.60	21.10	20.68	21.07
17.79	17.28	16.19	17.03	16.93	16.30	14.81	14.71	14.60	14.33
23.65	23.05	21.40	22.22	22.42	21.36	20.98	19.95	18.82	20.25
27.43	25.33	24.30	23.18	22.98	23.27	22.53	21.74	21.91	22.28
22.72	21.55	21.08	21.69	21.75	21.56	21.75	21.42	21.29	21.51
23.52	21.90	21.18	20.34	19.24	19.08	18.54	18.95	18.45	18.58
20.96	20.09	18.92	18.00	17.88	18.43	17.87	17.39	16.56	16.76
14.02	14.31	13.64	13.22	13.10	13.47	12.30	11.59	10.79	11.38
17.92	18.12	16.97	17.52	17.33	17.63	18.11	16.80	15.78	14.61
13.05	12.35	12.82	12.90	11.22	10.84	11.56	10.23	9.84	11.69
28.51	29.38	28.82	28.77	28.35	27.15	26.41	25.19	25.23	25.82
24.78	23.95	23.02	20.71	18.15	18.71	18.45	18.74	17.35	16.61
9.43	9.28	8.84	8.98	8.22	8.32	7.69	7.84	7.82	8.01
17.65	17.80	17.09	17.14	16.78	16.12	15.61	15.54	14.74	15.43
17.93	21.35	21.45	17.51	17.50	16.43	15.18	13.90		
36.90	26.83	26.90	36.92	36.09	35.93	37.63	35.15		
28.17	24.66	24.09	25.49	24.53	26.07	26.99	27.30		
24.22	26.68	26.58	25.09	22.76	24.12	22.70	23.97		

续表

	1991年	1992年	1993年	1994年	1995年	1996年
合 计	**19.27**	**19.96**	**19.93**	**19.88**	**19.97**	**20.20**
北 京	19.95	20.53	20.08	20.38	19.05	19.56
开 滦	25.70	25.59	25.08	25.87	25.80	26.54
峰 峰	17.69	18.14	18.22	18.46	18.30	18.09
井 陉	19.62	20.86	19.12	17.50	19.61	19.18
兴 隆	41.86	42.18	41.61	41.79	39.97	39.07
邢 台	16.19	16.55	16.95	16.93	16.56	16.15
邯 郸	20.23	24.33	22.53	23.82	23.08	22.52
盛 源	18.05	23.40	19.81	18.57	17.96	20.64
八宝山	18.94	22.00	23.58	25.52	25.48	25.57
大 同	7.78	8.28	8.18	8.33	9.23	9.72
阳 泉	18.25	18.38	18.17	18.50	17.79	17.94
西 山	17.29	18.26	17.43	16.22	15.86	15.47
汾 西	14.24	15.86	15.96	17.58	17.47	17.35
潞 安	15.70	16.20	16.10	16.17	15.94	15.94
轩 岗	20.19	20.17	20.34	22.48	22.46	22.70
晋 城	16.46	17.48	17.19	18.72	17.98	18.30
煤气化	17.58	18.53	20.17	21.31	21.94	21.83
王 坪	24.94	25.60	25.12	30.36	34.04	32.95
霍 州	18.62	19.20	19.39	18.73	17.14	16.69
东 山	13.08	13.76	13.89	14.36	14.72	15.33
荫 营	18.31	19.46	23.69	22.20	20.28	19.76
固 庄	18.90	20.44	20.42	19.26	19.14	19.46
小 峪	21.11	20.73	20.67	21.14	21.05	21.00
南 庄	19.71	19.99	19.67	19.14	19.93	20.71
寨 沟	20.50	23.15	24.67	24.41	25.24	23.35
平 朔	21.31	20.32	20.82	18.69	20.49	19.33
包 头	22.51	22.52	21.68	22.85	22.58	18.46
乌 达	21.06	19.69	15.64	14.27	13.83	13.65
海勃湾	23.54	24.99	24.62	23.23	23.61	23.88
宝日希勒						
平 庄	25.80	26.42	27.02	24.94	24.60	24.33

续表

	1991年	1992年	1993年	1994年	1995年	1996年
扎赉诺尔	13.63	14.97	12.50	12.35	11.38	10.50
大 雁	19.22	19.28	16.72	17.04	15.67	15.02
霍林河	23.77	24.44	24.59	23.84	24.60	24.14
伊 敏	23.29	24.35	20.39			
准格尔						
抚 顺	11.27	11.64	13.82	14.91	14.63	17.22
阜 新	20.69	21.25	21.60	21.75	21.98	22.50
北 票	21.26	21.68	23.87	22.65	24.04	24.32
铁 法	30.78	33.86	33.82	32.14	31.56	32.84
南 票	33.55	34.15	34.42	35.22	34.77	36.25
沈 阳	27.55	28.49	29.44	31.01	29.82	28.39
本 溪						
烟 台	35.52	35.95				
八道壕	39.37	41.30				
辽 源	20.35	21.62	24.83	25.88	25.30	25.97
通 化	32.24	31.04	32.31	31.53	32.68	35.41
舒 兰	30.19	31.14	36.42	43.25	43.73	44.87
珲 春	34.92	35.19	36.95	37.05	36.53	38.18
营 城						
蛟 河						
延 边						
和 龙						
鸡 西	21.74	23.56	24.21	24.40	25.34	26.17
鹤 岗	17.44	17.40	17.57	17.24	17.09	17.39
双鸭山	16.38	17.66	17.77	17.99	18.70	19.02
七台河	18.45	20.29	19.95	19.10	19.22	21.19
徐 州	20.20	19.99	20.46	20.68	21.21	21.62
大 屯	14.45	14.01	14.77	14.18	14.51	14.68
长 广		38.18	37.72	37.07	38.41	38.26
淮 南	20.89	21.60	24.69	24.12	25.05	25.77
淮 北	22.69	23.53	22.99	22.70	23.05	23.20
萍 乡	27.43	27.55	26.56	28.04	28.16	26.35

续表

	1991 年	1992 年	1993 年	1994 年	1995 年	1996 年
丰城	21.45	22.80	23.68	23.05	27.56	26.08
英岗岭	23.46	29.19	30.74	33.31	37.62	37.38
洛市	40.76	39.57	39.18			
乐平		30.65	32.56	33.22	33.35	36.21
淄博	25.73	26.43	28.66	28.86	28.82	28.76
新汶	16.08	16.73	18.50	19.26	18.62	19.01
枣庄	17.39	15.27	14.50	13.51	15.59	14.94
肥城	15.82	16.70	21.04	21.00	21.63	20.60
兖州	17.57	18.02	18.17	17.25	16.42	16.28
坊子	35.15	35.15	34.54	32.80	33.69	34.57
龙口	14.81	14.06	16.43	16.63	16.47	16.21
临沂						
平顶山	22.23	23.16	22.08	22.56	22.69	22.96
焦作	15.23	15.72	16.21	18.11	18.20	17.15
鹤壁	15.75	17.18	16.38	17.59	17.02	17.05
宜洛						
观音堂						
张村						
义马	19.00	22.02	20.49	17.81	18.96	19.37
郑州	15.03	18.11	21.64	21.74	22.53	22.06
永城						
神火						
涟邵	22.10	24.17	25.79	25.35	24.37	24.20
资兴	43.71	40.98	39.01	38.51	37.16	36.86
白沙	18.41	16.11	18.00	18.06	19.87	20.17
广旺	37.51	36.31	35.93	35.36	34.95	34.12
芙蓉	32.66	31.41	31.30	30.59	30.50	29.98
攀枝花		10.23	9.91	10.04	10.07	9.77
达竹	14.36		28.19	28.09	28.57	28.94
华蓥山			30.73	29.75	30.14	29.80
隆昌						
南桐	20.98	20.34	20.41	20.37	20.21	20.29

续表

	1991 年	1992 年	1993 年	1994 年	1995 年	1996 年
天　府	25.48	24.95	24.50	24.67	24.30	23.68
松　藻	25.92	26.51	25.58	24.30	24.81	25.80
中梁山	22.67	23.88	22.46	22.19	23.57	23.12
永　荣	12.15	13.61	14.60	15.35	15.06	14.78
六　枝	21.96	23.20	21.89	22.53	22.87	21.60
盘　江	14.35	13.68	12.89	13.68	14.53	15.63
水　城	20.49	22.29	20.70	20.50	20.74	19.74
一平浪	12.44	13.99	18.46	16.14	14.99	11.58
来　宾	33.53	33.08	33.90	36.89	38.16	37.43
羊　场	24.09	22.65	21.27	19.54	21.64	20.16
小龙潭						
后　所						
洪　恩						
田　坝	21.52	19.77	19.82	19.28	18.75	17.69
铜　川	23.46	24.40	24.17	24.12	24.09	23.63
蒲　白	22.19	24.02	22.63	23.79	21.48	21.30
澄　合	18.86	20.06	20.32	19.39	19.58	19.42
韩　城	17.41	18.48	17.04	17.64	17.88	17.85
崔家沟	19.13	17.45	17.95	19.17	19.70	20.32
苍　村	19.16	21.14	20.56	20.25	20.15	21.65
车　村						
窑　街	12.34	13.18	12.93	12.55	12.16	12.28
兰　阿	15.45	15.42	15.18	16.00	16.04	15.54
靖　远	12.41	12.61	12.15	11.44	11.93	12.89
大　祝						
华　亭						
亘　元	27.05	26.39	27.25	21.67	17.84	18.35
太　西	17.30	16.59	15.09	14.82	13.69	14.45
灵　州	22.94	18.17	14.49	11.77	12.23	12.36
哈　密	8.38	7.21	6.22	6.82	6.84	6.93
乌鲁木齐	15.94	16.43	15.94	16.33	15.77	15.33
艾维尔	11.45	10.63	8.93	8.95	10.10	9.11

续表

	1997年	1998年	1999年	2000年	2001年	2002年
合　计	**20.49**	**20.21**	**20.14**	**20.18**	**19.73**	**20.32**
北　京	19.14	17.81	16.05	14.51	15.26	15.41
开　滦	26.39	25.00	25.06	25.50	25.95	25.92
峰　峰	18.67	18.85	19.86	20.16	20.50	21.69
井　陉	19.85	19.80	20.52	20.64	22.44	23.28
兴　隆	40.43	41.64	41.61	40.65	42.41	42.42
邢　台	16.10	15.33	14.88	14.42	15.26	15.67
邯　郸	22.84	22.17	23.92	22.72	25.16	25.33
盛　源	27.59	26.74	26.55			25.37
八宝山	24.71	28.83	21.05	33.69	36.46	36.76
大　同	10.33	11.98	11.72	11.12	11.00	11.24
阳　泉	18.80	18.16	18.33	17.82	17.13	17.21
西　山	16.05	15.98	15.70	15.88	17.53	17.19
汾　西	17.16	16.57	17.01	17.25	17.52	17.09
潞　安	15.92	16.11	16.17	16.05	16.09	16.14
轩　岗	25.55	27.39				
晋　城	17.36	15.79	15.81	15.67	14.80	14.78
煤气化	22.39	22.17	20.80	21.27	21.41	23.56
王　坪	33.96	32.16				
霍　州	16.85	16.73	16.00	16.02	17.22	17.24
东　山	17.13	17.34				
荫　营	19.54	19.44	19.11	19.48	20.87	21.58
固　庄	20.04	20.51		20.87	20.87	20.86
小　峪	21.00	20.74	29.06	31.89		32.50
南　庄	20.42	19.09	20.09	16.02	18.39	17.92
寨　沟	23.69	23.99	23.70	23.21	23.00	23.45
平　朔	18.35	17.88			20.22	20.56
包　头	19.98	21.45	22.26	22.77	23.83	22.81
乌　达	14.99	16.75	19.06	19.90	20.28	20.06
海勃湾	22.66	23.80	24.31	24.41	23.61	22.96
宝日希勒		17.85	17.41	17.94	17.26	14.28
平　庄	22.52	22.27	23.22	23.62	24.71	25.03

续表

	1997年	1998年	1999年	2000年	2001年	2002年
扎赉诺尔	10.05	9.99	9.52	9.27	9.63	10.07
大　雁	15.61	15.42	15.32	15.09	14.97	14.84
霍林河	26.68	27.08	24.31	27.41	26.25	26.30
伊　敏						
准格尔			21.74	21.61	20.88	22.46
抚　顺	20.13	18.45	18.77	17.26	17.19	16.77
阜　新	22.43	22.26	22.75	22.08	17.19	22.14
北　票	24.82	22.60	25.62	25.69	25.52	23.58
铁　法	33.06	30.52	30.15	30.04	30.95	31.16
南　票	36.09	33.65	34.31	34.66	35.31	35.51
沈　阳	28.25	27.32	24.16	25.54	24.65	26.73
本　溪	27.11	40.00				
烟　台						
八道壕						
辽　源	26.24	27.39	28.51	27.41	27.46	28.41
通　化	33.31	33.52	33.71	34.10	35.18	28.03
舒　兰	48.58	49.80	53.04	51.11	52.96	54.89
珲　春	38.74	38.76	38.73	41.05	49.10	50.24
营　城						
蛟　河						
延　边						
和　龙						
鸡　西	27.39	27.75	27.45	27.06	26.93	26.82
鹤　岗	19.45	19.92	21.27	22.43	22.87	22.99
双鸭山	19.09	18.34	18.95	20.69	21.67	22.04
七台河	22.83	23.41	24.55	24.43	23.98	24.75
徐　州	22.06	21.66	22.54	22.32	23.91	24.51
大　屯	15.36	15.74	16.22	16.95	16.94	19.17
长　广	38.48	37.96	36.24	34.10	34.01	39.13
淮　南	25.53	25.18	25.07	25.18	25.43	25.71
淮　北	21.89	21.32	21.58	22.39	22.58	23.68
萍　乡	25.31	25.77	26.85	26.74	26.94	26.74

续表

	1997年	1998年	1999年	2000年	2001年	2002年
丰城	24.71	25.67	26.60	26.54	27.93	27.91
英岗岭	33.76	30.78	29.26	33.04	33.93	35.38
洛市						
乐平	35.74	35.76	37.70	35.77	35.89	39.13
淄博	29.47	27.96	26.27	22.59	24.39	24.35
新汶	17.34	19.54	16.92	16.18	17.13	17.75
枣庄	15.69	15.48	14.60	14.23	16.20	16.55
肥城	19.62	19.87	19.83	20.01	20.81	21.79
兖州	16.18	15.89	16.09	15.03	15.15	15.55
坊子	31.81	30.86				
龙口	16.88	18.92	18.86	19.90	24.34	27.90
临沂		21.68				
平顶山	24.25	24.38	24.73	24.94	24.52	24.69
焦作	16.32	16.20	16.13	15.70	14.82	15.28
鹤壁	18.12	18.28	17.84	17.77	18.48	18.48
宜洛						
观音堂						
张村						
义马	23.99	21.77	23.27	25.08	23.78	24.13
郑州	22.72	20.20	20.07	20.27	21.29	24.03
永城		19.18				18.36
神火					17.00	16.30
涟邵	25.01	25.26	25.06	25.08	25.55	23.29
资兴	33.93	32.62	31.30	32.93	32.73	34.25
白沙	20.08	19.69	20.00	19.90	19.30	19.30
广旺	33.54	33.60	32.50	32.65	33.30	33.30
芙蓉	30.86	30.66	29.25	29.84	31.96	31.32
攀枝花	9.17	9.83	9.58	9.68	8.72	8.80
达竹	27.67	28.48			15.02	14.92
华蓥山	29.20	28.48	27.72	28.48	27.04	29.16
隆昌						
南桐	20.36	20.49	20.25	19.86	20.75	21.38

续表

	1997年	1998年	1999年	2000年	2001年	2002年
天　府	23.88	24.19	25.63	26.30	26.50	26.72
松　藻	23.75	23.55	22.29	22.77	22.07	23.48
中梁山	22.54	21.71	19.91	19.90	19.04	21.05
永　荣	15.23	13.30	27.57	28.40	29.18	28.80
六　枝	20.76	22.11				
盘　江	17.01	14.51	16.89	17.22	18.75	20.42
水　城	19.50	19.16	21.01	20.19	21.50	19.22
一平浪	11.27	10.95	11.17	10.86	11.01	11.44
来　宾	36.36	36.87	39.58			
羊　场	18.23	16.21	15.68	14.40	18.80	
小龙潭			14.76	15.30	15.84	15.44
后　所			20.23	21.54	21.27	
洪　恩			11.01	10.61		10.80
田　坝	19.59	18.21	17.22	18.92	19.81	18.79
铜　川	23.61	23.49	24.51	24.06	24.27	23.76
蒲　白	21.62	21.73	21.52	23.91	24.95	24.26
澄　合	19.52	18.91	21.70	21.99	21.92	22.19
韩　城	18.89	19.18	19.92	20.02	20.71	20.83
崔家沟	19.56	17.54	17.63	17.66	17.76	17.89
苍　村	24.38	22.24	19.36	19.43		22.54
车　村			14.00	12.89	15.65	15.00
窑　街	12.08	11.85	11.91	11.55	13.50	17.51
兰　阿	15.43	11.98	15.51			13.87
靖　远	13.19	13.89	14.09	12.64	13.00	12.76
大　祝						
华　亭						
亘　元	19.58	16.54	18.32	19.17	18.05	20.28
太　西	15.41	14.02	13.72	13.81	14.65	14.85
灵　州	14.67	15.07	16.42	13.10	12.40	11.47
哈　密	7.45	9.14	9.34	8.40	9.03	8.29
乌鲁木齐	15.58	16.42	16.26	16.58	16.19	16.17
艾维尔	7.88	7.97	8.14	7.92	7.60	8.79

	1960年	1961年	1962年	1963年
合　计	**2.13**	**3.02**	**2.29**	**1.27**
北　京	1.13	1.28	2.25	0.66
开　滦	0.48	0.42	0.33	0.20
峰　峰	1.97	2.62	1.90	1.52
井　陉	3.89	1.15	1.16	0.82
兴　隆	4.54	5.64	6.83	4.97
邢　台				
邯　郸				
下花园				
八宝山				
大　同				
阳　泉		2.55	2.01	
西　山				0.49
汾　西			4.49	2.18
潞　安	2.26	2.20		
轩　岗	1.88	1.88	1.82	1.27
晋　城		2.00	1.87	3.80
霍　县				
包　头	2.96	2.53	2.07	1.81
乌　达		2.35	2.87	2.11
扎　矿				0.96
萍　乡				
丰　城	4.26	6.47	5.49	3.99
英岗岭				
抚　顺		5.12	1.49	0.23
阜　新	0.62	0.57	1.36	0.30
本　溪	1.43	5.14	3.57	0.29
本　票				0.09
平　庄	4.67	2.21	2.16	1.94
铁　法	22.15	14.70	6.86	5.31
南　票	16.94	6.25	17.50	0.51
沈　阳	17.10	8.31	5.70	4.46

含矸率——按单位分

单位：%

1964年	1965年	1966年	1967年	1968年	1969年	1970年
0.77	**0.64**	**0.62**				**1.03**
0.38	0.45	0.40				0.32
0.15	0.14	0.17				0.29
1.22	0.62	0.43				0.38
0.54	0.34	0.25				1.60
2.87	2.36	2.03				3.62
						1.33
1.68						
		(0.62)				1.13
		(1.25)				2.00
0.38	0.29	0.32				0.47
0.23	0.15	0.12				0.45
0.34	0.50	0.22				0.64
1.25	1.08	1.36				1.95
1.08	1.03	0.78				1.37
1.62	1.23	1.43				2.25
	0.80	0.89				1.25
0.93	1.15	1.09				1.88
1.85	1.27	2.61				2.78
0.53						
1.27		0.72	0.59			
	0.85	0.65				3.00
0.16	0.11	0.04				0.27
0.18	1.06	0.04				0.12
0.24	0.24	0.25				
2.48	2.29	1.30	1.07			1.40
4.81	3.69	2.91				2.90
0.12	0.39	0.51				1.09
4.16			1.52			3.15

	1960年	1961年	1962年	1963年	1964年
烟　台					
八道壕					
辽　源	4.28	4.03	3.34	1.21	0.89
通　化	1.67	2.82	4.11	1.62	1.06
舒　兰	5.90	6.91	6.28	5.25	3.41
蛟　河	3.25	3.50	3.23	1.26	1.06
营　城	3.05	3.18	1.70	1.35	0.92
鸡　西	5.96	7.65	4.57	3.03	1.18
鹤　岗	2.69	2.54	3.86	1.66	1.29
双鸭山	1.61	1.38	1.56	1.00	0.66
七台河		4.12			1.01
扎赉诺尔					
大　雁					
淄　博	1.43	2.57		0.46	0.23
新　汶	2.09		4.36	2.28	1.22
枣　庄	2.01		3.15	1.78	1.12
肥　城	2.84	3.58	5.96	2.63	1.06
莱　芜	4.40	5.68			
兖　州	2.00				
坊　子	(2.87)		(1.15)	3.59	2.24
徐　州	0.72		0.96	0.81	0.64
淮　南		1.62	1.10	0.55	0.38
淮　北			1.91	1.35	0.87
焦　作		6.84	1.25	0.09	0.07
平顶山	1.43	1.55	1.55	1.43	0.75
鹤　壁	1.55	1.77	1.62	1.85	1.15
宜　洛	1.90	1.65	1.27	0.64	0.96
观音堂	1.00	1.50	2.00	1.60	1.23
义　马					
新　密			1.32		
涟　邵	3.34	3.18	2.43	1.50	1.56
资　兴				4.53	2.59

续表

1965 年	1966 年	1967 年	1968 年	1969 年	1970 年
0.76	0.54				1.01
0.95	1.17				1.55
2.34	1.25				3.50
0.87	0.81				1.81
1.05	0.72				2.06
1.48	1.28				1.44
1.05	1.21				1.66
0.71	0.68				1.27
0.76	0.66				1.37
0.46					
0.44	0.47				0.89
0.75	0.74				2.60
0.79	0.59				0.92
0.50	0.42				1.06
1.33	1.72				1.39
0.45	0.42				1.11
0.30	0.26				0.52
0.85	0.87				1.25
0.04	0.03				
0.54	0.52				1.33
0.73	0.75				0.91
0.94	0.71				0.95
1.22	1.08				3.79
					1.24
0.59					
1.19					

	1960年	1961年	1962年	1963年	1964年
白　沙					
铜　川	1.96	1.85	2.14	2.10	1.21
蒲　白	2.71	2.70	1.64	1.96	2.16
澄　合					
韩　城	2.50	1.53	4.98	4.53	2.60
石嘴山	5.20	5.54	4.32	2.65	1.78
石炭井	4.10	8.40	3.76	3.84	3.19
窑　街	(3.99)		5.04	5.45	2.64
阿干镇	(3.45)		9.73	3.49	1.36
靖　远			3.05	3.00	0.64
哈　密					1.28
长　广					
林　东	1.54	3.26		3.28	4.42
蔡　冲					
六　枝					
水　城	1.42	1.42	5.20	1.96	2.41
盘　江					
一平浪	2.40	3.89	2.39	1.81	1.04
来　宾			3.50	2.36	0.95
羊　场					
田　坝					
南　桐					
天　府					
中梁山	(3.78)				
松　藻					
永　荣	(2.77)				
广　旺					
芙　蓉					
渡　口					

续表

1965年	1966年	1967年	1968年	1969年	1970年
1.14	1.53				2.81
1.31	1.63				1.10
2.00	2.05				3.55
	2.46				1.89
0.80	0.50				0.29
0.61	0.38				1.00
1.22	2.02				
4.11	2.40				
	2.78				
0.82	1.52				
1.19	1.46				5.12
1.23	1.43				
1.07	2.17				
0.32	0.07				
0.53	0.31				
1.52	2.23				2.83
			0.37		1.69
0.39	0.13				8.03
2.56	3.10				
					9.54

	1971年	1972年	1973年	1974年	1975年	1976年	1977年	1978年	1979年	1980年
合　计	**0.96**	**0.87**	**0.83**	**0.97**	**1.02**	**1.06**	**1.10**	**0.90**	**0.64**	**0.51**
北　京	0.31	0.27	0.30	0.24	0.21	0.14	0.11	0.15	0.10	0.07
开　滦	0.13	0.16	0.26	0.31	0.23	0.30	0.52	0.23	0.30	0.20
峰　峰	0.27	0.28	0.28	0.20	0.20	0.26	0.37	0.36	0.36	0.28
井　陉	2.58	2.19	0.83	0.80	1.18	1.28	1.24	0.60	0.37	0.27
兴　隆	4.35	2.67	2.09	2.12	1.96	1.57	1.77	1.87	1.54	1.47
邢　台	1.42	1.24	1.13	0.63	0.61	0.67	0.52	0.53	0.66	0.27
邯　郸	2.02	2.30	2.75	2.21	2.59	2.01	2.12	1.70	1.16	0.77
下花园	2.42	3.36	2.39	2.89	2.25	2.84	2.40	2.33	1.31	0.72
八宝山	3.35	3.20	2.74	2.30	2.29	1.94	1.98	2.30		
大　同	0.29	0.36	0.30	0.27	0.22	0.22	0.26	0.22	0.17	0.16
阳　泉	0.40	0.28	0.30	0.40	1.22	1.55	1.56	1.24	1.02	0.86
西　山	0.43	0.39	0.31	0.24	0.17	0.24	0.26	0.24	0.23	0.20
汾　西	2.00	1.89	1.81	2.18	1.97	1.64	1.65	1.34	1.05	0.40
潞　安	0.96	0.74	0.74	0.76	1.14	0.94	0.85	0.95	0.52	0.60
轩　岗	2.06	1.20	0.95	0.83	0.79	0.97	0.71	0.60	0.27	0.26
晋　城	1.26	1.09	1.02	0.99	1.10	1.33	1.15	0.94	0.82	0.51
霍　县				0.97	1.05	0.67	0.93	1.13	0.77	0.70
东　山			1.03	0.47	0.31	0.32	0.34	0.49	0.32	0.30
荫　营			0.94	1.42	1.21	1.51	0.84	0.58	0.49	0.44
固　庄										
小　峪			3.54	0.46	0.42	0.36	0.71	0.83	0.56	0.37
南　庄			2.49	1.92	1.33	1.36	1.07	0.90	0.52	0.64
寨　沟					0.24	0.42	0.58	0.32	0.20	0.23
包　头	1.62	1.51	1.84	2.20	0.93	0.55	0.78	0.43	0.30	0.46
乌　达	3.49	3.21	3.07	2.89	3.09	3.09	2.85	2.42	1.23	0.89
海勃湾							4.88	3.34	2.45	2.05
平　庄	1.36	1.65	1.21	2.04	2.04	1.74	1.61	1.27	1.15	0.77
扎　局										
大　雁									2.75	2.05
霍林河										
伊敏河										

续表

1981年	1982年	1983年	1984年	1985年	1986年	1987年	1988年	1989年	1990年
0.46	**0.45**	**0.40**	**0.39**	**0.33**	**0.25**	**0.19**	**0.15**	**0.14**	**0.12**
0.08	0.07	0.06	0.06	0.07	0.07	0.07	0.08	0.09	0.10
0.21	0.21	0.22	0.23	0.13	0.36	0.24	0.21	0.36	0.18
0.28	0.20	0.18	0.18	0.15	0.09	0.07	0.10	0.08	0.06
0.24	0.20	0.16	0.17	0.18	0.11	0.08			
1.95	1.98	1.79	1.79	1.80	1.53	0.48	0.40	0.07	
0.45	0.37	0.40	0.39	0.31					
0.66	0.67	0.67	0.60	0.47	0.36	0.22	0.22	0.15	0.13
0.62	0.80	0.88	0.90	0.77	0.60	0.46	0.34	0.20	0.04
				2.76	2.56	2.42	1.54	0.06	0.19
0.16	0.18	0.16	0.15	0.12	0.11	0.10	0.11	0.10	0.09
0.36	0.40	0.25	0.20	0.18	0.07	0.15	0.10	0.08	0.07
0.18	0.17	0.17	0.17	0.09	0.09				
0.34	0.45	0.57	0.44	0.41	0.33	0.18			
0.52	0.53	0.46	0.47	0.37	0.41	0.25	0.16	0.07	0.10
0.22	0.22	0.21	0.18	0.17	0.21	0.13	0.09	0.06	
0.38	0.35	0.33	0.22	0.28	0.36	0.23	0.20	0.12	0.11
0.69	0.57	0.59	0.59	0.55	0.58	0.55	0.53		
0.48	0.51	0.41	0.30	0.25	0.20	0.18	0.18	0.29	0.21
0.42	0.33	0.07	0.02	0.02	0.02	0.02	0.02	0.02	0.01
	0.04	0.03	0.03	0.03	0.03	0.01	0.01	0.02	0.01
0.32	0.28	0.30	0.18	0.18	0.19	0.27	0.32	0.23	0.34
0.56	0.37	0.70	0.61	0.16	0.01				
0.24	0.46	0.40	0.34	0.22	0.14	0.21	0.16	0.30	0.44
0.41	0.28	0.40	0.22	0.18	0.19	0.16	0.16	0.15	0.12
0.85	0.91	0.95	0.69	0.21	0.01				
1.41	1.00	1.30	1.13	0.46	0.12	0.04	0.02	0.03	0.03
0.71	0.85	0.75	0.71	0.32	0.18	0.09	0.11	0.11	0.10
1.90	0.99	0.72	0.49	0.50	0.46	0.15	0.17	0.16	0.14
1.28	1.41	1.10	0.71	0.65	0.62	0.46	0.23	0.14	0.13
				2.19	1.70	1.37	1.31	1.31	1.28
				1.32	1.60	1.03	1.25	1.07	1.04

	1971 年	1972 年	1973 年	1974 年	1975 年	1976 年	1977 年	1978 年	1979 年	1980 年
抚　顺	0.17	0.11	0.12	0.17	0.18	0.27	0.32	0.26	0.17	0.13
阜　新	0.16	0.15	0.13	0.14	0.17	0.28	0.25	0.19	0.14	0.03
北　票										
铁　法	1.79	1.52	1.43	1.54	1.68	2.30	2.53	1.74	1.83	1.32
南　票	0.93	0.84	1.18	1.04	1.32	1.42	1.07	0.82	0.36	0.42
沈　阳	2.47	2.20	2.25	3.23	2.82	3.32	3.84	2.87	2.21	12.50
烟　台			0.19	0.26	0.34	0.93	0.97	0.62	0.65	0.60
八道壕			3.82	3. 66	5. 86	4. 31	3.00	4.00	3. 12	2.95
辽　源	1.84	1.06	0.61	0.84	0.81	0.77	0.79	0.52	0.36	0.32
通　化	2.42	1.09	1.25	1.36	1.48	1.94	1.79	1.45	0.88	0.97
舒　兰	3.69	2.98	2.09	2.36	2.64	2.35	2.54	2.56	1.78	1.25
珲　春	1.89	2.55	2.35	2.50	2.06	2.24	3.04	4.71	1.02	0.13
鸡　西	1.38	1.69	2.23	2.30	2.15	1.68	1. 46	1.42	1.24	0.99
鹤　岗	2.13	1.39	1.26	1.30	1.60	1.47	1.49	1.35	0.99	1.02
双鸭山	1.46	1.23	1.00	1.22	1.11	0.78	0.73	0.71	0.56	0.48
七台河		0.90	0.68	0.76	1.44	1.00	1.08	0.68	0.40	0.43
大　屯									0.69	1.14
徐　州	1.25	1.50	1.40	1.39	1.85	2.15	2.45	1.42	0.75	0.52
淮　南	0.37	0.35	0.37	0.39	0.42	0.46	0.64	0.43	0.30	0.32
淮　北	1.41	0.98	0.67	0.65	0.59	0.70	0.83	0.53	0.45	0.41
萍　乡		0.88	1.04	1.26	1.15	1.54	1.47	1.59	0.85	0.20
丰　城	4.30	1.78	1.59	1.71	1.95	1.88	1.63	1.40	1.05	0.85
英岗岭								2.29	2.07	1.55
洛　市										0.77
淄　博	0.91	0.87	1.00	1.20	1.37	1.61	1.80	0.78	0.48	0.33
新　汶	2.22	0.16	0.15	0.14	0.17	0.14	0.20	0.14	0.12	0.06
枣　庄	1.33	1.25	0.85	0.76	1.26	0.98	0.67	0.33	0.16	0.20
肥　城	1.07	0.84	0.68	0.73	0.79	0.97	0.74	0.67	0.32	0.29
兖　州						6.19	4.31	1.57	0.90	0.94
坊　子	1.99	2.59	0.43	1.87	1.68	2.30	1.85	1.32	1.14	1.21
龙　口										
平顶山	0.99	0.99	1.09	1.07	1.12	1.29	1.13	0.76	0.51	0.35

续表

1981年	1982年	1983年	1984年	1985年	1986年	1987年	1988年	1989年	1990年
0.12	0.14	0.10	0.05	0.03	0.02	0.02	0.02	0.02	0.01
0.02	0.02	0.03	0.03	0.05	0.04	0.01			
1.12	0.77	0.77	0.85	0.73	0.43	0.30	0.18	0.34	0.26
0.53	0.47	0.41	0.38	0.10	0.03	0.02	0.08	0.06	0.09
1.51	1.78	1.02	0.77	1.04	0.97	2.01	0.50	0.66	0.72
0.64	0.65	0.66	0.68	0.68	0.68	0.69	0.68	0.68	0.69
2.70	2.67	2.51	0.58	2.68	2.10	0.85	0.80	0.65	0.70
0.29	0.35	0.29	0.31	0.38	0.32	0.28	0.28	0.15	0.11
1.03	0.76	0.69	0.76	0.37	0.51	0.33	0.26	0.42	0.47
0.54	0.58	0.68	0.71	0.56	0.39	0.44	0.37	0.26	0.25
0.49	0.33	0.52	0.68	0.50	0.33	0.48	0.30	0.31	0.19
0.98	0.97	0.87	0.81	0.64	0.61	0.49	0.39	0.26	0.17
0.75	0.80	0.80	0.72	0.59	0.41	0.27	0.27	0.22	0.16
0.48	0.43	0.41	0.40	0.58	0.69	0.49	0.47	0.26	0.18
0.51	0.51	0.54	0.49	0.43	0.30	0.29	0.43	0.43	0.35
0.88	0.75	0.45	0.39	0.28	0.11	0.12	0.06	0.03	
0.49	0.42	0.29	0.23	0.17	0.04	0.01	0.01	0.01	
0.30	0.29	0.24	0.25	0.20	0.07	0.03	0.02	0.03	0.05
0.38	0.35	0.27	0.28	0.15	0.04	0.05	0.07	0.10	
0.07	0.05	0.30	0.04	0.03	0.01				
0.81	0.69	0.80	0.54	0.46	0.09	0.01			
1.14	1.00	1.20	0.91	0.83	1.31	0.68			
0.71	0.85	0.75				0.54	1.39	0.87	0.29
0.37	0.37	0.27	0.14	0.07	0.02	0.02	0.03	0.01	0.02
0.19	0.21	0.20	0.16	0.12	0.11				
0.23	0.21	0.19	0.15	0.07					
0.30	0.29	0.28	0.27	0.12	0.05	0.01			
1.00	1.77	0.86	1.41	0.95	0.46	0.36	0.24	0.12	0.11
0.89	0.71	0.71	0.62	0.57	0.42	0.35	0.45	0.53	0.47
				1.49	1.36	0.77	0.89	0.86	0.62
0.30	0.33	0.27	0.25	0.19	0.10	0.08	0.03	0.02	0.01

	1971年	1972年	1973年	1974年	1975年	1976年	1977年	1978年	1979年	1980年
焦　作	0.21	0.09	0.06	0.06	0.06	0.06	0.09	0.05	0.03	0.02
鹤　壁	0.77	0.85	0.71	0.94	0.84	0.96	0.73	0.91	0.75	0.75
义　马		3.48	4.64	4.47	3.63	3.22	4.05	4.11	1.89	1.37
新　密	1.25	1.79	1.22	1.69	1.41	1.07	1.54	1.27	0.96	0.68
涟　邵			2.99	3.31	3.78	3.45	3.59	3.13	2.17	1.88
资　兴			5.22	5.09	6.42	6.13	6.69	6.35	3.56	2.05
白　沙					1.95	1.96	1.84	1.91	1.98	1.62
广　旺				5.23	6.06	7.70	8.31	5.99	3.40	2.77
芙　蓉	0.09	0.25	1.22	1.53			1.41	0.87	0.50	4.92
渡　口			0.34	1.59	1.44	1.24	1.24	0.81	0.75	3.04
南　桐									0.71	1.02
天　府		0.33	0.78	0.43	0.43	0.50	0.40	0.38	0.92	0.98
松　藻	2.74	2.59	0.72	1.35	1.07	0.89	0.78	0.37	0.64	0.51
中梁山	3.58		4.66	4.39	4.60	5.52	6.09	4.65	1.58	1.37
永　荣	8.97		0.61					0.35	0.63	4.82
六　枝								1.70		
盘　江					3.96	3.23	2.41	1.12		
水　城	4.34	5.11	4.10	3.37	4.94	4.17	3.85	2.07		
林　东										
铜　川	2.80	2.43	1.22	1.26	1.23	1.35	1.10	0.46	0.43	0.32
蒲　白		2.00	2.00	2.02				2.35	1.29	1.18
澄　合	2.35						4.60	2.15	0.27	0.18
韩　城								2.16	1.17	0.23
窑　街	2.28	2.00	2.51	2.16	1.89	1.17	1.09	0.85	0.67	0.56
阿干镇	2.00	0.13	0.10	0.08	0.06	0.06	0.02	0.12	0.12	0.01
靖　远		0.40			0.80	0.60	0.50	0.50	0.54	0.49
石嘴山	1.02	0.96	0.88	0.79	0.76	0.91	0.88	1.44	1.15	0.89
石炭井	3.70	4.21	5.25	4.75	4.15	3.19	1.75	0.69	0.55	0.56
哈　密			1.20		0.79	1.84	1.99	1.59	1.17	0.67
乌鲁木齐										0.99
一平浪	5.33	2.35	1.31	1.06	1.32	2.26	2.09	1.61	0.36	1.16
来　宾					4.07	4.37	9.88	5.73	3.29	5.74
羊　场										3.83
田　坝									2.31	4.36

续表

1981 年	1982 年	1983 年	1984 年	1985 年	1986 年	1987 年	1988 年	1989 年	1990 年
0.02	0.01	0.01	0.01	0.01	0.01	0.01	0.01		
0.63	0.53	0.58	0.55	0.44	0.22	0.06	0.04	0.07	0.05
1.21	1.12	1.09	0.92	0.77	0.50	0.34	0.02	0.03	0.04
0.59	0.50	0.42	0.40	0.39	0.37	0.35	0.31	0.27	0.19
1.98	1.29	0.92	0.84	0.74	0.78	0.61	0.56	1.03	1.06
1.13	0.99	0.74	0.59	0.49	0.20	0.21	0.16	0.11	0.14
1.84	1.60	1.20	1.11	1.02	1.06	0.82	0.53	0.61	0.56
2.49	2.49	2.00	2.12	1.96	1.17	0.36	0.05	0.10	0.18
0.50	0.54	0.41	0.38	0.20	0.15	0.18	0.22	0.17	0.20
0.56	0.64	0.59	0.46	0.39	0.28	0.30	0.29	0.24	0.27
0.56	0.42	0.24	0.29	0.22	0.03				
0.77	0.87	0.73	0.76	0.74					
0.52	0.52	0.44	0.44	0.50	0.20	0.18	0.15	0.09	0.03
1.08	1.27	0.92	0.88	0.65	0.03				
0.27	0.16	0.26	0.09	0.08	0.06	0.04	0.06	0.04	0.02
			1.02	1.41	1.42	1.26	0.18		
			0.01	0.06	0.09	0.01	0.02	0.07	0.02
			0.77	1.06	1.06	0.89	0.25	0.16	
0.34	0.24	0.17	0.16	0.17	0.17	0.14	0.10	0.07	0.09
0.90	0.64	0.63	0.56	0.39	0.18	0.10			
0.10	0.27	0.33	0.23	0.20	0.18	0.13	0.08	0.14	0.16
0.09	0.08	0.06	0.04	0.06	0.07	0.07			
0.48	0.52	0.49	0.41	0.45	0.31	0.32	0.24	0.21	0.22
0.41	0.47	0.43	0.30	0.32	0.23	0.15	0.16	0.16	0.19
0.93	1.08	1.03	1.12	1.09	0.19	0.02	0.04	0.01	
0.64	0.56	0.51	0.43	0.30	0.20	0.10	0.07	0.04	0.08
0.81	0.70	0.53	0.52	0.57	0.66	0.81	0.56	0.73	0.62
1.17	1.02	1.09	1.02	1.01	0.84	0.59	0.54	0.29	0.21
1.32	0.31	5.36	0.98	0.55	0.51	0.27			
0.91	0.83	1.24	1.05	0.62	0.67	1.14			
1.69	1.27	0.23							
1.29	1.08	1.01	1.06	0.64	0.44	0.65			

续表

	1991年	1992年	1993年	1994年	1995年	1996年
合　计	**0.11**	**0.11**	**0.09**	**0.09**	**0.08**	**0.10**
北　京	0.10	0.10	0.10	0.10	0.08	0.06
开　滦	0.18	0.29	0.25	0.30	0.25	0.27
峰　峰	0.05	0.05	0.04	0.03	0.03	0.02
井　陉						
兴　隆						
邢　台						
邯　郸	0.11	0.11	0.11	0.11	0.10	0.14
盛　源	0.08	0.11	0.08	0.10	0.08	0.10
八宝山						2.25
大　同	0.08	0.08	0.07	0.07	0.07	0.08
阳　泉	0.05	0.04	0.04	0.05	0.04	0.03
西　山						
汾　西						
潞　安	0.18	0.20	0.15	0.21	0.17	0.15
轩　岗						
晋　城	0.05	0.03	0.04	0.01	0.01	
煤气化	0.45					
王　坪	0.30	0.26	0.28	0.31	0.36	0.31
霍　州						
东　山	0.11	0.01				
荫　营	0.01	0.01	0.01	0.02	0.01	0.01
固　庄	0.01	0.01	0.19	0.03	0.03	0.02
小　峪	0.32	0.30	0.25	0.23	0.24	0.24
南　庄						
寨　沟	0.38	0.48	0.26	0.19	0.21	0.12
平　朔						
包　头	0.10	0.11	0.10	0.11	0.10	0.04
乌　达						
海勃湾	0.04	0.02	0.03	0.02	0.01	
宝日希勒						

续表

	1991年	1992年	1993年	1994年	1995年	1996年
平　庄	0.06	0.07	0.08	0.07	0.06	0.08
扎赉诺尔	0.08	0.16	0.09	0.21	0.49	0.95
大　雁	0.14	0.18	0.15	0.13	0.34	0.37
霍林河	1.22	1.21	1.21	1.20	1.20	1.19
伊　敏	1.10	1.14	1.02			
抚　顺	0.23	0.01	0.08	0.19	0.21	0.56
阜　新	0.01		0.05	0.10	0.05	0.07
北　票						
铁　法	0.30	0.13	0.07	0.05	0.01	0.01
南　票	0.10	0.11	0.09	0.02	0.03	0.12
沈　阳	0.65	0.65	0.65	0.76	0.94	1.11
本　溪						
烟　台	0.70	0.68				
八道壕	0.91	2.07				
辽　源	0.07	0.10	0.05	0.04	0.13	0.13
通　化	0.44	0.41	0.44	0.42	0.40	0.56
舒　兰	0.29	0.26	0.24	0.20	0.21	0.23
珲　春	0.11	0.24	0.25	0.22	0.12	0.17
营　城						
蛟　河						
鸡　西	0.16	0.06	0.01		0.01	
鹤　岗	0.14	0.15	0.09	0.05	0.05	0.02
双鸭山	0.18	0.16	0.05	0.04	0.02	0.02
七台河	0.38	0.29	0.17	0.13	0.05	
徐　州	0.01	0.02	0.01	0.01		0.01
大　屯		0.06	0.06			
长　广		1.65	1.66	1.33	1.27	1.20
淮　南	0.03	0.03	0.01	0.01	0.01	0.01
淮　北	0.01					
萍　乡						
丰　城						

续表

	1991年	1992年	1993年	1994年	1995年	1996年
英岗岭						
洛　市	0.13					
乐　平		0.34	0.85			3.31
淄　博	0.03	0.04	0.06	0.07	0.07	0.05
新　汶						
枣　庄						
肥　城						
莱　芜						
兖　州						
坊　子	0.13	0.16	0.05			
龙　口	0.55	0.46	0.33	0.37	0.30	0.45
临　沂	0.34	0.30	0.44	0.41	0.42	0.46
平顶山						
焦　作	0.01	0.01		0.01		
鹤　壁					0.04	0.04
宜　洛	0.05	0.05	0.04	0.01		
观音堂						
张　村						
义　马	0.02	0.01		0.04	0.01	0.04
郑　州						
永　城						
神　火						
涟　邵	0.87	0.44	0.35	0.27	0.21	0.30
资　兴	0.02	0.03	0.03	0.03	0.01	0.04
白　沙	0.66	0.65	0.70	0.63	0.76	0.72
广　旺	0.15	0.09	0.06	0.08	0.05	0.04
芙　蓉	0.14	0.07	0.06	0.04	0.02	0.01
攀枝花	0.08	0.02		0.01		
达　竹			1.04	0.94	1.02	1.13
华蓥山			0.01	0.06	0.01	0.03

续表

	1991年	1992年	1993年	1994年	1995年	1996年
隆　昌						
南　桐						
天　府						
松　藻	0.04	0.01				
中梁山						
永　荣	0.01	0.01	0.01	0.01	0.03	0.06
林　东						
六　枝						
盘　江		0.01	0.01	0.04		
水　城		0.01				
一平浪	0.01	0.27	0.92	0.59	0.55	0.08
来　宾	0.61	0.64	0.68	0.59	0.61	0.61
羊　场						
田　坝	0.37	0.05				
铜　川	0.08	0.07	0.07	0.09	0.14	0.06
蒲　白						
澄　合	0.08	0.11	0.02			
韩　城						
崔家沟	0.58	0.39	0.49	0.44	0.49	0.45
苍　村	0.28	1.16	1.37	1.80	1.56	1.77
窑　街	0.17	0.14	0.09	0.07	0.06	0.07
兰　阿						
靖　远	0.20	0.13	0.10	0.07	0.07	0.08
华　亭						
亘　元						
太　西	0.04	0.05	0.04	0.03	0.04	0.04
灵　州	1.22	0.33	0.10	0.05	0.04	0.07
哈　密	0.54	0.47	0.47	0.53	0.60	0.60
乌鲁木齐	0.20	0.26	0.17	0.24	0.22	0.19
艾维尔						

续表

	1997年	1998年	1999年	2000年	2001年	2002年
合　计	**0.10**	**0.10**	**0.09**	**0.07**	**0.22**	**0.22**
北　京	0.06	0.06	0.08	0.07	0.06	0.06
开　滦	0.28	0.10	0.03	0.02	0.01	0.01
峰　峰	0.03	0.02	0.03	0.04	0.06	0.06
井　陉						
兴　隆						
邢　台						
邯　郸	0.20	0.17	0.20	0.07	0.06	
盛　源	0.07	0.17	0.38			2.00
八宝山	4.43	4.91	4.00	3.19	5.20	5.02
大　同	0.08	0.45				
阳　泉	0.03	0.01				
西　山						
汾　西						
潞　安	0.05	0.03	4.53	4.83		
轩　岗						
晋　城			0.07	0.02		
煤气化						
王　坪	0.31	0.30				
霍　州						
东　山						
荫　营						
固　庄	0.01	0.01		0.01	0.01	
小　峪	0.27	0.27				
南　庄	0.27					
寨　沟		0.14	0.06	0.02	0.02	
平　朔						
包　头	0.05	2.11	0.46			
乌　达						
海勃湾						
宝日希勒		0.22			0.20	0.20

续表

	1997年	1998年	1999年	2000年	2001年	2002年
平　庄	0.09	0.07	0.05	0.04	0.05	0.06
扎赉诺尔	0.66	0.61	0.50	0.32	0.28	0.07
大　雁	0.41	0.47	0.51	0.53	0.54	0.02
霍林河	0.73	0.07				
伊　敏						
抚　顺	0.90	0.88	0.84	0.58	0.01	0.54
阜　新	0.03	0.06	0.04	0.04	0.06	0.27
北　票						
铁　法	0.01	0.01	0.80	1.76		
南　票	2.43	2.82	2.99	3.42		
沈　阳	1.38	0.85	0.25	0.21	0.09	0.07
本　溪						
烟　台						
八道壕						
辽　源	0.13	0.08	0.14	0.16	0.13	0.12
通　化	0.59	0.51	0.63	0.66	0.83	0.95
舒　兰	0.18	0.21	0.13	0.21	0.44	0.41
珲　春	0.17	0.19	0.18	0.20	0.24	0.15
营　城						
蛟　河						
鸡　西	0.02	0.02				
鹤　岗	0.02			0.01		
双鸭山		0.02	0.02	0.02	0.03	0.02
七台河						
徐　州	0.01	0.01	0.01	0.01	0.01	0.07
大　屯						
长　广	1.12	1.19	1.63	1.50	0.94	0.96
淮　南	0.01	0.01	1.19	1.27		
淮　北	0.04					
萍　乡						
丰　城						

续表

	1997年	1998年	1999年	2000年	2001年	2002年
英岗岭						
洛　市						
乐　平	2.56	0.53	3.90	2.00		
淄　博	0.04	0.08	0.06	0.05	0.12	0.09
新　汶						
枣　庄						
肥　城						
莱　芜						
兖　州	0.03	0.03	0.02	0.03	0.01	0.02
坊　子						
龙　口	1.12	0.54				
临　沂	0.39	0.26	0.15	0.19	0.16	0.10
平顶山						
焦　作						
鹤　壁	0.04	0.02	0.01	0.04	0.04	
宜　洛						
观音堂						
张　村						
义　马	0.07	0.04	0.06	0.06		
郑　州						
永　城		2.39				
神　火						0.01
涟　邵	0.32	0.13	0.10	0.09	0.09	0.13
资　兴	0.02	0.02	0.02	0.02	0.03	0.02
白　沙	0.67	0.54	0.50	0.40	0.40	0.36
广　旺	0.03	0.06	0.03	0.04	0.03	0.03
芙　蓉	0.01	0.02				
攀枝花		0.03	0.08	0.08		
达　竹	1.05	1.19				
华蓥山	0.03	0.04	0.06	0.05	0.07	0.03

续表

	1997年	1998年	1999年	2000年	2001年	2002年
隆　昌						
南　桐		0.09				
天　府						
松　藻						
中梁山						
永　荣	0.08	0.09	0.91	0.89		
林　东						
六　枝						
盘　江			0.02	0.36		0.33
水　城						
一平浪	0.04	0.01	0.02	0.01	0.01	0.02
来　宾	0.59	0.61	0.73			
羊　场						
田　坝						
铜　川	0.08	0.04	0.07	0.15		0.10
蒲　白					0.10	
澄　合		0.01				
韩　城			0.11	0.11		
崔家沟	0.23	0.10	1.92	1.81	1.85	
苍　村	0.20					
窑　街	0.08	0.05	0.08	0.07		0.05
兰　阿						
靖　远	0.06	0.05	0.07	0.06	0.04	0.03
华　亭						
亘　元						
太　西	0.02	0.02	0.05	0.05	0.06	0.14
灵　州	0.05	0.08		0.16	0.13	0.11
哈　密	0.57	0.62	0.65	0.55	0.51	0.57
乌鲁木齐	0.28	0.29	0.24	0.22	0.22	0.16
艾维尔						

	1957年	1958年	1959年	1960年	1961年	1962年
合　计	**0.978**	**1.304**	**1.117**	**1.059**	**0.739**	**0.655**
北　京	0.773	1.210	1.508	1.550	1.300	0.994
开　滦	1.069	1.567	1.541	1.492	1.109	1.034
峰　峰	1.202	1.602	1.334	1.062	0.721	0.717
井　陉	0.862	1.229	1.281	1.321	0.963	0.727
兴　隆		1.227	0.767	0.761	0.570	0.451
邢　台						
邯　郸			1.173			
下花园			1.086			
八宝山						
大　同	1.263	1.580	1.552	1.375	0.939	0.843
阳　泉	1.292	1.523	1.498	1.468	0.944	0.929
西　山	0.953	1.468	1.483	1.320	0.902	0.854
汾　西	1.125	1.202	1.075	0.911	0.669	0.669
潞　安	1.443	1.415	2.018	1.832	1.032	0.870
轩　岗	0.818	1.219	1.079	0.843	0.774	0.735
晋　城					0.485	0.577
包　头	0.863	0.986	0.960	1.030	0.820	0.712
乌　达			0.731	0.771	0.598	0.552
扎　局	1.266	1.318	1.167	1.166	0.905	0.913
萍　乡	0.946	0.212	1.154	0.980	0.770	0.672
丰　城			0.528	0.560	0.320	0.364
英岗岭						
抚　顺	1.263	1.884	1.694	1.859	1.119	0.979
阜　新	0.989	1.512	1.341	1.693	0.886	0.591
本　溪	1.025	1.272	1.117	0.880	0.742	0.631
北　票	0.798	0.991	0.965	1.000	0.629	0.494
平　庄			0.722	1.000	0.826	0.599
铁　法			0.765	0.433	0.361	0.240
南　票			0.376	0.731	0.556	0.351

注：1994年前为原煤全员效率，1994年至2004年为原煤生产人员效率。

（生产人员）效 率——按 单 位 分

单位：吨/工

1963 年	1964 年	1965 年	1966 年	1967 年	1968 年	1969 年	1970 年
0.663	**0.769**	**0.863**	**0.950**	**0.720**	**0.732**	**0.792**	**0.910**
0.925	0.840	0.918	0.987	0.810	0.739	0.900	0.930
1.087	1.174	1.373	1.425	1.246	1.343	1.357	1.452
0.734	0.949	1.136	1.107	0.986	1.158	1.152	1.089
0.628	0.822	0.883	0.947	0.896	1.103	1.033	1.056
0.528	0.786	0.811	0.825	0.777	0.787	0.853	1.015
					0.584	0.460	0.668
		0.929					
0.904	1.041	1.100	1.233	0.817	0.919	1.046	1.119
0.866	1.132	1.183	1.150	0.753	0.764	1.153	1.250
0.819	0.995	1.043	1.219	0.585	0.451	0.547	0.892
0.713	0.861	0.867	0.930	0.713	0.211	0.320	0.804
0.895	1.055	1.322	1.421	1.045	1.092	1.279	1.270
0.749	0.782	0.894	0.862	0.652	0.667	0.787	0.889
0.818	0.881	1.230	1.236	0.855	0.875	1.016	0.950
0.819	0.878	0.797	0.805	0.429	0.460	0.397	0.736
0.641	0.700	0.889	1.196	0.737	0.883	0.434	1.026
0.864	1.041	1.219					
0.710	0.761	0.832	0.907	0.566	0.709	0.892	1.068
0.470	0.603	0.829	0.659	0.450	0.525	0.620	0.678
0.923	0.975	1.125	1.584		0.884	1.686	1.851
0.594	0.695	0.842	1.183	0.945	0.887	0.850	1.138
0.611	0.649	0.758	0.937	0.821	0.975	1.134	1.054
0.494	0.603	0.614	0.782	0.787	0.802	0.929	1.050
0.699	0.778	1.009	0.800	0.591	0.531	0.554	0.848
0.173	0.246	0.483	0.619	0.316	0.449	0.678	0.798
0.241	0.377	0.572	0.820	0.635	0.634	0.599	0.830

	1957年	1958年	1959年	1960年	1961年	1962年
沈　阳			0.405	0.374	0.248	0.268
烟　台			0.740			
八道壕			0.950			
辽　源	0.831	1.072	0.856	0.797	0.607	0.530
通　化	0.708	0.794	0.695	0.768	0.574	0.442
舒　兰			0.910	0.423	0.357	0.452
蛟　河	0.848	1.229	1.079	0.016	0.761	0.669
营　城		0.918	0.732	0.776	0.583	0.490
延　边						
和　龙						
鸡　西	1.009	1.164	1.032	0.897	0.730	0.834
鹤　岗	0.973	1.263	1.119	0.882	0.573	0.509
双鸭山	0.833	1.082	0.791	0.677	0.451	0.462
七台河			0.410	0.395	0.238	0.240
淄　博	0.768	0.973	0.756	0.802	0.537	0.484
新　汶	0.720	1.303	0.648	0.827	0.533	0.347
肥　城	0.806	0.952	0.593	0.747	0.496	0.414
枣　庄				0.449	0.189	0.262
莱　芜				0.585	0.350	
兖　州	0.468	0.468		0.295		
坊　子	0.536	0.844	0.494	0.759		0.439
徐　州	1.052	1.364	0.925	0.692		0.464
淮　南	1.121	1.739	1.611	1.630	1.319	1.150
淮　北			0.561	0.467	0.502	0.466
焦　作	1.485	1.902	1.656	1.354	0.870	0.772
平顶山	0.418	0.623	0.813	0.886	0.580	0.488
鹤　壁	0.476	1.252	1.268	1.243	0.693	0.449
宜　洛	0.770	1.122	0.801	0.966	0.511	0.633
观音堂			0.746	0.787	0.574	0.501
张　村						

续表

1963年	1964年	1965年	1966年	1967年	1968年	1969年	1970年
0.327	0.415		0.656			0.367	0.479
0.577	0.754	0.814	0.899	0.770		0.808	0.897
0.467	0.493	0.623	0.694	0.507	0.510	0.632	0.686
0.527	0.670	0.755	0.913	0.744	0.828	0.733	0.704
0.735	0.964	1.029	1.040	0.877	0.885	0.815	0.901
0.536	0.626	0.635	0.627	0.475	0.410	0.507	0.677
					0.821		
0.882	0.927	0.965	0.965	0.645	0.832	0.839	0.891
0.518	0.669	0.809	0.890	0.636		0.820	0.896
0.506	0.618	0.689	0.723	0.616	0.679	0.645	0.640
0.440	0.575	0.681	0.741	0.448	0.575	0.511	0.590
0.525	0.585	0.657	0.688	0.631	0.661	0.476	0.663
0.411	0.564	0.734	0.925	0.872	0.751	0.607	0.793
0.487	0.594	0.732	0.821	0.795	0.837	0.546	0.816
0.428	0.675	0.932	1.235	1.309	1.117	0.836	1.199
0.457	0.515	0.618	0.560	0.584	0.630	0.581	0.581
0.516	0.694	0.804	0.919	0.743	0.465	0.362	0.909
1.056	1.142	1.188	1.172	0.653	0.794	0.981	1.048
0.511	0.634	0.784	0.226	0.477	0.510	0.812	0.797
0.720	0.819	0.950	1.007	0.865	0.901	0.990	0.987
0.479	0.522	0.767	1.139	0.802	0.600	0.929	0.911
0.496	0.638	0.791	0.911	0.577	0.677	0.869	0.866
0.380	0.445	0.562	0.652	0.684	0.562	0.690	0.794
0.482	0.394	0.463	0.658	0.607	0.424	0.320	0.578

	1957年	1958年	1959年	1960年	1961年	1962年
义　马			0.730			
新　密			1.280			
涟　邵			0.389	0.441	0.264	0.275
资　兴	0.604	0.898	0.842	0.809	0.600	0.555
铜　川	0.650	0.958	0.764	0.709	0.581	0.512
蒲　白			0.700	0.570	0.598	0.459
澄　合						
韩　城				0.440	0.197	0.315
石嘴山			0.620	0.620	0.550	0.654
石炭井			0.800	0.940	0.610	0.582
窑　街		0.994	0.824	0.674		0.410
阿干镇		0.948	0.777	0.786		0.382
靖　远			0.519	1.008		0.510
天　祝		1.275	0.738			
哈　密						0.723
长　广					0.216	0.207
六　枝					0.390	0.423
水　城			0.907	0.860	0.653	0.382
盘　江						
一平浪		0.742	0.546	0.764	0.607	0.621
来　宾						0.210
羊　场						
田　坝						
南　桐	0.770	1.009	0.898	0.745		
天　府	0.691	0.866	0.649	0.595		
中梁山			0.325	0.358		
松　藻						
永　荣						
广　旺						
芙　蓉						
渡　口						

续表

1963年	1964年	1965年	1966年	1967年	1968年	1969年	1970年
			1.174				
0.290	0.338	0.394	0.561				
0.544	0.450	0.552					
0.562	0.554	0.501	0.563		0.330	0.477	0.547
0.469	0.588						
0.408	0.690						
0.667	0.798	0.956	1.128	0.620	0.699	0.744	0.871
0.581	0.663	0.873	0.782	0.450	0.340		0.766
0.470	0.591	0.650	0.754	0.392	0.455	0.449	0.756
0.403	0.384	0.515	0.698	0.382	0.637	0.690	0.865
0.473	0.552	0.486	0.808	0.863	0.464	0.560	0.676
0.698	0.721	0.792	0.829	0.629		0.333	0.550
0.221	0.273	0.411	0.462	0.393	0.475	0.460	0.372
0.377	0.270	0.544	0.523	0.200	0.229	0.201	0.407
0.312	0.150	0.405	0.487	0.338			0.383
0.642	0.678	0.626	0.609		0.232	0.566	0.674
0.389	0.329	0.585	0.585	0.624	0.104	0.140	0.430
	0.334	0.536	0.504	0.352	0.110	0.493	0.323
		0.755	0.597	0.420	0.192	0.409	0.461
		0.821	0.831	0.455	0.590	0.605	0.518
		0.508	0.537	0.362	0.294	0.303	0.584
		0.246	0.323	0.235	0.131	0.196	0.505
		0.483	0.443	0.290	0.168	0.166	0.299
		0.496	0.538	0.438	0.373	0.545	0.546
							0.213
						0.523	0.613

	1971 年	1972 年	1973 年	1974 年	1975 年	1976 年	1977 年	1978 年	1979 年	1980 年
合 计	**0.915**	**0.881**	**0.847**	**0.794**	**0.901**	**0.849**	**0.871**	**0.931**	**0.965**	**0.912**
北 京	0.988	1.012	0.987	0.975	0.960	0.865	0.854	0.833	0.801	0.769
开 滦	1.482	1.444	1.502	1.534	1.637	1.541	1.085	1.259	1.303	1.198
峰 峰	1.062	1.043	0.972	0.822	0.895	0.900	0.937	0.992	0.989	0.897
井 陉	0.981	0.894	0.845	0.841	0.882	0.874	0.903	0.874	0.903	0.867
兴 隆	1.035	1.018	1.019	1.096	1.070	1.278	1.362	1.237	1.110	1.013
邢 台	0.720	0.834	0.739	0.886	1.000	0.950	0.940	1.095	1.169	1.189
邯 郸			0.714	0.680	0.786	0.783	0.824	0.862	0.871	0.850
下花园			0.723	0.681	0.721	0.657	0.573	0.663	0.668	0.615
八宝山			0.679	0.727	0.684	0.632	0.600	0.598		
大 同	1.101	1.085	1.104	1.187	1.326	1.300	1.300	1.366	1.431	1.433
阳 泉	1.256	1.297	1.331	1.286	1.461	1.454	1.311	1.328	1.259	1.369
西 山	1.050	1.067	1.105	0.813	0.982	0.845	1.094	1.189	1.420	1.342
汾 西	0.872	0.696	0.655	0.624	0.642	0.394	0.750	0.881	1.056	1.048
潞 安	1.259	1.319	1.370	1.352	1.469	1.343	1.434	1.655	1.840	1.670
轩 岗	0.890	0.689	0.740	0.811	0.935	0.946	0.974	1.013	1.148	1.081
晋 城	0.796	0.965	1.084	0.920	1.011	0.840	1.122	1.377	1.672	1.669
霍 县			0.886	0.690	0.768	0.665	0.742	0.805	0.848	0.715
东 山			0.687	0.640	0.544	0.240	0.580	0.890	1.040	1.010
小 峪			1.008	0.992	1.091	0.990	1.094	1.315	1.371	1.425
南 庄			1.220	0.960	1.018	1.091	1.110	1.133	1.207	0.945
包 头	0.671	0.549	0.514	0.475	0.540	0.453	0.554	0.613	0.724	0.716
乌 达	0.791	0.658	0.614	0.531	0.818	0.990	1.065	1.130	1.181	1.209
海勃湾										
平 庄	0.878	0.921	0.997	0.936	0.936	0.892	0.841	1.030	1.036	1.009
扎 局			1.086	0.861	1.085	1.076	1.020	1.032	0.159	0.968
大 雁										0.762
霍林河										
伊敏河										
抚 顺	1.859	1.703	1.544	1.535	1.424	1.344	1.295	1.519	1.521	1.300
阜 新	1.112	1.096	1.041	1.052	1.075	1.028	0.879	1.030	0.975	0.871
北 票	1.042	0.918	0.776	0.714	0.733	0.744	0.664	0.704	0.715	0.648

续表

1981年	1982年	1983年	1984年	1985年	1986年	1987年	1988年	1989年	1990年
0.870	**0.873**	**0.891**	**0.903**	**0.939**	**1.001**	**1.053**	**1.092**	**1.146**	**1.217**
0.724	0.697	0.690	0.716	0.705	0.740	0.750	0.767	0.781	0.761
1.193	1.194	1.200	1.142	1.214	1.216	1.300	1.158	1.151	1.227
0.884	0.876	0.862	0.885	0.931	1.011	1.049	1.100	1.137	1.152
0.834	0.838	0.825	0.826	0.805	0.810	0.827	0.823	0.823	0.803
0.700	0.776	0.737	0.759	0.775	0.788	0.789	0.802	0.821	0.790
1.181	1.196	1.178	1.012	1.305	1.575	2.002	2.412	2.393	2.220
0.841	0.844	0.882	0.928	1.001	1.033	0.990	0.957	0.770	0.752
0.542	0.507	0.473	0.477	0.474	0.437	0.520	0.549	0.563	0.601
						0.616	0.701	0.686	0.681
1.373	1.397	1.426	1.531	1.600	1.763	1.830	1.843	2.001	2.150
1.319	1.311	1.285	1.384	1.374	1.383	1.460	1.504	1.833	2.053
1.412	1.337	1.396	1.473	1.280	1.473	1.527	1.585	1.858	1.876
0.987	1.059	1.080	1.160	1.178	1.266	1.356	1.504	1.561	1.684
1.771	1.939	2.027	2.207	2.409	3.005	3.335	4.209	4.001	4.017
1.013	0.975	0.995	1.000	1.001	1.060	1.064	1.062	1.110	1.201
1.736	1.743	1.871	2.024	2.299	2.755	3.586	4.202	4.684	4.853
0.617	0.644	0.738	0.875	1.025	1.101	1.181	1.201	1.281	1.773
1.030	0.973	1.009	1.090	1.056	1.109	1.175	1.038	0.984	1.210
1.410	1.394	1.373	1.391	1.424	1.413	1.414	1.413	1.412	1.502
0.864	0.929	1.100	1.093	1.081	1.077	1.029	1.169	1.170	1.184
0.732	0.661	0.627	0.552	0.627	0.646	0.739	0.728	0.650	0.530
1.024	1.110	1.125	1.180	1.212	1.326	1.373	1.225	1.382	1.391
			0.842	0.816	0.859	0.967	0.836	0.919	1.068
0.955	0.953	0.874	0.968	0.966	0.941	1.039	1.097	1.140	1.170
0.880	0.938	1.028	1.066	1.164	1.180	1.253	1.262	1.217	1.182
0.738	0.815	0.891	0.755	0.831	0.756	0.711	0.932	1.040	1.201
			2.533	1.991	2.378	4.132	4.610	5.083	5.703
				2.432	3.458	4.099	4.148	5.000	5.880
1.106	1.144	1.177	1.237	1.361	1.456	1.245	1.336	1.401	1.451
0.776	0.870	0.890	0.966	1.037	1.106	1.218	1.251	1.304	1.386
0.545	0.545	0.554	0.561	0.553	0.591	0.641	0.685	0.701	0.730

	1971 年	1972 年	1973 年	1974 年	1975 年	1976 年	1977 年	1978 年	1979 年	1980 年
铁　法	0.826	0.856	0.798	0.867	0.756	0.764	0.687	0.651	0.588	0.635
南　票	0.905	0.824	0.760	0.786	0.850	0.823	0.819	0.831	0.771	0.724
沈　阳	0.491	0.440	0.499	0.509	0.449	0.540	0.532	0.565	0.629	0.590
烟　台			0.389	0.393	0.321	0.248	0.235	0.307	0.294	0.260
八道壕			0.750	0.710	0.621	0.621	0.409	0.477	0.441	0.507
辽　源	0.878	0.840	0.845	0.771	0.766	0.749	0.682	0.696	0.736	0.739
通　化	0.639	0.626	0.721	0.681	0.704	0.697	0.722	0.802	0.781	0.569
舒　兰	0.764	0.830	0.831	0.702	0.767	0.747	0.754	0.775	0.804	0.734
珲　春	0.805	0.808	0.808	0.751	0.689	0.654	0.662	0.751	0.769	0.693
鸡　西	0.857	0.828	0.833	0.811	0.863	0.823	0.815	0.848	0.914	0.863
鹤　岗	0.724	0.673	0.682	0.692	0.704	0.708	0.726	0.835	0.935	0.946
双鸭山	0.623	0.491	0.482	0.483	0.532	0.583	0.624	0.627	0.689	0.672
七台河	0.540	0.489	0.474	0.428	0.511	0.588	0.530	0.625	0.731	0.646
大　屯										
徐　州	1.079	1.111	1.175	0.722	0.913	1.010	1.096	1.125	1.191	1.120
淮　南	1.112	1.104	1.254	0.739	0.962	0.886	0.786	0.872	0.903	0.856
淮　北	0.826	0.834	0.871	0.715	0.880	0.887	0.930	1.039	1.055	1.056
萍　乡	1.064	0.784	0.746	0.606	0.690	0.661	0.742	0.824	0.838	0.769
丰　城	0.680	0.719	0.672	0.490	0.560	0.620	0.668	0.730	0.764	0.746
英岗岭		0.229	0.248	0.136	0.148	0.141	0.148	0.250	0.311	0.200
洛　市										
淄　博	0.685	0.689	0.659	0.408	0.606	0.613	0.620	0.659	0.670	0.603
新　汶	0.807	0.793	0.769	0.313	0.689	0.763	0.741	0.784	0.860	0.821
枣　庄	0.871	0.825	0.593	0.143	0.677	0.793	0.814	0.911	0.922	0.831
肥　城	1.382	1.419	1.222	0.362	0.996	0.138	1.165	1.080	1.085	0.979
兖　州				0.155	0.412	0.707	0.736	1.043	1.107	1.034
坊　子	0.616	0.554	0.504	0.431	0.485	0.488	0.484	0.514	0.525	0.521
龙　口										
平顶山	0.988	0.964	0.907	0.751	0.937	0.663	1.027	1.114	1.155	1.151
焦　作	0.979	1.000	0.952	0.867	0.927	0.630	0.760	0.820	0.890	0.771
鹤　壁	0.893	0.882	0.783	0.901	0.902	0.707	0.927	0.848	0.873	0.759
义　马			1.260	1.380	1.462	0.944	1.048	1.123	0.988	0.955

续表

1981年	1982年	1983年	1984年	1985年	1986年	1987年	1988年	1989年	1990年
0.534	0.551	0.640	0.772	0.780	0.900	1.016	1.168	1.326	1.436
0.590	0.620	0.634	0.643	0.682	0.758	0.834	0.847	0.852	0.882
0.440	0.531	0.573	0.621	0.640	0.666	0.631	0.693	0.731	0.761
0.243	0.236	0.245	0.267	0.262	0.222	0.163	0.158	0.182	0.192
0.447	0.362	0.423	0.393	0.365	0.400	0.444	0.411	0.460	0.452
0.682	0.680	0.674	0.681	0.706	0.692	0.730	0.799	0.822	0.853
0.563	0.550	0.555	0.580	0.593	0.610	0.666	0.687	0.735	0.750
0.730	0.725	0.629	0.654	0.682	0.700	0.718	0.788	0.801	0.833
0.677	0.622	0.579	0.558	0.554	0.561	0.581	0.621	0.639	0.681
0.780	0.839	0.872	0.949	1.000	1.068	1.142	1.161	1.206	1.281
0.936	0.940	0.960	0.983	1.042	1.076	1.174	1.158	1.331	1.400
0.635	0.643	0.674	0.719	0.760	0.837	0.924	0.998	1.089	1.170
0.597	0.599	0.652	0.695	0.752	0.835	0.906	1.098	1.043	1.078
			0.996	1.122	1.118	1.076	1.085	1.232	1.415
1.084	0.964	0.964	0.987	0.994	1.012	1.067	1.064	1.078	1.149
0.801	0.766	0.787	0.731	0.782	0.821	0.740	0.809	0.832	0.871
1.031	0.965	0.980	1.009	1.037	1.088	1.076	1.062	1.106	1.205
0.774	0.775	0.759	0.757	0.748	0.690	0.729	0.730	0.725	0.721
0.740	0.746	0.707	0.745	0.727	0.728	0.810	0.765	0.745	0.701
0.313	0.325	0.414	0.444	0.448	0.488	0.501	0.495	0.494	0.499
				0.408	0.369	0.484	0.511	0.551	0.551
0.558	0.551	0.562	0.555	0.571	0.610	0.578	0.621	0.656	0.682
0.706	0.704	0.691	0.728	0.754	0.819	0.837	1.010	1.093	1.261
0.795	0.735	0.742	0.732	0.763	0.815	0.817	0.854	0.890	0.910
0.927	0.915	0.901	0.925	0.915	0.955	0.986	1.033	1.130	1.222
0.946	0.912	0.978	1.228	1.532	1.630	2.025	2.361	2.101	1.739
0.473	0.459	0.410	0.439	0.420	0.420	0.388	0.384	0.425	0.501
					0.513	0.603	0.739	1.233	1.306
1.031	0.986	1.027	1.080	1.152	1.302	1.405	1.503	1.696	1.771
0.803	0.742	0.718	0.720	0.731	0.787	0.819	0.841	0.881	0.853
0.735	0.733	0.737	0.760	0.787	0.869	0.913	0.939	1.002	1.041
0.982	1.003	1.023	0.982	0.987	1.062	1.110	1.114	1.208	1.282

	1971年	1972年	1973年	1974年	1975年	1976年	1977年	1978年	1979年	1980年
新　密			0.885	0.902	0.894	0.618	0.857	0.895	0.975	0.968
涟　邵			0.424	0.237	0.401	0.348	0.386	0.372	0.411	0.402
资　兴			0.637	0.536	0.677	0.608	0.655	0.636	0.658	0.625
白　沙					0.545	0.523	0.463	0.449	0.530	0.470
广　旺	0.636	0.613	0.608	0.567	0.617	0.541	0.631	0.605	0.637	0.620
芙　蓉	0.544	0.350	0.210	0.202	0.346	0.249	0.396		0.500	0.465
渡　口	0.715	0.713	0.721	0.705	0.732	0.616	0.738	0.766	0.787	0.750
南　桐	0.586	0.557	0.526	0.331	0.411	0.311	0.421		0.545	0.519
天　府	0.672	0.656	0.486	0.388	0.483	0.418	0.520		0.559	0.514
松　藻	0.666	0.608	0.396	0.264	0.432	0.343	0.359		0.542	0.537
中梁山	0.623	0.532	0.363	0.212	0.531	0.313	0.473	0.549	0.572	0.504
永　荣	0.383	0.373	0.156	0.096	0.289	0.299	0.408	0.469	0.484	0.480
六　枝	0.505	0.467	0.227	0.111	0.202	0.162	0.322	0.413	0.459	0.451
盘　江	0.298	0.272	0.282	0.230	0.402	0.261	0.428	0.554	0.579	0.591
水　城	0.506	0.424	0.354	0.307	0.518	0.475	0.605	0.686	0.746	0.694
铜　川	0.593	0.680	0.749	0.616	0.655	0.583	0.703	0.751	0.782	0.658
蒲　白	0.415	0.427	0.405	0.442	0.447	0.312	0.423	0.459	0.534	0.581
澄　合	0.530	0.473	0.499	0.680	0.590	0.450	0.576	0.640	0.691	0.692
韩　城		0.500	0.335	0.459	0.337	0.414	0.453	0.570	0.551	0.540
窑　街	0.852	0.840	0.814	0.746	0.815	0.845	0.851	0.894	0.893	0.804
阿干镇	0.929	0.688	0.628	0.633	0.675	0.687	0.733	0.784	0.782	0.735
靖　远	0.470	0.578	0.539	0.545	0.484	0.422	0.449	0.450	0.504	0.464
石嘴山	0.868	0.764	0.860	0.479	0.719	0.863	0.931	1.026	1.143	1.115
石炭井	0.910	0.961	0.971	0.855	0.997	0.980	1.038	1.103	1.130	1.020
哈　密			0.155	0.192	0.345	0.617	0.922		1.141	1.065
乌鲁木齐									1.015	0.859
艾维尔沟										
一平浪	0.657	0.694	0.696	0.621	0.636	0.496	0.682	0.695	0.653	0.653
来　宾	0.670	0.540	0.261	0.320	0.437	0.381	0.447	0.530	0.458	0.404
羊　场	0.686	0.752	0.749	0.597	0.463	0.153	0.363	0.474	0.455	0.457
田　坝			0.157	0.280	0.306	0.217	0.241	0.477	0.400	0.440

续表

1981年	1982年	1983年	1984年	1985年	1986年	1987年	1988年	1989年	1990年
0.983	0.954	0.963	0.854	0.878	0.973	0.965	1.021	1.052	1.150
0.393	0.382	0.385	0.433	0.426	0.401	0.395	0.420	0.418	0.411
0.652	0.665	0.664	0.701	0.526	0.570	0.574	0.560	0.561	0.556
0.464	0.423	0.411	0.426	0.406	0.413	0.408	0.412	0.408	0.422
0.645	0.677	0.636	0.677	0.698	0.625	0.688	0.719	0.601	0.701
0.479	0.481	0.494	0.516	0.565	0.622	0.757	0.776	0.829	0.835
0.730	0.708	0.719	0.738	0.759	0.768	0.802	0.837	0.850	0.873
0.506	0.534	0.545	0.573	0.582	0.639	0.665	0.666	0.655	0.602
0.495	0.515	0.525	0.538	0.579	0.614	0.626	0.659	0.650	0.599
0.531	0.574	0.579	0.629	0.688	0.695	0.859	0.892	0.927	0.799
0.511	0.567	0.490	0.541	0.539	0.574	0.540	0.526	0.567	0.560
0.443	0.446	0.437	0.430	0.446	0.498	0.502	0.526	0.512	0.529
0.440	0.450	0.474	0.510	0.522	0.543	0.575	0.602	0.641	0.683
0.474	0.567	0.625	0.612	0.559	0.578	0.642	0.662	0.718	0.744
0.697	0.699	0.690	0.698	0.673	0.772	0.765	0.798	0.782	0.832
0.600	0.653	0.667	0.690	0.749	0.760	0.766	0.757	0.736	0.800
0.510	0.605	0.585	0.608	0.621	0.634	0.670	0.654	0.661	0.707
0.567	0.571	0.702	0.720	0.765	0.822	0.800	0.802	0.822	0.834
0.590	0.649	0.704	0.779	0.811	0.891	0.964	1.008	0.943	1.009
0.870	0.874	0.895	0.917	0.977	0.985	1.041	1.070	1.158	1.205
0.606	0.546	0.615	0.705	0.685	0.558	0.537	0.625	0.646	0.506
0.454	0.573	0.603	0.618	0.647	0.708	0.756	0.782	0.812	0.783
1.067	1.049	1.022	1.097	1.144	1.164	1.243	1.268	1.280	1.310
1.023	0.940	0.928	0.998	1.072	1.127	1.188	1.208	1.236	1.343
1.048	1.094	1.141	1.157	1.204	1.213	1.218	1.285	1.356	1.615
0.786	0.831	0.894	0.980	1.035	1.115	1.089	1.158	1.253	1.261
									1.294
0.607	0.565	0.527							
0.398	0.465	0.488							
0.450	0.452	0.492							
0.433	0.462	0.462							

续表

	全员效率			生产人员效率				
	1991年	1992年	1993年	1994年	1995年	1996年	1997年	1998年
北京	0.783	0.843	0.848	0.954	1.057	1.076	1.177	1.373
开滦	1.242	1.328	1.380	1.478	1.527	1.801	1.996	2.454
峰峰	1.180	1.245	1.255	1.555	1.655	1.750	1.810	1.806
井陉	0.744	0.791	0.769	0.843	0.923	0.834	0.902	0.756
兴隆	0.783	0.820	0.849	0.891	0.925	0.991	1.035	1.089
邢台	2.231	2.330	2.444	2.788	5.534	5.807	6.466	6.791
邯郸	0.771	0.802	0.835	0.936	1.043	1.354	1.615	1.725
盛源	0.640	0.651	0.670	0.763	0.998	1.408	0.975	0.834
八宝山	0.682	0.700	0.748	0.782	0.698	0.751	0.770	0.864
大同	2.332	2.458	2.781	3.041	3.377	3.569	3.753	3.561
阳泉	2.118	2.034	1.970	2.365	2.317	2.439	2.722	2.993
西山	1.981	2.016	2.040	3.018	3.707	4.656	4.930	5.718
汾西	1.709	1.460	1.453	1.910	2.143	2.190	2.366	2.329
潞安	4.188	4.384	5.474	6.801	6.952	7.661	8.907	9.163
轩岗	1.247	1.251	1.269	1.388	1.443	1.392	1.439	1.110
晋城	4.996	4.935	4.621	5.139	6.211	6.753	6.298	6.140
煤气化		1.419	1.451	1.768	2.581	2.774	4.285	4.821
王坪		1.684	1.684	2.016	5.563	5.705	5.070	3.602
霍州	1.784	1.858	1.625	1.641	1.675	1.661	1.913	2.083
东山	1.310	1.311	1.268	1.238	1.223	1.246	1.338	1.238
荫营								
固庄								
小峪	1.523	1.477	1.301	1.501	1.471	1.427	1.027	0.627
南庄	1.189	1.171	1.334	1.442	1.492	1.539	1.577	1.893
寨沟								
平朔		13.085	12.436	13.455	13.384	14.081	12.521	12.811
包头	0.611	0.720	0.699	1.045	0.843	1.014	1.120	0.815
乌达	1.401	1.278	1.178	1.368	1.382	1.306	1.444	1.456
海勃湾	0.971	0.843	0.978	1.129	1.149	1.318	1.320	1.595
宝日希勒								3.026
平庄	1.176	1.242	1.320	1.399	1.495	1.579	1.709	1.763
扎赉诺尔	1.237	1.169	1.191	1.283	1.357	1.874	2.170	2.202

续表

	全员效率			生产人员效率				
	1991年	1992年	1993年	1994年	1995年	1996年	1997年	1998年
大雁	1.301	1.937	3.509	4.871	5.458	5.529	5.550	5.501
霍林河	6.232	7.055	15.763	17.605	18.684	19.024	19.051	18.212
伊敏	6.002	6.501	6.864					
神东								
万利								
准格尔								
抚顺	1.501	1.591	1.700	1.599	1.728	1.839	1.944	2.106
阜新	1.440	1.536	1.697	1.630	1.766	1.839	2.061	2.265
北票	0.749	0.831	0.844	0.860	0.826	0.907	0.969	1.063
铁法	1.504	1.581	1.680	1.814	3.147	4.886	5.488	6.583
南票	0.909	0.978	1.003	1.032	1.015	1.258	1.935	2.400
沈阳	0.797	0.904	0.818	0.888	0.917	1.015	1.310	1.445
本溪							0.810	0.742
烟台	0.200	0.200						
八道壕	0.454	0.495						
辽源	0.866	0.891	0.933	1.103	1.152	1.219	1.283	1.361
通化	0.783	0.817	0.810	0.901	0.997	0.850	1.050	1.151
舒兰	0.881	1.011	1.110	1.188	1.353	1.459	1.490	1.252
珲春	0.790	0.910	0.908	1.184	1.289	1.519	1.548	1.309
营城								
蛟河								
延边								
和龙								
鸡西	1.366	1.408	1.200	1.404	1.536	1.510	1.350	1.043
鹤岗	1.468	1.565	1.440	1.200	1.260	1.305	1.316	1.289
双鸭山	1.223	1.357	1.397	1.333	1.346	1.381	1.425	1.497
七台河	1.135	1.142	1.071	1.103	1.171	1.176	1.196	1.236
徐州	1.197	1.237	1.278	1.485	2.043	2.181	2.377	2.414
大屯	1.429	1.442	1.591	2.090	2.332	2.460	2.515	2.701
长广		0.481	0.494	0.493	0.579	0.488	0.586	0.586
淮南	0.859	0.900	1.080	1.123	1.201	1.314	1.675	1.744
淮北	1.188	1.283	1.207	1.456	1.541	1.648	1.758	1.862

续表

	全员效率			生产人员效率				
	1991 年	1992 年	1993 年	1994 年	1995 年	1996 年	1997 年	1998 年
萍乡	0.722	0.779	0.823	0.933	0.972	1.023	1.090	0.983
丰城	0.831	0.873	1.030	1.122	1.210	1.475	1.550	1.264
英岗岭	0.511	0.526	0.590	1.198	1.268	1.299	1.284	1.283
洛市	0.572	0.551	0.614					
乐平		0.540	0.597	0.931	1.141	1.193	1.155	1.049
淄博	0.691	0.772	0.819	0.820	0.884	0.986	0.968	0.940
新汶	1.349	1.383	1.339	1.468	1.658	1.853	2.079	2.298
枣庄	0.942	1.338	1.797	2.096	2.609	2.844	3.204	3.475
肥城								
莱芜	1.220	1.376	1.269	1.511	1.506	1.527	1.576	1.692
兖州	1.963	2.192	2.573	4.588	5.650	7.071	7.593	8.896
坊子	0.502	0.503	0.930	0.914	0.915	0.915	0.917	0.917
龙口	1.050	1.387	1.534	1.779	1.776	1.829	2.746	2.649
临沂								0.687
平顶山	1.930	2.080	2.213	2.517	2.976	3.216	3.398	3.303
焦作	0.804	0.821	0.852	0.899	0.963	1.021	1.061	1.078
鹤壁	1.073	1.080	1.144	1.365	1.477	1.652	2.140	2.344
宜洛								
观音堂								
张村								
义马	1.400	1.550	1.610	1.791	1.899	2.169	2.377	2.601
郑州	1.271	1.424	1.539	1.668	2.083	2.271	2.957	3.423
永城								3.909
涟邵	0.423	0.473	0.476	0.534	0.619	0.632	0.640	0.676
资兴	0.563	0.669	0.707	0.918	0.967	0.940	0.889	0.937
白沙	0.422	0.418	0.444	0.499	0.533	0.578	0.560	0.594
广旺	0.713	0.719	0.774	0.915	0.982	1.077	1.153	1.146
芙蓉	0.816	0.787	0.836	0.894	0.948	1.038	0.992	0.854
攀枝花	0.874	0.904	1.001	1.066	1.416	1.530	1.652	1.721
达竹			0.670	0.803	0.871	1.079	1.041	1.169
华蓥山			0.686	0.856	0.947	1.161	1.194	1.261

续表

	全员效率			生产人员效率				
	1991年	1992年	1993年	1994年	1995年	1996年	1997年	1998年
隆　昌								
南　桐	0.649	0.620	0.724	0.882	0.959	1.129	1.064	1.143
天　府	0.631	0.611	0.627	0.695	0.732	0.822	0.935	0.968
松　藻	0.781	0.783	0.882	1.099	1.190	1.269	1.410	1.306
中梁山	0.565	0.568	0.616	0.675	0.636	0.760	0.826	0.777
永　荣	0.545	0.551	0.596	0.639	0.674	0.774	0.772	0.827
六　枝	0.708	0.727	0.758	0.935	1.068	1.052	0.782	0.713
盘　江	0.945	1.265	1.417	1.656	1.947	2.013	2.040	1.925
水　城	0.847	0.826	0.854	1.010	1.079	1.201	1.300	1.340
一平浪	0.683	0.735	0.821	0.873	0.973	1.064	1.120	1.210
来　宾	0.690	0.742	0.587	1.004	1.004	1.055	1.120	0.999
羊　场	0.663	0.701	0.488	0.867	1.019	0.956	1.154	1.224
田　坝	0.689	0.809	0.835	0.912	0.916	1.066	1.126	1.133
铜　川	0.807	0.840	0.827	0.986	1.068	1.122	1.270	1.378
蒲　白	0.712	0.724	0.755	0.820	1.040	1.100	1.167	1.358
澄　合	0.831	0.841	0.876	0.966	1.015	1.204	1.232	1.378
韩　城	1.010	1.058	1.112	1.521	1.800	1.997	2.304	2.402
崔家沟								
苍　村		1.001	1.052	0.854	0.878	1.170	1.292	1.194
窑　街	1.160	1.117	1.267	1.420	1.627	1.717	1.850	2.165
兰　阿	0.445	0.482	0.607	0.704	0.718	0.835	0.901	0.974
靖　远	0.861	1.018	1.069	1.170	1.139	1.390	1.516	1.763
天　祝								
华　亭								
亘　元	1.274	1.307	1.241	1.695	1.708	1.901	2.035	2.122
太　西	1.325	1.362	1.300	1.838	1.959	2.120	2.293	2.387
汝箕沟								
灵　州		0.900	1.162	1.623	1.908	2.172	3.191	3.192
哈　密	1.113	1.422	1.493	1.569	1.647	2.656	2.673	2.877
乌鲁木齐	1.621	1.268	1.283	1.309	1.454	1.498	1.699	1.848
艾维尔	1.262	1.137	1.264	0.843	0.636	0.875	1.859	2.932

续表

	生产人员效率					
	1999年	2000年	2001年	2002年	2003年	2004年
北　京	1.437	1.675	1.835	1.968	2.187	2.432
开　滦	2.970	4.022	3.890	4.233	5.233	6.741
峰　峰	1.950	2.076	2.066	2.178	2.289	2.594
井　陉	0.975	1.002	1.063	1.057	1.066	0.984
兴　隆	1.112	1.094	1.096	1.154	1.126	1.094
邢　台	6.945	6.808	4.766	4.775	4.018	4.753
邯　郸	1.702	1.936	1.904	1.913	2.294	2.350
盛　源	0.685				2.949	
八宝山	0.890	0.962	0.963	1.039	0.559	0.950
大　同	3.429	4.117	4.282	4.878	4.487	4.671
阳　泉	3.272	3.211	3.220	4.171	4.752	6.163
西　山	6.141	6.281	6.440	6.790	3.067	7.377
汾　西	2.096	2.170	2.342	2.788	3.129	3.654
潞　安	9.171	9.135	9.549	10.392	12.760	16.110
轩　岗	1.109	0.583	0.545			
晋　城	6.657	7.241	7.561	7.823	9.108	11.031
煤气化	4.692	4.556	4.375	4.794	4.621	4.967
王　坪	5.343	4.612	2.897	2.442		
霍　州	2.292	2.714	3.054	3.522	3.666	3.962
东　山	1.370	1.905	2.216	2.442	2.249	2.599
荫　营						
固　庄						
小　峪	0.654	0.122	1.749	1.552		
南　庄	1.930	2.049	2.192	2.332	2.856	3.506
寨　沟						
平　朔	14.003	14.732	18.599	22.438	29.739	55.892
包　头	0.939	1.222	1.278	1.784	2.830	2.894
乌　达	1.408	1.714	1.843	2.179	2.318	2.226
海勃湾	2.220	1.935	1.978	2.817	3.175	3.083
宝日希勒	3.312	4.446	3.924	3.709	6.410	7.227
平　庄	1.606	1.836	1.965	1.932	2.138	2.419
扎赉诺尔	2.044	2.431	2.961	2.840	3.177	3.702

续表

	生产人员效率					
	1999年	2000年	2001年	2002年	2003年	2004年
大 雁	5.508	5.920	5.696	5.462	6.696	6.768
霍林河	18.237	21.605	21.662	24.195	25.620	35.744
伊 敏						
神 东		47.892	69.678	83.172	99.723	104.785
万 利				3.248	4.472	6.424
准格尔		16.225	21.581	32.594	55.002	73.531
抚 顺	2.556	2.868	3.094	3.408	3.742	4.232
阜 新	1.977	2.275	2.142	2.022	2.396	2.681
北 票	0.869	0.873	0.980			
铁 法	6.886	7.241	7.611	7.731	8.222	9.600
南 票	2.297	1.776	2.342	2.232	2.299	2.494
沈 阳	1.285	1.438	1.321	2.045	1.953	2.415
本 溪	1.256					
烟 台						
八道壕						
辽 源	1.373	1.389	1.398	1.416	1.431	1.495
通 化	1.228	1.289	1.273	1.365	1.508	1.625
舒 兰	1.350	1.367	1.388	1.464	1.699	1.344
珲 春	1.407	1.453	1.453	1.441	0.859	1.879
营 城	0.802	0.637	0.493	0.239		
蛟 河						
延 边						
和 龙						
鸡 西	1.264	1.244	1.425	1.494	1.436	1.391
鹤 岗	1.386	1.408	1.395	1.459	1.575	1.519
双鸭山	1.581	1.682	1.819	1.880	2.166	2.401
七台河	1.232	1.205	1.183	1.250	1.267	1.270
徐 州	2.616	3.098	3.304	3.644	4.007	3.671
大 屯	2.906	3.214	3.354	3.342	3.343	3.244
长 广	0.472	0.511	0.562	0.573	0.566	
淮 南	1.923	2.024	2.629	4.201	4.032	3.906
淮 北	1.970	2.142	2.405	2.732	2.794	3.105

续表

	生产人员效率					
	1999年	2000年	2001年	2002年	2003年	2004年
萍　乡	1.001	0.960	0.823	0.977	1.010	1.034
丰　城	1.363	1.473	1.525	1.518	1.769	1.776
英岗岭	1.401	1.455	1.610	1.587	1.496	1.421
洛　市						
乐　平	1.140	1.124	1.018	1.015	1.316	1.602
淄　博	0.908	0.755	0.604	0.952	0.921	2.813
新　汶	2.289	2.243	2.356	2.101	2.178	1.856
枣　庄	3.285	2.891	3.002	4.017	3.844	3.969
肥　城						1.977
莱　芜	1.656	1.661	1.724	1.792	1.873	
兖　州	11.475	14.787	14.694	13.895	15.328	14.732
坊　子	0.917	0.637	1.422			
龙　口	2.731	2.758	3.013	3.114	4.139	4.632
临　沂	0.688	0.674	1.370	2.015	2.564	3.315
平顶山	3.403	3.500	2.984	3.088	3.020	2.823
焦　作	1.067	1.072	1.166	1.179	1.226	1.289
鹤　壁	2.530	2.713	2.620	2.606	2.714	2.707
宜　洛						
观音堂						
张　村						
义　马	2.691	3.116	2.803	3.118	3.036	3.245
郑　州	2.670	3.667	2.616	2.633	2.741	2.744
永　城	2.994	3.392	3.192	4.077	3.677	3.640
涟　邵	0.695	0.667	0.694	0.725	0.767	0.774
资　兴	0.843	0.857	0.918	0.936	1.030	1.070
白　沙	0.617	0.562	0.773	0.768	0.803	0.819
广　旺	1.201	0.600	1.245	1.612	1.105	1.167
芙　蓉	0.995	1.415	0.941	1.008	1.038	1.227
攀枝花	1.746	1.721	1.859	2.358	0.585	1.933
达　竹	1.225	0.748	1.336	1.269	1.162	1.298
华蓥山	1.453	1.649	1.920	2.168	2.468	2.404

续表

	生产人员效率					
	1999年	2000年	2001年	2002年	2003年	2004年
隆 昌	0.463	0.453	0.699	0.729	0.677	0.677
南 桐	1.136	1.051	1.138	1.153	1.781	1.482
天 府	0.979	1.148	1.440	1.474	1.739	1.928
松 藻	1.277	1.494	1.579	1.702	1.830	2.007
中梁山	0.866	0.959	0.918	0.933	0.847	0.905
永 荣	0.845	0.854	0.932	0.880	1.008	1.057
六 枝	0.865	1.127	0.979	0.824	0.958	3.823
盘 江	1.961	1.962	2.164	2.297	2.365	2.549
水 城	1.460	1.535	1.610	1.681	2.110	1.936
一平浪	1.204	1.311	1.659	1.567	1.735	1.272
来 宾	1.003	1.109	1.155			
羊 场	1.168	1.173	1.225	1.225	1.163	1.175
田 坝	1.121	0.899	1.051	0.766	0.706	0.864
铜 川	1.413	1.639	1.835	2.021	2.510	2.873
蒲 白	1.450	1.573	1.673	1.922	1.977	1.750
澄 合	1.451	1.417	1.490	1.577	1.631	1.603
韩 城	2.315	2.900	2.792	2.373	2.368	2.358
崔家沟						
苍 村	1.456	1.609	1.852	2.477	2.154	2.446
窑 街	2.335	2.316	2.445	2.646	2.631	2.794
兰 阿	1.016	1.498				
靖 远	1.867	2.375	2.416	2.589	2.968	4.342
天 祝						
华 亭	3.481	3.988	4.225			
亘 元	2.109	2.053	2.207	2.271	2.450	3.236
太 西	2.469	2.672	2.866	3.103	2.956	3.009
汝箕沟						
灵 州	2.911	1.757	2.917	3.061	3.356	3.781
哈 密	2.790	3.367	3.149	4.085	4.569	2.613
乌鲁木齐	2.111	2.238	2.485	2.909	4.012	4.930
艾维尔	2.535	2.401	2.906	2.714	3.775	5.461

	1957年	1958年	1959年	1960年	1961年	1962年
合　计	**3.545**	**4.167**	**3.677**	**3.471**	**2.847**	**2.807**
北　京	3.009	4.614	5.358	5.966	5.820	4.363
开　滦	3.132	4.930	4.958	4.792	3.779	3.643
峰　峰	5.287	5.856	4.737	3.802	2.830	3.140
井　陉	3.217	4.019	4.521	4.877	3.960	3.684
兴　隆			1.849	2.484	2.776	2.247
邢　台						
邯　郸			3.955			
下花园			4.983			
八宝山						
大　同	3.891	4.833	4.509	4.163	3.207	3.326
阳　泉	5.780	6.140	5.839	5.418	4.535	5.057
西　山	4.611	5.754	5.486	4.540	3.899	4.137
汾　西	4.692	4.655	3.800	3.258	2.880	3.227
潞　安	6.834	6.909	7.550	7.224	4.775	3.757
轩　岗	2.509	3.521	3.909	3.456	3.638	2.994
晋　城					1.242	2.137
包　头	3.032	2.849	3.482	2.445	2.281	2.009
乌　达			2.602	2.903	2.295	1.978
扎　局	2.984	2.991	2.655	2.678	2.408	2.406
萍　乡	3.248	4.029	3.737	3.350	3.100	3.413
丰　城			1.622	1.120	1.160	1.535
英岗岭						
抚　顺	3.974	4.712	4.162	4.024	2.902	2.975
阜　新	3.031	4.573	3.736	3.916	2.919	2.758
本　溪	3.699	4.325	4.300	3.741	3.343	3.330
北　票	2.714	3.076	3.142	3.313	2.298	2.345
平　庄			2.461	3.078	3.934	3.124
铁　法			0.765	1.076	1.417	1.261
南　票			3.621	4.136	3.475	4.280
沈　阳			0.581	0.909	0.769	0.962

工效率——按单位分

单位：吨/工

1963年	1964年	1965年	1966年	1967年	1968年	1969年	1970年
2.998	**3.493**	**3.821**	**3.906**	**2.895**	**2.838**	**2.915**	**3.074**
4.437	4.364	4.937	5.503	4.722		4.014	4.240
3.814	5.038	5.558	5.610	4.797	4.151	4.187	4.280
3.518	4.563	5.153	5.115	4.360	4.614	4.728	4.325
3.578	3.987	4.349	4.564	4.539	5.168	4.944	4.221
2.162	3.211	3.847	4.018	3.223	3.197	3.421	3.981
					3.548	1.900	2.588
3.935	4.549	4.812	4.958	5.344	3.496	3.399	3.296
5.154	5.804	5.981	5.794	3.364	3.139	4.912	5.089
4.023	4.811	5.458	5.606	3.013	2.410	2.590	3.911
3.678	4.073	4.194	3.973	3.154	0.890	1.287	2.848
3.988	5.193	6.127	5.525	3.671	3.703	4.240	3.942
3.615	3.257	3.534	3.521	2.895	2.390	2.310	2.702
3.165	3.270	3.813	3.332	2.484	2.379	2.450	2.301
2.596	3.161	3.267	2.957	1.754	1.670	1.213	2.215
2.550	2.648	3.245	3.630	2.242	2.645	1.262	2.450
2.802	3.275	3.754					
3.576	3.871	4.184	1.219	2.762	3.224	3.164	3.320
2.132	2.995	4.495	3.805	2.684	2.838	2.580	2.596
3.161	3.500	4.054	4.729		2.692	3.645	4.599
2.945	3.262	3.795	4.191	3.042	3.522	3.381	3.592
3.680	4.202	4.580	4.325	3.665	4.111	4.405	4.281
2.498	2.927	2.559	3.381	3.379	3.441	3.681	4.192
3.668	4.491	4.718	4.132	2.437	2.440	2.434	3.289
1.428	1.552	2.199	2.750	1.606	2.060	2.128	2.220
2.086	1.943	2.311	2.709	2.391	2.779	3.825	3.310
1.581	1.781				2.410	1.431	1.864

	1957年	1958年	1959年	1960年	1961年	1962年
烟　台						
八道壕						
辽　源	3.372	3.871	3.445	2.943	2.456	2.447
通　化	2.747	2.630	2.400	2.250	1.883	1.800
舒　兰			1.526	1.577	1.527	1.685
蛟　河	3.259	4.125	3.684	3.644	3.012	2.932
营　城		3.247	2.535	2.616	2.063	2.253
延　边						
和　龙						
鸡　西	3.784	3.792	3.258	3.180	2.886	3.343
鹤　岗	3.496	4.176	3.506	3.668	2.245	2.214
双鸭山	3.629	3.759	2.797	2.292	1.785	1.949
七台河			1.240	1.445	1.848	1.885
扎赉诺尔	2.984	2.991	2.655	2.678		
淄　博	3.389	3.671	3.081	3.266	2.649	2.881
新　汶	3.219	4.193	2.868	3.475	3.071	2.033
枣　庄	3.711	3.452	2.620	2.565	2.260	2.063
肥　城				1.992	0.881	1.515
兖　州	3.264			1.593		
坊　子	2.691	3.112	2.644	2.770		2.442
徐　州	3.870	4.279	3.007	2.343		2.004
淮　南	3.894	5.470	5.013	4.443	4.285	4.070
淮　北			1.155	1.592	1.571	1.837
焦　作	6.043	7.179	6.505	5.596	4.220	3.640
平顶山	2.323	1.375	1.951	2.329	1.730	1.709
鹤　壁	1.817	3.984	3.768	3.955	2.641	1.776
宜　洛	3.723	5.587	3.926	4.949	2.771	2.950
观音堂			0.497	0.310	0.241	0.483
张　村						
义　马			3.770			

续表

1963 年	1964 年	1965 年	1966 年	1967 年	1968 年	1969 年	1970 年
2.810	3.447	3.450	3.643	3.280		2.890	2.965
1.985	2.246	2.690	2.908	2.028	2.202	2.004	2.472
1.934	2.745	2.976	3.592	2.662	2.934	2.327	2.087
3.012	3.707	4.070	3.914	3.344	3.517	3.626	3.405
2.422	2.675	2.685	2.663	2.186	2.093	2.689	2.995
3.589	2.703	4.044	4.065	2.495	3.122	3.278	3.460
2.700	2.971	3.259	3.555	2.297		3.049	3.038
2.272	2.616	3.002	3.036	2.469	2.499	2.295	2.430
2.001	2.500	2.915	3.144	1.677	1.533	1.769	2.010
2.918	3.280	3.652	3.791	3.281	3.335	2.284	2.853
2.214	2.914	3.441	3.689	3.344	3.110	2.101	2.976
2.494	3.016	3.936	4.311	3.782	3.443	2.034	3.061
3.022	4.65	5.751	6.856	6.789	4.789	3.994	5.755
2.490	2.757	3.111	2.990	2.424	3.348	3.392	3.090
2.377	2.970	3.771	4.217	3.275	2.043	1.576	3.331
3.939	4.207	4.426	4.170	2.288	2.950	3.580	3.438
1.964	2.439	3.094	3.396	2.141	2.460	3.095	2.854
4.315	4.097	4.726	4.471	3.898	3.613	2.853	3.151
1.990	2.286	3.158	3.813	2.618	1.999	2.781	2.544
2.205	3.250	4.050	4.076	2.781	3.154	3.802	3.767
2.240	2.960	3.149	3.166	3.336	3.188	3.280	3.522
2.507	2.385	2.646	3.067	3.281	2.536	1.790	2.846

	1957年	1958年	1959年	1960年	1961年	1962年
新　密			4.634			
涟　邵			1.871	2.018	1.032	1.475
资　兴	2.431	2.656	2.455	2.133	1.869	1.989
白　沙						
铜　川	2.079	2.328	1.812	2.069	1.960	1.770
蒲　白			2.891	3.350	2.566	2.119
澄　合						
韩　城				1.520	0.819	1.076
石嘴山			1.730	2.040	1.850	1.986
石炭井					0.680	1.391
窑　街		2.180	2.650	2.983		1.728
阿干镇		2.309	2.015	2.127		1.166
靖　远			1.125			2.087
哈　密						5.400
长　广					1.063	1.144
六　枝					1.800	1.853
水　城			1.541	1.490	1.384	0.930
盘　江						
一平浪		2.594	1.452	1.997	2.325	2.401
来　宾						1.464
羊　场						
田　坝						
南　桐	3.703	4.342	4.770	3.821		
天　府	3.188	3.138	2.260	2.064		
中梁山			1.580	1.263		
松　藻			2.423	1.924		
永　荣		1.658	1.283	0.946		
广　旺						
芙　蓉						
渡　口						

续表

1963年	1964年	1965年	1966年	1967年	1968年	1969年	1970年
1.702	1.843	1.861					
2.152	1.981	2.190					
2.048	2.363	2.684	2.184		1.007	1.204	1.438
2.586	3.038						
1.805	4.126						
2.115	2.879	3.823	4.190	2.375	2.068	2.203	2.370
1.827	2.275	3.600	2.217	1.736	1.329		2.201
2.404	3.187	3.076	3.068	1.586	1.856	1.463	1.995
1.398	1.824	2.226	2.830	2.114	2.280	1.822	2.207
2.886	3.425	3.605	4.855	3.826	3.940	4.050	3.100
3.287	5.030	3.824	2.883	2.577		1.947	
1.355	1.485	1.759	1.810	1.464	1.945	1.943	1.282
2.310	2.211	2.773	2.090	0.703	1.384	1.150	1.739
1.435	1.549	0.893	1.269	0.939			1.278
2.867	3.590	3.242	2.596		0.101	2.049	2.551
1.550	1.970	6.305	4.790	3.543	1.242	1.150	1.630
	1.494	2.229	1.115	1.762	2.243	2.588	1.469
		4.121	3.172	2.140	1.152	2.026	2.071
		3.537	3.475	2.554	3.434	2.794	2.367
		2.454	2.348	1.630	1.417	1.712	2.175
		1.671	1.329	1.121	0.571	1.070	1.786
		1.408	1.257	0.784	0.387	0.449	0.819
		1.481	1.868	1.376	1.165	1.512	1.476
							0.960
						2.920	1.900

	1971 年	1972 年	1973 年	1974 年	1975 年	1976 年	1977 年	1978 年	1979 年	1980 年
合　计	**3.090**	**3.080**	**3.214**	**2.985**	**3.513**	**3.322**	**3.479**	**3.698**	**4.016**	**4.129**
北　京	4.579	4.687	4.774	5.012	5.199	4.402	4.221	4.387	4.582	4.779
开　滦	4.109	4.053	6.106	6.025	6.747	6.743	5.396	5.592	5.828	5.669
峰　峰	4.082	4.269	4.358	3.874	4.362	4.085	4.433	4.458	4.906	4.917
井　陉	4.121	4.307	4.524	4.734	5.039	5.079	5.167	4.999	5.321	5.126
兴　隆	4.148	4.082	4.251	4.291	4.452	5.130	5.136	4.934	5.297	4.853
邢　台	2.740	2.612	2.778	3.771	4.650	4.861	4.319	5.056	5.834	6.360
邯　郸			3.195	3.238	4.080	4.280	4.267	4.504	4.563	4.591
下花园			5.442	4.717	5.413	4.787	4.509	5.266	5.142	5.341
八宝山			2.650	3.080	3.020	3.070	3.500	3.380		
大　同	3.508	3.406	3.656	3.567	4.392	3.966	4.034	4.169	4.827	5.245
阳　泉	5.280	5.435	5.732	4.481	5.575	5.076	5.102	5.373	5.578	6.513
西　山	4.250	4.393	4.471	2.908	3.629	3.489	4.246	4.682	5.984	5.972
汾　西	2.939	2.230	2.235	2.138	2.308	1.474	2.722	3.133	4.040	4.353
潞　安	4.070	4.385	5.210	4.955	5.340	5.261	5.253	5.435	6.211	6.743
轩　岗	2.710	2.162	3.570	2.800	3.432	3.778	4.377	4.526	6.038	5.530
晋　城	1.924	2.267	2.615	2.306	2.709	2.391	3.209	3.957	4.967	5.391
霍　县			3.074	2.385	2.701	2.794	3.019	3.194	3.454	3.014
东　山			2.470	1.680	1.640	0.67	1.910	3.070	3.680	3.480
荫　营										
小　峪			3.545	3.415	4.311	3.866	4.455	5.037	5.067	5.152
南　庄			3.861	2.780	3.179	3.925	4.240	4.583	4.851	3.521
寨　沟										
包　头	2.009	1.777	1.801	1.938	2.118	1.970	2.604	2.787	3.187	3.246
乌　达	1.905	1.689	1.658	1.400	2.231	2.553	2.815	3.001	3.288	3.557
海勃湾							2.390	2.970	2.820	2.755
萍　乡	3.522	3.372	3.170	2.552	3.001	2.924	3.117	3.507	3.480	3.457
丰　城	2.650	2.820	2.700	2.080	2.340	2.640	3.220	3.530	3.806	3.907
英岗岭		0.981	1.175	0.831	0.932	0.980	1.237	1.920	1.830	1.416
洛　市										
抚　顺	4.377	4.207	4.166	3.656	3.316	3.027	2.872	3.643	3.919	3.001
阜　新	3.387	3.443	3.592	3.883	3.952	3.326	3.491	3.845	4.090	3.821
本　溪	4.010	4.064	4.159	3.960	4.286	3.955	4.203	4.393	4.397	4.315
北　票	4.188	3.839	3.509	3.479	3.671	4.070	3.605	4.053	4.304	4.194

续表

1981年	1982年	1983年	1984年	1985年	1986年	1987年	1988年	1989年	1990年
4.040	**4.094**	**4.229**	**4.292**	**4.405**	**4.544**	**4.881**	**5.158**	**5.421**	**5.716**
4.232	4.351	4.261	4.866	4.416	4.165	3.802	3.833	3.795	3.562
5.638	5.844	5.832	6.098	5.845	5.901	6.294	5.697	5.817	5.889
4.938	4.716	4.619	4.860	5.098	5.444	6.214	6.866	7.146	7.608
4.650	5.037	5.231	5.212	5.392	5.668	5.965	6.076	5.347	5.807
3.335	3.427	3.639	3.879	3.984	4.141	4.437	4.577	4.120	3.883
6.721	6.812	6.820	6.133	6.618	8.215	9.469	13.424	13.578	13.087
4.547	4.130	4.520	5.100	5.187	5.290	4.936	4.854	4.034	3.923
5.161	5.191	4.956	4.944	6.829	5.371	7.383	6.719	7.808	5.103
				2.866	2.715	5.463	7.033	6.916	6.265
5.122	4.872	5.212	5.875	6.200	7.097	7.003	7.176	8.391	9.888
6.575	6.845	6.621	7.058	7.044	7.131	7.507	8.358	10.119	12.687
6.342	5.874	6.362	6.633	6.446	7.468	8.571	8.724	10.517	10.187
3.983	4.177	4.458	4.798	4.784	5.082	5.540	6.258	7.246	8.671
6.794	6.928	7.841	9.467	10.843	14.903	19.583	25.214	25.109	25.506
4.857	4.873	4.645	5.167	5.298	4.939	5.497	6.049	6.043	6.449
5.918	5.625	6.411	7.339	10.451	13.533	21.205	26.037	29.239	29.549
2.695	2.870	2.924	3.708	4.037	4.091	4.221	4.310	5.336	7.453
3.310	3.300	3.331	3.329	3.343	3.491	3.454	3.553	3.536	3.813
5.075	5.139	5.101	4.766	5.467	5.555	5.191	5.293	5.394	6.332
3.537	4.026	4.872	4.692	4.908	4.338	4.018	4.705	4.272	4.761
3.455	3.571	3.478	3.213	3.602	2.954	3.094	2.844	2.592	2.271
3.401	3.773	4.079	4.621	5.325	4.998	5.222	4.827	5.461	5.980
3.055	3.142	3.520	3.589	3.942	3.749	3.757	3.981	3.741	4.343
3.421	3.457	3.438	3.392	3.358	3.120	3.242	2.856	2.846	2.748
3.850	4.236	4.124	3.933	3.279	3.717	3.893	3.996	3.816	3.347
2.169	2.100	2.226	1.131	2.096	2.182	2.223	2.370	2.372	2.778
				1.366	1.367	1.808	1.577	2.050	1.681
2.845	2.980	3.002	2.884	2.960	2.834	2.565	2.801	2.914	3.010
3.808	3.755	3.574	3.820	4.247	3.719	3.844	3.957	4.302	4.960
3.828	4.189								
3.717	4.321	4.752	5.435	4.390	4.814	5.227	5.417	5.549	5.909

	1971年	1972年	1973年	1974年	1975年	1976年	1977年	1978年	1979年	1980年
平　庄	3.153	3.092	3.396	3.407	3.348	3.493	3.758	4.177	4.580	4.472
铁　法	2.298	2.504	2.586	2.344	2.151	2.293	2.013	2.312	2.334	2.643
南　票	3.235	3.174	3.634	3.360	4.037	4.339	3.964	3.918	3.597	3.607
沈　阳	1.754	1.828	2.373	2.413	2.208	2.696	2.849	2.928	2.986	3.139
烟　台			2.556	2.487	1.893	1.788	1.781	1.952	1.868	1.562
八道壕			3.100	3.109	3.050	2.860	2.086	2.629	2.777	2.832
辽　源	2.908	2.911	3.278	2.936	3.011	3.186	2.743	2.709	2.725	2.724
通　化	2.526	2.498	2.981	2.979	3.299	3.435	3.316	3.927	4.215	3.476
舒　兰	2.243	2.566	2.779	2.296	2.837	2.698	2.755	2.904	3.021	3.141
蛟　河	3.239	3.013	3.772	3.366	2.953	3.051	3.167	3.384	3.510	3.333
营　城	2.941	2.725	3.066	2.906	2.919	2.772	2.581	2.511	2.966	2.930
延　边			2.613	2.509	2.350	2.383	2.101	2.197	2.121	2.379
和　龙			2.383	2.081	1.965	2.375	1.931	1.963	1.746	2.384
珲　春										
鸡　西	3.344	3.464	3.686	3.782	4.169	3.854	3.803	3.777	4.120	4.370
鹤　岗	2.531	2.587	2.853	2.938	2.942	3.021	3.215	3.233	3.861	4.354
双鸭山	2.328	1.946	2.198	2.269	2.602	2.817	2.981	2.838	3.225	3.556
七台河	1.769	1.630	1.752	1.545	1.786	1.960	1.753	2.108	2.856	2.877
扎赉诺尔			3.206	2.603	3.203	3.254	3.087	3.399	4.726	4.991
大　雁				2.932	2.566	2.290	2.740	2.450	3.350	3.740
淄　博	2.963	3.230	3.376	2.051	3.077	3.039	3.132	3.275	3.478	3.451
新　汶	2.873	2.769	2.865	1.081	2.584	2.949	2.754	2.988	3.667	3.522
枣　庄	3.247	3.262	2.557	0.595	3.040	3.716	3.623	4.182	4.235	3.972
肥　城	6.013	6.048	5.665	1.488	4.254	4.992	4.442	3.819	3.768	3.674
兖　州				1.196	2.007	3.013	2.670	4.391	4.938	4.622
坊　子	3.284	2.951	2.906	2.682	3.553	3.313	3.406	3.481	3.928	3.896
龙　口										
徐　州	3.524	3.698	4.091	2.986	3.748	4.323	4.907	4.629	5.291	6.175
大　屯									3.067	3.427
淮　南	3.608	3.651	3.549	2.423	3.165	3.078	2.718	3.185	3.487	3.477
淮　北	2.646	2.770	3.009	2.684	2.873	2.878	3.150	3.548	3.889	4.059
焦　作	3.220	3.752	3.803	3.237	3.515	2.800	2.960	3.100	3.790	3.469
平顶山	2.887	2.839	2.837	2.521	2.977	2.240	3.372	3.694	4.201	4.344
鹤　壁	3.701	3.691	3.349	3.818	3.835	3.052	4.043	3.700	4.073	3.876

续表

1981年	1982年	1983年	1984年	1985年	1986年	1987年	1988年	1989年	1990年
3.994	4.085	4.370	4.527	4.444	4.023	4.170	4.606	4.690	4.554
2.253	2.466	3.049	3.712	4.001	4.970	6.453	7.236	9.167	11.316
3.146	3.541	3.919	4.401	4.555	5.220	6.233	6.812	6.981	6.320
2.621	3.044	3.971	4.219	4.260	4.206	4.215	4.372	4.160	4.132
1.640	1.655	1.489	1.524	1.640	1.405	1.452	1.272	1.429	1.424
3.154	2.865	2.711	2.600	2.578	2.669	2.852	2.631	2.604	2.439
2.647	2.636	2.804	2.987	3.139	2.932	3.278	4.189	4.135	4.355
3.250	3.228	3.036	3.164	3.322	3.372	3.711	3.931	3.726	3.780
3.145	3.294	3.085	3.280	3.381	3.405	3.685	4.205	4.531	4.879
3.585	3.477								
2.828	2.870								
		3.499	3.459	3.259	3.162	3.059	2.986	2.156	2.538
4.200	4.629	4.951	5.267	5.305	5.468	5.339	5.457	5.507	6.045
4.072	3.982	4.119	4.756	4.690	4.580	4.801	4.315	5.019	5.738
3.642	3.833	3.957	4.224	4.347	4.627	5.104	5.301	5.593	5.888
2.984	2.767	2.881	3.009	2.863	3.414	3.884	4.126	4.114	4.253
4.960	5.283	5.532	5.606	5.757	5.080	5.455	5.639	5.467	5.485
3.490	4.529	4.575	3.620	3.932	3.678	4.002	5.136	5.358	7.247
3.071	3.142	3.226	3.126	3.145	3.142	3.020	3.166	3.246	3.504
3.235	3.407	3.126	3.117	3.311	3.467	3.707	4.334	4.775	5.376
3.950	3.601	3.678	3.640	3.650	3.703	3.828	4.220	4.373	4.609
3.674	3.706	4.131	4.329	4.281	3.949	4.786	5.130	5.649	5.621
5.156	6.715	7.982	9.674	10.992	10.563	14.365	15.432	13.208	12.834
3.078	2.932	2.479	3.032	2.873	2.867	2.676	2.621	2.732	2.706
				2.696	2.916	3.479	5.295	8.507	9.964
5.339	4.613	4.872	4.963	4.874	4.488	4.873	5.119	4.930	5.293
3.792	4.437	4.740	5.292	7.214	7.300	6.859	6.934	7.660	8.775
3.327	3.267	3.454	2.981	3.455	3.385	3.125	3.467	3.372	3.659
4.193	4.108	4.296	4.324	4.530	4.558	4.632	4.555	4.984	5.608
3.309	2.878	3.047	3.138	2.997	3.090	3.533	3.671	3.784	3.520
4.255	4.351	4.423	4.518	4.518	4.861	5.423	5.944	7.036	7.534
3.983	4.218	4.148	3.966	3.710	3.762	4.268	5.091	5.173	3.520

	1971 年	1972 年	1973 年	1974 年	1975 年	1976 年	1977 年	1978 年	1979 年	1980 年
宜　洛	3.350	3.317	2.498	2.013	2.699	1.208	3.124	3.239		
观音堂	2.442	2.758	1.589	1.080	2.243	1.830	2.963	2.400		
张　村				1.802	2.372	3.033	3.070	3.040		
义　马			3.910	4.314	4.929	3.658	3.895	4.563	4.464	4.792
新　密			2.916	2.910	3.067	2.190	3.000	3.540	4.293	4.243
涟　邵			1.674	1.135	1.838	1.891	2.094	2.053	2.174	2.287
资　兴			2.522	1.929	2.417	2.087	2.335	2.438	2.710	2.686
白　沙					2.370	2.410	2.343	2.474	2.794	2.201
铜　川	1.618	2.104	2.469	2.286	2.505	2.374	2.732	2.996	2.936	2.750
蒲　白	1.712	1.410	1.504	1.628	2.079	1.523	2.034	2.022	2.543	2.976
澄　合	1.598	1.534	1.608	2.150	2.060	1.870	2.290	2.610	3.096	2.983
韩　城		2.000	1.599	1.486	1.279	1.452	1.672	2.236	2.350	2.845
石嘴山	2.638	2.447	2.980	1.817	2.800	3.495	3.757	3.675	4.398	4.194
石炭井	2.725	2.818	2.961	2.626	3.031	3.212	3.449	3.626	4.117	3.756
窑　街	2.505	2.664	2.811	2.677	3.225	3.245	3.212	3.603	3.926	3.486
阿干镇	2.503	2.421	2.468	2.265	2.337	2.515	2.625	2.779	3.386	3.254
靖　远	1.550	1.847	1.813	2.168	1.808	1.578	1.724	1.679	1.956	1.794
哈　密			1.390	1.242	2.404	2.625	2.506	2.617	2.334	2.698
乌鲁木齐									3.263	2.965
长　广	1.141	1.304	0.977		0.583	0.763	1.376	2.080	2.240	2.120
六　枝	2.123	2.455	1.248	0.713	1.312	1.195	2.048		2.946	2.708
水　城	1.744	1.706	1.445	1.310	2.253	2.194	2.774		3.909	3.877
盘　江	0.798	0.795	0.823	0.802	1.306	1.028	1.793		2.482	2.376
一平浪	2.419	2.907	3.029	2.656	2.662	2.038	2.934	3.284	3.423	3.992
来　宾	2.480	2.020	1.800	1.420	2.120	1.97	1.860	3.554	1.788	1.899
羊　场	2.814	3.218	3.748	2.993	2.260	1.690	2.221	2.055	3.133	3.002
田　坝			1.345	1.960	1.682	1.077	1.467	2.676	2.806	3.118
南　桐	2.614	2.584	2.436	1.711	2.458	1.713	2.434		2.713	2.730
天　府	2.930	2.843	2.635	1.851	2.457	2.118	2.582		3.062	2.574
中梁山	2.429	2.455	1.843	1.286	2.447	1.022	2.284	2.825	3.002	2.439
松　藻	2.339	1.985	1.065	0.952	1.563	1.387	1.464		2.586	2.462
永　荣	1.130	1.010	0.448	0.289	0.915	1.074	1.425	1.649	1.700	1.734
广　旺	1.844	1.741	1.850	1.750	2.061	1.897	2.160	2.249	2.139	2.084
芙　蓉	1.596	1.248	0.858	1.116	1.397	1.205	1.709		2.437	2.892
渡　口	2.510	2.430	2.483	2.433	2.451	2.304	2.723	3.076	3.252	3.302
附:中统公司										
东煤公司										

续表

1981年	1982年	1983年	1984年	1985年	1986年	1987年	1988年	1989年	1990年
5.450	5.782	5.085	5.092	5.283	5.011	6.050	5.975	5.953	5.786
4.084	4.491	4.001	3.621	3.417	3.626	3.777	3.661	4.172	5.151
2.234	2.137	2.179	2.344	2.347	2.407	2.356	2.228	2.149	2.181
2.652	2.713	2.841	2.910	2.411	2.585	2.869	2.917	3.096	3.123
2.244	2.355	2.555	2.441	2.434	2.591	2.340	2.153	2.441	2.634
2.511	2.993	2.882	2.954	3.057	2.827	2.940	3.202	3.026	3.405
2.119	2.716	2.334	2.201	2.414	2.529	2.609	2.996	3.005	2.975
2.415	2.480	2.886	3.088	3.525	3.607	3.491	3.404	3.537	3.282
3.463	4.089	4.853	4.865	4.613	4.316	4.955	6.064	5.143	5.344
4.277	4.295	4.386	4.858	5.232	5.154	5.883	6.269	6.095	6.129
3.617	3.352	3.629	3.866	4.057	4.111	4.528	4.861	4.948	5.704
3.735	3.935	3.920	4.458	4.671	4.828	5.140	5.630	6.196	6.018
2.739	2.331	2.973	3.610	3.786	2.886	2.680	3.419	3.358	3.021
1.900	2.324	2.390	2.558	2.726	3.006	3.281	3.518	3.646	3.614
2.840	2.690	3.345	4.166	2.885	3.908	4.239	5.550	6.211	6.315
1.825	2.944		3.773	4.193	4.569	4.517	4.943	5.153	5.525
2.14	2.169	2.107	2.107	2.165	2.260	2.274	3.333		
2.594	2.628	2.773	2.685	2.518	2.735	2.913	3.015	3.028	3.309
2.959	3.752	3.705	3.843	3.443	3.823	4.009	3.156	4.143	4.265
2.032	2.369	3.222	3.021	3.025	2.706	3.093	4.246	3.332	3.678
3.666	3.485	3.176	3.406	3.235	3.405	3.500	3.220		
3.378	3.266	2.862	3.618	3.404	2.835	2.940	3.211		
2.810	3.107	2.772	3.075	2.722	3.001	2.857	2.802		
3.288	3.697	3.605	4.050	4.020	4.146	4.340	4.429		
2.574	2.781	3.174	3.567	3.764	3.792	4.020	3.988	3.618	3.356
2.556	2.545	2.755	2.675	2.879	3.062	3.416	4.054	3.336	3.322
2.053	2.272	2.307	3.329	2.461	2.517	2.466	2.624	2.797	2.442
2.376	2.623	3.061	2.008	3.717	3.842	4.815	5.060	4.993	4.054
1.723	1.841	1.734	1.776	1.873	1.880	1.865	1.914	1.917	1.945
2.184	2.557	2.522	2.615	2.620	2.292	2.346	2.609	2.612	2.664
3.199	3.398	3.028	3.544	3.626	3.596	4.434	4.319	4.609	4.815
2.832	2.690	2.983	3.226	3.249	3.263	3.300	3.643	3.713	3.563
			4.367	4.499	4.659	5.017	5.322	5.594	5.873
			4.040	4.096	4.163	4.427	4.631	4.879	5.234

	1991年	1992年	1993年	1994年	1995年	1996年	1997年
北　京	3.704	4.111	4.211	4.443	4.764	4.472	4.779
开　滦	6.046	8.658	9.318	10.363	10.704	11.646	12.446
峰　峰	8.106	10.858	11.789	10.018	11.313	11.330	11.877
井　陉	5.897	6.119	6.197	6.979	7.226	5.887	5.836
兴　隆	4.049	4.461	4.443	4.623	4.569	6.461	6.681
邢　台	13.513	22.273	28.164	30.106	34.700	44.103	43.519
邯　郸	4.327	6.003	6.445	6.388	6.399	6.662	7.956
盛　源	5.010	4.166	4.694	4.863	5.862	6.853	5.765
八宝山	6.041	5.545	7.725	8.265	6.458	5.149	3.999
大　同	10.920	16.838	20.578	21.967	22.451	24.473	24.747
阳　泉	14.407	19.393	21.275	19.289	17.578	19.103	22.010
西　山	10.988	17.795	17.371	19.434	23.377	24.981	24.120
汾　西	8.197	10.322	11.008	10.896	10.134	10.448	11.924
潞　安	27.789	69.768	99.331	90.028	65.648	63.478	79.001
轩　岗	6.647	6.698	6.598	7.000	6.714	6.158	5.792
晋　城	27.975	50.643	52.442	48.314	54.535	54.003	44.790
煤气化		6.915	7.155	8.832	9.476	9.780	9.887
王　坪		7.632	10.966	15.229	19.295	20.581	11.126
霍　州	7.823	8.062	6.816	6.979	6.818	6.688	7.409
东　山	4.428	5.577	4.332	4.395	4.412	4.211	5.161
荫　营		4.060	4.735	4.411	5.715	6.904	7.922
固　庄		4.907	4.638	3.644	4.028	5.469	6.564
小　峪	6.185	4.974	5.466	6.519	6.916	6.509	6.292
南　庄	4.579	5.946	6.925	7.293	9.359	8.439	7.964
寨　沟		4.657	4.321	4.556	4.753	4.832	4.663
平　朔							
包　头	3.103	4.098	4.598	6.685	7.273	7.267	6.500
乌　达	6.582	7.925	7.735	8.699	6.811	5.963	7.243
海勃湾	3.644	4.149	4.201	5.307	4.687	5.703	5.701
宝日希勒							
平　庄		6.143	8.219	9.436	9.012	9.083	9.069

续表

1998 年	1999 年	2000 年	2001 年	2002 年	2003 年	2004 年
5.635	5.577	5.746	5.991	5.899	5.874	6.186
14.665	17.237	23.975	24.387	27.353	32.616	37.529
12.532	13.120	15.129	14.466	15.237	17.927	18.528
6.146	6.434	7.379	5.619	6.472	7.341	5.411
5.838	3.699	2.694	3.137	2.611	3.497	2.518
43.501	37.843	44.057	23.428	23.659	19.491	21.774
8.689	9.773	9.552	8.954	11.063	14.542	16.109
3.304	4.427				14.509	
5.110	5.413	5.548	5.130	4.456	2.225	2.376
28.104	24.579	26.099	22.055	27.043	24.919	24.819
24.305	24.585	26.613	27.331	35.655	39.686	52.407
27.086	28.932	28.942	28.816	31.060	26.453	29.160
12.607	10.002	10.200	11.541	15.861		
80.951	85.167	81.329	87.192	94.727	106.731	119.269
4.757	4.410	2.723	3.297			
39.867	48.190	52.590	45.352	48.718	49.776	54.208
14.649	13.356	13.657	13.301	14.339	15.909	10.412
12.619	14.684	19.308	6.400	4.142		
7.673	9.078	11.599	16.853	20.144		
4.930	5.918	7.579	8.068	8.002	7.177	8.208
9.284	9.417	9.852	10.669	11.885	11.300	12.429
6.214	7.190	8.079	7.850	9.443	8.969	9.043
3.874	5.467	5.355	5.132	7.550	5.356	
10.491	9.900	10.526	10.049	10.778	12.710	17.045
4.442	4.336	4.696	4.594	4.389		5.970
5.521	7.563	10.711	9.485	8.496	13.035	12.699
6.430	6.310	6.025	5.884	8.775	11.601	12.760
5.550	7.938	7.738	8.108	10.348	9.768	9.130
7.796	4.702	12.530		135.738	19.724	97.297
9.735	7.527	7.711	8.785	8.204	9.384	11.556

	1991年	1992年	1993年	1994年	1995年	1996年	1997年
扎赉诺尔	5.469	6.917	6.650	7.326	7.595	8.212	9.352
大　雁	8.674	14.149	24.117	30.592	28.894	28.027	20.275
霍林河							
神　东							
万　利							
准格尔							
抚　顺	3.420	6.713	7.169	8.275	8.216	12.893	11.576
阜　新	5.528	7.465	8.029	6.419	6.595	6.819	8.717
北　票		7.146	6.709	7.857	6.543	6.871	5.860
铁　法	12.788	17.824	21.628	25.504	38.129	43.296	50.411
南　票	6.763	7.660	7.626	8.294	7.016	8.720	14.774
沈　阳	4.264	4.869	4.958	4.233	4.014	4.215	5.181
本　溪							3.078
烟　台	1.280	1.513					
八道壕	2.434	2.941					
辽　源	4.061	6.213	6.848	7.100	4.868	5.604	5.726
通　化	4.292	5.063	5.290	5.011	4.510	4.026	4.589
舒　兰	5.083	6.367	5.633	6.294	5.981	5.676	6.167
珲　春	2.880	3.969	3.120	4.483	4.941	5.172	5.599
营　城							
蛟　河							
延　边							
和　龙							
鸡　西	7.899	9.077	8.980	8.315	7.687	6.741	6.307
鹤　岗	5.883	7.070	6.431	5.138	4.887	5.234	5.101
双鸭山	5.428	7.639	7.229	6.401	6.303	6.688	7.191
七台河	5.229	5.557	4.612	4.644	3.801	3.824	4.159
徐　州	5.775	7.345	7.640	8.697	10.702	14.396	14.349
大　屯	8.924	11.699	13.072	15.359	15.772	21.241	23.766
长　广		2.166	3.530	2.863	3.350	3.072	2.003
淮　南	3.811	4.140	4.706	4.909	4.856	5.112	5.991

续表

1998年	1999年	2000年	2001年	2002年	2003年	2004年
8.348	10.910	12.524	18.450	15.298	19.837	22.374
22.128	28.735		33.557	37.211	34.371	43.094
		298.713	390.241	452.692	373.420	495.145
				3.592	4.820	6.741
12.312	20.100	26.929	28.259	31.840	34.430	26.737
9.889	8.641	10.764	11.354	12.221	12.782	16.082
6.684	5.521	5.015	4.702			
48.414	48.832	52.998	53.650	64.536	68.668	81.226
15.197	14.716	12.976	12.894	10.041	9.840	12.071
5.671	4.351	4.436	5.076	7.976	7.695	10.164
3.015	2.974					
5.642	5.613	5.500	6.086	6.144	6.137	7.175
5.592	5.606	5.869	6.020	5.258	8.640	8.302
5.016	5.773	4.660	5.442	5.425	5.783	7.082
4.681	5.468	5.817	5.964	5.688	6.303	8.660
	3.096	2.553	1.897	1.228		
5.499	5.902	5.546	6.393	6.577	6.289	6.429
5.093	5.889	6.018	5.912	6.421	7.567	7.646
7.725	7.626	9.286	9.048	9.096	10.811	12.083
4.028	4.111	3.918	3.755	3.612	4.128	4.087
15.599	17.013	20.283	20.315	20.070	20.447	19.850
21.056	24.462	27.809	28.922	28.010	28.657	29.267
2.900	2.901	2.660	2.707	2.560	2.255	
6.560	7.312	7.917	10.197	18.046	18.003	17.346

	1991 年	1992 年	1993 年	1994 年	1995 年	1996 年	1997 年
淮　北	5.938	6.431	6.417	6.136	6.692	7.485	8.522
萍　乡	2.609	2.871	3.012	2.776	2.942	3.139	2.685
丰　城	4.173	5.399	5.406	4.408	5.669	6.156	6.974
英岗岭	2.978	2.911	2.877	3.882	4.216	4.089	3.548
洛　市	2.260	1.883	2.102				
乐　平		2.030	3.000	2.760	3.923	4.191	4.120
淄　博	3.575	4.869	5.154	5.123	5.078	6.536	8.702
新　汶	5.996	7.029	7.282	7.584	8.430	9.017	11.107
枣　庄	4.703	9.684	15.262	17.885	19.229	19.677	20.129
肥　城	5.550	7.628	6.767	7.574	7.278	6.973	7.580
兖　州	15.197	21.842	27.101	39.161	45.508	56.267	67.895
坊　子	3.148	3.018	3.575	4.720	5.415	7.012	6.436
龙　口	8.674	10.478	14.230	13.896	18.446	16.608	28.680
临　沂							
平顶山	8.582	11.260	11.635	14.158	16.902	17.597	16.287
焦　作	3.256	6.025	7.308	6.370	6.537	6.914	6.664
鹤　壁	5.825	6.032	5.836	6.059	6.636	8.007	7.810
宜　洛							
观音堂							
张　村							
义　马	6.832	8.766	9.290	9.920	10.267	12.017	11.074
郑　州	5.730	7.175	7.287	7.356	9.343	10.915	14.127
永　城							
涟　邵	2.438	2.759	2.520	2.688	2.804	2.860	2.771
资　兴	2.980	3.723	3.646	3.867	3.925	3.793	3.650
白　沙	2.651	2.843	2.520	2.557	2.821	2.565	2.408
广　旺	2.798	2.907	3.220	4.020	4.319	4.459	4.810
芙　蓉	4.679	3.310	3.446	3.709	4.068	4.100	4.059
攀枝花	3.679	3.962	4.447	4.333	5.061	5.060	5.359
达　竹			2.590	2.930	3.076	3.448	3.428
华蓥山			7.291	7.240	5.085	7.061	6.398

续表

1998年	1999年	2000年	2001年	2002年	2003年	2004年
9.281	9.412	9.939	10.549	10.518	11.445	11.681
2.425	2.401	2.396	2.479	2.733	2.770	2.905
5.460	5.564	5.562	5.875	6.754	6.579	9.885
4.641	4.304	5.152	19.460	19.804	34.384	32.324
3.620	3.805	3.897	3.254	2.965	2.482	2.196
4.574	4.443	3.130	3.409	4.021	4.540	13.221
13.697	12.743	12.163	13.255	10.488	8.591	9.175
19.798	23.403	18.707	19.903	20.036	21.249	24.843
7.964	7.482	7.466	7.831	8.529	9.717	9.744
53.895	100.466	143.013	83.971	107.612	116.703	104.963
9.106	5.508	8.913	9.984			
15.863	18.052	18.509	20.677	21.265	27.516	27.586
2.352	2.731	2.547	4.886	7.714	10.992	13.106
17.067	19.134	19.178	16.407	15.359	16.788	13.959
6.714	5.275	5.947	6.099	5.815	6.317	6.320
8.041	8.970	9.003	9.187	9.097	8.134	8.825
12.073	12.960	16.120	13.166	11.439	12.705	13.800
14.091	11.073	13.844	13.290	13.525	12.580	13.272
11.725	10.708	10.233	7.273	8.293	13.363	9.676
2.872	3.016	3.203	2.904	2.822	3.052	2.921
3.725	3.878	3.780	3.178	3.843	3.390	3.694
2.595	26.457	32.229	2.937	3.095	3.500	2.839
4.717	4.249	3.522	6.204	5.059	3.636	4.174
4.631	8.284	6.055	4.506	4.264	5.227	5.502
5.616	6.016	6.094	7.598	6.621	7.771	7.384
3.685	3.829	3.370	3.506	3.529	3.520	3.758
6.630		9.304	9.319	8.866	10.266	11.093

续表

	1991年	1992年	1993年	1994年	1995年	1996年	1997年
隆 昌							
南 桐	3.547	3.853	4.638	4.967	4.884	5.535	5.621
天 府	3.432	3.488	3.598	4.085	4.266	4.439	5.243
松 藻	4.188	5.396	5.846	5.333	5.921	6.301	6.771
中梁山	2.590	2.631	2.994	2.932	2.712	2.908	2.851
永 荣	2.041	2.137	2.147	2.372	2.395	3.246	3.159
六 枝	3.940	3.462	3.925	3.986	3.716	3.582	3.272
盘 江	4.862	8.788	10.038	10.230	9.527	8.619	6.521
水 城	4.391	5.503	6.224	7.307	7.246	6.595	7.449
一平浪	3.266	3.462	3.270	3.301	3.760	3.699	4.170
来 宾	3.427	4.002	4.129	5.431	5.484	5.030	5.774
羊 场	2.961	3.485	2.462	4.364	5.120	4.576	4.468
田 坝	4.382	5.136	5.339	5.241	4.306	5.314	6.400
铜 川	3.294	3.955	4.170	5.121	6.172	6.394	7.003
蒲 白	3.236	4.225	4.125	4.001	3.982	4.140	4.125
澄 合	3.288	3.975	4.275	4.640	5.027	5.339	5.101
韩 城	5.567	7.828	10.341	10.753	10.046	9.767	12.521
崔家沟		1.686	1.797	2.120	1.592	1.594	1.992
苍 村		2.703	3.366	2.858	3.055	3.459	3.201
窑 街	6.268	7.433	7.788	7.826	8.088	7.861	7.888
兰 阿	2.782	2.934	4.264	5.640	4.846	6.844	6.280
靖 远	[illegible].963	5.618	5.582	5.265	5.677	6.817	6.774
华 亭							
亘 元	5.955	6.214	6.121	6.822	6.698	7.807	8.180
太 西	6.135	7.253	7.304	7.646	7.820	8.728	9.272
汝箕沟							
灵 州		6.185	6.576	6.413	5.199	5.423	8.309
哈 密	5.006	5.583	6.991	8.270	9.206	15.196	9.780
乌鲁木齐	5.453	6.500	7.268	6.254	7.512	7.361	7.596
艾维尔		3.461	4.716	4.476	3.662	4.188	5.195

续表

1998 年	1999 年	2000 年	2001 年	2002 年	2003 年	2004 年
	0.940	0.684		0.858	0.677	0.270
4.536	4.493	3.852	3.783	2.956	4.427	14.159
5.016	5.231		8.006	8.381	7.298	8.353
6.304	6.511	7.912	7.882	8.346	8.991	9.194
2.557	2.709	3.308	2.943	31.099	38.319	3.018
3.555	3.608	1.616	4.101	2.980	3.366	2.746
2.864	3.090	5.300	3.067	2.901	3.094	2.965
6.672	7.131	6.710	6.950	7.838	9.258	11.612
7.063	8.045	7.940	9.118	9.611	11.077	10.370
4.202	4.466	4.638	4.134	3.959	4.355	3.988
5.308	6.001	5.179	6.742			
5.133	4.685	5.196	4.570	5.560	6.485	5.295
4.457	2.811	3.127	4.391	5.644	5.692	4.976
7.853	7.127	8.751	9.156	10.278	14.401	15.951
4.667	5.565	6.055	6.162	6.115	5.583	5.720
5.849	6.305	5.812	5.843	6.584	6.374	5.985
11.253	8.727	10.190	9.431	7.681	7.492	16.960
1.844	3.110	4.129	8.547	9.098	8.665	11.994
3.521	4.770	5.509	7.377	7.743	6.668	7.375
8.810	9.404	9.086	9.911	10.042	7.922	10.267
6.407	6.518	8.978				
7.936	8.825	11.397	11.123	11.978	13.964	20.105
	11.351	13.675	15.286			
9.115	8.234	8.932	9.402	10.647	12.347	13.101
8.968	9.064	9.963	11.488	9.853	9.572	9.948
10.305	7.597	4.944	8.101		9.275	12.158
11.005	12.776	17.087		35.459	40.317	38.007
8.013	9.875	10.896	11.520	12.883	17.437	20.346
7.082	6.080	6.694	11.237	2.565	7.390	8.972

	1957年	1958年	1959年	1960年	1961年
合　计	**0.277**	**0.296**	**0.236**	**0.216**	**0.164**
北　京	0.171	0.269	0.232	0.214	0.190
开　滦	0.220	0.271	0.251	0.296	0.193
峰　峰	0.501	0.456	0.350	0.306	0.251
井　陉	0.349	0.348	0.319	0.275	0.240
兴　隆			0.106	0.213	0.142
大　同	0.314	0.352	0.321	0.251	0.217
阳　泉	0.327	0.318	0.310	0.300	0.194
西　山	0.304	0.309	0.360	0.213	0.176
汾　西	0.454	0.452	0.363	0.261	0.200
潞　安	0.431	0.596	0.545	0.540	0.308
轩　岗	0.178	0.196	0.181	0.126	0.107
晋　城					0.074
包　头	0.231	0.152	0.185	0.175	0.133
乌　达			0.175	0.082	0.078
扎　矿	0.282	0.249	0.197	0.183	0.143
萍　乡	0.305	0.357	0.311	0.310	0.280
丰　城			0.140	0.120	0.055
英岗岭					
抚　顺	0.216	0.240	0.188	0.185	0.124
阜　新	0.304	0.393	0.328	0.326	0.249
本　溪	0.232	0.238	0.229	0.181	0.158
北　票	0.230	0.237	0.215	0.216	0.161
平　庄			0.249	0.288	0.202
铁　法				0.148	0.125
南　票			0.154	0.220	0.139
沈　阳				0.143	0.065
辽　源	0.229	0.220	0.196	0.174	0.153
通　化	0.274	0.240	0.186	0.179	0.134
舒　兰			0.175	0.175	0.145
蛟　河	0.326	0.367	0.345	0.303	0.227
营　城		0.281	0.220	0.221	0.196
鸡　西	0.282	0.271	0.202	0.182	0.168
鹤　岗	0.218	0.241	0.173	0.155	0.112
双鸭山	0.236	0.218	0.165	0.151	0.105
七台河			0.118	0.120	0.075
淄　博	0.331	0.293	0.253	0.234	0.174
新　汶	0.251	0.283	0.163	0.195	0.142

注：1965～1967年沈阳并入铁法。

工效率——按单位分

单位：米/工

1962年	1963年	1964年	1965年	1966年	1967年
0.161	**0.176**	**0.193**	**0.196**	**0.193**	**0.133**
0.168	0.170	0.141	1.171	0.192	0.156
0.182	0.179	0.378	0.371	0.360	0.281
0.210	0.207	0.234	0.244	0.208	0.162
0.231	0.267	0.278	0.299	0.311	0.243
0.103	0.119	0.202	0.156	0.169	0.166
0.206	0.213	0.212	0.180	0.197	0.140
0.192	0.183	0.206	0.188	0.172	0.096
0.173	0.187	0.225	0.236	0.254	0.126
0.267	0.259	0.287	0.276	0.230	
0.272	0.236	0.263	0.428	0.353	0.191
0.114	0.137	0.156	0.191	0.185	0.127
0.108	0.137	0.162	0.182	0.178	
0.108	0.148	0.153	0.203	0.228	0.103
0.078	0.127	0.121	0.169	0.198	0.108
0.196	0.230	0.255	0.282		
0.279	0.268	0.251	0.239	0.232	0.163
0.081	0.140	0.184	0.216	0.183	0.101
0.091	0.115	0.113	0.145	0.169	
0.217	0.218	0.222	0.228	0.262	0.174
0.167	0.178	0.190	0.204	0.192	0.155
0.153	0.165	0.181	0.189	0.204	0.176
0.169	0.229	0.274	0.295	0.281	0.155
0.109	0.122	0.176	0.172	0.177	0.083
0.150	0.169	0.202	0.296	0.255	0.184
0.094	0.108	0.116			
0.145	0.166	0.193	0.198	0.207	0.185
0.141	0.154	0.160	0.184	0.189	0.121
0.184	0.221	0.265	0.253	0.269	0.226
0.207	0.221	0.264	0.259	0.261	0.240
0.183	0.207	0.228	0.228	0.205	0.147
0.196	0.234	0.227	0.210	0.187	0.109
0.115	0.126	0.123	0.139	0.172	0.092
0.119	0.146	0.163	0.172	0.169	0.122
0.096	0.132	0.154	0.161	0.148	0.075
0.184	0.192	0.219	0.231	0.223	0.198
0.118	0.143	0.158	0.166	0.241	0.154

	1957年	1958年	1959年	1960年	1961年
枣 庄	0.322	0.281	0.198	0.204	0.152
肥 城				0.157	0.090
兖 州					
坊 子	0.279	0.291	0.234	0.259	
徐 州	0.333	0.415	0.243	0.208	
淮 南	0.389	0.478	0.420	0.329	0.278
淮 北			0.240	0.118	0.092
焦 作	0.434	0.478	0.368	0.339	0.290
平顶山	0.208	0.185	0.135	0.131	0.100
鹤 壁	0.165	0.212	0.209	0.224	0.113
宜 洛	0.736	0.352	0.309	0.349	0.283
观音堂			0.184	0.232	0.172
涟 邵			0.188	0.184	0.102
资 兴	0.275	0.283	0.226	0.187	0.133
白 沙					
铜 川	0.335	0.229	0.166	0.187	0.140
蒲 白			0.113	0.180	0.104
韩 城				0.068	0.063
石嘴山			0.090	0.090	0.090
石炭井					0.030
窑 街		0.200	0.240	0.150	
阿干镇		0.181	0.170	0.220	
靖 远			0.072		
哈 密					
长 广					0.098
六 枝					0.090
水 城			0.115	0.170	0.142
盘 江					
一平浪		0.190	0.127	0.153	0.226
来 宾					
羊 场					
田 坝					
南 桐	0.270	0.344	0.250	0.229	
天 府	0.283	0.228	0.156	0.167	
中梁山			0.241	0.133	
松 藻	0.177		0.156	0.131	
永 荣	0.109	0.157	0.124	0.093	
广 旺	0.285				

续表

1962 年	1963 年	1964 年	1965 年	1966 年	1967 年
0.144	0.155	0.202	0.203	0.204	0.176
0.117	0.177	0.233	0.220	0.270	0.245
0.191	0.192	0.217	0.248	0.234	0.217
0.123	0.151	0.181	0.191	0.185	0.135
0.245	0.233	0.221	0.210	0.185	0.099
0.091	0.114	0.122	0.155	0.127	
0.327	0.356	0.342	0.321	0.262	0.252
0.092	0.129	0.124	0.119	0.113	0.072
0.086	0.115	0.145	0.149	0.133	0.076
0.295	0.249	0.215	0.249	0.190	0.140
0.142	0.149	0.122	0.199	0.168	0.139
0.115	0.115	0.160	0.152		
0.153	0.149	0.112	0.119		
0.120	0.137	0.147	0.137	0.113	
0.115	0.141	0.180			
0.145	0.245	0.296			
0.120	0.141	0.147	0.123	0.130	0.070
0.081	0.124	0.138	0.142	0.123	0.051
0.121	0.147	0.195	0.176	0.128	0.053
0.135	0.148	0.098	0.128	0.147	0.073
0.234	0.360	0.358	0.251	0.321	0.320
0.143	0.218	0.225	0.298	0.324	0.354
0.110	0.131	0.166	0.184	0.201	0.149
0.080	0.164	0.233	0.123	0.121	0.042
0.141	0.143	0.146	0.170	0.104	0.086
0.315	0.294	0.255	0.196	0.194	
0.083	0.148	0.239	0.297	0.228	0.174
		0.109	0.156	0.156	0.116
			0.188	0.136	0.095
			0.241	0.268	0.169
			0.217	0.180	0.132
			0.116	0.076	0.052
			0.160	0.126	0.074
			0.193	0.167	0.112

	1971 年	1972 年	1973 年	1974 年	1975 年	1976 年
合　计	**0.126**	**0.121**	**0.123**	**0.107**	**0.122**	**0.113**
北　京	0.158	0.175	0.183	0.172	0.185	0.143
开　滦	0.151	0.146	0.264	0.269	0.269	0.275
峰　峰	0.141	0.143	0.133	0.105	0.121	0.112
井　陉	0.169	0.164	0.167	0.171	0.174	0.169
兴　隆	0.164	0.154	0.162	0.167	0.156	0.163
邢　台	0.059	0.070	0.055	0.051	0.053	0.046
邯　郸			0.125	0.107	0.130	0.121
下花园			0.290	0.285	0.240	0.226
八宝山			0.137	0.148	0.154	0.159
大　同	0.158	0.123	0.125	0.117	0.120	0.105
阳　泉		0.131	0.132	0.107	0.117	0.107
西　山	0.163	0.157	0.163	0.097	0.113	0.103
汾　西	0.161	0.145	0.124	0.111	0.102	0.070
潞　安	0.122	0.114	0.120	0.134	0.167	0.130
轩　岗	0.102	0.079	0.080	0.083	0.090	0.089
晋　城	0.098	0.085	0.097	0.091	0.102	0.062
霍　县			0.093	0.068	0.077	0.066
东　山			0.183	0.097	0.093	0.047
荫　营						
小　峪			0.163	0.177	0.177	0.151
南　庄			0.210	0.121	0.172	0.155
寨　沟						
包　头	0.097	0.076	0.091	0.113	0.119	0.089
乌　达	0.089	0.070	0.057	0.043	0.072	0.090
海勃湾						
萍　乡	0.219	0.185	0.182	0.152	0.182	0.179
丰　城	0.100	0.103	0.110	0.090	0.099	0.088
英岗岭		0.046	0.047	0.024	0.036	0.024
抚　顺	0.167	0.129	0.124	0.115	0.134	0.110
阜　新	0.196	0.188	0.191	0.192	0.195	0.192
本　溪	0.192	0.167	0.169	0.164	0.168	0.156
北　票	0.169	0.151	0.159	0.131	0.140	0.133

续表

1977年	1978年	1979年	1980年	1981年	1982年	1983年
0.115	**0.122**	**0.134**	**0.125**	**0.115**	**0.113**	**0.113**
0.140	0.143	0.154	0.149	0.135	0.150	0.152
0.257	0.234	0.221	0.214	0.224	0.225	0.215
0.116	0.119	0.125	0.118	0.115	0.119	0.115
0.162	0.119	0.147	0.153	0.140	0.143	0.143
0.144	0.146	0.137	0.142	0.097	0.106	0.124
0.049	0.231	0.079	0.106	0.104	0.117	0.116
0.130	0.129	0.133	0.140	0.125	0.148	0.162
0.183	0.249	0.275	0.241	0.260	0.226	0.245
0.180	0.240					
0.120	0.124	0.136	0.126	0.107	0.104	0.103
0.105	0.114	0.110	0.114	0.099	0.091	0.085
0.137	0.142	0.170	0.139	0.135	0.111	0.106
0.098	0.117	0.153	0.163	0.136	0.125	0.137
0.146	0.168	0.192	0.117	0.143	0.125	0.119
0.084	0.078	0.122	0.112	0.103	0.102	0.117
0.083	0.093	0.112	0.115	0.101	0.086	0.087
0.079	0.104	0.116	0.110	0.073	0.076	0.093
0.120	0.160	0.208	0.190	0.185	0.172	0.136
0.195	0.212	0.179	0.301	0.274	0.224	0.229
0.111	0.162	0.158	0.115	0.093	0.126	0.122
0.111	0.100	0.119	0.116	0.114	0.119	0.120
0.099	0.093	0.100	0.115	0.104	0.107	0.116
	0.124	0.126	0.112	0.113	0.112	0.121
0.181	0.202	0.215	0.199	0.193	0.203	0.205
0.111	0.139	0.133	0.124	0.116	0.109	0.101
0.034	0.057	0.064	0.053	0.077	0.073	0.084
0.096	0.124	0.029	0.085	0.067	0.063	0.076
0.190	0.202	0.223	0.172	0.155	0.153	0.171
0.159	0.184	0.182	0.169	0.149	0.148	
0.124	0.135	0.156	0.148	0.145	0.157	0.145

	1971 年	1972 年	1973 年	1974 年	1975 年	1976 年
平　庄	0.182	0.161	0.213	0.202	0.207	0.204
铁　法	0.112	0.085	0.102	0.103	0.101	0.094
南　票	0.138	0.147	0.147	0.125	0.130	0.138
沈　阳	0.066	0.064	0.093	0.089	0.075	0.083
烟　台			0.205	0.196	0.194	0.177
八道壕			0.145	0.132	0.114	0.131
辽　源	0.173	0.160	0.176	0.145	0.159	0.143
通　化	0.116	0.117	0.131	0.117	0.113	0.110
舒　兰	0.169	0.180	0.199	0.149	0.157	0.150
蛟　河	0.168	0.183	0.196	0.190	0.178	0.162
营　城	0.195	0.173	0.161	0.153	0.153	0.149
鸡　西	0.141	0.149	0.165	0.158	0.161	0.154
鹤　岗	0.086	0.082	0.091	0.086	0.085	0.079
双鸭山	0.102	0.090	0.112	0.115	0.115	0.135
七台河		0.074	0.075	0.069	0.083	0.100
扎赉诺尔			0.194	0.172	0.215	0.174
大　雁				0.195	0.187	0.139
淄　博	0.170	0.178	0.175	0.119	0.169	0.167
新　汶	0.136	0.136	0.133	0.047	0.122	0.133
枣　庄	0.148	0.148	0.121	0.028	0.141	0.148
肥　城	0.249	0.217	0.202	0.043	0.138	0.159
兖　州				0.046	0.073	0.095
坊　子	0.228	0.225	0.185	0.150	0.174	0.176
大　屯						
徐　州	0.137	0.138	0.146	0.090	0.098	0.098
淮　南	0.132	0.135	0.122	0.084	0.111	0.102
淮　北	0.072	0.065	0.068	0.050	0.060	0.057
焦　作		0.240	0.276	0.220	0.252	0.200
平顶山	0.067	0.068	0.065	0.063	0.078	0.077
鹤　壁	0.076	0.105	0.098	0.075	0.079	0.074
宜　洛	0.174	0.159	0.119	0.094	0.087	0.047
观音堂	0.056	0.075	0.046	0.029	0.071	0.061

续表

1977年	1978年	1979年	1980年	1981年	1982年	1983年
0.198	0.207	0.192	0.182	0.187	0.204	0.205
0.081	0.091	0.087	0.960	0.073	0.071	0.081
0.118	0.116	0.162	0.157	0.132	0.145	0.147
0.089	0.085	0.089	0.082	0.069	0.078	0.119
0.151	0.213	0.214	0.200	0.201	0.221	0.235
0.105	0.084	0.108	0.084	0.070	0.090	0.076
0.133	0.144	0.159	0.162	0.149	0.147	0.142
0.112	0.129	0.150	0.116	0.121	0.136	0.119
0.146	0.184	0.202	0.183	0.190	0.185	0.185
0.148	0.167	0.211	0.203	0.230	0.234	0.208
0.172	0.182	0.205	0.184	0.176	0.192	
0.147	0.151	0.186	0.157	0.152	0.146	0.145
0.074	0.091	0.103	0.100	0.098	0.094	0.088
0.132	0.129	0.141	0.132	0.126	0.124	0.133
0.075	0.087	0.122	0.108	0.119	0.113	0.111
0.150	0.182	0.268	0.233	0.266	0.247	0.257
0.161	0.155	0.171				
0.171	0.171	0.192	0.175	0.151	0.148	0.155
0.106	0.130	0.146	0.126	0.109	0.121	0.120
0.140	0.148	0.159	0.136	0.101	0.100	0.096
0.135	0.146	0.154	0.148	0.141	0.134	0.138
0.086	0.126	0.131	0.109	0.117	0.086	0.096
0.173	0.175	0.194	0.168	0.143	0.148	0.130
		0.074	0.066	0.065	0.067	0.078
0.111	0.126	0.154	0.148	0.125	0.129	0.116
0.083	0.094	0.099	0.094	0.088	0.076	0.081
0.066	0.073	0.076	0.068	0.072	0.066	0.073
0.200	0.210	0.250	0.223	0.203	0.242	0.234
0.089	0.082	0.093	0.100	0.081	0.071	0.069
0.092	0.083	0.097	0.085	0.078	0.077	0.084
0.104	0.089					
0.094	0.073					

	1971 年	1972 年	1973 年	1974 年	1975 年	1976 年
义 马			0.191	0.223	0.268	0.200
新 密			0.089	0.143	0.138	0.065
涟 邵			0.092	0.052	0.071	0.064
资 兴			0.107	0.084	0.098	0.096
白 沙					0.132	0.126
铜 川	0.081	0.090	0.105	0.088	0.095	0.090
蒲 白	0.059	0.073	0.072	0.078	0.094	0.074
澄 合	0.064	0.061	0.073	0.090	0.067	0.039
韩 城		0.100	0.103	0.063	0.060	0.043
石嘴山	0.095	0.073	0.078	0.041	0.079	0.069
石炭井	0.064	0.077	0.097	0.088	0.095	0.105
窑 街	0.091	0.080	0.076	0.061	0.082	0.077
阿干镇	0.137	0.088	0.089	0.101	0.103	0.110
靖 远		0.134	0.107	0.115	0.087	0.076
哈 密			0.086	0.091	0.087	0.137
乌鲁木齐						
长 广	0.092	0.089	0.072	0.016	0.030	0.086
六 枝	0.071	0.079	0.042	0.024	0.045	0.041
水 城	0.095	0.077	0.052	0.045	0.071	0.063
盘 江	0.051	0.058	0.066	0.059	0.060	0.042
一平浪	0.145	0.140	0.156	0.163	0.181	0.106
来 宾	0.094	0.090	0.071	0.047	0.073	0.057
羊 场	0.109	0.124	0.143	0.098	0.087	0.051
田 坝			0.107	0.070	0.051	0.041
南 桐	0.118	0.011	0.104	0.061	0.083	0.058
天 府	0.166	0.157	0.132	0.100	0.108	0.109
中梁山	0.151	0.125	0.120	0.059	0.121	0.092
松 藻	0.085	0.068	0.046	0.032	0.060	0.049
永 荣	0.125	0.106	0.034	0.019	0.082	0.086
广 旺	0.092	0.108	0.088	0.083	0.086	0.082
芙 蓉	0.068	0.039	0.021	0.021	0.048	0.041
渡 口	0.105	0.102	0.104	0.099	0.098	0.082

续表

1977年	1978年	1979年	1980年	1981年	1982年	1983年
0.173	0.179	0.131	0.119	0.116	0.146	0.108
0.106	0.106	0.125	0.135	0.141	0.136	0.132
0.086	0.074	0.094	0.102	0.100	0.109	0.106
0.097	0.090	0.108	0.111	0.119	0.115	0.112
0.121	0.130	0.207	0.171	0.180	0.177	0.196
0.104	0.106	0.111	0.108	0.101	0.107	0.112
0.079	0.080	0.077	0.100	0.083	0.105	0.086
0.053	0.069	0.068	0.063	0.060	0.066	0.071
0.051	0.060	0.064	0.070	0.062	0.080	0.091
0.074	0.084	0.093	0.073	0.084	0.096	0.094
0.119	0.104	0.111	0.101	0.094	0.092	0.104
0.081	0.082	0.094	0.082	0.106	0.106	0.113
0.139	0.114	0.096	0.106	0.115	0.082	0.105
0.072	0.070	0.083	0.078	0.065	0.080	0.089
0.158	0.171	0.140	0.146	0.120	0.124	0.158
		0.110	0.117	0.123	0.164	0.156
0.089	0.193	0.170	0.140	0.130	0.137	0.134
0.076	0.088	0.099	0.102	0.095	0.093	0.091
0.086	0.103	0.102	0.171	0.113	0.098	0.098
0.059	0.085	0.093	0.111	0.075	0.077	0.074
0.131	0.154	0.196	0.310	0.224	0.178	0.194
0.072	0.128	0.084	0.078	0.093	0.097	0.081
0.081	0.077	0.101	0.124	0.132	0.135	0.164
0.055	0.104	0.110	0.136	0.128	0.184	0.209
0.076		0.102	0.101	0.100	0.114	0.124
0.139		0.130	0.123	0.110	0.122	0.118
0.125	0.152	0.156	0.170	0.133	0.176	0.219
0.069		0.107	0.096	0.094	0.102	0.100
0.111	0.127	0.139	0.133	0.139	0.128	0.139
0.099	0.094	0.109	0.100	0.107	0.122	0.125
0.061		0.077	0.107	0.117	0.117	0.108
0.088	0.092	0.121	0.116	0.115	0.109	0.112

续表

	1984年	1985年	1986年	1987年	1988年	1989年	1990年	1991年
合　计	**0.114**	**0.116**	**0.114**	**0.117**	**0.118**	**0.118**	**0.119**	**0.123**
北　京	0.172	0.158	0.164	0.138	0.140	0.132	0.132	0.131
开　滦	0.205	0.211	0.210	0.216	0.217	0.215	0.253	0.239
峰　峰	0.116	0.113	0.100	0.114	0.119	0.117	0.122	0.130
井　陉	0.145	0.138	0.125	0.148	0.145	0.141	0.160	0.160
兴　隆	0.143	0.154	0.135	0.151	0.168	0.157	0.149	0.151
邢　台	0.095	0.111	0.085	0.095	0.121	0.128	0.127	0.117
邯　郸	0.166	0.155	0.152	0.136	0.131	0.110	0.128	0.171
下花园	0.282	0.304	0.308	0.319	0.311	0.233	0.232	0.216
八宝山		0.264	0.285	0.285	0.297	0.277	0.269	0.286
大　同	0.111	0.114	0.117	0.120	0.118	0.124	0.128	0.129
阳　泉	0.094	0.102	0.095	0.093	0.097	0.109	0.119	0.119
西　山	0.116	0.106	0.106	0.107	0.116	0.125	0.129	0.127
汾　西	0.140	0.131	0.126	0.141	0.146	0.137	0.143	0.149
潞　安	0.102	0.096	0.101	0.150	0.158	0.142	0.148	0.160
轩　岗	0.091	0.112	0.112	0.116	0.108	0.106	0.122	0.126
晋　城	0.090	0.094	0.101	0.129	0.132	0.179	0.160	0.183
王　坪							0.178	0.202
霍　州	0.105	0.126	0.116	0.128	0.116	0.124	0.163	0.137
东　山	0.170	0.137	0.165	0.135	0.142	0.113	0.143	0.125
荫　营								
小　峪	0.162	0.169	0.208	0.204	0.208	0.186	0.156	0.157
南　庄	0.101	0.113	0.124	0.182	0.132	0.124	0.135	0.137
寨　沟								
平朔露天								
包　头	0.122	0.118	0.131	0.109	0.109	0.112	0.091	0.065
乌　达	0.121	0.126	0.133	0.117	0.103	0.098	0.092	0.089
海勃湾	0.120	0.118	0.106	0.080	0.095	0.093	0.091	0.081
宝日希勒								
平　庄	0.207	0.227	0.193	0.172	0.163	0.170	0.177	0.186
扎赉诺尔	0.235	0.254	0.228	0.217	0.210	0.184	0.137	0.136
大　雁	0.144	0.158	0.149	0.147	0.176	0.166	0.179	0.163
霍林河								
伊敏河								
抚　顺	0.067	0.075	0.102	0.092	0.118	0.125	0.112	0.119
阜　新	0.181	0.169	0.164	0.171	0.161	0.164	0.168	0.172
北　票	0.140	0.121	0.105	0.110	0.108	0.110	0.112	0.124

续表

	1984年	1985年	1986年	1987年	1988年	1989年	1990年	1991年
铁　法	0.080	0.087	0.097	0.114	0.110	0.108	0.107	0.118
南　票	0.142	0.144	0.145	0.140	0.141	0.146	0.134	0.132
沈　阳	0.126	0.132	0.123	0.114	0.120	0.109	0.103	0.122
烟　台	0.208	0.181	0.153	0.195	0.235	0.252	0.289	0.209
八道壕	0.088	0.102	0.127	0.098	0.120	0.127	0.104	0.111
辽　源	0.151	0.149	0.150	0.138	0.146	0.128	0.133	0.132
通　化	0.125	0.127	0.130	0.137	0.148	0.147	0.137	0.160
舒　兰	0.194	0.196	0.200	0.213	0.220	0.216	0.204	0.218
珲　春	0.200	0.214	0.208	0.213	0.200	0.162	0.135	0.150
鸡　西	0.152	0.154	0.148	0.149	0.150	0.136	0.144	0.145
鹤　岗	0.089	0.103	0.099	0.105	0.088	0.098	0.106	0.110
双鸭山	0.139	0.140	0.133	0.139	0.140	0.138	0.130	0.132
七台河	0.126	0.121	0.123	0.131	0.125	0.122	0.123	0.127
大　屯	0.077	0.102	0.094	0.113	0.117	0.114	0.117	0.109
徐　州	0.121	0.132	0.123	0.129	0.123	0.120	0.118	0.120
淮　南	0.069	0.074	0.073	0.073	0.076	0.073	0.067	0.078
淮　北	0.067	0.067	0.069	0.074	0.072	0.075	0.090	0.090
萍　乡	0.207	0.215	0.200	0.208	0.209	0.173	0.174	0.161
丰　城	0.100	0.091	0.091	0.094	0.080	0.076	0.064	0.063
英岗岭	0.088	0.085	0.079	0.082	0.084	0.070	0.084	0.079
洛　市		0.093	0.110	0.117	0.095	0.097	0.078	0.086
淄　博	0.151	0.151	0.154	0.151	0.153	0.143	0.145	0.145
新　汶	0.120	0.114	0.116	0.116	0.127	0.134	0.145	0.148
枣　庄	0.088	0.089	0.092	0.097	0.103	0.115	0.099	0.093
肥　城	0.129	0.117	0.126	0.129	0.130	0.121	0.121	0.126
兖　州	0.096	0.107	0.092	0.116	0.124	0.115	0.085	0.089
坊　子	0.175	0.176	0.175	0.163	0.153	0.174	0.167	0.163
龙　口		0.054	0.059	0.059	0.068	0.091	0.098	0.098
平顶山	0.067	0.068	0.073	0.075	0.077	0.088	0.093	0.114
焦　作	0.231	0.211	0.208	0.202	0.207	0.195	0.188	0.172
鹤　壁	0.087	0.076	0.075	0.073	0.077	0.082	0.090	0.095
义　马	0.114	0.116	0.104	0.107	0.111	0.095	0.087	0.105
郑　州	0.122	0.119	0.123	0.098	0.113	0.118	0.133	0.147
涟　邵	0.106	0.115			0.107	0.109	0.099	0.093

续表

	1984年	1985年	1986年	1987年	1988年	1989年	1990年	1991年
资　兴	0.118	0.115	0.113	0.117	0.103	0.098	0.104	0.099
白　沙	0.201	0.183	0.180	0.178	0.167	0.176	0.172	0.133
广　旺	0.133	0.140	0.106	0.131	0.140	0.122	0.119	0.133
芙　蓉	0.106	0.109	0.103	0.112	0.111	0.113	0.110	0.115
攀枝花	0.122	0.132	0.128	0.126	0.139	0.149	0.148	0.149
南　桐	0.140	0.143	0.147	0.145	0.135	0.120	0.130	0.126
天　府	0.127	0.141	0.144	0.157	0.141	0.116	0.110	0.117
松　藻	0.119	0.112	0.116	0.117	0.123	0.135	0.110	0.111
中梁山	0.203	0.141	0.183	0.206	0.185	0.177	0.150	0.150
永　荣	0.148	0.153	0.148	0.152	0.157	0.145	0.149	0.160
六　枝	0.093	0.089	0.096	0.096	0.106	0.095	0.108	0.098
盘　江	0.075	0.081	0.068	0.073	0.074	0.068	0.067	0.085
水　城	0.103	0.096	0.095	0.104	0.105	0.105	0.102	0.107
林　东								
铜　川	0.108	0.106	0.096	0.088	0.094	0.089	0.090	0.085
蒲　白	0.096	0.098	0.087	0.095	0.088	0.089	0.100	0.110
澄　合	0.068	0.074	0.061	0.063	0.073	0.081	0.077	0.056
韩　城	0.082	0.082	0.089	0.088	0.089	0.082	0.075	0.085
崔家沟								
车　村		0.195			0.170			0.078
苍　村								
窑　街	0.123	0.126	0.129	0.137	0.130	0.140	0.143	0.142
阿干镇	0.116	0.162	0.110	0.099	0.109	0.113	0.123	0.101
靖　远	0.082	0.086	0.087	0.097	0.091	0.086	0.085	0.094
石嘴山	0.106	0.105	0.093	0.106	0.118	0.127	0.126	0.123
石炭井	0.115	0.119	0.122	0.128	0.126	0.128	0.126	0.152
灵　武								0.145
哈　密	0.187	0.180	0.227	0.191	0.185	0.173	0.189	0.172
乌鲁木齐	0.129	0.158	0.152	0.177	0.171	0.209	0.206	0.184
艾维尔							0.153	0.206
一平浪								0.202
来　宾								0.102
羊　场								0.179
田　坝								0.144

续表

	1992年	1993年	1994年	1995年	1996年	1997年	1998年
北京	0.137	0.145	0.151	0.169	0.178	0.178	0.195
开滦	0.238	0.221	0.221	0.228	0.248	0.263	0.269
峰峰	0.129	0.133	0.130	0.139	0.143	0.142	0.143
井陉	0.132	0.167	0.136	0.151	0.127	0.128	0.140
兴隆	0.172	0.177	0.123	0.214	0.406	0.340	0.426
邢台	0.104	0.084	0.107	0.087	0.086	0.092	0.112
邯郸	0.188	0.177	0.182	0.179	0.188	0.192	0.142
盛源	0.224	0.184	0.189	0.168	0.212	0.233	0.237
八宝山	0.137	0.106	0.248	0.213	0.236	0.239	0.272
大同	0.127	0.135	0.152	0.183	0.181	0.195	0.179
阳泉	0.114	0.110	0.099	0.092	0.101	0.113	0.119
西山	0.122	0.127	0.129	0.136	0.141	0.146	0.162
汾西	0.142	0.121	0.164	0.162	0.169	0.149	0.155
潞安	0.153	0.181	0.220	0.226	0.261	0.266	0.331
轩岗	0.131	0.101	0.107	0.097	0.101	0.102	0.086
晋城	0.162	0.146	0.118	0.170	0.221	0.240	0.210
煤气化	0.098	0.101	0.110	0.135	0.130	0.142	0.170
王坪	0.249	0.131	0.141	0.163	0.140	0.158	0.125
霍州	0.124	0.107	0.108	0.105	0.100	0.112	0.115
东山	0.116	0.110	0.122	0.094	0.094	0.074	0.092
荫营							
固庄							
小峪	0.127	0.124	0.126	0.126	0.111	0.136	0.078
南庄	0.137	0.143	0.144	0.142	0.147	0.141	0.147
寨沟							
平朔							
包头	0.101	0.099	0.082	0.142	0.134	0.115	0.133
乌达	0.087	0.073	0.067	0.080	0.089	0.093	0.085
海勃湾	0.106	0.071	0.108	0.088	0.093	0.130	0.136
宝日希勒							0.206
平庄	0.217	0.210	0.198	0.185	0.204	0.195	0.183

续表

	1992年	1993年	1994年	1995年	1996年	1997年	1998年
扎赉诺尔	0.169	0.135	0.133	0.143	0.165	0.201	0.191
大　雁	0.177	0.188	0.190	0.241	0.211	0.216	0.201
霍林河							
伊　敏							
神　东							
万　利							
准格尔							
抚　顺	0.123	0.122	0.120	0.120	0.120	0.121	0.074
阜　新	0.184	0.185	0.183	0.182	0.159	0.164	0.173
北　票	0.142	0.147	0.126	0.100	0.075	0.065	0.094
铁　法	0.109	0.113	0.117	0.130	0.121	0.126	0.120
南　票	0.143	0.147	0.137	0.152	0.199	0.191	0.172
沈　阳	0.126	0.126	0.115	0.109	0.117	0.126	0.147
本　溪						0.131	0.132
烟　台	0.152						
八道壕	0.114						
辽　源	0.115	0.119	0.116	0.132	0.134	0.121	0.111
通　化	0.172	0.181	0.168	0.169	0.162	0.192	0.198
舒　兰	0.229	0.235	0.240	0.213	0.178	0.162	0.145
珲　春	0.142	0.144	0.157	0.159	0.151	0.167	0.143
营　城							
蛟　河							
鸡　西	0.137	0.141	0.129	0.126	0.126	0.131	0.122
鹤　岗	0.121	0.118	0.084	0.090	0.091	0.097	0.101
双鸭山	0.140	0.146	0.138	0.135	0.141	0.138	0.143
七台河	0.128	0.108	0.113	0.120	0.118	0.125	0.128
徐　州	0.126	0.126	0.116	0.134	0.133	0.138	0.141
大　屯	0.095	0.096	0.093	0.102	0.104	0.104	0.105
长　广	0.121	0.128	0.138	0.149	0.115	0.128	0.120
淮　南	0.082	0.067	0.082	0.081	0.083	0.093	0.082
淮　北	0.098	0.092	0.083	0.087	0.099	0.128	0.134

续表

	1992年	1993年	1994年	1995年	1996年	1997年	1998年
萍乡	0.162	0.192	0.189	0.180	0.219	0.208	0.204
丰城	0.063	0.071	0.101	0.104	0.129	0.122	0.101
英岗岭	0.094	0.113	0.111	0.124	0.155	0.123	0.133
洛市	0.083	0.098					
乐平	0.129	0.169	0.154	0.243	0.205	0.293	0.198
淄博	0.137	0.162	0.179	0.186	0.220	0.287	0.151
新汶	0.142	0.139	0.148	0.138	0.144	0.162	0.165
枣庄	0.103	0.090	0.093	0.109	0.122	0.134	0.119
肥城	0.133	0.127	0.136	0.143	0.145	0.154	0.179
兖州	0.099	0.103	0.125	0.141	0.149	0.172	0.169
坊子	0.159	0.209	0.257	0.324	0.385	0.439	0.653
龙口	0.095	0.078	0.091	0.080	0.089	0.181	0.100
临沂							0.176
平顶山	0.113	0.142	0.169	0.158	0.148	0.157	0.160
焦作	0.155	0.181	0.211	0.223	0.215	0.258	0.265
鹤壁	0.096	0.097	0.094	0.091	0.091	0.095	0.096
宜洛							
观音堂							
张村							
义马	0.121	0.113	0.122	0.118	0.121	0.132	0.120
郑州	0.201	0.177	0.195	0.180	0.196	0.235	0.183
永城							0.070
涟邵	0.101	0.107	0.108	0.118	0.126	0.127	0.130
资兴	0.102	0.105	0.114	0.118	0.126	0.128	0.130
白沙	0.129	0.121	0.158	0.099	0.158	0.160	0.153
广旺	0.123	0.140	0.161	0.203	0.196	0.200	0.188
芙蓉	0.107	0.113	0.122	0.123	0.105	0.106	0.104
攀枝花	0.161	0.177	0.176	0.180	0.192	0.214	0.216
达竹		0.111	0.130	0.140	0.157	0.149	0.165
华蓥山		0.128	0.116	0.121	0.115	0.113	0.129

续表

	1992年	1993年	1994年	1995年	1996年	1997年	1998年
隆　昌							
南　桐	0.129	0.142	0.147	0.151	0.161	0.160	0.163
天　府	0.127	0.097	0.129	0.116	0.117	0.132	0.149
松　藻	0.113	0.103	0.104	0.121	0.136	0.133	0.117
中梁山	0.157	0.169	0.162	0.148	0.194	0.181	0.203
永　荣	0.142	0.144	0.170	0.193	0.217	0.202	0.206
六　枝	0.107	0.132	0.136	0.130	0.127	0.095	0.078
盘　江	0.106	0.119	0.113	0.093	0.122	0.111	0.123
水　城	0.112	0.107	0.126	0.123	0.113	0.119	0.119
一平浪	0.188	0.197	0.213	0.201	0.234	0.250	0.277
来　宾	0.097	0.118	0.135	0.141	0.128	0.198	0.144
羊　场	0.131	0.151	0.184	0.151	0.156	0.293	0.362
田　坝	0.155	0.116	0.131	0.138	0.164	0.237	0.147
铜　川	0.084	0.085	0.085	0.087	0.095	0.087	0.090
蒲　白	0.119	0.113	0.108	0.110	0.110	0.104	0.112
澄　合	0.078	0.092	0.109	0.113	0.109	0.117	0.107
韩　城	0.081	0.080	0.100	0.114	0.110	0.115	0.127
崔家沟							
苍　村	0.103	0.117	0.134	0.108	0.123	0.179	0.160
窑　街	0.159	0.160	0.160	0.169	0.177	0.177	0.160
兰　阿	0.096	0.199	0.170	0.236	0.252	0.261	0.282
靖　远	0.092	0.112	0.130	0.137	0.135	0.127	0.124
华　亭							
亘　元	0.125	0.138	0.150	0.157	0.152	0.156	0.161
太　西	0.180	0.174	0.166	0.166	0.174	0.182	0.187
汝箕沟							
灵　州	0.093	0.113	0.159	0.132	0.112	0.171	0.176
哈　密	0.190	0.179	0.213	0.207	0.217	0.187	0.152
乌鲁木齐	0.165	0.148	0.152	0.155	0.150	0.163	0.154
艾维尔	0.099	0.093	0.142	0.167	0.121	0.174	0.150

国有重点煤矿回采工作面平均月产量——按单位分

单位：吨/个/月

	1953 年	1954 年	1955 年	1956 年	1957 年	1958 年	1959 年	1960 年	1961 年	1962 年
合　计	**4253**	**4935**	**4968**	**5130**	**5137**	**6194**	**7051**	**7313**	**5541**	**5167**
北　京	5270	4930	4232	4020	4269	5721	8403	9818	8719	7321
开　滦	4342	6127	7441	6929	8114	10839	13569	14295	10653	10846
峰　峰	7042	7326	7490	6718	6885	7729	9042	8004	5971	6646
井　陉	4671	4829	4291	4292	4085	3939	5775	5873	3996	3312
兴　隆							3251	5216	4474	3406
邢　台										
邯　郸							9984			
下花园							4370			
八宝山										
大　同	7756	7762	5930	5512	4738	6295	8320	10191	6380	5924
阳　泉	8427	10714	9611	9468	8850	8737	8933	10774	7312	8213
西　山				4621	7456	7112	9750	10579	6956	7348
汾　西				7234	7128	6121	6742	6592	5728	5601
潞　安	3420	2674	4332	8678	7277	7062	7427	9087	7118	5552
轩　岗				1830	3412	4894	4303	7421	6126	5655
晋　城									4238	6187
霍　县							7100			
东　山							3956			
荫　营							3942			
小　峪										
南　庄										
寨　沟							10903			
包　头					5953	3851	6772	6762	5738	4393
乌　达							3125	4791	4013	3681
萍　乡	4651	6088	6269	6126	6196	7455	8991	7192	6391	6161
丰　城							3991	2698	2926	3730
英岗岭										
抚　顺	6093	6677	8261	9265	8698	10707	12060	11363	8565	8819
阜　新	5354	4796	4644	5224	4977	7123	7326	7731	5343	4874
本　溪	8911	8012	7189	6440	6740	7284	8220	7358	5994	5076

续表

	1953年	1954年	1955年	1956年	1957年	1958年	1959年	1960年	1961年	1962年
北票	7009	6010	5475	4170	3734	4757	6087	7205	4623	4310
平庄							4706	7671	5805	4360
铁法							17194	2308	2488	2297
南票							4768	5984	7001	5614
沈阳					6353			2123	2349	2456
烟台							4343			
八道壕							4633			
辽源	5424	5807	4165	4550	4289	5452	5490	6906	4527	4393
通化	2250	1969	2055	2359	1955	2064	3255	4372	2904	2393
舒兰							2988	2844	2978	2879
蛟河	5286	5142	5010	4295	4953	5266	5410	5423	4088	3537
营城	5859					4877	4715	4538	2993	3234
鸡西	4237	4277	4417	4402	4580	3858	4974	5147	4143.	4476
鹤岗	6218	5041	4804	5224	5401	6508	7741	7595	4549	4329
双鸭山	5095	5269	4653	4360	3988	5172	4600	3883	2534	2505
七台河							2695（勃利）	3045（勃利）	3173（勃利）	2759（勃利）
扎赉诺尔	1047	1431	2713	5091	4526	4800			4042	
大雁										
淄博	4572	4771	5119	4661	4283	4897	5178	4819	3531	3527
新汶	7058	6065	3716	3850	3925	7747	7485	9792	6969	4117
枣庄	4486	4297	3940	10904	5170	7041	6734	6391	5063	4632
肥城								1868	2561	4046
莱芜								3978	3522	
兖州										
坊子	3024	2454	2265	2351	2800	4176	4445	4480		3141
徐州	6037	6756	5606	7183		8091	7621	6006		5662
淮南	4428	4494	4395	4752	5214		8917	10491	9121	8851
淮北							5572	4729	5593	5392
焦作	11381	8640	9844	9606	8684	10490	14396	12105	7014	6696
平顶山					3632	4512	7101	9389	6285	5367
鹤壁					4308	7201	11330	14170	8628	5162

续表

	1953 年	1954 年	1955 年	1956 年	1957 年	1958 年	1959 年	1960 年	1961 年	1962 年
宜 洛			1909	2309	2338	3285	7057	10219	4053	5352
观音堂							7174	7327	6116	6470
涟 邵								2792	1878	2013
资 兴			2663	3060	3294	4688	5062	4589	3436	3288
白 沙										
铜 川	1081	1642	3126	3624	3055	3627	3462	5124	3868	3353
蒲 白							4327	3219	3395	3419
澄 合										
韩 城									1778	1521
石嘴山							5581	5990	4894	4806
石炭井									2648	4138
窑 街							8500	6462		5407
阿干镇							5670	6796		3022
靖 远							8671			4807
哈 密										7050
长 广									12145	1567
六 枝									2130	2969
水 城							849	2795	2170	1278
盘 江										
一平浪							2668	5144	4700	4907
来 宾										1459
羊 场										
田 坝										
南 桐	3489	3494	4673	5931	5960	6304	6700	4898		
天 府			1456	22528	2569	3028	3401	3410		
中梁山							3383	4937		
松 藻							5733	3469		
永 荣			814	1275		2219	2387	1968		
广 旺			911	866						
芙 蓉										
渡 口										

续表

	1963年	1964年	1965年	1966年	1967年	1968年	1969年	1970年	1971年	1972年
合　计	**5332**	**6016**	**6646**	**7342**	**5800**	**6370**	**7079**	**7931**	**8039**	**7941**
北　京	6513	6540	7202	7067	6046	6207	6825	6896	6886	6573
开　滦	10805	11632	12677	12906	10945	13275	13809	13567	14115	14610
峰　峰	7143	7496	8200	8691	7667	8967	9133	9422	9399	10006
井　陉	3576	3409	3709	4531	5305	7578	8845	8073	7608	7589
兴　隆	3033	4046	5143	5807	5037	5042	5375	5514	5002	6261
邢　台						7423	12854	10979	9757	9357
邯　郸										
下花园										
八宝山										
大　同	6695	7427	7489	7444	5233	6468	7466	7544	7776	7439
阳　泉	9227	9706	10387	10301	6296	7279	10838	11672	12041	11771
西　山	7347	8953	9639	9202	4905	4252	5567	9006	10034	10236
汾　西	5848	6170	5716	6618		1457	2300	5704	5828	5143
潞　安	7120	8336	9349	10027	8572	8956	11417	12038	10509	10432
轩　岗	6669	6288	7274	6747	5518	4973	6104	6899	6782	5410
晋　城	8305	7292	8095	7264	6071	6187	6959	7291	6927	7848
包　头	4884	5273	4959	5769	3832	4478	3690	6593	5626	5225
乌　达	5289	5720	7493	8961	6202	7504	4382	9214	8312	7216
扎赉诺尔	4167	5763	7006							
萍　乡	6498	6418	8370	8989	5780	7677	8307	9657	9090	7824
丰　城	4707	6213	8450	7027	5833	6062	6078	7434	7741	7293
英岗岭										1692
抚　顺	8738	9133	9779	13319	11158	10553	17544	17409	16347	15218
阜　新	4646	5284	6770	9236	7794	9116	9360	10635	9290	9421
本　溪	5463	6349	7381	8742	7077	8202	8392	7599	7393	7678
北　票	4081	4747	4126	4703	5007	6034	7217	8414	8005	7565
平　庄	4814	5781	6996	7863	5091	5476	5660	7699	7553	6940

续表

	1963年	1964年	1965年	1966年	1967年	1968年	1969年	1970年	1971年	1972年
铁　法	2869	2871	4705	5663	3459	5540	6561	6890	7040	7702
南　票	3351	4686	5489	7098	5512	6225	5313	7300	8549	8390
沈　阳	3563	4458				3352	3594	4821	4743	4938
辽　源	5115	6334	6753	7545	7131	7641	7743	8330	8294	8672
通　化	2312	3012	3887		3957	4292	4782	5065	5194	5392
舒　兰	3455	4920	5385	7158	5512	6544	5598	6199	6412	6880
蛟　河	3814	5315	6018	6672	8101	5359	6285	5827	5785	5695
营　城	3378	4144	4355	5042	2635	3738	4854	5409	5523	5435
鸡　西	4668	4899	5647	6258	4599	6435	7064	7201	6849	6999
鹤　岗	5005	6066	7389	8531	6224	6434	9657	10724	9715	8736
双鸭山	2806	3291	4088	4821	4538	5095	4856	5294	4917	4161
七台河	3098	3174	3825	4523	2836	3469	4060	5300	3916	4052
淄　博	3983	4327	4799	5104	4594	5002	3541	4369	4536	4984
新　汶	4958	5876	7239	7573	7539	7125	5652	8016	7325	7386
枣　庄	5343	6168	7708	8532	8072	8663	6215	9650	10034	9954
肥　城	5296	7484	8596	10488	10727	8375	7083	12207	12477	14399
莱　芜										7669
坊　子	3424	3436	3660	3013	3005	3479	3540	2524	3153	3148
徐　州	5956	6689	7954	8510	7576	5059	4212	9835	11119	11368
淮　南	6990	6827	7138	7302	4508	6394	8089	8790	8509	8416
淮　北	5076	6552	7327	6819		5034	9199	9569	9711	10040
焦　作	6743	7455	8011	9278	7064	8755	11172	9193	9732	9114
平顶山	6309	6295	8674	11462	8710	6300	10392	10823	11700	11585
鹤　壁	6176	7181	8820	9524	6965	8470	11501	12946	12983	12398
宜　洛	3733	4068	4706	5802	6435	5469	6522	8088	8595	9558
观音堂	5936	5699	7167	8680	7463	5293	4188	7203	7513	7118
涟　邵	2034	2213	2744							3950
资　兴	3610	3593	3989							

续表

	1963 年	1964 年	1965 年	1966 年	1967 年	1968 年	1969 年	1970 年	1971 年	1972 年
白　沙										
铜　川	3699	4542	4840	4969			4287	5129	5491	6521
蒲　白	3729	3404							4341	3973
澄　合									5366	4965
韩　城	1947	2357								
石嘴山	4992	7063	10583	12893	7756	7873	8808	8905	9927	9111
石炭井	4340	5313	8184	7857	4452	4399	7578	10096	10545	
窑　街	6671	6586	7278	8031	4496	5773	5343	6876	8346	9246
阿干镇	4225	4428	6047	6685	5430	7449	8572	9522	8539	7142
靖　远	3330	3810	1503	4585	2847	3956	7885	5675	9168	3403
哈　密	4716	6898	6413	5780	5286	4411	3611	5197	5333	
长　广	1946	1898	2041	2250	1871			1858	2042	1815
六　枝	3427	2078	3905		2083	3477	3142	4552	6623	6083
水　城	1075	1347	1343		2324		2003	3009	5325	5514
盘　江									1352	3890
一平浪	5476	6184	5902	4374	3635	2489	5112	4707	5192	5514
来　宾	2077	3107	6651	5608	4113	1922	259	2905	4325	4092
羊　场		2302	3698	3043	2219	4263	3136	3102	5143	6106
田　坝										
南　桐			5945	5584	3392	2176	4340	4907	5470	5773
天　府			4273	5057	3806	4651	4127	3468	4545	4304
中梁山			2405	3312			2766	4921	5162	5388
松　藻			3439	3325	2620	1225	1991	3678	5358	5198
永　荣			2239	2212	1387	558	658	1605	2118	1881
广　旺			3184	3016	3340	2791	3437	3290	3978	4649
芙　蓉								6478	8089	7546
渡　口								6612	7704	6844

续表

	1973年	1974年	1975年	1976年	1977年	1978年	1979年	1980年	1981年	1982年
合　计	**8177**	**8153**	**9658**	**9633**	**10356**	**10989**	**11220**	**11032**	**10908**	**11150**
北　京	6755	7069	7368	7410	7235	7107	6825	6514	6204	5857
开　滦	16411	16647	18848	18615	14970	15118	15529	14727	15951	16821
峰　峰	9424	9295	11043	11681	12652	12260	12273	11755	11691	12165
井　陉	7302	7223	7990	9044	9842	10065	10603	10182	9283	9211
兴　隆	7336	8396	9616	11642	13176	12795	12177	11117	7911	7604
邢　台	9383	9818	14934	14954	15482	17976	18890	16749	17721	21765
邯　郸	6726	7014	10171	12054	12379	13778	12340	12109	12151	11584
下花园	6885	6089	6988	7328	7080	5761	6432	6828	5865	6006
八宝山	5180	5672	5801	5412	6664	6075				
大　同	8477	9203	11099	12440	12177	12686	13390	15244	14810	15088
阳　泉	13090	14078	15892	16070	15450	16116	15354	18341	19022	19672
西　山	11187	9252	10461	8471	11552	13059	14502	15577	16251	16374
汾　西	5350	5366	5783	3934	8419	9616	10698	11454	10748	11495
潞　安	12315	11777	12535	11266	13095	15302	16377	16351	17471	18625
轩　岗	6444	7209	8522	9954	10968	11784	12927	11678	12003	10926
晋　城	8857	7838	8640	7724	10193	12279	13799	14323	15424	15814
霍　县	7592	6557	6929	6706	7073	7706	7347	7054	5883	6001
东　山	4716	4061	3433	1585	3676	6660	7484	8635	9361	9210
荫　营	7825	8111	8756	8951	9552	10041	10051	8883	8758	10618
小　峪	7609	7664	8680	7580	9982	12264	11403	9626	8826	9915
南　庄	3979	5010	6246	7900	8484	10725	12140	10177	8248	8905
寨　沟	6691	8242	10143	10533	10637	10736	11663	11174	9888	9748
固　庄										10555
包　头	5002	4728	5497	5625	6969	7330	7425	7405	7822	7591
乌　达	6090	5486	8807	11371	11854	12328	12362	11359	9495	10288
海勃湾					7271	9052	8632	7225	7695	8327
萍　乡	7720	5746	6287	6584	7102	7837	7317	7254	7231	6855
丰　城	7029	5310	6021	6910	8828	10532	11490	11740	10492	11837
英岗岭	2524	2270	1999	2200	2851	4332	4040	2957	4492	5070
抚　顺	14828	14910	13227	11969	11784	12868	13515	11200	10598	11323
阜　新	10618	11709	12045	10764	10470	10716	10243	9875	10115	10397
本　溪	7922	7520	8456	9047	10121	10465	9602	8419	8167	7855
北　票	7116	8139	8820	9166	9000	9731	9672	9001	7852	8004

续表

	1973 年	1974 年	1975 年	1976 年	1977 年	1978 年	1979 年	1980 年	1981 年	1982 年
平　庄	8293	8882	9007	9574	10648	11462	11873	10549	9620	9229
铁　法	7789	8144	7251	6976	7132	7871	7357	8180	7503	8283
南　票	8979	11028	13073	13546	14034	12609	11726	12799	9172	10033
沈　阳	5681	5540	5080	5740	6208	6497	6507	6593	5288	6504
烟　台	2807	3136	2844	2219	1910	1977	1822	1303	1702	2104
八道壕	6478	7491	7525	7403	5855	6746	6641	9695	8040	7114
辽　源	9475	8902	8751	9179	8720	8337	8239	8740	8527	8646
通　化	6804	7306	8508	9523	9685	10702	10967	8554	7436	7224
舒　兰	7311	6059	9142	8847	8826	8644	9167	8841	9069	9281
蛟　河	6501	6978	7332	7767	7671	7954	7336	6749	6704	6951
营　城	6135	6013	6400	6616	5898	5552	5945	6115	5961	5868
鸡　西	7121	7333	8380	8725	9138	9612	10415	10684	10758	11909
鹤　岗	8529	9484	9936	10769	10990	12414	12522	13074	12861	13018
双鸭山	4120	4714	5802	6724	7601	7769	8144	8423	8745	9161
七台河	4156	4092	5024	5377	5090	6222	7007	6744	6192	6087
扎赉诺尔	7651	6516	9674	10403	11673	11563	13338	13438	12868	12683
大　雁		5573	5991	5792	6700	6184	8886	10187	9643	11562
淄　博	5096	3280	4797	4930	5707	6141	5933	5463	5359	5567
新　汶	7533	4440	8633	10759	10908	10982	11894	11533	10874	10914
枣　庄	7809	3471	9485	11699	12027	13855	14204	13299	13727	12334
肥　城	13569	4722	11475	13353	13002	11363	10916	10125	9645	9648
莱　芜	10250	6872	10039	7372	7385	6764	6868	7920		
兖　州		5388	9072	10226	10736	13798	14037	15670	15837	21275
坊　子	2720	2376	3170	2914	3925	3407	4070	3213	3512	2685
大　屯							10777	11299	13146	14812
徐　州	12634	8955	11508	13737	14076	17340	17236	17050	15956	14522
淮　南	8870	7174	9320	9142	9055	9284	9796	9499	9566	10150
淮　北	10928	9505	12308	12865	13622	14684	15152	14743	14689	14093
焦　作	8919	9510	10219	8670	10930	11232	11748	11350	10848	9658
平顶山	11243	9556	11408	8817	14103	15577	15898	15638	14994	15324
鹤　壁	10848	13632	14177	11171	14499	13195	13606	12679	12550	11874
宜　洛	7177	6825	8546	4746	10336	10338				
义　马	14213	18396	20823	16276	17382	18987	15096	15871	15405	16493
新　密	12534	12575	12622	10023	13236	15847	19485	19252	18163	18575

续表

	1973年	1974年	1975年	1976年	1977年	1978年	1979年	1980年	1981年	1982年
涟　邵	3621	2323	3775	3889	4386	4495	4301	4302	3917	3593
资　兴	4963	4102	4803	4246	4849	5168	4827	4895	4940	5469
白　沙			4780	4489	5262	4663	4805	4150	3933	5342
铜　川	7512	6538	7049	6938	8443	9572	9365	8040	7652	8144
蒲　白	3729	3734	4818	3821	5342	5773	7272	7605	5894	6425
澄　合	5174	6464	7612	6505	7898	10079	12158	12009	9846	8172
韩　城	5699	5346	5119	5407	6860	8331	8312	8200	10247	12051
崔家沟							11817	11502	10162	10894
石嘴山	10308	6322	10269	12267	13710	13804	15333	15003	15187	14735
石炭井	9574	8313	10054	10143	11353	11402	11407	11152	10215	9725
窑　街	9572	8830	10971	12385	12024	12314	11864	10454	11080	11949
阿干镇	6808	6521	6618	7319	8155	8365	9745	9112	7445	6949
靖　远	5310	5748	5319	4971	5790	5664	6115	5646	5642	6988
乌　局							9879	7685	7443	6654
哈　密	3849	3462	5881	6982	8357	8841	9456	11468	7929	7896
收　城						9389	10018	8169	9373	9635
长　广	1877				2548	2806	3098	3087	2813	2846
六　枝	4092	2171	3508	3432	5162	7011	6749	6264	5704	6208
水　城	4982	3768	6459	7075	8527	9389	9018	9119	9372	9635
盘　江	3663	3449	6082	4585	6340	6927	7203	7073	7069	7738
一平浪	5090	5327	4991	4718	5838	5747	5281	4341	4384	6408
来　宾	3492	4566	5713	4958	7120	7580	6706	4851	7360	8241
羊　场	7389	7482	5200	3488	5195	7129	5400	5036	4540	5688
田　坝	2821	2466	2552	2503	3373	6048	6658	6749	5806	5636
南　桐	5440	3882	6107	4367	6310	6507	6482	6969	6823	6506
天　府	3289	2884	4098	3706	4950	5564	5941	5030	5094	5127
中梁山	3578	2799	4866	3152	4863	6344	6720	5096	4658	4920
松　藻	3433	2568	3619	3621	3808	4742	7129	7123	6449	7280
永　荣	812	549	1780	2092	2951	3244	3214	3305	3355	3569
广　旺	4294	4365	4770	4919	5341	4725	3965	4101	4152	3953
芙　蓉	7007	6252	7248	6336	8154	8464	7714	7286	6967	6903
渡　口	7599	7871	8116	728	9288	9781	9195	9122	8436	8449

续表

	1983 年	1984 年	1985 年	1986 年	1987 年	1988 年	1989 年	1990 年
合　计	**11643**	**11555**	**11728**	**12197**	**13082**	**13941**	**14907**	**16040**
北　京	5873	5733	5027	4546	4528	4790	4637	4739
开　滦	17192	17730	15586	15840	18514	17617	18353	18882
峰　峰	12725	13050	14442	15704	17165	18283	20296	21870
井　陉	9453	8736	8994	9427	8917	8973	8270	8047
兴　隆	8158	7312	7946	7114	7535	8089	7922	7567
邢　台	22884	28883	24116	31793	34854	55357	54324	44556
邯　郸	11042	11898	12204	12471	12540	12784	10850	11424
下花园	5128	5060	4452	3833	4567	4391	5678	6844
八宝山			4218	5025	4897	5397	6443	5509
大　同	15594	15934	16347	17743	17964	18748	21697	24749
阳　泉	19531	19938	19968	20655	21684	24573	28900	34730
西　山	17781	17551	17673	19765	22226	22040	26937	26859
汾　西	11712	12421	12080	13470	15646	15646	23836	26048
潞　安	21683	28179	35789	54465	69975	85862	85992	83707
轩　岗	10390	10206	11382	10132	12375	13098	14021	15240
晋　城	17290	18120	27832	38838	59352	72224	84024	79476
霍　县	7007	7880	9697	10290	10593	10936	11764	15196
东　山	9057	9863	10316	12232	11243	8808	9410	10821
荫　营	10597	11141	10935	11611	10771	11557	11887	13197
小　峪	10072	9439	10577	11197	11246	11474	11529	14518
南　庄	11996	11850	11374	11146	10305	14436	14984	15447
寨　沟	10548	11409	10294	10725	12146	11498	11235	11594
固　庄	12509	14682	14044	14288	12548	13696	14814	14560
包　头	7349	7307	7571	6936	7353	7022	6536	6792
乌　达	11323	12876	13294	13587	13914	13627	16049	17995
海勃湾	9120	9061	8553	9010	10321	10758	9916	12331
萍　乡	7249	6648	6277	6598	6547	6140	6761	7018
丰　城	12365	12071	10913	11863	13198	13342	13014	12247
英岗岭	5242	5072	4427	4522	4622	5360	5711	5733
洛　市								5353
抚　顺	11738	11729	10787	10544	9539	10930	11182	11895
阜　新	9649	10239	11336	10641	12396	11245	11358	13677

续表

	1983年	1984年	1985年	1986年	1987年	1988年	1989年	1990年
北票	8460	8822	8175	8594	9322	10044	10880	12800
平庄	9962	10508	10314	9414	10141	11246	12397	12598
铁法	5756	11068	11899	14063	18931	24293	24293	37315
南票	11263	12659	13540	17060	20466	22364	22758	21994
沈阳	7728	8692	8339	9134	9322	10466	11473	12052
烟台	1803	3048	2996	2197	1890	1646	1717	1605
八道壕	7904	8170	7110	8178	7477	5911	6418	6608
辽源	9000	8850	9090	9274	10075	12873	13874	15683
通化	7234	7908	8394	9430	10726	10876	11308	11641
舒兰	8284	8228	8250	8621	9971	12206	13533	14656
珲春	6382	6428	5768	6045	5489	5773	6478	7701
鸡西	13002	13457	13201	14416	14049	15544	16785	17532
鹤岗	13884	16269	16915	18028	20196	19766	21008	24380
双鸭山	9398	9504	10325	11215	12664	14702	16153	18712
七台河	7201	7995	8366	9766	10919	12594	12773	13690
扎赉诺尔	13352	12998	15779	15711	16829	17106	17526	22354
大雁	11002	9149	10717	12117	16825	17790	20841	32168
淄博	5662	5871	5583	5587	5411	5576	6698	7412
新汶	10513	10744	11085	10943	11635	13163	14867	15797
枣庄	13173	13367	13907	13256	13253	15048	15228	16413
肥城	10113	10812	10417	9979	12165	13588	14547	14480
兖州	23926	29331	33951	35135	43202	51616	46919	43405
坊子	2018	2667	2356	2362	1823	1751	2442	2632
龙口			9495	7981	9019	15846	24551	28219
徐州	14560	14865	14406	13673	14785	15095	14926	16231
大屯	16171	16808	17938	17245	16495	17106	18709	24097
淮南	10870	11684	11640	11509	10402	12037	13664	14481
淮北	14575	14803	15217	14838	14961	14761	15585	16657
焦作	9888	9247	9078	9250	10056	10633	11864	11401
平顶山	16253	17380	18374	19038	20355	20851	22591	22358
鹤壁	11752	11208	11540	10689	12235	15288	14941	14991
义马	17118	17088	18305	18034	19182	18726	21782	23117
郑州	18148	17038	15437	14643	15211	14054	14975	19106

续表

	1983 年	1984 年	1985 年	1986 年	1987 年	1988 年	1989 年	1990 年
涟　邵	3658	3736	3689	3749	3693	3824	3231	3503
资　兴	5889	6197	5042	5414	6053	5698	5918	6201
白　沙	3835	3872	3732	3322	2685	2577	2465	3305
铜　川	8181	8712	8722	8495	9348	9766	9284	10075
蒲　白	6404	6402	6430	7170	7377	7739	8379	9793
澄　合	10218	10548	10683	11097	10568	9440	9440	10591
韩　城	12430	13424	13004	12262	14859	17243	17243	16420
崔家沟	9968	9042	9833	9368	9370	9371	9371	9120
石嘴山	14414	16457	18452	17681	19663	21236	20399	22471
石炭井	10803	11468	12120	11847	11791	12810	13483	16302
窑　街	12774	14236	14317	14152	14215	16800	18724	17847
阿干镇	8389	8015	7114	5522	6224	6662	6139	5771
靖　远	7930	8350	9124	9073	9877	9970	10541	10322
哈　密	9186	10370	10748	9871	10599	17500	17400	16961
乌　局	7744	7984	7771	8401	7484	8282	8087	10114
长　广	3027	2782	2579	2653	2837	2742		
六　枝	6564	7102	7261	7112	7846	7512	7911	8333
水　城	9267	9095	8916	10220	10477	11657	11607	12419
盘　江	8996	8133	8818	10180	11587	11342	11561	15418
一平浪	5512	5693	5481	5618	6880	6946		
来　宾	6651	9095	7658	6626	9322	9108		
羊　场	6033	6229	5594	6124	5517	5510		
田　坝	6007	7306	7272	6901	7858	9378		
南　桐	6863	6959	7360	7238	3537	7605	7010	7337
天　府	5524	5295	5244	5494	5707	6168	5703	5860
中梁山	4496	4433	4917	4615	4755	4206	4400	4866
松　藻	9509	8758	8816	8863	10164	11311	10403	9923
永　荣	3386	3423	3538	3450	3658	3820	3981	3961
广　旺	4276	4606	4438	4189	4202	4871	5392	5569
芙　蓉	6862	7940	7849	7602	8779	8580	9503	10554
海　口	8552	9040	8270	8503	9115	9770	9887	9448
附：中统公司						13883	14802	15789
东煤公司	10174	10780	10999	11765	12823	14163	15302	16985

续表

	1991年	1992年	1993年	1994年	1995年	1996年	1997年
北京	5124	5756	5196	5660	5816	5792	5816
开滦	19353	19249	20658	20836	22594	25820	28230
峰峰	22337	25742	25932	24925	26681	26922	29016
井陉	7823	11917	9434	9991	10356	9195	7891
兴隆	7701	7107	9065	9714	8487	9064	9981
邢台	54268	56157	54616	51680	74663	85651	84614
邯郸	12668	15370	15726	16291	15339	18766	22929
盛源	7616	7625	7775	7494	8269	10506	6247
八宝山	4784	5562	4845	4669	3750	4451	4020
大同	30198	34833	43248	45311	43956	47778	49878
阳泉	38337	40346	47707	43407	45550	48172	49833
西山	30159	38153	39981	46622	53847	59177	60877
汾西	28745	30806	27957	27730	28762	29207	31947
潞安	91918	112789	140688	149644	144721	142286	141411
轩岗	18673	20525	16739	18456	17305	16814	15866
晋城	82696	90457	92675	87796	94320	102792	87837
煤气化		15318	16583	20281	18377	23846	27423
王坪		14415	29230	27839	37556	46047	30752
霍州	17404	21163	19238	20377	20731	22298	23996
东山	12007	11904	10903	12786	12244	12231	14350
荫营	15604	15016	16171	14745	17027	22165	26635
固庄	12914	15595	17216	16842	17645	23322	23821
小峪	14697	13668	17145	18802	18461	17407	18938
南庄	13981	15019	17369	18216	18028	18086	15796
寨沟	10793	10715	10565	14097	12875	12868	12197
平朔							
包头	10410	11798	10846	11677	11166	9199	9872
乌达	24010	22131	19857	20350	23268	24128	23051
海勃湾	13558	14906	24602	23941	19752	21186	24927
宝日希勒							

续表

	1991年	1992年	1993年	1994年	1995年	1996年	1997年
平　庄	13903	15593	18541	20937	20410	21450	21916
扎赉诺尔	24927	26887	24992	25831	23492	24045	27799
大　雁	37769	49747	61856	72168	66086	67050	51174
霍林河							
神　东							
准格尔							
抚　顺	12966	16724	18757	19457	16139	18787	18093
阜　新	17521	20168	21492	16837	18223	18152	24362
北　票	14733	16426	16149	13638	12076	13405	11974
铁　法	40509	45326	48311	53740	62577	76910	98147
南　票	22064	21927	20818	21065	17989	17569	22980
沈　阳	12907	15439	15599	11063	10460	11435	13944
本　溪							6757
烟　台	1362	940					
八道壕	5846	6465					
辽　源	16672	16540	18795	18442	17002	16561	16380
通　化	13460	14413	15168	15364	13216	12176	11690
舒　兰	16851	17902	18811	16459	14405	15335	16571
珲　春	9116	10995	9249	15498	18445	22612	21734
营　城							
蛟　河							
鸡　西	22734	25751	21532	20580	20587	18479	17605
鹤　岗	23650	25259	22210	21204	17569	18549	19245
双鸭山	17841	20694	18838	17001	15889	15819	17377
七台河	14514	13546	12512	11983	11163	11154	12097
徐　州	18241	20146	21237	23685	27671	28606	29779
大　屯	25944	30310	31417	36139	37631	47127	47049
长　广		4029	5146	3971	4192	4611	4697
淮　南	14910	14950	18605	18441	18226	19348	22249
淮　北	16915	17528	18299	20118	21093	22342	21867

续表

	1991年	1992年	1993年	1994年	1995年	1996年	1997年
萍乡	6324	7309	7159	6935	7073	7454	7751
丰城	15320	14981	17027	13251	13522	13695	13112
英岗岭	6018	6784	7367	8356	7773	8111	8581
洛市	5175	6269	6864				
乐平		5783	5786	7509	8372	9286	8688
淄博	7793	10442	11374	10721	10079	12566	13307
新汶	16726	18802	18849	20150	21919	22980	24127
枣庄	16376	24550	37369	48954	52106	50943	52019
肥城	14400	16259	15775	17353	16878	15884	17513
莱芜							
兖州	43849	49043	60573	81631	94560	106377	118374
坊子	3000	2718	2840	3688	3191	3263	4514
龙口	22742	30206	37465	37578	42520	45359	62031
临沂							
平顶山	23320	27681	29470	34626	39247	41356	37944
焦作	10716	13255	12839	12385	14430	14857	14158
鹤壁	16119	16125	16791	17368	20267	24125	24500
宜洛							
观音堂							
义马	23566	25499	26509	27421	26523	32619	28539
郑州	19482	22234	21607	23396	29104	36856	45718
永城							
涟邵	4057	4880	4147	4311	4195	4833	4667
资兴	7031	7745	7635	7900	7644	7974	8636
白沙	3015	3780	3378	3402	4180	3454	3000
广旺	5648	5893	6120	6260	5607	6039	5951
芙蓉	10868	11401	11201	10690	10605	10970	10329
攀枝花	9136	9821	9838	9767	10076	10347	10297
达竹			6059	6643	6496	7377	7784
华蓥山			11872	14129	13759	17978	16426

续表

	1991 年	1992 年	1993 年	1994 年	1995 年	1996 年	1997 年
隆 昌							
南 桐	7933	8121	9366	9394	9550	9645	9500
天 府	6263	6171	6098	6689	6517	6782	7265
松 藻	9808	10854	10953	12200	12626	12758	12678
中梁山	4310	3919	4392	4374	3817	4054	4057
永 荣	3841	4135	4098	3842	3496	3543	3611
六 枝	8240	8496	8244	8773	8442	8009	7321
盘 江	23079	31058	35277	39152	40377	39091	34898
水 城	12877	14833	16305	20516	20740	18524	19339
一平浪	5776	5819	5924	6754	6854	7811	8810
来 宾	12116	11667	7874	14810	14394	11792	16148
羊 场	5917	6574	5622	6436	7657	7544	8085
田 坝	8938	10750	10119	9592	7760	8383	8303
铜 川	10563	12626	12668	16207	19629	17657	20842
蒲 白	10728	11723	11593	11405	9616	9171	10908
澄 合	10681	12850	13501	15544	15303	15874	17147
韩 城	16810	24273	35974	40370	37690	32999	39607
崔家沟	8970	11587	9604	12655	9952	11843	13724
苍 村		7378	8400	7273	6922	11660	11919
窑 街	16373	17345	18295	17973	17872	19296	20191
兰 阿	6793	6936	5343	5512	6388	7989	7474
靖 远	10537	11847	11465	12185	11872	14943	15747
华 亭							
亘 元	23527	25839	22304	23373	25091	26495	28319
太 西	18164	17891	16328	18382	18897	20896	23352
汝箕沟							
灵 州		17936	16757	14362	16961	16067	22260
哈 密	16602	17318	25641	25735	24891	45209	31734
乌鲁木齐	9778	10081	10134	9755	9832	11815	13625
艾维尔		10315	8311	7644	6930	7791	10771

续表

	1998 年	1999 年	2000 年	2001 年	2002 年	2003 年	2004 年
北　京	6500	6400	7810	9093	10621	9981	9413
开　滦	32994	37393	47412	49981	55889	67196	79608
峰　峰	29585	30496	36018	34396	34602	38752	43811
井　陉	8526	8129	9553	9444	8573	9846	9501
兴　隆	6690	3386	4530	5269	5936	6877	9457
邢　台	90148	90778	84902	53345	51349	44314	48214
邯　郸	24979	26090	28479	30023	39524	46525	79346
盛　源	4349	3792				17634	
八宝山	5667	5881	3954	4779	4660	3665	3411
大　同	50646	44697	49825	43410	56272	58784	62146
阳　泉	55305	52498	61461	62956	79334	92124	107250
西　山	64148	63506	62539	59632	72592	85149	95709
汾　西	32953	25301	27719	32041	41876	46857	52628
潞　安	149889	158739	152811	163666	180447	203505	222735
轩　岗	12315	13733	8276	7359			
晋　城	93735	92147	99815	93627	98476	104272	130789
煤气化	36347	31515	31847	20593	33077		33773
王　坪	26910	42398	38418	16179	7334		
霍　州	19827	26532	36784	43146	48366	54837	62308
东　山	15892	15190	13904	16086	18932	22202	25961
荫　营	29544	27793	29263	28278	32194	30392	33271
固　庄	29646	28953	29095	27978	36880	39215	45139
小　峪	14046	16864	15422	14189	16925		
南　庄	28470	25718	20599	22887	24688	32733	44780
寨　沟	12195	12026	12017	11868	11971	11893	17443
平　朔							
包　头	7439	8315	7926	12010	15531		27697
乌　达	21342	22249	26720	24089	29084		33675
海勃湾	15903	23132	24842	27849	31746		31976
宝日希勒	51462	61831	127518	135870	106875	42385	39050

续表

	1998 年	1999 年	2000 年	2001 年	2002 年	2003 年	2004 年
平　庄	24378	20687	23618	24644	27990	27944	28453
扎赉诺尔	23620	31211	32955	47786	50907	59573	68813
大　雁	61507	79128	97687	115168	118705	126469	145304
霍林河							
神　东			365331	408765	501115		499508
准格尔					12159		
抚　顺	23820	44283	77075	86850	94858	133286	112808
阜　新	29031	28451	37698	35824	41522	48367	64949
北　票	11083	9600	8781	7149			
铁　法	110322	108947	121356	128083	141412	157294	180582
南　票	25387	22927	20789	21527	18033	17237	22838
沈　阳	16301	13660	13809	16525	25141	25102	34695
本　溪	6047	10662					
烟　台							
八道壕							
辽　源	14774	13037	14364	16572	17384	21786	24693
通　化	12778	13795	15519	16360	16123	17053	26725
舒　兰	13689	14602	12343	14906	13997	20210	17375
珲　春	18194	16945	17486	15175	17838	30294	27127
营　城		9017	7677	5935	3124		
蛟　河							
鸡　西	12724	15620	17268	20639	22484	22131	26620
鹤　岗	18373	21009	21770	22920	26004	30383	31684
双鸭山	18109	18149	20987	23490	24673	28176	35313
七台河	12488	12910	12078	12819	11900	12112	13059
徐　州	31761	32686	32622	34173	37815	40112	39552
大　屯	45689	54532	66429	60528	68261		80421
长　广	5259	3222	3774	4130	4166	4187	
淮　南	25197	26354	29565	38165	72165	60079	63477
淮　北	23293	22920	25775	29324	31871	34470	35708

续表

	1998年	1999年	2000年	2001年	2002年	2003年	2004年
萍　乡	7264	7013	6593	6439	6662	7133	4910
丰　城	10620	12829	15554	17730	17402	19621	21382
英岗岭	7748	9182	9520	9356	9361	10719	9395
洛　市							
乐　平	7574	8362	8193	7640	6696	5272	6276
淄　博	10980	11278	7457	8668	9505	10098	30882
新　汶	26195	25959	28112	29873	26877	31031	33341
枣　庄	53699	53640	51245	56132	65768	69239	73244
肥　城	20162	18554	19680	22396	23384	24471	23482
莱　芜							
兖　州	157285	232438	249366	219097	222773	237650	203757
坊　子	4823	3089	3126	6290			
龙　口	58344	48075	41183	52030	54041	74243	86057
临　沂	4875	5193	4203	8999	14006	20026	22084
平顶山	42357	41951	39249	37200	40490	47467	42255
焦　作	11990	12356	13274	14976	15584	16546	17038
鹤　壁	24924	27450	29125	29141	32563	27410	26884
宜　洛							
观音堂							
义　马	31574	31616	46381	48493	45085	49341	54369
郑　州	43188	31638	39563	47125	58486	56181	58257
永　城	60466	53755	31933	35100	47291	53390	58250
涟　邵	4811	4938	4685	5102	4837	4893	4947
资　兴	7844	8118	8100	10362	8701	7115	7563
白　沙	3113	3225	3262	3408	3459	3294	3335
广　旺	5883	6003	6024	6005	5650	5265	4656
芙　蓉	9093	13456	13953	6280	7712	9818	9572
攀枝花	10027	9890	9558	9446	8726	8531	8448
达　竹	8051	9047	8174	7136	6117	6685	6643
华蓥山	15518	17793	18961	18681	18562	20519	21756

续表

	1998年	1999年	2000年	2001年	2002年	2003年	2004年
隆　昌		1519	1323	1101	1127	851	459
南　桐	8174	8884	8532	7843	6841	9435	6754
天　府	6426	6029	6650	9490	8336	8038	8834
松　藻	12828	12286	14086	14453	15568	16668	17172
中梁山	3571	4120	4389	4331	5004	4496	4504
永　荣	3849	3764	3016	4733	5241	5621	5739
六　枝	8254	7056	6817	7534	8342	10098	8736
盘　江	33059	29573	30012	29967	30926	36196	43707
水　城	19127	22734	24568	29124	30278	37334	33347
一平浪	9641	10115	10947	11099	10341	10419	9958
来　宾	12161	12330	11890	11195			
羊　场	8355	7843	5982	6260	6261	5372	4436
田　坝	7885	4800	4149	6676	7222	7242	5581
铜　川	27231	23692	26998	31176	35416	48617	57341
蒲　白	14248	17654	18861	21651	23347	21752	21852
澄　合	20416	19169	17075	19762	21593	22763	16472
韩　城	36963	28175	34199	36769	31173	33197	30651
崔家沟	19197	23659	34969	39828	43400	49510	69172
苍　村	6806	14181	21241	22953	17225	15287	20106
窑　街	20808	22717	22267	23207	25627	25563	26455
兰　阿	6649	7083	8843				
靖　远	18170	18311	24144	22319	26085	36267	42168
华　亭		26005	26136	28501			
亘　元	30957	29502	25764	27633	29863	37446	36706
太　西	21233	21632	22849	26677	28908	28092	39103
汝箕沟							
灵　州	26492	22397	11767	23107	26267	30738	39323
哈　密	31368	51240	61759	73886	87567	14858	125079
乌鲁木齐	15863	19225	21946	22712	25570	30620	32099
艾维尔	15632	18694	18642	26552	18437	14976	16309

国有重点煤矿回采工作面采煤机械化程度——按单位分

单位:%

	1965年	1970年	1971年	1972年	1973年	1974年	1975年
合　计	**8.23**	**18.43**	**19.91**	**20.17**	**21.79**	**23.59**	**27.78**
北　京	3.43	3.12	4.75	5.29	8.39	6.20	7.48
开　滦	11.07	36.30	33.61	24.38	36.35	42.18	45.93
峰　峰	6.78	26.20	27.78	22.00	35.29	26.97	24.84
井　陉	1.73	19.80	13.50	12.57	19.73	26.20	26.64
兴　隆			5.90	2.64		2.82	
邢　台		18.16	14.86	52.77	45.32	71.13	84.35
邯　郸						18.84	42.59
下花园				9.82			
八宝山					20.65		
大　同	5.63	16.40	16.31	15.10	43.97	32.60	43.28
阳　泉	1.81	26.75	36.71	39.90	37.92	44.37	56.47
西　山	16.17	31.76	39.18	37.03	11.55	33.00	31.18
汾　西	1.10	4.34	12.09	5.16	43.32	14.41	8.93
潞　安		33.96	26.11	27.62	4.53	42.32	52.46
轩　岗		5.46	4.98	6.28	35.34	5.38	18.60
晋　城	0.64	24.76	43.23	39.34	10.90	36.72	39.27
霍　县						15.90	30.16
东　山							
荫　营							
固　庄							
小　峪							
南　庄							
寨　沟							
包　头	1.77	1.86	11.74	9.63	19.08	8.44	18.30
乌　达		2.96	16.76	11.19	1.46	10.58	23.20
海勃湾							
平　庄			0.94	2.42	4.93	6.96	1.79
扎　局					3.95	0.69	18.96
大　雁							

续表

	1965年	1970年	1971年	1972年	1973年	1974年	1975年
抚顺			2.80	0.39		0.14	0.54
阜新	10.14	17.12	17.23	25.13	25.10	23.36	24.48
北票		8.40	15.74	16.96	19.41	25.56	25.16
铁法		3.74		1.02	0.06	2.18	8.15
南票						12.07	15.48
沈阳						1.04	
八道壕					33.20		62.12
辽源	7.23	4.44	3.26	4.04	3.83	27.40	5.80
通化	6.32		3.41	0.79	0.29	.0.95	0.43
舒兰	19.77	22.58	13.70	14.81	10.40	10.03	7.62
珲春	6.69	15.74	12.08	16.00	26.47	29.56	33.10
鸡西	20.90	42.90	45.72	47.65	50.32	57.97	66.70
鹤岗	5.20	12.30	8.60	6.10	10.88	10.70	16.65
双鸭山	28.72	39.37	50.36	61.05	59.10	63.90	70.35
七台河	10.67	9.47	23.71	21.71	36.35	26.69	26.72
大屯							
徐州	18.25	25.82	20.74	18.45	17.22	20.59	26.17
淮南	13.88	12.65	16.40	13.92	15.52	11.37	15.40
淮北		6.94	7.06	7.35	5.63	7.51	6.67
萍乡							
丰城		5.30	8.00	11.61	12.56	8.56	10.99
淄博	13.20	25.95	34.72	44.87	38.18	35.21	24.79
新汶	1.03	17.62	16.76	20.76	20.55	23.29	22.74
枣庄	8.69	22.67	28.21	28.26	29.14	24.78	36.78
肥城	50.20	80.10	4.68	88.69	82.32	82.83	79.33
坊子						100.00	98.29
兖州							
龙口							
平顶山	5.20	21.41	31.10	26.79	22.75	20.99	20.43
焦作	1.53	0.84	1.84	3.50	13.97	27.46	32.47

续表

	1965年	1970年	1971年	1972年	1973年	1974年	1975年
鹤　壁	22.93	56.80	56.13	51.07	56.29	61.70	54.87
义　马						8.58	17.58
新　密					0.37		3.62
涟　邵					0.82	1.32	
资　兴	15.75					10.96	10.86
白　沙							
广　旺		3.31	2.49				
芙　蓉		2.00			1.25		7.87
渡　口		2.43	3.82	3.61	7.74	9.11	2.52
南　桐	0.01	1.91	1.82	0.35	1.09		4.54
天　府							
松　藻		1.36	7.09	9.44	5.11		1.98
永　荣		2.18	34.34		30.00		10.33
六　枝							
盘　江							
水　城							
铜　川	2.67	14.16	17.08	11.32	20.63	19.17	19.60
蒲　白				8.98	13.33		7.59
澄　合			2.60	4.84	6.95	17.90	28.50
韩　城							
崔家沟							
车　村							
窑　街		2.15			0.63	4.30	
阿干镇							
靖　远							
石嘴山	11.64	34.27	27.45	9.16	15.96	4.54	10.85
石炭井	2.61	1.78	3.58	0.42	7.94	8.67	7.49
哈　密							
乌　局							

续表

	1976 年	1977 年	1978 年	1979 年	1980 年	1981 年	1982 年
合　计	**28.00**	**27.53**	**32.52**	**32.34**	**37.06**	**39.77**	**39.99**
北　京	3.97	3.65	8.35	9.44	11.04	15.61	15.47
开　滦	48.13	40.02	42.91	46.97	49.81	52.65	54.57
峰　峰	33.15	38.47	50.42	43.61	42.03	44.23	48.73
井　陉	43.09	36.46	37.30	34.34	36.95	39.63	32.01
兴　隆	0.70						
邢　台	77.86	79.82	89.82	96.07	98.37	99.05	97.23
邯　郸	40.96	28.55	43.08	29.81	27.96	20.83	17.33
下花园							
八宝山							
大　同	39.89	41.64	45.16	49.40	62.06	65.88	64.27
阳　泉	61.33	58.78	58.92	62.01	79.61	75.85	73.58
西　山	33.69	38.32	46.87	44.91	61.35	69.45	70.44
汾　西	8.36	14.86	20.31	22.13	31.05	33.86	36.85
潞　安	43.40	35.97	50.39	61.08	70.49	88.67	87.34
轩　岗	18.74	20.00	35.40	28.20	17.20	19.10	20.97
晋　城	44.12	45.10	62.74	61.84	70.10	88.03	74.61
霍　县	18.79	21.55	22.77	27.56	35.67	45.43	28.67
东　山					2.81	26.01	18.29
荫　营		14.30	19.26	21.63	26.72	39.34	24.76
固　庄							81.70
小　峪							
南　庄							
寨　沟		3.90	6.46		3.03		
包　头	11.28	14.30	14.20	10.90	12.00	11.70	12.83
乌　达	21.48	26.11	28.89	28.96	37.71	31.76	43.70
海勃湾				5.91	3.42	12.08	9.18
平　庄	5.81	8.37	43.49	.10.72	7.30	11.56	11.03
扎　局	10.69	20.46	36.40	39.00	37.00	33.00	37.80
大　雁			2.10	30.93	38.48	62.63	62.61

续表

	1976年	1977年	1978年	1979年	1980年	1981年	1982年
抚　顺		0.88	0.10	1.05	1.75	2.00	1.17
阜　新	24.43	24.09	24.52	30.48	39.96	46.64	39.86
北　票	32.50	38.23	47.22	47.63	51.50	45.53	46.93
铁　法	9.67	4.83	26.18	19.14	16.27	29.20	22.44
南　票	13.30	15.41	0.70		0.20		3.25
沈　阳			0.83	4.48	4.34	1.01	
八道壕	64.37	47.03	60.96	73.70	98.00	99.00	95.35
辽　源	11.47	7.20	6.82	4.12	8.50	13.86	19.92
通　化		0.11	3.02	4.72	4.93	7.84	2.32
舒　兰	1.65	20.20	41.70	25.68	16.10	26.65	
珲　春	29.73	25.90	27.59	14.99	21.66	17.78	32.92
鸡　西	72.24	74.33	80.67	79.62	84.42	84.43	86.56
鹤　岗	10.88	20.40	28.19	37.35	40.03	38.72	33.99
双鸭山	78.40	81.20	85.00	83.70	85.90	85.90	91.65
七台河	38.91	53.09	58.78	64.25	62.42	61.01	58.90
大　屯				49.00	60.00	68.20	65.87
徐　州	29.36	24.10	31.56	39.48	45.82	44.87	40.55
淮　南	9.59	7.37	13.80	13.39	10.61	2.48	2.74
淮　北	4.99	3.91	7.88	8.10	12.20	13.00	14.01
萍　乡							0.20
丰　城	3.83	4.61	11.48	1.81		8.20	19.73
淄　博	36.08	44.12	48.64	39.15	37.61	37.89	42.84
新　汶	25.10	36.07	45.30	42.89	45.98	43.43	44.26
枣　庄	34.43	36.27	38.53	38.30	36.53	35.09	23.68
肥　城	74.01	79.49	72.74	67.42	58.78	63.21	51.64
兖　州	86.93	71.62	68.80	58.00	57.60	68.29	80.74
坊　子		6.35	2.37		2.20	7.39	
龙　口							
平顶山	21.79	14.64	28.86	29.90	41.80	47.30	52.12
焦　作	32.19	19.80	26.60	29.71	38.25	30.73	18.79

续表

	1976年	1977年	1978年	1979年	1980年	1981年	1982年
鹤　壁	54.94	51.92	50.10	37.20	35.90	34.60	32.42
义　马	13.54	8.90	85.86	12.08	26.60	42.13	45.13
新　密	3.21	0.83	3.00		3.00	13.00	17.36
涟　邵		0.71					
资　兴	10.00	13.56	14.69	7.56	19.06	23.61	21.35
白　沙							
广　旺			38.44				
芙　蓉	2.22	1.80	13.50				
渡　口	6.95	25.98	20.30			7.78	
南　桐	8.03	6.01	17.20			0.97	
天　府			8.70				
松　藻	1.67	21.48				10.05	
永　荣	12.69	12.74	41.55			29.81	
六　枝						3.64	2.70
盘　江		14.54	28.49	11.06	0.66	3.71	0.34
水　城		1.23	8.24	7.64	3.88	10.79	20.05
铜　川	21.11	16.01	26.03	13.01	1.05	14.97	20.36
蒲　白	3.08	25.02	25.28	3.79	12.23	11.65	4.26
澄　合	15.09	5.46	18.00	19.27	4.70	18.00	2.99
韩　城		9.88	40.27	27.98	24.40	26.20	32.88
崔家沟				4.23	14.90	10.31	14.15
车　村							
窑　街	4.56	4.35	10.08		3.47	6.18	16.89
阿干镇			6.56				
靖　远		4.15	3.56	0.70	2.64		
石嘴山	16.61	3.99	10.16	10.03	6.29	3.54	4.77
石炭井	10.02	1.50	7.48	8.27	8.73	1.60	0.24
哈　密		56.39	50.68	57.00	94.60	86.20	68.38
乌　局							

续表

	1983年	1984年	1985年	1986年	1987年	1988年	1989年	1990年
合　计	**47.79**	**42.62**	**44.98**	**49.74**	**54.48**	**58.02**	**60.94**	**65.10**
北　京	14.78	17.20	12.84	12.81	13.53	13.35	10.86	12.56
开　滦	56.73	55.18	53.06	59.91	62.36	58.61	64.50	67.46
峰　峰	40.36	49.84	57.13	66.93	76.20	86.17	91.30	95.37
井　陉	37.00	36.56	34.34	28.13	27.48	26.69	26.27	30.99
兴　隆				0.21	3.12			1.78
邢　台	96.96	99.84	99.64	100.00	100.00	100.00	100.00	100.00
邯　郸	17.49	21.51	19.57	33.01	34.11	38.13	31.13	33.53
下花园								
八宝山								
大　同	70.10	68.76	75.30	78.69	79.93	80.61	83.83	90.67
阳　泉	72.17	74.13	79.90	82.18	86.27.	90.55	96.09	99.38
西　山	73.89	79.00	81.00	88.06	91.59	93.72	95.44	99.15
汾　西	36.32	43.38	41.65	52.08	66.85	71.27	80.21	82.23
潞　安	90.44	93.43	96.30	100.00	100.00	100.00	100.00	100.00
轩　岗	14.80	12.82	29.86	30.15	41.38	54.35	59.55	60.45
晋　城	74.76	85.20	90.77	93.48	99.44	100.00	100.00	100.00
霍　县	22.96	32.58	49.70	56.49	59.90	64.80	77.43	88.28
东　山	16.11	13.66	31.99	42.97	11.67	14.25	4.83	20.91
荫　营	39.21	33.10	30.28	42.15	45.99	50.49	61.34	57.97
固　庄	80.14	96.64		100.00	100.00	100.00	100.00	100.00
小　峪	100.00	7.55		44.68	42.11	45.70	55.55	52.53
南　庄	26.50				8.88		41.60	44.15
寨　沟								
包　头	17.38	14.83	12.67	10.66	9.85	11.81	9.26	16.01
乌　达	14.61	52.25	46.34	45.45	46.67	61.92	61.56	70.07
海勃湾	4.78				32.22	41.17	33.75	41.05
平　庄	16.55	15.66	17.78	20.62	25.56	28.32	38.85	47.91
扎　局	31.30	23.99	14.06	20.24	29.95	36.45	47.57	50.68
大　雁	57.80	20.69	11.51	27.63	18.52	7.54	30.46	92.26

续表

	1983 年	1984 年	1985 年	1986 年	1987 年	1988 年	1989 年	1990 年
抚　顺						1.44	43.78	21.81
阜　新	31.15	39.05	47.50	51.46	53.34	40.17	46.38	52.93
北　票	53.56	58.46	52.70	57.82	65.70	72.05	72.67	76.61
铁　法	31.43	34.70	42.39	53.27	66.17	73.51	77.96	90.36
南　票	21.02	28.94	46.10	64.97	70.12	70.36	76.89	74.58
沈　阳		2.75	0.23	4.53	2.56	12.50	3.54	4.78
八道壕	96.96	96.63	72.64	65.40	61.92	51.69	27.60	23.90
辽　源	15.50	17.14	18.30	19.74	25.37	41.18	42.79	50.91
通　化	5.92	11.99	22.46	20.89	28.89	33.11	36.57	42.90
舒　兰	32.33	47.33	41.92	45.16	50.65	59.47	55.50	63.63
珲　春	10.44	16.35	1.93	7.59	0.66	5.99	43.55	66.99
鸡　西	88.14	89.96	87.21	87.74	89.22	91.88	91.89	92.76
鹤　岗	42.23	43.19	51.52	59.68	76.31	78.27	76.08	79.84
双鸭山	89.35	90.59	90.10	90.57	93.52	95.52	93.88	90.64
七台河	69.11	74.98	72.14	77.94		76.16	72.32	78.19
大　屯	62.09	64.85	68.53	73.94	76.50	76.20	81.87	74.13
徐　州	36.68	38.39	37.35	40.81	37.47	38.79	43.61	46.02
淮　南	4.77	12.99	12.18	9.52	7.47	20.60	30.67	34.64
淮　北	12.93	13.22	13.42	18.22	16.66	20.05	20.05	27.09
萍　乡			0.95	1.42			6.73	10.33
丰　城	24.10	27.58	29.11	26.09	31.51	26.11	34.34	34.97
淄　博	49.80	51.28	52.28	51.53	51.77	56.78	62.37	76.04
新　汶	46.14	45.42	52.42	59.78	61.72	66.46	73.72	83.65
枣　庄	27.43	29.65	33.56	33.04	42.89	60.84	62.79	68.99
肥　城	60.01	59.91	63.97	73.07	79.35	82.44	89.65	93.46
兖　州	79.15	79.76	84.23	87.67	90.65	94.65	94.97	96.36
坊　子			2.24					
龙　口			100.00	69.29	89.51	86.16	88.64	100.00
平顶山	50.62	54.04	50.91	52.64	56.12	60.25	60.54	60.25
焦　作	21.01	23.32	32.22	24.76	31.92	33.74	36.11	31.25

续表

	1983年	1984年	1985年	1986年	1987年	1988年	1989年	1990年
鹤　壁	32.07	33.72	33.34	37.96	43.57	44.86	48.53	53.89
义　马	48.26	50.18	56.70	58.52	65.70	65.17	66.15	69.53
新　密	17.41	18.75	18.78	16.19	19.92	23.94	18.73	23.26
涟　邵					3.07	1.01		
资　兴	26.79	34.60	28.75	25.37	40.69	40.16	39.22	41.96
白　沙								
广　旺							0.64	4.51
芙　蓉		7.53	12.27	14.22	20.09	18.32	22.16	22.89
渡　口		12.15	8.11	9.54	10.72	11.74	12.86	21.16
南　桐		5.28	6.62	17.24	26.56	28.84	19.88	20.21
天　府		2.81	2.73	3.05	3.12	3.59	2.93	9.85
松　藻		33.06	42.30	51.05	55.73	52.17	46.67	54.30
永　荣		38.22	42.48	43.09	47.79	45.40	46.84	47.86
六　枝	2.46				0.35	4.23		
盘　江	4.34	4.05	8.74	14.30	20.09	26.78	23.97	39.90
水　城	20.18	23.14	19.56	20.13	20.27	26.87	20.42	23.75
铜　川	17.36	19.74	25.71	24.54	32.71	38.44	42.55	42.16
蒲　白		11.36	20.80	31.50	41.08	44.60	49.48	53.25
澄　合	20.62	25.86	30.81	42.15	29.91	15.91	26.96	31.98
韩　城	33.21	40.59	35.03	34.51	41.68	46.54	36.01	44.65
崔家沟	0.42			10.19	25.26	39.96	30.71	48.24
东　村								
窑　街	37.18	52.47	52.65	53.65	54.93	62.58	68.65	64.57
阿干镇								
靖　远			4.95	19.85	20.67	30.69	31.19	36.52
石嘴山	7.39	4.64	12.86	14.18	25.27	26.74	22.38	20.40
石炭井	0.66	2.73	0.60	7.52	12.65	26.52	33.67	53.24
哈　密	60.56	59.24	52.04	33.20	50.65	93.66	83.83	97.23
乌　局					4.77		4.76	10.86

续表

	1991 年	1992 年	1993 年	1994 年	1995 年	1996 年	1997 年
北　京	14.19	14.03	14.82	11.61	9.56	0.57	
开　滦	68.53	66.94	70.64	77.20	76.69	76.54	77.94
峰　峰	95.53	96.70	93.02	90.83	98.81	99.49	98.51
井　陉	26.79	39.88	44.30	44.85	33.67	42.45	18.21
兴　隆					13.49		
邢　台	100.00	100.00	100.00	100.00	100.00	100.00	100.00
邯　郸	47.93	65.62	55.37	57.47	58.64	46.41	65.80
盛　源		8.61	24.02	32.36	45.54	41.77	10.01
八宝山							
大　同	93.87	96.00	97.07	98.38	96.91	97.05	97.97
阳　泉	100.00	100.00	100.00	100.00	100.00	100.00	100.00
西　山	100.00	100.00	100.00	100.00	100.00	100.00	100.00
汾　西	88.44	93.50	95.10	90.60	90.40	94.73	95.33
潞　安	100.00	100.00	100.00	100.00	100.00	100.00	100.00
轩　岗	70.22	70.01	71.91	83.94	72.37	72.72	66.84
晋　城	100.00	100.00	100.00	100.00	100.00	100.00	100.00
煤气化		84.08	90.62	98.94	100.00	100.00	100.00
王　坪		60.55	93.04	84.98	100.00	100.00	100.00
霍　州	90.04	92.30	90.68	92.95	95.40	99.08	99.81
东　山	43.89	34.85	48.93	56.89	39.80	31.54	22.99
荫　营	88.87	89.97	93.99	99.23	100.00	100.00	100.00
固　庄	100.00	100.00	100.00	100.00	100.00	100.00	100.00
小　峪	60.65	63.16	60.11	68.73	69.32	71.04	69.15
南　庄	66.95	68.41	92.04	82.16	63.94	67.62	66.66
寨　沟							
平　朔							
包　头	30.03	29.28	46.07	58.33	62.29	49.26	43.23
乌　达	86.56	91.04	82.44	76.83	69.80	81.46	68.12
海勃湾	59.20	64.69	98.04	100.00	89.31	74.54	97.17
宝日希勒							
平　庄	58.74	69.55	69.19	71.68	68.39	60.47	58.10
扎赉诺尔	51.25	58.39	57.59	63.24	61.45	64.94	70.72
大　雁	97.43	99.57	100.00	100.00	100.00	100.00	99.51
霍林河							
神　东							
万　利							
准格尔							
抚　顺	33.33	42.50	40.69	43.98	48.09	54.59	53.19
阜　新	59.69	70.11	61.56	52.87	57.08	59.65	69.94
北　票	83.81	81.61	80.04	88.17	88.65	92.38	90.47

续表

	1991年	1992年	1993年	1994年	1995年	1996年	1997年
铁　法	93.44	94.89	94.85	92.89	94.87	95.29	96.98
南　票	75.10	74.60	71.96	70.74	68.31	73.55	70.82
沈　阳	19.44	33.21	28.20	15.65	9.53	13.48	24.43
本　溪							
烟　台							
八道壕	21.27	18.27					
辽　源	56.84	64.23	65.53	57.64	56.91	53.82	50.34
通　化	44.48	53.43	51.70	50.67	47.34	29.61	53.30
舒　兰	70.52	72.50	71.60	70.15	44.93	26.56	44.65
珲　春	79.54	85.29	69.11	82.11	80.80	66.42	72.48
营　城							
鸡　西	95.54	96.89	92.93	92.90	96.54	95.40	96.57
鹤　岗	81.53	82.63	79.03	61.45	51.95	54.73	57.14
双鸭山	90.94	91.81	93.33	92.65	91.16	92.54	93.86
七台河	81.03	78.87	68.26	62.05	61.46	62.78	71.72
徐　州	55.37	65.89	67.18	64.38	69.68	72.99	73.68
大　屯	82.14	79.68	90.15	92.39	95.17	93.32	98.81
长　广							
淮　南	33.39	23.65	29.34	25.95	33.17	37.94	41.69
淮　北	36.65	41.96	40.81	41.28	42.52	41.90	36.10
萍　乡	6.13	12.84	2.90				
丰　城	42.69	44.83	50.49	34.03	30.41	28.39	26.33
英岗岭		10.74					
洛　市		14.52	8.74				
乐　平							
淄　博	78.58	92.46	96.10	91.46	92.73	87.92	92.48
新　汶	84.65	85.97	84.80	84.20	77.97	78.16	78.64
枣　庄	72.61	91.36	100.00	100.00	100.00	100.00	100.00
肥　城	90.45	95.09	92.80	93.58	91.46	87.65	90.93
兖　州	96.18	96.07	97.08	97.41	97.62	97.25	98.15
坊　子							
龙　口	100.00	100.00	100.00	99.60	100.00	98.62	100.00
临　沂							
平顶山	69.14	78.00	72.55	72.86	73.56	74.53	75.39
焦　作	31.28	46.56	34.70	24.67	23.26	16.64	20.37
鹤　壁	51.06	55.15	55.53	43.24	50.08	56.30	52.92
义　马	68.44	71.46	71.64	70.49	71.99	76.48	72.06
郑　州	29.28	53.60	47.42	32.39	44.33	51.56	58.60
永　城							
涟　邵		1.58	2.14				

续表

	1991年	1992年	1993年	1994年	1995年	1996年	1997年
资　兴	38.34	49.31	56.21	47.18	40.02	44.29	53.37
白　沙							
广　旺	9.53	15.19	9.47	14.20	13.41	13.37	8.10
芙　蓉	20.07	25.91	19.88	12.27	17.94	21.16	23.69
攀枝花	20.38	27.85	31.74	19.29	13.65	17.22	17.78
达　竹			12.12	16.10	16.65	18.09	10.86
华蓥山			75.57	77.81	77.93	93.94	92.30
隆　昌							
南　桐	16.07	16.01	14.01	14.15	10.03	9.64	11.37
天　府	15.65	10.10					
松　藻	60.08	67.48	72.08	73.71	70.40	63.60	70.56
中梁山		1.39					
永　荣	45.01	45.22	45.95	46.61	39.99	45.93	46.13
六　枝							
盘　江	58.14	66.98	80.54	71.79	70.91	77.04	74.91
水　城	32.26	39.52	46.44	50.24	50.89	47.97	51.23
一平浪		14.31					
来　宾							
羊　场			0.94				
田　坝							
小龙潭							
铜　川	44.16	50.69	51.80	61.52	69.84	74.22	75.40
蒲　白	56.09	49.30	43.49	18.98	27.12	47.27	26.94
澄　合	36.77	44.30	34.86	29.36	20.52	29.81	29.66
韩　城	45.02	66.95	88.75	73.14	71.65	61.36	67.11
崔家沟	36.47	13.63	30.19	29.96	21.42	39.12	48.05
苍　村		29.39	60.20	64.84	34.67	58.05	61.78
车　村							
窑　街	73.12	81.11	59.21	56.21	58.00	58.11	54.45
兰　阿							
靖　远	29.21	30.40	29.02	31.87	20.98	41.22	50.92
华　亭							
亘　元	31.01	34.79	29.91	18.34	24.07	31.61	33.98
太　西	60.22	61.51	62.18	62.65	49.36	51.57	52.90
汝箕沟							
灵　州							
哈　密	76.24	100.00	100.00	100.00	100.00	100.00	100.00
乌鲁木齐	10.71	27.12	28.64	20.94	38.12	37.88	37.68
艾维尔		60.32	54.80	56.78	54.56	42.23	45.43

续表

	1998年	1999年	2000年	2001年	2002年	2003年	2004年
北　京							
开　滦	77.79	80.06	86.36	85.31	85.26	89.37	93.16
峰　峰	98.01	95.39	98.10	98.15	95.47	95.81	96.59
井　陉	13.43	18.66	18.77	20.54	22.57	25.85	26.43
兴　隆							
邢　台	100.00	100.00	100.00	100.00	100.00	100.00	100.00
邯　郸	70.78	90.14	82.28	91.73	95.07	96.01	100.00
盛　源						87.77	
八宝山							
大　同	98.89	98.55	98.87	96.07	98.00	98.43	98.92
阳　泉	100.00	100.00	100.00	100.00	100.00	100.00	100.00
西　山	100.00	100.00	100.00	100.00	100.00	99.62	98.21
汾　西	98.34	91.18	92.79	92.85	94.85		
潞　安	100.00	100.00	100.00	100.00	100.00	100.00	100.00
轩　岗	67.88	73.04	53.18	54.03			
晋　城	100.00	100.00	100.00	100.00	100.00	100.00	100.00
煤气化	100.00	100.00	100.00	100.00	100.00	100.00	80.13
王　坪	100.00	100.00	100.00				
霍　州	93.21	96.23	95.78	99.30	100.00		
东　山	85.76	84.17	75.02	55.18	67.38	84.33	79.32
荫　营	100.00	100.00	100.00	100.00	100.00	100.00	100.00
固　庄	100.00	100.00	100.00	100.00	100.00	100.00	100.00
小　峪	69.85	72.68	72.07	75.06	65.11	61.44	
南　庄	83.90	100.00	100.00	68.45	68.94	75.62	93.04
寨　沟							71.81
平　朔							
包　头	26.67	32.04	33.66	65.02	69.67	66.50	72.82
乌　达	71.03	70.08	74.22	74.49	84.93	97.25	95.42
海勃湾	69.91	83.14	87.65	89.43	88.66	93.75	87.05
宝日希勒							
平　庄	56.31	58.69	47.75	37.41	41.47	42.91	50.83
扎赉诺尔	68.21	79.64	78.67	80.61	85.00	95.04	93.81
大　雁	100.00	100.00	100.00	100.00	100.00	100.00	100.00
霍林河							
神　东			100.00	100.00	100.00	99.59	100.00
万　利							0.42
准格尔							
抚　顺	67.55	88.55	100.00	100.00	100.00	100.00	100.00
阜　新	73.42	76.82	81.42	71.15	66.86	64.44	68.56
北　票	85.22	88.21	89.63	72.14			

续表

	1998年	1999年	2000年	2001年	2002年	2003年	2004年
铁法	97.20	97.24	97.42	96.89	97.11	97.59	97.87
南票	72.71	79.42	79.57	70.06	61.73	62.10	65.92
沈阳	21.30		3.96	30.90	44.62	40.15	55.53
本溪							
烟台							
八道壕							
辽源	55.12	51.02	51.46	58.58	54.65	51.43	63.05
通化	60.02	62.77	59.84	65.99	74.27	87.41	99.26
舒兰	36.24	27.93	11.27	11.43	13.67	7.73	13.37
珲春	60.09	47.66	42.26	45.10	44.34	59.89	68.40
营城							
鸡西	96.14	95.15	94.44	96.40	94.81	96.30	97.21
鹤岗	60.96	66.23	65.84	59.82	59.80	56.46	57.09
双鸭山	93.40	92.22	95.87	94.53	93.82	91.43	96.80
七台河	66.88	65.63	53.19	54.33	49.83	53.80	52.41
徐州	74.74	77.55	73.18	76.37	76.68	78.69	85.10
大屯	94.12	95.16	99.08	100.00	100.00	100.00	100.00
长广							
淮南	49.35	48.54	47.18	52.08	74.66	70.49	71.41
淮北	30.46	27.39	34.83	39.81	44.07	55.25	60.00
萍乡							
丰城	19.33	26.26	20.26	26.46	29.35	30.12	20.05
英岗岭							
洛市							
乐平					100.00	100.00	100.00
淄博	70.02	62.60	66.99	57.54	48.31	51.19	87.89
新汶	81.45	79.82	81.24	81.16	77.53	74.66	84.95
枣庄	100.00	96.83	94.12	99.03	96.93	94.67	97.50
肥城	95.56	93.21	94.53	97.18	97.30	95.63	96.23
兖州	99.69	100.00	100.00	100.00	100.00	97.58	97.67
坊子							
龙口	79.40	93.31	90.23	87.90	89.25	89.41	88.70
临沂				39.59	56.78	70.22	77.22
平顶山	73.85	78.89	78.72	76.91	78.27	82.73	80.88
焦作	18.48	11.81	5.55	2.45	14.11	21.25	30.08
鹤壁	58.35	58.76	55.88	52.24	41.04	39.89	34.27
义马	72.61	75.47	85.03	80.36	72.36	72.16	74.87
郑州	53.22	18.60	38.28	48.27	45.88	46.45	50.35
永城	100.00	95.97	54.10	31.80	40.50	39.80	53.27
涟邵							

续表

	1998年	1999年	2000年	2001年	2002年	2003年	2004年
资兴	47.72	53.11	19.05	76.11	73.82	39.71	39.06
白沙							
广旺	9.02						
芙蓉	19.19	33.99	23.54		1.13	15.25	14.49
攀枝花	11.36	6.75	6.88	17.63	29.00	24.71	26.01
达竹	18.62	14.60	5.26		0.94	3.92	3.67
华蓥山	92.90	96.39	100.00	86.51	83.53	80.86	81.10
隆昌							
南桐	13.54	10.40	2.80				
天府							3.11
松藻	72.15	65.06	66.71	65.01	71.26	75.27	75.21
中梁山							
永荣	59.09	68.08	82.63	86.27	86.77	88.69	77.26
六枝							
盘江	76.59	72.26	63.32	61.39	64.50	77.38	89.29
水城	48.33	55.72	56.83	67.06	69.33	80.67	72.32
一平浪							
来宾							
羊场							
田坝							
小龙潭							
铜川	79.25	65.61	70.74	70.92	75.42	83.61	84.39
蒲白	29.21	21.40	41.65	46.87	55.42	47.53	35.89
澄合	32.39	35.78	32.11	41.26	46.51	46.69	38.72
韩城	49.01	39.71	20.53	6.87		3.65	5.17
崔家沟	81.04	96.60	100.00	100.00	100.00	100.00	100.00
苍村	55.71	64.45	79.36	69.00	81.50	59.02	61.92
车村							
窑街	47.11	49.86	56.77	56.80	60.09	54.91	55.62
兰阿							
靖远	59.73	59.54	73.80	76.37	79.31	92.19	94.08
华亭		100.00	100.00	100.00			
亘元	42.74	37.31	41.74	37.21	40.05	100.00	100.00
太西	59.87	48.08	43.11	39.89	42.31	100.00	100.00
汝箕沟							
灵州			44.45	28.61		100.00	100.00
哈密	100.00	100.00	100.00	100.00	100.00	100.00	100.00
乌鲁木齐	50.13	57.29	64.60	68.16	81.38	82.80	89.20
艾维尔	52.85	28.48	17.95	54.03	37.18	49.79	53.22

国有重点煤矿采区

	1975年	1976年	1977年	1978年	1979年	1980年	1981年	1982年
合　计	**76.92**	**76.02**	**75.76**	**77.52**	**76.70**	**77.99**	**77.31**	**77.39**
北　京	66.66	61.16	60.74	60.29	58.61	62.86	61.68	63.80
开　滦	84.80	85.30	82.00	82.73	82.85	82.15	81.45	80.67
峰　峰	87.00	87.00	87.80	88.48	89.08	87.88	87.51	85.40
井　陉	92.98	93.95	92.87	93.67	86.44	84.57	90.00	70.96
兴　隆	70.71	70.22	64.63	59.86	64.00	66.62	65.99	66.33
邢　台	63.27	63.27	67.15	76.51	76.50	74.30	78.17	79.85
邯　郸	81.12	79.72	79.84	78.53		71.72	73.89	70.63
下花园	66.53	68.87	79.44	73.28	73.21	75.60	73.93	81.32
八宝山								
大　同	67.91	66.56	64.29	66.43	66.18	71.59	75.60	75.04
阳　泉	83.74	83.98	84.42	82.69	83.43	83.26	82.73	83.91
西　山	68.20	67.50	64.00	68.95	69.30	72.97	74.56	74.86
汾　西	60.10	64.10	75.50	77.43	68.04	73.94	75.22	75.69
潞　安	75.55	74.94	75.04	77.69	78.64	80.33	78.05	79.54
轩　岗	47.20	68.20	67.50	77.90	66.00	66.10	68.20	74.18
晋　城	78.56	80.40	78.36	77.65	77.31	88.99	80.07	79.58
煤　气								
王　坪								
霍　县	64.77	57.79	59.03	57.37	47.21	62.78	63.36	60.99
东　山	53.08	48.57	51.35	47.43	45.72	41.76	54.88	56.09
荫　营	86.25	73.34	76.10	81.08	80.64	80.18	85.90	87.09
固　庄								82.54
小　峪	50.56	54.02	48.33	55.25	65.21	61.74	63.63	68.35
南　庄	60.05	61.94	67.30	58.08	58.81	55.75	64.57	68.03
寨　沟	78.00	64.50	61.80	64.58	69.35	62.10	52.83	63.17
包　头	70.70	71.70	78.57	77.90	83.45	78.85	77.50	72.82
乌　达	69.64	75.77	74.58	73.79	71.77	71.65	71.96	76.99
海勃湾					77.90	78.00	74.00	79.40
平　庄	61.09	65.24	66.47	65.30	66.12	66.79	67.03	62.64
扎　局	76.81	83.67	76.00	78.00	68.41	68.19	59.50	62.92
大　雁	75.90	57.51	67.00	70.60	72.80	73.63	55.66	60.67

回采率——按单位分

单位：%

1983年	1984年	1985年	1986年	1987年	1988年	1989年	1990年	1991年
77.78	**77.58**	**77.87**	**77.54**	**77.39**	**78.65**	**78.77**	**78.08**	**78.91**
66.14	67.12	67.68	70.96	70.33	70.10	69.99	71.86	70.59
81.32	83.90	84.72	83.58	82.82	81.20	81.29	80.68	79.13
89.20	92.57	92.69	92.23	93.39	93.73	92.09	86.07	87.90
79.77	81.81	87.72	86.94	82.19	84.41	81.97	89.09	84.41
66.51	63.02	68.29	66.18	66.12	64.45	65.93	67.86	67.46
87.34	82.13	84.73	87.21	83.98	90.49	90.32	91.88	89.89
68.97	78.60	79.86	74.47	72.38	75.41	79.88	81.93	83.59
75.17	77.60	79.52	77.52	79.00	76.86	79.24	81.57	81.61
			75.29	77.85	77.39	77.88	79.32	78.69
74.01	66.92	70.31	69.29	65.33	72.30	72.91	73.20	73.91
84.41	85.25	83.94	82.31	84.47	82.26	81.00	79.35	76.30
75.04	75.03	74.61	76.57	77.85	77.32	77.30	75.48	77.16
74.93	78.89	79.10	80.22	80.32	80.09	80.07	79.85	78.11
83.54	83.17	84.87	82.67	83.84	85.53	86.48	83.20	80.54
65.63	70.79	71.02	67.57	71.34	70.03	70.99	70.78	70.94
82.53	82.71	80.26	82.64	81.87	82.61	80.29	81.20	81.28
							57.96	62.32
							71.65	60.08
64.50	66.00	69.30	68.46	67.05	68.09	68.07	70.29	69.59
62.16	53.42	61.11	63.63	66.52	59.64	54.35	57.97	69.41
87.88	85.81	88.49	88.17	76.51	80.32	77.68	76.48	77.69
83.66	82.78	81.45	81.92	81.20	81.87	81.48	82.92	81.91
71.07	69.94	72.01	71.09	68.69	67.03	73.02	75.01	77.31
67.47	62.51	62.52	73.42	68.34	52.70	77.86	73.06	69.42
59.09	63.32	86.14	61.12	67.04	62.73	58.73	56.44	72.42
75.54	75.11	77.40	79.06	74.57	74.39	73.91	75.41	78.70
81.00	84.96	75.72	74.66	70.48	80.06	76.06	73.41	78.53
69.72	72.33	77.94	75.24	77.43	77.95	77.53	78.73	80.93
60.81	62.42	61.12	56.39	59.96	56.89	57.93	59.81	63.18
64.94	61.14	61.24	66.20	69.29	68.01	65.22	62.34	62.94
47.72	59.42	44.88	50.62	58.02	65.06	66.93	70.25	72.14

	1975 年	1976 年	1977 年	1978 年	1979 年	1980 年	1981 年	1982 年
抚　顺	70.26	64.02	68.57	67.80	68.68	69.57	69.57	70.52
阜　新	65.18	74.80	71.40	72.50	73.47	72.72	72.52	71.84
北　票	80.39	78.26	79.64	79.60	77.05	80.49	86.53	78.75
铁　法	73.41	68.50	68.37	68.79	69.20	66.00	70.52	67.66
南　票	65.25	59.59	61.80	66.01	64.35	62.80	54.17	60.40
沈　阳	53.03	54.50	62.00	62.83	57.40	58.97	59.93	54.91
烟　台	63.64	68.00	84.00	80.00	78.57	78.51	76.85	78.00
八道壕	62.60	67.27	69.54	67.00	78.25	69.10	64.27	68.10
辽　源	79.20	77.10	80.98	82.61	82.20	81.70	80.19	84.00
通　化	68.88	69.60	69.19	70.35	65.58	63.98	66.19	64.01
舒　兰	88.49	86.32	84.11	85.43	85.58	87.80	90.27	81.07
珲　春	86.77	85.20	90.68	92.71	89.11	93.45	80.29	89.30
鸡　西	85.60	82.60	81.20	85.60	88.60	84.30	80.20	82.60
鹤　岗	70.20	69.60	70.09	79.40	79.07	78.86	79.99	80.30
双鸭山	101.40	96.50	94.30	87.20	93.90	94.70	89.46	95.30
七台河	88.41	83.47	90.43	89.42	82.78	89.07	95.37	95.80
大　屯					81.55		78.90	63.40
徐　州	82.25	84.60	88.64	89.51	90.21	89.94	86.21	82.45
淮　南	80.65	80.70	79.45	83.09	83.95	85.07	80.83	83.57
淮　北	93.68	84.40	86.00	88.20	88.02	88.00	84.10	81.10
萍　乡	82.76	85.32	89.16	87.97	84.20	86.98	85.46	90.71
丰　城	73.03	75.20	74.40	76.50	81.81	77.15	80.67	84.70
英岗岭	80.54	83.50	86.10	82.06	77.98	81.84	78.74	79.25
洛　市								
淄　博	91.44	88.50	90.10	91.04	90.26	86.78	84.17	87.35
新　汶	85.40	84.30	82.20	79.43	78.97	81.33	80.64	80.17
枣　庄	86.78	86.08	87.28	82.57	83.08	84.12	81.01	83.09
肥　城	77.20	79.60	77.80	80.69	80.11	81.50	52.50	89.25
兖　州				93.55	82.09	83.91	83.33	88.45
坊　子	94.71	84.97	86.15	91.50	69.90	72.20	76.24	73.20
龙　口								
平顶山	68.30	66.30	67.16	74.76	73.86	74.50	73.40	78.40

续表

1983年	1984年	1985年	1986年	1987年	1988年	1989年	1990年	1991年
70.85	72.59	70.49	70.90	70.94	71.40	70.94	70.95	71.01
77.01	75.31	75.15	73.24	73.70	75.81	75.38	75.80	76.49
80.18	79.58	79.15	79.60	80.78	79.36	79.37	78.25	78.75
67.10	71.67	71.70	75.62	73.30	76.60	78.86	79.11	79.58
61.20	63.46	65.08	65.26	66.17	66.42	66.59	67.30	68.11
74.37	79.46	76.62	78.25	76.37	77.29	76.01	75.65	75.80
86.49	82.78	74.63	72.84	65.10	74.82	71.61	65.86	62.30
64.92	74.71	64.27	64.83	67.11	69.93	65.91	65.17	59.13
83.10	77.63	79.38	88.77	78.01	79.49	77.81	76.71	76.47
57.47	57.18	62.01	63.24	63.23	65.24	63.09	62.64	63.79
79.26	80.02	82.13	84.95	84.48	81.93	85.39	86.09	91.99
84.28	76.46	81.75	79.81	76.85	77.92	74.54	83.82	78.85
83.74	83.29	34.82	83.13	83.83	84.33	33.02	84.32	84.15
80.13	80.33	79.33	79.02	79.99	76.18	78.99	80.22	80.27
94.40	84.51	86.63	86.81	86.95	87.82	85.40	85.05	84.70
95.07	94.44	86.94	89.51	86.27	88.15	87.53	90.61	90.91
80.33	78.92	76.90	78.25	77.33	77.13	78.28	78.27	77.35
81.47	84.88	88.05	88.11	86.30	86.47	85.94	84.28	89.55
80.91	82.09	82.80	80.82	81.75	80.51	82.12	80.88	80.82
86.58	84.60	85.54	83.67	84.77	86.62	86.69	82.75	85.34
90.11	90.34	91.22	87.28		86.27	85.96	85.80	86.45
79.12	84.93	82.73	83.24	86.45	86.27	87.76	70.51	90.79
78.09	77.87	76.56	77.67	82.26	83.39	80.36	84.78	88.15
		86.44	81.97	83.52	72.76	81.44	83.39	83.51
86.78	86.31	86.04	86.81	87.32	88.06	88.18	88.81	89.34
78.58	83.02	82.92	85.31	82.51	85.98	88.27	87.92	89.59
80.01	80.64	82.39	81.20	79.38	82.50	81.90	82.72	85.76
82.25	85.81	85.07	81.73	82.69	84.75	85.10	83.78	83.70
90.67	90.61	91.62	87.33	88.46	91.31	91.67	89.41	95.78
74.88	74.25	74.57	74.95	74.39	75.00	80.39	80.90	81.92
		79.83	81.39	82.37	81.25	89.00	80.06	83.32
78.75	76.43	76.99	77.24	76.78	78.23	77.25	78.18	79.43

	1975年	1976年	1977年	1978年	1979年	1980年	1981年	1982年
焦　作	87.48	84.44	84.96	85.07	82.68	88.85	88.11	83.81
鹤　壁	63.52	55.80	63.40	78.40	78.40	81.80	86.39	78.28
义　马	78.25	75.99	89.00	79.87	83.17	81.13	78.00	80.46
新　密	84.30	85.10	80.22	80.25	75.11	87.20	89.50	81.39
涟　邵	85.20	86.30	89.30	82.41	85.20	86.82	87.98	88.24
资　兴	85.40	81.20	84.60	83.60	83.16	84.42	84.35	83.42
白　沙	86.80	81.00	67.29	77.60	77.98	79.61	79.00	76.36
广　旺							86.89	88.60
芙　蓉							81.50	68.60
攀枝花							75.20	77.50
南　桐	158.06	125.55	100.25	99.30	88.36	134.00	79.46	80.20
天　府	33.00	27.40	28.20	20.50	66.50	55.40	84.66	80.60
松　藻	150.92	151.50	184.50	148.37	180.29	153.70	82.41	81.90
中梁山	25.50	26.35	28.09	31.58	27.46	36.09	68.30	79.50
永　荣	169.35	126.90	189.51	177.29	192.62	143.97	95.33	89.00
六　枝			73.50	66.80	69.46	65.90	65.41	59.87
盘　江			90.96	76.68	73.86	81.90	69.20	66.01
水　城			94.60	86.81	88.08	80.36	84.25	83.11
铜　川	67.30	77.04	68.52	75.04	69.37	70.91	64.97	68.15
蒲　白	75.47	77.00	70.19	58.56	69.19	63.99	59.48	57.99
澄　合	54.30	51.70	58.37	55.40	55.37	63.71	64.60	61.10
韩　城	55.50	64.30	67.86	70.79	65.10	76.72	76.70	74.30
崔家沟					69.52	66.52	71.17	61.74
车　村								
窑　街	81.23	80.50	79.00	75.45	78.06	79.17	78.05	80.41
阿干镇	65.60	68.00	70.70	70.80	68.10	64.70	60.10	59.20
靖　远	70.62	72.87	75.75	78.14	70.03	65.33	70.00	74.40
石嘴山	68.81	75.00	70.71	69.18	77.24	77.74	77.02	80.53
石炭井	70.40	74.30	70.20	71.70	70.60	70.98	70.06	73.02
灵　武								
哈　密	60.00	66.15	74.97	61.12	67.80	74.15	65.00	63.01
乌鲁木齐					52.36	55.03	64.34	54.46
艾维尔								

续表

1983 年	1984 年	1985 年	1986 年	1987 年	1988 年	1989 年	1990 年	1991 年
85.40	87.67	84.07	85.44	88.35	85.51	85.16	87.33	88.23
76.36	73.49	79.31	78.06	81.06	83.07	80.65	83.11	82.07
82.44	82.54	79.04	80.64	80.25	79.56	83.40	82.42	80.63
84.46	83.70	78.81	81.02	82.71	82.41	83.04	85.79	86.33
81.95	87.76	83.02	85.39	84.80	87.53	86.91	86.96	90.00
87.94	84.14	82.72	79.80	84.79	85.45	81.84	80.00	80.41
80.76	82.31	80.72	81.86	75.78	82.91	83.00	82.35	82.41
88.40	89.46	90.95	90.52	87.83	88.54	90.43	91.67	91.63
64.38	70.26	70.71	73.80	72.58	73.30	77.48	78.78	77.10
78.08	78.90	88.60	80.00	78.60	78.93	79.88	80.99	80.89
80.59	82.05	82.93	84.16	84.40	83.70	83.60	83.52	83.65
82.10	82.62	79.70	85.52	86.19	85.41	84.61	84.01	83.89
82.31	83.54	84.02	83.08	84.79	84.13	85.13	85.69	85.24
79.75	84.74	78.27	83.17	78.01	86.21	81.94	82.57	82.90
94.39	94.28	90.78	88.56	88.07	87.80	87.86	87.99	87.10
76.95	75.85	74.40	43.22	68.65	75.54	72.50	74.05	75.46
69.69	65.73	72.34	70.32	75.61	75.94	70.58	65.00	74.60
77.40	73.79	66.15	70.24	73.05	70.98	77.20	73.60	74.60
67.81	68.01	71.53	70.10	65.72	66.23	63.73	65.20	68.81
59.25	65.33	61.01	62.38	62.34	59.48	62.60	64.01	66.06
66.47	68.50	58.59	62.82	63.17	60.29	56.52	66.42	57.70
76.64	79.47	82.55	77.44	78.79	80.34	84.16	84.50	81.31
72.44	70.55	78.12	82.20	69.66	64.85	55.13	55.17	58.86
			65.63	71.48	75.65			
82.05	75.79	73.13	72.88	71.80	77.69	78.60	77.78	77.18
62.20	69.04	51.71	56.12	66.77	67.15	69.48	66.59	70.32
72.32	76.44	74.65	72.34	71.85	73.82	67.05	69.47	75.16
77.60	77.72	78.39	76.04	73.35	77.12	74.96	74.40	75.43
73.26	70.31	75.12	76.00	74.10	72.36	75.07	75.50	76.48
								69.46
65.61	69.20	64.37	64.03	65.29	79.93	72.99	76.13	75.61
53.68	56.51	59.43	57.69	62.03	59.96	58.80	61.33	63.43
							65.43	69.23

续表

	1992年	1993年	1994年	1995年	1996年	1997年	1998年	1999年	2000年
北　京	72.08	73.14	73.93	72.51	72.42	74.68	74.25	76.00	76.93
开　滦	79.82	79.88	81.75	80.52	81.55	80.03	79.55	79.92	78.47
峰　峰	85.77	84.82	86.46	87.48	87.53	85.62	86.52	85.43	84.88
井　陉	84.19	86.68	84.67	79.87	78.51	77.34	78.43	76.94	75.90
兴　隆	58.40	67.57	64.95	72.90	60.58	65.94	71.11	75.57	68.53
邢　台	88.86	88.91	88.30	90.73	87.77	88.36	90.18	92.90	90.58
邯　郸	83.10	82.98	85.67	84.23	85.36	87.69	86.90	88.41	87.35
盛　源	88.09	91.65	92.18	91.56	93.40	90.05	88.43	83.79	
八宝山	83.30	80.12	78.28	77.70	79.89	79.76	75.37	78.09	77.26
大　同	73.61	72.20	69.24	67.04	66.90	65.79	65.31	65.26	64.61
阳　泉	76.58	76.17	75.92	77.13	77.37	77.39	76.52	77.63	79.17
西　山	78.05	77.97	77.73	79.68	79.61	80.18	79.51	78.70	79.16
汾　西	77.38	74.82	73.03	71.56	70.88	70.67	70.04	71.78	69.38
潞　安	80.48	83.14	81.71	83.47	82.61	80.46	80.82	81.92	86.23
轩　岗	71.21	72.25	72.00	72.02	74.19	75.04	75.09	75.82	76.18
晋　城	79.91	79.44	80.86	81.54	80.97	81.20	79.85	79.59	78.98
煤气化	64.14	64.21	65.03	70.15	67.26	67.76	74.81	75.11	75.11
王　坪	73.99	80.71	78.98	75.79	81.43	77.55	71.25	57.14	57.14
霍　州	70.96	69.38	70.47	70.25	68.72	68.39	70.04	69.89	66.69
东　山	65.00	63.03	65.73	66.53	65.02	73.50	73.36	74.14	73.74
荫　营	78.00	77.18	77.90	77.36	78.58	76.49	78.39	77.28	77.80
固　庄	86.59	62.66	55.26	70.40	67.13	73.34	75.34	75.37	75.88
小　峪	77.26	77.52	77.85	79.84	85.11	83.97	70.65	88.11	88.11
南　庄	59.54	67.83	63.09	66.18	70.64	71.72	68.87	72.86	63.77
寨　沟	71.47	62.48	74.31	72.24	70.37	70.61	69.69	74.69	65.57
平　朔									
包　头	80.78	74.82	75.12	71.78	65.53	68.07	71.26	80.58	83.60
乌　达	76.69	78.08	72.01	84.22	75.10	76.97	79.95	82.18	83.42
海勃湾	81.81	77.36	76.03	77.94	78.44	83.83	83.50	81.77	87.35
宝日希勒							76.47	71.25	77.03

续表

	1992年	1993年	1994年	1995年	1996年	1997年	1998年	1999年	2000年
平　庄	63.51	63.80	64.19	68.33	68.96	66.43	67.02	65.38	67.85
扎赉诺尔	66.52	66.27	63.30	57.50	61.72	54.44	65.74	67.97	66.29
大　雁	73.33	73.13	69.82	72.52	69.64	66.49	65.25	66.16	60.07
霍林河									
伊　敏									
神　东									
万　利									
准格尔									
抚　顺	70.73	70.54	70.28	70.34	70.11	69.88	69.59	69.94	70.05
阜　新	77.19	78.14	77.72	77.86	77.91	76.62	77.38	82.59	78.91
北　票	82.74	81.72	80.25	77.67	75.02	75.86	77.03	77.18	78.48
铁　法	79.38	78.83	75.94	75.97	77.37	77.50	76.88	77.10	76.45
南　票	67.78	68.22	69.12	69.60	69.33	69.58	72.13	72.40	72.95
沈　阳	75.99	78.27	76.65	77.07	76.95	78.27	76.23	77.43	76.46
本　溪									
烟　台	57.96								
八道壕	63.19								
辽　源	78.42	78.41	75.92	78.42	77.54	79.96	84.65	82.82	81.57
通　化	63.21	64.48	65.75	65.49	62.41	63.86	62.81	61.28	60.58
舒　兰	92.57	89.09	89.41	85.20	81.71	77.57	80.06	94.01	91.53
珲　春	79.11	77.34	75.03	79.05	73.94	83.28	78.89	79.29	77.07
营　城									
蛟　河									
鸡　西	84.79	84.86	85.02	86.99	86.06	87.98	88.12	89.06	85.15
鹤　岗	78.42	78.29	69.68	70.88	71.91	70.09	74.06	72.16	55.44
双鸭山	84.74	85.62	85.20	86.36	86.07	84.49	83.76	85.27	79.78
七台河	91.84	91.82	93.06	91.13	92.57	93.32	91.87	93.90	93.25
徐　州	89.68	90.60	89.50	90.94	91.40	91.78	91.22	90.74	90.48
大　屯	77.02	75.59	76.16	77.02	77.80	75.85	75.59	76.03	77.30
长　广	80.21	80.30	78.00	55.77	56.51	56.70	62.34	68.59	67.00

续表

	1992年	1993年	1994年	1995年	1996年	1997年	1998年	1999年	2000年
淮南	80.64	81.04	80.47	79.98	79.86	80.21	79.74	78.48	79.28
淮北	83.75	83.71	86.44	85.90	87.45	88.43	87.91	88.38	87.78
萍乡	86.64	87.86	88.94	89.85	88.74	89.14	87.64	88.53	88.12
丰城	87.34	90.95	89.25	92.77	89.04	87.69	86.55	90.43	90.08
英岗岭	91.44	93.11	91.41	92.66	90.76	93.57	91.68	94.15	95.53
洛市	81.72	83.89							
乐平	76.95	76.08	78.00	85.46	89.68	91.38	87.26	86.29	86.88
淄博	89.69	91.83	93.80	93.52	94.91	95.82	93.26	91.96	88.60
新汶	85.47	86.45	86.78	89.64	89.48	89.99	88.96	90.18	89.47
枣庄	83.26	84.33	86.51	88.26	88.84	85.96	86.26	86.20	83.43
肥城	84.60	84.32	85.14	89.42	87.71	87.65	88.27	90.35	89.16
兖州	89.29	87.77	86.60	85.40	85.62	85.12	81.68	79.67	80.10
坊子	80.89	81.71	81.09	81.18	81.45	80.76	80.55	82.38	80.93
龙口	84.13	76.01	76.13	75.79	76.46	76.45	82.02	81.24	84.29
临沂								87.82	84.84
平顶山	78.18	77.46	78.32	78.51	78.94	79.31	77.89	77.52	76.77
焦作	89.68	89.06	88.73	90.90	89.65	89.63	87.66	87.54	87.73
鹤壁	86.04	85.14	85.74	85.80	82.96	81.71	81.50	83.04	79.50
义马	80.20	80.14	79.06	78.15	78.19	77.54	76.52	76.18	76.04
郑州	86.76	88.64	88.83	81.66	80.90	81.38	77.97	77.59	77.73
永城									
涟邵	85.32	86.26	86.27	88.80	88.99	86.56	87.87	87.54	87.85
资兴	84.47	87.53	84.33	85.58	88.98	87.26	90.86	89.15	89.15
白沙	85.23	88.16	88.93	89.40	88.24	88.15	87.61	87.82	87.82
广旺	60.78	91.82	92.04	91.71	92.62	91.22	90.87	91.81	92.22
芙蓉	78.11	77.80	69.56	78.78	78.50	77.69	78.00	78.00	81.65
攀枝花	80.77	80.57	80.46	79.52	80.73	80.49	79.52	80.20	78.88
达竹		85.58	90.43	85.94	88.78	85.13	87.92	87.78	82.55
华蓥山		75.78	78.79	72.54	79.61	78.96	79.93	85.43	89.48
隆昌									

续表

	1992年	1993年	1994年	1995年	1996年	1997年	1998年	1999年	2000年
南　桐	83.38	85.32	86.27	86.15	86.51	86.63	87.14	87.08	83.40
天　府	87.71	87.71	87.35	83.74	83.58	84.82	85.36	85.12	83.86
松　藻	85.71	85.09	83.51	81.40	82.26	83.63	83.64	83.75	84.26
中梁山	83.45	84.32	83.96	88.03	84.50	84.48	84.46	88.58	92.05
永　荣	87.38	87.86	86.93	87.51	85.80	86.13	86.97	84.75	
六　枝	74.86	74.62	79.21	76.75	77.81	75.50	73.72	74.61	72.94
盘　江	74.98	72.26	70.90	70.84	71.94	73.42	72.75	73.47	73.87
水　城	76.37	74.99	75.54	73.62	75.00	73.03	72.59	73.77	76.03
一平浪	87.58	82.04	92.75	87.01	80.89	86.70	87.57	71.51	80.52
来　宾	55.79	52.45	64.00	59.12	75.00	76.92	63.64	62.50	83.23
羊　场	82.79	79.37	80.81	81.30	82.35	84.21	84.85	80.77	84.62
田　坝	79.54	79.14	88.97	88.24	87.33	89.28	86.67	86.96	87.50
铜　川	69.65	67.28	71.21	70.19	70.85	66.69	71.19	60.25	61.60
蒲　白	70.44	69.73	63.50	74.56	71.98	70.27	70.57	67.24	55.51
澄　合	65.25	66.03	61.71	62.24	63.35	67.07	66.39	65.54	70.75
韩　城	86.30	84.61	84.81	84.36	84.20	78.25	74.55	76.61	79.19
崔家沟	47.67	50.07	49.02	71.03	71.95	72.03	73.99	74.10	60.54
苍　村	81.22	80.33	79.09	84.32	81.71	73.08	83.01	81.36	81.36
车　村								62.01	
窑　街	75.88	75.29	75.52	75.46	75.24	75.30	75.48	75.23	75.22
兰　阿	74.02	70.37	72.19	70.23	70.81	75.13	76.20	75.23	73.96
靖　远	75.63	75.77	75.52	75.19	75.23	75.84	75.06	75.65	75.41
华　亭								75.10	75.11
亘　元	76.27	68.14	69.43	75.55	72.34	69.44	65.91	66.28	69.24
太　西	76.58	76.74	75.95	75.45	74.07	73.88	75.25	77.20	71.16
汝箕沟									
灵　州	76.43	83.19	82.29	78.42	73.97	81.61	75.26	76.01	75.15
哈　密	73.34	75.89	77.20	69.61	77.74	71.61	73.27	85.26	90.83
乌鲁木齐	65.20	63.40	60.64	60.73	62.05	61.07	67.34	71.26	70.86
艾维尔	63.72	63.38	65.58	64.96	66.62	66.35	64.61	54.20	69.06

国有重点煤矿掘进工作面平均月进度——按单位分

单位：米/月/个

	1957年	1958年	1959年	1960年	1961年	1962年	1963年	1964年	1965年	1966年
合　计	**92.84**	**102.63**	**106.05**	**115.34**	**88.36**	**82.95**	**87.32**	**91.97**	**100.56**	**116.65**
北　京	92.17	109.02	119.22	137.36	123.40	107.71	103.47	102.19	117.54	116.69
开　滦	103.18	127.75	159.33	237.25	142.63	119.70	121.15	126.06	123.14	136.06
峰　峰	136.20	175.49	172.75	155.73	120.76	102.64	102.04	109.22	121.90	131.37
井　陉	117.76	122.85	125.20	117.41	87.89	83.77	93.10	93.30	86.91	106.26
兴　隆			89.40	150.68	97.35	61.19	64.87	87.44	81.08	100.03
邢　台										
邯　郸										
下花园										
八宝山										
大　同	100.46	119.66	148.06	177.97	117.55	101.28	109.43	110.97	131.43	151.83
阳　泉	133.50	144.17	144.54	165.16	123.56	108.91	112.79	114.32	108.83	101.02
西　山	87.05	90.38	111.70	124.50	98.65	95.84	106.18	119.94	122.61	147.54
汾　西	84.88	97.39	92.58	93.67	86.59	83.86	85.86	98.51	101.43	122.34
潞　安	121.88	145.08	130.20	165.01	145.37	103.65	112.58	119.66	130.56	138.53
轩　岗	62.95	94.15	93.80	197.20	84.14	76.70	92.84	99.43	114.68	119.16
晋　城					101.41	103.73	123.84	123.00	118.81	115.34
霍　县										
东　山										
荫　营										
小　峪										
南　庄										
西峪寨沟										
包　头	85.40	52.21	96.74	102.10	92.18	70.10	86.57	82.35	101.97	140.40
乌　达			87.30	63.69	56.74	41.68	63.83	92.08	109.49	153.66
海勃湾										
萍　乡	101.07	99.10	119.80	108.92	92.55	83.30	85.71	85.28	90.40	107.56
丰　城			20.96	80.29	64.98	61.42	79.82	91.99	110.88	94.10
英岗岭										
抚　顺	85.35	94.40		111.10	79.80	59.73	66.56	67.84	88.45	114.78
阜　新	110.87	159.50		162.00	110.20	94.44	90.09	93.87	110.62	173.08
本　溪	86.19	85.45		87.65	71.60	64.56	73.21	78.95	86.84	111.24
北　票	97.50	98.17		119.90	97.20	81.17	89.09	98.01	105.40	125.65
平　庄				160.00	89.70	69.63	88.17	101.91	123.17	138.13

续表

	1957年	1958年	1959年	1960年	1961年	1962年	1963年	1964年	1965年	1966年
铁　法				117.10	69.80	60.11	76.37	86.12	92.54	99.51
南　票				144.00	82.00	76.75	86.05	96.86	101.20	137.70
沈　阳				68.20	44.20	50.18	58.47	62.98		
烟　台										
八道壕										
辽　源	89.53	81.03		87.00	68.22	64.51	71.88	84.85	99.00	141.34
通　化	82.87	77.51		80.70	55.67	53.07	55.67	63.70	85.23	115.38
舒　兰				80.90	60.82	66.06	76.68	97.05	104.69	162.68
蛟　河	110.27	99.14		98.24	73.89	63.50	70.71	90.34	99.37	124.94
营　城		91.17		88.00	72.33	63.60	72.54	87.41	96.70	119.72
延　边										
和　龙										
鸡　西	80.10	72.87		67.09	58.96	61.72	70.76	71.19	76.69	87.05
鹤　岗	84.47	83.80		95.00	69.90	62.36	64.34	64.16	82.79	87.21
双鸭山	84.50	53.66		66.36	43.60	47.18	56.83	64.41	76.34	90.34
七台河				64.30	45.20	49.52	61.94	65.43	77.30	79.94
扎赉诺尔	88.34	87.56	89.84		66.37	72.61	86.71	93.48	116.81	
大　雁										
淄　博	110.38	113.83	113.98	109.43	83.04	78.77	85.61	92.91	96.78	118.59
新　汶	119.97	170.44	109.00	127.00	90.12	76.37	87.15	93.63	112.58	151.49
肥　城				107.23	60.55	65.91	92.15	98.45	123.71	145.98
枣　庄	91.01	118.01	105.11	119.20	94.64	82.92	94.98	98.24	102.29	114.56
兖　州										
坊　子	80.35	72.44	84.63	113.00		80.82	83.29	93.32	119.42	104.89
徐　州	146.57	163.29		131.91		98.11	109.31	118.92	125.97	149.79
淮　南	119.92	139.58		174.20	150.00	129.83	123.05	107.75	110.17	117.49
淮　北				104.00	96.00	81.12	88.51	89.43	100.66	109.37
焦　作	133.09	146.07	155.37	181.90	136.00	132.76	128.86	109.29	113.64	123.25
平顶山	67.15	79.95	79.33	122.40	95.41	80.45	102.28	94.94	122.39	130.50
鹤　壁	95.67	131.31	150.00	227.30	124.50	90.31	95.50	96.36	95.40	115.99
宜　洛	132.89	119.00	126.40	130.90	102.58	96.87	90.08	89.01	109.13	114.32
观音堂			62.28	122.00	93.82	62.51	76.33	73.12	129.21	126.00

续表

	1957 年	1958 年	1959 年	1960 年	1961 年	1962 年	1963 年	1964 年	1965 年	1966 年
张　村										
义　马										
新　密										
涟　邵			88.00	89.95	55.60	50.07	58.71	63.08	93.54	
资　兴	97.69	116.00	99.17	103.00	76.19	65.41	73.49	67.38	100.40	
白　沙										
铜　川	85.35	96.88	92.00	116.28	83.81	71.73	75.09	86.54	84.40	90.54
蒲　白			32.62	97.62	110.27	75.56	87.23	90.11		
澄　合										
韩　城				132.00	93.17	42.77	52.44	84.70		
石嘴山			89.20	81.00	80.60	88.10	96.46	105.31	90.52	110.65
石炭井					41.50	60.11	89.85	89.77	90.85	106.07
窑　街		65.24	126.60	101.20		63.75	99.96	89.26	80.32	97.95
阿干镇		83.01	75.05	103.00		64.09	75.19	69.83	73.50	95.72
靖　远			74.00				51.24	62.83	49.41	73.83
哈　密						53.73	127.00	126.61	116.95	119.05
长　广					58.77	52.02	69.08	84.37	93.49	91.89
六　枝					45.70	36.05	85.00	97.36	83.00	104.88
水　城			29.20	111.00	76.81	39.30	47.85	41.43	62.49	56.73
盘　江										
一平浪		75.55	53.20	88.70	86.40	83.75	79.08	92.58	92.18	105.62
来　宾						34.23	54.56	106.64	112.00	117.28
羊　场								62.23	90.71	115.61
田　坝										
南　桐	116.71	132.50	125.00	120.51					94.59	111.53
天　府	97.28	100.33	72.60	84.20					84.37	115.65
中梁山			93.90	73.70					77.83	93.42
松　藻			107.00	82.20					79.54	105.17
永　荣	65.98	49.83	56.75	46.00					83.99	116.13
广　旺	47.27	55.55							81.96	112.24
芙　蓉										
渡　口										

续表

	1967年	1968年	1969年	1970年	1971年	1972年	1973年	1974年	1975年	1976年	1977年	1978年
合　计	**93.95**	**52.53**	**56.03**	**113.08**	**113.46**	**109.34**	**112.94**	**103.79**	**122.68**	**117.20**	**120.37**	**119.39**
北　京	100.12	78.74	86.22	98.28	88.22	126.72	126.11	119.47	134.50	126.38	125.37	129.97
开　滦	107.13	45.91	47.28	64.50	51.09	136.20	152.06	150.01	162.61	164.33	146.12	140.11
峰　峰	132.88	51.93	59.70	55.60	52.06	110.93	99.71	80.05	109.16	106.29	111.91	106.14
井　陉	95.60	42.90	48.73	42.95	40.35	107.10	110.38	109.40	127.90	136.44	129.33	132.83
兴　隆	63.20	43.13	40.46	47.31	51.40	100.38	122.48	127.79	136.04	138.51	128.27	180.04
邢　台		48.30	37.10	51.90	41.30	80.47	77.80	86.79	132.00	109.23	131.06	138.57
邯　郸							88.29	79.17	123.40	99.29	111.48	108.58
下花园							85.27	92.50	91.14	93.89	83.16	96.04
八宝山							68.26	75.40	84.00	83.60	101.44	117.16
大　同							155.15	149.43	163.34	157.49	160.16	161.80
阳　泉	119.79	52.70	55.93	55.25	54.87	136.96	119.61	112.14	120.02	114.90	108.67	102.52
西　山	74.56	32.82	64.04	63.99	58.69	108.69	178.88	130.00	130.46	121.19	152.76	182.68
汾　西	86.52	34.80	40.60	54.93	59.80	138.82	104.64	108.80	104.15	70.99	109.23	129.64
潞　安		22.40	32.18	69.38	68.15	103.13	132.77	133.62	145.12	115.38	120.19	164.70
轩　岗	117.24	29.24	23.01	27.15	34.48	112.48	91.30	100.10	99.90	102.40	119.10	128.90
晋　城	107.36	55.60	65.40	61.17	59.30	83.60	108.54	99.48	114.19	89.23	110.48	114.68
霍　县	79.96	40.23	39.13	34.54	28.56	86.31	135.17	119.81	126.30	107.21	125.05	147.24
东　山							99.30	85.90	71.69	39.04	70.72	97.73
荫　营							92.05	91.64	93.10	107.05	102.59	131.97
小　峪							73.34	80.13	85.65	84.64	149.01	224.82
南　庄							72.10	88.02	94.79	98.63	82.05	67.97
西峪寨沟							106.60		109.43	138.19	115.40	104.03
包　头	85.54	53.52	49.40	73.76	55.97	112.47	106.33	100.50	120.40	110.89	130.62	121.26
乌　达	122.04	46.52	58.30	49.95	48.47	88.32	65.62	63.41	100.12	135.63	147.04	152.92
海勃湾											89.61	112.88
萍　乡	73.60	59.43	65.40	95.24	97.18	100.89	101.76	87.09	105.31	104.47	104.21	104.74
丰　城	83.43	39.53	38.81	53.54	42.00	103.39	96.44	72.08	91.40	101.30	104.28	118.53
英岗岭						30.39	49.20	20.57	47.71	31.54	36.93	50.60
抚　顺	66.93	35.60	77.12	78.52	71.30	96.82	115.66	117.11	137.34	124.20	126.79	122.71
阜　新	137.62	86.29	78.47	95.69	87.62	140.90	168.59	177.01	213.20	200.36	182.23	171.06
本　溪	91.88	70.00	74.91	72.28	75.55	93.80	98.65	98.97	112.82	121.23	124.86	132.02
北　票	113.76	75.86	67.51	70.65	69.98	108.42	127.82	116.98	130.80	110.97	104.39	95.81
平　庄	84.37	43.95	51.57	57.41	72.57	125.80	180.47	180.40	163.97	153.20	145.04	134.69

续表

	1967年	1968年	1969年	1970年	1971年	1972年	1973年	1974年	1975年	1976年	1977年	1978年
铁 法	58.52	72.00	85.24	73.00	78.00	126.89	142.09	148.77	150.38	115.77	109.01	119.75
南 票	110.17	70.00	64.00	63.00	56.30	100.78	111.83	107.80	121.09	129.40	122.81	125.50
沈 阳		24.39		33.70	33.75	53.07	71.20	66.31	55.08	59.61	61.06	59.10
烟 台							89.48	88.29	84.30	79.72	70.46	97.18
八道壕							87.20	100.48	92.78	102.77	58.11	56.16
辽 源	129.68	70.56	70.57	72.48	68.22	112.30	121.90	105.93	128.22	117.01	118.10	126.38
通 化	83.92	52.71	55.77	58.64	50.41	77.10	97.28	95.88	102.84	101.82	104.55	103.43
舒 兰	118.12	65.76	66.68	60.47	56.46	99.58	114.48	91.16	106.11	113.95	102.82	101.92
蛟 河	102.32	63.22	66.60	59.40	63.52	85.21	94.45	93.50	93.31	93.33	90.46	93.73
营 城	94.13	65.59	78.57	80.52	76.03	86.74	96.63	104.74	114.44	108.98	106.16	103.73
延 边							53.69	55.00	55.16	60.34	74.42	59.85
和 龙							78.00	76.00	66.00	73.04	64.00	60.13
鸡 西	54.45	37.90	37.30	48.30	48.30	82.00	89.00	59.00	104.00	106.52	104.72	101.27
鹤 岗	70.72	47.87	52.65	64.33	58.21	85.18	86.49	63.27	105.58	105.10	105.18	102.78
双鸭山	79.58	51.81	49.57	62.60	54.70	75.20	76.60	47.20	90.64	97.28	100.55	92.72
七台河	47.62	28.42	30.40	33.16	27.77	57.62	70.70	46.13	99.52	104.50	86.91	88.74
扎赉诺尔							113.10	38.21	147.77	116.90	127.00	116.00
大 雁								65.00	124.00	97.60	112.00	114.82
淄 博	108.82	56.85	47.41	62.51	66.24	118.49	121.98	78.80	125.55	128.27	127.53	127.50
新 汶	154.62	72.24	55.19	77.96	96.88	138.99	153.88	73.51	156.90	163.92	139.60	147.76
肥 城	151.62	79.92	63.32	77.26	101.14	155.13	151.67	43.75	165.95	169.80	169.16	160.31
枣 庄	115.93	70.67	56.81	80.45	84.71	151.52	136.74	77.10	145.48	133.50	125.57	118.14
兖 州								53.87	74.40	98.43	90.85	101.22
坊 子	103.74	81.86	82.20	86.19	87.40	118.00	91.99	75.50	96.12	104.80	100.20	87.46
徐 州	132.72	49.00	55.63	89.05	92.89	160.34	160.65	125.72	146.28	139.40	157.33	159.83
淮 南	86.11	54.19	65.86	65.98	67.40	128.04	133.08	119.15	145.99	121.72	109.84	101.40
淮 北	91.29	45.32	64.50	71.44	66.54	107.16	124.04	104.11	124.34	107.42	110.71	107.68
焦 作	114.00	60.62	52.72	72.41	67.53	137.34	135.44	115.77	116.97	97.70	116.70	112.00
平顶山	108.10	31.33	54.90	58.25	57.19	117.60	118.18	108.41	119.57	96.30	123.59	133.33
鹤 壁	97.80	54.97	56.03	70.30	63.77	127.54	117.50	106.31	120.70	97.29	118.52	109.98
宜 洛	105.20	63.20	73.42	72.49	89.22	138.50	125.43	105.40	116.69	75.86	130.84	128.48
观音堂	101.00	27.00	46.00	65.00	37.20	86.30	55.06	38.00	87.00	73.00	102.00	123.00

续表

	1967年	1968年	1969年	1970年	1971年	1972年	1973年	1974年	1975年	1976年	1977年	1978年
张 村								54.53	82.91	79.18	92.16	97.48
义 马							196.00	201.40	217.67	183.30	202.66	20.30
新 密							104.20	98.90	93.00	74.00	99.00	108.00
涟 邵							77.86	55.94	70.34	62.01	71.87	73.37
资 兴							82.03	69.00	73.00	72.18	83.00	76.99
白 沙							83.77 67.20	81.81 35.90	87.83	81.16	81.72	75.43
铜 川	56.27	35.50	56.14	62.31	54.95		109.00	100.00	106.00	100.00	117.00	118.00
蒲 白					56.25		118.39	117.60	148.17	118.57	134.95	148.66
澄 合					38.50		92.50	95.30	95.29	101.70	116.32	145.10
韩 城							73.02	79.60	91.92	93.29	89.85	81.21
石嘴山	79.20	51.53	42.47	48.11	51.04		106.84	55.48	114.02	105.41	104.32	121.08
石炭井	63.29	20.31	44.70	63.18	61.04		137.18	127.21	135.80	134.99	154.23	139.99
窑 街	65.38	50.90	52.01	77.60	64.83		106.65	107.88	114.82	116.24	116.68	117.51
阿干镇	88.52	58.55	43.24	62.48	51.55		90.41	103.23	109.30	114.40	139.20	128.50
靖 远	97.79			40.00	55.00		97.60	79.40	86.10	88.95	91.20	91.91
哈 密	133.37	20.00	15.70	26.00	25.99		62.36	75.71	84.14	126.70	142.44	
长 广	71.68	56.50		45.30	44.30	60.08	50.99				58.86	
六 枝	55.03	52.64	34.39	42.64	65.25		58.39	37.40	69.49	69.81	92.05	112.60
水 城	58.79			51.58	50.75		60.55	51.78	82.42	84.34	50.49	112.61
盘 江							79.05	78.64	74.35	61.82	47.55	93.04
一平浪	88.61	24.25	51.76	54.55	59.63		112.58	113.40	138.07	93.92	79.76	
来 宾	84.42	12.50	41.50		70.00		67.90	70.95	91.67	98.91	84.70	
羊 场	82.28	20.93	51.28	33.10	82.79		118.19	86.94	84.19	49.09	72.02	
田 坝							30.96	86.11	41.84	44.43	47.67	
南 桐	79.00	35.32	60.27	70.64	72.54	108.35	109.92	78.43	107.45	84.62	93.85	
天 府	97.94	49.01	48.15	63.40	74.37		102.97	80.26	100.40	89.69	77.34	
中梁山	72.63	37.65	36.67	51.90	68.50		88.98	48.93	88.75	70.18	57.74	
松 藻	67.71	27.24	53.00	59.03	67.88		58.85	50.45	82.24	85.16	111.26	
永 荣	69.84	7.89	17.41	39.39	66.19	87.42	30.45	19.11	82.86	90.74	96.80	
广 旺	80.77	40.18	69.00	53.00	46.67	86.07	88.22	80.23	95.09	89.79	67.24	
芙 蓉				29.80	39.52		57.61	58.60	106.00	97.94	74.76	
渡 口			42.20	43.55	60.20		100.13	96.78	115.51	107.05	95.58	

续表

	1979年	1980年	1981年	1982年	1983年	1984年
合　计	**116.77**	**107.87**	**99.70**	**101.02**	**102.44**	**105.03**
北　京	128.94	119.51	108.98	110.73	113.71	122.28
开　滦	124.36	106.69	105.90	118.42	124.40	124.55
峰　峰	102.40	96.96	92.03	98.01	94.08	93.83
井　陉	125.50	124.09	118.21	109.89	106.96	112.53
兴　隆	105.29	91.18	78.01	97.13	97.67	100.84
邢　台	115.53	108.34	100.07	109.92	132.25	112.91
邯　郸	93.23	102.80	87.89	97.99	93.77	103.82
下花园	103.82	100.34	103.92	102.62	107.93	111.24
八宝山						
大　同	161.29	148.39	136.99	147.99	146.44	153.09
阳　泉	96.09	97.57	93.15	93.87	92.14	93.65
西　山	179.61	161.16	153.03	151.13	143.71	155.71
汾　西	132.19	126.80	115.21	121.67	129.16	120.33
潞　安	149.77	172.52	166.08	154.54	140.88	132.08
轩　岗	125.90	99.80	90.70	92.31	90.78	84.83
晋　城	120.36	120.87	99.66	92.63	98.36	99.86
煤气公司						
王　坪						
霍　县	138.65	119.86	95.88	100.77	112.54	103.56
东　山	105.90	116.07	101.64	103.15	99.28	98.33
荫　营	99.22	107.08	103.97	92.20	103.86	100.24
小　峪	197.48	147.41	139.11	163.81	174.71	154.62
南　庄	91.47	69.54	51.50	75.88	78.37	76.08
西峪寨沟	98.72	98.92	100.77	103.12	114.37	103.31
固　庄				85.71	80.06	85.97
包　头	120.84	125.30	116.06	122.42	120.16	134.28
乌　达	152.67	161.03	151.77	160.04	164.93	166.91
海勃湾	100.74	90.05	93.17	94.77	82.80	83.85
平　庄		115.40	111.69	127.11	132.39	131.91
扎　局		119.00	118.00	115.23	115.67	115.02
大　雁		107.00	106.00	96.66	94.18	95.26
抚　顺	131.13	88.39	75.44	92.02	110.60	115.61
阜　新	148.47	123.46	103.19	111.54	130.60	131.10
本　溪	124.39	109.75	97.69	91.13		
北　票	91.95	89.47	84.99	84.02	77.61	78.61

续表

	1979年	1980年	1981年	1982年	1983年	1984年
铁法	107.50	105.19	101.47	105.18	118.52	128.45
南票	129.36	117.88	106.08	123.57	113.24	124.20
沈阳	60.60	57.02	47.95	52.63	75.59	74.85
烟台	89.86	78.84	67.39	65.90	73.12	71.39
八道壕	66.42	61.71	51.13	63.50	64.93	65.75
辽源	123.06	119.65	110.84	115.36	108.28	115.18
通化	109.76	89.85	87.51	94.10	92.72	95.92
舒兰	100.17	99.28	89.32	96.36	101.32	99.95
珲春	90.66	86.56	83.83	85.56	86.13	75.76
营城	124.17	105.70	90.50	93.50		
延边	62.75	55.50				
和龙	55.03	67.65				
鸡西	100.43	89.52	84.00	84.45	89.03	88.73
鹤岗	98.80	95.81	89.20	89.08	87.17	94.93
双鸭山	87.75	78.22	71.04	74.37	74.57	76.23
七台河	101.48	86.32	85.37	77.49	77.77	82.51
扎赉诺尔	134.00					
大雁	123.00					
徐州	152.08	147.42	131.51	130.15	127.16	130.24
大屯	120.66	125.98	110.24	104.93	114.55	105.15
淮南	99.38	95.62	94.13	82.32	93.81	97.24
淮北	111.79	103.01	99.15	93.44	100.26	96.42
萍乡	103.57	93.32	91.23	89.71	82.53	84.43
丰城	112.18	97.56	88.97	83.12	88.06	82.75
英岗岭	47.18	42.24	49.39	51.10	49.65	50.80
洛市						
淄博	119.42	110.73	100.14	96.45	98.48	99.69
新汶	136.51	126.72	108.85	109.95	113.44	115.68
枣庄	154.62	135.26	124.39	126.09	133.08	127.87
肥城	128.56	149.46	120.47	113.98	110.76	118.05
莱芜	104.79	88.76				
兖州	96.86	86.63	85.43	78.29	87.05	95.63
坊子	92.98	76.19	67.79	68.66	67.00	94.14
龙口						
焦作	124.70	112.27	103.29	115.85	110.20	101.52
平顶山	130.29	123.75	114.11	103.99	110.10	114.17
鹤壁	95.67	90.06	82.24	85.21	85.61	90.10

续表

	1979 年	1980 年	1981 年	1982 年	1983 年	1984 年
宜　洛						
观音堂						
张　村						
义　马	149.38	116.52	109.35	113.00	102.80	101.62
新　密	120.58	125.62	116.95	108.82	112.88	118.75
涟　邵	67.86	64.16	67.57	68.24	64.91	61.17
资　兴	81.21	77.14	75.51	77.78	82.60	79.32
白　沙	85.54	79.46	75.21	74.63	77.92	80.87
六　枝	109.52	105.71	93.82	90.41	85.17	84.31
盘　江	82.96	87.32	70.48	66.43	64.82	67.67
水　城	104.55	96.94	97.47	97.36	98.47	93.94
铜　川	116.47	106.79	100.64	110.83	113.46	110.89
蒲　白	139.28	141.69	134.20	139.35	138.05	164.38
澄　合	111.00	102.00	110.60	105.21	102.81	93.73
韩　城	84.47	77.57	76.50	90.35	97.13	101.10
崔家沟	43.33	129.00	117.00	110.31	98.84	105.72
苍　村						
窑　街	118.80	112.13	114.62	120.50	125.58	127.78
阿干镇	113.69	98.90	120.90	105.42	115.10	118.58
靖　远	88.00	81.59	71.46	77.72	82.77	75.71
石嘴山	122.59	84.38	87.34	93.34	95.24	101.35
石炭井	132.91	116.12	99.50	94.55	103.77	113.01
哈　密	97.45	113.95	99.70	97.87	101.90	103.11
乌鲁木齐	204.99	195.18	89.73	91.17	71.91	73.48
艾维尔						
一平浪						
来　宾						
羊　场						
田　坝						
南　桐						159.36
天　府						108.89
中梁山						135.06
松　藻						114.38
永　荣						129.66
广　旺						110.37
芙　蓉						103.88
攀枝花						108.40

续表

	1985年	1986年	1987年	1988年	1989年	1990年
合　计	**104.20**	**104.13**	**107.07**	**111.21**	**116.14**	**118.86**
北　京	112.66	113.54	106.03	111.51	117.74	113.10
开　滦	112.07	113.35	116.92	120.52	122.22	130.18
峰　峰	97.45	91.37	107.43	112.46	116.89	125.03
井　陉	107.30	94.78	110.10	104.66	125.40	134.55
兴　隆	114.50	105.88	108.23	115.17	120.72	105.41
邢　台	129.48	128.65	112.19	145.33	160.36	156.27
邯　郸	97.32	92.52	89.24	92.85	79.04	80.61
下花园	150.52	155.34	151.90	163.33	144.59	126.79
八宝山	116.13	116.78	122.74	122.60	116.35	117.58
大　同	144.83	139.55	130.20	146.50	161.14	170.69
阳　泉	95.95	92.58	99.29	104.48	125.67	135.33
西　山	148.90	144.78	140.99	143.70	156.92	162.71
汾　西	111.69	114.54	116.73	123.40	130.95	166.73
潞　安	133.69	148.18	232.03	283.71	288.43	293.20
轩　岗	85.53	92.13	89.80	89.25	98.23	120.90
晋　城	101.95	112.16	127.21	151.71	184.67	193.75
煤气公司						104.10
王　坪						90.66
霍　县	113.18	116.80	124.86	116.31	114.59	132.08
东　山	97.78	112.43	120.37	107.38	97.65	107.56
荫　营	99.63	107.31	90.68	91.08	92.94	98.55
小　峪	186.22	191.70	174.15	170.88	163.79	199.59
南　庄	82.96	84.93	80.29	66.89	65.91	75.13
西峪寨沟	103.50	118.99	101.34	107.22	107.12	131.89
固　庄	92.90	89.68	87.22	93.89	97.87	110.63
包　头	107.90	100.48	90.02	98.11	115.00	110.05
乌　达	169.37	157.81	150.01	140.01	141.12	145.43
海勃湾	94.43	97.94	92.04	101.70	140.91	99.95
平　庄	148.50	138.25	142.04	148.64	165.22	156.10
扎　局	131.15	109.99	119.89	112.35	123.78	123.12
大　雁	105.52	120.22	80.13	130.47	134.97	187.16
抚　顺	116.83	116.09	113.55	125.60	131.62	145.29
阜　新	132.91	139.71	142.65	145.45	142.93	154.90
本　溪						
北　票	79.43	73.65	76.13	79.17	86.46	99.19

续表

	1985年	1986年	1987年	1988年	1989年	1990年
铁 法	131.50	132.48	151.41	158.97	176.94	182.40
南 票	131.93	133.44	169.28	184.03	192.18	192.24
沈 阳	72.94	73.75	71.59	79.98	85.39	91.84
烟 台	58.40	55.17	60.82	53.02	39.21	39.93
八道壕	63.22	63.26	60.83	69.22	73.99	68.84
辽 源	124.02	129.00	132.33	131.25	132.91	130.59
通 化	95.93	100.05	105.49	108.59	111.80	114.66
舒 兰	96.96	99.75	109.72	117.98	131.79	129.30
珲 春	74.31	90.66	91.63	105.00	100.61	96.77
营 城						
延 边						
和 龙						
鸡 西	90.81	101.57	103.32	106.64	110.75	120.77
鹤 岗	102.56	100.64	113.75	111.85	112.84	117.19
双鸭山	77.08	80.96	86.16	103.21	118.67	125.12
七台河	86.40	84.34	97.06	101.80	105.49	111.32
扎赉诺尔						
大 雁						
徐 州	127.59	124.92	132.88	133.98	134.42	133.56
大 屯	110.86	113.54	105.46	106.76	114.24	134.37
淮 南	90.23	85.91	87.39	90.47	96.54	96.68
淮 北	95.97	95.82	98.35	100.31	105.91	111.38
萍 乡	80.90	81.57	83.54	83.51	88.05	86.86
丰 城	79.68	82.96	81.80	75.20	78.86	64.16
英岗岭	53.31	52.66	49.67	49.39	42.72	43.69
洛 市	87.69	72.86	71.56	66.04	70.70	71.70
淄 博	97.87	95.43	96.29	98.96	101.66	106.22
新 汶	110.21	108.86	112.74	118.29	128.00	132.16
枣 庄	126.97	126.05	135.81	147.25	146.27	137.83
肥 城	111.73	112.21	115.45	121.18	120.75	132.70
莱 芜						
兖 州	90.73	92.47	96.37	101.40	107.27	105.26
坊 子	93.64	97.78	97.29	101.45	104.99	90.01
龙 口	52.67	52.46	58.84	69.23	87.02	89.39
焦 作	99.23	94.12	99.94	109.11	117.51	119.17
平顶山	113.59	114.83	115.46	124.27	131.36	139.69
鹤 壁	99.47	93.88	97.58	119.00	127.72	127.61

续表

	1985年	1986年	1987年	1988年	1989年	1990年
宜　洛						
观音堂						
张　村						
义　马	109.56	104.83	97.18	99.65	114.34	112.46
新　密	112.80	116.88	110.47	117.67	133.17	143.95
涟　邵	56.55	58.41	58.98	59.06	56.83	53.66
资　兴	79.01	83.41	75.82	68.05	69.07	74.47
白　沙	79.23	81.28	76.58	67.70	78.47	70.39
六　枝	76.84	74.55	71.53	78.64	76.98	76.43
盘　江	71.01	72.87	81.36	86.55	85.44	92.79
水　城	88.30	88.47	91.21	89.14	91.25	93.43
铜　川	106.44	104.74	98.04	100.65	99.40	99.52
蒲　白	156.02	105.28	124.01	108.68	123.59	141.73
澄　合	84.50	126.27	83.63	85.18	100.07	104.06
韩　城	105.12	87.15	102.49	93.01	86.27	89.68
崔家沟	107.06	99.01	114.60	86.02	105.36	127.08
苍　村						
窑　街	131.66	139.51	133.72	136.37	144.38	152.54
阿干镇	132.92	112.60	104.06	105.54	107.19	89.84
靖　远	77.91	86.73	94.94	103.58	101.56	93.36
石嘴山	101.92	95.04	97.40	110.13	122.96	132.18
石炭井	110.07	111.72	106.74	110.26	113.42	121.04
哈　密	101.92	130.84	105.79	127.78	160.40	151.21
乌鲁木齐	110.07	69.71	65.39	64.67	72.04	70.94
艾维尔						
一平浪						
来　宾						
羊　场						
田　坝						
南　桐	149.43	142.96	145.38	143.01	139.09	130.62
天　府	118.49	114.03	128.04	132.97	97.00	99.78
中梁山	107.53	125.20	127.03	110.50	105.16	108.44
松　藻	109.74	103.28	101.41	107.55	110.13	99.16
永　荣	120.92	125.42	116.64	115.42	106.10	105.06
广　旺	107.38	100.07	107.65	99.71	113.25	114.07
芙　蓉	115.70	107.76	110.73	121.70	121.74	120.77
攀枝花	110.95	109.85	110.84	117.59	124.77	117.33

续表

	1991年	1992年	1993年	1994年	1995年	1996年	1997年
北　京	115.88	122.20	120.03	125.49	139.79	160.58	170.51
开　滦	127.86	132.15	132.27	136.31	134.54	137.28	142.37
峰　峰	137.62	142.17	146.73	148.43	146.90	143.02	143.40
井　陉	127.73	153.33	185.83	134.23	125.96	132.25	125.77
兴　隆	97.46	109.36	127.02	113.65	130.65	123.16	123.77
邢　台	145.56	149.88	164.09	166.60	171.99	166.90	198.85
邯　郸	106.77	120.81	127.14	134.87	126.99	110.05	121.47
盛　源	92.32	113.01	120.48	115.71	108.10	94.33	93.22
八宝山	124.44	100.17	114.73	143.07	129.31	150.61	143.75
大　同	200.37	218.99	254.88	263.88	274.88	249.27	248.67
阳　泉	130.88	137.37	137.63	126.60	121.76	133.46	147.26
西　山	156.09	151.49	171.28	181.91	186.54	190.40	183.79
汾　西	198.67	168.08	145.53	166.20	174.51	170.06	183.53
潞　安	298.84	341.46	382.99	399.61	359.37	360.26	373.92
轩　岗	138.92	142.99	128.10	124.05	119.36	127.73	127.06
晋　城	201.87	206.94	185.66	192.76	214.10	225.37	205.49
煤气化	108.86	100.07	105.60	143.09	141.26	135.01	130.13
王　坪	99.75	143.70	163.12	157.46	166.72	158.43	157.21
霍　州	148.53	152.43	149.84	157.84	177.51	158.57	152.48
东　山	111.83	124.71	96.09	99.91	90.49	78.40	71.67
荫　营	104.17	108.34	88.57	102.70	130.31	141.53	124.10
固　庄		106.04	112.57	115.20	99.78	107.96	119.16
小　峪	183.71	157.13	170.01	180.27	168.98	192.44	204.16
南　庄	86.72	96.83	111.53	97.73	95.53	92.12	89.31
寨　沟	164.89	143.52	107.96	136.39	128.42	131.14	131.52
平　朔							
包　头	109.99	102.98	152.67	107.86	149.16	98.01	104.45
乌　达	110.52	151.41	116.31	132.69	129.40	142.96	131.01
海勃湾	174.99	118.57	105.42	123.82	88.72	90.26	102.66
宝日希勒							
平　庄	173.95	195.88	184.07	181.72	176.39	197.56	198.79

续表

	1991年	1992年	1993年	1994年	1995年	1996年	1997年
扎赉诺尔	161.70	163.39	170.11	159.22	138.60	135.93	155.48
大　雁	204.81	203.43	230.47	221.83	314.94	308.25	206.70
霍林河							
伊　敏							
神　东							
万　利							
准格尔							
抚　顺	152.37	163.78	170.40	155.50	150.29	165.45	159.49
阜　新	158.26	164.41	166.15	183.76	176.69	169.70	161.88
北　票	122.10	131.50	125.85	103.13	86.16	79.23	83.20
铁　法	185.27	189.81	180.83	189.25	196.92	211.67	198.90
南　票	194.12	206.02	209.66	189.59	206.75	204.35	209.95
沈　阳	101.90	107.78	114.91	84.12	78.67	80.72	80.58
本　溪							85.62
烟　台	35.90	17.48					
八道壕	65.51	72.22					
辽　源	148.42	159.05	200.44	167.82	183.60	182.19	148.95
通　化	126.96	132.42	143.19	139.89	124.59	119.50	117.22
舒　兰	133.52	154.90	157.41	142.06	142.35	131.68	120.62
珲　春	110.92	126.19	129.94	147.53	157.67	168.18	168.86
营　城							
蛟　河							
延　边							
和　龙							
鸡　西	130.75	131.93	126.86	132.01	136.99	135.95	135.18
鹤　岗	118.62	120.38	99.26	90.97	96.74	94.79	95.95
双鸭山	128.67	134.71	137.40	121.51	109.50	112.22	116.93
七台河	117.34	125.58	121.86	118.87	107.91	112.68	124.47
徐　州	138.45	156.56	156.64	153.40	166.49	166.33	169.15
大　屯	145.17	132.96	137.74	151.25	167.98	179.83	154.18
长　广		70.57	71.76	75.06	76.67	76.91	78.55

续表

	1991年	1992年	1993年	1994年	1995年	1996年	1997年
淮 南	97.99	97.12	83.02	88.36	90.96	92.25	91.31
淮 北	116.85	124.58	127.29	132.86	148.85	153.33	157.17
萍 乡	87.74	96.91	96.32	94.75	96.91	100.95	97.88
丰 城	68.81	73.29	76.27	82.29	85.75	79.22	81.44
英岗岭	47.00	54.47	60.18	61.45	65.94	65.31	70.17
洛 市	80.45	69.45	73.60				
乐 平		83.34	87.08	100.78	109.33	149.40	163.34
淄 博	109.00	115.88	116.34	120.23	122.02	117.22	124.17
新 汶	135.81	141.25	138.77	134.98	134.98	137.23	137.83
枣 庄	139.94	154.35	148.40	152.97	152.72	151.20	166.21
肥 城	137.83	153.34	147.30	147.03	145.06	144.54	149.36
兖 州	112.33	120.48	131.01	144.46	155.08	171.37	178.73
坊 子	92.02	95.88	85.58	185.91	87.12	91.22	113.25
龙 口	99.41	105.62	104.49	100.86	105.68	104.79	110.23
临 沂							
平顶山	149.90	156.65	170.37	180.70	184.91	184.93	190.99
焦 作	116.52	114.16	109.75	114.30	120.91	130.14	149.89
鹤 壁	119.30	114.89	134.55	131.50	132.92	147.22	146.78
宜 洛							
观音堂							
张 村							
义 马	122.38	127.72	123.99	128.04	125.82	129.99	144.51
郑 州	146.68	151.83	145.44	162.89	171.97	191.16	217.76
永 城							
涟 邵	52.32	71.42	69.89	70.46	72.25	77.94	75.12
资 兴	78.89	80.09	84.59	78.39	76.33	85.34	90.89
白 沙	59.77	62.61	51.33	70.43	72.87	78.17	75.88
广 旺	110.78	122.78	137.83	136.18	140.15	135.29	132.60
芙 蓉	126.57	124.15	118.19	125.82	125.58	127.02	125.11
攀枝花	124.50	123.58	137.86	142.14	132.79	137.32	145.21
达 竹			117.74	119.24	120.04	135.26	135.53
华蓥山			104.91	84.99	109.94	109.50	110.71

续表

	1991年	1992年	1993年	1994年	1995年	1996年	1997年
隆　昌							
南　桐	129.61	133.85	138.09	142.61	146.05	153.90	140.00
天　府	110.31	108.22	95.93	108.67	105.29	106.74	108.90
松　藻	101.57	101.53	99.16	114.79	111.24	118.00	108.47
中梁山	105.07	115.88	118.43	100.79	98.73	118.80	102.18
永　荣	105.19	106.14	115.01	112.50	108.90	113.52	112.14
六　枝	73.23	72.45	70.97	77.17	76.84	76.55	58.69
盘　江	118.81	132.18	151.90	154.59	152.56	162.48	163.04
水　城	91.93	103.28	113.50	120.72	128.49	129.29	123.24
一平浪	129.24	122.98	119.35	116.72	102.98	117.55	137.88
来　宾	120.63	115.97	114.35	131.47	108.95	116.13	138.94
羊　场	132.85	103.89	109.63	133.98	132.79	122.32	116.00
田　坝	87.80	108.02	90.55	105.43	96.83	105.10	114.30
铜　川	94.07	97.09	110.19	115.77	117.82	117.81	121.18
蒲　白	155.09	167.20	158.35	152.80	153.50	151.91	143.20
澄　合	91.44	101.32	128.44	134.96	130.14	149.37	155.72
韩　城	96.81	106.78	116.48	135.94	136.35	129.99	143.71
崔家沟	138.68	138.78	119.72	128.20	199.80	158.33	162.07
苍　村	104.01	141.86	156.72	203.78	126.21	148.01	146.83
车　村							
黄　陵							
窑　街	147.00	176.26	178.34	179.10	196.67	210.59	204.36
兰　阿	85.51	89.46	108.26	122.98	130.41	145.01	139.19
靖　远	97.76	95.52	105.30	107.57	107.44	115.76	115.68
华　亭							
亘　元	127.57	138.58	164.19	155.35	159.87	143.05	135.74
太　西	127.83	144.95	149.84	141.87	135.38	140.15	141.24
汝箕沟							
灵　州		84.98	99.08	132.65	119.03	117.37	111.81
哈　密	150.27	201.83	175.32	200.74	179.03	180.79	223.41
乌鲁木齐	75.62	70.73	68.89	65.42	75.73	82.70	93.86
艾维尔	131.44	97.34	138.12	129.27	146.75	127.97	175.11

续表

	1998年	1999年	2000年	2001年	2002年	2003年	2004年
北　京	173.07	184.62	192.37	231.87	271.71	212.32	186.50
开　滦	153.61	164.19	175.47	182.45	189.68	192.68	196.61
峰　峰	140.96	138.44	136.13	123.55	132.78	133.40	140.08
井　陉	100.28	98.02	110.85	112.86	115.87	137.66	160.74
兴　隆	130.09	95.85	103.24	93.90	87.34	83.85	86.14
邢　台	215.54	217.41	235.08	174.87	169.61	151.03	142.41
邯　郸	116.67	118.03	114.04	102.86	131.34	140.16	136.08
盛　源	118.30	112.74				126.27	
八宝山	141.07	154.39	113.58	114.81	124.47	122.54	129.21
大　同	223.61	200.73	205.40	203.24	199.79	201.73	198.69
阳　泉	136.20	133.45	145.78	160.93	165.63	179.63	196.70
西　山	204.55	219.10	232.95	251.24	241.72	281.80	291.01
汾　西	195.17	203.50	246.20	236.71	217.09	220.95	252.08
潞　安	364.20	395.53	409.13	415.31	430.98	499.84	483.42
轩　岗	125.40	123.27	151.54	94.99			
晋　城	201.26	201.31	210.39	223.62	285.83	286.00	295.78
煤气化	170.91	168.44	169.78	144.83	168.15	96.99	202.49
王　坪	191.52	124.00	118.51	115.89	221.98		
霍　州	159.26	171.76	1950.33	196.12	183.46	207.68	211.88
东　山	87.76	93.95	114.90	137.91	130.61	126.63	140.95
荫　营	120.11	124.78	122.66	126.12	128.39	131.79	130.20
固　庄	116.25	112.62	116.61	114.43	120.45	125.65	125.59
小　峪	156.38	151.89	151.39	182.46	194.88		
南　庄	87.29	101.92	95.86	87.20	81.53	83.52	83.23
寨　沟	131.29	132.34	129.24	126.75	128.21	129.99	128.66
平　朔							
包　头	105.49	85.09	107.99	119.87	138.33	117.54	85.54
乌　达	128.71	144.42	157.88	160.53	179.11	147.35	135.86
海勃湾	88.40	115.52	125.50	139.42	142.95	190.18	141.12
宝日希勒		148.11	343.51	293.02	214.36	185.14	181.29
平　庄	171.56	166.29	176.99	165.65	175.80	178.49	173.13

续表

	1998年	1999年	2000年	2001年	2002年	2003年	2004年
扎赉诺尔	158.65	133.92	125.18	130.33	170.00	182.93	172.20
大　雁	167.59	188.39	168.49	200.93	218.90	211.59	214.13
霍林河							
伊　敏							
神　东			465.34	765.82	1168.84	90.86	1330.37
万　利					79.55	79.70	97.95
准格尔							
抚　顺	143.74	93.01	85.40	85.25	85.74	85.46	85.18
阜　新	158.66	161.22	153.71	157.63	160.45	166.14	149.30
北　票	83.43	74.87	70.95	72.69			
铁　法	201.37	198.68	201.94	209.76	234.26	248.56	236.74
南　票	199.33	166.99	155.83	177.36	176.08	179.27	121.81
沈　阳	89.65	89.98	91.45	102.25	105.20	115.43	121.51
本　溪	97.62	83.94					
烟　台							
八道壕							
辽　源	146.98	121.41	101.49	103.02	117.96	150.46	149.61
通　化	118.83	125.98	145.78	132.84	143.27	159.97	175.05
舒　兰	114.45	104.57	89.87	108.31	87.93	108.79	118.65
珲　春	168.17	157.32	173.30	163.78	157.90	197.43	192.38
营　城		90.47	95.04	85.67	90.42		
蛟　河							
延　边							
和　龙							
鸡　西	110.56	127.68	121.74	116.43	115.57	107.48	117.18
鹤　岗	94.10	93.00	104.94	108.48	117.18	115.25	117.01
双鸭山	115.39	111.98	112.49	105.86	109.71	119.02	136.66
七台河	118.09	122.22	112.12	109.29	107.34	95.51	101.82
徐　州	171.75	175.62	177.37	174.45	178.82	166.83	171.31
大　屯	148.05	167.30	185.90	169.14	195.23	186.66	197.91
长　广	77.70	89.92	95.77	93.52	93.49	101.04	

续表

	1998年	1999年	2000年	2001年	2002年	2003年	2004年
淮　南	96.55	100.11	103.34	108.87	116.41	120.71	128.43
淮　北	141.36	144.48	151.62	152.76	155.48	140.88	131.64
萍　乡	97.58	101.07	97.82	103.89	102.87	100.60	103.38
丰　城	78.03	64.00	67.17	68.35	74.55	73.42	68.77
英岗岭	57.66	61.63	69.82	64.57	68.08	85.48	86.70
洛　市							
乐　平	146.36	100.07	111.12	100.52	108.00	101.93	86.78
淄　博	114.70	115.72	122.61	107.82	99.22	96.90	122.83
新　汶	133.37	137.89	148.85	157.72	159.69	165.17	173.25
枣　庄	160.27	176.64	199.32	274.09	284.37	283.71	322.52
肥　城	165.40	161.26	159.00	175.25	165.06	174.62	168.16
兖　州	189.94	247.37	262.96	244.09	253.78	271.65	253.96
坊　子	110.37	107.00	103.59	98.85			
龙　口	94.93	91.02	97.85	113.73	115.43	160.02	149.06
临　沂	113.14	115.80	118.78	127.21	137.15	137.09	119.34
平顶山	193.31	190.01	198.42	209.52	195.71	190.69	152.95
焦　作	122.19	122.34	114.94	113.71	118.61	113.51	118.28
鹤　壁	153.68	167.51	218.33	160.45	143.01	116.99	99.98
宜　洛							
观音堂							
张　村							
义　马	136.43	148.31	178.72	161.04	150.19	146.10	137.43
郑　州	189.21	158.78	160.47	160.72	147.04	143.08	142.19
永　城	92.10	74.27	90.23	116.73	104.46	154.91	147.55
涟　邵	76.81	77.38	75.55	69.03	70.57	72.29	69.58
资　兴	86.11	80.75	83.15	85.09	81.93	83.80	77.64
白　沙	72.85	77.90	79.30	73.35	73.28	74.30	74.65
广　旺	125.34	121.88	133.27	124.40	142.07	106.69	121.26
芙　蓉	113.47	118.35	180.44	107.09	112.29	135.16	127.97
攀枝花	133.01	121.96	123.35	123.49	123.65	114.48	115.49
达　竹	138.84	143.05	144.00	142.65	133.49	130.52	138.05
华蓥山	117.53	104.09	143.46	128.67	139.84	124.16	132.99

续表

	1998年	1999年	2000年	2001年	2002年	2003年	2004年
隆　昌		122.49	192.66	34.26	64.18	64.75	
南　桐	131.89	137.74	139.26	139.13	123.07	172.89	141.57
天　府	106.08	101.41	108.71	128.21	125.89	107.61	101.85
松　藻	107.44	119.40	124.69	130.54	133.90	133.41	129.55
中梁山	105.03	113.73	97.50	107.53	92.63	80.48	91.46
永　荣	110.41	113.34	109.74	112.50	123.41	117.27	130.45
六　枝	58.68	63.01	72.99	66.05	65.60	73.87	72.66
盘　江	161.25	132.50	146.04	145.33	148.98	156.29	164.35
水　城	107.65	112.07	116.62	115.17	111.65	116.55	100.07
一平浪	150.29	157.32	176.80	199.75	164.82	168.53	173.67
来　宾	103.90	107.22	106.97	121.23			
羊　场	119.78	120.18	120.58	123.25	127.75	109.88	100.81
田　坝	119.81	87.69	99.54	100.75	100.34	106.33	72.43
铜　川	123.98	128.15	135.94	129.93	138.90	167.24	159.61
蒲　白	146.02	153.97	162.28	197.37	205.58	168.99	156.95
澄　合	178.49	185.09	165.55	157.93	174.51	153.43	147.28
韩　城	145.02	131.17	137.37	149.04	150.83	150.11	134.26
崔家沟	161.15	213.06	233.05	231.60	247.53	245.81	185.64
苍　村	133.02	192.28	191.81	198.61	256.19	224.26	267.44
车　村							
黄　陵						409.89	295.06
窑　街	208.04	216.41	204.48	213.63	180.46	159.09	148.87
兰　阿	118.04	109.04	116.32				
靖　远	124.27	124.47	132.27	128.31	131.67	142.79	167.70
华　亭		137.06	110.16	103.18			
亘　元	129.50	129.72	129.80	126.98	127.50	126.61	116.80
太　西	144.50	129.07	120.34	117.98	114.63	119.59	116.36
汝箕沟							
灵　州	112.63	152.61	144.41	170.81	156.59	171.56	186.13
哈　密	173.86	272.74	203.28	168.21	173.75	196.16	241.04
乌鲁木齐	83.20	86.35	82.16	99.74	83.24	93.39	86.37
艾维尔	141.85	241.39	124.02	164.37	185.38	78.50	103.51

国有重点煤矿洗精煤灰分——按单位分

单位：%

	1971年	1972年	1973年	1974年	1975年	1976年	1977年
合　计	**11.53**	**10.22**	**10.61**	**10.80**	**10.79**	**10.67**	**10.76**
开　滦	11.61	11.85	11.71	11.64	11.55	11.47	11.83
峰　峰	10.32	10.27	10.47	10.65	11.01	11.09	11.14
邯　郸					10.11	10.20	10.89
井　陉	12.13	11.92	12.30	12.16	12.35	11.97	12.08
邢　台				11.83	10.96	11.00	10.44
西　山	10.82	10.67	10.99	11.18	11.40	11.53	11.10
汾　西	10.41	10.52	10.48	11.33	10.47	9.88	10.22
潞　安			10.85	11.43	11.97	11.64	11.92
煤气化							
霍　州	11.28	10.88	10.39	10.49	10.65	11.51	11.40
抚　顺	5.97	5.97	6.02	5.95	5.97	6.00	6.02
北　票	11.61	11.94	11.17	11.22	11.40	11.44	11.38
沈　阳	11.62	11.28	11.56	11.26	11.31	11.73	11.73
通　化	11.93	11.96	11.61	11.83	11.67	11.80	11.55
鸡　西	12.42	12.04	12.07	12.10	11.99	11.93	11.83
鹤　岗	10.47	10.47	10.49	10.50	10.45	10.49	10.50
双鸭山	9.57	9.48	9.49	9.48	9.71	9.44	9.49
七台河						10.21	10.36
徐　州	9.22	9.85	10.18	10.64	10.07	10.14	10.51
大　屯							
淮　南	12.26	12.17	12.07	12.79	12.84	12.09	12.69
淮　北	14.27	14.08	13.16	13.64	13.86	14.09	13.33
萍　乡	10.95	11.21	10.83	10.88	10.92	10.88	10.87
丰　城	11.42	11.34	11.25	11.15	11.47	11.43	11.39
新　汶	10.30	10.01	9.97	10.51	10.02	9.68	10.02
枣　庄	9.04	8.88	8.67	9.00	8.70	8.80	8.66
肥　城	9.24	9.20	9.96	10.77	10.17	10.35	10.02
兖　矿							

续表

	1971年	1972年	1973年	1974年	1975年	1976年	1977年
淄　博							
平顶山	12.52	12.19	12.86	13.11	12.24	12.03	11.43
鹤　壁							
义　马							13.60
株　洲	9.26	8.88	9.14	9.41	8.55	7.28	7.90
广　旺							
攀枝花	10.88	10.80	10.82	10.95	10.87	10.80	10.75
达　竹							
威　远							
华蓥山							
南　桐	12.38	12.21	11.91	12.14	11.92	12.13	11.92
永　荣	11.16	11.40	11.65	11.93	11.46	12.20	11.37
天　府							
中梁山							
六　枝	16.28	14.26	16.53	18.33	18.15		14.90
盘　江							
水　城	16.06	15.66	15.41	15.61	16.46	15.45	15.66
一平浪	13.34	11.50	11.79	11.98	12.09	11.99	12.61
羊　场	18.02	14.98	14.85	15.46	16.71	17.72	16.98
后　所							
恩　洪							
田　坝							
韩　城							11.23
石炭井	13.79	13.96	14.58	14.29	13.61	12.91	12.43
艾维尔							
神　华							
包　头							
乌　达		10.28	10.07	10.05	10.22	10.14	9.94
海勃湾							

续表

	1978年	1979年	1980年	1981年	1982年	1983年	1984年
合　计	**10.50**	**10.30**	**10.27**	**10.34**	**10.32**	**10.31**	**10.30**
开　滦	11.49	11.53	11.55	11.58	11.58	11.56	11.50
峰　峰	10.58	10.40	10.35	10.33	10.40	10.37	10.47
邯　郸	10.48	10.76	10.16	10.20	10.23	10.61	10.67
井　陉	11.79	11.70	11.68	11.69	11.81	11.78	11.76
邢　台	10.75	10.37	10.17	9.70	9.85	10.01	9.53
西　山	10.40	10.24	10.23	10.32	10.42	10.41	10.25
汾　西	10.01	9.38	10.33	10.38	10.19	10.39	10.17
潞　安	10.49	10.19	10.17	10.13	10.30	10.43	10.42
煤气化							
霍　州	10.79	10.86	11.11	10.93	10.42	9.99	10.13
抚　顺	5.76	5.95	5.94	5.97	6.13	6.39	6.80
北　票	11.54	11.46	11.32	11.24	11.60	11.59	11.67
沈　阳	11.61	11.59	10.60	11.65	11.64	11.60	11.53
通　化	11.58	11.62	11.51	11.56	11.51	11.52	11.54
鸡　西	11.68	11.64	11.65	11.58	11.54	11.57	11.57
鹤　岗	10.45	10.47	10.42	10.42	10.46	10.46	10.48
双鸭山	9.47	9.44	9.45	9.46	9.44	9.47	9.48
七台河	9.93	9.98	9.96	9.94	9.83	9.88	9.90
徐　州	10.10	9.17	8.82	9.15	9.08	8.96	8.71
大　屯					9.30	9.16	9.26
淮　南	11.73	11.57	11.63	11.48	11.42	11.28	11.14
淮　北	12.59	11.83	11.78	12.04	11.41	11.21	10.98
萍　乡	10.74	10.73	10.32	10.36	10.41	10.43	10.44
丰　城	11.38	10.85	10.88	10.92	10.87	10.88	10.79
新　汶	9.72	9.09	8.97	9.01	8.87	9.01	9.05
枣　庄	8.37	8.37	8.20	8.30	8.33	8.20	8.09
肥　城	9.40	8.91	9.07	8.60	9.08	8.88	9.15
兖　矿							

续表

	1978年	1979年	1980年	1981年	1982年	1983年	1984年
淄博							
平顶山	11.21	10.67	10.41	10.70	10.91	10.94	10.85
鹤壁							
义马	12.86	12.23	12.23	12.52	11.82	12.37	12.48
株洲	8.10	8.24	8.20	8.16	8.33	8.52	8.66
广旺							
攀枝花	10.62	10.41	10.46	10.42	10.32	10.27	10.33
达竹							
威远							
华蓥山							
南桐	11.79	11.60	12.05	12.80	11.75	11.86	11.90
永荣	11.22	10.94	10.85	11.24	10.87	11.06	10.88
天府							
中梁山							
六枝	14.16	13.63	13.00	13.21		14.79	14.11
盘江		12.91	12.31	12.52	12.33	11.93	12.42
水城	14.62	14.13	12.36	12.45	12.42	12.39	12.96
一平浪	12.58	11.86	11.30	11.04	10.69	10.69	10.60
羊场	16.29	16.03	15.09	15.58	14.93	14.77	14.64
后所					13.20	12.13	11.65
恩洪			13.77	14.22			12.36
田坝							
韩城	10.72	10.62	10.72	10.68	10.86	10.34	10.34
石炭井	12.31	12.42	12.42	12.38	12.05	12.19	11.89
艾维尔							
神华							
包头							
乌达	8.91	8.40	8.49	8.67		8.72	8.50
海勃湾							

续表

	1985年	1986年	1987年	1988年	1989年	1990年	1991年
合　计	**10.27**	**10.28**	**10.27**	**10.15**	**10.16**	**10.19**	**10.29**
开　滦	11.51	11.46	11.49	11.51	11.55	10.93	11.52
峰　峰	10.87	10.84	10.80	10.84	10.70	10.37	10.67
邯　郸	10.32	10.54	10.41	9.84	10.07	10.01	10.40
井　陉	11.60	11.71	11.45	11.30	11.54	11.10	10.98
邢　台	9.94	9.53	8.79	9.01	9.61	9.15	8.86
西　山	10.12	10.26	10.28	10.24	10.29	10.36	10.01
汾　西	10.11	9.97	10.11	9.72	9.96	10.15	9.38
潞　安	10.40	10.43	10.11	10.22	10.09	10.11	9.92
煤气化							10.32
霍　州	9.99	10.45	10.22	10.11	9.91	10.04	10.15
抚　顺	6.78	6.54	6.72	6.36	6.47	6.51	6.41
北　票	11.75	11.83	11.25	11.55	11.65	11.57	12.04
沈　阳	11.55	11.60	11.72	11.22	11.49	11.32	11.86
通　化	11.51	11.61	11.55	11.43	11.51	11.56	12.18
鸡　西	11.51	11.52	11.49	11.41	11.08	11.18	11.73
鹤　岗	10.46	10.33	10.04	10.16	10.03	10.17	10.90
双鸭山	9.43	9.43	9.46	9.41	9.43	9.46	9.47
七台河	9.97	9.99	10.34	9.99	10.30	10.06	9.95
徐　州	9.19	8.62	9.12	9.15	8.42	8.65	8.48
大　屯	9.06	8.35	8.68	8.68	8.59	8.65	8.48
淮　南	11.20	11.28	12.24	11.20	11.10	11.34	11.44
淮　北	10.93	10.93	11.19	10.91	11.00	11.04	11.16
萍　乡	10.41	10.37	10.34	10.30	10.44	10.42	10.41
丰　城	10.78	10.84	11.00	10.90	10.82	11.02	11.25
新　汶	9.06	9.21	9.40	9.18	9.18	9.09	9.47
枣　庄	8.25	8.45	8.10	8.06	8.27	8.44	8.02
肥　城	8.86	8.82	8.33	8.21	8.64	8.71	8.71
兖　矿	7.61	7.82	7.25	8.27	8.01	10.30	8.72

续表

	1985年	1986年	1987年	1988年	1989年	1990年	1991年
淄　博							
平顶山	10.88	11.05	11.17	10.91	10.92	10.79	10.43
鹤　壁							12.50
义　马	12.27	12.26	11.99	11.54	11.50	11.41	11.93
株　洲	8.64	8.65	8.81	9.16	9.37	9.71	9.61
广　旺							
攀枝花	10.39	10.38	10.38	10.21	10.39	10.13	10.24
达　竹							
威　远							
华蓥山							
南　桐	11.85	11.80	11.93	12.06	12.07	11.87	12.89
永　荣	10.85	11.08	10.89	10.77	10.82	10.82	10.68
天　府							14.10
中梁山							
六　枝	13.28	12.82	12.27	10.29	10.50	10.27	10.23
盘　江	12.20	12.10	12.03	12.14	11.74	11.70	12.08
水　城	13.04	12.23	12.32	11.87	11.52	12.19	12.27
一平浪	10.60	10.67	10.41	10.63	11.23	10.90	10.83
羊　场	14.30	14.57	14.45	14.06	14.28	14.13	13.61
后　所	11.86	11.97	12.09	12.17	10.92	12.30	12.27
恩　洪		12.43	12.36	12.04	12.21	12.35	12.20
田　坝							12.38
韩　城	10.39	10.99	11.13	11.12	10.99	9.77	9.59
石炭井	11.18	11.34	11.43	11.57	11.45	11.31	11.37
艾维尔							10.27
神　华							
包　头							
乌　达	8.30	9.79	10.16	9.51	9.71	10.69	9.85
海勃湾							

续表

	1992年	1993年	1994年	1995年	1996年	1997年	1998年
合 计	**10.17**	**10.09**	**10.10**	**10.03**	**9.88**	**9.85**	**9.75**
开 滦	11.43	11.30	11.29	11.06	11.01	10.85	10.54
峰 峰	10.71	10.82	10.88	10.87	10.83	10.74	10.41
邯 郸	10.54	10.92	10.83	10.87	10.42	10.34	9.95
井 陉	11.17	10.65	10.85	11.05	10.87	10.80	10.61
邢 台	8.75	8.58	8.85	8.99	8.94	8.96	8.68
西 山	9.99	9.91	9.90	10.00	10.35	10.32	10.17
汾 西	9.43	9.54	9.78	9.73	8.92	8.82	9.08
潞 安	9.88	9.76	9.65	9.55	9.49	9.43	9.26
煤气化	9.96	10.09	9.98	10.15	10.22	10.18	10.16
霍 州	10.04	9.81	9.96	9.96	9.83	9.97	9.77
抚 顺	6.34	6.11	6.55	6.91	6.63	6.33	6.26
北 票	11.57	10.55	10.56	10.92	10.71	10.73	10.86
沈 阳	11.75	11.62	11.65	11.75	11.06	11.17	10.56
通 化	12.27	11.93	11.49	11.43	11.39	11.36	11.14
鸡 西	11.68	11.39	10.63	10.30	10.30	10.36	10.41
鹤 岗	10.70	10.66	10.73	10.18	9.90	9.60	9.82
双鸭山	8.90	8.87	9.50	8.56	8.40	8.42	8.48
七台河	9.78	9.83	9.90	9.73	9.75	9.78	9.76
徐 州	8.65	8.62	8.52	8.61	8.36	8.88	8.87
大 屯	8.40	8.37	8.80	8.41	8.04	8.22	8.06
淮 南	11.47	12.99	12.15	12.82	11.39	11.25	11.31
淮 北	11.12	11.11	10.86	10.75	10.86	10.49	10.50
萍 乡	10.39	10.43	10.66	11.24	11.01	10.74	11.07
丰 城	11.21	11.40	11.64	11.67	11.77	11.80	11.60
新 汶	9.37	9.28	9.29	9.64	9.45	9.10	9.06
枣 庄	7.87	7.59	8.13	8.81	8.58	8.68	8.45
肥 城	9.00	9.16	9.44	9.06	9.33	9.67	7.94
兖 矿	8.21	8.09	9.57	9.65	9.13	9.32	9.38

续表

	1992年	1993年	1994年	1995年	1996年	1997年	1998年
淄　博			10.29				10.16
平顶山	10.35	10.01	10.00	9.90	9.77	9.85	9.94
鹤　壁	13.10	12.80	10.53	10.56	10.82	10.17	8.97
义　马	12.25	12.08	12.05	11.73	11.76	11.55	11.52
株　州	9.51	9.16	9.68	9.37	8.76	8.79	8.65
广　旺							
攀枝花	10.06	9.87	9.64	9.12	8.78	8.57	8.75
达　竹	10.45	10.31	10.12			9.89	9.83
威　远			10.56				
华蓥山						12.29	11.79
南　桐	12.49	12.19	12.02	11.82	11.78	12.00	12.08
永　荣	10.66	10.61	10.80	10.82	10.67	10.76	10.53
天　府	12.94	13.04	12.98	12.21	12.22	12.12	12.24
中梁山			15.67				11.83
六　枝	10.21	10.14	10.57	10.37	10.79	11.00	11.64
盘　江	11.91	11.48	11.37	10.55	10.95	11.06	11.39
水　城	12.21	12.28	12.19	12.36	12.21	11.64	11.25
一平浪	11.31	10.79	10.65	10.63	10.66	10.54	10.48
羊　场	13.10	12.38	12.39	12.26	12.28	12.28	12.17
后　所	12.41	12.21	12.20	12.20	12.34	12.28	11.56
恩　洪	11.88	12.18	11.96	11.78	11.50	11.78	11.98
田　坝	12.23	12.35	12.33	12.17	12.01	12.45	12.28
韩　城	9.42	9.75	9.94	9.97	9.69	9.85	9.75
石炭井	11.30	10.87	11.10	10.83	10.97	11.18	10.97
艾维尔	7.59	7.57	8.81	10.27	9.20	7.19	6.84
神　华							
包　头							
乌　达	9.56	9.31	9.37	9.15	9.44	9.53	9.66
海勃湾							

续表

	1999年	2000年	2001年	2002年	2003年	2004年
合　计	**9.71**	**9.66**	**9.54**	**9.64**	**9.76**	**9.92**
开　滦	10.07	9.96	9.99	10.04	10.24	10.65
峰　峰	9.69	9.52	9.79	9.98	10.09	10.16
邯　郸						
井　陉	10.04	9.45	9.69	9.23	7.79	10.01
邢　台	8.58	8.38	8.51	8.46	7.55	8.64
西　山	10.16	10.20	10.35	9.88	9.92	10.32
汾　西	9.21	9.08	9.44	9.57	9.70	9.73
潞　安	9.24	9.22	9.26	9.16	9.19	9.20
煤气化	9.73	9.84	9.88	9.84	9.88	10.68
霍　州	9.43	9.45	9.44	9.50	9.78	9.87
抚　顺	6.38	6.51	7.10	7.55	7.71	6.64
北　票	10.29	10.07	12.09			
沈　阳	9.72	9.19	9.01	9.21	9.31	9.59
通　化	10.91	10.88	9.81			
鸡　西	9.85	9.66	9.54	9.48	9.57	9.19
鹤　岗	9.62	9.32	9.09	8.57	8.49	8.00
双鸭山	8.47	8.52	8.49	8.36	9.31	9.01
七台河	9.66	9.64	9.70	9.63	9.72	9.78
徐　州	8.57	8.14	9.16	8.91	7.09	8.71
大　屯	7.83	7.63	7.65	7.82	6.98	7.61
淮　南	10.61	10.32	9.93	9.65	9.79	9.91
淮　北	10.40	10.16	9.92	10.03	10.11	10.33
萍　乡	10.75	10.69	10.45	10.74	10.73	11.04
丰　城	11.31	11.26	10.43	10.44	10.56	11.13
新　汶	9.57	9.66	8.92	8.47	8.14	8.06
枣　庄	8.54	8.10	8.06	7.87	8.35	7.79
肥　城	8.46	9.62	9.00	10.12	10.77	8.58
兖　矿	10.03	10.25	8.86	10.53	10.67	11.15

续表

	1999年	2000年	2001年	2002年	2003年	2004年
淄　博	9.96	9.67	9.58	9.07	9.51	14.59
平顶山	9.66	9.59	9.63	9.57	9.80	10.00
鹤　壁	9.84	9.50	9.52	9.19	9.37	10.05
义　马	11.43	11.56	13.52	11.74		
株　洲	7.54	8.41	8.97	9.38	9.89	10.20
广　旺	12.20					
攀枝花	8.74	8.83	8.71	8.80	8.18	8.80
达　竹	9.45	9.24	9.52	9.72		9.38
威　远						
华蓥山	11.99	12.84	12.69	11.70	11.27	12.12
南　桐	11.80	10.81	10.95	11.47	11.93	11.74
永　荣	10.40	9.66	9.51	9.66	9.74	9.87
天　府	11.91	11.70	11.67	12.14	12.42	12.86
中梁山	11.89					
六　枝	10.50	11.14				
盘　江	12.38	10.34	9.91	9.41	11.13	9.67
水　城	10.30	9.71	9.64	9.76	11.86	11.38
一平浪	10.81	10.44	10.32	10.48	10.83	11.17
羊　场	11.82	11.61	11.35	11.64	12.03	12.57
后　所	10.83	11.18	11.45	11.84	11.10	11.74
恩　洪	10.93	10.54	10.41	10.88	10.41	10.84
田　坝	11.60	11.31	10.96	10.94	11.48	11.43
韩　城	9.76	9.74	9.86	9.63	9.57	9.60
石炭井	10.67	10.47	10.40	10.48	10.56	10.50
艾维尔	7.65	8.05	7.36	9.17	10.64	8.92
神　华		10.40	10.10	9.99	9.75	9.60
包　头					8.60	10.83
乌　达	10.11	10.52	9.90	9.71	9.25	8.60
海勃湾		10.30	10.36	10.31	10.53	10.52

国有重点煤矿炼焦用洗精煤产（回收）率——按单位分

单位：%

	1971 年	1972 年	1973 年	1974 年	1975 年	1976 年	1977 年
合　计	**55.62**	**55.77**	**56.42**	**53.33**	**54.86**	**56.41**	**56.27**
开　滦	45.02	45.60	45.52	44.65	45.31	48.15	43.53
峰　峰	65.19	66.26	64.43	69.36	62.41	62.26	62.15
井　陉	49.70	48.24	46.93	47.53	52.17	47.74	45.78
邢　台				56.06	55.58	55.40	55.66
邯　郸					46.59	70.11	62.40
西　山	73.65	73.78	71.90	65.05	67.62	66.90	71.56
汾　西	58.08	60.68	62.03	55.51	61.25	62.41	64.21
潞　安			50.00	49.40	58.99	50.00	61.33
煤气化							
霍　州	53.70	58.06	65.00	69.22	65.88	62.39	67.93
抚　顺	61.28	64.09	65.87	62.71	62.02	63.73	62.81
北　票	27.91	30.39	31.29	33.80	33.10	36.54	31.35
沈　阳	61.69	58.11	59.78	58.32	54.36	57.39	55.07
通　化	51.32	48.27	52.58	51.95	51.25	52.09	49.67
鸡　西	38.89	39.23	38.99	39.20	38.52	36.01	35.85
鹤　岗	45.23	46.43	66.62	43.45	44.32	46.01	44.93
双鸭山	60.80	59.90	64.36	64.75	60.95	61.36	60.49
七台河						63.84	66.25
徐　州	72.18	73.37	72.43	71.25	71.01	68.43	63.81
大　丘							
大　屯							
淮　南	56.20	54.59	57.89	55.28	54.72	55.62	57.43
淮　北	47.53	52.32	57.22	59.01	55.16	51.29	53.85
萍　乡	45.77	43.60	50.41	51.66	51.70	49.32	46.52
丰　城	65.72	64.42	63.44	64.53	64.20	63.67	64.55
淄　博							
新　汶	61.63	63.68	66.08	61.52	64.82	69.31	68.21
枣　庄	77.88	79.10	79.10	75.58	81.66	81.84	80.98
肥　城	74.33	74.82	76.99	75.79	73.83	73.31	70.20

续表

	1971年	1972年	1973年	1974年	1975年	1976年	1977年
兖矿							
平顶山	66.65	64.42	60.93	56.97	62.15	67.43	70.10
鹤壁							
义马							
株洲	66.39	72.97	74.58	75.95	82.31	79.53	79.45
广旺	42.45	33.85	36.99	38.38	36.90	37.13	33.09
攀枝花	53.43	54.80	50.40	52.41	51.32	53.61	53.64
达竹							
威远	79.70	75.59	72.48	65.62	65.07	61.23	61.37
华蓥山							
南桐	78.63	75.25	79.08	77.81	79.93	74.86	67.15
永荣	59.94	60.27	56.28	49.65	56.47	55.32	55.70
天府							
中梁山							
六枝	61.00	63.60	55.50	41.50	51.60	47.50	52.32
盘江							
水城	43.09	41.23	45.32	45.48	44.25	51.25	54.62
一平浪	70.12	70.29	68.22	68.01	65.44	58.03	53.96
羊场	52.07	56.78	51.79	50.53	57.86	50.58	45.76
后所							
恩洪							
田坝							
韩城							
石炭井							
艾维尔							
神华							
包头							
乌达	75.02	71.78	73.25	68.72	62.61	63.96	64.16
海勃湾							

续表

	1978年	1979年	1980年	1981年	1982年	1983年	1984年
合　计	**56.86**	**56.66**	**56.16**	**54.65**	**52.49**	**54.08**	**54.37**
开　滦	47.27	46.28	45.29	44.30	40.65	42.76	46.86
峰　峰	62.85	68.82	68.69	69.22	67.53	66.73	67.28
井　陉	45.24	44.68	45.09	41.77	40.64	40.39	39.93
邢　台	58.83	55.30	51.78	55.44	58.63	55.48	56.55
邯　郸	70.16	58.76	59.37	69.04	65.08	65.97	65.39
西　山	71.73	68.02	70.36	72.87	70.05	71.58	72.76
汾　西	64.95	68.12	62.17	59.25	63.02	65.04	69.48
潞　安	64.15	67.83	70.92	66.87	69.14	70.06	70.07
煤气化							
霍　州	65.83	63.00	60.47	57.76	60.42	58.75	62.16
抚　顺	64.82	64.13	68.17	65.69	66.70	67.34	68.77
北　票	36.46	35.40	36.52	35.98	36.19	36.33	28.57
沈　阳	55.72	55.86	57.74	54.62	57.23		55.70
通　化	50.69	49.20	47.60	48.31	52.25	52.10	46.50
鸡　西	36.32	36.81	37.43	36.87	35.46	32.98	33.61
鹤　岗	47.59	45.02	51.33	50.51	49.61	40.60	51.88
双鸭山	57.81	57.45	57.33	58.55	57.07	59.37	59.51
七台河	68.07	63.13	65.74	65.51	61.67	66.75	65.23
徐　州	59.70	55.76	45.05	45.68	38.90	43.29	42.94
大　丘							
大　屯					68.16	76.24	77.86
淮　南	57.44	55.96	53.59	52.41	54.30	58.63	57.08
淮　北	55.56	55.95	56.78	56.54	53.16	57.63	56.94
萍　乡	53.30	53.54	53.49	50.91	49.53	52.28	51.25
丰　城	65.33	64.07	62.78	62.96	62.13	58.74	58.71
淄　博							
新　汶	66.66	66.52	64.90	63.05	61.73	62.15	64.55
枣　庄	82.20	81.05	77.01	76.85	75.43	76.63	75.66
肥　城	71.14	68.00	65.81	63.04	62.20	61.59	60.77

续表

	1978年	1979年	1980年	1981年	1982年	1983年	1984年
兖矿							
平顶山	70.64	70.04	72.35	68.69	71.60	72.95	74.08
鹤壁							
义马	61.49	51.20	51.58	46.72	49.55	55.43	58.02
株洲	80.20	83.80	82.04	80.76	82.34	82.08	81.80
广旺	32.35	27.97					
攀枝花	51.66	52.72	53.88	53.17	53.55	54.96	55.39
达竹							
威远	64.82	62.04	66.47	70.77			51.77
华蓥山							
南桐	64.16	71.13	68.65	69.72	35.88	31.52	28.80
永荣	57.17	59.67	65.77	69.24	51.59	48.05	49.14
天府							
中梁山							
六枝	53.63	49.15	53.78	56.84	46.39	49.64	60.77
盘江		54.61	54.94	49.92	47.21	53.71	47.56
水城	55.37	50.25	50.19	40.40	41.23	46.82	46.87
一平浪	52.13	59.11	56.39	55.01	49.10	51.85	55.12
羊场	52.69	50.29	51.98	52.49	45.20	59.31	45.80
后所					43.88	44.09	44.36
恩洪			60.07	57.73			32.58
田坝							
韩城							
石炭井							
艾维尔							
神华							
包头							
乌达	65.00	65.60	65.22	66.85		65.00	67.30
海勃湾							

续表

	1985年	1986年	1987年	1988年	1989年	1990年	1991年
合　计	**54.31**	**52.94**	**53.30**	**53.17**	**53.38**	**53.19**	**53.85**
开　滦	46.36	44.08	46.03	45.98	43.81	46.56	44.60
峰　峰	64.26	65.61	66.71	64.64	63.18	62.40	62.99
井　陉	41.98	37.41	42.10	39.62	35.65	39.68	37.54
邢　台	57.72	58.16	61.11	64.37	60.62	64.72	65.12
邯　郸	64.92	62.95	63.00	61.76	53.73	54.06	50.04
西　山	60.92	58.01	57.02	61.18	69.26	65.49	65.99
汾　西	71.87	75.27	74.66	72.46	71.77	69.59	70.81
潞　安	68.08	69.09	70.86	69.72	70.07	70.03	68.15
煤气化							
霍　州	63.38	60.14	60.91	62.00	60.42	63.29	57.20
抚　顺	70.14	66.55	67.90	66.53	70.54	68.00	66.28
北　票	32.71	29.86	25.29	31.35	32.36	31.82	36.45
沈　阳	56.44	55.74	56.90	46.05	41.70	44.21	44.18
通　化	42.70	40.48	42.16	42.62	44.11	45.21	51.47
鸡　西	35.45	33.59	31.55	32.18	33.41	30.94	31.52
鹤　岗	55.84	49.37	44.54	44.22	45.67	45.36	53.43
双鸭山	60.64	64.87	64.17	64.91	65.84	60.13	59.26
七台河	64.49	57.57	52.20	54.70	52.88	43.17	41.02
徐　州	41.21	35.07	34.92	37.27	38.43	57.19	58.72
大　丘							
大　屯	75.86	68.79	76.43	75.42	76.80	75.28	76.19
淮　南	56.02	56.87	54.77	52.86	54.55	52.85	52.30
淮　北	55.39	54.42	53.04	54.77	52.94	50.54	50.88
萍　乡	50.37	47.83	46.89	46.31	44.17	44.69	40.44
丰　城	61.56	55.57	56.10	56.05	55.06	52.90	51.77
淄　博							
新　汶	64.65	62.86	59.97	55.74	61.19	63.40	62.90
枣　庄	74.37	71.62	72.06	72.53	72.11	67.31	68.22
肥　城	61.83	59.78	59.70	59.06	58.07	59.19	57.84

续表

	1985年	1986年	1987年	1988年	1989年	1990年	1991年
兖矿	61.72	66.10	60.79	55.54	62.70	59.11	56.54
平顶山	72.56	73.52	74.35	74.76	73.10	74.21	74.08
鹤壁							
义马	53.45	52.36	49.85	49.00	56.39	51.23	48.96
株洲	83.86	82.29	81.45	80.52	81.30	80.20	81.59
广旺							
攀枝花	54.83	54.34	54.97	54.11	53.58	54.05	49.73
达竹							
威远		71.57	67.84	63.85			
华蓥山							
南桐	28.37	35.24	38.15	38.87	39.75	40.95	59.92
永荣	50.87	57.90	60.76	62.30	58.83	59.14	57.34
天府							
中梁山							
六枝		46.32	51.08	59.67	53.90	57.46	58.17
盘江	51.42	51.78	58.37	54.57	59.48	54.75	51.53
水城	43.78	40.92	42.25	42.69	47.92	42.06	44.35
一平浪	56.84	57.50	60.18	62.26	61.70	57.36	59.16
羊场	45.81	45.80	44.36	40.60	42.07	43.31	43.29
后所	39.33	32.66	41.51	38.94	38.58	36.69	35.71
恩洪		29.58	46.59	60.89	66.21	64.92	61.59
田坝							
韩城							
石炭井							
艾维尔							
神华							
包头							
乌达	68.92	60.14	56.52	50.00	54.59	48.93	52.29
海勃湾							

续表

	1992年	1993年	1994年	1995年	1996年	1997年	1998年
合　计	**52.76**	**53.98**	**54.07**	**53.99**	**53.85**	**53.55**	**53.09**
开　滦	44.31	45.90	46.58	45.56	44.40	42.85	39.10
峰　峰	60.76	57.90		56.42	55.73	54.20	48.84
井　陉	33.61	37.84	35.49	33.19	34.70	32.19	43.65
邢　台	65.14	67.69	68.86	69.88	69.55	67.05	66.35
邯　郸	49.72	55.85	51.38	45.62	54.99	54.01	75.09
西　山	58.30	59.21	57.21	57.75	57.43	58.86	57.23
汾　西	69.67	69.60	68.02	67.36	74.60	69.45	66.75
潞　安	69.10	70.35	70.06	70.61	70.44	70.03	68.37
煤气化	56.52	55.63	56.12	54.21	56.02	57.54	58.81
霍　州	48.28	46.39	50.04	49.50	51.09	52.70	50.17
抚　顺	58.87	56.12	49.74	55.09	51.61	52.38	55.48
北　票	32.03	27.51	30.05	27.66	25.29	30.00	24.27
沈　阳	44.10	42.25	39.91	49.21	47.85	49.71	50.23
通　化	46.87	42.97	42.08	42.87	41.47	41.64	40.15
鸡　西	32.17	34.08	34.07	31.94	32.91	33.22	30.54
鹤　岗	50.97	52.59	53.25	42.74	38.56	29.56	37.97
双鸭山	50.73	50.80	53.21	46.02	49.60	49.15	50.42
七台河	37.78	40.16	40.04	37.90	40.26	38.72	36.51
徐　州	59.99	58.71	57.85	59.60	60.92	46.38	51.28
大　丘			57.95				50.33
大　屯	75.55	72.55	74.57	76.39	74.71	72.69	64.40
淮　南	49.91	58.01	56.83	57.76	33.02	60.19	62.13
淮　北	52.94	54.66	55.44	56.12	56.19	59.19	55.19
萍　乡	43.45	42.70	35.20	27.72	33.35	37.84	37.79
丰　城	49.97	51.03	52.03	50.50	53.66	55.00	50.33
淄　博			55.41				50.00
新　汶	62.43	61.51	62.63	64.44	65.46	67.43	65.98
枣　庄	64.72	63.23	65.92	65.99	64.97	61.16	63.74
肥　城	57.22	59.29	53.27	58.07	61.53	61.17	51.51

续表

	1992年	1993年	1994年	1995年	1996年	1997年	1998年
兖　矿	60.60	61.20	66.18	68.74	68.65	70.27	73.86
平顶山	68.08	69.99	68.64	69.05	70.03	71.17	68.47
鹤　壁	50.39	41.40	32.95	21.07	12.19	5.51	12.19
义　马	51.79	54.48	33.53	53.09	51.87	46.56	44.15
株　洲	80.66	80.89	82.81	82.15	83.13	83.30	84.21
广　旺							
攀枝花	51.21	52.89	53.52	53.66	54.16	55.34	54.93
达　竹	56.29	56.06	57.43			57.27	54.80
威　远			59.95				
华蓥山						10.89	12.26
南　桐	60.58	61.69	57.71	58.21	52.59	55.88	56.84
永　荣	58.96	58.60	57.89	50.89	51.40	55.02	56.19
天　府	55.51	47.17	51.59	45.27	43.04	45.67	46.57
中梁山			45.02				8.82
六　枝	60.65	59.53	51.53	53.88	57.57	52.88	63.52
盘　江	49.63	54.66	54.07	54.23	47.99	46.42	44.83
水　城	41.82	46.47	42.74	43.57	49.10	51.39	54.53
一平浪	56.75	62.78	66.89	62.95	65.34	64.20	64.56
羊　场	42.85	49.62	39.93	49.03	55.40	61.80	64.67
后　所	29.14	25.76	33.24	34.10	28.65	26.95	33.15
恩　洪	56.65	69.47	54.79	55.97	59.07	71.45	65.87
田　坝	38.27	45.00	45.17	46.45	45.22	39.89	41.11
韩　城	58.96	60.00	56.53	57.91	59.26	59.58	59.63
石炭井	47.31	56.32	50.12	49.77	49.40	53.18	48.49
艾维尔	82.34	87.95	87.73	83.79	87.16	91.49	95.57
神　华							
包　头							
乌　达	51.98	50.18	50.47	53.31	52.57	55.79	55.64
海勃湾					29.13	29.35	25.97

续表

	1999 年	2000 年	2001 年	2002 年	2003 年	2004 年
合　计	**51.70**	**52.66**	**54.57**	**54.69**	**54.43**	**54.62**
开　滦	37.35	35.72	35.20	34.58	34.98	38.88
峰　峰	46.43	44.90	50.01	53.96	58.75	60.85
井　陉	36.01	36.28	30.60	38.29	54.54	43.18
邢　台	67.31	77.86	72.10	74.74	79.95	62.67
邯　郸						
西　山	58.46	57.16	58.09	55.94	54.57	56.03
汾　西	62.58	64.16	67.18	67.01	68.01	67.10
潞　安	69.30	66.44	67.86	68.33	67.67	67.38
煤气化	58.45	61.44	61.71	62.52	62.72	55.76
霍　州	48.02	48.14	48.04	49.37	50.41	51.16
抚　顺	63.31	66.03	56.04	57.22	46.42	39.31
北　票	12.52	10.42	27.84			
沈　阳	66.05	68.28	59.40	58.11	60.82	60.11
通　化	34.36	36.45	24.13			
鸡　西	29.82	29.37	34.72	38.93	38.72	35.67
鹤　岗	30.63	22.86	27.91	27.62	39.17	40.67
双鸭山	49.82	46.93	48.45	44.87	67.82	65.97
七台河	35.87	35.98	39.88	38.40	36.80	36.50
徐　州	38.12	38.21	47.34	45.44	51.23	39.18
大　丘						
大　屯	56.70	56.51	56.84	54.14	63.87	69.24
淮　南	50.58	56.50	52.26	57.50	53.65	52.14
淮　北	53.94	54.83	59.32	57.99	58.77	58.24
萍　乡	34.10	31.89	32.75	35.13	38.22	61.67
丰　城	52.04	57.44	54.14	53.59	53.93	53.52
淄　博	48.73	51.00	52.73	52.36	79.73	55.85
新　汶	64.49	69.17	67.12	64.50	63.00	60.61
枣　庄	67.60	72.14	68.53	68.59	63.00	67.33
肥　城	51.54	68.58	62.14	63.65	61.73	73.89

续表

	1999 年	2000 年	2001 年	2002 年	2003 年	2004 年
兖 矿	76.22	79.17	78.52	74.05	68.35	77.55
平顶山	68.39	67.56	67.77	68.95	66.19	62.67
鹤 壁	12.88	3.83	4.65	23.90	16.56	33.11
义 马	45.14	43.20	5.75	47.00		
株 洲	83.40	81.32	74.63	72.66	67.71	66.74
广 旺	26.68					
攀枝花	54.84	52.52	56.43	49.92	52.59	48.30
达 竹	54.17	59.73	54.99	54.09	55.26	57.15
威 远						
华蓥山	8.65	10.37	5.40	7.77	11.80	16.58
南 桐	52.53	59.56	58.22	55.95	54.53	55.90
永 荣	52.60	54.18	55.28	54.46	54.25	54.89
天 府	45.29	38.05	43.54	44.15	34.66	33.04
中梁山	1.74					
六 枝	48.19	67.93				
盘 江	42.14	41.64	43.72	48.29	41.66	42.91
水 城	36.85	42.42	48.42	49.24	37.04	32.01
一平浪	66.09	69.11	65.56	65.24	62.55	67.95
羊 场	66.65	66.72	58.70	64.49	55.28	45.52
后 所	32.07	33.58	31.71	34.09	35.57	35.40
恩 洪	65.78	65.88	65.70	70.76	56.78	53.99
田 坝	36.69	40.56	39.38	45.61	45.92	46.67
韩 城	59.84	62.05	58.37	60.68	59.90	58.76
石炭井	56.55	55.41	54.11	53.28	54.56	50.40
艾维尔	90.90	76.79	84.73	81.79	73.32	77.35
神 华		25.79	25.04	29.93	38.20	39.30
包 头					30.04	26.46
乌 达	44.22	37.88	34.14	40.75	46.97	56.90
海勃湾	26.93	20.16	18.59	23.12	32.58	31.07

国有重点煤矿综合电力消耗——按单位分

单位：度/吨

	1962年	1963年	1964年	1965年	1966年	1970年
合　计	**29.69**	**30.40**	**30.37**	**28.19**	**26.34**	**25.62**
北　京	15.65	16.48	19.25	17.90	17.45	18.00
开　滦	35.32	35.10	34.08	31.12	31.21	32.25
峰　峰	31.32	31.96	28.14	26.44	27.30	29.60
井　陉	21.20	26.20	24.03	22.73	25.00	26.34
兴　隆	31.50	24.82	21.06	17.96	19.46	16.10
大　同	14.38	13.13	14.44	15.16	14.06	14.12
阳　泉	13.95	14.97	15.70	15.85	17.30	14.96
西　山	15.92	18.30	19.68	18.79	18.43	22.01
汾　西	19.00	17.40	18.61	22.41	17.18	14.46
潞　安	14.40	15.50	16.63	15.34	11.07	11.57
轩　岗	26.00	23.80	19.20	27.98	18.60	16.90
晋　城	12.90	10.80	10.80	11.40	10.82	12.34
荫　营						10.85
包　头	20.91	18.29	16.78	17.20	13.80	17.10
乌　达	11.47	9.89	10.55	9.28	8.14	13.52
萍　乡	30.44	28.44	29.93	27.32	25.80	25.22
丰　城	56.56	35.22	27.53	24.08	34.80	30.50
抚　顺	55.75	69.36	80.39	77.56	58.27	48.65
阜　新	39.20	39.20	39.20	37.31	31.30	28.30
本　溪	56.23	58.56	54.78	50.35	46.80	43.08
北　票	77.60	77.68	65.23	61.00	50.60	38.13
平　庄	26.30	22.50	23.00	16.27	13.40	13.96
铁　法	57.00	73.00	75.80	27.74	20.70	20.19
南　票	50.16	63.40	48.30	34.30	29.70	24.14
沈　阳	22.60	18.01	20.86			23.29
烟　台						
八道壕						
辽　源	45.80	42.76	41.03	38.96	35.50	32.24
通　化	31.74	35.55	38.14	27.49	25.19	24.94
舒　兰	15.92	15.59	17.91	15.00	12.96	12.59
蛟　河	29.16	28.10	25.39	23.60	22.33	30.50
营　城	28.34	31.40	30.89	31.91	33.99	30.90
鸡　西	28.25	28.24	30.36	32.33	30.98	28.99
鹤　岗	25.39	30.70	29.87	27.10	21.49	20.94
双鸭山	36.19	38.05	38.53	36.79	34.61	31.10
七台河	29.20	21.11	22.80	29.80	22.00	17.70
扎赉诺尔	13.68	13.36	13.25	12.78		13.52
淄　博	39.11	35.08	37.23	32.24	30.90	31.78

续表

	1962年	1963年	1964年	1965年	1966年	1970年
新　汶	33.91	32.90	32.40	25.53	20.77	23.42
枣　庄	24.62	26.35	23.07	21.43	21.83	24.73
肥　城	34.00	32.39	29.05	25.95	19.52	19.74
坊　子	28.96	31.43	37.93	35.08	48.62	50.36
徐　州	32.86	34.88	26.31	25.12	25.96	24.88
淮　南	22.28	23.78	23.07	19.62	18.42	16.64
淮　北	18.02	20.61	18.41	17.67	18.90	13.21
焦　作	42.08	43.97	47.71	47.48	46.26	49.57
平顶山	25.64	22.71	22.66	18.02	15.30	
鹤　壁	38.60	31.12	24.90	21.20	19.29	26.62
宜　洛	33.77	56.49	41.96	28.65	19.84	20.28
观音堂	23.05	23.94	44.61	31.74	18.20	20.80
涟　邵	37.50	41.09	36.94	31.80		
资　兴	30.58	34.53	44.72	33.83		
白　沙						
铜　川	19.73	18.57	21.82	22.45	20.68	16.86
蒲　白	6.90	7.58	8.27			
澄　合						
韩　城	25.30	11.45	9.40			
石嘴山	12.50	10.30	10.15	10.50	11.66	13.98
石炭井	10.80	8.35	8.55	10.90	15.40	12.77
窑　街	20.80	9.96	9.36	9.88	13.66	12.90
阿干镇	23.34	20.00	20.00	18.10	15.70	10.86
靖　远	39.52	10.80	10.03	11.50	11.06	10.53
哈　密	5.83	7.15	9.61	7.86	9.62	26.78
长　广	76.24	48.44		31.44	21.00	37.00
六　枝	17.30	23.00	70.00	37.90	19.81	25.28
水　城	22.20	27.78		34.54	201.00	29.84
盘　江						
一平浪	15.00	15.00	15.05	16.40	13.91	
来　宾	32.81	25.00	26.70	17.20	30.10	29.15
羊　场				30.70	20.00	17.14
田　坝						
南　桐				27.03	39.28	37.74
天　府				26.98	31.00	36.14
中梁山				42.09	36.60	26.14
松　藻				61.86	41.10	22.20
永　荣				26.25	23.89	37.34
广　旺				7.85	7.67	8.66

续表

	1971年	1972年	1973年	1974年	1975年
合 计	**26.17**	**28.05**	**30.23**	**31.59**	**30.25**
北 京	18.18	18.02	22.91	21.82	22.53
开 滦	35.12	35.80	36.90	36.96	36.34
峰 峰	32.50	34.40	37.10	44.10	43.40
井 陉	28.31	28.60	31.39	31.81	31.65
兴 隆	15.52	15.98	15.10	15.63	14.76
邢 台	13.12	11.97	16.30	16.74	16.74
邯 郸				27.90	25.00
下花园			(21.48)	25.80	25.27
八宝山			(15.86)	15.91	16.39
大 同	14.47	13.89	13.61	12.94	14.08
阳 泉	15.86	16.97	17.45	16.65	17.30
西 山	17.59	17.56	16.77	19.35	17.96
汾 西	19.75	25.66	24.86	21.25	22.50
潞 安	10.45	13.65	13.27	13.97	14.16
轩 岗	16.30	20.40	19.87	20.90	19.60
晋 城	14.76	12.99	11.58	14.10	14.30
霍 县			(19.67)	27.90	24.58
东 山			(13.81)	13.61	18.33
荫 营			(13.51)	14.41	14.56
小 峪			(7.06)	8.27	7.81
南 庄			(7.89)	11.96	12.10
西峪寨沟			(9.32)	9.75	7.76
固 庄					
包 头	20.81	22.47	23.68	27.75	25.20
乌 达	10.05	12.33	14.74	17.68	12.51
海勃湾					
萍 乡	25.39	27.75	28.89	33.08	32.28
丰 城	30.18	31.12	34.25	45.35	45.11
英岗岭		53.51	114.00	93.90	79.00
抚 顺	50.64	54.58	61.59	59.38	61.43
阜 新	29.80	30.50	33.31	32.83	32.60

续表

	1971年	1972年	1973年	1974年	1975年
本　溪	43.94	47.85	52.67	54.07	58.68
北　票	39.15	45.70	55.80	60.20	82.00
平　庄	13.20	13.24	13.00	13.76	14.60
铁　法	22.12	23.44	24.41	23.97	25.52
南　票	21.31	25.39	29.34	33.98	32.93
沈　阳	22.32	25.13	26.53	24.00	24.86
烟　台			(56.44)	56.50	74.95
八道壕			(19.56)	21.36	25.68
辽　源	33.85	35.86	39.42	40.76	42.25
通　化	28.39	29.33	30.94	31.15	31.45
舒　兰	13.45	14.22	14.90	16.50	16.40
蛟　河	29.80	31.70	31.98	33.28	34.27
营　城	29.42	30.92	32.49	34.64	35.52
鸡　西	29.47	32.00	33.80	35.30	34.19
鹤　岗	22.40	27.60	28.10	27.20	28.35
双鸭山	34.90	48.19	48.29	45.88	42.13
七台河	21.10	26.30	27.39	26.70	27.70
扎赉诺尔			(11.49)	16.07	13.10
大　雁				25.82	22.60
淄　博	31.93	35.37	37.10	57.80	43.89
新　汶	25.76	28.91	29.49	54.82	34.66
枣　庄	24.80	28.35	37.00	99.10	36.40
肥　城	17.15	20.32	23.74	45.00	27.16
兖　州					39.20
坊　子	50.87	55.34	62.81	80.45	75.34
大　屯					
徐　州	24.43	23.17	26.04	36.83	30.70
淮　南	19.66	20.96	23.75	28.96	26.22
淮　北	18.68	17.79	17.58	19.33	17.74
焦　作	53.57	55.48	61.38	66.00	69.50
平顶山	15.53	24.50	22.31	27.80	24.90
鹤　壁	31.43	36.27	45.57	35.49	38.90

续表

	1971年	1972年	1973年	1974年	1975年
宜 洛	19.89	21.14	30.02	35.14	30.08
观音堂	19.35	21.61	29.32	60.50	28.30
义 马			(11.22)	12.22	12.12
新 密			(15.35)	19.45	22.80
涟 邵			(51.34)	84.66	56.11
资 兴			(28.53)	34.80	32.70
白 沙					29.30
铜 川	17.75	18.12	16.50	19.80	20.20
蒲 白	15.42	67.75	28.09	23.90	26.70
澄 合	16.01	23.37	19.80	14.24	20.13
韩 城		18.00	41.80	30.33	44.59
石嘴山	14.32	16.29	14.88	26.00	19.50
石炭井	11.00	11.85	19.10	22.10	19.15
窑 街	13.00	15.46	16.95	17.97	18.65
阿干镇	11.52	12.20	13.50	14.60	14.90
靖 远	11.00	17.69	49.19	41.14	37.82
哈 密					51.22
乌鲁木齐					
长 广	35.00		49.40		(184.50)
六 枝	38.93	40.24			(74.90)
水 城	19.16	21.19	45.33		
盘 江	25.68	23.67	76.00	(66.49)	(43.79)
一平浪	14.53	17.15	17.33	(23.77)	(25.70)
来 宾	22.90	23.73	64.00	(61.06)	(42.50)
羊 场	18.43	19.86	25.06	(32.34)	(43.22)
田 坝			30.86	(100.00)	(23.86)
南 桐	34.80	35.47	40.82	(61.38)	(49.24)
天 府	29.12	27.20	46.12	(44.57)	(39.50)
中梁山	22.72	22.70	34.40	(44.50)	(26.50)
松 藻	17.52	17.36	26.64	(40.12)	(28.07)
永 荣	32.79	34.15	71.14	(118.30)	(51.34)
广 旺	8.87	13.38	13.64	(13.95)	(15.10)
芙 蓉	17.60	23.80	31.20	(36.30)	(30.40)
渡 口	33.15	31.81	29.00	(26.35)	(26.10)

续表

	1976年	1977年	1978年	1979年	1980年	1981年	1982年
合 计	**31.62**	**31.92**	**31.45**	**32.08**	**34.34**	**35.68**	**35.88**
北 京	25.45	26.41	27.09	29.21	30.81	30.67	32.01
开 滦	37.36	63.98	47.83	48.93	52.84	51.77	50.52
峰 峰	45.50	43.48	43.50	47.30	56.60	58.74	58.34
井 陉	32.70	31.51	33.91	34.01	36.33	40.36	42.97
兴 隆	14.67	12.83	14.96	16.43	21.03	30.56	29.16
邢 台	18.75	17.68	15.90	16.63	22.84	23.47	21.99
邯 郸	26.80	24.50	24.20	25.77	28.29	30.49	37.80
下花园	27.23	33.56	31.70	27.43	29.65	30.70	30.64
八宝山	19.43	21.47	19.45				
大 同	14.37	15.64	15.12	15.14	16.23	17.16	17.28
阳 泉	17.49	20.38	21.80	23.07	22.51	22.93	24.11
西 山	23.30	16.18	14.75	14.72	15.17	15.80	16.46
汾 西	36.20	20.50	18.73	18.71	17.20	17.95	16.81
潞 安	16.86	17.71	15.90	15.48	14.66	14.91	15.32
轩 岗	18.90	20.00	21.50	23.30	25.20	27.12	30.15
晋 城	19.30	15.60	13.10	12.20	13.20	14.20	14.32
霍 县	28.58	25.20	28.90	33.25	41.17	38.40	37.09
东 山	37.76	19.40	14.50	13.92	15.06	15.24	17.32
荫 营	16.91	17.74	17.44	17.67	18.65	19.88	19.85
小 峪	8.42	8.35	9.22	9.01	9.74	11.99	15.77
南 庄	11.93	13.00	10.91	13.93	18.16	17.32	16.00
西峪寨沟	9.70	10.20	11.40	13.96	15.17	18.05	18.10
固 庄							18.03
包 头	37.74	29.99	25.66	29.59	30.31	28.57	29.92
乌 达	13.14	13.42	12.75	12.62	13.94	14.69	12.99
海勃湾		11.05	11.19	18.00	20.20	15.80	14.52
萍 乡	34.01	31.40	28.27	28.10	31.77	31.07	33.26
丰 城	39.57	37.25	36.76	38.03	40.87	40.77	41.29
英岗岭	87.70	90.00	55.34	53.12	87.39	54.14	56.34
抚 顺	58.45	56.07	63.04	77.49	93.96	103.20	94.46
阜 新	32.28	37.18	37.10	38.34	43.63	46.93	43.27

续表

	1976年	1977年	1978年	1979年	1980年	1981年	1982年
本　溪	56.58	55.87	55.23	53.29	55.87	60.51	64.09
北　票	63.10	74.50	82.00	91.60	100.20	103.49	98.97
平　庄	16.10	16.90	15.99	18.14	19.72	17.96	18.26
铁　法	29.56	34.10	33.46	37.86	37.79	43.25	40.20
南　票	34.75	41.50	40.02	40.45	45.84	51.48	48.78
沈　阳	21.14	23.95	23.64	24.23	28.44	32.85	32.38
烟　台	170.80	195.07	155.47	154.02	158.53	173.58	189.38
八道壕	27.85	35.58	34.11	39.20	36.00	40.00	50.00
辽　源	42.55	45.53	45.71	45.85	46.71	47.57	48.45
通　化	31.82	36.43	37.36	39.55	54.13	55.85	59.28
舒　兰	18.60	19.60	20.45	19.24	22.70	23.60	25.42
蛟　河	35.22	37.92	36.67	35.02	42.97	49.34	49.13
营　城	35.76	40.38	45.60	43.84	51.78	58.10	60.31
鸡　西	36.26	33.61	33.88	33.03	35.56	42.95	41.61
鹤　岗	27.65	27.60	26.11	26.20	27.34	29.09	29.83
双鸭山	40.80	40.00	40.70	39.20	44.30	50.80	53.73
七台河	27.70	28.70	28.20	28.00	34.54	39.38	39.11
扎赉诺尔	11.30	13.70	14.20	13.70			
大　雁	36.90	39.20	35.70	29.40			
淄　博	43.85	46.00	50.20	52.40	57.60	60.32	63.18
新　汶	35.52	35.62	35.40	37.12	38.54	40.37	39.71
枣　庄	35.40	36.64	35.56	38.59	41.16	44.46	45.40
肥　城	27.50	27.20	28.90	29.12	31.96	33.90	34.65
兖　州	28.95	24.30	19.00	19.40	18.40	20.23	22.27
坊　子	71.83	76.31	69.44	71.51	94.34	112.09	116.10
大　屯				32.35	37.91	35.64	32.02
徐　州	29.51	28.30	26.67	28.48	29.85	32.08	33.61
淮　南	27.01	26.82	28.40	30.97	35.62	37.65	40.60
淮　北	21.52	20.70	21.01	21.30	22.17	23.80	26.15
焦　作	96.84	77.20	78.32	74.68	88.48	85.63	100.00
平顶山	34.46	23.90	23.50	24.69	25.67	28.72	31.34
鹤　壁	51.00	40.40	39.70	40.40	41.58	47.05	48.09

续表

	1976年	1977年	1978年	1979年	1980年	1981年	1982年
宜 洛	69.63	32.96	33.08				
观音堂	35.00	24.80	25.80				
义 马	17.30	15.65	15.72	20.57	20.75	21.57	23.65
新 密	31.39	24.60	26.40	24.40	25.54	25.60	26.70
涟 邵	64.68	66.99	58.16	62.10	67.90	70.84	69.70
资 兴	35.50	32.70	29.50	30.72	32.34	33.67	33.52
白 沙	31.97	33.83	37.51	39.28	45.51	47.56	48.49
铜 川	24.10	20.91	19.82	20.47	23.37	25.10	24.80
蒲 白	33.34	26.90	34.70	29.30	29.40	30.85	29.65
澄 合	32.99	32.12	32.20	26.91	32.50	33.05	29.26
韩 城	45.49	43.69	32.37	35.19	35.04	31.65	28.87
石嘴山	19.80	20.02	18.70	17.73	19.43	20.22	20.72
石炭井	23.60	22.65	20.60	20.86	23.40	23.45	25.93
窑 街	17.85	18.72	19.20	22.82	24.00	22.85	22.88
阿干镇	15.70	15.40	16.10	17.90	20.00	20.60	18.68
靖 远	39.29	45.41	41.83	31.99	34.48	39.00	25.02
哈 密	23.19	20.95	18.41	17.47	17.84	15.95	14.66
乌鲁木齐				12.10	15.32	15.88	15.45
长 广			24.10			42.64	47.06
六 枝	85.50	54.50	45.00	45.00	43.57	45.18	47.07
水 城	23.66	37.84	34.44	33.83	35.28	35.63	34.53
盘 江	66.00	47.70	48.70	50.00	42.52	49.98	43.68
一平浪	31.65	27.00	30.00	32.00	39.88	44.42	46.27
来 宾	53.02	43.94	28.01	37.51	46.69	50.46	46.28
羊 场	93.44	58.05	39.23	50.47	51.80	52.17	54.96
田 坝	44.71	30.57	18.62	25.00	21.14	22.32	22.72
南 桐	71.34	59.16	53.70	50.95	55.72	50.53	51.15
天 府	42.50	41.20	37.50	34.60	39.23	37.30	37.29
中梁山	40.40	28.83	28.10	29.10	35.20	33.14	34.20
松 藻	37.23	37.03	30.43	32.57	34.33	35.30	33.71
永 荣	58.88	40.47	33.22	32.93	37.65	42.39	43.15
广 旺	18.66	16.29	18.17	19.14	19.32	19.24	17.94
芙 蓉	34.00	23.77	22.38	27.33	32.54	32.63	34.08
渡 口	31.00	28.46	25.97	26.46	27.61	27.19	26.46

续表

	1983年	1984年	1985年	1986年	1987年	1988年	1989年	1990年
合　计	**36.35**	**36.68**	**37.45**	**39.12**	**39.55**	**40.89**	**42.73**	**43.98**
北　京	31.82	30.97	31.43	33.65	33.84	33.95	34.48	36.82
开　滦	51.54	53.44	58.68	58.36	57.17	61.53	61.76	64.40
峰　峰	57.51	58.92	59.76	60.36	58.96	60.49	63.11	63.08
井　陉	43.61	43.55	48.51	52.52	57.26	68.13	76.74	86.97
兴　隆	28.97	29.06	29.47	31.85	33.21	32.35	42.12	49.17
邢　台	21.06	24.09	22.49	20.05	19.82	20.62	23.62	26.71
邯　郸	34.70	31.76	30.89	32.07	36.97	41.42	58.52	67.78
下花园	35.59	34.20	37.81	51.50	63.91	58.37	68.13	64.96
八宝山			24.17	27.20	25.78	25.84	29.65	37.94
大　同	18.48	18.77	18.61	19.40	20.53	22.94	24.48	26.32
阳　泉	25.93	25.92	26.75	27.84	27.03	27.38	27.24	26.51
西　山	16.99	17.06	18.63	18.40	18.59	27.07	25.28	27.73
汾　西	17.42	18.82	18.63	23.18	23.24	22.44	23.00	24.69
潞　安	15.51	16.30	17.52	17.83	17.42	17.76	19.64	21.61
轩　岗	34.91	37.87	36.04	33.62	31.11	31.02	29.60	32.16
晋　城	14.82	15.39	14.74	13.35	12.74	12.38	12.96	15.28
煤气公司								
霍　州	32.70	31.76	30.51	27.00	30.20	29.64	28.26	26.96
东　山	21.89	19.77	21.22	20.41	17.73	19.18	20.02	20.05
荫　营	21.65	22.01	23.02	22.87	26.26	25.98	26.48	26.97
固　庄	19.10	20.77	20.57	21.94	25.20	28.38	31.82	36.56
小　峪	18.55	16.79	16.30	16.03	15.18	14.31	14.82	15.20
南　庄	17.83	16.57	17.10	19.65	20.92	17.60	18.30	20.54
寨　沟	18.12	17.30	18.44	19.48	18.80	19.07	19.61	17.81
平　朔								18.03

续表

	1983年	1984年	1985年	1986年	1987年	1988年	1989年	1990年
包头	28.90	30.19	28.04	30.40	29.42	29.27	31.15	39.59
乌达	14.09	13.93	15.61	18.23	20.55	25.54	22.88	24.43
海勃湾	15.45	14.71	15.69	18.65	22.98	32.31	34.99	27.52
平庄	21.47	23.63	27.55	30.66	31.77	32.08	35.27	39.50
扎局	19.27	19.32	17.64	23.60	23.96	23.23	26.71	26.02
大雁	40.62	41.04	34.63	40.51	49.85	31.81	23.65	19.98
霍林河			4.12	12.57	7.72	10.31	6.85	7.48
伊敏河			25.94	25.47	46.18	55.64	72.89	48.19
抚顺	97.94	96.57	95.03	97.87	109.07	104.98	102.35	102.69
阜新	41.85	40.46	40.92	43.25	44.21	45.94	52.90	56.50
北票	98.20	99.70	99.50	103.54	101.72	103.16	122.00	125.93
铁法	34.11	30.60	29.47	32.32	29.89	28.18	27.18	28.77
南票	55.01	56.30	64.92	66.91	69.20	71.99	77.80	79.72
沈阳	57.24	55.20	54.58	57.85	63.70	62.46	67.36	68.10
烟台	170.57	149.29	171.01	216.40	338.84	395.57	490.12	443.27
八道壕	43.43	44.25	50.83	46.67	54.10	62.88	60.65	67.43
辽源	49.20	51.75	56.40	61.50	62.23	63.05	75.09	80.26
通化	60.60	59.75	62.30	69.99	67.47	68.55	69.29	85.70
舒兰	34.56	37.06	36.79	44.35	50.69	49.04	56.72	51.51
珲春	50.36	55.43	62.23	72.97	82.94	97.78	96.75	98.54
鸡西	41.80	42.29	44.70	44.20	46.66	47.99	50.70	51.98
鹤岗	31.73	33.42	34.88	36.85	38.00	41.10	47.37	50.06
双鸭山	55.76	57.65	51.92	57.48	51.30	52.64	51.52	51.57
七台河	36.93	37.66	45.53	48.32	44.01	45.75	53.84	55.78
大屯	33.11	31.20	38.97	42.00	44.24	39.70	38.45	38.65
徐州	33.66	34.75	37.38	39.68	37.93	43.68	42.55	47.22

续表

	1983年	1984年	1985年	1986年	1987年	1988年	1989年	1990年
淮南	40.74	45.77	50.98	53.25	69.17	70.52	72.46	74.53
淮北	26.36	28.22	29.66	33.30	35.31	38.38	40.67	45.78
萍乡	35.87	37.34	45.70	53.89	57.91	58.96	62.61	63.63
丰城	45.99	48.11	52.92	57.12	53.60	59.83	69.83	76.46
英岗岭	44.64	44.27	45.69	48.07	52.80	60.83	63.83	62.18
洛市					36.56	43.32	44.59	51.48
淄博	67.02	70.21	74.40	72.25	74.18	72.52	69.43	75.41
新汶	41.35	45.35	46.11	46.12	48.18	45.25	45.17	52.74
枣庄	45.89	48.41	50.99	55.12	55.19	57.66	61.19	67.45
肥城	38.06	38.32	43.18	47.32	44.88	46.71	43.95	45.04
兖州	22.00	20.64	20.60	24.50	30.48	28.71	30.43	31.11
坊子	130.11	124.84	126.68	132.69	144.37	143.49	120.42	120.07
龙口					40.34	37.35	30.27	28.53
平顶山	30.73	30.42	29.31	29.66	29.10	30.45	33.24	34.77
焦作	105.32	105.96	106.08	125.54	114.38	121.29	122.92	120.14
鹤壁	48.56	62.86	58.51	57.13	57.59	55.51	62.84	67.24
义马	23.03	24.46	23.32	24.46	25.02	26.14	26.83	26.86
新密	28.69	31.36	36.59	42.49	45.46	43.53	41.74	40.49
涟邵	76.61	71.83	58.47	58.95	65.30	62.21	67.43	71.33
资兴	34.11	34.55	43.20	41.99	44.77	43.55	48.03	50.79
白沙	55.30	34.15	62.66	58.65	61.32	61.65	65.56	72.08
广旺	19.80	18.69	19.72	23.51	25.32	34.36	32.86	34.73
芙蓉	34.08	32.89	30.27	33.28	29.15	31.06	30.96	32.72
渡口	26.60	26.52	27.83	31.55	31.63	32.89	35.16	39.49
南桐	50.24	51.76	50.70	53.75	52.65	53.42	57.84	64.64

续表

	1983年	1984年	1985年	1986年	1987年	1988年	1989年	1990年
天府	36.33	37.85	37.48	39.19	39.98	38.70	44.86	48.36
松藻	33.83	34.38	31.89	34.31	32.09	32.32	34.00	36.86
中梁山	36.38	35.07	32.38	37.01	42.60	46.51	45.62	48.74
永荣	43.21	45.13	45.67	45.30	45.51	46.04	47.13	50.45
六枝	49.73	47.70	48.27	51.53	47.03	49.01	48.65	46.27
盘江	44.07	42.42	47.42	48.04	45.65	43.40	42.41	43.71
水城	36.82	38.93	43.23	43.09	41.28	37.41	38.17	37.44
铜川	24.26	23.70	24.01	24.57	26.33	29.89	35.71	35.69
蒲白	31.62	31.27	31.26	30.05	35.66	36.40	42.66	39.37
澄合	29.06	30.74	32.72	29.91	27.91	36.19	42.72	42.56
韩城	30.34	30.65	30.67	29.64	27.67	27.71	30.87	32.09
崔家沟	16.03	16.80	16.06	18.76	21.61	30.33	21.96	26.29
车村			9.90	8.19	8.75	8.44		
窑街	22.64	21.29	21.95	27.27	28.25	29.65	31.51	29.46
阿干镇	18.53	17.55	20.06	23.54	20.81	21.28	22.56	33.77
靖远	24.03	24.74	23.32	21.46	21.04	23.12	34.71	36.47
石嘴山	20.10	19.02	19.28	22.62	24.23	24.28	30.52	30.50
石炭井	24.71	24.14	23.20	27.67	28.19	27.10	27.89	25.60
哈密	12.23	11.85	13.52	15.06	15.49	15.21	15.04	15.16
乌局	14.82	14.21	14.86	13.07	15.42	15.14	15.72	17.08
艾维尔								23.73
一平浪								
来宾								
羊场								
田坝								

续表

	1991年	1992年	1993年	1994年	1995年	1996年	1997年	1998年
北京	39.86	42.03	42.31	50.39	47.41	49.97	47.75	44.67
开滦	70.61	69.10	67.07	66.08	69.13	67.10	65.96	64.01
峰峰	67.11	72.75	78.37	77.57	76.22	79.24	82.74	89.01
井陉	96.72	100.01	149.90	97.98	101.16	150.87	150.65	234.76
兴隆	47.30	54.94	65.45	115.34	96.84	119.90	90.61	105.54
邢台	26.24	28.04	24.97	27.59	27.58	28.23	30.09	31.23
邯郸	74.13	73.53	89.36	87.25	78.34	71.31	57.41	62.10
盛源	74.40	87.56	77.81	68.60	60.02	80.80	186.25	196.69
八宝山	42.75	40.59	38.47	41.27	51.36	47.22	51.43	63.73
大同	27.82	29.27	30.31	31.62	33.99	35.04	38.84	43.27
阳泉	29.55	30.75	34.53	33.15	35.46	42.45	43.84	57.31
西山	29.00	32.29	35.73	34.49	35.09	38.68	40.13	42.13
汾西	26.69	34.10	38.76	37.02	37.58	38.93	40.85	45.67
潞安	22.93	25.30	28.64	29.56	30.03	32.97	25.48	27.88
轩岗	32.87	38.79	39.94	41.37	42.01	41.25	46.22	67.75
晋城	16.75	18.85	21.49	23.37	25.15	27.94	29.29	26.65
煤气化	12.34	14.40	16.32	16.04	13.81	14.14	13.54	12.59
王坪		17.57	13.98	14.06	15.48	17.78	17.84	28.87
霍州	27.54	30.80	38.99	37.83	39.96	39.90	38.74	31.36
东山	20.06	20.00	19.81	19.92	19.94	20.80	23.55	27.46
荫营	31.23	33.73	35.68	33.68	34.64	35.02	35.28	34.21
固庄	36.79	37.69	36.52	38.67	39.26	43.68	41.54	44.25
小峪	18.14	20.15	23.35	21.64	23.29	23.79	23.56	38.71
南庄	21.05	23.34	25.39	22.58	22.50	21.73	20.16	20.77
寨沟	18.85	19.39	20.67	22.87	24.68	26.45	28.39	30.01
平朔	16.16	14.89	16.04	17.57	16.95	17.29	18.39	18.12
包头	41.26	40.56	53.80	55.46	62.54	70.14	75.79	97.27
乌达	25.61	30.07	32.83	32.51	36.94	39.72	43.27	42.82
海勃湾	31.18	29.84	33.62	28.69	37.42	30.33	27.74	34.27
宝日希勒								15.86

续表

	1991年	1992年	1993年	1994年	1995年	1996年	1997年	1998年
平　庄	46.77	50.20	48.52	46.88	48.13	48.19	47.03	50.30
扎赉诺尔	29.03	32.22	36.17	34.33	32.19	31.06	31.21	38.57
大　雁	19.74	20.80	23.05	24.45	24.77	21.99	24.26	26.95
霍林河	8.53	10.48	10.52	8.94	9.81	9.49	11.72	12.91
伊敏河	41.68	50.04	50.70					
神　东								
万　利								
准格尔								35.17
抚　顺	102.42	106.56	109.69	117.59	113.02	104.60	107.00	103.70
阜　新	58.74	61.24	68.62	76.68	78.00	82.62	84.04	82.13
北　票	134.52	132.57	151.94	155.12	187.27	189.27	187.80	166.12
铁　法	29.76	32.56	35.82	33.47	30.58	29.60	29.68	31.97
南　票	85.83	91.40	106.19	119.84	138.34	123.23	101.10	111.20
沈　阳	74.96	75.23	112.17	113.13	130.45	122.56	75.19	69.47
本　溪							260.90	496.13
烟　台	340.99	986.51						
八道壕	71.34	74.84						
辽　源	92.43	113.20	128.47	101.11	108.22	82.01	77.93	77.88
通　化	91.47	102.97	121.87	130.05	152.12	104.30	137.70	120.85
舒　兰	55.50	59.16	61.13	61.42	54.65	46.53	53.03	59.29
珲　春	72.51	62.87	80.60	87.10	84.32	49.32	46.21	43.54
营　城								
鸡　西	57.69	74.53	96.67	91.76	88.74	98.68	123.12	171.25
鹤　岗	56.30	61.71	84.96	87.78	90.14	86.07	82.93	85.89
双鸭山	58.91	62.98	73.55	72.66	75.01	65.29	69.68	75.26
七台河	56.40	59.10	61.90	72.43	79.09	79.46	77.69	61.95
徐　州	48.09	53.90	55.09	54.26	54.62	54.56	55.85	55.81
大　屯	46.25	49.46	52.06	53.62	53.33	51.54	52.05	50.13
长　广		51.81	56.25	69.64	67.28	70.11	69.88	67.68
淮　南	86.19	79.29	75.10	73.07	71.13	69.93	74.48	78.22

续表

	1991年	1992年	1993年	1994年	1995年	1996年	1997年	1998年
淮　北	49.94	49.93	53.66	54.53	57.93	52.42	62.82	59.02
萍　乡	68.36	75.20	78.31	83.30	82.11	78.98	92.34	108.99
丰　城	68.62	71.95	73.93	62.87	65.68	59.16	62.59	74.51
英岗岭	62.34	66.30	66.58	58.66	58.80	68.63	91.93	83.79
洛　市	50.83	53.03	48.20					
乐　平		77.34	87.08	63.12	56.40	57.76	62.44	142.20
淄　博	98.13	90.63	90.02	92.76	108.90	97.26	105.68	81.19
新　汶	56.52	59.29	59.45	57.80	57.95	57.17	57.49	55.56
枣　庄	69.46	80.22	80.84	74.38	71.08	67.33	68.37	72.53
肥　城	50.61	49.78	55.47	54.08	53.06	55.96	55.19	48.02
兖　州	30.48	33.18	33.98	31.41	30.52	31.77	31.18	28.50
坊　子	129.07	123.25	118.38	118.18	149.84	150.47	150.47	198.34
龙　口	31.06	30.06	22.50	25.36	31.54	32.30	30.54	25.86
临　沂								104.24
平顶山	36.05	35.94	36.66	38.57	38.62	38.99	42.13	49.01
焦　作	138.71	137.18	158.24	160.17	177.98	218.59	219.14	241.35
鹤　壁	74.21	79.73	72.03	71.25	74.39	65.39	64.21	63.61
义　马	27.56	31.85	34.38	34.17	32.02	35.34	37.51	41.67
郑　州	44.71	51.12	51.71	53.03	52.57	53.38	57.29	55.43
永　城								30.93
涟　邵	77.96	128.41	146.95	165.00	168.82	131.21	110.08	111.80
资　兴	52.04	51.40	53.16	58.18	61.06	51.71	54.52	61.37
白　沙	78.69	99.11	79.69	79.51	72.18	76.07	96.34	105.67
广　旺	37.35	41.75	47.56	29.67	41.70	46.25	60.39	87.62
芙　蓉	36.04	40.01	40.57	44.53	45.24	46.06	53.06	70.82
攀枝花	42.06	42.80	44.89	62.86	61.60	59.50	57.36	54.58
达　竹			32.00	37.52	36.88	30.13	33.56	34.36
华蓥山			49.99	44.89	51.23	38.29	48.52	58.36
隆　昌								
南　桐	69.06	80.79	86.43	69.26	68.00	46.89	76.43	89.59

续表

	1991年	1992年	1993年	1994年	1995年	1996年	1997年	1998年
天 府	49.97	57.94	64.21	57.52	60.67	63.88	59.04	62.40
松 藻	39.31	42.33	41.23	39.98	39.88	41.03	46.76	48.99
中梁山	55.62	60.99	58.47	66.58	75.84	73.08	68.55	89.53
永 荣	54.57	61.95	58.39	60.55	51.58	65.27	88.33	97.40
六 枝	49.80	51.03	55.50	53.77	57.70	50.85	69.59	100.70
盘 江	39.94	40.16	39.37	39.62	47.19	55.87	56.22	54.87
水 城	44.82	43.53	47.63	48.79	57.12	57.48	54.34	58.85
一平浪	44.20	53.62	50.88	41.58	47.14	42.92	45.26	29.98
来 宾	45.31	95.08	267.56	119.67	151.99	191.84	156.58	176.13
羊 场	95.00	216.45	272.18	135.77	170.84	188.15	162.38	186.41
田 坝	60.00	59.59	65.98	71.47	90.40	54.43	65.21	53.47
小龙潭								
铜 川	35.38	36.71	44.24	63.94	38.78	41.89	37.90	37.54
蒲 白	37.38	39.14	42.61	47.30	31.99	46.86	31.94	25.26
澄 合	50.53	41.68	51.18	44.36	44.26	39.24	36.81	37.43
韩 城	35.65	36.00	41.45	39.06	39.16	35.13	42.05	48.18
崔家沟	28.14	31.60	33.66	28.00	31.14	35.67	38.24	29.65
苍 村		12.98	15.75	19.28	17.55	14.50	13.09	17.78
车 村								
窑 街	33.01	43.99	40.24	42.89	39.41	35.78	32.58	28.20
兰 阿	38.86	40.71	45.14	44.75	49.82	49.11	42.34	63.30
靖 远	39.29	40.02	39.88	39.02	41.03	33.21	33.63	32.46
华 亭								
亘 元	35.50	36.67	54.89	60.94	58.33	53.95	66.84	69.86
太 西	29.13	36.91	37.83	37.94	38.21	28.61	30.57	31.95
汝箕沟								
灵 州		53.77	63.81	35.53	42.07	18.92	19.15	17.58
哈 密	17.02	20.15	19.72	21.04	22.59	24.06	26.62	27.78
乌鲁木齐	18.98	24.91	23.55	29.50	27.48	24.70	23.58	23.44
艾维尔	25.47	31.10	35.12	32.97	32.09	28.79	26.58	27.28

国有重点煤矿年末

	1952年	1953年	1954年	1955年	1956年	1957年	1958年
1. 提升绞车	437	448	517	703	651	239	362
2. 主要排水泵				1566	1420	1409	1775
3. 压风机	594	678	891	948	1036	1313	1244
4. 主要通风机	286	342	387	492	544	623	819
5. 局部通风机					3784	4825	5945
6. 运输绞车	1021	1147	1587	1739	2772	3527	4238
7. 回柱绞车				405	673	1020	1236
8. 无极绳绞车	261	302	433	580	669	774	910
9. 内齿轮绞车							
10. 皮带运输机	149	225	144	304	341	554	813
11. 窄轨电机车	202	224		534	673	851	1360
12. 窄轨蒸汽机车				60	57	60	105
13. 窄轨内燃机车				63	50	59	40
14. 矿车	62673	66311	76175	92527	104083	129808	154348
15. 电溜子	1442	2067	2869	3924	5164	6938	9447
16. 联合采煤机	4	18	29	51	88	109	257
17. 截煤机	181	228	251	332	380	446	492
18. 联合掘进机					2	1	13
19. 装煤机	40	61	69	133	179	209	208
20. 装岩机	6	14	19	50	55	59	112
21. 电煤钻	1604	2229	3306	4306	5449	6710	
22. 风钻	2785	3644	4605	5723	7930	9164	9090
23. 风镐	2949	3500	4340	6114	7985	9881	10402
24. 高压防爆开关						1788	11257
25. 低压防爆开关					15725	18452	
26. 矿灯（盏）	134741	153857	177467	228675	282099	330988	
27. 电力电缆(公里)				262	387		
其中:橡套(公里)							
28. 挖掘机							
29. 穿扎机	24	35	60	102	90	87	79
30. 推土机							
31. 准轨电机车							
32. 准轨蒸汽机车							
33. 准轨车辆							
其中：自翻车							
34. 机床		3147	3550				

主要生产设备拥有量

单位：台

1959年	1960年	1961年	1962年	1963年	1964年	1965年	1966年
611	963	642	420	437	452	452	485
1910	2464	2690	3126	3712	3696	3683	3316
1657	1771	1997	2478	2647	2526	2526	2374
949	1257	1431	1559	1632	1696	1893	1797
7414	9883	12081	14137	15366	15972	16198	14928
3488	3955	5152	6030	6364	6737	6555	6166
1373	1531	1811	2121	2355	2608	2874	3129
901	946	1074	1196	1241	1250	1198	1214
1909	2115	2726	3726	4869	5859	6487	6938
1062	1609	2575	3840	4081	4255	4599	4801
1637	1961	2479	2724	2957	3204	3490	3617
63	109	96	149	88	76	83	80
35	59	147	100	79	73	59	55
170739	191458	207888	224625	229736	234459	234122	242757
10898	12212	13349	15197	14718	15504	15012	16288
289	276	280	273	287	297	361	376
566	533	515	540	584	652	672	693
20	27	23	27	29	28	21	36
203	238	157	189	191	112	227	244
177	180	224	251	300	451	649	896
12122	15215	18219	20894	19403	16733	14932	15787
11044	9669	10186	10850	12847	12992	14128	15534
10914	9740	8932	9400	9579	9279	10317	10700
2576	3226	4477	5712	6391	8016	9171	10572
35066	40358	46634	62901	76144	87532	94697	100130
487386	575206	674518	720430	721897	683892	674348	690809
5445		6843	8555	9956	10360	11262	7054
2774		3645	4285	5184	5456	6036	7054
		251	238	234	242	259	239
102	145	181	192	184	182	208	204
		99	97	107	117	131	140
	268	296	292	294	287	284	290
		316	293	198	301	325	309
		2473	2679	2686	2703	2934	2763
		5857	7739	8199			

	1967年	1968年	1969年	1970年	1971年	1972年
1. 提升绞车	426		598	766	868	760
2. 主要排水泵	2981		4030	4467	5608	4384
3. 压风机	1979		2906	3035	3302	3453
4. 主要通风机	1661		1711	1774	1966	1963
5. 局部通风机	12862		13946	14810	16190	16480
6. 运输绞车	5475		5483	5731	6087	6212
7. 回柱绞车	2891		3530	3998	4421	4655
8. 无极绳绞车	956		1132	1129	1163	1284
9. 内齿轮绞车	5899		7626	8290	8689	9417
10. 皮带运输机	4321		4667	5409	5619	4565
11. 窄轨电机车	3178		3712	5034	4575	4976
12. 窄轨蒸汽机车	67			70	65	54
13. 窄轨内燃机车	45			38	28	34
14. 矿车	204807		248344	264395	287230	278710
15. 电溜子	14230		15767	17437	19742	20943
16. 滚筒式采煤机组			183	275	349	486
其中：引进						
其中：80型						
64型						
50型						
100型						
17. 改装采煤机组			162	253	267	263
18. 刨煤机			15	69	113	123
其中：引进						
19. 液压支架（架）						

续表

1973 年	1974 年	1975 年	1976 年	1977 年	1978 年	1979 年	1980 年
748	689	688	713	732	749	768	801
4452	4954	4939	5021	5368	5642	5385	5594
3555	3601	3831	4089	4566	4837	4957	5055
2048	2013	2040	2096	2171	2293	2470	2489
17778	18404	19824	20684	21820	23318	23978	24802
6473	6966	7235	7345	7575	7954	8003	7843
5219	5502	6211	6899	7708	8610	8998	9551
1140	1186	1218	1172	1199	1189	1136	1147
10519	11046	12483	13899	15983	18722	20825	23019
4793	5509	6294	6982	7881	8809	9576	10302
5394	5810	6559	7334	8235	9443	10190	10688
75	45	49	41	26	18	16	18
65	81	113	108	109	118	101	113
293979	301174	306401	319372	327734	343286	357017	371266
22095	23211	25139	26468	27743	29072	28984	28968
633	788	980	1097	1193	1377	1557	1729
	9	46	62	75	80	113	208
		684	826	926	1118	1203	872
			98	90	70	60	27
		36	50	51	60	46	37
		3	3	3	5		14
237	218	186	145	129	114	82	68
112	107	101	92	52	91	70	65
	2	3	2	2	3	1	3
	1775	5246	5181	7448	8590	15825	24492

	1967年	1968年	1969年	1970年	1971年	1972年
其中：引进						
20. 单体液压支柱(根)						
其中：引进						
21. 联合采煤机	362		215	190	176	199
22. 截煤机	626		585	592	584	544
23. 联合掘进机	20					26
24. 装煤机	248		317	347	389	404
25. 装岩机	764		1432	1708	2015	2283
其中：耙斗机			147	288	402	499
26. 电煤钻	13242		15143	16091	17853	17599
27. 风钻	13299		15406	14976	17139	17117
28. 风镐	8972		9226	8834	9744	9293
29. 高压防爆开关	9249		10576	11311	12300	12766
30. 低压防爆开关	87387		102495	108959	123336	132552
31. 矿灯（盏）	578273		745574	832060	866505	983671
32. 电力电缆（公里）	11164		12906	12596	12616	13821
其中:橡套(公里)	6210		7351	6553	6533	7313
33. 挖掘机	226		222	254	278	297
34. 穿扎机	190		206	246	191	291
35. 推土机	136		199	252	327	412
36. 准轨电机车			308	309	311	311
37. 准轨蒸汽机车	302		316	337	329	338
38. 准轨车辆	5180		5488	5826	5929	5956
其中：自翻车	2823		2888	2941	3104	3269
39. 机床			5992	9771	10201	11293

续表

1973年	1974年	1975年	1976年	1977年	1978年	1979年	1980年
	934	4308	3744	5386	4540	9192	17166
	500	3247	3083	7841	12835	27999	43220
	500	3142	2698	7841	10243	22805	23286
119	99	80	51	30	21	13	18
506	401	351	270	207	162	117	72
18	25	25	47	22	25	43	91
362	400	408	491	524	766	933	1067
2605	2783	3333	4022	4552	5209	5775	6263
545	727	992	1467	2016	2724	3576	4086
19078	19466	20325	21170	22106	23971	25695	26496
19356	18880	20792	21269	22989	25518	27388	28780
9307	7870	7675	8251	8299	9142	10176	10361
14042	14813	16153	17110	17965	19563	20508	21998
143179	152965	163711	171167	178208	193962	202376	214422
1039619	1050393	1131450	1148412	1239469	1291870	1297938	1317639
14811	15811	16750	20242	18412	19913	20592	21932
8616	8934	9485	10440	10823	11780	7174	9908
327	339	343	353	367	396	457	418
297	298	292	317	326	414	405	407
500	612	700	780	940	1110	1170	1360
315	310	325	325	322	322	338	343
364	397	407	414	417	429	433	461
6476	6889	7073	7256	7410	7572	7780	8032
3551	3915	4105	4166	4237	4355	4563	4551
11453	13048	14202	15435	16370	18208	20066	20893

续表

	1981 年	1982 年	1983 年	1984 年	1985 年	1987 年	1988 年	1989 年	1990 年
1. 提升绞车	838	828	891	924	957	991	1007	1073	1104
2. 主要排水泵	6053	6468	6599	6768	6673	7871	8003	7587	7382
3. 压风机	5141	5067	5094	5270	5354	5835	5636	5640	5952
4. 主要通风机	2469	2456	2484	2566	2600	2670	2704	2686	2864
5. 局部通风机	24940	25852	26437	27078	27641	28574	27395	27546	28242
6. 运输绞车	7760	7319	7233	7313	6563	6487	5862	5557	5703
7. 回柱绞车	9819	10134	10809	11435	11796	12592	12875	13303	13343
8. 无极绳绞车	1042	975	934	868	789	869	734	716	704
9. 内齿轮绞车	24635	28852	28825	30700	33237	35696	36876	39185	40027
10. 皮带运输机	10731	11064	11703	12540	13302	13842	13938	14886	16146
11. 窄轨电机车	11094	11328	12049	12513	12879	13183	13248	13514	13768
12. 窄轨蒸汽机车	20	21	21	26	33	69	35	30	23
13. 窄轨内燃机车	123	119	124	114	134	152	150	151	172
14. 矿车	373262	375005	379450	395416	400893	397272	383416	390549	399670
15. 电溜子	28665	28643	29097	30281	30129	31371	29505	30171	29629
16. 联合采煤机	29	24	2	7	4	3	23	13	15
17. 滚筒式采煤机	1821	1814	1865	1938	2051	2190	2155	2312	2432
其中：引进	235	233	263	252	263	334	365	309	314
18. 截煤机	47	36	45	39	39	39		25	22
19. 联合掘进机	119	128	145	153	168	211	305	366	416
其中：引进	79		113	116	118	155	189	196	174
20. 装煤机	1159	1130	1212	1159	1106	1074	872	749	820
21. 装岩机	6492	6525	6664	7177	7628	7946	7783	8078	8190
22. 电煤钻	27243	28581	28639	30086	30717	31620	29449	29458	29136
23. 风钻	28062	28993	27977	29654	28719	29203	25746	24937	24787
24. 风镐	10139	10446	11237	12740	12468	13026	12224	12138	12862
25. 高压防爆开关	22838	23724	24814	26811	27830	30242	32089	32905	34104
26. 低压防爆开关	222359	230554	240084	254608	265244	278669	276220	281310	289983
27. 液压支架（架）	29520	28573	31779	32094	38214	48214	45190	52117	57905
其中：引进	20066	19168	19278	18342	15385	21802	15925	15394	16028
28. 单体液压支柱（根）	73332	101648	145542		340203	519180	935816	1540662	1819245
其中：引进	25537	19585	24306		7694	13123	1822	6925	
29. 岩石电钻	1220		1260	1298	1371	1300	1254	1285	1328
30. 喷浆机	4373		4745	4954	5061	5392	5199	5362	5414

续表

	1995年	1996年	1997年	2004年
1. 提升绞车	1137		1105	
2. 主要排水泵	7495		7632	
3. 压风机	5125		4974	
4. 主要通风机	2621		2597	
5. 局部通风机	25324		23999	
6. 运输绞车	4047		3413	
7. 回柱绞车			11202	
8. 无极绳绞车	481		465	
9. 内齿轮绞车	35874		35620	
10. 皮带运输机				
11. 窄轨电机车				
12. 窄轨蒸汽机车				
13. 窄轨内燃机车				
14. 矿车	340302		308557	
15. 电溜子				
16. 联合采煤机				
17. 截煤机				
18. 装煤机	595		608	
19. 装岩机	7188		6646	
20. 电煤钻				
21. 风钻				
22. 高压防爆开关	30115		30176	
23. 低压防爆开关	250618		236280	
24. 液压支架（架）	49635			
25. 单体液压支柱(根)	2366851		2376437	
26. 岩石电钻				
27. 喷浆机	5847		5248	
28. 准轨电机车	373		368	
29. 准轨蒸汽机车	490		437	
30. 准轨车辆	7829		6864	

国有重点煤矿原煤生产能力——按单位分

单位：处－万吨

	1991 年	1992 年	1993 年	1994 年	1995 年	1996 年	1997 年
合　计	**603－50282**	**636－48911**	**626－49520**	**614－49338**	**609－50691**	**596－51306**	**594－53488**
北　京	8－550	8－450	8－450	8－450	8－450	8－450	8－505
开　滦	10－2200	10－1740	10－1740	10－1740	10－1740	10－1740	10－1825
峰　峰	12－1165	11－910	10－900	9－835	10－880	10－880	10－830
井　陉	3－180	3－81	3－81	3－81	3－81	2－60	2－70
兴　隆	5－162	4－75	4－75	3－60	3－60	3－60	2－54
邢　台	3－380	3－360	3－360	3－360	3－360	3－360	3－440
邯　郸	7－366	8－352	8－352	8－352	7－372	5－322	5－330
盛　源	2－61	2－42	2－42	2－42	2－42	2－42	2－42
八宝山	2－24	1－18	1－18	1－18	1－18	1－18	1－21
大　同	15－3355	16－3380	16－3380	16－3510	16－3840	16－3840	16－3420
阳　泉	12－1790	12－1735	12－1735	11－1610	11－1610	11－1610	10－1370
西　山	9－2220	9－2208	9－2208	9－2208	9－2208	9－2208	9－2110
汾　西	6－681	5－660	5－660	5－660	5－660	5－660	5－715
潞　安	4－740	4－770	4－770	4－770	5－1170	5－1170	5－1270
轩　岗	4－240	3－220	4－321	4－321	4－321	4－321	4－321
晋　城	3－790	3－910	3－910	3－910	3－910	3－910	4－1310
煤气化	3－105	3－105	3－105	3－105	3－105	3－150	3－210
王　坪	1－180	1－180	1－180	1－180	1－180	1－180	1－180
霍　州	5－405	5－410	5－410	5－410	5－470	5－470	5－460
东　山	1－150	1－150	1－150	1－150	1－120	1－120	1－120
荫　营	1－120	1－120	1－120	1－120	1－120	1－240	1－240
固　庄	1－45	1－150	1－150	1－150	1－150	1－150	1－150
小　峪	1－120	1－130	1－130	1－130	1－130	1－130	1－120
南　庄	1－42	1－90	1－90	1－90	1－90	1－90	1－90
寨　沟	1－120	1－120	1－120	1－120	1－120	1－120	1－110
平　朔	1－1500	1－1500	1－1500	1－1500	1－1500	1－1500	1－1500
包　头	4－111	4－105	5－135	5－135	5－135	5－135	5－135
乌　达	4－510	4－460	4－460	4－460	4－460	4－460	3－410
海勃湾	5－450	5－390	5－390	5－390	5－390	5－390	5－390
宝日希勒							1－45

续表

	1991年	1992年	1993年	1994年	1995年	1996年	1997年
平庄	11－620	11－559	11－559	11－559	8－502	8－502	7－397
扎赉诺尔	8－690	8－613	7－607	7－607	7－607	7－607	7－629
大雁	5－245	5－303	4－294	4－294	4－294	3－285	3－295
霍林河	1－300	1－1000	1－1000	1－1000	1－1000	1－1000	1－1000
伊敏	1－100	1－100	1－100	1－100	1－100	1－100	1－110
神东						4－510	5－840
万利							
准格尔							
金烽							
抚顺	3－840	3－720	3－720	3－720	3－720	3－720	3－580
阜新	12－1115	11－1014	12－1059	12－1059	12－1059	12－1059	11－1030
北票	3－186	3－181	3－181	3－181	3－181	3－181	3－166
铁法	8－1125	8－1215	8－1215	8－1215	8－1215	8－1215	8－1360
南票	5－220	5－195	5－195	5－195	4－180	4－180	4－180
沈阳	8－612	8－626	8－626	7－605	7－605	6－485	6－365
本溪						1－120	
烟台	1－5						
八道壕	1－50	1－45					
辽源	10－235	10－219	9－210	9－210	7－198	7－198	7－234
通化	11－405	9－342	9－342	9－342	9－342	8－336	6－250
舒兰	6－231	5－225	5－225	5－225	5－225	5－225	5－225
珲春	5－198	5－189	5－189	5－189	3－165	3－165	3－165
营城							
鸡西	20－1395	21－1307	21－1367	21－1367	20－1322	20－1322	20－1151
鹤岗	10－1434	9－1352	9－1351	9－1351	9－1351	9－1351	8－1200
双鸭山	11－829	11－839	11－839	12－869	13－1019	11－980	10－901
七台河	16－699	16－700	16－700	16－700	16－700	10－652	9－581
徐州	15－1135	15－1050	15－1050	15－1050	15－1080	15－1080	15－1005
大屯	4－405	4－405	4－405	4－405	4－405	4－405	4－480
长广		11－141	11－141	10－135	10－135	9－126	7－84
淮南	9－1110	9－1140	9－1230	9－1230	9－1230	9－1230	10－1550

续表

	1991年	1992年	1993年	1994年	1995年	1996年	1997年
淮　北	12－1495	12－1160	12－1160	12－1160	13－1400	13－1400	13－1550
萍　乡	6－326	6－220	6－220	6－220	6－220	6－220	6－225
丰　城	5－186	5－160	5－160	9－259	9－259	9－259	5－203
英岗岭	5－65	5－63	5－63	5－63	5－63	5－63	4－57
洛　市	3－90	3－90	4－99				
乐　平		6－119	6－119	5－113	5－113	5－113	5－113
淄　博	5－128	4－123	4－123	4－123	4－123	3－105	5－285
新　汶	7－580	6－500	7－620	7－620	7－620	7－620	10－935
枣　庄	6－655	3－440	3－440	3－440	3－480	3－480	3－490
肥　城	4－275	4－250	4－250	4－250	4－250	4－250	6－405
兖　州	6－1285	6－1295	6－1295	6－1295	6－1375	6－1375	7－2095
坊　子	1－40	1－35	1－35	1－35	1－35	1－35	1－35
龙　口	1－90	2－270	2－270	2－270	2－270	2－270	3－370
临　沂							5－66
平顶山	14－1777	13－1507	13－1597	13－1597	13－1597	13－1597	13－1839
焦　作	9－440	9－361	9－361	7－311	7－311	7－311	7－346
鹤　壁	9－470	8－401	8－421	8－421	8－466	8－466	8－540
义　马	13－1021	12－1077	12－1077	12－1077	12－1077	12　1132	12－1105
郑　州	6－531	5－465	6－555	6－555	6－555	6－555	6－570
永　城							1－240
涟　邵	9－168	21－338	19－323	18－317	18－317	17－302	16－300
资　兴	7－174	8－216	8－216	8－216	8－216	8－231	8－220
白　沙	6－82	20－201	16－174	16－174	16－174	16－174	16－165
广　旺	9－175	9－181	9－181	7－157	7－172	7－172	7－171
芙　蓉	6－290	6－310	6－310	6－310	6－310	6－370	5－320
攀枝花	5－431	5－405	5－405	4－390	4－390	4－390	4－330
达　竹		5－132	5－132	5－132	5－132	5－132	5－132
华蓥山		3－114	3－144	2－135	2－135	2－135	2－120
隆　昌							
芙蓉煤矿							

续表

	1991 年	1992 年	1993 年	1994 年	1995 年	1996 年	1997 年
南　桐	7－270	7－267	7－267	7－267	7－267	7－267	7－230
天　府	6－200	6－186	6－186	6－186	6－186	6－186	6－190
松　藻	6－396	6－386	6－386	6－386	6－374	6－374	6－358
中梁山	2－80	2－60	2－60	2－60	2－60	2－60	2－60
永　荣	7－109	7－114	7－114	7－114	7－114	7－114	7－134
六　枝	6－123	6－141	6－141	6－141	7－171	7－171	6－156
盘　江	6－400	6－380	6－380	6－380	6－380	6－380	5－540
水　城	9－489	9－487	8－478	8－478	8－478	7－463	8－618
一平浪	2－46	2－46	2－46	2－46	1－40	1－40	1－35
来　宾	1－30	1－30	1－30	2－30	1－30	1－30	1－30
羊　场	3－48	2－33	2－33	2－33	2－33	2－33	2－31
田　坝	4－105	3－99	3－99	3－99	3－99	3－99	3－77
铜　川	10－755	10－686	10－686	10－686	9－656	9－696	9－696
蒲　白	5－192	5－192	4－246	4－246	3－225	3－225	3－230
澄　合	4－300	4－300	4－300	4－300	4－300	4－300	4－275
韩　城	5－432	5－351	5－351	5－351	5－351	5－351	5－360
崔家沟	2－150	2－100	2－100	2－100	2－100	2－100	2－100
煤建公司	2－45	2－45	2－45	2－45	3－75	3－75	3－75
车　村							
黄　陵							
窑　街	6－285	6－261	4－225	4－225	4－225	4－225	4－245
兰　阿	2－75	2－30	1－21	1－21	1－21	1－21	1－30
靖　远	12－507	13－522	13－522	13－522	13－522	13－522	12－554
华　亭							1－45
亘　元	3－430	3－340	3－340	3－340	3－340	3－340	3－340
太　西	7－600	7－530	7－530	7－530	7－530	7－530	7－533
灵　州	2－75	2－75	2－75	2－75	3－105	3－105	3－105
哈　密	2－180	2－210	2－210	2－210	3－270	3－270	3－260
乌鲁木齐	6－245	5－229	5－274	5－274	5－274	5－274	5－305
艾维尔	4－85	3－78	3－78	3－78	3－78	3－78	3－78

续表

	1998年	1999年	2000年	2001年	2002年	2003年	2004年
合　计	**593－53411**	**595－55094**	**577－55954**	**571－57646**	**565－60500**	**736－73421**	**740－77368**
北　京	8－505	8－505	8－505	7－475	6－610	5－590	5－590
开　滦	10－1825	10－1825	10－1825	10－1925	10－1925	11－2092	11－2092
峰　峰	10－830	10－830	8－715	7－670	7－670	8－760	8－760
井　陉	2－70	2－70	2－70	2－70	2－70	2－70	
兴　隆	2－54	2－54	2－54	2－54	2－54	2－54	2－54
邢　台	3－440	3－440	3－440	7－685	7－685	7－685	7－815
邯　郸	5－330	5－330	5－330	5－330	5－330	5－390	5－390
盛　源	1－21	1－21				1－90	
八宝山	1－21	1－21	1－21	1－21	1－21	1－21	1－21
大　同	16－3420	15－3405	14－3130	14－3115	14－3115	38－4061	31－4061
阳　泉	10－1370	10－1370	10－1370	10－1370	10－1370	9－1890	10－2000
西　山	9－2110	9－2110	9－2110	10－2510	10－2510		
汾　西	5－715	5－715	5－715	5－715	5－715		
潞　安	5－1270	5－1270	5－1270	5－1270	5－1270	7－1410	6－1410
轩　岗	4－321	4－321	4－321	4－321	4－276		
晋　城	4－1310	4－1310	4－1310	4－1310	5－1710	5－1910	6－2030
煤气化	3－210	3－210	4－231	4－231	4－231	3－190	5－265
王　坪	1－180	1－180	1－180	1－180	1－180		
霍　州	7－484	7－484	7－484	8－634	7－660		
东　山	1－120	1－120	2－141	2－141	2－141	2－180	2－180
荫　营	1－240	1－240	1－240	1－240	1－240	1－240	1－240
固　庄	1－150	1－150	1－150	1－150	1－150	1－150	1－150
小　峪	1－120	1－120	1－120	1－120	1－120		
南　庄	1－90	1－90	1－90	1－90	1－90	1－200	1－200
寨　沟	1－110	1－110	1－110	1－110	1－110	1－120	1－120
平　朔	1－1500	1－1500	1－1500	1－1500	1－1500	2－2500	2－2500
包　头	5－135	3－90	3－90	3－90	3－165	3－231	6－245
乌　达	3－410	3－410	3－410	3－410	3－420	3－420	3－420
海勃湾	5－390	5－390	5－390	5－450	5－450	4－450	6－560
宝日希勒	1－45	1－45	1－45	2－105	2－105	3－290	3－290

续表

	1998年	1999年	2000年	2001年	2002年	2003年	2004年
平 庄	7－397	7－397	7－397	7－397	8－487	8－487	8－487
扎赉诺尔	6－564	6－564	6－564	6－564	6－564	6－564	5－543
大 雁	3－295	3－295	3－295	3－295	3－295	3－295	3－295
霍林河	1－1000	1－1000	1－1000	1－1000	1－1000	2－1000	2－1000
伊 敏	1－110	1－110	1－110	1－500	1－500	1－500	1－605
神 东	4－480	5－840	6－1340	7－1840	10－2940	10－4530	10－4530
万 利		2－45	2－45	7－210	7－210	7－290	7－420
准格尔		1－1200	1－1200	1－1200	1－1200	1－1200	1－1200
金 烽		4－48	5－78	5－78	5－78	5－192	5－192
抚 顺	3－580	3－580	3－580	3－580	2－600	2－620	2－620
阜 新	11－1030	11－1030	11－1030	11－1030	9－965	10－1310	10－1310
北 票	3－166	3－166	3－166	3－166			
铁 法	8－1360	8－1360	8－1360	8－1360	8－1360	8－1360	9－2199
南 票	4－180	4－180	4－180	4－180	4－180	4－180	4－225
沈 阳	6－365	6－365	7－515	7－515	7－515	6－1000	6－1000
本 溪							
烟 台							
八道壕							
辽 源	7－234	7－234	7－234	7－234	7－234	10－303	11－393
通 化	6－250	6－250	5－238	5－238	5－238	17－225	6－204
舒 兰	5－225	4－150	4－150	4－150	4－150	4－114	4－114
珲 春	3－165	3－165	3－165	3－165	3－165	2－84	1－75
营 城		1－75	1－75	1－75			
鸡 西	20－1151	19－1136	15－965	15－965	15－965	40－1144	40－1144
鹤 岗	8－1200	8－1200	8－1200	7－1060	6－940	9－1385	13－1415
双鸭山	10－901	10－901	10－901	9－880	9－880	7－910	7－910
七台河	9－581	9－581	9－581	9－581	9－581	70－1092	68－882
徐 州	15－1005	15－1005	12－920	12－920	12－965	13－1310	13－1310
大 屯	4－480	4－650	4－650	4－650	4－650	4－760	4－760
长 广	7－84	6－84	5－72		5－100	4－90	4－45
淮 南	10－1550	10－1550	10－1550	6－1610	6－2040	9－2990	14－2200

续表

	1998年	1999年	2000年	2001年	2002年	2003年	2004年
淮　北	13－1550	13－1550	14－1730	14－1730	13－2000	13－2000	9－2970
萍　乡	6－225	6－225	6－225	6－225	5－213	6－225	6－225
丰　城	5－203	4－173	4－173	3－155	2－215	4－245	4－245
英岗岭	4－57	4－57	4－57	4－57	3－36	4－78	4－78
洛　市		1－30	1－30	1－30	1－30		
乐　平	5－113	5－113	5－113	4－101	3－76	4－101	4－101
淄　博	4－240	4－240	3－210	3－210	3－210	11－1075	10－1045
新　汶	10－935	10－935	10－935	10－935	10－935	11－1115	11－1115
枣　庄	3－490	3－490	3－490	3－490	6－760	10－1272	10－1272
肥　城	6－405	6－405	6－405	6－405	6－405	7－600	7－600
兖　州	7－2095	7－2095	8－2595	8－2595	8－2595	8－3940	8－4100
坊　子	1－35	1－35	1－35				
龙　口	3－370	3－370	3－370	3－370	3－370	3－400	3－590
临　沂	5－66	5－66	5－150	5－150	5－150	5－246	9－408
平顶山	13－1839	13－1839	13－1839	13－1839	16－2109	20－2234	27－2480
焦　作	7－346	7－346	7－346	7－346	7－346	8－416	7－350
鹤　壁	8－540	8－540	8－540	8－540	8－585	8－585	8－585
义　马	12－1105	12－1105	12－1105	10－1025	10－1025	10－1025	10－1075
郑　州	6－570	7－660	7－660	7－660	7－660	6－560	6－560
永　城	1－240	1－240	2－420	2－420	2－420	3－660	5－735
涟　邵	16－300	16－300	10－183	10－183	10－183	10－178	11－202
资　兴	8－220	8－220	4－127	4－127	4－127	4－127	4－127
白　沙	17－195	17－195	17－195	17－195	17－195	17－195	17－162
广　旺	7－171	7－171	7－171	7－171	3－80	4－95	4－100
芙　蓉	4－320	4－320	4－320	4－320	4－320	4－250	4－250
攀枝花	4－330	4－330	4－330	4－330	4－330	4－330	4－330
达　竹	5－132	5－132	5－132	5－132	6－162	6－162	6－162
华蓥山	2－120	2－120	3－135	3－135	3－135	3－165	3－195
隆　昌		1－9	1－9	2－18	2－15	2－15	1－9
芙蓉煤矿						1－70	1－70

续表

	1998年	1999年	2000年	2001年	2002年	2003年	2004年
南桐	7－230	7－230	7－230	7－230	7－230	7－230	6－225
天府	6－190	6－190	6－190	4－160	3－160	3－160	3－160
松藻	6－358	6－358	6－358	6－358	6－358	6－358	6－570
中梁山	2－60	2－60	2－60	2－60	2－60	2－60	2－60
永荣	7－134	6－125	3－86	3－86	3－86	3－86	5－156
六枝	6－156	6－156	7－165	7－165	8－216	8－216	8－360
盘江	5－540	5－540	5－780	5－750	5－750	5－750	6－870
水城	8－618	8－618	8－618	8－618	8－618	8－618	9－1066
一平浪	1－35	1－35	1－35	1－35	1－35	1－35	1－35
来宾	1－30	1－30	1－30	1－30	1－30		
羊场	2－31	2－31	2－21	2－21	2－21	2－21	2－36
田坝	3－77	3－77	3－77	3－77	3－77	3－77	2－62
铜川	9－696	9－696	8－666	8－666	9－756	9－756	9－756
蒲白	3－230	3－230	3－230	3－230	2－170	3－185	3－185
澄合	4－275	4－275	4－275	4－275	5－296	5－296	5－296
韩城	5－360	5－360	5－360	5－360	4－330	4－380	4－380
崔家沟	2－100	2－100	2－100	2－100	2－100	2－100	2－100
煤建公司	3－75	3－75	4－105	4－105	4－105	4－105	4－105
车村		1－25	1－25	1－25	1－25	1－25	1－25
黄陵				1－100	1－100	1－100	1－100
窑街	4－245	3－260	3－260	3－260	3－260	3－335	3－335
兰阿	1－30	1－30	1－30		12－554		12－554
靖远	12－554	12－554	12－554	12－554		12－554	
华亭	1－45	1－45	1－45	1－45			
亘元	3－340	3－340	2－250	2－250	2－250	23－1705	25－1714
太西	7－533	7－533	7－533	7－513	7－513		
灵州	3－105	2－270	2－270	2－270	2－270		
哈密	3－260	3－260	3－260	3－285	5－415	5－415	5－415
乌鲁木齐	5－305	5－305	5－305	5－311	5－345	5－345	5－345
艾维尔	3－78	3－78	3－78	3－78	3－78	3－78	3－78

国有重点煤矿洗煤厂年末能力

单位：处 - 万吨/年

年份	炼焦煤	动力煤	年份	炼焦煤	动力煤
1965	40 - 3823	13 - 1560	1985	95 - 11211	21 - 3213
1966	41 - 3898	12 - 1410	1986	93 - 11705	52 - 5345
1967	42 - 3913	11 - 1220	1987	96 - 12345	65 - 6646
1968	46 - 4260	11 - 1020	1988	98 - 12620	65 - 6406
1969	51 - 4841	11 - 1350	1989	110 - 14640	70 - 6781
1970	57 - 5821	11 - 1350	1990	114 - 15270	84 - 10166
1971	59 - 5767	11 - 1300	1991	115 - 15935	69 - 9921
1972	68 - 6612	11 - 1360	1992	116 - 15466	74 - 10910
1973	72 - 7787	12 - 1530	1993	120 - 16406	74 - 10955
1974	76 - 7867	11 - 1545	1994	123 - 16971	80 - 11700
1975	81 - 8167	11 - 1545	1995	130 - 17690	83 - 11785
1976	82 - 8227		1996	136 - 18321	89 - 14555
1977	83 - 8272		1997	140 - 18768	86 - 15396
1978	85 - 8482	19 - 3003	1998	144 - 19221	89 - 15436
1979	80 - 8257	20 - 3153	1999	147 - 19591	90 - 15876
1980	85 - 8217	16 - 2643	2000	145 - 19486	92 - 16992
1981	85 - 8587	19 - 3018	2001	143 - 19987	94 - 17202
1982	91 - 9431	19 - 3048	2002	147 - 20722	91 - 18947
1983	93 - 9999	20 - 3168	2003	147 - 21713	107 - 23509
1984	94 - 10459	20 - 3168	2004	150 - 22323	118 - 30282

国有重点煤矿洗煤厂年末能力（炼焦煤）——按单位分

单位：处－万吨/年

	1991年	1992年	1993年	1994年	1995年	1996年	1997年
合　计	**115－15935**	**116－15466**	**120－16406**	**123－16971**	**130－17690**	**136－18321**	**140－18768**
河北省	**19－4080**	**17－3010**	**17－3010**	**18－3040**	**17－2980**	**17－2980**	**17－2875**
开　滦	8－2040	7－1820	7－1820	7－1820	7－1820	7－1820	7－1755
峰　峰	6－730	5－710	5－710	5－710	5－710	5－710	5－670
井　陉	2－150	2－150	2－150	2－150	2－150	2－150	2－150
邢　台	2－260	2－270	2－270	3－300	3－300	3－300	3－300
邯　郸	1－80	1－60	1－60				
山西省	**11－1885**	**10－1760**	**11－2160**	**12－2560**	**13－2960**	**14－2825**	**16－3025**
焦　煤							
西　山	3－750	3－750	4－1150	5－1550	5－1550	5－1550	5－1580
汾　西	1－300	1－300	1－300	1－300	1－300	2－445	2－445
潞　安	2－180	2－180	2－180	2－180	3－580	3－300	3－320
煤气化	1－180	1－180	1－180	1－180	1－180	1－180	1－180
霍　州	4－475	3－350	3－350	3－350	3－350	3－350	5－500
辽宁省	**9－1190**	**9－915**	**9－915**	**9－915**	**9－915**	**9－915**	**8－845**
抚　顺	2－500	2－360	2－360	2－360	2－360	2－360	2－380
北　票	3－250	3－220	3－220	3－220	3－220	3－220	3－250
沈　阳	4－440	4－335	4－335	4－335	4－335	4－335	3－215
吉林省	**2－270**	**3－225**	**3－225**	**3－225**	**3－225**	**3－225**	**3－290**
通　化	2－270	3－225	3－225	3－225	3－225	3－225	3－290
黑龙江省	**10－1690**	**12－1980**	**12－1980**	**12－1980**	**12－2070**	**12－2070**	**13－2095**
鸡　西	4－700	4－690	4－690	4－690	4－780	4－780	5－805
鹤　岗	2－360	2－360	2－360	2－360	2－360	2－360	2－360
双鸭山	1－180	2－360	2－360	2－360	2－360	2－360	2－360
七台河	3－450	4－570	4－570	4－570	4－570	4－570	4－570
江苏省	**7－665**	**7－665**	**7－665**	**7－665**	**7－695**	**7－695**	**9－880**
徐　州	5－380	5－380	5－380	5－380	5－380	5－380	7－520

续表

	1991 年	1992 年	1993 年	1994 年	1995 年	1996 年	1997 年
大　屯	2－285	2－285	2－285	2－285	2－315	2－315	2－360
安徽省	**9－1590**	**9－1540**	**9－1540**	**9－1540**	**8－1480**	**9－1720**	**9－1590**
淮　南	3－510	3－460	3－460	3－460	2－400	3－640	3－510
淮　北	6－1080	6－1080	6－1080	6－1080	6－1080	6－1080	6－1080
江西省	**3－255**	**4－216**	**4－216**	**6－351**	**6－351**	**6－351**	**5－345**
萍　乡	1－120	1－90	1－90	3－225	3－225	3－225	3－205
丰　城	2－135	2－105	2－105	2－105	2－105	2－105	2－140
乐　平		1－21	1－21	1－21	1－21	1－21	
山东省	**18－2170**	**17－2130**	**18－2530**	**18－2530**	**19－2650**	**19－2650**	**20－2700**
淄　博	1－45						1－60
新　汶	5－445	5－450	5－450	5－450	5－450	5－450	5－570
枣　庄	6－735	6－735	6－735	6－735	7－855	7－855	7－705
肥　城	3－165	3－165	3－165	3－165	3－165	3－165	3－165
兖　矿	3－780	3－780	4－1180	4－1180	4－1180	4－1180	4－1200
临　沂							
河南省	**4－555**	**4－555**	**4－555**	**4－555**	**5－645**	**6－766**	**7－832**
平顶山	2－450	2－450	2－450	2－450	3－540	3－640	3－640
鹤　壁	1－75	1－75	1－75	1－75	1－75	1－75	1－120
义　马	1－30	1－30	1－30	1－30	1－30	2－51	3－72
湖南省	**1－180**	**1－180**	**1－180**	**1－180**	**4－193**	**4－193**	**1－270**
株　洲	1－180	1－180	1－180	1－180	1－180	1－180	1－270
涟　邵					3－13	3－13	
资　兴							
四川省	**3－410**	**4－545**	**5－515**	**5－515**	**5－515**	**5－515**	**4－465**
攀枝花	3－410	2－380	2－380	2－380	2－380	2－380	2－360
达　竹		2－105	2－105	2－105	2－105	2－105	2－105
华蓥山		1－60					

续表

	1991年	1992年	1993年	1994年	1995年	1996年	1997年
威　远							
重庆市	**6－465**	**6－435**	**6－435**	**6－435**	**6－435**	**6－435**	**6－410**
南　桐	2－195	2－195	2－195	2－195	2－195	2－195	2－155
天　府	1－60	1－60	1－60	1－60	1－60	1－60	1－60
松　藻							
中梁山	1－90	1－60	1－60	1－60	1－60	1－60	1－60
永　荣	2－120	2－120	2－120	2－120	2－120	2－120	2－135
贵州省	**5－530**	**5－530**	**5－530**	**5－530**	**6－551**	**7－791**	**10－1006**
六　枝	1－60	1－60	1－60	1－60	2－81	2－81	2－96
盘　江	2－240	2－240	2－240	2－240	2－240	3－480	6－680
水　城	2－230	2－230	2－230	2－230	2－230	2－230	2－230
云南省	**3－175**	**3－165**	**3－165**	**3－165**	**3－165**	**3－165**	**3－165**
一平浪	1－30	1－30	1－30	1－30	1－30	1－30	1－30
羊　场	1－55	1－45	1－45	1－45	1－45	1－45	1－45
田　坝	1－90	1－90	1－90	1－90	1－90	1－90	1－90
后　所							
恩　洪							
陕西省	**1－120**	**1－120**	**1－120**	**1－120**	**1－120**	**2－165**	**2－165**
韩　城	1－120	1－120	1－120	1－120	1－120	2－165	2－165
宁夏自治区	**2－330**	**1－300**	**1－350**	**1－350**	**3－410**	**3－470**	**3－470**
石嘴山	1－30				2－60	2－120	2－120
石炭井	1－300	1－300	1－350	1－350	1－350	1－350	1－350
新疆自治区	**1－60**	**1－60**	**1－60**	**1－60**	**1－75**	**1－75**	**1－60**
艾维尔	1－60	1－60	1－60	1－60	1－75	1－75	1－60
神华集团							
乌　达	1－135	1－135	1－135	1－135	1－135	1－135	1－130
海勃湾			1－120	1－120	1－120	2－180	2－150

续表

	1998年	1999年	2000年	2001年	2002年	2003年	2004年
合　计	**144－19221**	**147－19591**	**145－19486**	**143－19987**	**147－20722**	**147－21713**	**150－22323**
河北省	**17－2875**	**17－2875**	**17－2875**	**17－2875**	**17－3060**	**17－3060**	**14－2575**
开　滦	7－1755	7－1755	7－1755	7－1755	7－1755	7－1755	7－1755
峰　峰	5－670	5－670	5－670	5－670	5－670	5－670	5－670
井　陉	2－150	2－150	2－150	2－150	1－120	2－150	2－150
邢　台	3－300	3－300	3－300	3－300	3－485	3－485	
邯　郸							
山西省	**16－3025**	**15－3005**	**14－2885**	**16－3375**	**17－3495**	**17－3510**	**20－3930**
焦　煤						13－2980	17－3580
西　山	5－1580	5－1580	5－1580	6－1980	6－1980		
汾　西	2－445	2－445	2－445	2－445	2－445		
潞　安	3－320	3－320	2－200	2－200	3－320	3－350	3－350
煤气化	1－180	1－180	1－180	1－180	1－180	1－180	
霍　州	5－500	4－480	4－480	5－570	5－570		
辽宁省	**8－845**	**8－845**	**9－995**	**9－995**	**4－690**	**4－690**	**4－690**
抚　顺	2－380	2－380	2－238	2－380	1－360	1－360	1－360
北　票	3－250	3－250	3－250	3－250			
沈　阳	3－215	3－215	4－365	4－365	3－330	3－330	3－330
吉林省	**3－290**	**3－290**	**3－290**	**3－290**	**3－290**	**3－290**	
通　化	3－290	3－290	3－290	3－290	3－290	3－290	
黑龙江省	**13－2095**	**13－2095**	**11－1840**	**11－1840**	**11－1840**	**11－1840**	**11－1840**
鸡　西	5－805	5－805	3－550	3－550	3－550	3－550	3－550
鹤　岗	2－360	2－360	2－350	2－350	2－360	2－360	2－360
双鸭山	2－360	2－360	2－360	2－360	2－360	2－360	2－360
七台河	4－570	4－570	4－570	4－570	4－570	4－570	4－570
江苏省	**9－880**	**9－880**	**9－880**	**7－790**	**5－580**	**8－775**	**7－535**
徐　州	7－520	7－520	7－520	5－430	3－220	6－415	6－415

续表

	1998 年	1999 年	2000 年	2001 年	2002 年	2003 年	2004 年
大　屯	2－360	2－360	2－360	2－360	2－360	2－360	1－120
安徽省	**9－1590**	**9－1590**	**9－1590**	**9－1590**	**9－1590**	**8－1470**	**8－1470**
淮　南	3－510	3－510	3－510	3－510	3－510	3－510	3－510
淮　北	6－1080	6－1080	6－1080	6－1080	6－1080	5－960	5－960
江西省	**5－345**	**5－345**	**5－345**	**4－265**	**3－175**	**3－165**	**3－165**
萍　乡	3－205	3－205	3－205	3－205	2－115	2－105	2－105
丰　城	2－140	2－140	2－140	1－60	1－60	1－60	1－60
乐　平							
山东省	**21－3100**	**22－3220**	**22－3220**	**22－3380**	**24－3600**	**28－5126**	**30－5481**
淄　博	1－60	1－60	1－60	1－60	1－90	1－60	2－330
新　汶	5－570	6－690	6－690	6－690	6－690	7－930	7－930
枣　庄	7－705	7－705	7－705	6－655	8－865	9－975	9－975
肥　城	3－165	3－165	3－165	3－165	3－145	3－195	4－280
兖　矿	5－1600	5－1600	5－1600	6－1810	6－1810	7－2876	7－2876
临　沂						1－90	1－90
河南省	**7－832**	**7－832**	**7－832**	**7－832**	**10－1042**	**8－892**	**9－1092**
平顶山	3－640	3－640	3－640	3－640	4－700	4－700	5－900
鹤　壁	1－120	1－120	1－120	1－120	2－210	1－120	1－120
义　马	3－72	3－72	3－72	3－72	4－132	3－72	3－72
湖南省	**4－283**	**4－283**	**4－283**	**2－274**	**3－334**	**2－274**	**2－285**
株　洲	1－270	1－270	1－270	1－270	1－270	1－270	1－270
涟　邵	3－13	3－13	3－13	1－4	1－4	1－4	1－15
资　兴					1－60		
四川省	**5－525**	**5－525**	**4－465**	**4－465**	**5－495**	**5－495**	**5－495**
攀枝花	2－360	2－360	2－360	2－360	2－360	2－360	2－360
达　竹	2－105	2－105	2－105	2－105	2－105	2－105	2－105
华蓥山	1－60	1－60					

续表

	1998年	1999年	2000年	2001年	2002年	2003年	2004年
威　远					1－30	1－30	1－30
重庆市	**7－530**	**7－530**	**7－470**	**6－410**	**6－410**	**5－350**	**6－450**
南　桐	2－155	2－155	2－155	2－155	2－155	2－155	2－180
天　府	1－60	1－60	1－60	1－60	1－60	1－60	1－60
松　藻	1－120	1－120					
中梁山	1－60	1－60	2－120	1－60	1－60	2－135	2－150
永　荣	2－135	2－135	2－135	2－135	2－135		1－60
贵州省	**9－856**	**10－1036**	**11－1276**	**11－1276**	**11－1276**	**11－1276**	**9－1180**
六　枝	2－96	2－96	2－96	2－96	2－96	2－96	
盘　江	5－440	5－440	6－680	6－680	6－680	6－680	6－680
水　城	2－320	3－500	3－500	3－500	3－500	3－500	3－500
云南省	**3－165**	**3－165**	**3－165**	**3－165**	**5－270**	**5－270**	**6－360**
一平浪	1－30	1－30	1－30	1－30	1－30	1－30	1－30
羊　场	1－45	1－45	1－45	1－45	1－45	1－45	1－45
田　坝	1－90	1－90	1－90	1－90	1－90	1－90	1－90
后　所					1－60	1－60	2－150
恩　洪					1－45	1－45	1－45
陕西省	**2－165**	**2－165**	**2－165**	**2－165**	**2－165**	**2－165**	**2－165**
韩　城	2－165	2－165	2－165	2－165	2－165	2－165	2－165
宁夏自治区	**2－480**	**2－480**	**2－480**	**2－470**	**2－470**	**1－350**	**1－350**
石嘴山	1－130	1－130	1－130	1－120	1－120	1－350	1－350
石炭井	1－350	1－350	1－350	1－350	1－350		
新疆自治区	**1－60**	**1－60**	**1－60**	**1－60**	**1－60**	**1－60**	**1－60**
艾维尔	1－60	1－60	1－60	1－60	1－60	1－60	1－60
神华集团	**3－280**	**5－370**	**5－370**	**7－470**	**9－880**	**8－655**	**10－960**
乌　达	1－130	3－190	3－190	4－230	3－280	3－280	3－280
海勃湾	2－150	2－180	2－180	3－240	6－600	3－310	5－550

国有重点煤矿洗煤厂年末能力（动力煤）——按单位分

单位：处－万吨/年

	1991年	1992年	1993年	1994年	1995年	1996年	1997年
合　计	**64－8231**	**74－10910**	**74－10955**	**80－11700**	**83－11785**	**89－14555**	**86－15396**
北京市	**1－135**	**1－80**	**1－80**	**1－80**	**1－80**	**1－80**	
北　京	1－135	1－80	1－80	1－80	1－80	1－80	
河北省	**1－105**	**2－225**	**2－225**	**2－225**	**2－225**	**2－225**	**2－200**
峰　峰		1－120	1－120	1－120	1－120	1－120	1－90
邯　郸	1－105	1－105	1－105	1－105	1－105	1－105	1－110
山西省	**8－2940**	**12－4825**	**12－4825**	**14－5405**	**14－5405**	**16－6165**	**17－6585**
焦　煤							
大　同		2－980	2－980	2－980	2－980	2－980	2－930
阳　泉	5－1250	5－1535	5－1535	5－1535	5－1535	5－1535	5－1535
潞　安						2－760	2－760
晋　城	1－100	3－720	3－720	3－910	3－910	3－910	4－1350
王　坪							
荫　营				1－240	1－240	1－240	1－240
固　庄				1－150	1－150	1－150	1－150
南　庄	1－90	1－90	1－90	1－90	1－90	1－90	1－120
平　朔	1－1500	1－1500	1－1500	1－1500	1－1500	1－1500	1－1500
内蒙古自治区	**4－480**	**4－450**	**4－450**	**4－450**	**4－450**	**4－450**	**4－430**
平　庄	4－480	4－450	4－450	4－450	4－450	4－450	4－430
辽宁省	**18－2615**	**18－2430**	**18－2430**	**18－2430**	**18－2430**	**18－2430**	**17－2660**
抚　顺	1－300	1－360	1－360	1－360	1－360	1－360	1－300
阜　新	7－1100	7－885	7－885	7－885	7－885	7－885	5－850
铁　法	8－1005	8－990	8－990	8－990	8－990	8－990	8－1255
南　票	2－210	2－195	2－195	2－195	2－195	2－195	2－195

续表

	1991年	1992年	1993年	1994年	1995年	1996年	1997年
八道壕							1-60
吉林省	**2-120**	**2-105**	**2-105**	**2-105**	**2-105**	**2-105**	**1-45**
通　化	2-120	2-105	2-105	2-105	2-105	2-105	1-45
黑龙江省	**2-120**	**6-595**	**6-595**	**6-595**	**6-595**	**6-595**	**4-450**
鸡　西	1-60	1-45	1-45	1-45	1-45	1-45	
鹤　岗	1-60	3-430	3-430	3-430	3-430	3-430	3-420
双鸭山		1-90	1-90	1-90	1-90	1-90	
七台河		1-30	1-30	1-30	1-30	1-30	1-30
江苏省	**8-346**	**4-225**	**4-225**	**6-405**	**6-405**	**6-405**	**5-315**
徐　州	8-346	4-225	4-225	5-315	5-315	5-315	4-225
大　屯				1-90	1-90	1-90	1-90
安徽省	**1-60**	**1-60**	**1-60**	**1-60**	**1-60**	**1-60**	**2-600**
淮　南							2-600
淮　北	1-60	1-60	1-60	1-60	1-60	1-60	
江西省	**4-285**	**6-330**	**6-330**	**5-240**	**5-240**	**5-240**	**5-211**
萍　乡	2-165	3-180	3-180	2-90	2-90	2-90	1-45
丰　城	1-30	1-30	1-30	2-120	2-120	2-120	2-115
洛　市	1-90	1-90	1-90				
乐　平		1-30	1-30	1-30	1-30	1-30	2-51
新　洛							
山东省	**1-40**				**1-40**	**1-40**	**1-40**
淄　博	1-40				1-40	1-40	1-40
河南省	**6-435**	**7-760**	**7-805**	**7-805**	**7-805**	**9-985**	**9-985**
平顶山		1-340	1-340	1-340	1-340	1-340	1-340

续表

	1991年	1992年	1993年	1994年	1995年	1996年	1997年
焦　作	4－270	4－255	4－255	4－255	4－255	5－315	5－315
鹤　壁	1－45	1－45	1－90	1－90	1－90	1－90	1－90
义　马	1－120	1－120	1－120	1－120	1－120	2－240	2－240
永　城							
湖南省		**3－105**	**3－105**	**3－105**	**3－105**	**3－105**	**3－105**
资　兴		3－105	3－105	3－105	3－105	3－105	3－105
四川省	**4－115**	**3－105**	**3－105**	**6－180**	**7－195**	**7－195**	**9－270**
广　旺	3－55	2－45	2－45	5－120	6－135	6－135	7－150
芙　蓉	1－60	1－60	1－60	1－60	1－60	1－60	1－60
华蓥山							1－60
重庆市	**1－105**	**1－105**	**1－105**	**1－105**	**1－105**	**1－105**	**1－120**
南　桐							
松　藻	1－105	1－105	1－105	1－105	1－105	1－105	1－120
陕西省	**2－120**	**1－60**	**1－60**	**1－60**	**2－90**	**3－720**	
铜　川	1－60				1－30	1－60	
澄　合	1－60	1－60	1－60	1－60	1－60	1－60	
宁夏自治区	**1－210**	**2－360**	**2－360**	**2－360**	**2－360**	**2－360**	**2－430**
石嘴山		1－150	1－150	1－150	1－150	1－150	1－150
石炭井	1－210	1－210	1－210	1－210	1－210	1－210	1－280
新疆自治区		**1－90**	**1－90**	**1－90**	**1－90**	**1－90**	**1－90**
乌鲁木齐		1－90	1－90	1－90	1－90	1－90	1－90
神华集团				**1－1200**	**1－1200**	**1－1200**	**3－1860**
准格尔				1－1200	1－1200	1－1200	1－1200
神　东							1－600
海勃湾							1－60

续表

	1998年	1999年	2000年	2001年	2002年	2003年	2004年
合　计	**89－15676**	**90－15876**	**92－16992**	**94－17202**	**91－18947**	**107－23509**	**118－30282**
北京市							
北　京							
河北省	**3－230**	**4－290**	**5－261**	**4－171**	**5－201**	**5－201**	**5－201**
峰　峰	1－90	1－90	1－90				
邯　郸	2－140	3－200	4－171	4－171	5－201	5－201	5－201
山西省	**16－5085**	**16－5085**	**17－5450**	**18－6950**	**19－7235**	**28－11110**	**31－11440**
焦　煤						1－300	1－300
大　同	2－930	2－930	2－930	2－930	2－930	8－2200	10－2530
阳　泉	5－1535	5－1535	5－1780	5－1780	5－1535	7－2190	7－2190
潞　安	2－760	2－760	3－880	3－880	2－760	2－930	2－930
晋　城	4－1350	4－1350	4－1350	4－1350	5－1750	5－1960	6－1960
王　坪					1－250		
荫　营	1－240	1－240	1－240	1－240	1－240	1－240	1－240
固　庄	1－150	1－150	1－150	1－150	1－150	1－150	1－150
南　庄	1－120	1－120	1－120	1－120	1－120	1－140	1－140
平　朔	1－1500	1－1500	1－1500	1－1500	1－1500	2－3000	2－3000
内蒙古自治区	**4－430**	**4－430**	**4－430**	**4－430**	**4－430**	**4－430**	**5－460**
平　庄	4－430	4－430	4－430	4－430	4－430	4－430	5－460
辽宁省	**17－2660**	**17－2660**	**17－2660**	**17－2660**	**17－2660**	**17－2660**	**17－2810**
抚　顺	1－300	1－300	1－300	1－300	1－300	1－300	1－300
阜　新	5－850	5－850	5－850	5－850	6－910	6－910	6－910
铁　法	8－1255	8－1255	8－1255	8－1255	8－1255	8－1255	8－1405
南　票	2－195	2－195	2－195	2－195	2－195	2－195	2－195

续表

	1998年	1999年	2000年	2001年	2002年	2003年	2004年
八道壕	1－60	1－60	1－60	1－60			
吉林省	**1－45**	**1－45**	**1－45**	**1－45**			
通　化	1－45	1－45	1－45	1－45			
黑龙江省	**4－450**	**4－450**	**4－450**	**4－450**	**4－450**	**4－450**	**4－450**
鸡　西							
鹤　岗	3－420	3－420	3－420	3－420	3－420	3－420	3－420
双鸭山							
七台河	1－30	1－30	1－30	1－30	1－30	1－30	1－30
江苏省	**5－315**	**5－315**	**5－315**	**5－300**	**7－310**	**5－310**	**5－310**
徐　州	4－225	4－225	4－225	4－210	6－220	4－220	4－220
大　屯	1－90	1－90	1－90	1－90	1－90	1－90	1－90
安徽省	**2－600**	**3－800**	**3－800**	**4－830**	**5－1490**	**5－1490**	**5－1490**
淮　南	2－600	3－800	3－800	4－830	5－1490	5－1490	5－1490
淮　北							
江西省	**5－211**	**5－211**	**5－211**	**4－221**	**4－221**	**5－321**	**5－321**
萍　乡	1－45	1－45	1－45			1－100	1－100
丰　城	2－115	2－115	2－115	1－80	1－80	1－80	1－80
洛　市							
乐　平	2－51	2－51	2－51	2－51	2－51	2－51	2－51
新　洛				1－90	1－90	1－90	1－90
山东省	**1－40**	**1－40**	**1－40**				
淄　博	1－40	1－40	1－40				
河南省	**10－1225**	**10－1225**	**11－1405**	**12－1465**	**12－1855**	**17－2502**	**19－2435**
平顶山	1－340	1－340	1－340	1－340	1－340	1－340	1－340

续表

	1998年	1999年	2000年	2001年	2002年	2003年	2004年
焦　作	5－315	5－315	5－315	5－315	5－315	7－525	9－565
鹤　壁	1－90	1－90	1－90	1－90		1－90	1－90
义　马	2－240	2－240	2－240	3－300	3－540	5－780	5－780
永　城	1－240	1－240	2－420	2－420	3－660	3－767	3－660
湖南省	**3－105**	**3－105**				**1－60**	**1－45**
资　兴	3－105	3－105				1－60	1－45
四川省	**8－210**	**8－210**	**10－315**	**10－315**	**6－225**	**8－305**	**7－305**
广　旺	7－150	7－150	7－150	7－150	3－60	4－110	4－110
芙　蓉	1－60	1－60	1－60	1－60	1－60	1－60	1－60
华蓥山			2－105	2－105	2－105	3－135	2－135
重庆市				**3－275**	**1－120**	**1－120**	**1－120**
南　桐				2－155			
松　藻				1－120	1－120	1－120	1－120
陕西省	**2－90**	**2－90**	**2－90**	**1－30**	**1－30**	**1－30**	**1－30**
铜　川	2－90	1－30	1－30	1－30	1－30	1－30	1－30
澄　合	1－60	1－60	1－60				
宁夏自治区	**3－530**	**3－530**	**3－530**	**3－530**	**3－530**	**2－410**	**2－410**
石嘴山	2－250	2－250	2－250	2－250	2－250	2－410	2－410
石炭井	1－280	1－280	1－280	1－280	1－280		
新疆自治区	**1－90**	**1－90**	**1－90**	**1－90**	**1－90**	**1－90**	**1－90**
乌鲁木齐	1－90	1－90	1－90	1－90	1－90	1－90	1－90
神华集团	**3－1860**	**2－1800**	**2－2400**	**2－2400**	**2－2900**	**2－2900**	**7－9200**
准格尔	1－1200	1－1200	1－1200	1－1200	1－1200	1－1200	1－1200
神　东	1－600	1－600	1－1200	1－1200	1－1700	1－1700	6－8000
海勃湾	1－60						

1980年后国有重点煤矿投产井能力

单位：处－万吨/年

年　份	投产能力	年　份	投产能力
1981	6－684	1993	4－240
1982	2－210	1994	1－30
1983	17－1203	1995	8－835
1984	14－1413	1996	2－135
1985	12－811	1997	10－2070
1986	19－1233	1998	1－30
1987	10－1306	1999	2－1455
1988	15－2069	2000	
1989	28－1780	2001	9－1815
1990	15－1318	2002	14－2280
1991	19－1984	2003	10－2595
1992	6－1210	2004	14－1776

国有重点煤矿报废井情况

单位：处－万吨/年

年　份	报废能力	年　份	报废能力
1950		1966	6－70
1951		1967	
1952		1968	
1953	7－112	1969	
1954	6－46	1970	
1955	2－16	1971	21－366
1956	2－25	1972	4－75
1957	3－28	1973	3－42
1958	2－52	1974	6－94
1959	10－106	1975	9－166
1960	11－127	1976	10－187
1961	6－48	1977	5－111
1962	13－341	1978	14－476
1963	12－208	1979	11－208
1964	15－207	1980	13－230
1965	15－223	1981	14－353

续表

年　份	报废能力	年　份	报废能力
1982	1-6	1999	1-15
1983	2-56	2000	4-54
1984	15-212	2001	9-500
1985	7-137	2002	13-618
1986	13-180	2003	2-25
1987	14-310	2004	1-21
1988	8-182	一五时期	20-227
1989	17-476	二五时期	42-674
1990	31-686	三年调整	42-638
1991	14-767	三五时期	6-70
1992	27-710	四五时期	43-743
1993	15-176	五五时期	53-1212
1994	13-342	六五时期	39-764
1995	13-286	七五时期	83-1834
1996	18-245	八五时期	82-2281
1997	26-4176	九五时期	53-4661
1998	4-171	1953-2004 合计	463-13104

注：按核定能力计算。

	计算单位	1952 年	1953 年	1954 年	1955 年
总　计	**吨**	**3195**	**5449**	**7026**	**11479**
一、煤矿专用机械产品					
1. 备品配件	吨/万件				
2. 采煤机	台/吨			2/16	21/168
其中：150.170 型	台/吨				
50.80 型	台/吨				
刨煤机	台/吨				
3. 刮板运输机	台/吨	134/332	299/2516	350/3240	610/5744
其中：150 型	台/吨				
40.44 型	台/吨				
4. 刮板转载机	台/吨				
5. 装煤机	台/吨			4/18	41/185
6. 掘进机	台/吨				
7. 金属顶梁支柱	万根/吨				
其中：金属支柱	万根/吨				
金属顶梁	万根/吨				
8. 液压支架	台/架/吨				
9. 矿井专用设备	吨				355
10. 煤田勘探设备	台/吨	182/249	287/993	50/85	
11. 煤电钻及岩石电钻	台				
12. 矿灯	万盏				
13. 煤矿安全仪器仪表	台				
二、通用机械产品					
1. 抓岩机	台/吨		39/47	31/37	
2. 装岩机	台/吨			15/90	52/312
3. 凿岩机	台/吨				
4. 小绞车	台/吨	81/176	360/981	446/1157	951/2016
5. 皮带运输机	台/万米/吨				
其中：可伸缩	台/万米/吨				
吊挂	台/万米/吨				
6. 减速机	台/吨				57/29
7. 工业泵	台/吨			125/950	
8. 小型工矿电机车	台/吨				
9. 地质钻机	台/吨	156/242	287/993	50/85	
10. 柴油机	台/马力				
11. 电动机	台/万千瓦				
其中：防爆电机	台/万千瓦				

机 械 产 品 产 量

1956 年	1957 年	1958 年	1959 年	1960 年	1961 年	1962 年
16695	**21019**	**33861**	**45407**	**76570**	**39609**	**29596**
		1489/15.2	3388/15.1	4389/36.5	7400/45.0	8918/319.2
25/200	100/800	94/748	76/488	15/80	15/120	25/120
995/10123	1269/13544	2560/17500	3190/26760	3516/30028	1752/17553	1286/13932
60/270	20/90	1/4	3/12	6/24		50/200
				0.4/119		30/-
						30/-
				0.4/119		
174	100	12	203	446	1932	930
		100/380	756/1705	938/1128	247/325	170/170
				4714	5093	20902
		20.0	50.0	66.9	46.0	63.4
		5450	29049	50259	16773	24071
42/50			100/150	121/182	45/68	
70/420	11/65	159/795	100/500	150/750	170/850	105/578
1392/3280	1350/2960	1654/3434	1654/4388	2178/5518	1550/3035	1146/1734
32/0.3/504	153/1.6/2410		130/1.3/1944	100/0.1/158	461/0.5/746	
92/46			168/168	192/192	112/56	
			270/382	844/2354	106/230	17/85
				96/810	11/138	
		100/380	416/1580	211/868	35/189	
		456/9.2	1473/9.5	1386/11.8	1303/3.9	734/1.0
				1053/1.8	1261/2.2	734/1.0

	计算单位	1963 年	1964 年	1965 年	1966 年	1967 年
总　　计	**吨**	**25844**	**25642**	**42637**	**52348**	**32853**
一、煤矿专用机械产品						
1. 备品配件	吨/万件	8822/2480.5	7496/1178.7	11115/291.6	7495/684.3	5081/417.0
2. 采煤机	台/吨	70/360	65/345	124/800	111/812	16/246
其中：150.170 型	台/吨					
50.80 型	台/吨			53/519	66/564	14/126
刨煤机	台/吨					2/120
3. 刮板运输机	台/吨	1085/8391	714/4727	842/9030	2000/21973	1061/13477
其中：150 型	台/吨					
40.44 型	台/吨			143/3739		
4. 刮板转载机	台/吨			10/34		
5. 装煤机	台/吨	50/210	20/91	41/186	51/231	54/245
6. 掘进机	台/吨					
7. 金属顶梁支柱	万根/吨	4.8/2301	16.0/7448	38.4/9657	27.2/11940	21.8/8875
其中：金属支柱	万根/吨	4.8/2301	12.0/6395	30/8276	19.6/9835	13.9/6553
金属顶梁	万根/吨		4.0/1053	8.4/1381	7.6/2105	7.9/2322
8. 液压支架	台/架/吨					
9. 矿井专用设备	吨	142	303	1013	1113	777
10. 煤田勘探设备	台/吨	200/200	173/528	387/626	286/703	203－536
11. 煤电钻及岩石电钻	台	13350	5561	3027	2413	5042
12. 矿灯	万盏	56.0	25.3	11.8	11.3	13.5
13. 煤矿安全仪器仪表	台	30005	23891	17362	16761	12810
二、通用机械产品						
1. 抓岩机	台/吨					
2. 装岩机	台/吨	60/300	158/920	326/1917	467/2692	220/1292
3. 凿岩机	台/吨					
4. 小绞车	台/吨	700/676	697/580	810/840	903/1440	437/559
5. 皮带运输机	台/万米/吨				53/1.0/1020	19/0.6/476
其中：可伸缩	台/吨					
吊挂	台/吨				53/1.0/1020	19/0.6/476
6. 减速机	台/吨			158/129	36/20	35/30
7. 工业泵	台/吨	2/7			7/4	9/14
8. 小型工矿电机车	台/吨	32/64	40/85	60/128	60/173	50/204
9. 地质钻机	台/吨				30/113	
10. 柴油机	台/马力					
11. 电动机	台/万千瓦	954/1.0	1040/1.1	1863/2.7	2373/4.1	1214/2.1
其中：防爆电机	台/万千瓦	954/1.0	1040/1.1	1863/2.7	2373/4.1	1214/2.1

续表

1968年	1969年	1970年	1971年	1972年	1973年	1974年
53968	**68733**	**76494**	**75444**	**92327**	**108993**	**137302**
15832/1047.4	16268/2190.3	11687/2545.0	7379/2302.0	10915/3057.8	14406/2664.0	12651/1958.4
69/1036	71/1714	117/3203	212/4473	143/1831	171/1781	202/1761
		15/158		15/195	1/13	
61/532	51/454	41/366	150/1240	117/1126	165/1430	200/1745
8/504	20/1260	41/2570	52/3183	10/500	5/338	
1167/14583	1651/21989	1772/23467	1999/28326	2338/34435	3054/39398	3929/60788
10/100	32/333					
26/118	20/90	20/91	10/45	10/45	16/73	34/154
35.4/14814	47.0/19874	59.6/24517	63.2/24255	69.6/29185	75.5/30942	74.4/30968
25.2/11849	32.5/15657	40.2/19230	35.3/16606	44.8/22367	45.9/22965	47.2/23517
10.2/2965	14.5/4217	19.4/5273	27.9/7649	24.8/6818	29.6/7977	27.2/7451
–/125/13	–/25/25	–/180/180	–/50/60	–/10/83	–/87/409	–/255/1354
1373	1957	1281	1389	1526	1609	2113
260/756	527/854	645/1278	922/2543	878/4002	1349/3810	1550/4544
2383	5422	3793	11900	16362	17691	17876
27.4	54.5	52.9	90.6	90.7	94.5	89.1
9055	19561	21155	23588	23756	29582	32241
			80/110	20/30	90/127	50/67
315/1745	342/1729	473/1834	279/1197	266/1161	274/1328	365/1791
		468/11	861/23	900/36		
680/869	818/1059	598/1036	967/1939	1555/3361	1725/2752	1741/2885
26/1.0/887	50/1.5/1250	40/1.2/1000	40/1.2/1000	43/1.2/1051	331/10.0/8334	663/18.4/15475
25/0.8/625	50/1.5/1250	40/1.2/1000	40/1.2/1000	40/1.2/1000	330/9.9/8249	595/17.9/14868
13/9		115/104	15/19	106/80	106/96	253/149
26/53	1/1	284/131	181/404	232/472	220/584	170/277
	10/41	30/80	52/139	98/245	124/333	68/247
50/185	55/207	95/380	165/539	191/990	163/335	371/1694
1205/1.9	2981/5.2	4550/8.1	4498/9.7	4958/10.1	6526/13.9	8406/18.5
1205/1.9	2800/5.1	3700/7.4	4498/9.4	3656/7.9	5471/10.3	7504/16.6

	计算单位	1975 年	1976 年	1977 年	1978 年
总　计	**吨**	**152995**	**157508**	**154667**	**175239**
一、煤矿专用机械产品					
1. 备品配件	吨/万件	13047/2245.6	12970/2456.0	12918/2864.7	15714/3219.4
2. 采煤机	台/吨	160/1713	181/2241	251/4434	290/4303
其中：150.170 型	台/吨		1/21	31/771	20/575
50.80 型	台/吨	155/1313	170/1420	190/1600	250/2140
刨煤机	台/吨	5/400	10/800	30/2063	20/1588
3. 刮板运输机	台/吨	4212/72177	4281/73449	4337/65008	4789/70310
其中：150 型	台/吨	16/1330	15/1260	10/840	51/4050
40.44 型	台/吨	3082/63923	3012/62312	2384/45540	2530/50223
4. 刮板转载机	台/吨			1/40	
5. 装煤机	台/吨	60/272	100/453	150/680	200/906
6. 掘进机	台/吨				4/64
7. 金属顶梁支柱	万根/吨	82.0/34536	81.0/34772	85.3/35552	90.0/37521
其中：金属支柱	万根/吨	50.4/25895	47.3/25546	49.6/25695	52.3/27294
金属顶梁	万根/吨	31.6/8629	33.7/9220	35.7/9840	37.7/10227
8. 液压支架	台/架/吨	3/285/1414	5/580/2980	6/580/3191	10/1311/8507
9. 矿井专用设备	吨	1824	1591	2593	2913
10. 煤田勘探设备	台/吨	1338/2708	1420/2789	1668/3200	1738/3545
11. 电煤钻及岩石电钻	台	23991	24493	24272	31001
12. 矿灯	万盏	99.6	90.2	110.4	124.4
13. 煤矿安全仪器仪表	台	32377	29304	30298	35911
二、通用机械产品					
1. 抓岩机	台/吨	94/135	111/165	102/161	109/200
2. 装岩机	台/吨	350/1568	320/1245	500/2055	630/2655
3. 凿岩机	台/吨			4623/185	6480/286
4. 小绞车	台/吨	2036/3869	2181/3566	2292/3790	2566/4472
5. 皮带运输机	台/万米/吨	581/17.4/14525	611/18.4/15309	546/17.0/14028	547/17.9/14655
其中：可伸缩	台/万米/吨		2/0.1/84	16/1.1/778	42/2.7/2030
吊挂	台/万米/吨	581/17.4/14525	609/18.3/15225	530/15.9/13250	505/15.2/12625
6. 减速机	台/吨	193/118	59/32	270/105	1242/721
7. 工业泵	台/吨	242/602	210/596	220/716	217/776
8. 小型工矿电机车	台/吨	247/628	480/1200	850/2185	883/2257
9. 地质钻机	台/吨	329/1749	336/1669	246/1192	290/1531
10. 柴油机	台/马力	21/1680		22/1760	30/2400
11. 电动机	台/万千瓦	9981/22.8	11244/26.8	12275/26.2	14443/28.6
其中：防爆电机	台/万千瓦	9274/21.3	11005/25.4	11733/24.5	14312/28.1

续表

1979年	1980年	1981年	1982年	1983年	1984年
206960	**142193**	**150161**	**180263**	**225123**	**272878**
14744/2513.1	25942/1757.4	26457/1402.4	31364/1256.2	34522/1580.3	39904/1656.4
402/5568	105/1244	181/1933	219/2470	241/4948	320/5891
35/993	16/396	18/393	12/293	32/872	50/1380
345/2962	65/580	36/294	33/166	13/66	
20/1588					
5453/83567	2350/40656	3018/46019	3669/56553	4584/71947	5169/83915
50/4252	19/1466	23/2191	69/5714	90/7872	126/109527
2932/56490	1833/33492	1711/30852	2068/36548	2454/43218	
172/2288	3/53	36/202	94/934	199/2165	232/3248
310/1404	150/682	200/907	83/376	134/607	157/704
8/136		5/85	2/34	2/34	4/116
102.0/42757	105.7/44173	101.5/42794	90.88/38954	106.91/44324	113.35/46644
60.5/31632	71.2/35294	73.7/35509	61.8/31379	70.3/34755	71.3/35700
41.5/11088	34.5/8813	27.8/7238	29.1/7487	36.6/9447	42.0/10817
8/1477/10896	3/396/5138	2/447/4688	11/1474/16598	21/2500/24817	33/3704/40617
4845	2867	1743	1586	2899	4474
1619/3587	994/1365	1030/1095	1091/1062	1248/1875	1267/2257
40774	12790	21201	35206	46903	63646
137.9	61.6	109.6	134.1	160.8	193.2
30683	26953	82583	114422	193448	437782
30/45		21/41	46/65	54/93	
317/1390	326/1467	607/2555	186/784	626/2473	652/2629
8500/350	3500/141	4230/170	5600/224	7000/308	8000/352
2472/5487	1455/1925	2674/3491	2810/3737	3351/4871	3652/5322
661/21.8/17983	354/11.4/9478	286/10.4/8931	336/13.8/11971	497/20.0/17465	532/24.5/20309
57/3.7/2883	23/1.5/1253	75/3.98/3886	100/6.03/5585	175/11.1/9294	265/16.4/13663
604/18.1/15100	330/9.9/8194	160/4.98/3967	202/6.06/4927	256/7.7/6338	245/7.27/5823
896/603	1002/576	110/56.2	23/17.5	60/9	139/55.3
330/806	189/486	493/852	263/521	4253/531	4257/503
860/2175	44/109	310/785	443/1123	523/1400	599/1740
301/1580	57/270	46/120	62/203	150/478	160/565
20/1600					
14883/32.4	4014/13.0	8725/23.2	11687/33.0	14843/43.2	17636/50.5
14057/31.2	4014/13.0	8685/23.1	11686/32.9	14843/43.2	17636/50.5

	计算单位	1985 年	1986 年
总　计	吨	**317249**	**289704**
一、煤矿专用机械产品			
1. 备品配件	吨/万件	36464/1618.4	41662/1346
2. 采煤机	台/吨	393/7859	336/7778
其中：双滚筒 600 型	台/吨	14/430	18/610
双滚筒 300 型	台/吨	5/803	7/1243
双滚筒 170 型	台/吨	75/2060	52/1452
双滚筒 150 型	台/吨	5/115	11/253
3. 刮板运输机	台/吨	5794/107033	4752/90148
其中：150 型	台/吨	192/16302.8	198/16423
180 型	台/吨	31/3089	50/4195
320 型	台/吨	21/2984	14/1624
4. 刮板转载机	台/吨	286/3953	270/3627
5. 装煤机	台/吨	136/597	105/481
6. 掘进机	台/吨	8/205.2	56/1278
7. 金属顶梁支柱	万根/吨	104.4/43081.4	91/36594
其中：支柱	万根/吨	64.2/32533.8	52/25844
顶梁	万根/吨	40.2/10446.3	40/10255
8. 液压支架	台/架/吨	44/5212/52726.7	36/4012/46358
9. 矿井专用设备	吨	5572	5661
10. 煤田勘探设备	台/吨	1142/1455.4	/1977
11. 煤电钻及岩石电钻	台	75680	65025
12. 矿灯	万盏	208.7	178
13. 煤矿安全仪器仪表	台	584600	496800
二、通用机械产品	吨	**37006**	
1. 装岩机	吨	691/2688.1	360/1484
2. 凿岩机	吨	5501/6180.1	3300/154
3. 小绞车	吨	1292/6180.1	3578/5191
4. 皮带运输机	台/万米/吨	531/26.45/23536	444/23.46/19849
其中：可伸缩	台/万米/吨	345/20.86/18720	260/17.45/14825
吊挂	台/万米/吨	159/4.71/3862	129/3.87/3181
5. 减速机	台/吨	136/54	
6. 工业泵	台/吨	3973/482.6	3863/750
7. 小型工矿电机车	台/吨	827/2572	776/2674
8. 地质钻机	台/吨	627/1251.2	629/1077
9. 电动机	台/千瓦	20184/62.88	/68.43
其中：防爆电机	台/千瓦	20184/62.88	/68.43

续表

1987 年	1988 年	1989 年	1990 年
253121	**239440**	**264052**	**346029**
37002	32868/1072	40910/899	46099/1033
284/6911	249/6355	273/7531	315/8965
5/632	9/1220	7/932	6/821
7/818	13/918	31/1987	48/2368
65/1876	50/1336	47/1310	31/858
3/69	6/143	12/275	26/624
3592/61116	3607/60047	3861/68534	5071/99646
138/11217	63/4965	81/6648	8/781
40/3308	45/3727	47/3756	
130/832	24/3495	39/5783	
174/2245	182/2504	146/2147	212/2936
51/507	15/67	72/338	58/244
40/1018	44/1076	44/1072	45/1100
68/25003	63/22163	59/18929	76/26127
29/15278	22/11102	12/6655	23/12360
39/9576	41/10404	47/12274	53/13767
35/3981/45805	33/3592/40436	3243/41827	4199/57012
5470	6595	5466	6310
945/2096	362/1676	1528/1684	619/615
32356	29389	48432	69959
186	187	216	300
345530	356603	523357	560196
269/1092	236/1145	363/1558	468/2082
6008/234	6215/264	10960/575	9014/523
1691/3208	1758/3256	2987/4650	2440/3409
450/22.4/20313	461/21.0/18787	485/22.8/21108	514/286096/25341
256/16.8/14937	270/13.4/11279	250/15.0/13557	286/207995/17684
135/3.20/2886	67/2.52/1886	91/2.7/2174	118/29679/2444
		71/13	
3758/708	3656/823	4438/854	4109/783
736/2436	608/2537	683/2556	727/2612
654/1305	540/1283	533/1261	477/801
/55.76	16604/58.57	/66.69	82.25
/55.76	16604/58.57	/66.69	82.25

	计算单位	1991 年	1992 年	1993 年
总　计	吨	**319809**	**297881**	**173675**
一、煤矿专用机械产品				**141159**
1. 采煤机	台/吨	278/8800	305/9741	182/4319
2. 刮板输送机	台/吨	4013/87585	3371/73339	1748/44318
3. 转载机	台/吨	186/2875	186/2838	138/2404
4. 掘进装载设备	台/吨			
其中：掘进机	台/吨	59/1555	72/1916	38/1021
装煤机	台/吨	111/478	105/448	41/192
5. 液压支架	台/吨	4153/58264	4024/59236	2514/38638
6. 单体液压支架	万根/吨	65/31612	47.5/23443	17/9299
7. 煤矿矿井专用设备	吨	5253	5537	5788
8. 煤田勘探设备	台/吨	851/881	924/1360	697/1315
9. 煤电钻及岩石电钻	台	61728	65277	56462
10. 矿灯	万盏	278	275	268
11. 煤矿专用安全仪器	台、套	459018	451138	291530
12. 煤矿专用信号元件	台、套	99421	70224	29428
13. 金属支护	万根/吨	65/20365	48.5/15959	28/8702
其中：金属支柱	万根/吨	14/7099	10.3/5604	4/2032
金属顶梁	万根/吨	51/13266	38.2/10355	24/6670
14. 配件				
计吨位	吨	42054	39251	25163
不计吨位	万件	961	961.1	764
二、通用机械产品				**32516**
1. 装岩机	台/吨	523/2440	367/1807	235/1127
2. 凿岩机	台/吨	7217/428	9806/506	16861/706
3. 小绞车	台/吨	1883/3870	2311/4436	2501/4378
4. 皮带运输机	台/米/吨	618/321161/29485	559/303314/29263	536/207867/23148
5. 工业泵	台/吨	3714/404	2873/328	2603/276
6. 防爆局部扇风机	台/千瓦	3124/26638	2834/23423	2552/17374
7. 小型工矿电机车	辆/吨	677/2402	574/2329	404/1855
8. 电气传动控制设备	台/套	27721	24036	13073
9. 地质钻机	台/吨	545/810	786/1732	304/1026
10. 电动机	千瓦			
其中：防爆电动机	千瓦	811939	19871/879569	14387/582168

续表

1994 年	1995 年	1996 年	1997 年	1998 年
218270	**243817**	**268434**	**250721**	**218564**
			200878	
85/2708	143/7397	165/4719	158/4570	122/3223
1881/39088	1879/48657	2055/54512	1705/51147	984/42225
56/944	49/1412	87/2805	106/3675	93/3000
29/382	74/809	100/1306	80/1581	
9/286	14/520	40/1017	51/1442	44/1173
20/96	60/289	60/289	29/139	
2350/33972	2551/35363	2887/43891	3635/54463	3738/57367
16/8514	27/14291	36/19092	33.1/17816	27.9/14660
4189	3722	5005	4016	3642
905	447	710	810	835
51454	67090	61601	60468	18940
203	212	228	159.9	137.6
170359	221187	296770	174186	105086
9303	69643	69698	31085	670
26/8466	21.8/10659	34/12162	20.8/9605	20/7822
5/2360	5.8/3304	8/4684	1.9/3638	5.3/3011
21/6106	26/7355	26/7478	18.9/5727	14.7/4811
34661	47561	45505	40897	32603
674	915	1995	393.3	357.9
			26588	
121/691	128/568	155/752	72/452	110/724
14897/549	17419/514	19494/599	10930/283	12192/289
2908/3119	2075/3408	1899/3554	1629/1503	989/1567
454/170687/21398	331/150709/17710	429/175902/23836	388/157363/20281	311/107991/14821
4130/250	4758/274	5024/283	55/87	972/106
3657/21895	2854/24880	3198/23788	1953/18829	1537/15401
316/1724	472/2246	503/2495	492/2838	312/2285
7342	8568	9684	12080	5569
295/994	234/965	210/514	70/424	70/464
19999/481129	25566/685844	24433/743901	17106/728901	
19999/481129	25566/685844	24433/743901	17106/728901	13346/599984

	计算单位	1999 年	2000 年
总　计	吨	**195105**	**224022**
一、煤矿专用机械产品			
1. 采煤机	台/吨	78/2025	100/2739
2. 刮板输送机	台/吨	1224/36015	631/28358
3. 转载机	台/吨	65/2419	58/2834
4. 掘进装载设备	台/吨		
其中：掘进机	台/吨	72/1462	51/1334
装煤机	台/吨	1/5	
5. 液压支架	台/吨	3049/37403	2352/30598
6. 单体液压支架	万根/吨	21.8/24330	24.1/12871
7. 煤矿矿井专用设备	吨	2648	4504
8. 煤田勘探设备	台/吨	421	801
9. 煤电钻及岩石电钻	台	10114	
10. 矿灯	万盏	164.7	150.0
11. 煤矿专用安全仪器	台、套	149670	108347
12. 煤矿专用信号元件	台、套	203	719
13. 金属支护	万根/吨		
其中：金属支柱	万根/吨	3.2/1867	3.7/2136
金属顶梁	万根/吨	12.6/4274	14.5/4731
14. 配件			
计吨位	吨	28765	30072
不计吨位	万件	286.8	177.9
二、通用机械产品			
1. 装岩机	台/吨	134/749	207/1341
2. 凿岩机	台/吨	5360/144	5000/98
3. 小绞车	台/吨	816/1372	872/1400
4. 皮带运输机	台/米/吨	178/88969/12171	247/105352/10252
5. 工业泵	台/吨	74/121	794/91
6. 防爆局部扇风机	台/千瓦	1345/15043	994/8523
7. 小型工矿电机车	辆/吨	596/1363	326/1587
8. 电气传动控制设备	台/套	5090	3870
9. 地质钻机	台/吨	50/224	84/840
10. 电动机	千瓦		
其中：防爆电动机	千瓦	490296	830489

续表

2001年	2002年	2003年	2004年
267332	**333404**	**532679.3**	**943936**
127/3814	172/5244	218/7291	346/11814
882/37499	1420/54153	3539/88235	4944/131033
69/3929	113/5844	181/9745	236/13079
100/2010	116/3014	198/5481	497/10399
			13/58
4949/71533	6651/99482	10181/150877	17872/233110
	30.8/17012	475.4/25285	844.6/42498
5503	13593	9527	14481
978	1185	1146	1932
		12943	15974
135.8	193.5	1848.5	9537
205133	354713	375810	335886
		277	333
5.3/2515	10.5/5875	153.1/7889	135.6/8388
15.1/5089	20.2/6472	284.0/7589	355.6/10000
39753	40255	68304	58668
191.9	164.7	1214	
247/1145	334/1742	559/3037	935/5214
7390/196	3890/224	9330/264	10776/300
1124/1974	1387/2666	2121/4109	2463/5103
366/120294/17918	369/168457/20155		
865/93	46/36	260/209	217/171
1747/22031	2227/26653	2299/29794	2002/31352
362/2171	505/2377	477/2658	726/4231
4556	5797	6377	2448
125/898	123/607	172/1424	186/1885
658366	933443	1443046	1808290

解放前我国历年原煤产量

单位：万吨

年份	产量	年份	产量
1912	898.79	1931	2724.47
1913	1279.98	1932	2637.63
1914	1410.23	1933	2835.91
1915	1341.67	1934	3272.48
1916	1590.26	1935	3580.32
1917	1690.23	1936	3956.41
1918	1833.95	1937	3691.28
1919	2014.68	1938	3194.28
1920	2131.88	1939	3854.16
1921	2050.74	1940	4682.76
1922	2113.99	1941	5882.34
1923	2455.20	1942	6187.50
1924	2578.09	1943	5363.00
1925	2425.50	1944	5048.00
1926	2304.01	1945	2392.00
1927	2417.20	1946	1841.00
1928	2509.18	1947	1949.00
1929	2543.75	1948	1420.00
1930	2603.66		

二、基 建 投 资

煤炭工业基本建设投资完成额及新增固定资产

单位：万元

年份	合计	其中		新增固定资产	固定资产交付使用率（%）
		国家投资	自筹投资		
1949					
1950	9096	9096		6714	74.0
1951	8160	8160		5794	71.0
1952	16072	16072		10416	65.0
1953	43343	41111	2232		
1954	54762	50139	4623		
1955	66884	62266	4618		
1956	92817	86238	6579		
1957	97724	89059	8665		
1958	173464	161791	11673	128839	74.0
1959	246886	215956	30930	172107	70.0
1960	275211	231426	43785	196709	71.0
1961	164664	140291	24373	113718	69.0
1962	91838	89159	2679	64319	70.0
1963	82033	80349	1684	61443	
1964	96814	93673	3141		
1965	79658	77431	2227		
1966	103296	100752	2544		
1967	71205	71205			
1968	76920	76920			
1969	103140	103140			
1970	165420	153765	11655	120158	73.0
1971	182039	159586	22453	69906	38.0

续表

年份	合计	其中		新增固定资产	固定资产交付使用率（%）
		国家投资	自筹投资		
1972	188023	151549	36474	92621	49.0
1973	189754	160004	29750	117741	62.0
1974	199698	172291	27407	121367	61.0
1975	207476	181468	26008	169102	82.0
1976	186626	172189	14437	117114	63.0
1977	216607	205821	10786	151942	70.0
1978	331766	314726	17040	228888	69.0
1979	324828	311765	13063	224219	69.0
1980	346444	202193	19557	236262	68.0
1981	240279	156855	21348	218491	90.0
1982	315939	189118	46660	186250	59.0
1983	427976	305147	28379	311426	72.8
1984	604618	448819	49261	429636	71.1
1985	611437	373734	56748	369287	60.4
1986	639748	452429	50689	452239	70.7
1987	658094	420398	54205	433766	65.9
1988	674888	445975	58205	542767	80.4
1989	727268	437226	72632	586255	80.6
1990	951744	496108	101327	584437	61.4
1991	1160254	642389	100820	796315	68.6
1992	1302660	488291	93718	812814	64.2
1993	1460012	474300	123468	751123	51.4
1994	1411062	266020	117826	687276	48.7

续表

年份	合计	其中		新增固定资产	固定资产交付使用率（%）
		国家投资	自筹投资		
1995	1672877	366776	183708	1073408	64.2
1996	1812445	339403	217623	743991	41.0
1997	2234376	318956	242419	1837664	82.2
1998	1552011	45233	233618	666110	42.9
1999	989469	110151	225433	572749	57.9
2000	794199	154236	173409	948348	119.4
2001	621909	166315		457481	73.6
2002	1119100			724300	64.7
2003	4364000				72.6
2004	6904000			2981000	43.2
三年恢复	33328	33328		22924	68.8
一五时期	355530	328813	26717		
二五时期	952063	838623	113440	675692	71.0
三年调整	258505	251453	7052		
三五时期	519981	505782	14199		
四五时期	966990	824898	142092	570737	59.0
五五时期	1406271	1206694	74983	958425	68.2
六五时期	2200249	1473673	202396	1515090	68.9
七五时期	3651742	2252136	336926	2599464	71.2
八五时期	7006865	2232576	619540	4120936	58.8
九五时期	7382500	967979	1092502	4768862	64.6
1950～2001	25627683	10816250	2629879		

注：部分年份数据来源于国家统计局。

煤炭工业基本建设投资

	投				
	一五时期 合　计	二五时期 合　计	1965 年	五五时期 合　计	六五时期 合　计
全国总计	**328813**	**952063**	**65520**	**1406271**	**2200249**
一、矿区建设					1975447
（一）矿井（露天）建设	217590	608223	41852	976337	1502799
1. 新建井			27646	556915	1079842
2. 扩建井			3385	244023	236201
3. 生产井	12833		10822		114647
4. 小煤矿建设				38201	47003
5. 石煤建设				2907	197
6. 老矿挖潜				134291	300
（二）洗煤厂建设	7610	41155	1714	16760	102030
（三）矿区附属工厂					54038
其中：机修厂		19345	1666	23608	6144
（四）矿区公用工程				72487	135591
其中：铁路专用线	9198	56777	3556	31965	66431
（五）生活福利文教建设					118096
（六）其他建设					62893
二、基地建设				110520	53638
三、煤矿机制厂		13182	508	30331	18127
四、设计			143		9474
五、地质		13575	779	27369	30358
六、科研			306	18220	19427
七、院校			561		47420
八、其他					46358

完成额——按用向分

资（万元）					
七五时期					
合计	1986年	1987年	1988年	1989年	1990年
3651742	**639748**	**658094**	**674888**	**727268**	**951744**
3393522	578624	592885	627051	682057	912905
2454100	406120	434573	444361	485357	683689
1756218	297250	322422	315045	341828	479673
582452	87116	93220	107668	117320	177128
48225	9037	8184	7765	12882	10357
659	108	146	58		347
270127	47440	47356	50102	64704	60525
187081	22635	23644	37584	38541	64677
12416	1748	1920	2519	2493	3736
261738	51494	43613	49776	56255	60600
145542	23297	24247	26845	35474	35679
166466	35679	33812	34568	30181	32226
54010	15256	9887	10660	7019	11188
36886	6257	6646	7148	8386	8449
27476	6639	7708	4513	4522	4094
13249	2659	3158	2654	2045	2733
31160	8606	8104	4841	5220	4389
23168	6996	5962	4494	3298	2418
59989	14574	15016	13578	10217	6604
66292	15393	18615	10609	11523	10152

	八五时期					
	合计	1991年	1992年	1993年	1994年	1995年
全国总计	**7006865**	**1160254**	**1302660**	**1460012**	**1411062**	**1672877**
一、矿区建设	6614185	1102271	1232670	1371001	1311966	1596277
（一）矿区（露天）建设	4477274	748174	815229	910451	899907	1103513
1. 新建井	3379782	522920	586579	666084	693606	910593
2. 扩建井	960392	196601	199668	214265	180180	169678
3. 生产井	370		170		200	
4. 小煤矿建设	43938	11441	8157	9138	7561	7641
5. 石煤建设	448	51	91	89	66	151
6. 其他建设			20564	20755	18294	15450
（二）洗煤厂建设	388157	62030	64076	85108	71774	105169
（三）矿区附属工厂	523676	92938	97424	97789	111044	124481
其中：机修厂	54945	9428	14316	15856	9440	5905
（四）矿区公用工程	843064	131693	169489	187808	158457	195617
其中：铁路专用线	555591	88873	103624	111331	103730	148033
（五）生活福利文教建设	271201	46243	64459	65215	50157	45127
（六）其他建设	110813	21193	21993	24630	20627	22370
二、基地建设	62454	11336	10366	13709	20803	6190
三、煤矿机制厂	30901	5960	7646	7367	5153	4775
四、设计	14258	3248	2488	3267	3778	1477
五、地质	68431	13449	19999	22115	4420	8448
六、科研	14114	2611	2158	2361	4013	2971
七、院校	43791	7801	7176	8298	8318	12198
八、其他		13528	20157	31894		40541

续表

九 五 时 期						2001 年
合 计	1996 年	1997 年	1998 年	1999 年	2000 年	
7382500	**1812445**	**2234376**	**1552011**	**989469**	**794199**	**621909**
6825158	1723869	2112860	1390659	878152	719618	616040
5365148	1293706	1663473	1114260	684367	609342	518903
4730894	1085815	1427410	1012545	640407	564717	503768
591183	195230	226693	88441	39079	41740	14519
22607	6323	7092	4761	2768	1663	349
190	80	25	5	65	15	
20274	6258	2253	8508	2048	1207	267
445047	115426	113731	68689	91529	55672	55672
438073	118902	155869	111775	36854	14673	15690
15567	3224	9786	2371	90	96	
388220	155217	118392	57671	36647	200293	221
291595	111815	91570	45958	29784	12468	
94896	23021	36460	24432	8223	2760	2268
93784	17597	24935	13842	20532	16878	24886
35858	11924	15492	3071	3189	2182	2527
7792	1853	3803	659	1329	148	64
1029	297	300	250	182		
56739	10727	12618	14552	14292	4550	2930
45775	6344	14463	9336	6374	9258	
58499	12121	13094	16950	15511	823	
	45310	61746	116524		57620	348

<table>
<tr><th></th><th>一五时期合计</th><th>二五时期合计</th><th>1965 年</th><th>五五时期合计</th><th>六五时期合计</th></tr>
<tr><td>全国总计</td><td>100</td><td>100</td><td>100</td><td>100</td><td>100</td></tr>
<tr><td>一、矿区建设</td><td></td><td></td><td></td><td></td><td>89.9</td></tr>
<tr><td>（一）矿区（露天）建设</td><td>66.3</td><td>63.9</td><td>63.9</td><td>69.4</td><td>68.3</td></tr>
<tr><td>1. 新建井</td><td></td><td></td><td>42.2</td><td>39.6</td><td>49.1</td></tr>
<tr><td>2. 扩建井</td><td></td><td></td><td>5.2</td><td rowspan="2">17.4</td><td>10.7</td></tr>
<tr><td>3. 生产井</td><td>3.9</td><td></td><td>16.5</td><td>5.2</td></tr>
<tr><td>4. 小煤矿建设</td><td></td><td></td><td></td><td>2.7</td><td>2.1</td></tr>
<tr><td>5. 石煤建设</td><td></td><td></td><td></td><td>0.2</td><td></td></tr>
<tr><td>6. 其他</td><td></td><td></td><td></td><td>9.5</td><td></td></tr>
<tr><td>（二）洗煤厂建设</td><td>2.3</td><td>4.3</td><td>2.6</td><td>1.2</td><td>4.6</td></tr>
<tr><td>（三）矿区附属工厂</td><td></td><td></td><td></td><td></td><td>2.5</td></tr>
<tr><td>其中：机修厂</td><td></td><td>2.0</td><td>2.5</td><td>1.7</td><td>0.3</td></tr>
<tr><td>（四）矿区公用工程</td><td></td><td></td><td></td><td>5.2</td><td>6.2</td></tr>
<tr><td>其中：铁路专用线</td><td>2.8</td><td>6.0</td><td>5.4</td><td>2.3</td><td>3.0</td></tr>
<tr><td>（五）生活福利文教建设</td><td></td><td></td><td></td><td></td><td>5.3</td></tr>
<tr><td>（六）矿区其他建设</td><td></td><td></td><td></td><td></td><td>2.9</td></tr>
<tr><td>二、基地建设</td><td></td><td></td><td></td><td>7.9</td><td>2.4</td></tr>
<tr><td>三、煤矿机械厂</td><td></td><td>1.4</td><td>0.8</td><td>2.2</td><td>0.8</td></tr>
<tr><td>四、设计</td><td></td><td></td><td>0.2</td><td></td><td>0.4</td></tr>
<tr><td>五、地质</td><td></td><td>1.4</td><td>1.2</td><td>1.9</td><td>1.4</td></tr>
<tr><td>六、科研</td><td></td><td></td><td>0.5</td><td rowspan="2">1.3</td><td>0.9</td></tr>
<tr><td>七、院校</td><td></td><td></td><td>0.9</td><td>2.2</td></tr>
<tr><td>八、其他</td><td></td><td></td><td></td><td></td><td>2.1</td></tr>
</table>

完成额——按用向分(占投资比例)

单位:%

七五时期					
合计	1986年	1987年	1988年	1989年	1990年
100	**100**	**100**	**100**	**100**	**100**
92.9	90.4	89.7	92.8	93.8	95.9
67.2	63.5	66.0	65.8	66.7	71.8
48.1	46.5	49.0	46.7	47.0	50.4
15.9	13.6	14.2	15.9	16.1	18.6
1.3	1.4	1.2	1.2	1.8	1.1
7.4	7.4	7.3	7.4	8.9	6.4
5.1	3.5	3.5	5.6	5.3	6.8
0.3	0.3	0.3	0.4	0.3	0.4
7.2	8.1	5.0	7.4	7.7	6.4
4.0	3.6	2.3	4.0	4.9	3.7
4.6	5.6	5.7	5.1	4.1	3.4
1.5	2.4	1.6	1.6	0.9	1.2
1.0	1.0	1.0	1.1	1.2	0.9
0.8	1.0	1.2	0.6	0.6	0.4
0.4	0.4	0.5	0.4	0.3	0.3
0.9	1.3	1.2	0.7	0.7	0.4
0.6	1.1	1.0	0.7	0.5	0.3
1.6	2.3	2.5	2.0	1.4	0.7
1.8	2.4	2.8	1.6	1.6	1.0

	八五时期					
	合计	1991年	1992年	1993年	1994年	1995年
全国总计	**100**	**100**	**100**	**100**	**100**	**100**
一、矿区建设	94.4	95.0	94.7	93.9	93.1	95.4
（一）矿区（露天）建设	63.9	64.5	62.6	62.4	63.8	66.0
1.新建井	48.2	45.1	45.0	45.6	49.2	54.4
2.扩建井	13.7	16.9	15.3	14.7	12.8	10.1
3.生产井						
4.小煤矿建设	0.6	1.0		0.6	0.5	0.5
5.石煤建设	0.010			0.006	0.005	0.010
6.其他	1.1			1.4	1.3	0.9
（二）洗煤厂建设	5.5	5.3	4.9	5.8	5.1	6.3
（三）矿区附属工厂	7.5	8.0	7.5	6.7	7.9	7.4
其中：机修厂	0.8		1.8	1.1	0.7	0.4
（四）矿区公用工程	12.0	11.4	13.0	12.9	11.2	11.7
其中：铁路专用线	7.9	7.7	8.0	7.6	7.4	8.8
（五）生活福利文教建设	3.9	4.0	5.0	4.5	3.6	2.7
（六）矿区其他建设	1.6	1.8	1.7	1.7	1.5	1.3
二、基地建设	0.9	1.0	0.8	0.9	1.5	0.4
三、煤矿机械厂	0.4	0.5	0.6	0.5	0.4	0.3
四、设计	0.2	0.3	0.2	0.2	0.3	0.1
五、地质	1.0	1.2	1.5	1.5	0.3	0.5
六、科研	0.2	0.2	0.2	0.2	0.3	0.2
七、院校	0.6	0.6	0.6	0.6	0.6	0.7
八、其他	2.3	1.2	1.6	2.2	3.7	2.4

续表

九五时期						2001年
合计	1996年	1997年	1998年	1999年	2000年	
100	**100**	**100**	**100**	**100**	**100**	**100**
92.5	95.1	94.6	89.5	88.8	90.6	99.0
72.7	71.3	74.5	71.7	69.2	76.7	83.4
64.1	59.9	63.9	65.2	64.7	71.1	81.0
8.0	10.8	10.1	5.7	3.9	5.3	2.3
0.3	0.4	0.3	0.3	0.3	0.2	0.06
	0.004	0.001		0.007	0.002	
0.3	0.3	0.1	0.5	0.2	0.2	0.04
6.0	6.4	5.1	4.4	9.3	7.0	8.69
5.9	6.6	7.0	7.2	3.7	1.9	2.52
0.2	0.2	0.4	0.2	0.0	0.0	
5.3	8.6	5.3	3.7	3.7	2.6	0.04
3.9	6.2	4.1	3.0	3.0	1.6	
1.3	1.3	1.6	1.6	0.8	0.4	0.36
1.3	1.0	1.1	0.9	2.1	2.1	4.00
0.5	0.7	0.7	0.2	0.3	0.3	0.41
0.1	0.1	0.2	0.0	0.1	0.0	0.01
0.0	0.0	0.0	0.0	0.0		
0.8	0.6	0.6	0.9	1.4	0.1	0.47
0.6	0.4	0.7	0.6	0.6	1.2	
0.8	0.7	0.6	1.1	1.6	0.1	
4.8	2.5	2.8	7.5	7.1	7.3	0.06

煤炭工业基本建设投资完成额——按省市区分

单位：万元

	三年恢复				一五时期					
	合计	1950年	1951年	1952年	合计	1953年	1954年	1955年	1956年	1957年
全国总计	**33328**	**9096**	**8160**	**16072**	**355530**	**43343**	**54762**	**66884**	**92817**	**97724**
北京市	1115	170	461	484	15179	2723	2166	3047	4043	3200
天津市										
河北省	2022	639	576	807	35508	4384	4893	7441	7935	10855
山西省	3468	1400	847	1221	44202	3192	7417	7292	12592	13709
内蒙古自治区					3714	47	363	386	1072	1846
辽宁省	13874	3213	3685	6976	76730	14484	14129	13838	18272	16007
吉林省	2638	591	377	1670	17231	3127	4006	3980	2845	3273
黑龙江省	3758	995	525	2238	40443	5182	8808	9410	8035	9008
上海市					223		63	5	60	95
江苏省	499	171	120	208	5936	458	508	461	2005	2504
浙江省					6				6	
安徽省	2025	948	526	551	17383	1691	1866	4707	5748	3371
福建省					68		2	8	14	44
江西省	608	281	126	201	6344	905	669	1326	2284	1160
山东省	1748	558	410	780	23363	2031	3027	4352	6719	7234
河南省	1275	130	500	645	23449	1518	2100	3852	7591	8388
湖北省	66			66	2762	175	807	404	664	712
湖南省					5377	337	711	838	1466	2025
广东省					661		74	62	262	263
广西自治区					721	14	63	192	199	253
四川省	232		7	225	13632	1665	1280	1546	3630	5511
贵州省					477	24	44	35	117	257
云南省					920		154	144	193	429
西藏自治区										
陕西省					10891	1113	1195	1994	3783	2805
甘肃省					8234	216	349	1436	2580	3654
青海省					1267	50	18	68	548	583
宁夏自治区										
新疆自治区					809	7	50	60	154	538

续表

	二五时期						三年调整			
	合计	1958年	1959年	1960年	1961年	1962年	合计	1963年	1964年	1965年
全国总计	**952063**	**173464**	**246886**	**275211**	**164664**	**91838**	**258505**	**82033**	**96814**	**79658**
北京市	17072	2778	3636	4074	3742	2842	5815	1934	2016	1865
天津市										
河北省	76583	17524	22387	18904	10343	7425	20558	7070	7884	5604
山西省	94115	24172	23889	24111	12780	9164	26595	7926	9891	8778
内蒙古自治区	27126	4301	7103	8465	4964	2293	8781	2999	2892	2890
辽宁省	104754	26976	25259	22665	18431	11423	29647	9494	12924	7229
吉林省	30696	5200	7451	8180	5923	3942	11225	4129	4597	2499
黑龙江省	65893	13438	17106	18251	10554	6544	17988	5424	6878	5686
上海市										
江苏省	30711	4518	7499	9825	6201	2668	8666	2501	4097	2068
浙江省	14102	325	2512	7393	3128	744	588	326	188	74
安徽省	48770	5494	12015	15994	9828	5439	16328	5075	6612	4641
福建省	6825	385	1438	2666	1670	666	1625	700	607	318
江西省	26095	3089	7219	8522	5067	2198	4515	1851	1504	1160
山东省	61927	12255	17337	15576	9532	7227	14703	5778	6334	2591
河南省	83465	18501	19719	22449	13492	9304	24852	8974	8898	6980
湖北省	14126	957	3830	4830	3405	1104	2019	993	882	144
湖南省	31855	4498	8709	8962	6389	3297	8682	2006	3331	2345
广东省	24033	1771	7343	9072	4465	1382	2515	855	1042	619
广西自治区	8264	460	2568	2493	1931	812	1224	404	430	390
四川省	65859	9273	17271	22569	12878	3868	14137	3547	4271	6319
贵州省	15780	2474	4620	4940	2482	1264	9530	1061	1598	6871
云南省	17187	1818	4155	6592	3359	1263	4705	1249	1333	2123
西藏自治区							38			38
陕西省	22563	4744	6089	5876	3658	2196	6358	2071	2248	2039
甘肃省	14419	3024	4200	4578	1451	1166	3565	1295	1229	1041
青海省	4784	654	1875	1254	617	384	1688	423	534	731
宁夏自治区	13333	1688	3796	3608	3095	1146	4453	930	1482	2041
新疆自治区	15068	1873	4213	5998	1921	1063	5312	1272	1466	2574
不分地区	16658	1274	3647	7365	3358	1014	2393	747	1646	

续表

	三五时期					
	合计	1966年	1967年	1968年	1969年	1970年
全国总计	**519981**	**103296**	**71205**	**76920**	**103140**	**165420**
北京市	7243	1786	1112	846	1566	1933
天津市	532	532				
河北省	21397	5955	5381	2901	2656	4504
山西省	25735	9026	3400	3523	4769	5017
内蒙古自治区	12743	4221	1186	2477	2046	2813
辽宁省	21423	4279	2757	3058	4506	6823
吉林省	5653	895	168	613	1182	2795
黑龙江省	12673	3962	1603	2032	2408	2668
上海市	847					847
江苏省	11876	1374	1168	529	2701	6014
浙江省	5926	138	230	650	716	4192
安徽省	15678	3443	1306	1729	3292	5908
福建省	8043	582	842	1000	1920	3899
江西省	21692	1919	2030	4519	7000	6224
山东省	13940	2459	2627	1526	2335	4993
河南省	31680	5145	4807	3502	5249	12977
湖北省	11617	213	463	750	1948	8243
湖南省	36858	3838	5143	6815	10938	10124
广东省	18047	937	1107	2200	5536	8267
广西自治区	14456	598	982	1200	3695	7981
四川省	55853	11410	7913	10295	11422	14813
贵州省	83399	21538	16704	14580	11046	19531
云南省	8996	2160	1227	14580	1856	2345
西藏自治区	331	54		100		177
陕西省	13973	2266	1303	1530	1731	7143
甘肃省	10201	1683	843	1350	1929	4396
青海省	3663	811	612	530	357	1353
宁夏自治区	26275	7510	3887	3073	5640	6165
新疆自治区	13423	4243	2004	1860	2663	3653
不分地区	5808	1051	400	2324	2033	

续表

	四五时期					
	合计	1971年	1972年	1973年	1974年	1975年
全国总计	**966990**	**182039**	**188023**	**189754**	**199698**	**207476**
北京市	11585	2251	2387	2413	2261	2273
天津市	3919	1354	844	581	490	650
河北省	76386	5914	7999	11571	21671	29231
山西省	48441	4242	7274	10468	13168	13289
内蒙古自治区	15351	2625	3112	2578	3356	3680
辽宁省	51988	6881	9808	10282	12105	12912
吉林省	27648	3154	4892	5994	6203	7405
黑龙江省	39127	4283	6041	9258	8971	10574
上海市	20376	6905	3879	2862	2840	3890
江苏省	58288	12602	13180	11794	10787	9925
浙江省	12795	4616	4103	2087	962	1027
安徽省	41544	6398	6573	8972	9979	9622
福建省	18895	4764	5341	3735	2678	2377
江西省	22772	5438	5848	5012	3914	2560
山东省	43119	5386	6088	9026	11446	11173
河南省	68319	9125	11824	14146	17324	15900
湖北省	29899	8146	8126	5715	4329	3583
湖南省	43663	8693	9376	9315	8325	7954
广东省	32030	7833	6777	6166	5496	5758
广西自治区	33873	9187	8685	5932	5153	4916
四川省	59543	16873	14509	10849	8979	8333
贵州省	58434	17716	14977	10272	6737	8732
云南省	21688	3616	2820	4392	6255	4606
西藏自治区	1786	141	384	368	412	481
陕西省	55332	10329	10912	9329	12397	12365
甘肃省	34058	5885	6045	6938	6876	8314
青海省	9596	1521	2255	2422	2064	1334
宁夏自治区	18228	4380	3042	3574	3633	3599
新疆自治区	5426	1781	922	822	888	1013
不分地区	2881			2881		

续表

	五五时期					
	合计	1976年	1977年	1978年	1979年	1980年
全国总计	**1406271**	**186626**	**216607**	**331766**	**324828**	**346444**
北京市	20573	3848	3443	3696	5188	4398
天津市	1323	508	525	104	119	67
河北省	141459	16541	22533	36159	32842	33384
山西省	146078	16739	17611	31038	31121	49569
内蒙古自治区	32924	2356	2414	4808	5840	17506
辽宁省	97262	15264	15478	20689	23922	21909
吉林省	55517	7848	10535	17509	13702	5923
黑龙江省	95211	11289	14215	23315	23969	22423
上海市	21643	4628	4676	6043	5900	396
江苏省	78892	8926	10225	15977	14855	28909
浙江省	8437	1016	1260	3133	1955	1073
安徽省	138287	14573	19074	32590	33749	38301
福建省	12920	2244	2295	3275	2895	2211
江西省	17795	2048	2929	4399	4874	3545
山东省	120714	12767	15623	24328	28765	39231
河南省	104995	11841	14208	25214	25218	28514
湖北省	18912	3052	4051	5603	3973	2233
湖南省	38537	6897	8365	9821	8052	5402
广东省	22650	4350	4642	5538	5108	3012
广西自治区	21709	4722	5465	5136	3400	2986
四川省	39335	6390	7249	9593	8911	7192
贵州省	28366	4579	4189	7428	7341	4829
云南省	17704	3318	3379	4671	3377	2959
西藏自治区	1949	439	449	466	366	229
陕西省	70271	11120	12690	18922	15667	11872
甘肃省	23659	3765	4322	5579	6030	3963
青海省	7123	1544	1624	1876	1563	516
宁夏自治区	15617	3106	2204	3543	4699	2065
新疆自治区	6409	908	934	1313	1427	1827

续表

	六五时期					
	合计	1981年	1982年	1983年	1984年	1985年
全国总计	**2200249**	**240279**	**315939**	**427976**	**604618**	**611437**
北京市	23011	2331	2578	3248	4907	9947
天津市	259		27	116	56	60
河北省	177917	20889	33775	31347	47816	44090
山西省	394822	33260	44295	69112	118946	129209
内蒙古自治区	194680	14567	23371	46584	58425	51733
辽宁省	135281	16558	20141	27777	36300	34505
吉林省	51819	3563	7244	12833	12390	15789
黑龙江省	182780	16251	22523	29439	63784	50783
上海市	1580	357	171	480	362	210
江苏省	79876	15296	12478	13221	19449	19432
浙江省	5679	748	659	1007	1251	2014
安徽省	199070	27957	30222	39641	47966	53284
福建省	14664	2209	2229	2560	3630	4036
江西省	42043	2783	5937	9607	11111	12605
山东省	189407	24270	30961	41815	41380	50981
河南省	143586	17576	18978	24225	49913	32894
湖北省	12277	1368	2526	2409	2901	3073
湖南省	41390	4591	7485	8649	8187	12478
广东省	17156	2292	3342	3388	4414	3720
广西自治区	11815	1479	2508	2479	3158	2191
四川省	75459	9106	12229	13980	17716	22428
贵州省	35171	3842	5756	9312	9180	7081
云南省	25920	1240	2821	4895	6989	9975
西藏自治区	576	108	94	121	133	120
陕西省	70442	9723	11348	12969	17011	19391
甘肃省	38257	5321	8073	8051	7845	8967
青海省	1355	180	163	207	154	651
宁夏自治区	17928	867	1988	4732	4987	5354
新疆自治区	16029	1547	2017	3772	4257	4436

续表

	七五时期					
	合计	1986年	1987年	1988年	1989年	1990年
全国总计	**3651742**	**639748**	**658094**	**674888**	**727268**	**951744**
北京市	57374	9901	10602	8118	14597	14156
天津市	1330	133	406	552	131	108
河北省	259640	55930	53859	47992	47029	54829
山西省	832392	168771	155921	153959	154096	199645
内蒙古自治区	265175	34552	33505	43614	45343	108161
辽宁省	260818	40188	46341	45609	52690	75990
吉林省	81156	16711	11736	15308	18716	18685
黑龙江省	288828	50492	52712	55011	56996	73617
上海市	1948	554	378	449	167	400
江苏省	108141	24442	25256	16566	15270	26607
浙江省	11785	1757	3097	3069	2043	1819
安徽省	287409	53281	57131	58088	56192	62717
福建省	25582	3899	4151	4100	7073	6359
江西省	58491	10622	9419	10216	12852	15382
山东省	328416	41125	57466	57828	82795	89202
河南省	236984	33650	42493	46613	44757	69471
湖北省	9119	2277	1833	1748	1651	1610
湖南省	51173	11911	12431	9078	9526	8227
广东省	17254	3366	3412	3936	2917	3623
广西自治区	12381	3574	1784	2251	1964	2808
四川省	131939	24254	25456	27714	26220	28295
贵州省	43650	6627	8889	9815	7508	10811
云南省	42142	6169	4757	6533	12859	11824
西藏自治区	201	50	51		100	
陕西省	103719	14609	15302	21869	24353	27586
甘肃省	54559	8906	7721	11071	13000	13861
青海省	2434	467	640	250	361	716
宁夏自治区	38307	5735	4883	7151	8715	11823
新疆自治区	39395	5795	6482	6379	7347	13412

续表

	八五时期					
	合计	1991年	1992年	1993年	1994年	1995年
全国总计	**7006865**	**1160254**	**1302660**	**1460012**	**1411062**	**1672877**
北京市	117589	23710	24485	23169	29990	16235
天津市	414	200	214			
河北省	337726	60692	71028	79614	61138	65254
山西省	1323559	261460	259442	291309	256795	254553
内蒙古自治区	1213870	177116	236826	299919	255486	244523
辽宁省	260049	56645	62642	67549	45081	28132
吉林省	104607	21779	18452	24220	17321	22835
黑龙江省	423762	81181	81138	86948	91967	82528
上海市	240	190	50			
江苏省	185398	38009	33875	34539	38835	40140
浙江省	19666	1585	1319	1995	7136	7631
安徽省	680737	91406	98144	119264	127924	243999
福建省	27991	4561	6661	6239	5286	5244
江西省	46281	14311	8548	7768	7368	8286
山东省	630545	98547	102959	117426	107329	204284
河南省	510441	78177	96534	88999	98047	148684
湖北省	29051	1706	1940	4461	11398	9546
湖南省	78543	9903	11162	11518	22432	23528
广东省	29186	2859	4441	12612	6400	2874
广西自治区	22202	3280	2831	3748	4888	7455
海南省	2404				1011	1393
四川省	125256	20724	26994	24080	27882	25576
贵州省	129381	11951	16898	22502	35715	42315
云南省	89394	14937	15525	10790	24092	24050
陕西省	238447	38087	50553	49119	45017	55671
甘肃省	138050	15661	25440	22572	33730	40647
青海省	3322	473	1201	746	457	445
宁夏自治区	137933	17444	24084	30034	25570	40801
新疆自治区	100821	13660	19274	18872	22767	26248
神华集团						

续表

	九五时期						2001年
	合计	1996年	1997年	1998年	1999年	2000年	
全国总计	**7382500**	**1812445**	**2234376**	**1552011**	**989469**	**794199**	**621909**
北京市	98517	19431	24115	20304	19561	15106	442
天津市							
河北省	458915	71495	101876	87661	79230	118653	33946
山西省	1431727	344255	448925	288697	210248	139602	222656
内蒙古自治区	437040	168814	194646	56535	16199	846	819
辽宁省	261798	67096	118364	53994	4551	17793	19732
吉林省	54235	16649	21338	13334	1502	1412	8964
黑龙江省	278351	99601	136462	31140	6023	5125	24111
上海市							
江苏省	209195	60601	73412	36101	27757	11324	4096
浙江省	38100	4941	8445	20654	4060		137
安徽省	862174	280959	274467	179294	53678	73776	113388
福建省	28275	4371	4622	5118	9884	4280	
江西省	33265	7709	9056	8656	3844	4000	13115
山东省	1195405	202301	240903	273015	281001	198185	94294
河南省	879806	138554	229205	250083	134254	127710	39331
湖北省	18520	6763	5052	3227	2142	1336	197
湖南省	43580	22032	8683	4107	4736	4022	3583
广东省	5372	2275	2367	730			885
广西自治区	19863	6242	4955	3641	2793	2232	279
海南省	3673	3673					
四川省	93672	18381	16773	30640	25840	2038	
贵州省	238522	79450	90800	33884	27368	7020	8758
云南省	112812	24642	31069	23042	21311	12748	10066
陕西省	184602	50903	79344	30763	6595	16997	7643
甘肃省	208683	46654	54190	58525	26213	23101	15087
青海省	2403	485	554	1364			380
宁夏自治区	100862	38443	34668	24588	3163		
新疆自治区	73671	25725	20085	12914	8054	6893	
神华集团	9462				9462		

煤炭工业基本建设投产止吨煤投资及建设工期

年　份	至投产止吨煤投资（元/吨）	投产止建设工期（月）	年　份	至投产止吨煤投资（元/吨）	投产止建设工期（月）
1957	26.2	28	1985	127.5	75
1958	23.5	23	1986	148.3	53
1959	16.1	17	1987	170.0	72
1960	15.8	23	1988	139.6	77
1961	23.3	33	1989	180.8	68
1962	28.9	42	1990	155.4	53
1963	41.8	61	1991	170.9	57
1964	38.2	66	1992	173.9	65
1965	44.3	73	1993	204.7	76
1966	41.0	82	1994	198.3	69
1967	55.6	50	1995	316.2	72
1968	45.3	57	1996	494.6	62
1969	41.6	48	1997	441.2	
1970	42.2	47	1998	218.0	
1971	36.4	36	1999		
1972	37.9	43	2000		
1973	48.2	51	2001		
1974	50.3	57	三年恢复		
1975	58.9	66	一五时期	29.8	28
1976	53.6	68	二五时期	21.9	25
1977	55.4	80	三年调整	40.9	67
1978	65.1	80	三五时期	41.2	54
1979	69.9	90	四五时期	47.7	
1980	87.4	101	五五时期	64.5	
1981	112.2	89	六五时期	118.0	
1982	110.9	86	七五时期	159.0	
1983	119.4	88	八五时期	205.6	
1984	117.4	77	九五时期		

注：“至投产止吨煤投资”、“投产止建设工期”统计口径为原直属直供新建矿井。

全国矿井（露天）建设规模

单位：处－万吨/年

年份	合计	投产	年末续建		在合计中		投产与规模比例
			合计	其中：新开工	新建	扩建	
1949				3－42			
1950				5－705			
1951				2－55			
1952	20－1293		20－1293	10－491			
1953	49－2227	27－969	22－1258	7－370			
1954	89－3446	32－1047	57－2358	44－1586			
1955	124－4420	47－1351	77－3069	36－1208			
1956	134－5331	36－1128	98－4203	42－1866			4.7
1957	185－7297	63－1881	122－5416	65－2507			3.9
1958		72－1931		289－9761			
1959		153－3480		114－2126			
1960		133－3100		42－1099			
1961		15－538		3－46			
1962	295－9146	15－627					14.6
1963		20－446		2－51			
1964		16－852		8－391			
1965	114－4484	49－857	65－3627	29－1687			5.2
1966		47－1206		123－3605			
1967		7－144		48－1251			
1968		28－1038		19－456			
1969		21－791		89－1758			
1970	763－16091	215－3736	548－12355	299－5533	728－15261		4.3

续表

年份	合计	投产	年末续建		在合计中		投产与规模比例
			合计	其中：新开工	新建	扩建	
1971	816－15821	88－1540	728－14281	115－2474	786－15052		10.3
1972	664－14450	51－1139	613－13311	45－966	590－12672		12.7
1973	543－13092	76－1835	467－11257	18－717	492－11800		7.1
1974	471－12476	103－1702	368－10774	32－1300	416－10762		7.3
1975	409－12447	84－1905	325－10542	32－1147	343－10183		6.5
1976	329－11922	70－1729	259－10193	25－1291	265－9334		6.9
1977	289－11703	53－1391	236－10312	31－1372	228－9251		8.4
1978	341－13237	58－1151	283－10286	63－2152	274－10269		11.5
1979	273－14022	38－1393	235－12629	32－2746	209－10640		10.1
1980	197－11442	31－829	166－10613	4－480	154－8805	47－3052	13.8
1981	184－11947	40－1373	144－10574	12－1010	142－9228	45－2785	8.7
1982	297－13272	29－820	268－12452	66－1295	186－9307	109－3909	16.2
1983	380－17195	57－1852	323－15343	107－4517	258－12706	121－4429	9.3
1984	395－18290	76－2435	319－15855	79－2748	273－12979	114－5433	7.5
1985	367－18923	71－1647	296－17276	47－2661	264－13712	103－5211	11.8
1986	328－17808	56－2105	272－15703	37－716	231－12576	97－5232	8.7
1987	319－17569	50－2106	269－15463	46－1691	219－12032	100－5537	8.3
1988	308－17299	43－3302	265－13997	59－1820	219－11557	89－5742	5.2
1989	359－17412	57－2805	302－14604	81－3236	247－11206	112－6206	6.3
1990	340－17268	50－2299	290－14969	49－2646	230－10755	110－6513	7.5
1991	360－20461	38－2891	322－17570	60－3201	228－13172	132－7289	
1992	388－20006	42－2419	346－17587	60－2736	246－13354	142－6652	8.2

续表

年份	合计	投产	年末续建		在合计中		投产与规模比例
			合计	其中：新开工	新建	扩建	
1993	376-20281	24-1122	351-19159	45-2423	231-13484	144-6800	18.1
1994	444-20632	33-710	411-19922	37-1570	264-14675	180-5957	29.1
1995	424-20967	51-2624	373-18343	27-965	262-15222	162-5745	19.0
1996	346-18957	30-1248	316-17709	12-1051	237-15265	118-3989	6.6
1997	328-18059	39-2697	289-15362	20-459	226-14560	102-3499	14.9
1998	310-17956	33-704	277-17252	26-2406	212-14081	95-3145	3.9
1999	228-13524	34-2503	194-11021	6-493	165-11620	63-1904	18.5
2000	178-10763	12-1044	166-9719	8-153	119-9037	59-1726	9.7
2001	175-10839	17-1262	109-8536	8-368	84-8469	42-1329	11.7
三年恢复	80-2857	60-1564		17-1251			
一五时期	327-11792	205-6376		194-7537			
二五时期	482-13740	388-9676		548-13032			
三年调整	150-5782	85-2155		39-2129			
三五时期	866-19270	318-6915		578-12603			
四五时期	727-18663	402-8121		242-6604			47.7
五五时期	416-17106	250-6493		155-8041			64.5
六五时期	569-25403	273-8127		311-12231			118.0
七五时期	547-27586	256-12617		272-10109			159.0
八五时期	471-21597	188-9766		229-10895			205.6
九五时期	314-17915	148-8196		72-4562			

全国矿井（露天）新开工能力——按省市区分

单位：处－万吨/年

	三年恢复	一五时期	二五时期	三年调整	三五时期
全国合计	**17－1251**	**194－7537**	**548－13032**	**39－2129**	**578－12603**
北京市		4－185	5－270		9－309
河北省		19－898	24－977	3－174	13－508
山西省		29－1772	9－480	4－375	20－347
内蒙古自治区		7－264	8－381	2－210	4－216
辽宁省	4－625	16－437	56－1398	2－31	10－408
吉林省	6－179	14－297	27－642	1－21	15－284
黑龙江	6－402	20－400	56－1102	3－90	21－370
江苏省		7－208	17－340	1－45	44－696
浙江省			11－106		8－170
安徽省		6－321	27－924		20－357
福建省			18－173		17－231
江西省	1－45	4－105	22－333	2－18	37－577
山东省		16－585	43－1052	2－90	8－411
河南省		19－993	45－1336	3－135	27－1238
湖北省		1－10	13－121	1－30	78－678
湖南省		6－100	25－465	2－45	59－946
广东省		3－30	20－224	1－30	28－425
广西自治区			13－172		27－429
四川省		11－400	50－895	4－340	33－694
贵州省			23－400	4－285	38－1207
云南省			9－247	1－75	13－218
陕西省		6－327	7－212		26－865
甘肃省		3－70	7－115	1－60	11－495
青海省		1－30	2－75		1－10
宁夏自治区		1－45	5－321	2－75	8－448
新疆自治区		1－60	6－271		3－66

续表

	四五时期	五五时期	六五时期					
			合计	1981 年	1982 年	1983 年	1984 年	1985 年
全国合计	**242－6604**	**155－8041**	**311－12231**	**12－1010**	**66－1295**	**107－4517**	**79－2748**	**47－2661**
北京市		2－60						
河北省	7－566	6－839	9－438		3－72	4－156	2－210	
山西省	24－895	15－1110	42－4888	2－240	5－420	15－1354	9－1020	11－1854
内蒙古自治区	3－180	1－120	21－1044	1－300	4－109	10－371	5－258	1－6
辽宁省	21－807	11－773	25－356		5－36	4－33	11－108	5－179
吉林省	25－372	10－185	14－210	2－24	3－15	3－33	5－123	1－15
黑龙江省	12－261	4－339	38－1127	2－269	10－223	16－333	7－206	3－96
江苏省	29－549	6－495	3－171	1－90		2－81		
浙江省	2－21							
安徽省	4－525	7－1170	5－706			3－496	1－60	1－150
福建省	11－183	7－102	8－93	1－21	1－3	3－24	1－6	2－39
江西省	6－195	10－166	10－195			3－96	4－42	3－57
山东省	8－561	11－1201	20－747	1－21	3－21	8－477	5－132	3－96
河南省	6－171	6－630	17－777		8－216	3－201	5－300	1－60
湖北省	14－110	14－114	8－35		3－9	1－6	3－14	1－6
湖南省	17－264	9－126	19－222		5－45	6－114	4－33	4－30
广东省	5－43	15－109	11－69	1－15	3－9	5－38	1－3	1－4
广西自治区	7－202	4－65	3－29			1－15	2－14	
四川省	21－241	9－313	24－338	1－30	7－58	8－141	5－90	3－19
贵州省	4－62							
云南省	4－62	2－33	6－112		1－9	2－65	1－21	2－17
陕西省	1－10	5－136	12－284		3－32	3－180	4－60	2－12
甘肃省	6－234		9－159		2－18	4－123	2－12	1－6
青海省	3－80							
宁夏自治区			3－141			2－120	1－21	
新疆自治区	2－10	1－15	4－90			1－60	1－15	2－15

续表

	七五时期					
	合计	1986年	1987年	1988年	1989年	1990年
全国合计	**272－10109**	**37－716**	**46－1691**	**59－1820**	**81－3236**	**49－2646**
北京市						
河北省	14－718	1－9	2－21	4－472	6－201	1－15
山西省	38－2051	6－297	2－54	6－230	14－785	10－685
内蒙古自治区	11－1536		2－141	4－69	3－736	2－590
辽宁省	10－453		3－240	4－114	2－96	1－3
吉林省	16－144	3－21	2－12	5－66	5－36	1－9
黑龙江省	19－789	1－6	4－288	3－138	4－81	7－276
江苏省	4－409	1－9		1－60		2－240
浙江省	1－3	1－3				
安徽省	5－234	1－90		1－30	2－105	1－9
福建省	9－75	1－6	2－21	1－6	3－15	2－27
江西省	10－102		2－36	4－27	4－39	
山东省	16－1051		6－315	3－75	6－646	1－15
河南省	20－1034	5－142	6－256	5－246	1－45	3－345
湖北省	15－70	5－22	2－10		6－29	2－9
湖南省	9－141	1－15	1－6	1－9	3－69	3－42
广东省	7－40	3－27		1－3	2－7	1－3
广西自治区	6－51			2－12	1－6	3－33
四川省	20－361	1－30	2－60	5－78	7－103	5－90
贵州省	4－83	1－9		2－59	1－15	
云南省	3－42		3－42			
陕西省	12－216	1－3	3－99	3－60	4－39	1－15
甘肃省	11－189	4－18	1－9	2－54	2－18	2－90
青海省						
宁夏自治区	4－111		2－51		2－60	
新疆自治区	8－306	1－9	1－30	2－12	3－105	1－150

续表

	八五时期					
	合计	1991年	1992年	1993年	1994年	1995年
全国总计	**229－10895**	**60－3201**	**60－2736**	**45－2423**	**37－1570**	**27－965**
北京市						
天津市						
河北省	9－486	2－75	3－141	1－60	3－210	
山西省	51－2200	23－1037	9－220	9－390	8－499	2－54
内蒙古自治区	8－892	3－78	2－424	1－60	2－330	
辽宁省	8－630	3－396	2－150	2－78	1－6	
吉林省	7－390	4－165	1－90	1－15	1－120	
黑龙江省	15－785	2－246	9－230	4－309		
上海市						
江苏省	4－105		3－75			1－30
浙江省						
安徽省	10－844		4－213	1－150	3－66	2－415
福建省	2－21	1－15		1－6		
江西省	6－51	1－9	3－27	2－15		
山东省	17－1358	2－60	4－426	6－587	1－30	4－255
河南省	8－661	2－91	3－285	2－225	1－60	
湖北省	9－35	5－20	1－3	3－12		
湖南省	3－39		1－30		1－3	1－6
广东省	2－18				2－18	
广西自治区	1－6		1－6			
海南省						
四川省	8－180	2－75	1－30	3－36	1－30	1－9
贵州省	4－300		2－120	2－180		
云南省	29－298	2－9	4－24	3－72	8－72	12－121
陕西省	13－911	4－600	4－176	1－30	2－75	2－30
甘肃省	7－295	1－10	2－45	2－195	2－45	
青海省						
宁夏自治区	3－315	3－315				
新疆自治区	5－75		1－21	1－3	1－6	2－45
神华集团						

续表

	九五时期						2001年
	合计	1996年	1997年	1998年	1999年	2000年	
全国总计	**72－4562**	**12－1051**	**20－459**	**26－2406**	**6－493**	**8－153**	**8－368**
北京市							
天津市							
河北省	2－240	1－180		1－60			
山西省	9－2137	4－526	3－99	2－1512			
内蒙古自治区	1－60			1－60			
辽宁省							
吉林省	4－48	1－9	1－9	2－30			
黑龙江省							
上海市							
江苏省	1－30		1－30				
浙江省							
安徽省	1－150		1－150				
福建省	2－24	1－9		1－15			
江西省	3－21		3－21				
山东省	8－615		1－30	2－300	3－180	2－105	3－320
河南省	5－402			4－162	1－240		
湖北省	8－27		2－9	4－15		2－3	
湖南省	11－86	2－9	3－30	4－33	1－8	1－6	3－18
广东省	1－3		1－3				
广西自治区	5－42	1－9	2－12	2－21			
海南省							
四川省	1－21		1－21				
贵州省	1－180			1－180			
云南省	6－152			2－18	1－65	3－39	2－30
陕西省	1－45		1－45				
甘肃省	1－300	1－300					
青海省							
宁夏自治区							
新疆自治区	1－9	1－9					
神华集团							

全国矿井（露天）新增生产能力——按省市区分

单位：处－万吨

	三年恢复	一五时期	二五时期	三年调整	三五时期
全国总计	**60－1564**	**205－6376**	**388－9676**	**85－2155**	**318－6915**
北京市		3－125	5－255	1－30	1－30
河北省		5－180	27－921	3－211	8－361
山西省		8－426	17－822	9－210	10－560
内蒙古自治区		3－72	6－240	2－105	7－367
辽宁省		14－840	35－665	9－336	23－288
吉林省		17－309	25－564	5－132	6－122
黑龙江省		16－564	46－688	5－103	4－156
江苏省		1－30	13－350	3－69	18－187
浙江省			2－30		1－21
安徽省		5－300	11－362	2－150	5－265
福建省			2－6	5－52	5－69
江西省		5－120	9－190	2－36	28－437
山东省		6－210	36－990	2－75	3－105
河南省		5－156	40－1356	4－240	10－447
湖北省			5－29	3－30	15－109
湖南省			20－291	7－72	62－752
广东省			8－80	2－12	9－165
广西自治区			10－120		8－99
四川省		2－24	34－681	12－162	31－617
贵州省			12－205	5－41	19－484
云南省			2－36	2－36	7－103
陕西省		1－60	7－247	2－53	16－419
甘肃省		1－10	5－121		6－189
青海省			1－21		3－39
宁夏自治区			5－276		7－242
新疆自治区			5－130		6－281

注：“三年恢复”60处能力1564万吨，“一五时期”中有113处能力2950万吨抄自国家统计局资料无分省。

续表

	四五时期	五五时期	六五时期					
			合计	1981年	1982年	1983年	1984年	1985年
全国总计	**402-8121**	**250-6493**	**273-8127**	**40-1373**	**29-820**	**57-1852**	**76-2435**	**71-1647**
北京市	3-93		1-15	1-15				
河北省	9-296	7-210	7-660		2-180	1-180	1-9	3-291
山西省	22-831	18-780	63-1898	9-235	6-96	12-258	25-1021	11-288
内蒙古自治区	7-131	3-171	13-805			3-186	5-450	5-169
辽宁省	27-459	16-432	17-382	3-155	1-9	2-9	5-164	6-45
吉林省	25-342	12-261	11-131	3-25	3-19	3-69	2-18	
黑龙江省	23-417	12-360	44-741	1-150		10-78	15-183	17-330
江苏省	11-200	25-696	4-100	2-20	1-5		1-75	
浙江省	5-25	5-53						
安徽省	9-225	3-126	6-694	1-60		3-450	1-4	1-180
福建省	21-270	8-148	3-48				2-36	1-12
江西省	9-138	5-77	9-138	2-20			4-58	3-60
山东省	13-557	15-346	18-807	3-360	5-192	5-201	2-18	3-36
河南省	22-818	16-710	7-651	1-120	1-120	3-161	1-190	1-60
湖北省	21-139	16-137	10-55	2-9	3-22	2-12	1-3	2-9
湖南省	22-315	16-164	10-162	2-35	2-25	3-60	2-21	1-21
广东省	28-289	11-117	7-30	1-3		2-13	1-3	3-11
广西自治区	18-231	10-254	6-87	2-16	1-40			3-31
四川省	50-698	16-269	12-252	3-72	2-100	1-6	2-18	4-56
贵州省	12-560	2-30	1-120				1-120	
云南省	9-124	5-125	3-12	2-8		1-4		
陕西省	19-284	14-699	12-207	2-70	2-12	1-60	4-44	3-21
甘肃省	7-246	5-114	5-81			2-60		3-21
青海省	2-69	2-51						
宁夏自治区	7-349	1-30	1-30			1-30		
新疆自治区	1-15	7-133	3-21			2-15		1-6

续表

	七五时期					
	合计	1986年	1987年	1988年	1989年	1990年
全国总计	**256－12617**	**56－2105**	**50－2106**	**43－3302**	**57－2805**	**50－2299**
北京市						
河北省	8－592	1－30		1－400	6－162	
山西省	32－3646	5－486	7－912	7－1225	7－370	6－653
内蒙古自治区	12－534	1－45	2－54	3－132	1－120	5－183
辽宁省	22－1044	8－111	5－264	1－6	4－123	4－540
吉林省	15－393	5－135	1－9	1－15	6－114	2－120
黑龙江省	29－1255	6－366	6－114	5－379	7－153	5－243
江苏省	7－402	1－120	4－156	2－126		
浙江省	2－48			1－45	1－3	
安徽省	4－456	1－6	1－150		2－300	
福建省	7－90		2－24	1－15	1－30	3－21
江西省	10－186	3－60	2－21	1－6		4－99
山东省	13－1303	1－300	4－102	1－21	6－820	1－60
河南省	11－658	2－120	1－30	5－321	2－172	1－15
湖北省	7－38	1－5		1－6	1－3	4－24
湖南省	14－177	4－57	5－75		2－24	3－21
广东省	8－64	2－7	1－3	2－30	1－6	2－18
广西自治区	3－56	1－30		1－20	1－6	
四川省	22－515	7－105	7－87	3－135	3－195	2－93
贵州省	4－152			2－99		2－53
云南省	5－119	3－38		1－21		1－60
陕西省	6－330	1－30	1－60	2－195	1－30	1－15
甘肃省	7－288	1－30	1－45	1－45	3－162	1－6
青海省						
宁夏自治区	4－81	1－9			1－6	2－66
新疆自治区	4－90	1－15		1－60	1－6	1－9

续表

	八五时期					
	合计	1991年	1992年	1993年	1994年	1995年
全国总计	**188－9766**	**38－2891**	**42－2419**	**24－1122**	**33－710**	**51－2624**
北京市						
天津市						
河北省	14－657	6－192	2－75	2－99	1－21	3－270
山西省	36－3497	6－1604	7－486	3－141	7－265	13－1001
内蒙古自治区	6－1204	3－360	1－760	1－24	1－60	
辽宁省	5－180	1－6	3－153		1－21	
吉林省	7－57	2－15	2－12	1－9		2－21
黑龙江省	9－585	4－300	1－30	1－60	1－30	2－165
上海市						
江苏省	5－258	1－60	1－9	1－90	1－24	1－75
浙江省						
安徽省	8－786		1－300	2－150	1－90	4－246
福建省	4－27		1－6		1－6	2－15
江西省	9－105		3－36	1－6	1－6	2－12
山东省	13－672	1－9	3－216	2－165		7－282
河南省	12－704	2－110	2－165	2－210	2－66	4－153
湖北省	5－21					
湖南省	8－51	1－3	2－12	1－9	3－21	1－6
广东省	5－25		1－3	1－9	3－13	
广西自治区	5－48	2－24	1－6	1－3		1－15
海南省						
四川省	11－127	2－19	5－45	3－48		1－15
贵州省	2－45				1－15	1－30
云南省	4－192				2－39	2－153
陕西省	4－96		2－12	1－54		1－30
甘肃省	9－129	3－24	2－48		2－12	2－45
青海省						
宁夏自治区	4－165	2－120	1－15			1－30
新疆自治区	3－135		1－30	1－45		1－60
神华集团						

续表

	九五时期						2001年
	合计	1996年	1997年	1998年	1999年	2000年	
全国总计	**148－8196**	**30－1248**	**39－2697**	**33－704**	**34－2503**	**12－1044**	**17－1262**
北京市							
天津市							
河北省	4－96	1－45		2－45	1－6		1－60
山西省	49－1492	11－300	6－529	16－365	16－298		2－54
内蒙古自治区	1－30		1－30				
辽宁省	4－264		2－93	1－21		1－150	
吉林省	2－90		1－75		1－15		2－21
黑龙江省	2－110		1－60	1－50			
上海市							
江苏省	4－255	1－9			3－246		
浙江省							
安徽省	8－1312	4－576	3－556			1－180	1－400
福建省	7－81		1－9	3－42	2－21	1－9	
江西省	3－30			2－24	1－6		
山东省	12－1266	2－30	7－631	1－45		2－560	6－330
河南省	5－600	2－90	1－240		2－270		
湖北省	5－17	1－4		2－7	2－6		
湖南省	9－183	3－54	3－69	2－39			2－14
广东省							
广西自治区	1－15	1－15					
海南省							
四川省	4－81	1－60	1－6	1－6	1－21	1－9	
贵州省	4－390		2－150		2－240		
云南省	3－72		1－3		1－9	1－60	2－83
陕西省	5－131	1－11	1－45	1－30		2－45	1－300
甘肃省	8－237	2－54	6－183				
青海省							
宁夏自治区	1－165				1－165		
新疆自治区	6－79		2－81	1－30		3－31	
神华集团	1－1200				1－1200		

全国洗煤厂开工投产情况

单位：处－万吨/年

年份	开工规模			投产规模		
	小计	新建	扩建	小计	新建	扩建
1953	2－300	2－300				
1954	1－100	1－100		1－90	1－90	
1955	1－ 40	1－ 40		2－310	2－310	
1956	3－210	3－210		1－40	1－40	
1957	10－1150	10－1150		1－40	1－40	
1958	20－1437	20－1437		6－450	6－450	
1959	142－6510	142－6510		83－3850	83－3850	
1960	10－487	10－487		30－961	30－961	
1961	2－ 70	2－ 70		2－42	2－42	
1964	1－ 45	1－ 45		1－45	1－45	
1965	2－650	2－650				
1966	9－985	9－985				
1968				2－261	2－261	
1969	1－ 30	1－ 30		7－695	7－695	
1970	4－360	3－305	1－ 55	6－980	6－980	
1971	16－1041	10－576	6－465	2－66	2－66	
1972	6－460	4－315	2－145	4－410	4－410	
1973	4－330	2－270	2－ 60	7－525	3－165	4－360

续表

年份	开工规模			投产规模		
	小计	新建	扩建	小计	新建	扩建
1974	1－120		1－120	9－505	3－255	6－250
1975	2－105	2－105		5－300	5－300	
1976	1－75		1－75	1－60	1－60	
1977	2－300	2－300		1－45	1－45	
1978	4－790	3－670	1－120	3－300	3－300	
1979	2－255	1－180	1－ 75			
1980	1－ 60	1－ 60		2－165		2－165
1981	1－180	1－180		2－225	2－225	
1982	6－559	4－495	2－ 64	3－255	2－240	1－15
1983	11－1371	10－1251	1－120	5－775	4－700	1－75
1984	6－605	4－450	2－155	3－500	1－300	2－200
1985	10－885	9－855	1－ 30	7－621	6－531	1－90
1986	10－1405	9－1375	1－ 30	9－1330	7－975	2－355
1987	10－1320	9－1260	1－ 60	11－1170	7－930	4－240
1988	7－2585	6－2300	1－285	4－390	3－360	1－30
1989	1－ 20		1－ 20	11－1840	10－1780	1－60
1990	7－1555	6－1505	1－ 50	6－1270	6－1270	
1991	6－920	5－870	1－ 50	10－1725	9－1695	1－30
1992	8－2040	7－1950	1－90	12－1890	12－1890	

续表

年份	开工规模			投产规模		
	小计	新建	扩建	小计	新建	扩建
1993	5－870	4－770	1－100	5－1060	4－1010	1－50
1994	10－1051	10－1051		3－670	3－670	
1995	1－180	1－180		6－781	5－691	1－90
1996				7－1150	6－1050	1－100
1997	2－120	2－120		4－880	4－880	
1998	1－500	1－500		1－400	1－400	
1999	3－308	3－308		3－1620	3－1620	
2000	7－731	7－731		1－60	1－60	
2001	13－1490	13－1490		6－231	6－231	
一五时期	17－1800	17－1800		5－480	5－480	
二五时期	174－8504	174－8504		121－5303	121－5303	
三年调整	3－695	3－695		1－45	1－45	
三五时期	14－1375	13－1320	1－55	15－1936	15－1936	
四五时期	29－2056	18－1266	11－790	27－1806	17－1196	10－610
五五时期	10－1480	7－1210	3－270	7－570	5－405	2－165
六五时期	34－3600	28－3231	6－369	20－2376	15－1996	5－380
七五时期	35－6885	30－6440	5－445	41－6000	33－5315	8－685
八五时期	30－5061	27－4821	3－240	36－6126	33－5956	3－170
九五时期	13－1659	13－1659		16－4110	15－4010	1－100

	1984年	1985年	七五			
			合计	1986年	1987年	1988年
总　计	**522062**	**523835**	**3219437**	**549385**	**582097**	**603468**
一、矿区建设	472946	470384	2984739	493603	522018	560004
（一）矿区（露天）建设	384348	340542	2141668	342036	387415	393204
1. 新建井	255870	252769	1577260	264396	293875	284237
2. 扩建井	53447	65388	512391	75229	83992	96813
3. 小煤矿建设	1405	100	4254		960	683
4. 石煤建设	35	54	48		48	
5. 其他	73591	22231	47715	2411	8540	11471
（二）洗煤厂建设	18873	23798	255378	44046	42490	47304
（三）矿区附属工厂	11099	13222	162413	16319	20583	33849
其中：机修厂	1664	2148	11872	1734	1871	2489
（四）矿区公用工程	24550	41293	212748	41658	29001	42186
其中：铁路专用线	8615	16790	110246	17700	13580	21413
（五）生活福利文教建设	19734	35431	161404	34839	32893	33371
（六）矿区其他建设	14343	16098	51127	14705	9636	10090
二、基地建设	8242	4925	35343	5707	6284	6897
三、煤矿机械厂	3229	6620	24047	6373	7230	3846
四、设计	1783	3194	11974	2452	2808	2467
五、地质	6252	7084	27001	7949	7409	4046
六、科研	5982	6646	22640	6924	5902	4351
七、院校	9035	14189	55979	13250	14407	12816
八、其他	14593	10793	57714	13127	16039	9041

完成额——按用向分

单位：万元

时期		八五时期					
1989年	1990年	合计	1991年	1992年	1993年	1994年	1995年
636112	**848375**	**6001455**	**1027126**	**1153116**	**1255626**	**1186335**	**1379252**
595823	813291	5679848	974046	1089125	1183721	1111042	1321914
416898	602115	3724524	642776	690180	759433	739251	892884
301672	433080	2899132	464965	508011	563382	597480	765294
100661	155696	738691	163335	161343	175297	124702	114014
2441	170	2840	1584	563	312	101	280
12124	13169	83861	12892	20263	20442	16968	13296
63495	58043	368726	59360	62570	83377	66327	97092
33618	58044	438569	88301	94416	83658	87769	84425
2404	3374	53053	8965	14044	15621	9440	4983
46390	53513	775345	117387	156388	169559	148576	183435
27764	29789	503704	78460	95665	94959	95726	138894
29169	31133	266302	45281	63568	63537	49377	44539
6253	10443	130542	20941	21823	24157	19742	19539
8106	8349	50655	11271	9701	13473	12897	3313
2915	3683	26426	5259	7248	6575	3745	3599
1871	2376	13165	3059	2368	2623	3723	1392
4345	3252	61642	12088	19008	19473	3269	7804
3081	2382	13647	2472	2143	2271	3900	2861
9432	6074	41288	7437	6971	7628	7659	11593
10539	8968	114784	11494	16552	19862	40100	26776

续表

	九五时期						2001年
	合计	1996年	1997年	1998年	1999年	2000年	
总　计	**6016917**	**1469612**	**1931441**	**1232068**	**746549**	**637247**	**440138**
一、矿区建设	5562681	1400882	1824182	1084625	665268	587724	436457
（一）矿区（露天）建设	4371738	1032245	1450923	885543	507251	495776	375512
1．新建井	3953673	393749	1266291	820110	496316	477207	374423
2．扩建井	405044	134638	183052	58069	10935	18350	979
3．小煤矿建设	90	90					
4．石煤建设							
5．其他	12931	3768	1580	7364		219	110
（二）洗煤厂建设	384563	105692	94757	52049	86546	45519	32564
（三）矿区附属工厂	277090	77117	115422	60624	13620	10307	2961
其中：机修厂	15142	3224	9556	2266		96	
（四）矿区公用工程	376689	149191	117311	56971	34194	19022	165
其中：铁路专用线	286060	106827	91050	45958	29784	12441	
（五）生活福利文教建设	88493	210004	34769	23438	6522	2760	1830
（六）矿区其他建设	64108	156633	11000	6000	17135	14340	23425
二、基地建设	8888	2020	3882	1600	1386		519
三、煤矿机械厂	7601	1763	3768	624	1304	147	
四、设计	711	217	150	162	182		
五、地质	50216	10006	11592	14139	9989	4490	2930
六、科研	45725	6304	14463	9336	6364	9258	
七、院校	51949	11682	12455	14665	12755	392	
八、其他	289146	36738	60954	106917	49301	35236	232

国有重点煤矿投资完成额——按单位分

单位：万元

	1980年	1981年	1982年	1983年	1984年	1985年	1986年
北京市	**1905**	**1247**	**1319**	**1384**	**1755**	**2599**	**2885**
北　京	1905	1247	1319	1384	1755	2599	2885
河北省	**26496**	**17213**	**28399**	**24974**	**37698**	**48615**	**41962**
开　滦	13250	5475	15634	9849	23159	39660	30713
峰　峰	3469	3982	4522	4038	6567	1824	5940
井　陉	59	85	85	60	70	105	150
兴　隆	72	54	115	220	396	584	292
邢　台	5215	5804	6410	8506	5126	4643	3262
邯　郸	4382	1799	1590	2158	2045	1400	1245
下花园	49	14	43	143	335	389	327
八宝山						10	33
山西省	**39349**	**21565**	**32161**	**55212**	**100036**	**114490**	**151417**
大　同	11618	2819	4405	5331	13039	13815	16534
阳　泉	7004	3046	5599	8752	11984	14355	15575
西　山	7238	2213	3770	4550	11344	8135	7299
古　交	3779	6883	8107	15098	19794	23709	32362
汾　西	3162	3084	2296	1993	1929	1951	2295
潞　安	930	716	2050	3783	13469	8773	10396
轩　岗	1204	1247	1617	2270	2043	2083	1555
晋　城	1358	278	467	2337	3024	4014	4947
煤气公司			458	1236	3522	4658	5881
王　坪						1663	2126
霍　州	1511	519	486	1444	2223	3399	5706
东　山	690	12	842	880	1521	1886	2164
荫　营	170	13	69	40	126	135	1331
固　庄				30	53		1416
小　峪	285	661	940	1358	2123	209	20
南　庄	400	9		30		59	298
寨　沟		23	17				1121

续表

	1980年	1981年	1982年	1983年	1984年	1985年	1986年
平　朔		42	1038	6080	13842	25646	40391
内蒙古自治区	**16949**	**13923**	**22154**	**44597**	**55578**	**46707**	**30096**
包　头	106	10	264	367	420	408	202
乌　达	617	87	183	627	2396	1442	353
海勃湾	916	274	607	1472	1771	2412	3196
宝日希勒			539	2246	2536	1184	118
准格尔			108	1026	1428	1295	796
平　庄	2045	1882	3278	4482	5181	7284	4153
扎赉诺尔	1800	1784	2325	4047	5822	5794	4340
大　雁	2124	2386	3086	5871	7034	5755	5145
霍林河	6944	5136	7965	14143	17795	12369	6802
伊敏河	2396	2364	3799	10316	11195	8764	4991
辽宁省	**16363**	**9855**	**15978**	**21258**	**28545**	**26149**	**33008**
抚　顺	676	357	647	1042	3388	3577	3530
阜　新	5889	1733	3762	4521	6260	6480	8730
北　票	302	136	225	410	232	446	429
铁　法	6638	5759	6442	8250	11625	9418	11268
南　票	1768	894	710	1153	456	225	774
沈　阳	811	976	1555	5882	6514	5918	8184
本　溪	278		2637				
烟　台					30	50	58
八道壕					40	35	35
吉林省	**4336**	**2526**	**4837**	**8919**	**8390**	**11053**	**12577**
辽　源	2235	1213	1861	2778	1063	935	738
通　化	1164	419	811	904	1204	2032	2804
舒　兰	937	894	1975	3773	3502	3405	3310
珲　春			190	1464	2621	4681	5725
黑龙江省	**20895**	**15396**	**20240**	**24175**	**57901**	**41007**	**43845**
鸡　西	5023	2271	4736	6026	16780	11063	10538

续表

	1980 年	1981 年	1982 年	1983 年	1984 年	1985 年	1986 年
鹤　岗	9243	8472	7896	7483	25145	12180	12182
双鸭山	4934	3872	5226	6830	10543	10791	8915
七台河	1695	781	2382	3836	5433	6973	12210
江苏省	**5766**	**4928**	**3544**	**3825**	**8757**	**10275**	**16311**
大　屯	5766	4928	3544	3813	8757	8997	15011
徐　州				12		1278	1300
浙江省	**715**	**556**	**535**	**723**	**722**	**774**	**1019**
长　广	715	556	535	723	722	774	1019
安徽省	**36996**	**26656**	**27144**	**35759**	**40834**	**46075**	**46374**
淮　南	14620	13640	14400	20280	25050	24829	26007
淮　北	22376	13016	12744	15479	15784	21246	20367
江西省	**1367**	**1549**	**3486**	**6016**	**6370**	**7681**	**6766**
萍　乡	691	884	1818	2718	2675	2742	1375
丰　城	310	58	1502	3263	3656	4909	802
英岗岭	365	607	166	35	39	30	93
洛　市							4296
乐　平							200
山东省	**33395**	**20188**	**24474**	**33945**	**33632**	**35564**	**34159**
淄　博	759	231	922	1053	1261	1552	1568
新　汶	2197	1327	1166	1201	1392	1479	2420
枣　庄	4393	1553	2360	3763	3340	3503	6705
肥　城	1595	463	867	220	133	175	151
兖　州	23105	14998	16162	22750	25059	26775	19582
坊　子		220	43		20	50	10
龙　口	1345	1396	2954	4958	2427	1920	2253
临　沂						110	1470
河南省	**24426**	**16077**	**16272**	**19779**	**46419**	**24507**	**22873**
平顶山	13561	5551	5065	8322	22603	10328	7980
焦　作	2259	2476	4131	2206	4019	1840	2188

续表

	1980年	1981年	1982年	1983年	1984年	1985年	1986年
鹤　壁	3894	549	812	388	1144	672	700
义　马	3091	6480	4774	5144	12120	5480	8169
郑　州	1621	1021	1490	3719	6533	6187	3836
永　城							
湖南省	**3608**	**3195**	**4224**	**4763**	**4679**	**6539**	**7408**
涟　邵	2232	1921	2523	2347	1967	2977	2488
资　兴	120	144	494	867	1159	1887	2911
白　沙	1256	1130	1207	1549	1553	1675	2009
四川省	**3306**	**5080**	**2651**	**4242**	**5542**	**7296**	**8472**
广　旺	583	298	53	118	331	825	1488
芙　蓉	134	97	34	848	1101	1150	1704
攀枝花							
华蓥山	2307	4374	1787	2061	2365	2809	2870
达　竹							
渡　口	282	311	777	1215	1745	2512	2410
重庆市	**1721**	**1963**	**5037**	**4221**	**5337**	**6072**	**6325**
南　桐			140	388	422	557	843
天　府			50	65	41	131	56
松　藻	1570	1963	4713	3628	4669	4816	4572
中梁山			20	30	43	193	309
永　荣	151		114	110	157	368	530
筠　连					5	7	15
贵州省	**4114**	**3015**	**4866**	**8313**	**8040**	**6059**	**5880**
六　枝	584	914	730	489	552	517	631
盘　江	2210	1669	2829	5537	6043	2907	1930
水　城	1320	432	1307	2282	1445	2635	3319
林　东				5			
云南省	**215**	**142**	**474**	**1887**	**4277**	**2493**	**1200**
一平浪			110	11			

续表

	1980年	1981年	1982年	1983年	1984年	1985年	1986年
羊　场			44	72			
来　宾			37	98			
田　坝	215	142	283	903	1125	788	1200
小龙潭				803	3152	1705	
陕西省	**10414**	**8430**	**9032**	**10729**	**13001**	**11021**	**9178**
铜　川	4003	2650	2896	2840	4039	4331	3336
蒲　白	1138	1686	2350	3193	1873	2139	1208
澄　合	1927	1051	1332	1957	3122	3018	4224
韩　城	3346	3043	2317	2218	2448	1279	410
车　村			137	476	1327	254	
黄　陵				45	192		
甘肃省	**2533**	**4077**	**7081**	**12859**	**5211**	**5984**	**6002**
窑　街	60			6397	188	150	689
阿　干	85			65	30	24	55
靖　远	2388	4077	7081	6397	4993	5810	5258
华　亭							
青海省	**98**	**26**	**57**	**80**	**65**	**50**	**50**
大　通	98	26	57	80	65	50	50
宁夏自治区	**1244**	**625**	**1360**	**4138**	**3888**	**2125**	**2195**
石嘴山	78	28	294	1133	1548	1730	1780
石炭井	392	67	468	897	467	260	250
汝箕沟	774	530	598	2093	1853	130	140
灵　武				15	20	5	25
新疆自治区	**483**	**680**	**1070**	**2612**	**2537**	**2825**	**3455**
哈　密	443	561	474	536	304	250	618
乌鲁木齐		119	596	1201	733	775	837
艾维尔	40			875	1500	1800	2000
神华公司							

续表

	1987年	1988年	1989年	1990年	1991年	1992年	1993年
北京市	**2575**	**1976**	**3567**	**5749**	**7662**	**6628**	**3212**
北　京	2575	1976	3567	5749	7662	6628	3212
河北省	**41610**	**39885**	**41323**	**48176**	**52864**	**59395**	**67267**
开　滦	27866	20881	17558	21305	23346	28902	35721
峰　峰	5949	9145	10602	15471	15799	15283	15617
井　陉	1481	1811	1593	1475	2075	2931	3221
兴　隆	367	736	619	654	1904	1930	2467
邢　台	3020	3420	6183	3685	3323	334	3261
邯　郸	2248	2603	2568	4728	6149	9129	6751
下花园	639	1131	1802	740	210	708	171
八宝山	40	158	398	118	58	178	58
山西省	**133439**	**137597**	**139281**	**176968**	**185644**	**169895**	**180986**
大　同	27554	41331	34429	44654	49194	57986	52689
阳　泉	9608	12181	13716	22681	31142	23761	24942
西　山	3244	946	945	2437	6303	8058	75
古　交	21053	29966	37488	40812			
汾　西	2355	3520	8167	5623	7147	3716	8851
潞　安	13141	14494	11791	15805	20237	23288	29813
轩　岗	1436	1925	2105	2178	3974	5417	11140
晋　城	4926	8243	10829	20807	35452	30832	22656
煤气公司	4514	3507	4824	3416	650	2448	3359
王　坪	3225	7838	3062		3057	107	130
霍　州	8420	10038	6201	10787	10603	14220	20201
东　山	1154	521	373	22	10603	22	20
荫　营	1456		1698	3170	2849		4000
固　庄	1159		2390	4410	4393		3015
小　峪	40	32	20	20	20	20	20
南　庄		142	577	21	20	20	20
寨　沟	629		646				

续表

	1987年	1988年	1989年	1990年	1991年	1992年	1993年
平　朔	29525	2913	20	125			55
内蒙古自治区	**30530**	**41638**	**43529**	**59359**	**80433**	**233505**	**296411**
包　头	372	846	1224	2151	1528	3499	5817
乌　达	1731	2739	5677	6020	2369	3014	6394
海勃湾	3725	7308	4033	7017	6042	4395	8446
宝日希勒		71	71	35	30	30	546
准格尔	2878	4149	6398	193		138306	177927
平　庄	4394	7816	8827	19834	24455	42211	68097
扎赉诺尔	3945	5245	7459	11486	17009	8214	3762
大　雁	2229	1024	590	1187	5155	6744	5159
霍林河	6826	8851	6983	9321	18809	15484	6443
伊敏河	4430	3589	2267	2115	5036	11608	13820
辽宁省	**40134**	**41874**	**49346**	**72602**	**49650**	**53031**	**58015**
抚　顺	3603	4097	4399	4100	4424	5472	10050
阜　新	12448	7866	5620	8011	5776	10191	12775
北　票	677	853	646	1223	1560	3235	6279
铁　法	10028	14956	24430	48262	27660	22315	19417
南　票	1499	1702	2393	903	445	1184	2070
沈　阳	11764	11032	10823	9553	9310	10224	7424
本　溪							
烟　台	80	1239	990	550	475	410	
八道壕	35	129	45				
吉林省	**8108**	**11778**	**15043**	**15497**	**16781**	**15141**	**20523**
辽　源	823	1035	1045	997	970	2059	3482
通　化	2210	1924	2019	5132	5186	3010	3643
舒　兰	2770	4061	4193	3211	1706	1610	2565
珲　春	2305	4758	7786	6157	8919	8462	10833
黑龙江省	**44263**	**48387**	**49831**	**69075**	**78059**	**75179**	**80388**
鸡　西	10810	10997	11688	13945	22031	21944	20754

续表

	1987年	1988年	1989年	1990年	1991年	1992年	1993年
鹤　岗	13033	11485	7371	13024	14746	20208	22046
双鸭山	10701	14222	13872	19892	15911	18808	23602
七台河	9719	11683	16900	22214	25371	14219	13986
江苏省	**19279**	**9881**	**8456**	**17127**	**26198**	**18973**	**17623**
大　屯	9025	3581	3599	8208	15277	10193	12917
徐　州	10254	6300	4857	8919	10921	8780	4706
浙江省	**1961**	**1007**			**401**	**500**	**1537**
长　广	1961	1007			401	500	1537
安徽省	**50530**	**53135**	**48521**	**54401**	**80228**	**81030**	**89444**
淮　南	28785	32704	32092	36495	63166	59865	60746
淮　北	21745	20431	16429	17906	17062	21165	28698
江西省	**4819**	**6407**	**6422**	**7890**	**8575**	**3797**	**4144**
萍　乡	1662	2417	2855	4016	4090	1380	1380
丰　城	1018	1248	927	740	693	1210	1625
英岗岭	235	436	676	566	250	656	664
洛　市	1904	2306	1964	2568	3542	471	235
乐　平						80	240
山东省	**48048**	**48152**	**67585**	**75896**	**87983**	**89173**	**83076**
淄　博	3050	1908	1356	1813	2008	3775	1861
新　汶	2967	3173	4442	9156	10901	13414	14965
枣　庄	14758	14989	19964	19826	20470	12070	13094
肥　城	332	299	502	2030	3855	4003	6368
兖　州	20675	21068	32363	28830	29681	36456	31426
坊　子	50	161	200	532	944	938	654
龙　口	4582	5618	7838	12447	18879	16253	12041
临　沂	1634	936	920	1262	1245	2264	2667
河南省	**27426**	**32095**	**34787**	**51926**	**59225**	**60454**	**63300**
平顶山	8161	9343	12595	14872	13827	13973	22267
焦　作	1750	2112	2607	9382	8846	8672	8506

续表

	1987年	1988年	1989年	1990年	1991年	1992年	1993年
鹤　壁	1343	1793	1676	3424	8633	662	6529
义　马	11680	12179	9065	13584	9535	13878	10062
郑　州	4492	5205	3771	8712	18384	23269	15936
永　城		1463	5073	1952			
湖南省	**7903**	**4512**	**4569**	**4570**	**5737**	**7829**	**7909**
涟　邵	3414	2535	2803	1900	2645	2877	2651
资　兴	1897	1147	1420	2088	2110	3694	3491
白　沙	2592	830	346	582	982	1258	1767
四川省	**12520**	**13959**	**11951**	**10069**	**7236**	**9164**	**10447**
广　旺	1765	2060	2623	1816	1715	1840	1028
芙　蓉	2578	3751	774	1563	2015	3136	4122
攀枝花	6192	4987	7500	5137	2664	2286	3451
华蓥山		9	10		15	500	491
达　竹	1985	3152	1044	1553	827	1402	1355
渡　口							
重庆市	**7268**	**8810**	**7733**	**9942**	**6863**	**11682**	**6199**
南　桐	2327	2494	2853	1879	1010	1195	663
天　府	2091	4599	2179	2406	1494	588	662
松　藻	2194	1341	2334	5306	3929	8091	3876
中梁山	320	121	111	110	145	1165	280
永　荣	310	235	201	175	285	643	718
筠　连	26	20	55	66			
贵州省	**7627**	**8511**	**5715**	**7751**	**9824**	**14213**	**19992**
六　枝	854	909	1223	859	1516	3166	3888
盘　江	1330	672	864	2109	3209	5950	9498
水　城	5403	6372	2648	3817	5069	5027	6606
林　东	40	558	980	966	30	70	
云南省	**1713**	**2385**	**4504**	**1981**	**1217**	**576**	**1477**
一平浪	50		44		50	107	408

续表

	1987年	1988年	1989年	1990年	1991年	1992年	1993年
羊　场	50		40		5	70	165
来　宾			25		45	100	183
田　坝	1613	2385	4395	1981	1117	299	721
小龙潭							
陕西省	**10140**	**13969**	**8529**	**16693**	**28772**	**38628**	**36642**
铜　川	3002	3631	1999	1837	4170	5180	3268
蒲　白	1598	1615	2454	3952	5962	7831	6459
澄　合	4770	7113	2628	4891	887	1196	1002
韩　城	520	1610	1448	1244	2601	5116	6447
车　村							
黄　陵	250			4769	15152	19305	19466
甘肃省	**5145**	**8405**	**10913**	**10883**	**12376**	**19178**	**17348**
窑　街	1010	2397	1547	2023	3297	5213	4885
阿　干	157	115	116	115	155	255	200
靖　远	3978	5851	9230	8710	8868	12562	6566
华　亭		42	20	35	56	1148	5697
青海省	**150**	**150**	**150**	**140**	**163**	**203**	**103**
大　通	150	150	150	140	163	203	103
宁夏自治区	**3508**	**5407**	**6476**	**10276**	**16219**	**22467**	**6744**
石嘴山	1885	3110	2805	4042	8062	2717	3972
石炭井	1204	1202	1187	916	2079	3452	2772
汝箕沟	14						
灵　武	405	1095	2484	5318	6078	16298	
新疆自治区	**4832**	**4767**	**5880**	**11429**	**12031**	**17413**	**16856**
哈　密	1234	1393	2003	2863	3537	6163	6787
乌鲁木齐	1098	1424	3286	8283	8494	11250	9914
艾维尔	2500	1950	591	283			155
神华公司							

续表

	1994年	1995年	1996年	1997年	1998年	1999年	2000年	2001年
北京市	**895**	**2080**	**3881**	**1202**	**1030**			**442**
北 京	895	2080	3881	1202	1030			442
河北省	**47619**	**46624**	**50264**	**66657**	**45781**	**54001**	**80278**	**13176**
开 滦	29370	24412	25989	17110				
峰 峰	11104	14827	10419	20000	18237	35000	50001	
井 陉		5000	7600	12000	10200		2972	
兴 隆	784							
邢 台	1057	30		3847	6330	7001	7006	13176
邯 郸	2280	1205	2106	6100	1235			
下花园	2744	1150	4150	7600	9779	12000	20299	
八宝山	280							
山西省	**159907**	**166408**	**258912**	**372440**	**228983**	**168233**	**128658**	**164036**
大 同	48775	36480		38720				1830
阳 泉	15199	15800	51042	66800	26600		3126	3126
西 山	5690	3162	8030	5493	5751			
古 交		38020	51149	90000	59738			
汾 西	14893	2320	24409	35090	16000		16872	3000
潞 安	15928	27902	6118	16441	8299			998
轩 岗	4625							
晋 城	23106	19584	50539	70068	35000	88696	25595	56613
煤气公司	4500	3400	17100	8000				
王 坪								
霍 州	22052	13520	41200	30475				
东 山	26				2046			
荫 营	3200	4000	8000	2681	3096			
固 庄	1712	2000	1075	450	700		1008	150
小 峪	23							
南 庄	23							
寨 沟								

续表

	1994年	1995年	1996年	1997年	1998年	1999年	2000年	2001年
平　朔	155	220	250	8222	71753	79537	82057	98319
内蒙古自治区	**246672**	**240310**	**56786**	**176379**	**32494**	**22956**	**846**	**819**
包　头	6302	9141	401	2545	4300			
乌　达	2757	420		2021	3694			
海勃湾	4230	2824	2437					
宝日希勒	2540	1300	6524	2800		2183		
准格尔	126418	164194		54252		7191		
平　庄	78260	28020	27000	33000	4000	13582	846	819
扎赉诺尔	770	2020	880	28				
大　雁	4137	12791	15384	23536	19000			
霍林河	2988	4600	4160	3945	1500			
伊敏河	18270	15000		54252				
辽宁省	**43441**	**27241**	**66540**	**117794**	**53111**	**4143**	**13866**	**23352**
抚　顺	1260	147	4012	1912	198	143		
阜　新	11863	10161	20319	31337				
北　票	4520	1500	1600	1724				
铁　法	17088	6393	14141	38658	32113			23352
南　票	550	20	80	140				
沈　阳	8160	9020	26388	44023	20800	4000	13866	
本　溪								
烟　台								
八道壕								
吉林省	**14081**	**14693**	**15296**	**18337**	**8700**			
辽　源	3961	8955	11200	12000	8700			
通　化	2615	3363	4096	6287				
舒　兰	2372	450						
珲　春	5133	1925		50				
黑龙江省	**87390**	**78891**	**98936**	**134047**	**30775**	**6000**	**5125**	**24111**
鸡　西	20012	10642	25200	17345				

续表

	1994年	1995年	1996年	1997年	1998年	1999年	2000年	2001年
鹤　岗	22045	17780	21526	32910	75			
双鸭山	35153	38249	29670	42537	30700	6000	5125	24111
七台河	10180	12220	22540	41255				
江苏省	**15143**	**14678**		**43161**	**18474**	**3900**		
大　屯	11170	13318		43161	18474	3900		
徐　州	3973	1360						
浙江省						**1047**		
长　广						1047		
安徽省	**99515**	**176404**	**170948**	**179014**	**75629**	**23052**	**45743**	**80185**
淮　南	74540	134918	141351	130459	41671	3246	34642	55245
淮　北	24975	41486	29597	48555	33958	19806	11101	24940
江西省	**4382**	**5909**	**5282**	**6852**	**6651**		**4000**	
萍　乡	1080	2194	2194	2653				
丰　城	761	489	871	4199	6651		4000	
英岗岭	2191	3226	2217					
洛　市								
乐　平	350							
山东省	**79517**	**173013**	**150195**	**158662**	**161212**	**132923**	**106769**	**115836**
淄　博	2200	5670						
新　汶	8007	10929	7800	3500	7180	7000	7220	19580
枣　庄	10709	26509	31436	44903	36928	19564	28915	14983
肥　城	6856	9000	17517	11947	4104	568	292	4495
兖　州	38281	108090	82158	90164	102000	105791	70342	68832
坊　子	1000	800						
龙　口	10769	9335	6284	148				
临　沂	1695	2680	5000	8000	11000	12309	11862	7946
河南省	**64601**	**80893**	**88972**	**193763**	**148647**	**62469**	**74597**	**27372**
平顶山	23002	36518	38253	50313	35000	16669	22755	3250
焦　作	6910	7500	12138	17000	9800	3965		

续表

	1994年	1995年	1996年	1997年	1998年	1999年	2000年	2001年
鹤　壁	6782	4860	10416	12000	12013	2190	1350	2686
义　马	9997	9420	1835					
郑　州	17910	22595	26330	22300	7853			
永　城				92150	83981	39645	50492	21436
湖南省	**18005**	**17480**	**16810**	**5306**	**52**	**539**	**757**	**390**
涟　邵	6586	8611	2200	326	52	320		
资　兴	5733	4114	10885			219	384	40
白　沙	5686	4755	3725	4980			373	350
四川省	**12182**	**8164**	**3578**	**80**	**65**			
广　旺	3802	2094	2622	30				
芙　蓉	4554	4579	956	50				
攀枝花	1047	160						
华蓥山	245	31						
达　竹	2480	1300			65			
渡　口								
重庆市	**6510**		**3041**					
南　桐	210							
天　府	2279		1458					
松　藻	3506		1583					
中梁山	275							
永　荣	240							
筠　连								
贵州省	**33842**	**40705**	**77078**	**89174**	**32758**	**27024**	**7008**	**8758**
六　枝	10330	6347	7232	2180	501	26991		
盘　江	13261	19840	43250	52402	29181		6989	8758
水　城	10251	14518	26596	34592	3076	33	19	
林　东								
云南省	**2746**	**1304**	**2059**	**1936**	**2749**	**1955**	**1193**	**1963**
一平浪	1248	750	1365	682				508

续表

	1994年	1995年	1996年	1997年	1998年	1999年	2000年	2001年
羊　场	294	76	448	1104	1635	1798	152	729
来　宾	225	478	246	150	63	157	1041	158
田　坝	979				1051			568
小龙潭								
陕西省	**33570**	**46137**	**40285**	**65007**	**24975**	**1518**	**16997**	**5949**
铜　川	5020	7000	7876	15671	9194		7633	369
蒲　白	6032	8000	7949	10395	5546		2011	
澄　合	636							
韩　城	7512	10539	11027	14040	8858		1029	5580
车　村								
黄　陵	14370	20598	13433	24901	1377	1518	6324	
甘肃省	**25071**	**32615**	**32400**	**47544**	**58000**	**25000**	**23101**	**15087**
窑　街	5991	8510	8680	15762	22000			9500
阿　干								
靖　远	8227	11000	4869					
华　亭	10853	13105	18851	31782	36000	25000	23101	5587
青海省	**101**	**280**	**90**					
大　通	101	280	90					
宁夏自治区	**24975**	**40588**	**38333**	**34560**	**24199**	**5494**		
石嘴山	1009	1000						
石炭井	190							
汝箕沟								
灵　武	23776	39588	38333	34560	24199	5494		
新疆自治区	**17306**	**19015**	**20146**	**15289**	**7886**	**1065**	**2498**	
哈　密	6787	5110	4567					
乌鲁木齐	9587	12058	14240	15289	4168		1975	
艾维尔	932	1847	1339		3718	1065	523	
神华公司								

国有重点煤矿矿井开工投产情况

单位：处－万吨/年

年 份	开工规模			投产规模		
	小计	新建	扩建	小计	新建	扩建
1949	3－42	3－42				
1950	5－705	5－705				
1951	2－55	2－55				
1952	10－491	10－491				
1953				5－405	5－405	
1954	42－1561	42－1561		9－445	9－445	
1955	35－1197	35－1197		16－538	16－538	
1956	34－1541	34－1541		21－732	21－732	
1957	40－1964	40－1964		21－732	21－732	
1958～1962	277－8675	277－8675		222－6845	222－6845	
1963				11－345	11－345	
1964	7－381	7－381		11－786	11－786	
1965	16－1350	16－1350		16－660	16－660	
1966	31－2406	31－2406		13－810	13－810	
1967	14－633	14－633		2－45	2－45	
1968	10－288	10－288		14－802	14－802	
1969	14－472	14－472		10－606	10－606	
1970	73－2645	68－2459	5－186	55－2071	52－2017	3－54
1971	38－1781	34－1358	4－423	24－780	24－780	
1972	12－473	8－293	4－180	22－822	20－768	2－54
1973	12－669	9－624	3－45	23－1164	18－960	5－204
1974	17－1222	9－810	8－412	26－794	17－429	9－365
1975	17－940	9－475	8－465	35－1326	29－1101	6－225
1976	16－1124	9－719	7－405	18－752	12－563	6－189
1977	7－1060	6－1030	1－30	18－737	12－517	6－220
1978	16－1516	13－1191	3－325	14－530	12－410	2－120
1979	16－2480	12－2105	4－375	21－1136	13－762	8－374
1980	2－450	1－300	1－150	9－406	7－286	2－120
1981	8－923	4－414	4－509	16－1134	12－909	4－225
1982	20－904	14－544	6－360	8－549	6－414	2－135

续表

年份	开工规模			投产规模		
	小计	新建	扩建	小计	新建	扩建
1983	48－3722	39－3128	9－594	23－1528	19－1273	4－255
1984	26－2085	6－765	20－1320	21－1823	15－1384	6－438
1985	5－1820	4－1680	1－140	19－1201	13－856	6－345
1986	6－421	3－106	3－315	24－1767	18－1227	6－540
1987	24－1399	11－450	13－949	20－1711	10－1306	10－405
1988	21－1369	10－745	11－624	28－3090	19－2165	9－925
1989	24－2452	12－1663	12－789	37－2525	28－1780	9－745
1990	17－2124	11－1415	6－709	22－2007	14－1309	8－698
1991	21－2590	12－1555	9－1035	24－2738	16－1984	8－754
1992	25－2181	19－1888	6－293	16－2131	7－1351	9－780
1993	16－1829	13－1469	3－360	11－753	3－231	8－522
1994	9－1020	8－990	1－30	2－180	1－30	1－150
1995	3－505	3－505		21－1938	8－835	13－1103
1996	4－925	4－925		5－330	2－90	3－240
1997				13－2049	9－1770	4－279
1998	7－2115	7－2115		2－80	1－30	1－50
1999	3－390	3－390		7－2055	4－1635	3－420
2000	2－75	1－60	1－15	5－920	5－920	
2001	4－260	2－230	2－30	5－634	4－610	1－24
三年恢复	17－1251	17－1251				
一五时期	151－6263	151－6263		88－3362	88－3362	
二五时期	277－8675	277－8675		222－6845	222－6845	
三年调整	23－1731	23－1731		38－1791	38－1791	
三五时期	142－6444	137－6258	5－186	94－4334	94－4334	3－54
四五时期	96－5085	69－3560	27－1525	130－4886	108－4038	22－848
五五时期	57－6630	41－5345	16－1285	80－3561	56－2538	24－1023
六五时期	107－9454	67－6531	40－2923	87－6234	65－4836	22－1398
七五时期	92－7765	47－4379	45－3386	131－11100	89－7787	42－3313
八五时期	74－8125	55－6407	19－1718	74－7740	35－4431	39－3309
九五时期	16－3505	15－3490	1－15	32－5434	21－4445	11－989

国有重点洗煤厂开工投产情况

单位：处－万吨/年

年份	开工规模			投产规模		
	小计	新建	扩建	小计	新建	扩建
一五时期	17－1800	17－1800		5－480	5－480	
二五时期	174－8504	174－8504		121－5303	121－5303	
三年调整	3－695	3－695		1－45	1－45	
三五时期	14－1375	13－1320	1－55	15－1936	15－1936	
四五时期	24－1786	13－996	11－790	23－1596	13－986	10－610
五五时期	10－1480	7－1210	3－270	6－510	4－345	2－165
六五时期	25－3009	19－2640	6－369	16－2235	12－1870	4－365
七五时期	33－6735	28－6290	5－441	35－5655	27－4970	8－685
八五时期	26－5160	23－4920	3－240	29－5565	26－5359	3－270
1991	6－920	5－870	1－50	7－1575	6－1545	1－30
1992	8－2040	7－1950	1－90	9－1500	9－1500	
1993	5－870	4－770	1－100	5－1060	4－1010	1－50
1994	7－1330	7－1330		3－670	3－670	
1995				5－760	4－670	1－90
九五时期	7－1350	7－1350		13－3450	12－3350	1－100
1996				7－1150	6－1050	1－100
1997	2－120	2－120		2－520	2－520	
1998	1－500	1－500		1－400	1－400	
1999	2－300	2－300		2－1320	2－1320	
2000	2－430	2－430		1－60	1－60	
2001	2－550	2－550				

三、地 质 勘 探

全国煤炭保有储量——按省市区分

单位：亿吨

	1991年	1992年	1993年	1994年	1995年	1996年	1997年
全国总计	**9667.67**	**9863.42**	**10018.65**	**10087.12**	**10008.51**	**10024.90**	**10076.28**
北京市	24.39	24.36	24.28	24.17	23.99	23.90	23.78
天津市	3.83	3.82	3.83	3.83	3.83	3.83	3.83
河北省	154.18	151.98	151.17	148.98	147.89	147.28	146.59
山西省	2569.43	2574.06	2621.20	2624.19	2586.56	2577.76	2612.19
内蒙古自治区	2009.92	2186.42	2244.53	2260.39	2251.70	2247.50	2248.38
辽宁省	67.96	69.17	68.41	68.20	67.07	67.39	66.45
吉林省	21.78	21.74	21.87	21.95	21.68	21.60	21.38
黑龙江省	197.39	196.89	195.67	242.83	218.90	217.62	230.61
江苏省	41.44	41.53	41.16	39.34	39.05	38.49	38.14
浙江省	1.27	1.25	1.23	1.21	1.20	1.18	1.16
安徽省	251.95	246.53	246.61	245.77	245.44	245.30	247.18
福建省	10.60	11.36	11.20	11.10	11.80	11.73	11.69
江西省	13.90	14.11	14.08	14.36	14.11	14.04	13.83
山东省	231.42	229.80	228.61	227.66	225.72	226.95	226.41
河南省	230.22	229.00	226.39	224.75	222.64	227.34	226.67
湖北省	5.90	5.88	5.78	5.79	5.54	5.52	5.48
湖南省	30.19	29.36	29.37	30.69	30.69	30.30	29.45
广东省	6.75	6.76	6.68	6.53	6.43	6.32	6.24
广西自治区	21.58	21.32	21.20	21.12	20.94	21.03	20.64
海南省	0.98	0.99	0.99	0.99	0.98	0.98	0.98
四川省	96.67	97.70	97.45	98.21	97.75	97.30	91.15
重庆市							20.47
贵州省	501.86	508.56	506.75	507.26	507.05	523.90	523.69
云南省	236.08	236.90	239.19	239.27	240.38	241.58	239.69
西藏自治区	0.48	0.48	0.48	0.48	0.48	0.48	0.48
陕西省	1560.54	1562.02	1619.63	1618.41	1618.02	1618.91	1618.56
甘肃省	86.85	92.85	92.78	92.85	92.75	101.52	95.72
青海省	43.35	43.61	43.81	43.79	43.78	43.79	45.09
宁夏自治区	309.57	311.69	309.88	309.65	309.43	309.25	308.89
新疆自治区	937.19	943.28	944.42	953.35	952.72	952.13	951.46

续表

	1998年	1999年	2000年	2001年	2002年	2003年
全国总计	**10070.69**	**10062.50**	**10032.58**	**10201.50**	**10190.59**	**10211.86**
北京市	23.65	22.81	22.70	23.85	23.80	23.83
天津市	3.83	3.83	3.83	3.83	3.83	3.83
河北省	145.69	145.25	144.28	153.43	152.56	151.39
山西省	2608.40	2581.32	2560.89	2656.76	2650.02	2652.84
内蒙古自治区	2256.37	2255.89	2255.02	2232.41	2233.90	2239.07
辽宁省	65.23	63.77	60.24	64.69	64.81	65.98
吉林省	21.28	21.47	21.38	24.81	24.59	24.00
黑龙江省	230.01	229.10	226.56	236.88	237.03	224.50
江苏省	38.04	37.88	37.89	40.27	39.83	40.28
浙江省	1.14	1.12	1.10	0.98	0.97	0.95
安徽省	246.75	245.70	242.53	253.27	252.53	255.26
福建省	11.57	11.47	11.53	11.54	11.41	11.15
江西省	13.73	13.48	13.33	13.56	13.74	13.56
山东省	227.17	224.57	220.56	246.54	239.55	251.78
河南省	233.49	232.12	230.18	246.15	243.55	240.03
湖北省	5.38	5.34	5.29	5.37	5.28	5.49
湖南省	29.24	29.12	28.81	30.20	29.97	30.64
广东省	5.98	5.91	5.28	6.41	6.37	6.36
广西自治区	20.48	20.73	20.06	21.94	21.87	21.53
海南省	0.99	0.98	0.99	1.67	1.67	1.67
四川省	90.10	89.83	89.46	97.52	97.33	97.16
重庆市	20.20	20.45	20.68	23.18	23.13	22.99
贵州省	523.15	538.98	528.60	492.49	492.27	492.12
云南省	239.51	240.64	240.59	246.77	246.45	250.16
西藏自治区	0.43	0.43	0.43	0.54	0.54	0.54
陕西省	1618.28	1621.30	1631.53	1651.10	1652.49	1659.65
甘肃省	86.37	86.32	86.02	87.31	87.23	86.76
青海省	45.06	45.07	45.04	48.71	48.74	48.27
宁夏自治区	308.63	308.72	307.74	307.80	308.10	308.40
新疆自治区	950.54	958.90	970.02	971.52	977.03	981.67

煤田地质勘探主要指标

年　份	探明煤炭储量（亿吨）		机械岩心钻探（万米）	平均开动钻机（台）	年末职工人数（人）	地质钻探事业费（万元）
	合计	其中：供建井				
1950			4.9	10.0	315	19
1951			5.6	18.0	667	39
1952			19.9	51.5	3323	292
1953	7.01	6.87	41.9	288.1	13732	1879
1954	27.63	26.79	64.5	431.8	20436	3785
1955	52.37	44.34	73.5	448.1	20994	4171
1956	70.08	49.11	112.0	541.5	40168	7807
1957	100.04	44.00	115.0	501.9	40252	8206
1958	619.31	39.08	207.9	561.1	48552	10115
1959	570.27	9.92	245.2	710.2	57986	11966
1960	337.17	46.78	267.9	811.1	66745	13694
1961	24.99	1.78	147.6	681.0	57557	12062
1962	47.35	11.28	89.8	420.8	37419	7777
1963	91.11	44.38	104.8	398.2	38545	8713
1964	53.93	46.40	117.0	409.0	40509	9866
1965	264.70	120.37	128.8	441.9	44252	10781
1966	200.75	129.12	179.6	441.1	48555	11357
1967	142.77	68.27	140.1	373.2	49538	11271
1968	363.47	15.99	84.3	286.1	48559	8750
1969	123.80	33.23	128.4	367.2	52328	10792
1970	1178.38	40.68	194.5	472.4	58440	11548
1971	208.33	35.53	235.1	581.0	60503	12951
1972	168.00	47.92	235.2	611.1	61780	14117
1973	190.78	70.54	244.1	599.2	62865	15021
1974	142.39	31.36	239.3	619.6	67547	16405
1975	258.81	41.41	274.3	631.1	77442	18131
1976	267.78	33.29	300.7	674.2	79490	20352
1977	183.30	77.90	336.4	710.4	83863	21381
1978	250.59	87.13	351.6	782.4	92716	24857
1979	229.00	87.72	352.0	829.0	96865	28130
1980	293.90	48.07	291.5	777.2	97872	30854

续表

年　份	探明煤炭储量（亿吨）		机械岩心钻探（万米）	平均开动钻机（台）	年末职工人数（人）	地质钻探事业费（万元）
	合计	其中：供建井				
1981	281.89	27.99	220.6	652.4	100734	28829
1982	797.01	42.15	219.1	654.1	101326	30055
1983	557.03	89.84	220.7	638.6	102294	31359
1984	209.85	52.73	226.4	654.7	101589	34489
1985	196.68	58.14	194.3	585.4	100334	37948
1986	507.42	52.57	143.8	474.9	97903	42240
1987	842.56	63.35	134.0	434.9	97159	42000
1988	148.24	80.59	132.9	433.7	96534	44800
1989	357.17	89.98	93.6	329.7	95523	45589
1990	199.31	65.13	117.6	353.7	94332	50048
1991	268.59	57.05	103.3	265	94274	51339
1992	194.50	53.90	115.2	316	76295	58162
1993	417.10	39.30	80.6	205	73871	62156
1994	176.70	55.70	40.8	99	77972	82801
1995			20.9	54	75133	85220
1996			25.2		73363	95823
1997			16.0		72032	100883
1998			36.9		68920	108318
1999			15.6		70446	110149
2000			48.3			
三年恢复	3.35	3.35	30.4			350
一五时期	257.13	171.13	407.0			25849
二五时期	1599.09	108.85	958.3			55614
三年调整	409.73	211.15	350.6			29360
三五时期	2009.17	287.29	726.9			53718
四五时期	968.31	226.76	1228.0			76625
五五时期	1224.57	334.11	1632.2			125574
六五时期	2042.46	270.85	1081.1			162680
七五时期	2054.70	351.62	621.9			94332
八五时期			360.9			339678
九五时期			142.0			

四、劳 动 工 资

煤炭工业年末职工人数（县营以上）——按省市区分

单位：人

	1949年	1950年	1951年	1952年	1953年	1954年	1955年	1956年
全国总计	**317017**	**346566**	**390055**	**485076**	**532780**	**602739**	**656979**	**859462**
北京市	6771	5388	6233	7777	9409	12789	15001	18428
天津市								
河北省	69161	69539	69517	70613	79216	85430	89537	103073
山西省	14848	23957	29668	42959	48062	59150	72135	107889
内蒙古自治区	385	514	346	1294	1841	3726	5046	8258
辽宁省	68572	84925	99702	121294	136389	131329	144324	151699
吉林省	21466	22867	28198	34985	39159	38314	46795	51154
黑龙江省	31894	36307	43551	51107	55759	76847	78029	95835
上海市						338	438	1152
江苏省	10171	10949	6458	7631	8271	9030	10088	17294
浙江省								
安徽省	19259	14514	13359	17093	17904	22241	24270	29152
福建省						101	116	503
江西省	3746	5177	5546	8002	7893	9555	10698	16395
山东省	27966	25624	19850	33893	30688	38739	39217	51619
河南省	8206	10228	16172	24733	25486	29589	29216	55242
湖北省	3085	2341	2517	4768	5334	4039	4049	4812
湖南省	1500	4472	9540	11049	9478	11391	14132	21347
广东省	1214	1092	1065	1754	2344	2921	4009	5826
广西自治区	1107	1807	1705	1432	1543	1726	2602	4486
四川省	17772	18728	26775	33239	37538	41521	41149	67699
贵州省								
云南省	2575	2072	2231	2176	2366	2978	2979	3522
陕西省	5310	3469	3859	4072	7087	11275	12139	23373
甘肃省	881	1468	2613	2400	4144	6655	7793	13528
青海省	712	742	636	713	782	1054	1249	1942
宁夏自治区	416	386	514	876	1273	1058	1027	2420
新疆自治区				1216	814	943	941	2814
部属其他单位								

续表

	1957年	1958年	1959年	1960年	1961年	1962年	1963年	1964年	1965年	1966年
全国总计	**1004622**	**3516979**	**3023728**	**3338756**	**2893874**	**2091997**	**1880807**	**1741406**	**1812026**	**1926941**
北京市	22017	25086	38458	47128	40549	38957	47044	45225	40867	41647
天津市									1047	1069
河北省	101054	178054	211168	234065	201138	170609	161560	154747	146859	152021
山西省	133679	222649	245686	234723	227261	198478	187283	183093	188185	189491
内蒙古自治区	15326	55539	71231	95429	67292	49751	59013	44188	47422	50409
辽宁省	169209	272694	296665	322348	293644	242874	218759	225627	224789	221288
吉林省	55746	138713	113928	136221	137953	107744	98778	93164	88595	88879
黑龙江省	92626	188057	227986	261549	219305	179341	168845	164041	155935	164908
上海市	1195	1071	1205	1462			1225	880	773	537
江苏省	19851	65152	62707	93253	78652	58039	48759	64258	39126	37491
浙江省	135	34601	13221	39947	23104	13687	9414	6218	4910	5810
安徽省	32029	97555	118364	141899	115913	89105	85733	76192	82787	84515
福建省	694	19735	14521	20240	14894	9019	7250	6219	5941	7293
江西省	16225	77345	71133	96049	82445	51643	42056	35238	42769	42174
山东省	57174	526740	243853	239596	220463	171001	150338	132691	129128	131757
河南省	56085	229102	235442	250543	199824	179673	165170	152062	145463	139677
湖北省	6376	46446	32226	57741	33930	17833	14918	11823	9670	10796
湖南省	26145	194741	135524	141622	111939	83511	66419	35843	49272	61214
广东省	6418	98528	87087	96348	60132	29641	19532	17519	17301	20717
广西自治区	4650	33369	32538	36601	27477	13811	12038	8840	11728	13835
四川省	104299	526246	428396	504462	414484	169432	146952	129366	164794	211951
贵州省	4065	81460	41452	40375	29449	24250	20168	22314	64438	95202
云南省	8966	102806	50289	55604	45148	27738	24420	21927	23589	21029
陕西省	25494	78276	61361	83595	72180	57944	55006	45635	55626	48594
甘肃省	20440	73728	58120	56468	43956	29607	26836	22255	19758	22480
青海省	3090	18350	16391	11200	12403	7048	5746	5328	3995	5142
宁夏自治区	3060	19108	38135	40288	33738	24985	24049	22611	30676	35125
新疆自治区	5950	98429	36496		45603	16582	13496	14102	16583	21890
部属其他单位	12624	13399	40145		40998	29694				

续表

	1967年	1968年	1969年	1970年	1971年	1972年	1973年	1974年
全国总计	**1991208**	**2075668**	**2302399**	**2484653**	**2817360**	**2965608**	**3251596**	**3401974**
北京市	41852	43175	44292	43500	43630	48068	50548	51328
天津市	1363	1274	1260	3081	4801	5417	3499	3664
河北省	156496	168715	194070	204140	200232	205170	250600	285564
山西省	195044	204331	219845	192212	256629.	260817	269202	295396
内蒙古自治区	51199	54051	47235	43429	53663	59173	56646	56593
辽宁省	227425	232494	252976	247720	259088	262525	290502	290878
吉林省	89170	94287	99507	114256	127101	128672	138408	144796
黑龙江省	169059	177664	191533	188151	198471	218709	257447	255009
上海市	539	549	539	1109	6826	7363	9696	11952
江苏省	37965	38488	54057	74029	95996	127756	134992	136847
浙江省	6769	7019	11356	34297	35439	34674	32742	29987
安徽省	85273	87780	93944	121943	129151	135716	143635	151072
福建省	8147	8740	11466	22900	23685	26021	28942	32072
江西省	43513	48612	59932	69295	86450	108116	104332	104474
山东省	132632	138256	147284	167826	179822	187052	199991	201625
河南省	142196	148170	173633	203205	227679	239411	243798	267033
湖北省	12545	12010	18015	62349	64082	62027	51684	51113
湖南省	68197	83303	96611	78608	88933	88009	156209	158796
广东省	21976	24880	38410	72607	73746	77719	77250	76800
广西自治区	16151	16106	27371	39828	59789	59782	58323	62497
四川省	220248	220164	232254	149751	174242	177419	299679	297897
贵州省	105785	105827	104953	87726	104005	104584	87856	90423
云南省	21835	21895	23031	28800	31552	32708	33834	47706
西藏自治区				1635	2181	1934	1825	2437
陕西省	48580	48258	55989	83422	117035	124379	101608	120947
甘肃省	23422	25217	32899	49678	62276	68061	69257	76105
青海省	6348	7091	8471	11990	13124	14235	14225	14758
宁夏自治区	35155	35482	40238	50668	51588	53947	56807	56745
新疆自治区	22324	21830	21228	46498	46144	46144	28059	27460

注：1977～1984年不包括计划外用工。

续表

	1975年	1976年	1977年	1978年	1979年	1980年	1981年	1982年	1983年	1984年
全国总计	**3626042**	**3814483**	**3939070**	**4068649**	**4103992**	**4192014**	**4333033**	**4477554**	**4662523**	**4796060**
北京市	55626	58437	59430	62423	62091	62347	67645	67940	68281	65114
天津市	4160	4742	5231	1448	1487	1532	1536	1533	1546	1560
河北省	327694	339422	371025	363668	371266	375418	376837	387503	412946	425929
山西省	304658	320642	327375	334037	349553	369344	403499	426394	474780	495000
内蒙古自治区	60498	61368	64322	62732	74176	134609	142260	140661	156530	167901
辽宁省	305955	318022	323116	342921	341217	325217	343125	356098	368035	374662
吉林省	154211	159388	166910	173602	186612	182305	182370	187869	192990	197695
黑龙江省	266482	272515	281326	292008	296772	291895	306826	320225	335043	355921
上海市	14510	18039	19026	18259	18057	19437	20917	21079	1339	1381
江苏省	141981	148464	153786	163003	165219	165183	169565	175544	195525	206884
浙江省	29819	29103	31507	32381	30704	29097	28811	29017	28845	29289
安徽省	165072	177450	184972	210936	213794	219149	235182	265586	273390	277355
福建省	33611	35795	40182	43589	42333	41402	39593	39728	41241	41031
江西省	105178	108721	113823	116679	118367	120331	123116	126992	127517	137153
山东省	240467	273359	273131	303094	281131	296589	311353	327064	345385	352741
河南省	275270	295122	302288	312240	319136	331087	341723	351803	368820	373770
湖北省	51648	52708	56439	57865	55663	51277	49289	47768	47671	47703
湖南省	163887	169283	166447	164653	166362	169206	175797	178675	183484	189512
广东省	81804	91356	96370	97956	96279	91312	85514	84412	83448	82601
广西自治区	67728	78764	84506	85498	82927	75294	69938	67716	67889	64526
四川省	302890	307995	312626	305291	304397	304270	315738	321615	327026	332994
贵州省	93326	94629	93315	96212	99870	99581	100678	103731	105920	115158
云南省	52872	54301	56086	60446	60328	57891	56513	56503	57575	58409
西藏自治区	2526	2690	2828	3178	2846	1410	1179	817	714	611
陕西省	123553	128912	134339	143980	142963	150921	157179	165739	169024	166092
甘肃省	80666	84619	86995	86836	85584	86673	85826	89014	87161	88514
青海省	15854	18487	18837	19865	18272	17198	17044	14955	15285	16305
宁夏自治区	61151	62271	64381	64443	66267	68692	70832	72017	72151	74001
新疆自治区	42945	47879	48451	49406	50309	53347	53148	49556	52962	56248

续表

	1985 年	1986 年	1987 年	1988 年	1989 年	1990 年
全国总计	**5137389**	**5137416**	**5155710**	**5250000**	**5332002**	**5463977**
北京市	72472	73167	69344	71552	71431	72117
天津市	1593	1647	1648	1616	1589	1647
河北省	443920	440248	441158	432858	444014	477553
山西省	537848	539673	557587	582157	600814	610076
内蒙古自治区	183318	185508	186788	190051	168596	200955
辽宁省	389520	398866	408460	394285	395315	401159
吉林省	204876	205110	194426	201023	205090	208348
黑龙江省	371134	383095	391360	393710	400987	414872
上海市	1456	1497	1503	1486	1445	1473
江苏省	218844	217859	218427	220223	224481	228517
浙江省	31955	32366	32360	33461	33363	34391
安徽省	289750	290981	295229	313430	320223	323064
福建省	45690	44971	45200	45446	47187	46767
江西省	143867	142712	145689	151688	155713	158564
山东省	382757	387837	395866	404595	409525	416262
河南省	450951	434609	436386	436596	459889	470948
湖北省	52562	51104	51158	51609	53624	54684
湖南省	203711	201516	205052	209192	214337	218231
广东省	82114	78780	75589	74639	75462	76774
广西自治区	63008	61420	59397	60639	62603	62082
四川省	359129	363146	364847	378054	392928	396863
贵州省	121300	116216	104377	111532	101996	114722
云南省	59503	61669	57333	55977	58903	59663
西藏自治区	638	509	540	540	540	540
陕西省	177386	179255	179837	180232	181132	183162
甘肃省	92642	91097	91065	91764	93506	97725
青海省	17421	17368	16914	17285	16557	16494
宁夏自治区	75313	74319	75457	76277	77588	82022
新疆自治区	62711	60871	60841	62034	62319	63537
海南省					765	765

注：1985 年没有计划外用工。

续表

	1991年	1992年	1993年	1994年	1995年	1996年
全国总计	**5541095**	**5513925**	**5349360**	**5248694**	**5099789**	**4990284**
北京市	70729	69941	63850	55852	53921	51463
天津市	1779	1764	1651	1686	1437	1462
河北省	449211	441829	425907	425152	404150	394083
山西省	623235	671152	669074	671288	656273	659783
内蒙古自治区	103591	106113	106108	195294	205030	199145
辽宁省	51150	42339	38852	366399	347760	331467
吉林省	44794	43042	42674	191331	184086	178171
黑龙江省	61380	62647	54494	446072	433811	415908
东煤公司	979951	990112	985154			
上海市	1498	1497	1508	1428	1413	1318
江苏省	246356	230285	220776	216491	206841	202381
浙江省	34295	34400	33049	28620	24611	24493
安徽省	331291	334750	327091	321071	314775	314608
福建省	45156	42729	40955	40183	37886	36801
江西省	157864	153304	145017	128455	124733	123587
山东省	426929	422351	411027	406670	401227	399892
河南省	474986	460497	440314	427604	420530	414248
湖北省	53635	52436	49345	48887	48326	48098
湖南省	219770	211981	208458	203162	198549	196257
广东省	74676	69662	67270	64231	58404	52966
广西自治区	63148	61853	63151	63277	62625	58793
海南省	27		15	68	37	69
四川省	401406	288782	275100	274159	357993	349486
重庆市		104955	99084	95993		
贵州省	117283	117102	103814	108070	102643	100292
云南省	59782	58384	55552	53199	48635	48718
西藏自治区	332	332				
陕西省	187955	181951	179632	174180	171450	157251
甘肃省	98522	96181	90626	88366	84392	83289
青海省	16691	16289	15535	15440	15148	15164
宁夏自治区	81727	79914	72251	72831	70981	69478
新疆自治区	61946	65351	62026	63199	62122	61613

续表

	1997年	1998年	1999年	2000年	2001年
全国总计	**4888165**	**4064437**	**4432994**	**4271511**	**3709117**
北京市	49871	46819	41566	75842	37337
天津市	1398	1193	132		100
河北省	381187	319714	337598	302018	307036
山西省	655762	605343	605240	601717	607248
内蒙古自治区	196252	171328	181523	181719	180158
辽宁省	323796	244749	265317	248205	214357
吉林省	174196	130269	160524	158381	143448
黑龙江省	402655	285277	352891	348145	286057
东煤公司					
上海市	1271	956	1301	18	731
江苏省	195856	164857	179836	160590	103614
浙江省	35353	17541	17556	16283	10014
安徽省	309628	244661	273192	270648	265484
福建省	36360	33321	30811	27452	26104
江西省	121569	91946	127661	124856	92081
山东省	398443	366694	387710	394701	393516
河南省	408893	359224	421242	407743	365767
湖北省	46895	32972	39372	21684	7579
湖南省	182293	131109	171492	142580	115962
广东省	48670	26974	34126	26534	3641
广西自治区	53167	40967	47558	40739	33789
海南省	66	29	12		
四川省	198200	171486	179819	167418	66504
重庆市	138763	131466	105887	104719	67362
贵州省	98431	87508	91057	82707	82084
云南省	48319	42745	45686	33468	35487
西藏自治区					
陕西省	154633	102714	117597	114134	110400
甘肃省	84850	77668	81077	80603	72357
青海省	13327	10013	9640	9851	1010
宁夏自治区	66607	67562	67302	65393	54782
新疆自治区	61307	57332	58269	57363	25108

国有重点煤矿年末全部职工人数——按单位分

单位：人

	1949 年	1952 年	1957 年	1962 年	1965 年
合　　计	**273736**	**358250**	**624016**	**1279149**	**1292081**
北京市	**6771**	**7326**	**19281**	**37238**	**34942**
河北省	**61828**	**60276**	**71129**	**130295**	**117092**
开　滦	49277	43349	46507	64522	62326
峰　峰	6613	8745	14897	43225	37556
井　陉	5938	8182	9725	17106	12785
兴　隆				5442	4425
邢　台					
邯　郸					
下花园					
八宝山					
山西省	**11713**	**22854**	**83190**	**148347**	**146047**
大　同	3003	8805	34789	54137	53203
阳　泉	4957	13282	18693	34602	31819
西　山	2084		15013	27323	23002
汾　西	777		9807	13736	15495
潞　安	892	767	2127	7481	8180
轩　岗			2761	3679	5414
晋　城				7389	8934
霍　县					
东　山					
小　峪					
南　庄					
内蒙古自治区				**49761**	**31885**
包　头			715	12484	9773
乌　达				12515	13659
海勃湾					

续表

	1949年	1952年	1957年	1962年	1965年
平　庄				15342	12443
扎赉诺尔			4361	9420	8453
大　雁					
霍林河					
伊敏河					
辽宁省	**64409**	**113350**	**146824**	**204005**	**197253**
抚　顺	37222	54459	66807	72561	68005
阜　新	15231	33410	42993	63437	56760
北　票	7119	10242	17442	21511	18198
铁　法	4487			4925	9888
南　票				10664	8267
本　溪	7119	15239	19582	26569	23692
沈　阳				4338	
平　庄	350				
烟　台					
八道壕					
吉林省	**20880**	**33336**	**50515**	**90035**	**79938**
辽　源	11091	13384	20512	30832	24892
通　化	4264	6400	12812	26905	26251
舒　兰				10934	9830
蛟　河	3420	8916	16924	10457	10227
营　城	2105	4636	267	10907	8738
黑龙江省	**30991**	**47053**	**91893**	**155164**	**146330**
鸡　西	19209	20850	35359	54624	55360
鹤　岗	9625	18790	35441	56851	48607
双鸭山	2157	7413	16732	37338	31695
七台河				6351	10668
扎赉诺尔					
大　雁					
江苏省					
大　屯					
徐　州	10171		11209	72494	36096

续表

	1949年	1952年	1957年	1962年	1965年
安徽省					**68669**
淮南	19259	15450	26419	53790	47736
淮北				18704	20933
江西省					**26411**
萍乡	3746	6017	12870	18724	15344
丰城				9475	9267
英岗岭					
洛市					
山东省	**21071**	**26901**	**42413**	**128260**	**110101**
淄博	17117	26901	24088	41776	32746
新汶	1272		7160	31625	27660
枣庄	2682		8479	40876	36323
肥城				5909	8809
兖州					
坊子			2686	8074	4563
龙口					
河南省	**7611**		**28955**	**112334**	**97255**
平顶山			12405	36983	38222
焦作	6775		9275	33292	25469
鹤壁			5943	28009	22839
观音堂	836		283	8641	5218
宜洛		280	1049	5409	5507
义马					
郑州					
湖南省			**5937**	**19686**	**16981**
涟邵			175	10269	8297
资兴			5762	9417	8684
白沙					
四川省					
广旺	59		1513		
芙蓉					
渡口					

续表

	1949 年	1952 年	1957 年	1962 年	1965 年
南　桐	1715	3001	4064		
天　府	6600	6251	673		
松　藻					
中梁山					
永　荣	660		6837		
贵州省					**33835**
六　枝					12959
盘　江					4397
水　城				1345	12105
林　东			1294	6570	3392
陕西省	**4430**		**9235**	**38638**	**39478**
铜　川	3180		9235	30537	
蒲　白	130			6138	
澄　合	1120				
韩　城				1963	
崔家沟					
车　村					
甘肃省	**520**		**5774**	**15554**	**11672**
窑　街	129		5421	4011	5606
阿干镇	391		353	5715	4633
靖　远				720	726
山　丹				5108	707
宁夏自治区				**18132**	**17240**
石嘴山			1513	11981	10706
石炭井				6151	6534
新疆自治区				**2222**	
哈　密				2222	4809
乌鲁木齐					
云南省					
一平浪	510		1763	6249	5302
来　宾				2019	1781
羊　场					4835
田　坝					

续表

	1970年	1975年	1976年	1977年	1978年	1979年	1980年
合　　计	**1636133**	**1997435**	**2060301**	**2222045**	**2304784**	**2370519**	**2478000**
北京市	**40656**	**48582**	**50672**	**51521**	**53191**	**52331**	**52727**
河北省	**154133**	**222245**	**223000**	**245290**	**254870**	**260811**	**264882**
开　滦	78123	103148	99293	117359	123955	124353	124487
峰　峰	51664	64506	67149	68982	70221	73325	74369
井　陉	15208	15862	15966	16021	16055	15966	15900
兴　隆	5315	6682	7110	8133	8190	8802	9066
邢　台	3823	4867	5307	5832	6229	6282	6968
邯　郸		20787	21582	22336	23609	25250	27057
下花园		4372	4522	4508	4509	6833	7035
八宝山		2021	2071	2119	2102		
山西省	**179902**	**245082**	**258899**	**265868**	**273060**	**281393**	**295842**
大　同	68762	85096	92679	96468	98422	99513	102881
阳　泉	35254	47735	53058	54604	57023	57843	58450
西　山	26922	34631	34831	35301	36606	39763	42451
汾　西	18933	25581	25553	25097	25496	26107	28303
潞　安	10269	11998	12248	13051	13666	14419	15312
轩　岗	7562	8312	8610	8705	9041	9532	10853
晋　城	12200	13887	13962	14018	13567	14180	15420
霍　县		11585	11538	12346	12826	13145	14882
东　山		2296	2264	2256	2357	2485	2646
小　峪		2256	2459	2342	2308	2445	2562
南　庄		1705	1697	1680	1748	1961	2082
内蒙古自治区	**27018**	**31863**	**32560**	**46470**	**47034**	**49248**	**101293**
包　头	11599	14589	14507	15352	13418	13731	13705
乌　达	15419	17274	18053	18629	19134	19854	20352
海勃湾				12489	14482	15663	15538

续表

	1970年	1975年	1976年	1977年	1978年	1979年	1980年
平　庄	17240						24260
扎赉诺尔							17783
大　雁							9655
霍林河							
伊敏河							
辽宁省	**226046**	**260760**	**272576**	**273471**	**284965**	**296850**	**280285**
抚　顺	67358	73815	74928	73934	75865	74080	74820
阜　新	64289	69381	75340	75470	76218	78618	80988
北　票	21476	23207	23203	23481	24259	24744	25507
铁　法	13259	17899	18496	18591	19562	26153	26968
南　票	12262	14551	14760	15188	16713	17257	19474
本　溪	23307	28180	29099	32068	33836	35464	36361
沈　阳	6855	7656	10279	7730	8338	9055	9384
平　庄		20055	20180	20638	23579	24462	
烟　台		2327	2476	2426	2435	2668	2419
八道壕		3689	3815	3945	4160	4349	4364
吉林省	**91175**	**122043**	**122595**	**133270**	**135040**	**138829**	**139017**
辽　源	28838	36007	35771	37981	38210	39347	40193
通　化	29202	39486	39633	43903	44632	46510	47376
舒　兰	12079	16568	17125	19180	19155	21037	21372
蛟　河	11670	13308	13177	14473	14897	14237	12304
营　城	9386	11536	11477	12064	12034	11766	11700
黑龙江省	**169535**	**228864**	**235546**	**242937**	**250149**	**260098**	**257909**
鸡　西	63986	77814	80288	81557	83767	86217	90454
鹤　岗	56500	66980	69304	71380	73731	75977	83563
双鸭山	35165	44238	45038	46125	48376	50696	55175
七台河	13884	22654	23305	23500	23477	26170	28717
扎赉诺尔		11467	11856	12917	12917	13206	
大　雁		5711	5755	7458	7881	7832	
江苏省							
大　屯						16973	18270
徐　州	43079	58130	62494	62647	69950	72615	75592

续表

	1970年	1975年	1976年	1977年	1978年	1979年	1980年
安徽省	**94876**	**120807**	**131895**	**134204**	**138877**	**140806**	**146132**
淮南	57266	64192	69624	69660	69786	70831	72030
淮北	37610	56612	62271	64544	69091	69975	74102
江西省	**33342**	**48039**	**48308**	**49538**	**52343**	**53160**	**55123**
萍乡	18108	26157	26341	26767	28055	28074	28650
丰城	15234	17162	17144	17762	19003	19066	20488
英岗岭		4720	4823	5009	5285	6020	5985
洛市							
山东省	**127954**	**176630**	**171721**	**184481**	**190092**	**191228**	**201781**
淄博	37788	46135	47171	49874	50768	50823	51224
新汶	32772	33193	34450	37032	37378	38307	41767
枣庄	41299	48197	51261	53799	55784	55388	56478
肥城	11563	16487	17512	21267	22311	20173	21054
兖州		21070	8989	9540	11228	13325	17576
坊子	4532	4704	4731	4891	4862	5237	5705
龙口							
河南省	**121639**	**183664**	**193428**	**200785**	**206766**	**210233**	**221495**
平顶山	55058	68083	71458	74396	80418	81826	84434
焦作	30096	35832	40269	40191	40528	40419	41360
鹤壁	24629	29969	31583	34512	33986	34906	36579
观音堂	5814	3320	3588	3596	3568	3551	
宜洛	6042	6983	7030	6976	6981	6337	
义马		17116	18679	19002	19599	20290	36852
郑州		16297	17244	18544	18130	19219	22270
湖南省		**67440**	**69253**	**69868**	**72819**	**71525**	**78406**
涟邵		30727	30818	30825	32919	32286	35502
资兴		15226	16282	17103	17433	17501	19111
白沙		21487	22153	21940	22467	21738	23794
四川省		**128004**	**124027**	**129770**	**128894**	**136945**	**135502**
广旺		14019	14203	14180	15330	15864	15638
芙蓉		13155	12880	13150	13502	13981	14103
渡口		30272	25463	30857	30226	30310	27963

续表

	1970年	1975年	1976年	1977年	1978年	1979年	1980年
南　桐		21595	22038	21903	21123	21656	21752
天　府		8429	8294	8404	8219	12737	13220
松　藻		6000	5932	5978	6052	13404	13983
中梁山		7501	7955	7393	7502	7640	7654
永　荣		19686	19591	19905	19154	21353	21189
贵州省	**68433**	**69918**	**72788**	**67351**	**70592**	**67425**	**67643**
六　枝	20497	18525	18490	18271	18500	16896	17074
盘　江	7239	20199	22388	22194	23774	20933	21549
水　城	36528	26295	27099	26886	28318	29596	29020
林　东	3223	3771	3705				
陕西省	**50061**	**80836**	**83023**	**87552**	**97605**	**98717**	**107817**
铜　川		46905	47346	48956	53675	55287	59192
蒲　白		9034	9496	9879	10573	10484	11416
澄　合		9332	9888	9967	10825	11170	13674
韩　城		15565	16293	18750	22532	21776	23535
崔家沟							
车　村							
甘肃省	**25761**	**53462**	**55186**	**55983**	**55299**	**45646**	**47647**
窑　街	13971	21217	21538	21526	21056	21301	21555
阿干镇	6943	7596	7711	7609	7704	7838	8507
靖　远	3662	24649	25937	26848	26539	16507	17585
山　丹	1185						
宁夏自治区	**31302**	**41915**	**42053**	**43801**	**44389**	**46242**	**47688**
石嘴山	13162	13618	13626	14092	14139	14931	15196
石炭井	18140	28297	28427	29709	30250	31311	32492
新疆自治区						**16389**	**18451**
哈　密	6029	7073	7092	7008	7743	7756	8353
乌鲁木齐						8633	10098
云南省		**16520**	**16389**	**16722**	**19103**	**19037**	**19214**
一平浪	5041	5472	5464	5618	5701	5714	5774
来　宾	2510	2945	2873	3018	3455	3355	3314
羊　场	5226	5982	5896	5890	6266	6193	6180
田　坝		2121	2156	2196	3675	3775	3946

续表

	1981 年	1982 年	1983 年	1984 年	1985 年
合　　计	**2731172**	**2783151**	**2879401**	**3086044**	**3256415**
北京市	**62224**	**62631**	**62042**	**55470**	**59342**
河北省	**280716**	**287807**	**295841**	**299877**	**302416**
开　滦	125814	127369	131757	133906	135183
峰　峰	83464	88015	86922	87795	87661
井　陉	16463	16428	16452	15766	16007
兴　隆	10215	9932	9832	9707	9564
邢　台	7142	7808	12418	13797	14029
邯　郸	30106	30727	31005	31502	32577
下花园	7512	7528	7455	7404	5266
八宝山					2129
山西省	**338654**	**345759**	**383052**	**395587**	**400244**
大　同	115594	118390	127165	132273	129867
阳　泉	66098	67763	74428	75800	76854
西　山	52911	53521	70836	70188	72718
汾　西	32337	33450	33825	32909	34218
潞　安	17536	17164	18409	20432	20199
轩　岗	12227	13309	13992	14714	14829
晋　城	17667	17753	17919	19504	20686
王　坪					
霍　县	15510	15437	16656	18691	19603
东　山	2910	3244	3359	4018	4053
小　峪	3341	3358	4066	4568	4714
南　庄	2523	2370	2397	2491	2503
平朔露天					
内蒙古自治区	**113504**	**114428**	**125652**	**130218**	**152665**
包　头	15426	15750	16785	17073	17003
乌　达	23101	22820	23660	22690	24646
海勃湾	13911	14386	14448	15080	15484
宝日希勒					

续表

	1981年	1982年	1983年	1984年	1985年
平　　庄	30916	31346	33888	33069	33171
扎赉诺尔	18736	18961	20815	23317	25525
大　　雁	11414	11165	16056	18989	21394
霍林河					9456
伊敏河					5986
辽宁省	**325520**	**323363**	**327540**	**331070**	**289393**
抚　　顺	84363	83427	83039	82166	88207
阜　　新	90478	86797	86093	86683	87271
北　　票	31287	30207	29161	28544	28886
铁　　法	34198	38044	38047	42338	48317
南　　票	22054	21729	21322	21229	21255
沈　　阳	12755	13446	61694	62218	63896
烟　　台	3079	2864	2889	2684	2696
八道壕	5344	5117	5295	5208	5932
本　　溪	41962	41732			
吉林省	**133685**	**137731**	**144491**	**146869**	**150066**
辽　　源	40719	41595	42976	43352	45228
通　　化	46703	47535	49030	49024	49105
舒　　兰	21832	23753	36986	38448	39618
珲　　春			15499	16045	16115
蛟　　河	12362	12508			
营　　城	12069	12340			
黑龙江省	**275306**	**284704**	**293598**	**300182**	**314925**
鸡　　西	95059	98024	99992	100504	101736
鹤　　岗	91243	94416	96258	97293	101470
双鸭山	58137	60463	63872	68171	70503
七台河	30869	31801	33476	34214	41216
江苏省	**101811**	**106058**	**106927**	**115411**	**123344**
大　　屯	20369	20479	20727	24534	28399
徐　　州	81442	85579	86200	90877	94945
安徽省	**176229**	**184782**	**184434**	**184289**	**241787**
淮　　南	84180	85255	87378	87994	114591
淮　　北	92049	99528	97056	96295	127196

续表

	1981年	1982年	1983年	1984年	1985年
江西省	**57109**	**59033**	**59646**	**62934**	**63921**
萍乡	29814	30598	31283	33029	35591
丰城	20703	21500	21575	23031	23403
英岗岭	6592	6935	6788	6874	6927
洛市					
乐平					
山东省	**217748**	**225341**	**232152**	**235919**	**241456**
淄博	50236	50216	50334	50799	51427
新汶	54096	55985	56821	58054	58544
枣庄	59683	60966	61801	60047	64668
肥城	25244	25908	26202	26305	26004
兖州	22790	25714	28022	31053	31342
坊子	5699	6552	5614	5746	5681
龙口			3358	3915	3790
河南省	**254073**	**245036**	**254211**	**257672**	**288041**
平顶山	102963	91498	93546	94238	109747
焦作	45039	48581	48071	47641	49164
鹤壁	40245	37619	40317	39749	45775
义马	39548	40731	43108	46174	50860
新密(郑州)	26278	26607	29169	29772	32495
湖南省	**88010**	**87967**	**89576**	**88870**	**91411**
涟邵	40517	41554	42181	40491	42448
资兴	20580	20758	20903	21724	21768
白沙	26913	25655	26492	26655	27195
四川省	**142519**	**147251**	**152237**	**155031**	**157328**
广旺	16316	16625	16855	17421	17461
芙蓉	14364	14821	14939	15687	16091
渡口(攀枝花)	29832	30577	33427	32370	31978
南桐	22048	22422	23082	23299	23604

续表

	1981 年	1982 年	1983 年	1984 年	1985 年
天　　府	14062	14444	14551	15158	15198
松　　藻	15461	17144	19591	19669	21292
中 梁 山	8153	8203	8433	8546	8544
永　　荣	22283	23015	22359	22881	23160
贵 州 省	**72426**	**74316**	**77274**	**81898**	**80347**
六　　枝	18101	18323	19001	19621	19031
盘　　江	24472	24175	25617	29374	28400
水　　城	29853	31818	32656	32903	32916
陕 西 省	**114244**	**119468**	**120926**	**119116**	**121793**
铜　　川	62953	64957	65046	62850	64605
蒲　　白	12062	14589	15615	15549	15998
澄　　合	14442	14695	15417	14848	15163
韩　　城	24767	25227	24848	25869	26027
甘 肃 省	**47949**	**50171**	**48314**	**51379**	**52709**
窑　　街	21893	21040	20654	23106	22916
阿 干 镇	8770	9396	8387	8107	8409
靖　　远	17286	19735	19273	20166	21384
宁夏自治区	**51850**	**52764**	**51593**	**51426**	**50969**
石 嘴 山	16843	17333	17409	17314	17238
石 炭 井	35007	35431	34184	34112	33731
灵　　武					
新疆自治区	**20134**	**21791**	**22132**	**22926**	**23191**
哈　　密	9133	9523	9670	10143	10437
乌鲁木齐	11001	12268	12462	12783	12754
艾维尔沟					
云 南 省	**19191**	**19952**	**20257**	**20798**	**20349**
一 平 浪	5844	5992	5954	5995	5954
来　　宾	3265	3288	3436	3692	3662
羊　　场	6055	6133	6265	6452	6224
田　　坝	4027	4539	4602	4659	4599
中统公司			**2043013**	**2232548**	**2355432**
东煤公司			**836388**	**853496**	**900983**

续表

	1986年	1987年	1988年	1989年	1990年	1991年
合　　计	**3330119**	**3367364**	**3426268**	**3518122**	**3571492**	**3631739**
北京市	**58820**	**57508**	**59030**	**59019**	**59320**	**58175**
河北省	**302596**	**301323**	**298701**	**305043**	**305229**	**303957**
开　滦	135140	135623	134848	137282	135794	137041
峰　峰	87417	86358	84966	86340	86703	84540
井　陉	15848	15439	15308	15929	15740	15386
兴　隆	9297	9189	9210	9208	9676	9416
邢　台	14738	14971	15062	16491	17114	17260
邯　郸	32941	32654	32098	32368	32811	32849
下花园	5063	4976	5011	5201	5133	5153
八宝山	2152	2113	2198	2224	2258	2312
山西省	**393823**	**401710**	**420319**	**439470**	**445586**	**450614**
大　同	119273	123595	131720	132148	133891	135637
阳　泉	77032	76463	75683	75916	75369	74853
西　山	75472	75882	79799	81427	81658	82145
汾　西	32908	32757	35423	38671	38392	38960
潞　安	21947	23935	25083	28583	29700	30580
轩　岗	14680	14823	16238	16750	16177	16346
晋　城	20879	21518	22574	23502	23525	24364
王　坪					2999	3277
霍　县	20573	20618	21440	24508	25409	25845
东　山	4266	4865	4815	4991	5290	5421
小　峪	4029	4496	4710	4773	4866	4866
南　庄	2584	2758	2834	2819	3084	3003
平朔露天				5382	5226	5317
内蒙古自治区	**157841**	**161118**	**162274**	**165409**	**168340**	**176694**
包　头	16190	15550	15713	15939	15810	15924
乌　达	24787	25018	25755	25914	26217	29140
海勃湾	18852	19171	19379	20233	21976	23434
宝日希勒		2100	2253	2322	2394	2687

续表

	1986年	1987年	1988年	1989年	1990年	1991年
平　庄	33370	33506	33551	34746	35333	35746
扎赉诺尔	26747	27523	27939	28843	28615	30602
大　雁	22534	21330	21886	21671	21671	22271
霍林河	9166	9074	8929	8823	9147	9326
伊敏河	6195	6846	6869	6918	7177	7564
辽宁省	**338545**	**337992**	**336212**	**338508**	**342094**	**343492**
抚　顺	82645	82154	81950	81650	81700	81700
阜　新	87841	89215	88140	87640	88140	88140
北　票	28928	28594	28444	28244	28244	28244
铁　法	47917	47883	47773	51331	53151	54403
南　票	21353	21318	21647	20801	21051	21051
沈　阳	61799	60700	60442	60913	61535	61535
烟　台	2603	2254	2200	2231	2260	2377
八道壕	5459	5874	5616	5698	6013	6042
本　溪						
吉林省	**150521**	**150263**	**149095**	**149365**	**151183**	**152254**
辽　源	45318	45120	44956	45156	45306	45306
通　化	49465	49318	48256	47954	48196	48196
舒　兰	39490	39453	39121	38921	38921	38921
珲　春	16248	16372	16762	17334	18760	19831
蛟　河						
营　城						
黑龙江省	**326586**	**326586**	**336906**	**336783**	**338231**	**342230**
鸡　西	103491	104379	104060	103458	104156	104555
鹤　岗	103275	105656	106207	106107	106007	106007
双鸭山	71632	73627	75627	76207	76557	76957
七台河	48188	48017	51012	51011	51511	54711
江苏省	**124076**	**129983**	**131562**	**134138**	**137417**	**140060**
大　屯	28986	30084	30500	30745	28887	30825
徐　州	95090	99899	101062	103393	108530	109235
安徽省	**243621**	**225019**	**247480**	**248873**	**250549**	**256475**
淮　南	116071	116675	136327	135667	135383	138952
淮　北	127550	108344	111153	113206	115164	117523

续表

	1986 年	1987 年	1988 年	1989 年	1990 年	1991 年
江西省	**64125**	**70212**	**75897**	**78485**	**79782**	**98569**
萍乡	34671	35153	36817	38670	38989	38711
丰城	22569	21802	23990	24138	24622	24161
英岗岭	6885	7542	8613	8730	9075	8827
洛市		5715	6477	6947	7096	7328
乐平						19542
山东省	**290341**	**314740**	**320681**	**323435**	**326235**	**331788**
淄博	57394	56257	57006	56813	56326	55778
新汶	77631	78270	78399	79219	79480	80422
枣庄	67606	67693	67862	67987	68503	68711
肥城	35748	36139	36786	37558	38606	40121
兖州	35322	59494	63236	64017	64699	66763
坊子	5717	5684	5623	5667	5728	5730
龙口	10923	11203	11769	12174	12893	14253
河南省	**277539**	**281182**	**278834**	**292347**	**300748**	**300793**
平顶山	107032	107388	102768	104850	108028	107561
焦作	45968	46526	45992	48403	49834	49287
鹤壁	43616	43532	42116	43233	45307	45191
义马	49880	51186	53965	58781	60764	61794
新密(郑州)	31043	32550	32093	37080	36815	36960
湖南省	**93375**	**99926**	**101593**	**102343**	**105124**	**105974**
涟邵	42570	48277	49386	49817	50290	50961
资兴	21749	22551	22977	22901	23845	23980
白沙	29056	29098	29230	29625	30989	31033
四川省	**164013**	**163989**	**166544**	**173662**	**178395**	**180966**
广旺	17817	18182	18246	18695	18850	20082
芙蓉	18367	18666	19505	19684	20710	21135
渡口(攀枝花)	31394	31645	31437	33504	34560	34545
南桐	23487	23362	23152	26453	25709	26142

续表

	1986年	1987年	1988年	1989年	1990年	1991年
天　府	17160	16681	17682	18285	18723	19103
松　藻	25410	24092	24484	24440	27201	27532
中梁山	8456	8461	8551	9277	9460	9312
永　荣	22822	22900	23487	23324	23182	23115
贵州省	**85915**	**84028**	**83768**	**85750**	**88372**	**89847**
六　枝	21188	20610	19990	20090	20369	20534
盘　江	28260	27670	26908	27696	28958	29710
水　城	36467	35748	36870	37964	39045	39603
陕西省	**122411**	**121127**	**121271**	**123558**	**124716**	**126912**
铜　川	65342	64366	63795	64650	64552	64675
蒲　白	15780	15755	15878	16173	16763	17467
澄　合	15075	15349	15627	16661	17014	17697
韩　城	26214	25657	25926	26074	26387	27073
甘肃省	**61540**	**62045**	**61481**	**63016**	**64975**	**65129**
窑　街	22279	22505	22592	22656	23160	23205
阿干镇	7751	7573	7136	7147	7602	7438
靖　远	31510	31967	31753	33213	34213	34486
宁夏自治区	**51320**	**51778**	**51635**	**51611**	**55742**	**55812**
石嘴山	17464	17650	17689	17657	18679	19006
石炭井	33856	34128	33946	33954	34035	33652
灵　武					3028	3154
新疆自治区	**22621**	**22741**	**22985**	**26526**	**27461**	**29563**
哈　密	10342	10705	10523	10547	10960	11985
乌鲁木齐	12279	12036	12462	15979	13191	14089
艾维尔					3310	3489
云南省	**19693**	**19960**	**19655**	**21381**	**21977**	**22444**
一平浪	5898	5854	5664	5796	6029	6107
来　宾	3105	3588	3717	3980	3797	3794
羊　场	6233	6115	5923	6192	6468	6467
田　坝	4457	4403	4351	5413	5683	6076
中统公司	**2415965**	**2449151**	**2504881**	**2593065**	**2638023**	**2688254**
东煤公司	**914159**	**918213**	**921387**	**925057**	**933469**	**943485**

续表

	1992年	1993年	1994年	1995年	1996年	1997年	1998年
合　计	**3632085**	**3517433**	**3445061**	**3309900**	**3223347**	**3157979**	**2640056**
北京市	**56816**	**48318**	**42921**	**40707**	**38532**	**36488**	**31989**
北　京	56816	48318	42921	40707	38532	36488	31989
河北省	**298052**	**291982**	**285042**	**272806**	**265416**	**257182**	**215093**
开　滦	134095	132069	129381	124873	122032	120118	99160
峰　峰	82728	80881	79312	75446	73452	69246	62048
井　陉	15004	14543	14118	13211	12304	11702	8410
兴　隆	9116	8517	7906	7281	7077	6915	6160
邢　台	17486	17528	17028	16628	16478	16557	18765
邯　郸	32334	31511	30667	28836	27470	26210	16119
盛　源	5032	4762	4561	4562	4685	4547	2866
八宝山	2257	2171	2069	1969	1918	1887	1565
山西省	**464440**	**456327**	**455899**	**435178**	**431509**	**424899**	**397916**
大　同	135357	133988	130903	125574	123574	122474	115805
阳　泉	81228	76965	73471	65954	64295	62181	55814
西　山	77025	75701	76302	73302	73850	70813	65255
汾　西	38849	37157	38992	36669	35832	35409	32307
潞　安	31675	31480	32659	30789	29201	27858	26533
轩　岗	15345	15277	14728	14375	14023	13489	9781
晋　城	25164	24805	25641	24205	25276	26514	26725
煤气化	11970	12186	11953	12310	12551	12823	13006
王　坪	3892	4167	4612	4414	4794	5350	5691
霍　州	25056	25225	26016	26058	25829	25167	25072
东　山	5478	5455	5365	5415	5411	5391	5031
荫　营							
固　庄							
小　峪	5043	4908	5686	5872	6165	6459	6205
南　庄	2876	2982	3435	3670	4025	4372	4079
寨　沟							
平　朔	5482	6031	6136	6571	6683	6599	6612
内蒙古自治区	**178880**	**175634**	**162885**	**156131**	**151139**	**149452**	**123804**
包　头	15027	14732	14751	13038	12981	12816	9636
乌　达	27742	26359	25271	24120	22095	21829	20787
海勃湾	22699	23061	22789	21970	20984	20386	13961
宝日希勒	2284	1700	1591	1198	1143	1137	2456
平　庄	36527	36527	35321	34450	34050	34240	29602

续表

	1992 年	1993 年	1994 年	1995 年	1996 年	1997 年	1998 年
扎赉诺尔	35032	33794	32063	30630	29320	28547	22356
大　雁	22171	22171	21780	21579	21466	21426	17834
霍林河	9664	9252	9319	9146	9100	9071	7172
伊　敏	7734	8038					
辽宁省	**342164**	**326295**	**308828**	**296995**	**282770**	**274052**	**215598**
抚　顺	81308	75723	74920	72106	65907	59989	49572
阜　新	87140	86277	79717	76962	74586	73852	54029
北　票	28141	27441	26391	24823	22211	21683	14945
铁　法	55703	55703	55307	54116	53615	53660	47528
南　票	20951	20651	19563	18562	18261	17861	14215
沈　阳	61109	60500	52930	50426	32749	31791	21761
本　溪					15441	15216	13548
烟　台	1848						
八道壕	5964						
吉林省	**149335**	**144063**	**140513**	**134662**	**130712**	**127429**	**89384**
辽　源	44300	42280	41660	40628	40004	39696	30843
通　化	47563	45120	43660	41364	38988	36775	24683
舒　兰	36841	36241	35188	33238	32738	32538	21216
珲　春	20631	20422	20005	19432	18982	18420	12642
营　城							
蛟　河							
黑龙江省	**350000**	**360407**	**384751**	**369276**	**352803**	**345295**	**237520**
鸡　西	104555	102555	102138	99080	94225	91347	57505
鹤　岗	105707	116207	117535	115227	106507	104686	67269
双鸭山	77027	77027	81682	79872	78371	76739	53610
七台河	62711	64618	83396	75097	73700	72523	59136
江苏省	**138654**	**135309**	**132912**	**129431**	**128028**	**126420**	**107647**
徐　州	107922	104959	101796	100401	99215	97864	80209
大　屯	30732	30350	31116	29030	28813	28556	27438
浙江省	**17151**	**16680**	**15873**	**13810**	**12974**	**12227**	**10117**
长　广	17151	16680	15873	13810	12974	12227	10117
安徽省	**255286**	**247827**	**243194**	**234543**	**230038**	**221658**	**179728**
淮　南	138395	132685	129595	126087	123814	119383	95289
淮　北	116891	115142	113599	108456	106224	102275	84439
江西省	**92282**	**84981**	**80382**	**78259**	**77221**	**76299**	**55502**
萍　乡	36474	34380	33325	32739	32324	32009	23957

续表

	1992年	1993年	1994年	1995年	1996年	1997年	1998年
丰城	23289	21681	27107	26269	25916	25520	17066
英岗岭	8266	6894	6623	6104	6006	6003	4599
洛市	6906	6466					
乐平	17347	15560	13327	13147	12975	12767	9880
山东省	**318819**	**311787**	**306021**	**297249**	**290531**	**290474**	**266315**
淄博	49206	46322	43293	41455	38300	37299	32405
新汶	78440	76884	75517	72991	71885	71195	59642
枣庄	68039	67647	66860	64691	63621	62979	60578
肥城	37283	36492	36357	35183	34452	34092	32147
兖州	66614	66143	66132	65652	65250	68057	65523
坊子	5527	4918	4728	4576	4476	4426	4135
龙口	13710	13381	13134	12701	12547	12426	11885
临沂							
河南省	**289105**	**274877**	**263632**	**256153**	**250353**	**250380**	**239285**
平顶山	99376	92338	87293	85041	83841	83341	78477
焦作	47720	45598	43240	41882	41081	41187	37810
鹤壁	43875	43251	42015	40776	39970	39545	38926
宜洛							
观音堂							
张村	60695	58095	56594	55244	53033	52479	49317
义马	37439	35595	34490	33210	32428	33828	29075
郑州							5680
永城	99229	96342	91941	89830	87458	85208	62448
湖南省	**49668**	**47672**	**45732**	**44175**	**43023**	**41277**	**25284**
涟邵	23401	22665	21046	21099	21136	20772	17128
资兴	26160	26005	25163	24556	23299	23159	20036
白沙	96710	88764	87226	82703	81308	78016	63928
四川省	**19649**	**18098**	**17983**	**17431**	**17183**	**16281**	**10643**
广旺	20621	19322	18800	17208	16960	16366	13118
芙蓉							
攀枝花	32371	28978	29078	27215	26863	26341	24355
达竹	13459	12251	11524	11461	11081	9910	8504
华蓥山	10610	10115	9841	9388	9221	9118	7308
隆昌							
重庆市	**102908**	**97135**	**94061**	**88490**	**85336**	**82621**	**79090**
南桐	24652	23281	22761	21233	20834	20660	20466

续表

	1992年	1993年	1994年	1995年	1996年	1997年	1998年
天府	19110	18265	17912	16315	15847	15263	15183
松藻	27121	24900	23757	23072	22675	21616	20764
中梁山	9366	8788	8384	8008	7861	7769	7474
永荣	22659	21901	21247	19862	18119	17313	15203
贵州省	**89433**	**84903**	**81656**	**76848**	**76126**	**74117**	**65924**
六枝	20627	18471	17929	17118	16754	16388	12862
盘江	28810	27938	27482	25396	25628	24151	24696
水城	39996	38494	36245	34334	33744	33578	28366
林东							
云南省	**21595**	**20101**	**18988**	**17148**	**16657**	**16370**	**14368**
一平浪	5913	5547	5323	5042	5157	5056	4462
来宾	3669	3367	3014	2888	2613	2556	2004
羊场	6244	5794	5492	4787	4626	4560	4087
田坝	5769	5393	5159	4431	4261	4198	3815
陕西省	**126707**	**123446**	**119739**	**115149**	**112029**	**108536**	**71820**
铜川	63276	60246	57499	54976	52706	50697	32357
蒲白	17770	18070	17766	17209	16822	16041	9632
澄合	17416	17260	16840	16287	16023	15876	10316
韩城	25342	25056	24554	23948	23384	22856	16902
崔家沟							
苍村	2903	2814	3080	2729	3094	3066	2613
车村							
甘肃省	**61628**	**55010**	**53739**	**52362**	**51270**	**51726**	**47433**
窑街	21911	19708	19554	19185	18935	18734	17395
兰阿	7039	5635	5560	5333	5228	5190	4162
靖远	32678	29667	28625	27844	27107	27802	25876
华亭							
山丹							
宁夏自治区	**54269**	**51107**	**49645**	**47741**	**47127**	**45428**	**43567**
亘元	19167	18303	17185	16440	16221	16211	16397
太西	32058	29769	28729	27707	27349	25675	24224
灵州	3044	3035	3731	3594	3557	3542	2946
新疆自治区	**28622**	**26138**	**25213**	**24429**	**24010**	**23702**	**21580**
哈密	11668	10285	10160	9817	9640	9647	8463
乌鲁木齐	13739	12663	11912	11553	11371	11200	9995
艾维尔	3215	3190	3141	3059	2999	2855	3122

续表

	1999年	2000年	2001年	2002年	2003年	2004年
合　　计	**2998723**	**2914589**	**2773134**	**2688441**	**2597486**	**2363358**
北京市	**27405**	**25053**	**22743**	**23167**	**20413**	**22802**
北　京	27405	25053	22743	23167	20413	22802
河北省	**238264**	**236392**	**225724**	**219492**	**207365**	**166928**
开　滦	104186	104406	99552	97368	96674	72044
峰　峰	67901	65338	65958	62250	56488	46910
井　陉	10617	10181	9513	9059	8580	5305
兴　隆	6525	6365	5937	5772	5604	4314
邢　台	18984	25175	25280	25690	25097	23448
邯　郸	23815	23318	17778	17684	12882	13288
盛　源	4521					
八宝山	1715	1609	1706	1669	2040	1619
山西省	**402318**	**391986**	**398358**	**372417**	**374939**	**448333**
大　同	114093	103396	107522	99455	103265	153502
阳　泉	55538	54688	55201	55780	56290	66571
西　山	65098	65054	65928	67259	67451	64060
汾　西	33540	33976	34874	35000	35141	34199
潞　安	27144	26861	27462	28859	30628	37342
轩　岗	12410	12280	11868			
晋　城	27796	28571	29401	29514	33241	43562
煤气化	13221	13221	13044	13081	13125	12109
王　坪	5655	5455	5217			
霍　州	24609	24495	24914	34938	26820	27365
东　山	4733	4950	4787			
荫　营						
固　庄						
小　峪	6662	6612	5443			
南　庄	4461	4865	4760			
寨　沟						
平　朔	7358	7562	7937	8531	8978	9623
内蒙古自治区	**85485**	**83561**	**83338**	**83271**	**77477**	**57075**
宝日希勒	3014	3009	2982	2936	2921	2633
平　庄	33782	32723	32530	32264	28733	22349
扎赉诺尔	23110	23172	23330	23205	22282	13069
大　雁	18370	18004	17898	17388	17209	12252
霍林河	7209	6653	6598	7478	6332	6772

续表

	1999年	2000年	2001年	2002年	2003年	2004年
伊　敏						
辽宁省	**236311**	**225914**	**189475**	**173395**	**178145**	**146094**
抚　顺	56654	51830	45692	37235	36116	29252
阜　新	64901	64331	54405	50211	48349	36974
北　票	21134	21029				
铁　法	49625	43932	44998	44944	44689	40978
南　票	18407	18465	18278	14402	22663	19567
沈　阳	25590	26327	26102	26603	26328	19323
本　溪						
烟　台						
八道壕						
吉林省	**119440**	**117613**	**104867**	**89189**	**60204**	**44366**
辽　源	37840	36621	32137	31950	31782	25463
通　化	34603	34348	25963	25941	17225	10567
舒　兰	20326	20165	20020	19766	7403	4580
珲　春	11480	11377	11497	11532	3794	3756
营　城	5591	5585	5677			
蛟　河	9600	9517	9573			
黑龙江省	**312243**	**308163**	**285959**	**278002**	**287749**	**261768**
鸡　西	81762	81309	67888	67794	68738	60655
鹤　岗	88713	88320	79232	71303	82829	76010
双鸭山	65868	62779	61438	61471	58006	46276
七台河	75900	75755	77401	77434	78176	78827
江苏省	**119544**	**116204**	**105899**	**100516**	**97496**	**79306**
徐　州	91933	88481	77331	72479	69493	54311
大　屯	27611	27723	28568	28037	28003	24995
浙江省	**11294**	**10658**	**10014**	**9403**	**8911**	**6177**
长　广	11294	10658	10014	9403	8911	6177
安徽省	**195222**	**197600**	**195947**	**188824**	**188765**	**175696**
淮　南	108199	111355	112310	99025	96352	75718
淮　北	87023	86245	83637	89799	92413	81915
国投新集						18063
江西省	**78622**	**75292**	**69739**	**64838**	**54528**	**41138**
萍　乡	32268	34654	29756	34850	25846	18554
丰　城	20083	19578	19489	13111	14625	13069
英岗岭	6618	6381	8237	10050	6750	5174

续表

	1999年	2000年	2001年	2002年	2003年	2004年
洛　市	4670					
乐　平	14983	14679	12257	6827	7307	4341
山东省	**297381**	**308393**	**305492**	**326330**	**292317**	**259115**
淄　博	36201	36181	33950	33485	30014	23865
新　汶	66493	66806	68084	68239	58538	43122
枣　庄	63449	63257	63332	63447	58197	50190
肥　城	34587	35134	35612	36207	28055	26259
兖　州	69364	78384	80714	102500	99568	92605
坊　子	4293	4461				
龙　口	11435	12594	12684	12839	12889	12840
临　沂	11559	11576	11116	9613	5056	10234
河南省	**291261**	**292772**	**281657**	**288911**	**298739**	**265460**
平顶山	96480	93786	95655	98848	100729	94506
焦　作	52242	51832	42713	46083	42797	33844
鹤　壁	43571	42711	42434	42739	53760	44241
义　马	51051	51269	47551	47047	47825	42519
郑　州	41035	43937	44008	44562	44673	39414
永　城	6882	9237	9296	9632	8955	10936
湖南省	**77358**	**58537**	**55605**	**56852**	**54801**	**18640**
涟　邵	34111	25285	21965	23921	22669	9465
资　兴	20321	11042	10527	11167	10666	3109
白　沙	22926	22210	23113	21764	21466	6066
四川省	**73594**	**71315**	**53058**	**49978**	**49729**	**45666**
广　旺	14782	14384	6989	6916	7498	6047
芙　蓉	13897	12713	6389	10322	9912	8140
攀枝花	27952	26935	25640	20258	19119	16637
达　竹	8320	8057	8421	8237	7953	9641
华蓥山	8643	8158	4769	4245	4654	5201
隆　昌		1068	850		593	
重庆市	**71952**	**61660**	**54759**	**38923**	**35599**	**41165**
南　桐	19350	18176	18374	6335	7277	12112
天　府	14453	11022	9827	9056	8324	6872
松　藻	19163	17869	16943	15211	12048	12709
中梁山	6517	6703	2225	1483	1533	1658
永　荣	12469	7890	7390	6838	6417	7814
贵州省	**69561**	**61760**	**60626**	**59907**	**56664**	**56415**

续表

	1999年	2000年	2001年	2002年	2003年	2004年
六　枝	11104	5793	5726	5718	5712	7630
盘　江	25589	26010	26402	26708	27083	25582
水　城	32868	29957	28498	27481	23869	23203
云南省	**15134**	**13407**	**10370**	**10116**	**9137**	**6458**
一平浪	4343	3111	3032	2871	2686	2518
来　宾	2842	2766				
羊　场	4367	4120	4004	4076	3529	2649
田　坝	3582	3410	3334	3169	2922	1291
陕西省	**95986**	**85355**	**81419**	**74745**	**69300**	**60551**
铜　川	42020	36505	35947	38658	30041	25867
蒲　白	14740	14230	11112	10010	10132	8871
澄　合	14589	10021	11176	11032	11167	9214
韩　城	21241	21186	18133	12642	15064	13818
崔家沟						
苍　村	3396	3413	5051			
黄　陵				2403	2896	2781
甘肃省	**50218**	**49186**	**46602**	**41049**	**42782**	**43607**
窑　街	18409	18586	18510	8675	8776	10901
兰　阿	5150	3573	1729			
靖　远	26659	27027	26363	20559	20862	20904
华　亭				11815	13144	11802
宁夏自治区	**43604**	**38963**	**40512**	**42200**	**55371**	**55504**
亘　元	16604	12082	12278	12354		
太　西	23927	23972	20044	20348		
灵　州	3073	2909	8190	9498		
新疆自治区	**22590**	**21781**	**21423**	**22299**	**23650**	**17048**
哈　密	8914	8590	8457	9374	9588	8896
乌鲁木齐	10803	10408	10150	10062	11034	8152
艾维尔	2873	2783	2816	2863	3028	
神华集团	**63936**	**63024**	**69548**	**74617**	**53405**	**44046**
神　东			5340	10738	10934	8627
准格尔	9978	9716	9714	9884	9585	8420
包　头	11980	11177	11609	11526	7096	4466
乌　达	21688	21599	22673	22628	13860	9996
海勃湾	19263	19523	19226	18865	10865	11784
万　利	1027	1009	986	976	1065	753

煤炭工业职工工资（县营

	1991年	1992年	1993年	1994年	1995年
全国总计	**1701904**	**1884334**	**2053573**	**2502965**	**2935584**
北京市	25235	27643	30351	33680	40613
天津市	479	611	663	751	942
河北省	140036	152216	163523	213767	247071
山西省	218063	256525	282978	377819	457946
内蒙古自治区	27364	30520	33570	85604	100164
辽宁省	11162	9930	7974	164945	179404
吉林省	10472	10825	12359	72400	70199
黑龙江省	15736	15949	16495	148227	160633
东煤公司	307920	344048	369563		
上海市	517	629	894	1021	1225
江苏省	80462	86024	100617	121972	153165
浙江省	8942	10339	13297	15349	16104
安徽省	105523	121722	131654	174407	220539
福建省	12740	13263	15983	20185	24937
江西省	40766	46004	52259	61598	66908
山东省	150324	168080	190092	252780	313976
河南省	136446	149360	162855	193366	256719
湖北省	11395	11902	12317	15326	17350
湖南省	56909	61206	70567	79232	92820
广东省	23160	24859	27211	35188	34227
广西自治区	16494	18752	21967	27290	32204
海南省	13		10	55	32
四川省	73288	77355	82479	100307	155018
重庆市	34224	36328	36948	43033	
贵州省	40681	45098	47493	58404	62497
云南省	17736	19392	20593	25052	25558
西藏自治区	159	159			
陕西省	51540	54726	53417	58491	70196
甘肃省	31130	33502	35209	41897	45615
青海省	4907	4764	4172	10434	7000
宁夏自治区	29025	31402	31893	40319	50231
新疆自治区	19056	21201	24170	30066	32294

以上）——按省市区分

单位：万元

1996年	1997年	1998年	1999年	2000年	2001年
3283716	**3396158**	**2824828**	**2710836**	**2887337**	**3037892**
47416	54261	54079	47740	77095	56689
988	986	751	220		273
281236	281963	228660	237370	249277	282340
516829	540009	449146	397906	434044	513553
112788	124204	105427	102574	109363	132465
190829	205579	174403	163074	157971	161717
78948	81510	70142	73734	80606	82304
200600	219518	139910	155774	139033	137803
1420	1526	1483	1733	34	1367
167913	171831	139541	140551	136648	101023
16801	24262	13360	12956	14147	10799
243686	244376	196968	191540	218130	243666
26674	29103	26922	27676	25693	22912
69604	65937	49489	58459	62110	61002
343672	362540	348366	308381	364032	420166
305456	304433	236172	223818	241610	277384
18644	18456	14319	15092	9693	2441
96102	82491	74908	78840	76486	67024
30374	23639	22667	20448	22068	3337
31879	26314	23830	23829	21250	21532
74	62	45	19		
172781	104702	90645	84969	82683	47551
	77089	71673	61394	65963	50699
65397	65030	49132	53199	51566	57978
28969	32252	29541	27909	26382	26118
80222	88727	65337	59554	64287	66519
53503	60577	52388	43930	50540	56475
6539	6157	3494	4571	6296	668
55861	58500	54549	55168	60581	102251
38511	39966	37481	38410	39751	29835

国有重点煤矿年末职工工资——按单位分

单位：万元

	1992年	1993年	1994年	1995年	1996年	1997年	1998年
合　计	**1362440**	**1483747**	**1788192**	**2102834**	**2346410**	**2387068**	**1979703**
北京市	**23644**	**24295**	**25911**	**30915**	**35491**	**39778**	**33810**
北　京	23644	24295	25911	30915	35491	39778	33810
河北省	**109836**	**120318**	**151483**	**175261**	**203884**	**203331**	**162399**
开　滦	51892	56364	74852	84185	100192	105049	90433
峰　峰	29398	33272	40949	49394	56627	50846	36960
井　陉	5183	5725	6384	6986	7216	5853	2817
兴　隆	2939	3100	2837	26361	3324	3578	3344
邢　台	7612	8727	10927	13217	16789	19130	20005
邯　郸	10195	10355	12396	14524	15421	15307	7227
盛　源	1799	1909	2185	3209	3134	2268	987
八宝山	818	866	953	1110	1181	1300	626
山西省	**200990**	**221155**	**302144**	**365173**	**410094**	**421540**	**342622**
大　同	61653	68537	89977	118051	137100	134396	98565
阳　泉	35549	40474	52991	53466	58529	59028	40692
西　山	33568	35822	49543	60475	64250	65495	52019
汾　西	16366	16195	24011	25777	29053	29229	22376
潞　安	14396	15700	23658	30396	32240	35783	38334
轩　岗	6093	6397	7351	8880	9904	9454	3754
晋　城	11108	12172	20307	23202	29194	32450	33209
煤气化	3739	4991	6522	8030	9454	12298	12905
王　坪	1088	1470	2305	3469	2702	3172	1496
霍　州	9643	9996	12098	18117	18505	18531	19324
东　山	1703	2065	2884	3020	3716	3962	4173
荫　营							
固　庄							
小　峪	1676	1832	2555	2228	3411	4126	2267
南　庄	905	1051	1405	2584	2527	3171	2971
寨　沟							
平　朔	3503	4453	6537	7478	9509	10445	10537
内蒙古自治区	**57847**	**65596**	**70112**	**76556**	**81259**	**91865**	**74521**
包　头	5225	5430	6816	12555	7256	7248	5900
乌　达	8272	9866	10571	10957	11820	12437	12177
海勃湾	6241	6608	10822	7478	10568	10487	7320
宝日希勒	654	530	542	671	764	915	1801

续表

	1992年	1993年	1994年	1995年	1996年	1997年	1998年
平　庄	12257	15560	15456	16417	17478	22256	13014
扎赉诺尔	10778	11339	12075	12410	13885	15295	13161
大　雁	7435	8491	9188	10735	12556	15268	14116
霍林河	3271	3668	4642	5333	6932	7959	7032
伊　敏	3714	4104					
辽宁省	**116273**	**125733**	**141611**	**157131**	**164266**	**183113**	**157773**
抚　顺	26340	31417	37300	42514	39804	39693	34088
阜　新	30904	34465	34435	38739	40027	48200	37909
北　票	8471	9319	10619	9581	8042	8559	7145
铁　法	21769	24180	31770	37131	45888	52445	49208
南　票	6851	6768	7368	8483	8742	10098	10033
沈　阳	19840	19584	20119	20683	15328	17183	13859
本　溪					6435	6935	5531
烟　台	482						
八道壕	1616						
吉林省	**45941**	**46642**	**55486**	**55527**	**56176**	**56888**	**48283**
辽　源	13247	13755	17620	16108	18913	20136	16504
通　化	15329	14532	15942	15994	15340	14380	12365
舒　兰	10774	11484	13703	12397	13141	13096	10964
珲　春	6591	6871	8221	7728	8782	9276	8450
营　城							
黑龙江省	**131158**	**137597**	**125992**	**134070**	**174933**	**145059**	**110278**
鸡　西	38407	39151	26046	33506	37578	30285	23118
鹤　岗	39486	42922	38905	42570	47721	47935	42230
双鸭山	28270	31503	26527	28716	41829	32063	17645
七台河	24995	24021	34514	29278	47805	34776	27285
江苏省	**56290**	**66260**	**80975**	**105038**	**119319**	**124218**	**99823**
徐　州	41968	48669	58486	77937	88914	90473	69477
大　屯	14322	17591	22489	27101	30405	33745	30346
浙江省	**5515**	**7564**	**9274**	**9784**	**9809**	**8364**	**7717**
长　广	5515	7564	9274	9784	9809	8364	7717
安徽省	**96339**	**103862**	**140758**	**174177**	**183441**	**179302**	**142307**
淮　南	48351	50669	60952	90637	87244	88717	61183
淮　北	47988	53193	79806	83540	96197	90585	81124
江西省	**30414**	**35621**	**42568**	**45748**	**47338**	**45043**	**34874**

续表

	1992年	1993年	1994年	1995年	1996年	1997年	1998年
萍 乡	12987	14129	17592	19255	20524	20733	17296
丰 城	8002	10276	14811	15401	15941	14475	9347
英岗岭	2585	2728	3002	3378	3676	3368	2917
洛 市	2022	2203					
乐 平	4818	6285	7163	7714	7197	6467	5314
山东省	**137839**	**155445**	**205242**	**254141**	**271183**	**285858**	**270663**
淄 博	20307	21441	22344	27069	28467	28210	25051
新 汶	33844	38641	53245	64804	66720	67190	54382
枣 庄	27815	32693	44919	60366	58000	57419	53437
肥 城	17228	18295	23811	29632	31991	32555	31702
兖 州	31183	35238	49782	57905	70272	82722	90588
坊 子	2162	2402	2880	3363	3319	3261	2407
龙 口	5300	6735	8261	11002	12414	14501	13096
临 沂							
河南省	**106925**	**117106**	**139501**	**184784**	**219895**	**222852**	**173792**
平顶山	38614	45105	54444	74309	87885	89146	83548
焦 作	17084	18009	20629	26582	31441	30131	18156
鹤 壁	16289	16087	19326	26461	31366	32998	24129
义 马	21473	23124	27395	35834	43054	44725	23526
郑 州	13465	14781	17707	21598	26149	25852	20358
永 城							4075
湖南省	**31774**	**37809**	**39220**	**46223**	**46350**	**42365**	**37864**
涟 邵	14873	15840	17170	12555	20903	16686	13978
资 兴	7950	10568	11577	12847	13007	13291	11942
白 沙	8951	11401	10473	20821	12440	12388	11944
四川省	**32771**	**34750**	**43763**	**44516**	**50703**	**52704**	**43944**
广 旺	6586	6595	7956	6085	10397	11166	8471
芙 蓉	6596	6512	8389	8262	9135	8308	6830
攀枝花	12335	14239	17900	16501	19075	20701	17973
达 竹	4197	4158	5327	8719	6682	6961	5873
华蓥山	3057	3246	4191	4949	5414	5568	4797
隆 昌							
重庆市	**35593**	**36094**	**41883**	**46134**	**51944**	**53876**	**49389**
南 桐	8866	8854	9789	12687	13799	14838	13986

续表

	1992年	1993年	1994年	1995年	1996年	1997年	1998年
天　府	6593	6465	7969	8167	8430	8966	8544
松　藻	9569	9706	11327	10016	15332	15384	13842
中梁山	3021	2974	3419	3469	3878	4274	4215
永　荣	7544	8095	9379	11795	10505	10414	8802
贵州省	**37456**	**40933**	**48971**	**53138**	**55956**	**54643**	**39597**
六　枝	7604	7616	8984	9349	9367	8165	5735
盘　江	13834	15511	19406	22559	23528	23558	18887
水　城	16018	17806	20581	21230	23061	22920	14975
云南省	**7741**	**7841**	**10139**	**9147**	**9844**	**10557**	**9665**
一平浪	2114	2295	2793	1283	3234	3408	3167
来　宾	1279	1048	1530	2451	1300	1304	1098
羊　场	2031	2062	2806	2385	2666	2863	2649
田　坝	2317	2436	3010	3028	2644	2982	2751
陕西省	**40218**	**38530**	**39249**	**49068**	**55501**	**60494**	**45759**
铜　川	19253	17798	16847	22638	24468	27334	23107
蒲　白	5619	5933	5818	6720	8161	9404	5198
澄　合	5639	5702	6322	6752	8180	8568	6406
韩　城	8609	8073	9238	11726	12774	13256	9632
崔家沟							
苍　村	1098	1024	1024	1232	1918	1932	1416
甘肃省	**23570**	**24275**	**28666**	**31579**	**37301**	**40488**	**35943**
窑　街	8126	8807	10423	12180	14441	15066	14130
兰　阿	2197	2018	2234	2520	2652	2830	2541
靖　远	13247	13450	16009	16879	20208	22592	19272
华　亭							
宁夏自治区	**22101**	**23109**	**28992**	**36434**	**40831**	**42609**	**38138**
亘　元	7819	8295	10250	12192	13391	14281	13929
太　西	13213	13644	16760	21744	24654	25805	21507
灵　州	1069	1170	1982	2498	2786	2523	2702
新疆自治区	**12205**	**13212**	**16252**	**18290**	**20892**	**22121**	**20542**
哈　密	5138	5400	6832	8017	8836	9492	7976
乌鲁木齐	5640	6180	7334	7890	9325	9501	9355
艾维尔	1427	1632	2086	2383	2731	3128	3211

续表

	1999年	2000年	2001年	2002年	2003年	2004年
合　计	**1955561**	**2105242**	**2366408**	**2701673**	**3097540**	**3969644**
北京市	**28329**	**27444**	**33535**	**42318**	**56166**	**55981**
北　京	28329	27444	33535	42318	56166	55981
河北省	**180153**	**208126**	**224042**	**255583**	**265120**	**322754**
开　滦	94740	108435	117245	132412	139945	159939
峰　峰	41396	49109	52467	63431	64120	75901
井　陉	5033	5296	5691	6178	7293	7092
兴　隆	3383	3604	3637	3615	3760	3860
邢　台	21491	29383	32950	37017	37697	55640
邯　郸	10790	11174	10731	11671	10946	18963
盛　源	2252					
八宝山	1068	1125	1321	1259	1359	1359
山西省	**305453**	**327449**	**388696**	**436175**	**557485**	**877859**
大　同	73250	82778	95962	112469	135570	245104
阳　泉	34313	32143	46151	53575	78020	122823
西　山	50973	57721	65180	81224	102456	144010
汾　西	14795	17689	24319	32627	41226	60316
潞　安	36687	39536	42797	48746	65072	105439
轩　岗	10650	7861	7390			
晋　城	34714	36227	43116	50170	63847	100981
煤气化	12276	12276	15218	17026	18815	22713
王　坪	580	1738	1824			
霍　州	16763	17144	19904	23028	31109	49849
东　山	3580	2727	4713			
荫　营	2629					
固　庄						
小　峪		2802	2340			
南　庄	2540	2696	3739			
寨　沟						
平　朔	11703	14111	16043	17310	21370	26624
内蒙古自治区	**45360**	**47069**	**52834**	**48737**	**51533**	**58620**
宝日希勒	1742	1762	1744	1682	1788	2443
平　庄	15480	16874	21908	16129	16483	23971
扎赉诺尔	9137	10549	10385	10464	11616	8373
大　雁	12324	10157	8018	9020	10055	9543
霍林河	6678	7727	10779	11442	11591	14290

续表

	1999年	2000年	2001年	2002年	2003年	2004年
伊　敏						
辽宁省	**149678**	**149204**	**149830**	**168399**	**195841**	**217194**
抚　顺	35655	32335	35636	37129	40153	45850
阜　新	34645	36646	34705	39523	48880	50364
北　票	8539	8554				
铁　法	43147	43145	49381	59788	69272	80048
南　票	9913	10264	10945	9752	13472	14331
沈　阳	15309	18260	19163	22207	24064	26601
本　溪	2470					
烟　台						
八道壕						
吉林省	**52454**	**55494**	**61480**	**49025**	**48887**	**46511**
辽　源	17810	19953	20993	19779	26326	29572
通　化	14974	15867	18599	13279	12225	9766
舒　兰	8832	7962	8114	8769	6917	3303
珲　春	5691	5941	6913	7198	3419	3870
营　城	1918	2039	2106			
蛟　河	3229	3732	4755			
黑龙江省	**138158**	**120084**	**137548**	**144788**	**168161**	**213362**
鸡　西	35255	33551	32069	37615	35085	42914
鹤　岗	42500	33393	43552	40742	51975	72080
双鸭山	29613	23360	31551	33771	36131	42996
七台河	30790	29780	30376	32660	44970	55372
江苏省	**104224**	**109041**	**121220**	**130415**	**142156**	**157881**
徐　州	70547	76981	83029	89167	97017	105294
大　屯	33677	32060	38191	41248	45139	52587
浙江省	**8348**	**9362**	**10799**	**11201**	**11646**	**11189**
长　广	8348	9362	10799	11201	11646	11189
安徽省	**137781**	**161662**	**181108**	**219389**	**254425**	**379879**
淮　南	59940	78275	95006	100622	129474	210222
淮　北	77841	83387	86102	118767	124951	136861
国投新集						32796
江西省	**41876**	**41774**	**47587**	**62694**	**53456**	**59576**
萍　乡	18665	22200	21421	31886	25286	26099
丰　城	11463	8819	12257	13431	15056	18441
英岗岭	3505	3987	6249	9119	7612	8788

续表

	1999年	2000年	2001年	2002年	2003年	2004年
洛 市	1785					
乐 平	6457	6768	7660	8258	5503	6249
山东省	**241349**	**299583**	**346430**	**425974**	**450946**	**534637**
淄 博	26687	29484	33460	36039	38482	44333
新 汶	34394	56683	65463	78000	73171	81976
枣 庄	40474	50589	61281	80125	84281	132216
肥 城	19387	25805	35537	44199	48016	48345
兖 州	101309	113835	125293	158338	173416	177909
坊 子	1450	1586				
龙 口	11841	14177	16546	18897	23160	28674
临 沂	5807	7424	8851	10377	10420	21184
河南省	**166881**	**185410**	**226366**	**270270**	**323625**	**390558**
平顶山	86889	74224	89976	110490	127874	154191
焦 作	15549	22212	28281	32053	34170	37056
鹤 壁	23259	35920	36233	40993	50336	58516
义 马	20393	24313	31209	38777	47740	57915
郑 州	17665	22280	31734	35961	44139	51356
永 城	3126	6461	8933	11996	19366	31524
湖南省	**37254**	**37131**	**33070**	**34654**	**42250**	**37979**
涟 邵	15293	13515	10442	10827	15698	15761
资 兴	9808	11016	7976	9037	9417	5885
白 沙	12153	12600	14652	14790	17135	16333
四川省	**39054**	**41149**	**38396**	**42486**	**48302**	**59177**
广 旺	6702	6332	4598	6195	7547	7613
芙 蓉	5823	6263	5268	7757	9410	9736
攀枝花	17209	18492	18181	17083	17374	18846
达 竹	4939	5393	5723	6300	7726	15800
华蓥山	4381	4132	4109	5151	5558	7182
隆 昌		537	517		687	
重庆市	**47376**	**44884**	**42278**	**32444**	**40901**	**52773**
南 桐	12189	11960	13111	4221	7104	14973
天 府	8378	8033	6949	6877	6899	7011
松 藻	14551	14216	12659	12527	17347	17147
中梁山	3859	4494	2813	1697	1758	2404
永 荣	8400	6180	6745	7122	7793	11238
贵州省	**44360**	**42434**	**47855**	**56269**	**63464**	**81090**

续表

	1999年	2000年	2001年	2002年	2003年	2004年
六　枝	7488	3956	4390	4874	5335	8016
盘　江	17182	16840	20828	26839	32740	42258
水　城	19690	21638	22637	24556	25389	30816
云南省	**8608**	**8082**	**7209**	**7279**	**7146**	**7221**
一平浪	2825	2488	2797	2649	2631	2458
来　宾	1265	1363				
羊　场	2245	2127	2269	2482	2235	2876
田　坝	2273	2104	2143	2148	2280	1888
陕西省	**48654**	**48332**	**47704**	**61599**	**66349**	**82166**
铜　川	25278	25423	24660	30779	29633	34078
蒲　白	6490	6067	7409	7603	8650	11114
澄　合	6089	6304	5249	9013	10974	12408
韩　城	9744	9084	8577	11005	13202	18179
崔家沟						
苍　村	1053	1454	1810			
黄　陵				3199	3890	6388
甘肃省	**32744**	**36942**	**38490**	**41410**	**55995**	**69170**
窑　街	15521	13365	14019	8520	10447	13797
兰　阿	2798	1213	1455			
靖　远	14425	22364	23016	20530	26979	30734
华　亭				12360	18569	24639
宁夏自治区	**37330**	**40382**	**43457**	**51160**	**79832**	**117439**
亘　元	12727	12640	11348	12333		
太　西	21637	24622	21942	26721		
灵　州	2966	3120	10167	12106		
新疆自治区	**21240**	**22046**	**25182**	**29765**	**31295**	**28299**
哈　密	8571	9132	9554	12408	14337	16313
乌鲁木齐	9795	10215	12877	14440	13089	11986
艾维尔	2875	2699	2751	2917	3869	
神华集团	**38896**	**42159**	**61293**	**79641**	**82559**	**108330**
神　东			16296	28569	29074	37908
准格尔	10655	12093	14377	18367	21477	25000
包　头	5329	6749	7175	7401	6236	7207
乌　达	11510	12331	12159	13263	12686	18685
海勃湾	10684	10266	10404	10993	11688	17303
万　利	718	719	882	1048	1398	2227

年份	总计	原煤生				
		合计	原煤生产工人	1. 井下工人		
				计	其中:	
					回采工人	掘进工人
1953	346696				44668	26797
1954	363829	257960	209303	143174	46086	27454
1955	395836	282710	231633	162155	60618	28212
1956	469244	337681	276120	191530	70002	31546
1957	506713	361251	314412	225023	84798	40000
1958	946672	579299	533004	373481	148703	90437
1959	1033566	704545	637398	463844	176382	104483
1960	1237653	804095	724792	526033	198831	127863
1961	1246007	820852	733173	531930	167269	129179
1962	1113544	785721	712297	532457	161142	119518
1963	1082036	782009	676908	495726	155799	111815
1964	1059555	667160	577729	425750	135222	89316
1965	1163461	697000	609070	450829	152554	93590
1966	1189138	705123	614805	455028	168414	95043
1967	1218305	767655	671643	488289	178995	105090
1968	1264183	816139	727179	546809	206506	130443
1969	1378373	893262	808248	617852	233009	152364
1970	1452629	943621	847551	649234	263288	157407
1971	1525825	1002099	909628	698082	282932	169632
1972	1625114	1019999	926557	711606	276115	171517
1973	1707287	1075496	971759	747730	278908	176608
1974	1716928	1099129	988265	763117	280529	181749
1975	1824888	1161657	1045794	809565	297341	190900
1976	1900209	1196613	1076712	833730	297348	200105
1977	2037003	1276171	1153800	897375	318616	218150
1978	2105290	1286323	1157307	895085	312987	217864

年末职工人数——按专业分

单位：人

产　　人　　员			非原煤生产人员	服务人员	其他人员
2. 地面工人	3. 露天工人	4. 救护队工人			
	12478				
56313	9816		40590		
58228	11250				
73877	10713				
76449	12940		60016		
129043	30480		258391		
146524	27030		199721		
169613	29146		250690		
176796	24447		229275		
158553	18732	2555	152232		
162165	15906	3111			
137396	11619	2964			
144803	10658	2780	203954	119797	142710
141791	15306	2680			
156942	23656	27756			
160275	17707	2388			
168003	19869	2524			
177034	19371	1912	372042		
188816	20200		399152		
191769	20645		401017		
198298	21637	4094	351134		
196565	25698	2885	330876		
206465	27173	2591	353423	238582	70780
214027	25532	3423	369239	255679	78678
224768	26685	4972	408263	280806	81991
230698	26022	5502	440712	281072	97183

年份	总计	原煤生				
		合计	原煤生产工人	1.井下工人		
				计	其中:	
					回采工人	掘进工人
1979	2183524	1309434	1172484	903579	304408	212755
1980	2290144	1368424	1219340	936297	304873	224002
1981	2417756	1460435	1301648	996393	326976	241902
1982	2592139	1538865	1373952	1055845	345390	260599
1983	2640140	1554159	1381825	1059526	345134	255150
1984	2826629	1595513	1410371	1084334	344407	258176
1985	2930815	1638312	1447611	1125166	354064	269555
1986	2990455	1571679	1393987	1100917	335773	255831
1987	3035630	1574260	1396997	1108348	337195	256164
1988	3103217	1569704	1394364	1120114	338669	261486
1989	3227665	1610419	1429163	1152065	342673	270263
1990	3297598	1594828	1409240	1146731	334343	266818
1991	3358083	1577626	1389076	1126609	315752	256296
1992	3373493	1508676	1497207	1075367	296185	241143
1993	3267116	1391324	1380334	998860	274913	221467
1994	3207774	1278293	1142988	954436	257838	196562
1995	3087392	1225669	1097658	912955	242391	199495
1996	3020504	1180921	1059770	822784	235638	195054
1997	2981993	1155186	1034388	855038	224771	189055
1998	2481810	1038870	932157	766899	203689	169490
1999				802865	202973	175142
2000				752842	189772	164345
2001	2363889	975018	873720	716084	183452	164477
2002	2363237	987935	882593	727193	185472	174999
2003	2365252	986279	872149	724278	183055	175118
2004	2466274	1073668	959404	779472	195920	193603

续表

产　　人　　员			非原煤生产人员	服务人员	其他人员
2. 地面工人	3. 露天工人	4. 救护队工人			
236707	26218	5980	461595	306117	106378
249439	27391	6213	466648	331162	123910
269724	28838	6693	462351	360476	134494
280320	30706	7081	488513	397221	167540
284663	30198	7438	476683	400553	208655
287331	30249		523041	426720	281355
280366	33144	8935	501213	436911	354382
253257	29794		554270	489551	374947
250911	28408	9330	570450	521345	369438
237207	27342	9701	594742	544655	394116
236296	30326	10476	634415	586537	395416
223763	28312	10434	704734	634070	393966
223164	28114	11189	735710	661717	383030
213897	27934		766556	666184	432077
192939	26117		758317	627823	489652
154860	23891		803563	644877	481041
150858	24494		771144	586686	503903
145781	21570	9635	762028	570344	507211
146928	22007	9688	753729	568447	504631
135367	20096	8393	712472	495575	234894
159567					
186431					
127294	17811	8112	622116	451676	315079
130636	13926	7871	635333	454457	285512
129663	16971	8288	600415	466058	312500
149145	17511	8517	612714	478380	313047

县营以上煤矿职工（从业人员）人数与工资

年 份	县营以上煤矿				其中：国有重点煤矿			
	年末人数（人）	平均人数（人）	工资总额（万元）	平均工资（元/人/月）	年末人数（人）	平均人数（人）	工资总额（万元）	平均工资（元/人/月）
1949	317017				273736			
1950	346566				294591			
1951	390055				323543			
1952	485076	437566			358250	341523	20623	50
1953	532780				381061	362998	24842	57
1954	602739				430912	425449	30072	59
1955	656979				470079	468927	33901	60
1956	859462				590174	533374	44652	70
1957	1004622	932042			624016	605251	52401	72
1958	3516979				1300688	836160	65773	66
1959	3023728				1428037	1363445	100309	61
1960	3338756				1571261	1513577	113131	62
1961	2893874				1491344	1542853	116902	63
1962	2091997	2492936			1279149	1342752	113924	71
1963	1880807				1233037	1256383	112737	75
1964	1741406				1197827	1213965	111118	76
1965	1812026	1776716			1292081	1267315	111510	73
1966	1926941				1349204	1316708	113717	72
1967	1991208				1379807	1367156	116577	71
1968	2075668				1426580	1413468	119641	71
1969	2302399				1547659	1486614	127482	71
1970	2484653	2322500			1636133	1559211	143310	77
1971	2817360	2624833	210310	67	1830644	1743516	149702	72
1972	2965608	2903003	230365	66	1873534	1840174	156876	71
1973	3251596	3200702	250562	65	1913868	1875526	159558	71
1974	3401974	3368285	264637	65	1897045	1892581	162565	72
1975	3626042	3523016	274326	65	1997435	1946423	165207	71
1976	3814483	3743847	289867	65	2060301	2040448	170817	70

续表

年份	县营以上煤矿				其中：国有重点煤矿			
	年末人数（人）	平均人数（人）	工资总额（万元）	平均工资（元/人/月）	年末人数（人）	平均人数（人）	工资总额（万元）	平均工资（元/人/月）
1977	3939070	3867096	299961	65	2222045	2179796	182024	70
1978	4068649	3983819	329249	69	2304784	2273713	201977	74
1979	4103992	4083221	380786	78	2370519	2342818	234316	83
1980	4192014	4128778	421766	85	2478000	2427415	263847	91
1981	4333033	4233645	435451	103	2566427	2491566	270617	109
1982	4477554	4347112	461275	106	2690481	2606065	289604	111
1983	4662523	4515631	489647	108	2808798	2720872	306107	113
1984	4796060	4904287	620816	105	3031472	3015852	395889	109
1985	5137389	4977600	692383	116	3256415	3112101	450920	121
1986	5137416	5015687	840494	140	3330119	3221072	575157	149
1987	5155710	5022384	876353	145	3367364	3252460	597077	153
1988	5250000	5081913	1045862	172	3426268	3293892	714935	181
1989	5332002	5145205	1337847	217	3518122	3372216	942240	233
1990	5463977	5331607	1542345	193	3571492	3470715	1087571	261
1991	5541095	5448751	1701907	206	3631739	3568806	1216643	284
1992	5513925	5484522	1884334	286	3632085	3619719	1362440	314
1993	5349360	5301365	2053573	323	3517433	3484115	1483747	355
1994	5248694	5182559	2502965	403	3445061	3392210	1788192	439
1995	5099789	5036648	2935584	486	3309900	3263841	2102234	537
1996	4990284	4909700	3283716	557	3223347	3166011	2346410	618
1997	4888165	4800788	3396158	590	3157979	3079594	2387068	646
1998	4064437	4141302	2824828	568	2640056	2685812	1979703	614
1999	3695059	3797104	2566708	563	2511234	2580175	1853635	599
2000	3440147	3543985	2695042	634	2346594	2413838	1961689	677
2001	3025404	3032122	2833863	784	2272263	2288168	2201574	806
2002					2234375	2222442	2542919	954
2003					2215255	2189067	2934613	1117
2004					2363358	2330562	3969644	1419

注：1994 年以后为全部从业人员口径。

国有重点煤矿机械厂职工人数与工资

年 份	年末人数 (人)	平均人数 (人)	工资总额 (万元)	平均工资 (元/人/月)
1950	1721	1613	50	26
1951	1904	1593	66	35
1952	3427	2472	137	46
1953	4997	4401	149	28
1954	5092	4949	294	50
1955	5127	5009	308	51
1956	6318	5750	326	47
1957	5973	5901	445	63
1958	12657	10337	472	54
1959	17578	17644	941	45
1960	28578	25870	1442	47
1961	26926	28306	1478	45
1962	22730	21231	1324	52
1963	18540	18452	1304	59
1964	19427	18655	1408	62
1965	19388	19197	1421	62
1966	20579	20789	1429	57
1967	22774	22996	1511	55
1968	26271	26599	1699	53
1969	26211	28237	1748	52
1970	41121	36785	2515	57
1971	48057	44642	2681	50
1972	53163	52015	3241	52
1973	54443	49918	3411	57
1974	54214	54328	3512	54
1975	55490	53046	3612	57
1976	56373	55935	3603	54
1977	57344	56847	3740	55

续表

年　份	年末人数（人）	平均人数（人）	工资总额（万元）	平均工资（元/人/月）
1978	63074	60654	4332	60
1979	67434	66311	4969	62
1980	68458	67580	5685	70
1981	68922	67586	5813	86
1982	70429	69001	6315	89
1983	71406	70345	6417	91
1984	76147	74393	8740	98
1985	76962	75940	9646	106
1986	73983	74864	11125	124
1987	76413	75357	11522	127
1988	75959	75362	14066	156
1989	76040	75037	17869	198
1990	78127	75932	21413	235
1991	87763	88924	26353	256
1992				
1993				
1994	99480	98537	42397	359
1995				
1996	92647	92061	53573	485
1997				
1998	87115	87027	49187	471
1999	108928	108406	59922	461
2000	109601	106811	63496	495
2001	105392	104436	72115	575
2002	97660	96864	82730	712
2003				
2004	100369	101670	121179	993

国有重点煤矿全员价值劳动生产率

年　份	工业总产值（不变价格，万元）	平均人数（人）	劳动生产率（元/年/人）
1949	30595		
1950	42034		
1951	52407		
1952	67820	341523	1986
1953	77830	362998	2144
1954	92470	425449	2173
1955	109529	468927	2336
1956	130873	533374	2454
1957	179761	605251	2970
1958	287226	836160	3435
1959	405718	1363445	2976
1960	488511	1513577	3228
1961	342445	1542853	2220
1962	277321	1342752	2065
1963	290387	1256383	2311
1964	260656	1213965	2147
1965	297460	1267315	2347
1966	330406	1316708	2509
1967		1367156	
1968		1413468	
1969		1486614	
1970	521883	1559211	3347
1971	573216	1743516	3288
1972	569359	1840174	3094
1973	555638	1875526	2963
1974	542337	1892581	2866
1975	627144	1946423	3222
1976	616028	2040448	3019
1977	658334	2179796	3020

续表

年份	工业总产值 （不变价格，万元）	平均人数 （人）	劳动生产率 （元/年/人）
1978	769951	2273713	3386
1979	812741	2342818	3469
1980	751832	2427415	3097
1981	898542	2491566	3606
1982	946003	2606065	3630
1983	992396	2720872	3647
1984	1089624	3015852	3613
1985	1153114	3112101	3705
1986	1162378	3221072	3609
1987	1208296	3252460	3715
1988	1360710	3293892	4131
1989	1509523	3372216	4476
1990	1603374	3470715	4620
1991	3247741	3568806	9100
1992	3297893	3619719	9111
1993	3245672	3484115	9316
1994	3389585	3392210	9992
1995	3624381	3263841	11105
1996	4128143	3166011	13039
1997	4159623	3079594	13507
1998	4113457	2685812	15316
1999	4192773	2580175	16250
2000	4519781	2413838	18724
2001	5270376	2288168	23033
2002	6029124	2222442	27128
2003	7348826	2189067	33571
2004		2330562	

注：工业总产值按分期不变价格计算。1957～1969年按1957年不变价计算；1970～1980年按1970年不变价计算；1981～1990年按1980年不变价计算；1991年后按1990年不变价计算。

五、销　售　库　存

煤炭消费库存和进出口情况

单位：万吨

年　份	国内消费	年底库存	进　口	出　口
1950			4	196
1951				25
1952				29
1953	7149	1503		95
1954	8159	1565		151
1955	9070	2391	2	163
1956	11428	1975	24	203
1957	12469	2742	7	188
1958	23323	6358	57	200
1959	31726	9659	125	199
1960	39701	6661	124	212
1961	26076	4888	142	332
1962	20669	4635	141	261
1963	19389	6147	120	260
1964	20500	5978	130	298
1965	22884	5717	199	336
1966	24480	5545	160	397

续表

年　份	国内消费	年底库存	进　口	出　口
1967	21760	3745	113	349
1968	21598	3710	108	213
1969	26081	3609	96	146
1970	33184	5017	123	227
1971	38261	5517	122	287
1972	40463	4718	135	282
1973	40993	4171	156	282
1974	40560	3738	184	288
1975	45713	4748	259	300
1976	46830	4660	206	227
1977	51514	5760	204	263
1978	56564	7312	244	312
1979	58516	8594	215	463
1980	60685	7575	195	590
1981	60565	6845	194	694
1982	64123	7427	216	673
1983	67769	8810	213	686
1984	74418	10318	243	704

续表

年 份	国内消费	年底库存	进 口	出 口
1985	81416	13160	231	777
1986	86189	13944	247	982
1987	92799	12320	194	1353
1988	98276	10745	169	1565
1989	100042	14610	229	1534
1990	102555	18410	200	1729
1991	105242	20023	137	1211
1992	115631	22425	123	1971
1993	122562	20399	143	1981
1994	130077	18962	122	2430
1995	137677	18824	164	2862
1996	144734	17672	320	2903
1997	139248	19042	200	3072
1998	129492		158	3229
1999	126365		167	3744
2000	124537		218	5507
2001	126211	11516	266	9012
2002	136606	11757	1081	8383
2003	163732	10937	1076	9388
2004	187000	10351	1860	8593

注：个别年份数据来源于国家统计局中国能源统计年鉴。

煤炭消费量——按主要用途分

单位：万吨

年份	国内消费量	生产建设用	其中			生活用
			火力发电用	炼焦用	铁路用	
1953	7149	4151	694	627	721	2998
1954	8159	4593	776	767	777	3566
1955	9070	5103	868	915	767	3967
1956	11428	6210	1125	1102	854	5218
1957	12469	7056	1223	1373	934	5413
1958	23323	17488	1968	4413	1210	5835
1959	31726	25415	3300	9672	1815	6311
1960	39701	32498	4577	11146	2360	7203
1961	26076	18881	3581	5368	1903	7195
1962	20669	13370	3047	1884	1515	7299
1963	19389	12725	3098	1742	1331	6664
1964	20500	13386	3249	1692	1619	7114
1965	22884	15384	3849	2038	1565	7500
1966	24480	16780	4578	2500	1701	7700
1967	21760	13990	4440	1664	1540	7770
1968	21598	14048	4157	1647	1608	7550
1969	26081	18181	5522	2497	1867	7900
1970	33184	25064	6021	3618	2026	8120
1971	38261	29841	6900	4775	2080	8420
1972	40463	31600	7313	5477	2278	8863
1973	40993	31995	7100	5436	2171	8998
1974	40560	31660	6350	4933	2236	8900
1975	45713	36363	7932	5248	2388	9350
1976	46830	37930	7764	4371	2289	8900
1977	51514	41887	9031	5018	2486	9627
1978	56564	46501	11344	5930	2630	10663

续表

年　份	国内消费量	生产建设用	其　中			生活用
			火力发电用	炼焦用	铁路用	
1979	58516	47916	11880	6178	2603	10600
1980	60624	48110	12296	5934	2416	12514
1981	60565	47176	12381	5358	2333	13389
1982	64126	49370	13427	5497	2435	14756
1983	67485	52287	14311	5787	2514	15198
1984	74418	57435	16207	6079	2597	16983
1985	81416	62229	17496	6352	2624	19187
1986	86189	66278	19592	6736	2503	19911
1987	92040	71218	22196	7066	2391	20822
1988	98276	77076	25155	7105	2334	21200
1989	103427	81301	27537	9631	2284	22126
1990	102555	82269	29688	7992	2280	20286
1991	105242	86968	33020	8087	2068	18274
1992	108973	97319	33459	11282	2506	14781
1993	122562					
1994	130077	117030	40053	13948		13047
1995	137677	124147	44440	18396		13530
1996	144734	130335	48809	18456		14399
1997	139248	127010	48979	19297		12238
1998	129492	120608	49489	15628		8884
1999	126365	117957	51164	14942		8408
2000	124537	116630	54611	15000		7907
2001	126211	118381	57688	15436		7830
2002	136606	129003	65600	18210		7603
2003	163732	155557	77976	23640		8175
2004	187000					

注：个别年份数据来源于国家统计局中国统计年鉴。

全国煤炭使用方向

单位：万吨

	1978 年	1980 年	1981 年	1982 年	1983 年	1984 年
全国煤炭消费量	**56564**	**60685**	**60565**	**64126**	**67769**	**74418**
其中：用于发电及电厂供热	11344	12296	12381	13427	14311	16207
用于炼焦	5930	5934	5375	5497	5787	6079
用于水泥	1207	1472	1575	1712	1932	2128
用于砖、瓦、石灰				979	1080	1086
用于合成氨	2936	3018	2747	2892	3079	3195
用于纸和纸板		590	612	671	794	887
用于平板玻璃		77	86	101	113	135
用于日用玻璃制品及陶瓷		448	483	546	571	580
用于制糖		239	287	349	381	369
用于铁路	2630	2416	2333	2435	2514	2597
用于生活	10063	12574	13389	14756	15494	16983

	1985 年	1986 年	1987 年	1988 年	1989 年	1990 年
全国煤炭消费量	**81416**	**86189**	**92040**	**98276**	**100042**	**102555**
其中：用于发电及电厂供热	17496	19592	22196	25155	26789	29688
用于炼焦	6352	6736	7066	7105		7992
用于水泥	2446	2673	2842	3147		3154
用于砖、瓦、石灰	1123	1122	1045	1073		839
用于合成氨	2865	2770	3155	3435		3471
用于纸和纸板	873	933	1009	1076		1092
用于平板玻璃	174	164	185	230		224
用于日用玻璃制品及陶瓷	629	678	720	733		682
用于制糖	408	383	393	533		455
用于铁路	2624	2503	2391	2334		2280
用于生活	19187	19911	20822	21200	20140	20286

续表

	1991 年	1992 年	1994 年	1995 年	1996 年	1997 年
全国煤炭消费量	**105242**	**114085**	**128532**	**137677**	**144734**	**139248**
一、工业用		92251	107770	117571	123886	121671
其中：发电	33020	33459	40053	44440	48809	48979
供热		3851	5533	5887	6366	6245
炼焦	8087	11282	13948	18396	18456	19297
制气				764		
二、农、林、牧、渔、水利		1768	1783	1857	1917	1927
三、建筑业		466	505	440	446	383
四、交通、运输、邮电、通讯		1768	1873	1315	1176	1431
五、商业、饮食、物资、供销		958	1020	977	1074	863
六、生活消费	18274	14781	13047	13530	14399	12238
七、其他		1985	2534	1987	1835	735

	1998 年	1999 年	2000 年	2001 年	2002 年	2003 年
全国煤炭消费量	**129492**	**126365**	**124537**	**126211**	**136606**	**163732**
一、工业用	114952	112757	111730	113608	124195	150569
其中：发电	49489	51164	54611	57688	65600	77977
供热	6320	6473	6692	6962	7474	9596
炼焦	15628	14942	15000	15436	18210	23640
制气		848	810	894	973	1055
二、农、林、牧、渔、水利	1923	1736	1648	1599	1623	1623
三、建筑业	612	523	537	538	554	554
四、交通、运输、邮电、通讯	1391	1294	1140	1051	1055	1055
五、商业、饮食、物资、供销	948	896	815	810	809	809
六、生活消费	8884	8408	7907	7830	7603	7603
七、其他	783	751	761	775	767	767

全国煤炭平衡表

单位：万吨

项　目	1953 年	1957 年	1962 年	1965 年	1970 年	1975 年	1976 年	1977 年	1978 年	1979 年
一、资源可供量	**7123**	**13084**	**21984**	**23783**	**36932**	**53587**	**54828**	**61802**	**68702**	**61261**
生产量	6968	13000	21955	23200	35400	48224	48347	55026	61785	63554
进口量		7	141	199	123	259	206	204	244	216
利用库存	231		253	261			88			
烧油折煤				384	2151	6040	6944	7221	7427	
天然气折煤			209	160	345	786	937	1220	1434	
其　他	45	327	5	124						
减：洗煤损耗	121	250	574	545	1087	1722	1696	1869	2188	2509
二、消费量	**7123**	**13084**	**21984**	**23783**	**36932**	**53587**	**54826**	**61802**	**68702**	**61261**
生产用	4030	6716	14406	15947	27177	42586	45692	51353	56897	49701
（1）火力发电	694	1223	3047	3849	6817	10940	11600	12871	14955	12223
（2）炼　焦	627	1373	1884	2038	2882	3984	3775	3896	4705	4889
（3）铁　路	721	934	1515	1565	2026	2399	2394	2566	2670	2537
（4）冶金动力	195	589	800	1468	2306	3067	2915	3564	3949	2092
（5）煤矿自用	293	519	879	769	814	1446	1543	1777	1897	1897
（6）合成氨	11	26	106	341	535	2327	2535	3428	4830	3644
（7）水　泥	94	157	160	409	618	978	980	1151	1316	1436
（8）其他工业	1395	1895	6015	5508	11180	17445	19950	22100	22575	19878
生活用	2998	5413	7299	7500	8120	9350	8413	8979	9261	9807
出口、援外	95	188	279	336	227	338	238	312	361	471
补充库存		767			1408	1007		618	1572	1282
中煤煤泥补贴						306	483	540	611	

续表

项　目	1980年	1981年	1982年	1983年	1984年	1985年	1986年	1987年
一、资源可供量	**62601**	**62430**	**65875**	**69759**	**76769**	**82777**	**87323**	**93262**
生产量	62015	62164	66633	71453	78923	87228	89404	92797
进口量	199	193	219	214	249	231	247	194
出口量	632	657	644	656	696	777	982	1353
年初年末库存差额	1019	730	-334	-1252	-1708	-3906	-1346	1624
二、消费量	**61010**	**60584**	**64126**	**68713**	**74968**	**81603**	**86015**	**92799**
在消费量中：								
1. 农、林、牧、渔、水利业	1550	1569	1714	1835	2018	2209	2297	2287
2. 工业	43848	42847	45607	49221	54030	58613	62651	68775
3. 建筑业	556	359	414	467	471	532	498	453
4. 交通运输、仓储及邮电通讯业	1934	2086	2173	2192	2280	2307	2295	2242
5. 批发和零售贸易餐饮业	455	524	566	635	733	738	779	825
6. 其他	1091	1109	1195	1299	1454	1580	1673	1731
7. 生活消费	11574	12089	12457	13064	13983	15624	15822	16483
在消费量中：								
（一）终端消费	38804	39189	41683	44874	48781	52704	54490	57873
工业	21643	21452	23165	25382	27942	29715	31126	33849
（二）中间消费								
（用于加工转换）	19462	18744	19644	20853	23061	25397	27937	31172
发电	12648	12699	13427	14311	15935	16441	18012	20289
供热						1462	1625	1893
炼焦	6682	5909	6077	6394	6963	7304	8057	8766
制气	131	137	140	148	162	191	342	224
（三）洗选损耗	2744	2650	2798	2987	3127	3501	3588	3754
平衡差额	**1592**	**1846**	**1749**	**1046**	**1800**	**1174**	**1308**	**463**

续表

项　目	1988年	1989年	1990年	1991年	1993年	1994年	1995年
一、资源可供量	**99668**	**101262**	**102221**	**127288**	**115361**	**123193**	**133462**
生产量	97988	105414	107988	108741	115067	123990	136073
进口量	169	229	200	137	143	121	164
出口量	1565	1534	1729	1211	1982	2419	2862
年初年末库存差额	3076	－2847	－4239		2132	1501	87
二、消费量	**99353**	**103427**	**105523**	**105242**	**120920**	**128532**	**137677**
在消费量中：							
1. 农、林、牧、渔、水利业	2378	2181	2095	2920	1602	1783	1857
2. 工业	73907	78564	81091	68868	99310	107770	117571
3. 建筑业	445	453	438		500	505	440
4. 交通运输、仓储及邮电通讯业	2259	2284	2161	1891	1751	1873	1315
5. 批发和零售贸易餐饮业	932	1024	1058		1027	1020	977
6. 其他	1907	1878	1980				1987
7. 生活消费	17525	17043	16700	18274	14515	13047	13530
在消费量中：							
（一）终端消费	61539	62023	60206		62677	63900	66156
工业	36092	37161	35774		40553	42886	46050
（二）中间消费							
（用于加工转换）	34108	37537	41258		54102	60322	69488
发电	22834	25151	27204	17637	36831	40053	44440
供热	2116	2386	2996	5006	4685	5533	5887
炼焦	8879	9631	10698		12093	13948	18396
制气	279	369	360		493	788	764
（三）洗选损耗	3707	3867	4059		4141	4310	2033
平衡差额	**314**	**－2165**	**－3302**		**－5559**	**－5340**	**－4215**

续表

项　目	1996年	1998年	1999年	2000年	2001年	2002年	2003年
一、资源可供量	**133159**	**122811**	**103576**	**98176**	**108480**	**129605**	**157902**
生产量	137282	125000	104500	99800	116078	138000	166700
进口量	201	159	167	218	266	1126	1110
出口量	3073	3230	3744	5507	9013	8390	9403
年初年末库存差额	－1251	882	2653	3665	1149	－1131	－505
二、消费量	**139248**	**129492**	**126365**	**124537**	**126211**	**136606**	**163732**
在消费量中：							
1. 农、林、牧、渔、水利业	1927	1923	1736	1648	1600	1623	1683
2. 工业	121671	114952	112757	111730	113608	124195	150569
3. 建筑业	383	612	523	537	538	554	577
4. 交通运输、仓储及邮电通讯业	1431	1391	1294	1140	1051	1055	1067
5. 批发和零售贸易餐饮业	863	948	896	815	810	809	860
6. 其他	735	783	752	761	775	767	801
7. 生活消费	12238	8884	8408	7907	7830	7602	8175
在消费量中：							
（一）终端消费	61792	56347	51572	46087	43891	42692	48945
工业	44214	41807	37964	33280	31288	30282	35781
（二）中国消费							
（用于加工转换）	77451	73145	74793	78451	82320	93913	114787
发电	48979	49489	51164	54611	57688	65600	77977
供热	6245	6320	6473	6692	6962	7474	9596
炼焦	19297	15628	14942	15000	15436	18210	23640
制气	733	685	848	810	894	973	1055
（三）洗选损耗	2311	1159	1492	1441	1451	1718	2599
平衡差额	**－6089**	**－6682**	**－22789**	**－26361**	**－17731**	**－7001**	**－5830**

全国煤炭净调出

	1957年	1958年	1959年	1960年	1961年	1962年	1963年	1964年
全国总计	**2021.0**	**2635.0**	**3854.0**	**4845.0**	**4129.0**	**4368.0**	**4229.0**	**4295.0**
北京市	-212.8	-166.9	-345.7	-452.0	-400.5	-383.4	-363.0	-485.2
天津市								
河北省	-135.0	34.8	261.4	398.7	347.3	263.8	29.2	30.5
山西省	1111.9	1730.7	2106.6	2242.7	1758.0	1915.4	1968.4	2097.5
内蒙古自治区	-68.7	-87.4	-140.4	-215.8	-155.9	-171.2	-89.9	-103.9
辽宁省	-142.3	-142.4	-27.9	-385.8	-553.6	-938.5	-1004.2	-910.1
吉林省	38.1	-24.1	-75.8	-80.8	-10.9	-65.5	-114.9	-110.3
黑龙江省	411.3	510.4	679.4	838.5	396.1	401.8	489.5	435.2
上海市	-384.4	-568.9	-1154.3	-1353.6	-1157.2	-924.0	-897.1	-761.5
江苏省	188.1	-423.0	-553.9	-439.4	-297.9	-374.8	-355.3	-414.1
浙江省	-83.0	-245.0	-379.9	-372.8	-253.8	-220.8	-186.1	-217.0
安徽省	296.5	200.0	138.6	239.2	449.5	846.8	707.3	641.6
福建省	-11.2	-75.3	-91.5	-111.7	-75.8	-66.9	-63.8	-49.5
江西省	120.7	117.6	153.1	155.0	138.7	100.7	92.1	115.8
山东省	-136.5	-65.5	181.2	264.6	250.0	185.7	286.6	356.3
河南省	-12.2	-41.3	291.4	601.3	670.9	454.4	419.4	421.9
湖北省	-136.8	-350.4	-576.3	-744.0	-568.4	-458.9	-438.7	-446.9
湖南省	42.9	24.7	-15.5	-23.5	-53.6	-77.2	-86.2	-81.8
广东省	-90.4	-155.9	-111.8	-120.3	-100.3	-122.4	105.9	-149.8
广西自治区	-15.4	-32.1	-30.3	-67.5	-38.4	-26.0	-27.1	-40.8
四川省		13.1	0.7	0.3		2.6		
贵州省		-0.2	-1.3	-1.4	-0.1	-1.7	-1.0	-3.3
云南省								
陕西省	-80.1	-7.9	2.0	-14.7	-4.4	-22.7	-13.9	-28.8
甘肃省	-71.8	-30.8	-124.0	-201.9	-192.6	-225.6	-212.4	-179.4
青海省				-4.2	-10.8	-8.6	-4.4	-14.7
宁夏自治区		4.5	39.2	104.3	118.7	197.4	222.8	180.0
新疆自治区		-0.6		-2.1	-5.6	0.1	13.7	15.9
出口援外	-252.7	-217.7	-225.0	-253.3	-249.3	-280.1	-265.1	-297.3

调入量——按省市区分

单位：万吨

1966年	1967年	1968年	1969年	1970年	1971年	1972年	1973年	1974年	1975年
5273.0	**4065.0**	**4890.0**	**5522.0**	**6169.0**	**6349.0**	**6338.0**	**6518.0**	**5624.0**	**7129.0**
-528.6	-457.1	-502.3	-642.2	-669.4	-707.8	-692.6	-777.2	-729.5	-936.2
	-352.5	-487.3	-607.5	-669.3	-704.8	-710.6	-729.0	-745.4	-861.8
330.8	725.3	1150.6	999.1	988.2	1006.9	985.4	1065.9	1103.3	1203.7
2295.7	1639.6	1679.0	2223.8	2591.9	2474.5	2623.3	2945.1	3069.7	3829.2
-124.9	-205.3	-200.5	-296.1	-191.2	-145.8	-140.0	-126.1	-138.6	-202.4
-597.4	-346.1	-495.0	-315.9	-271.5	-273.1	-306.7	-386.5	-298.2	-461.2
-150.7	-16.8	-81.7	-114.7	-161.5	-152.9	-137.9	-144.8	-132.8	-148.1
488.7	342.2	394.5	584.8	437.8	408.7	-376.4	370.0	294.4	354.1
-933.8	-692.2	825.6	-735.4	-800.4	-831.2	-899.9	-952.9	-984.1	-1069.3
-554.0	-359.7	-609.9	-751.4	-635.9	-473.3	-493.4	-504.6	-335.9	-491.8
-340.8	-224.9	-240.1	-284.6	-380.8	-419.2	-423.1	-411.0	-280.4	-410.1
575.3	320.0	396.0	542.4	538.8	703.6	653.9	611.5	255.5	471.4
-103.5	-63.7	-103.5	-112.6	-135.1	-140.5	-150.6	-135.9	-78.7	-157.5
48.6	-14.0	25.9	29.7	39.3	-1.4	26.9	15.5	-9.3	-29.0
466.0	387.6	584.5	194.0	492.3	516.1	514.7	363.1	-87.5	216.9
815.6	509.6	518.6	735.5	787.9	881.6	846.8	755.0	618.0	676.3
-670.9	-448.8	-448.5	-605.5	-882.2	-976.7	-964.2	-940.6	-709.2	-925.3
-103.2	-56.2	-114.5	-175.4	-162.6	-190.8	-139.6	-131.3	-98.3	-171.1
-231.2	-178.1	-210.9	-278.6	-334.6	-334.3	-359.5	-358.7	-232.6	-281.5
-95.3	-49.6	-43.2	-88.0	-109.2	-139.0	-129.6	-128.9	-101.5	-138.0
-64.0	-2.3	-2.0	-0.5	-2.5	-0.1	-0.1	-0.5	-0.3	-0.3
-16.7	-9.0	-2.7	-14.8	-19.8	-16.2	-10.1	-7.2	-6.0	-5.2
									-0.2
-44.2	-75.4	-82.6	-89.5	-136.6	-200.7	-142.4	-88.5	-41.4	-89.5
-281.9	-167.2	-190.7	-232.2	-299.6	-276.8	-285.3	-308.3	-237.7	-317.2
-34.8	-21.2	-31.7	-40.8	-80.8	-80.6	-84.7	-98.5	-93.2	-123.9
238.6	130.3	131.3	205.0	267.5	297.1	304.9	388.2	282.9	363.3
13.9	9.9	9.8	7.8	25.2	60.5	5.8			13.8
-397.3	-324.4	-217.5	-136.4	-226.2	-283.8	-267.6	-283.8	-283.7	-309.2

	1976年	1977年	1978年	1979年	1980年	1981年	1982年
全国总计	**5833.0**	**6977.0**	**8967.0**	**9838.0**	**10578.0**	**10718.0**	**11082.0**
北京市	-781.6	-878.5	-1013.6	-1071.3	-1056.3	-972.8	-1011.5
天津市	-683.7	-742.4	-882.8	-934.5	-941.0	-913.1	-964.3
河北省	437.8	329.8	912.8	741.1	331.3	228.4	248.9
山西省	3431.6	4002.3	4474.3	5192.6	6126.5	6927.4	7426.4
内蒙古自治区	-119.9	-130.4	-166.0	-86.8	203.8	187.6	159.6
辽宁省	-388.9	-469.6	-656.5	-1123.7	-1724.4	-1902.4	2026.8
吉林省	-159.7	-170.7	-283.3	-343.2	-344.2	-436.3	-522.9
黑龙江省	427.9	467.0	599.5	697.1	746.6	722.1	601.3
上海市	-968.0	-999.1	-1274.0	-1451.9	-1386.9	-1419.6	-1518.1
江苏省	-383.8	-483.3	-646.5	-637.4	-779.9	-859.9	-854.0
浙江省	-368.1	-417.5	-547.8	-625.0	-717.0	-729.8	-730.2
安徽省	469.5	475.9	471.7	452.2	471.3	379.6	268.2
福建省	-161.4	-186.5	-212.5	-245.9	-230.2	-189.2	-235.1
江西省	-39.6	-65.5	-94.4	-69.3	-103.6	-100.0	-89.2
山东省	372.7	384.1	491.2	482.1	311.6	111.6	41.6
河南省	361.9	756.0	1129.1	1243.7	1244.0	1057.2	1155.2
湖北省	-663.5	-900.9	-1165.8	-1232.0	-1188.9	-1179.9	-1073.9
湖南省	-113.5	-211.6	-287.2	-273.7	-298.1	-287.0	-295.9
广东省	-203.9	-280.8	-426.0	-464.0	-471.3	-443.9	-490.6
广西自治区	-99.7	-130.8	-210.6	-254.9	-217.2	-191.5	-204.1
海南省							
四川省	-0.2	-0.2	-78.7	-38.1	-65.0	-132.3	-128.8
贵州省	-2.2	-5.6	272.7	-206.0	229.2	232.4	258.1
云南省			-55.7	-22.6	-27.3	-21.8	-32.3
西藏自治区		-0.3	-0.6			-0.3	
陕西省	-96.3	-117.2	-80.8	149.9	237.9	217.4	252.1
甘肃省	-251.4	-380.4	-420.0	-356.5	-332.3	-318.9	-347.7
青海省	-110.0	-137.4	-151.6	-132.2	-102.7	-101.7	-113.3
宁夏自治区	289.3	-497.9	513.4	532.8	564.8	538.5	504.3
新疆自治区	42.4	64.4	101.2	140.6	110.8	116.2	165.5
出口援外	-237.7	-268.7	-312.3	-470.9	-591.0	-517.8	-440.7
入洗差额			1.3	-4.2	-0.5	-0.2	-1.8

续表

1983年	1984年	1985年	1986年	1987年	1988年	1989年	1990年
12129.0	**13314.0**	**14800.0**	**15712.0**	**15630.0**	**16830.0**	**18186.0**	**19560.0**
-1159.2	-1131.9	-1187.5	-1194.4	-1157.6	-1200.0	-1087.3	-1289.7
-1014.8	-1072.8	-1141.0	-1275.1	-1276.0	-1143.0	-1238.1	-1226.9
163.3	-320.6	-307.7	-137.0	-84.1	-445.3	-729.7	-761.0
8170.1	9175.5	10352.8	11618.7	11204.8	12247.7	13600.3	14582.3
222.6	205.3	318.9	132.8	215.6	383.7	510.5	728.7
-2315.1	-2220.3	-2566.8	-2574.6	-2347.9	-2345.3	-2308.5	-2700.5
-402.6	-581.9	-665.2	-822.7	-796.0	-837.4	-862.6	-1035.2
556.8	773.2	813.5	904.6	1141.3	1011.9	958.0	1029.6
-1635.1	-1668.6	-1856.1	-1986.6	-2053.1	-2028.2	-2281.2	-2276.8
-927.7	-1055.7	-1127.5	-1259.1	-1356.1	-1455.8	-1712.3	-1771.3
-781.0	-876.1	-1009.1	-1093.8	-1107.9	-1142.0	-1149.1	-1079.2
281.1	336.1	275.1	111.0	-21.9	-199.7	-280.3	-270.3
-262.0	-286.3	-314.2	-314.3	-324.1	-349.9	-433.3	-444.2
-130.1	-166.3	-199.7	-253.4	-296.2	-295.4	-352.0	-398.8
98.5	85.8	-128.0	-316.8	-214.6	-302.8	-461.6	-491.1
1321.9	1389.4	1528.5	1415.4	1516.9	1656.2	1752.8	1787.8
-1236.8	-1380.2	-1621.4	-1776.2	-1658.4	-1795.2	-1696.8	-1855.4
-374.8	-459.3	-492.5	-444.2	-481.3	-516.5	-458.5	-444.0
-545.9	-606.2	-629.9	-689.6	-807.2	-830.3	-908.0	-1068.8
-229.2	-265.9	-278.0	-315.3	-294.5	-280.4	-327.0	-385.9
					-40.8	-68.7	-63.8
-104.8	-125.6	-131.5	-116.8	-66.8	-55.3	-57.3	-80.2
319.3	318.7	389.2	454.1	489.4	422.1	445.3	506.8
-34.4	-22.2	-29.7	-32.5	-39.8	-44.8	-45.9	-31.3
						-3.1	-4.5
296.7	282.7	315.7	284.8	328.3	375.1	255.4	207.7
-342.0	-377.2	-386.7	-342.7	-335.4	-371.3	-402.0	-398.5
-120.1	-144.4	-185.1	-179.1	-154.2	-150.8	-147.0	-163.8
525.0	564.4	601.3	591.4	550.5	541.4	503.4	547.2
174.3	183.4	201.8	195.4	183.6	183.6	160.5	169.8
-451.7	-488.3	-472.3	-538.3	-703.9	-983.5	-1175.1	-1318.6
0.2	1.9	3.9	3.8	5.3	7.9		5.0

	1991年	1992年	1993年	1994年	1995年	1996年	1997年
全国总计	**19480**	**19653**	**18778**	**21676**			
北京市	-1242	-1108	-1135	-1135	-1298	-1467	-2117
天津市	-1322	-1427	-1744	-1524	-2066	-2443	-1773
河北省	-902	-895	-1048	-996	-2873	-4992	-3581
山西省	14149	14065	13507	15388	24301	25053	23702
内蒙古自治区	1058	-33	1156	1371	1878	2219	2246
辽宁省	-2689	-2500	-2627	-3230	-3755	-3629	-3482
吉林省	-1030	-989	-774	-891	-1225	-1029	-1210
黑龙江省	976	892	784	1041	1267	1033	1277
上海市	-2249	-2288	-2054	-2538	-3458	-2839	-3357
江苏省	-1683	-1889	-1928	-2331	-4436	-3723	-3871
浙江省	-1089	-1014	-1011	-1588	-2743	-2495	-2837
安徽省	-186	-140	246	153	395	238	516
福建省	-426	-388	-352	-378	-325	-395	-323
江西省	-367	-374	-216	-265	-175	-493	-383
山东省	-533	-685	-416	-968	-1857	-1744	-1968
河南省	1849	972	1603	2095	2473	2141	430
湖北省	-1880	-1582	-1812	-2123	-3204	-3040	-2520
湖南省	-422	-439	-350	-404	33	80	264
广东省	-1029	-1038	-1118	-1220	-2194	-1874	-1720
广西自治区	-362	-356	-314	-353	-605	-464	-642
海南省	-63	-74	-61	-67	-61	-96	-68
四川省	5	20	22	45	179	88	99
重庆市							127
贵州省	-477	144	468	457	537	476	919
云南省	-28	-35	-48	-34	51	79	95
西藏自治区	-4	-3	-2	-1		-1	-230
陕西省	364	393	460	604	660	756	1710
甘肃省	-368	-384	-321	-350	-151	179	191
青海省	-160	-126	-100	-85	-180	-177	-130
宁夏自治区	409	-405	358	422	480	588	596
新疆自治区	193	180	169	150	243	221	213
军矿局等					802	1035	737
出口援外	-1445	-1391	-1342	-1855	2693	2309	2940
入洗差额				610			

续表

1998年	1999年	2000年	2001年	2002年	2003年	2004年
				8575	**9302**	**8593**
-1257	-898	-1013	-1083	-1157	-757	-1521
-2075	-1831	-1684	-2448	-3369	-2786	-2812
-2939	-3630	-3700	-4934	-4997	-7164	-8669
22755	20421	22984	23467	31409	29960	35608
2685	2733	2546	2564	3636	7893	8051
-3172	-2980	-2678	-3079	-3564	-3782	-5156
-958	-808	-989	-837	-1545	-1780	-1820
1030	962	1122	946	1979	2077	2470
-3044	-2604	-2741	-2688	-3324	-3302	-3574
-4431	-3599	-4011	-4491	-4851	-5221	-6463
-3404	-2866	-2828	-3437	-4119	-4234	-5317
366	1288	1843	1383	1499	1474	1366
-406	-437	-513	-468	-659	-678	-1002
-560	-207	-364	-500	-899	-802	-1062
-1331	-1130	-1222	-2961	-1542	-804	-2750
1646	1329	1297	1407	1679	2767	2118
-2505	-2134	-2167	-2431	-3812	-4195	-4971
-112	55	-60	-136	-378	-685	-902
-1820	-1824	-2198	-2994	-3887	-5339	-8631
-895	-669	-739	-831	-1508	-1850	-1970
-47	-10	-39	-81	-99	-33	-306
-211	-158	-274	-109	128	218	379
142	214	319	334	317	360	247
1497	1127	1047	1076	1800	2017	2388
-90	46	20	-65	139	20	159
-1	-1	-1	-1	-1	-4	-1
1030	1252	1845	1872	4757	4799	11513
-17	-437	-136	-426	154	242	265
-240	-111	-95	-124	-169	-120	-97
494	799	556	627	743	729	760
196	181	182	326	217	281	291
813	233	118	123			
2969	4286	6387	8590	8575		

全国煤炭调出量

	1957年	1962年	1965年	1970年	1975年	1980年	1981年	1982年
全国总计	**3521**	**6175**	**6298**	**7993**	**9279**	**13870**	**14148**	**14886**
北京市	78	309	229	266	334	266	262	264
天津市								
河北省	516	1115	968	1541	1923	1288	1188	1212
山西省	1123	1915	2097	2592	3829	6127	6847	7342
内蒙古自治区	42	63	98	32	76	574	576	612
辽宁省	267	125	99	180	160	123	92	95
吉林省	207	47	81	36	39	60	49	62
黑龙江省	464	447	508	465	416	898	869	920
上海市								
江苏省	74	27	83	36	36	134	84	76
浙江省								
安徽省	337	889	706	672	615	699	674	597
福建省								
江西省	132	142	163	130	88	53	69	77
山东省	60	262	493	680	436	714	610	586
河南省	138	506	492	913	807	1513	1370	1504
湖北省								
湖南省	78	72	63	77	55	5	87	97
广东省	1	1						
广西自治区		2	3					
四川省		3				20		
贵州省			1			229	233	258
云南省								
西藏自治区								
陕西省	4	36	17		68	406	366	429
甘肃省		6	3	48	74	66	104	62
青海省								
宁夏自治区		197	180	272	385	583	553	526
新疆自治区		11	16	25	14	114	116	166
出口量								

——按省市区分

单位：万吨

1983年	1984年	1985年	1986年	1987年	1988年	1989年	1990年
16218	**17852**	**19721**	**21096**	**21086**	**22248**	**23220**	**25183**
276	302	270	286	269	273	294	268
1228	1167	1247	1427	1556	1223	1113	1114
8076	9070	10232	11510	11209	12148	13600	14582
656	713	678	719	730	814	1011	1286
100	138	127	130	114	80	89	97
126	96	78	81	63	29	63	35
940	1025	1396	1440	1504	15112	1436	1672
174	312	251	243	239	248	262	284
578	685	708	673	602	569	547	747
61	88	96	90	92	76	70	67
611	735	675	654	666	764	708	777
1705	1781	1939	1928	2037	2184	2202	2293
92	96	99	95	103	91	94	123
			20				29
320	321	389	454	491	423	446	508
474	457	601	494	551	592	491	453
77	93	110	111	103	94	104	108
543	595	623	620	573	758	529	571
181	183	202	216	184	370	161	170

	1991年	1992年	1993年	1994年	1995年	1996年	1997年
全国总计	**25250**	**23550**	**23902**	**28502**	**43948**	**45178**	**43644**
北京市	328	346	341	339	507	531	503
天津市							
河北省	1135	1048	1055	1229	1701	1610	1560
山西省	14149	14070	13507	15388	24322	25058	23707
内蒙古自治区	2037	1321	1429	1594	2177	2625	2495
辽宁省	93	73	62	90	81	173	72
吉林省	92	93	228	298	286	357	315
黑龙江省	1648	1632	1473	1861	2247	1989	2365
上海市							
江苏省	289	266	78	357	399	413	362
浙江省							
安徽省	588	548	720	760	1321	1289	1335
福建省					114	106	54
江西省	68	60	95	105	349	136	169
山东省	733	690	946	1061	1341	1483	1580
河南省	2311	1436	2045	2668	4164	4203	3365
湖北省					46	35	45
湖南省	115	101	115	124	803	735	273
广东省							
广西自治区						139	95
海南省					142	0	287
四川省	5	123	114	147	307	282	127
重庆							
贵州省	477	488	468	457	591	496	934
云南省				11	118	189	164
西藏自治区							
陕西省	558	561	607	748	955	1065	1891
甘肃省		87	73	59	390	401	389
青海省	431						
宁夏自治区	193	424	374	437	538	594	598
新疆自治区		183	172	159	245	233	222
军矿局				610	802	1035	737
出口量							

续表

1998年	1999年	2000年	2001年	2002年	2003年	2004年
43960	**40976**	**43929**	**53867**	**66136**	**69826**	**84171**
502	558	477	473	463	880	927
1407	1533	1205	2078	2352	980	2249
22755	20432	23016	23473	31430	30009	35654
2988	3079	2760	2969	4146	8331	8452
82	64	42	162	179	181	143
271	213	241	276	485	481	575
1881	1698	1735	1557	2787	2925	3473
461	388	539	314	945	458	378
				1		
1493	1896	2346	2110	2343	2620	2363
69	81	52	183	161	250	156
137	323	129	107	417	514	554
2053	2476	2943	2256	3941	4758	4272
3495	2869	2811	3330	4975	5424	5431
63	17	32	18	3	5	66
718	593	571	523	656	687	525
						24
46	54	42	0	49	41	51
256			20			
142	87	90	220	573	708	771
		354	371	401	441	414
1501	216	1052	1078	1801	2124	2547
128	1141	119	130	219	261	608
	170					
1406	1511	2151	2142	5853	5623	12329
495	334	344	286	902	907	915
		2			21	71
588	819	569	736	823	906	906
210	191	189	342	231	291	316
813	233	118	123			
			8590			

全国煤炭调入量

	1957年	1962年	1965年	1970年	1975年	1980年	1981年	1982年
全国总计	**3521**	**6175**	**6298**	**7993**	**9279**	**13870**	**14148**	**14886**
北京市	291	692	714	965	1271	1322	1235	1276
天津市				669	862	941	913	964
河北省	653	851	938	553	719	957	960	963
山西省	11							
内蒙古自治区	111	234	201	223	202	371	388	453
辽宁省	409	1063	1009	451	622	1848	1994	2122
吉林省	169	113	191	197	187	404	486	587
黑龙江省	53	45	73	27	62	152	147	320
上海市	384	924	762	800	1070	1387	1420	1518
江苏省	262	402	497	672	527	914	1060	1118
浙江省	83	221	217	381	410	717	730	730
安徽省	40	43	64	133	144	228	295	329
福建省	11	67	50	135	157	230	189	235
江西省	12	41	47	91	117	156	169	166
山东省	197	77	136	187	219	402	488	545
河南省	150	52	70	125	131	269	312	385
湖北省	137	459	447	882	925	1189	1180	1074
湖南省	36	149	144	240	226	304	293	310
广东省	91	123	150	335	282	471	444	491
广西自治区	15	28	44	109	138	217	192	204
海南省								
四川省				3	0.3	88	132	128
贵州省			4	20	5		1	0.1
云南省					0.2	27	22	33
西藏自治区					0.2		0.3	
陕西省	84	59	46	137	157	168	149	176
甘肃省	72	231	182	347	391	397	393	418
青海省		9	15	81	124	103	102	113
宁夏自治区				5	22	18	14	21
新疆自治区		11						
出口量	237	280	297	226	304	591	518	441

——按省市区分

单位：万吨

1983 年	1984 年	1985 年	1986 年	1987 年	1988 年	1989 年	1990 年
16218	**17852**	**19721**	**21096**	**21086**	**22248**	**23220**	**25183**
1453	1408	1456	1479	1428	1474	1382	1557
1015	1073	1141	1275	1283	1143	1238	1227
1064	1440	1555	1564	1455	1653	1843	1875
459	497	515	587	515	447	494	557
2415	2333	2694	2866	2462	2434	2368	2797
529	642	743	902	860	967	952	1070
383	376	432	422	364	544	519	642
1635	1669	1858	1987	2090	2028	2281	2277
1102	1397	1408	1539	1698	1728	1975	2056
793	898	1021	1116	1133	1149	1149	1079
297	349	433	562	625	769	827	1017
262	286	315	315	324	350	433	444
191	254	295	344	388	377	422	466
515	598	809	973	893	1074	1170	1268
383	371	410	431	511	537	449	505
1242	1389	1624	1783	1673	1795	1698	1855
373	457	474	427	469	403	552	567
555	615	637	692	811	873	908	1069
229	266	278	315	295	280	327	386
							64
105	126	132	117	93	87	82	110
0.1			1	1	0.5	1	1
34	22	30	33	40	45	46	31
							5
177	180	286	209	238	233	250	245
419	470	497	453	431	463	506	507
120	144	185	179	154	151	147	160
18	22	21	29	22	25	25	23
452	488	472	538	704	982	1175	1319

	1991年	1992年	1993年	1994年	1995年	1996年	1997年
全国总计	**25251**	**25654**	**23906**	**28502**	**41255**	**42249**	**40704**
北京市	1570	1454	1476	1474	1806	1998	1679
天津市	1322	1427	1744	1524	2066	2443	1773
河北省	2037	1943	2103	2225	4574	6602	5141
山西省		5			21	5	5
内蒙古自治区	979	1354	273	223	299	406	249
辽宁省	2783	2573	2689	3320	3836	3802	3554
吉林省	1122	1082	1002	1189	1511	1386	1526
黑龙江省	672	740	692	820	981	956	1089
上海市	2249	2288	2054	2538	3458	2839	3357
江苏省	1973	2155	2006	2688	4835	4136	4233
浙江省	1089	1014	1011	1588	2743	2495	2837
安徽省	774	688	474	607	926	1051	819
福建省	426	388	352	378	439	501	377
江西省	434	434	311	370	524	629	552
山东省	1266	1375	1362	2029	3198	3227	3548
河南省	462	464	442	573	1691	2062	2935
湖北省	1880	1582	1812	2123	3250	3075	2564
湖南省	538	540	465	528	770	655	537
广东省	1029	1038	1118	1220	2194	1874	1720
广西自治区	63	74	61	67	61	603	738
海南省	362	356	314	353	747	96	68
四川省		120	92	102	128	194	188
重庆市							
贵州省		344	1		54	20	15
云南省	28	35	48	45	67	110	69
西藏自治区	4	3	2	1		1	230
陕西省	194	168	147	144	295	309	180
甘肃省	368	471	394	409	541	580	581
青海省	160	126	100	85	180	177	130
宁夏自治区	22	19	16	15	58	6	2
新疆自治区		3	3	9	2	12	9
出口量	1445	1391	1342	1855			

续表

1998年	1999年	2000年	2001年	2002年	2003年	2004年
40821	**36690**	**37542**	**45277**	**57561**	**60524**	**75578**
1759	1456	1490	1556	1621	1637	2448
2075	1831	1684	2448	3369	2786	2812
4346	5163	4905	7013	7349	8144	10918
	11	32	7	21	49	46
303	346	214	405	510	438	401
3254	3044	2720	3241	3742	3963	5299
1229	1021	1230	1113	2029	2261	2395
851	736	613	611	808	847	1003
3044	2604	2741	2688	3324	3302	3574
4892	3987	4550	4805	5796	5678	6841
3404	2866	2828	3437	4120	4234	5317
1127	608	503	727	845	1146	997
475	518	565	651	821	928	1158
697	530	493	607	1316	1316	1616
3384	3606	4165	5217	5483	5563	7022
1849	1540	1514	1923	3295	2657	3313
2568	2151	2199	2448	3814	4200	5037
830	538	631	660	1033	1372	1427
1820	1824	2198	2994	3887	5339	8655
941	723	781	81	1557	1891	2021
47	10	39	850	99	33	306
467	245	364	329	445	490	392
	2	35	36	84	81	167
4	14	5	2	1	107	159
218	124	139	196	81	241	449
1	1	1	1	1	4	1
376	259	306	271	1097	825	817
512	771	480	712	748	665	650
240	111	97	124	170	141	168
94	20	13	110	81	177	146
14	10	7	16	14	10	25

六、财　务　成　本

国有重点煤矿主要财务指标

单位：万元

	1991年	1992年	1993年	1994年	1996年	1997年	1998年	1999年	2000年
资产总计				18222905	26620995	30518095	33673188	38106580	40674864
其中：固定资产			10176013	11485032	17219250	18827656	19324158	21897419	23579717
流动资产			5726213	7312714	8706490	10282090	12029765	12797578	14234952
负债总计			10356404	13058078	16508224	18382806	21210808	24695037	26997154
其中：流动负债			5521667	7146948	8541507	10330350	12129779	13433796	14740195
长期负债			4834737	5911130	7966717	8052455	9081029	11261138	12254451
所有者权益合计			6135636	6570971	10268190	12216753	12325149	13096351	14523068
产品销售收入	4776195	5741346	8057081	7786612	10511316	10887541	9837220	9608737	11522442
销售费用	58964	90577	97299	334208	289532	347810	534846	668838	887664
管理费用			1151671	2323987	2292231	2031677	2339454	2048329	2190622
财务费用			120492			330481	387979	413806	433393
其中：利息支出			115437		336821	331286	394821	414748	427763
利润总额	-559093	-576477	-36361	-39278	85086	222164	-166156	-373424	-154255
应缴增值税				621724	837415	871658	799262	812042	1000807

国有重点煤矿资产情况——按单位分

单位：万元

	1994年			1995年			1996年		
	资产总计	流动资产	固定资产	资产总计	流动资产	固定资产	资产总计	流动资产	固定资产
北　京	152392	76299	72163	165623	73281	129346	185926	81973	91009
开　滦	552920	152626	372560	708370	165672	698694	750377	170942	509224
峰　峰	261194	108272	144850	332929	119434	282363	384623	145365	206781
井　陉	49754	22420	26366	63481	26375	34990	73000	27954	27538
兴　隆	24366	8232	15550	41314	12806	32696	49438	14403	28386
邢　台	133104	43601	84864	178433	54066	160095	194025	60001	116354
邯　郸	98800	37426	59340	112420	37199	94879	143993	45313	90420
盛　源	18188	6549	10229	22062	6777	18031	24678	6210	16218
八宝山	5480	2469	2803	7900	3290	5177	8225	2837	3167
大　同	889781	292289	559022	1129351	310302	980869	1235357	313980	754194
阳　泉	405989	123262	273065	462177	106481	429486	516172	121557	356205
西　山	537074	214370	306871	555165	182724	442176	640380	220153	366647
汾　西	193035	90276	99941	207453	85769	172235	229666	95501	123274
潞　安	213453	95001	106206	249509	94231	209963	366019	110503	233420
轩　岗	51819	23428	27246	63634	22177	54206	72066	26888	38014
晋　城	254511	88828	156336	254399	73160	215864	300694	115944	159380
煤气化							200270	59969	137200
王　坪							47954	13035	25060
霍　州							183453	61191	117635
东　山							31976	13491	18293
荫　营							36164	9195	26903
固　庄							13585	3950	9577
小　峪							20823	6784	13618
南　庄							21096	3932	16404
寨　沟							31795	5798	25818
平　朔							405707	110654	259896
包　头	34239	16297	17213	48196	17327	40210	55889	24546	27830
乌　达	81380	27416	50770	101451	30868	97290	122075	42311	73420
海勃湾	78013	18544	53113	98302	19921	85697	109128	26476	74603

注：固定资产除1995年为原值外，其余年份为净值。

续表

	1994年			1995年			1996年		
	资产总计	流动资产	固定资产	资产总计	流动资产	固定资产	资产总计	流动资产	固定资产
宝日希勒	8544	2412	5773	11074	2713	10032	12094	3969	6482
平　庄	143348	40619	93623	166770	41746	174636	175926	45027	116093
扎赉诺尔	124461	35221	83655	135093	30731	135708	135892	27858	95154
大　雁	90776	26847	57442	99032	22105	92688	108483	24871	71804
霍林河	166716	38457	122975	191765	44609	185907	190909	50833	125498
准格尔									
神　东									
万　利									
伊　敏	81066	21708	51380	87603	22178	82133	97588	24640	63728
抚　顺	340996	135696	199914	424348	158819	394583	437479	162623	239722
阜　新	247174	95197	138301	338387	125221	315612	355430	141019	185663
北　票	56743	26088	30387	76087	26620	73187	80432	28931	44700
铁　法	340670	80667	238242	434803	90179	424131	471481	111563	314665
南　票	50325	18898	29950	66470	22251	68222	68800	23941	40867
沈　阳	232179	79057	141604	307157	76961	294513	276149	115736	142989
本　溪									
辽　源	92709	52115	39089	192495	50663	169565	207593	53883	151276
通　化	114609	46237	64572	144280	36910	136869	154950	43561	100641
舒　兰	79557	23065	53197	121851	27235	121595	123638	24485	88915
珲　春	85353	30331	39487	87287	28742	54774	99817	25134	40262
营　城									
鸡　西	388496	179431	204819	529826	214851	430512	558574	233955	306692
鹤　岗	438726	205531	223341	630411	165980	611264	659308	162199	465018
双鸭山	383384	177733	195190	489064	158133	400756	526683	179349	321713
七台河	369333	138034	218937	416986	130247	352154	462584	163632	258626
徐　州							426484	158632	237796
大　屯	147490	39205	101333	173866	32225	185669	189887	31731	135094
长　广							84070	26100	56360
淮　南	447093	91409	330501	582847	127533	539711	635251	150052	407198

续表

	1994年			1995年			1996年		
	资产总计	流动资产	固定资产	资产总计	流动资产	固定资产	资产总计	流动资产	固定资产
淮北	471811	163332	287972	602864	130401	572491	670188	158776	460623
萍乡	93646	36301	53893	127848	51605	93431	149647	49739	74219
丰城	88184	31295	53505	101365	27896	84645	115711	35544	60707
英岗岭	15632	6452	8681	22044	9418	19694	31902	9771	20288
乐平	25294	13839	11054	32168	13967	27855	38325	18249	18190
淄博	108667	37893	64358	147107	56394	117786	196494	74830	106392
新汶	272429	88578	178610	314644	76979	281967	361641	80952	250633
枣庄	248885	86422	146147	307873	97266	237033	349996	112870	195502
肥城	118075	44388	70239	126271	41054	117490	135727	46149	80316
兖州	483778	113942	352639	669280	131046	637690	822991	200638	513408
坊子	16151	4325	11742	23440	7463	19515	29390	6863	20197
龙口	131414	28847	96459	156328	30826	139992	167093	29472	118566
临沂	39178	15292	22753	49916	16896	38754	58302	20687	32750
平顶山	393241	147647	239563	575338	173339	521072	616814	212779	365084
焦作	138047	51834	82632	188564	67274	157380	213523	85289	115209
鹤壁	97230	42867	53044	121912	45863	113695	161929	69767	86737
义马	214817	70908	134872	254978	71701	229864	326863	88468	217277
郑州	130441	37966	87136	170231	45308	146335	250454	53452	180653
永城									
涟邵	88069	37513	47829	104012	35853	88245	119708	45662	59519
资兴	56223	21088	33333	74295	26941	62310	85844	32428	45520
白沙	58246	25269	31213	72042	24654	59258	92996	34541	54679
广旺	55707	19996	33832	63054	22604	52944	78285	28535	40433
芙蓉	47350	13436	31395	58176	15884	59610	81339	23753	51752
攀枝花	123588	39960	77838	155249	52023	126857	156965	50736	93582
达竹	40461	15817	23536	44783	15386	38011	51977	20456	23156
华蓥山	28530	11016	16845	35276	10823	32665	45662	13517	23301
隆昌									
南桐	70322	25614	44246	74416	22719	64310	80930	25857	47555

续表

	1994年			1995年			1996年		
	资产总计	流动资产	固定资产	资产总计	流动资产	固定资产	资产总计	流动资产	固定资产
天 府	52633	18220	31784	59630	21084	49652	65703	20915	38539
松 藻	94570	28902	59204	105335	31821	101502	115968	33976	71747
中梁山	20275	7513	12478	28677	9440	26297	31865	11156	17405
永 荣	47699	23143	22897	55488	24110	38294	65303	29606	28269
六 枝	45209	17924	25982	75233	28099	62180	84150	34714	44790
盘 江	145981	73622	64571	169101	81852	118184	162625	71184	76765
水 城	114579	48899	59842	134941	57648	114658	151602	64928	69629
一平浪	11025	4518	6303	13714	4611	11181	17068	5273	9407
来 宾	8429	3678	4731	9800	3180	8325	12815	5307	7078
羊 场	11521	5343	6173	14059	6011	10872	16497	7178	7503
田 坝	25309	8044	15730	29009	10468	20398	32253	10174	15273
铜 川	177195	72776	99515	203689	67840	163560	216441	71757	107361
蒲 白	49570	16256	31850	64653	17302	55441	70853	19555	45166
澄 合	64259	16407	43413	64653	16744	70137	79112	17876	51688
韩 城	76056	27910	46064	80265	20377	80838	111913	35639	71251
崔家沟									
苍 村	11566	6606	4690	13238	6702	7509	17175	10454	5271
窑 街	61832	29744	31196	71889	31854	59622	80207	38472	39887
兰 阿	9113	5205	3406	13024	7721	11041	14921	7526	4265
靖 远	125923	29132	88973	149298	32348	137936	187562	45268	130174
山 丹	1989	905	991	3758	1986	3409	4033	1534	1916
华 亭									
亘 元	87358	23812	62784	116281	25612	103501	130696	32389	92482
太 西	180685	88817	86090	199455	67694	176881	216885	80565	126739
灵 州	15341	3941	10835	21297	6393	15383	19194	5836	11563
哈 密	59045	19638	37932	95887	24520	85740	106093	29219	67014
乌鲁木齐	53052	24942	26596	84647	23020	67167	90301	24178	55380
艾维尔	21402	5346	14730	25857	8036	21385	29222	11555	14373

续表

	1997年			1998年			1999年		
	资产总计	流动资产	固定资产	资产总计	流动资产	固定资产	资产总计	流动资产	固定资产
北 京	222530	112808	96374	259630	142001	105761	251640	135301	102996
开 滦	777906	208070	489317	825487	241353	511102	839824	240079	480089
峰 峰	442460	182408	209842	397330	176607	203755	411918	165375	218778
井 陉	82674	33887	31950	88387	35750	50850	93337	38963	53868
兴 隆	50105	11091	30733	51187	11287	38611	55259	14615	39226
邢 台	233238	81090	134663	242067	90473	134662	358815	167512	162257
邯 郸	158496	54391	93819	181096	66457	108299	185842	69246	110232
盛 源	23579	4307	16847	24454	5429	16649	23888	213	17351
八宝山	9407	2756	3951	10629	4102	6245	10802	3765	6786
大 同	1392385	400003	787396	1454762	442559	865801	1659169	484039	1014752
阳 泉	665024	207201	410088	750166	248154	472783	928723	286673	544350
西 山	803534	314177	424014	790201	309633	405896	899426	420329	428129
汾 西	264714	112761	130845	302529	134714	158565	314599	136432	163862
潞 安	471305	161017	275480	516790	180823	319735	537105	200786	311789
轩 岗	89539	40471	43035	90609	43553	43164	9209	4539	4100
晋 城	456191	131867	293198	500702	144976	338210	565319	170421	380018
煤气化	220694	80451	137022	247142	106269	137266	294925	131376	151345
王 坪	49670	7716	39663	50209	7408	40511	51429	8708	38398
霍 州	229105	70118	156344	352993	107743	228314	343828	74372	214756
东 山	39681	19833	15785	35784	11454	19001	39416	12677	20994
荫 营	27009	14125	12818	28860	17458	11342	29485	19479	9946
固 庄	13057	6129	5075	14471	7641	6677	16697	8789	7782
小 峪	21444	7644	13397	19113	4263	14451	18839	4363	14077
南 庄	25080	6267	18054	27490	7950	18809	40210	11308	28227
寨 沟	18224	6532	11519	21929	10046	11706	24325	11769	12380
平 朔	385631	103418	272729	657395	140180	261332	702954	207694	188574
包 头	58948	29564	27231	71021	42641	26110	79816	52117	25312
乌 达	118706	43412	69205	128044	49089	71972	175393	86831	81585
海勃湾	148231	46953	91578	149947	50874	85779	143139	43933	84737

续表

	1997年			1998年			1999年		
	资产总计	流动资产	固定资产	资产总计	流动资产	固定资产	资产总计	流动资产	固定资产
宝日希勒	17337	7011	9325	19337	8548	10286	38923	11600	25060
平　庄	182911	44462	121501	205832	62868	125389	220172	75601	125034
扎赉诺尔	140687	30201	92934	137102	25932	96685	149956	28740	99616
大　雁	122810	28154	81330	128272	27551	87429	134877	29838	87182
霍林河	191370	49771	126432	204194	57099	133217	154057	56477	89079
准格尔	34047	52707	－18660	47872	66259	－18387	990812	139959	842544
神　东							453565	101385	336806
万　利							11812	6167	5535
伊　敏	17778	9803	7975	122120	17432	104688	1062610	38057	1000746
抚　顺	419585	132960	251627	396841	146976	230532	382571	147501	210849
阜　新	449522	134216	272441	514828	217182	269650	522854	185475	296637
北　票	77626	35432	36249	84300	35955	47120	95862	48915	45641
铁　法	503808	112403	332087	545645	138333	349947	598183	154182	372138
南　票	71231	25129	41976	74581	28601	43502	66507	28301	35732
沈　阳	221368	70418	134534	236712	84527	138753	388808	90187	279682
本　溪	108550	28723	67491	122639	42186	75291	127480	44986	76973
辽　源	210417	56411	149856	220929	67025	151479	228202	74563	151158
通　化	169582	58279	100326	165118	61507	105771	172769	56685	105091
舒　兰	126967	26192	87182	126959	27962	91798	95161	39897	52188
珲　春	108533	29020	40261	122982	40613	48400	111108	43691	40910
营　城							49180	5932	38476
鸡　西	628533	249951	344083	655987	285630	339573	600352	278790	283693
鹤　岗	659694	173192	450926	732872	218399	474365	692946	243031	386500
双鸭山	567493	196065	324372	645461	272048	332470	696354	304365	329264
七台河	491621	164626	277056	545822	210893	303654	615694	217070	332040
徐　州	489363	232871	231132	515562	260190	209736	491954	220843	237957
大　屯	227728	50697	145429				351910	77251	251180
长　广	104248	31505	70737	110787	28720	80279	113397	30447	81414
淮　南	915433	174714	657479	947664	190117	652816	1165959	185023	808628

续表

	1997年			1998年			1999年		
	资产总计	流动资产	固定资产	资产总计	流动资产	固定资产	资产总计	流动资产	固定资产
淮　北	703980	176804	480270	744996	199596	500910	721610	220538	
萍　乡	170213	60140	98524	174721	67938	98608	179824	77953	94431
丰　城	122118	38471	66310	122957	41109	73685	89888	41846	44696
英岗岭	32086	12224	11866	34328	14368	13262	36217	21914	13070
乐　平	39970	19712	18147	38640	18919	18591	37750	18967	17636
淄　博	204565	80534	106176	208775	83997	115114	249962	86164	157793
新　汶	443906	135430	277784	543146	198916	293716	442863	216239	215827
枣　庄	340360	108537	181839	417389	172553	206539	506852	162187	284254
肥　城	167546	67993	93871	192508	83929	105231	174711	99866	71459
兖　州	1137638	231269	758394	1469918	433866	933586	1757326	449962	1168854
坊　子	27839	8683	14107	26445	10381	13571	26086	11705	12797
龙　口	166895	28406	111452	187831	46939	118681	189996	51770	112582
临　沂	62361	24267	32111	65208	26795	35405	78559	33961	42276
平顶山	713464	260608	397457	770231	297934	442807	755045	266859	449076
焦　作	215940	101017	98627	224620	108541	112767	212213	97589	111869
鹤　壁	155170	61636	86890	195866	92005	96867	222270	121111	93892
义　马	328400	90278	203446	386898	135977	221450	467801	130567	291129
郑　州	341460	116883	193270	364048	102684	250993	399245	117891	273173
永　城	9062	2534	6058	117679	8334	107813	173253	20293	144196
涟　邵	131169	53178	60395	156729	60050	95115	158174	61535	93492
资　兴	104839	34259	60189	116346	39683	72979	108249	39563	64562
白　沙	90269	34419	48920	98353	42586	53678	108382	42747	64232
广　旺	80291	31625	34301	82130	30558	47532	94366	32896	54673
芙　蓉	73831	25390	40815	73624	24600	46423	78418	28977	47073
攀枝花	175147	63051	94299	170936	69735	92525	159937	62217	84931
达　竹	52066	21411	19590	56848	24639	30969	55382	20415	33667
华蓥山	51350	15600	30697	52682	12982	38890	53483	12733	39815
隆　昌				2806	1347	931	2751	1207	868
南　桐	88245	31128	47399	98874	39625	58777	84559	30990	52532

续表

	1997年			1998年			1999年		
	资产总计	流动资产	固定资产	资产总计	流动资产	固定资产	资产总计	流动资产	固定资产
天府	69932	26431	37171	75943	29128	42996	81042	27259	49949
松藻	118452	35936	71107	108089	35211	59371	106947	34685	58755
中梁山	37618	12735	19748	37379	10315	26332	35418	11580	20951
永荣	63894	31230	23474	59712	29149	29786	57430	28601	27853
六枝	74957	27606	39982	93266	25520	63160			
盘江	176660	80767	79763	184058	90111	85932	197047	99058	85955
水城	160416	71688	74064	166202	78250	80736	249881	90948	150458
一平浪	16497	5264	6110	17615	7397	9463	18454	7701	9378
来宾	14689	6025	6178	15685	5303	10262	16342	3527	10695
羊场	18498	7218	6417	20010	8361	11649	20907	8228	12315
田坝	31868	10523	15913	35470	12258	20016	35509	10811	19919
铜川	241073	65237	118226	264718	75806	178623	292622	90121	194536
蒲白	70738	15599	47598	72440	15261	54807	76996	17646	56565
澄合	82459	21413	51649	84708	23049	53030	85279	16247	62639
韩城	122355	36293	75738	132668	44731	82671	135085	49439	82156
崔家沟	13279	7105	6091	15570	9750	5772	17925	11798	5743
苍村	16440	9763	5158						
窑街	85343	41438	41766	97187	50769	45323	126833	52636	72957
兰阿	17611	8539	3389	19250	8655	3147	23954	10729	12724
靖远	207008	53710	137166	198910	61140	126562	206042	69213	125721
山丹	4718	2102	1891						
华亭	26337	3439	22888	29159	4193	24671	32777	7309	25215
亘元	143417	38905	97529	158044	45408	106838	168132	50402	108026
太西	243402	94577	135845	280274	123045	146879	307499	139551	155619
灵州	23312	6211	11628	23049	11035	11555	66628	24243	38518
哈密	119369	30566	77018	123072	37875	76244	130473	41313	77134
乌鲁木齐	99737	21339	63753	98077	22670	68790	108609	29380	71052
艾维尔	33212	11812	18521	41075	17005	20178	40169	16611	19353

国有重点煤矿负债情况——按单位分

单位：万元

	1994 年			1995 年			1996 年		
	负债合计	流动负债	长期负债	负债合计	流动负债	长期负债	负债合计	流动负债	长期负债
北　京	95192	67454	27738	99124	65027	34097	118992	71879	47113
开　滦	284662	116809	167853	368448	132124	236324	395032	141937	253059
峰　峰	169368	92759	76609	209792	109177	100615	251518	138470	113048
井　陉	39325	22996	16329	47469	24581	22888	55926	27731	28195
兴　隆	16643	6495	10148	28808	8690	20118	34259	9204	25055
邢　台	64889	25119	39770	75948	35958	39990	85657	49752	35905
邯　郸	66723	55956	10767	73291	57790	15501	98841	42881	55960
盛　源	14718	5877	8841	14963	4063	10900	18051	6234	11817
八宝山	3660	1852	1808	4815	2348	2467	5097	1663	3434
大　同	574405	272091	302314	677471	304031	373440	771993	318859	453134
阳　泉	275649	96940	178709	275724	97255	178469	301038	106786	194252
西　山	412789	172777	240012	413905	164456	249449	494547	197606	296941
汾　西	130420	86659	43761	127388	83101	44287	139462	88900	50562
潞　安	132504	88058	44446	143170	92750	50420	252223	99246	152977
轩　岗	36214	22219	13995	37013	21187	15826	44215	26247	17968
晋　城	172506	87754	84752	160324	60055	100269	200641	99787	100854
煤气化							86923	50730	36193
王　坪							37865	11260	26605
霍　州							145544	60103	85441
东　山							11583	7692	3891
荫　营							7219	6945	274
固　庄							6119	5318	801
小　峪							8119	7675	444
南　庄							9027	7668	1359
寨　沟							8468	3891	4577
平　朔							135177	106532	28645
包　头	25234	13633	11601	36662	17305	19357	42972	21214	21758
乌　达	49785	27509	22276	60306	30240	30066	76840	37693	39147
海勃湾	56255	15793	40462	68635	17209	51426	76969	21359	55610

续表

	1994年			1995年			1996年		
	负债合计	流动负债	长期负债	负债合计	流动负债	长期负债	负债合计	流动负债	长期负债
宝日希勒	4715	2886	1829	5668	3787	1881	5994	3756	2238
平　庄	88880	35426	53454	90153	34093	56060	96834	36001	60833
扎赉诺尔	105702	37233	68469	85848	31352	54496	86090	27694	58396
大　雁	55249	17282	37967	45785	16559	29226	53392	21849	31543
霍林河	107735	20825	86910	117863	26019	91844	114664	25683	88981
准格尔									
神　东									
万　利									
伊　敏	52148	23350	28798	54690	26252	28438	64508	28916	35592
抚　顺	233007	192138	40824	280478	230071	50407	291998	236200	55798
阜　新	179003	100822	78181	227812	136264	91548	242625	157636	84989
北　票	41612	25205	16407	53531	33206	20325	57372	37582	19790
铁　法	252404	72997	179407	277030	72909	204121	305557	94678	210879
南　票	33275	19540	13735	47859	31823	16036	49759	30370	19389
沈　阳	213423	120282	93141	232883	128184	104699	212811	137134	75677
本　溪									
烟　台									
八道壕									
辽　源	73766	57841	15925	86349	63162	23187	98751	61645	37106
通　化	79843	49672	30171	84231	42249	41982	93147	52153	40994
舒　兰	57564	30110	27454	69185	34359	34826	68551	27083	41468
珲　春	90741	33554	57187	98242	37020	61222	107723	36802	70921
营　城									
鸡　西	371086	249912	121174	426217	288592	137625	452120	306852	145268
鹤　岗	340763	223358	117405	342524	210826	131689	372271	214099	158172
双鸭山	279744	152392	127352	343867	153547	190320	372643	177512	195131
七台河	298528	156446	142082	311018	165954	145064	351169	193459	157710
徐　州							252955	199114	53841
大　屯	82907	37450	45457	78312	33582	44730	82437	34137	48300

续表

	1994年			1995年			1996年		
	负债合计	流动负债	长期负债	负债合计	流动负债	长期负债	负债合计	流动负债	长期负债
长广							53351	24963	28388
淮南	311958	69896	242062	416994	108368	308626	457166	336803	120363
淮北	309209	164924	144285	378210	144653	233557	412600	179260	233340
萍乡	64462	21548	42914	82310	30431	51879	102395	44737	57658
丰城	67090	29462	37628	74228	30083	44145	84229	34195	50034
英岗岭	8464	4007	4457	10699	5186	5513	19950	6408	13542
洛市									
乐平	15674	11922	3752	17765	10990	6775	22459	11553	10906
淄博	68721	33296	35425	96230	50530	45700	136158	70484	65674
新汶	156336	92852	63484	162905	88876	74029	192428	97839	94589
枣庄	209688	90551	119137	250375	112828	137547	285106	137342	147764
肥城	52426	34872	17554	49564	35032	14532	55699	35818	19881
兖州	267322	60873	206449	370703	96719	273984	443187	203495	239692
坊子	9253	2714	6539	13832	4446	9386	18391	7318	11073
龙口	99160	23706	75454	114058	28469	85589	120551	23674	96877
临沂	27396	13389	14007	32516	14132	18384	39677	17638	22039
平顶山	247608	131564	116044	348209	163500	184709	382853	214983	167870
焦作	93047	54465	38582	120835	70138	50697	139272	98662	40610
鹤壁	59192	36857	22335	63403	38801	24602	98821	54277	44544
义马	149853	66757	83096	145919	58070	87849	207795	73341	134454
郑州	90182	28429	61753	102303	34614	67689	170550	52666	117884
永城									
涟邵	63666	37904	25762	71466	30272	41194	81957	35974	45983
资兴	33602	15223	18379	42446	19820	22626	51546	27887	23659
白沙	34298	18229	16069	37943	14448	23495	55659	20896	34763
广旺	40748	18123	22625	44566	19603	24963	55019	24328	30691
芙蓉	30427	10469	19958	34469	10391	24078	51523	13238	38285
攀枝花	82530	41644	40886	96447	51716	44731	93870	47627	46243
达竹	33708	19195	14513	34889	17828	17061	39721	19890	19831
华蓥山	14171	6889	7282	16661	7276	9385	25176	9698	15478

续表

	1994年			1995年			1996年		
	负债合计	流动负债	长期负债	负债合计	流动负债	长期负债	负债合计	流动负债	长期负债
隆昌									
南桐	51374	32292	19082	52187	29554	22633	56774	29068	27706
天府	32657	10653	22004	34322	11610	22712	39499	13605	25894
松藻	64875	24519	40356	66879	23629	43250	54514	22490	32024
中梁山	9235	5593	3642	13686	6429	7257	16424	7068	9356
永荣	24782	17764	7018	28288	18127	10161	34472	21935	12537
六枝	24745	13314	11431	46893	20294	26599	52146	21718	30428
盘江	73068	55850	17218	67483	45491	21992	56761	36642	20119
水城	73860	41747	32113	79706	43902	35804	88209	44982	43227
一平浪	7793	4326	3467	9442	4100	5342	12107	5907	6200
来宾	6541	2881	3660	7313	3764	3549	10293	4199	6094
羊场	9150	6993	2157	10500	7683	2817	12937	8715	4222
田坝	22659	4111	18548	25997	4879	21118	29240	7246	21994
铜川	127596	81223	46373	130285	66985	63300	136931	62255	74676
蒲白	32438	14921	17517	41346	14657	26689	46345	15571	30774
澄合	49582	14597	34985	51731	13294	38437	56479	14831	41648
韩城	40112	30032	10080	39147	25287	13860	63121	36908	26213
崔家沟									
苍村	10186	4676	5510	11235	4480	6755	14603	6427	8176
窑街	33764	22787	10977	35329	21913	13416	38841	23192	15649
兰阿	5160	3875	1285	7393	3531	3862	9182	2839	6343
靖远	82769	24265	58504	91179	23369	67810	127357	31374	96001
山丹	811	259	552	2104	857	1247	2379	899	1480
华亭									
亘元	57817	21569	36248	69562	27633	41929	79674	33842	45832
太西	104975	77339	27636	85237	53201	32036	97822	61866	35956
灵州	15195	4394	10801	20248	6057	14191	16454	3403	13051
哈密	37179	17631	19548	62232	21316	40916	68065	24782	43283
乌鲁木齐	36389	25292	11097	46840	21992	24848	49145	21802	27343
艾维尔	15330	3634	11696	17278	4705	12573	19958	6088	13870

续表

	1997年			1998年			1999年		
	负债合计	流动负债	长期负债	负债合计	流动负债	长期负债	负债合计	流动负债	长期负债
北京	130636	81772	48864	161114	110724	50390	149859	108952	40907
开滦	363855	151923	211932	380516	159411	221105	371841	150915	220926
峰峰	286959	177575	109384	253205	168867	84338	235213	165562	69651
井陉	60019	31298	28721	66972	36450	30522	68869	40171	28698
兴隆	31761	7632	24129	32833	7416	25417	34011	11154	22857
邢台	93305	54092	39213	95644	66301	29343	93031	70236	22795
邯郸	102134	47718	54416	113530	56709	56821	94859	52552	42307
盛源	17304	7490	9814	18771	8799	9972	17828	9964	7864
八宝山	5635	1944	3691	6793	3102	3691	6357	3324	3033
大同	826936	354843	472093	853586	322849	530737	1095006	356022	738984
阳泉	380443	181259	199184	469308	216387	252921	644845	272931	371914
西山	555441	271314	284127	510088	309633	200455	597827	370959	226868
汾西	152800	99989	52811	170781	113399	57382	190697	121183	69514
潞安	320742	133427	187315	355866	134894	220972	359361	121812	237549
轩岗	52667	33518	19149	55730	36423	19307	6067	3987	2080
晋城	331254	113078	218176	369053	107476	261577	427954	125785	302169
煤气化	105437	67600	37837	129622	82924	46698	161067	112789	48278
王坪	39649	9540	30109	44597	14297	30300	49241	19195	30046
霍州	177644	114330	63314	298576	97797	200779	287755	85068	202687
东山	19223	13433	5790	18346	14347	3999	21855	19376	2479
荫营	11971	9970	2001	13141	10813	2328	12675	10226	2449
固庄	9488	6717	2771	10614	7641	2973	12424	8789	3635
小峪	8468	7566	902	10989	10067	922	13212	12290	922
南庄	12547	11214	1333	14485	13177	1308	20180	18293	1887
寨沟	8704	4282	4422	12025	6087	5938	13644	7293	6351
平朔	122996	106209	16787	636843	140669	496174	687334	229894	457440
包头	42796	19969	22827	54531	35587	18944	63323	44298	19025
乌达	62562	31237	31325	71648	34175	37473	119905	88607	31298
海勃湾	102039	44155	57884	101517	44020	57497	105062	47799	57263

续表

	1997年			1998年			1999年		
	负债合计	流动负债	长期负债	负债合计	流动负债	长期负债	负债合计	流动负债	长期负债
宝日希勒	6093	4817	1276	7022	5736	1286	26012	12830	13182
平　庄	88431	34175	54256	107443	51908	55535	122158	64182	57976
扎赉诺尔	76457	27914	48543	77109	25323	51786	93186	36818	56368
大　雁	49901	25103	24798	54589	24686	29903	63213	27994	35219
霍林河	79292	25445	53847	97261	34372	62889	103000	40026	62974
准格尔	54029	46445	7584	70936	60741	10195	539760	20699	519061
神　东							371051	141331	229720
万　利							6829	6829	
伊　敏	8879	8879		120992	120992		687334	229894	457440
抚　顺	305220	250434	54786	293178	259041	34137	254739	226207	28532
阜　新	319014	145780	173234	388655	223073	165582	359401	245819	113582
北　票	50477	40054	10423	55620	45325	10295	67396	56932	10464
铁　法	300396	104398	195998	334318	132753	201565	348570	138213	210357
南　票	46204	29708	16496	48208	32282	15926	36010	31493	4517
沈　阳	119630	84656	34974	135132	101914	33218	254184	120839	133345
本　溪	89742	57439	32303	122639	89955	32684	111415	75840	35575
烟　台									
八道壕									
辽　源	90704	54851	35853	99800	64678	35122	107059	71462	35597
通　化	108479	73482	34997	110606	75446	35160	100411	70663	29748
舒　兰	67584	35408	32176	69660	37872	31788	56643	38646	17997
珲　春	90274	41220	49054	96133	44246	51887	79917	50869	29048
营　城							23841	20612	3229
鸡　西	546839	363121	183718	641760	440748	201012	567404	397230	170174
鹤　岗	340536	219553	120983	423447	286616	136831	473492	318456	155036
双鸭山	395727	211939	183788	474199	285431	188768	524774	319056	205718
七台河	352027	220525	131502	406877	271593	135284	475227	285435	189792
徐　州	304102	262056	42046	353752	311710	42042	321593	278602	42991
大　屯	95504	49225	46279				202615	68229	134386

续表

	1997年			1998年			1999年		
	负债合计	流动负债	长期负债	负债合计	流动负债	长期负债	负债合计	流动负债	长期负债
长 广	58160	26220	31940	58805	33426	25379	62174	38063	24111
淮 南	660029	145923	514106	702790	206500	496290	838764	206224	632540
淮 北	376092	192852	183240	416052	224433	191619	394367	250639	143728
萍 乡	110371	56458	53913	113892	60520	53372	114484	62673	51811
丰 城	73865	37743	36122	70706	35296	35410	65469	42026	23443
英岗岭	20691	5341	15350	22486	5654	16832	23730	6295	17435
洛 市									
乐 平	23004	10197	12807	24231	11000	13231	12865	522	12343
淄 博	129302	66756	62546	133361	72954	60407	161316	117514	43802
新 汶	236802	143187	93615	295131	194719	100412	218769	191995	26774
枣 庄	273142	158261	114881	338072	215923	122149	399353	201918	197435
肥 城	75601	56852	18749	95277	75114	20163	96025	90952	5073
兖 州	517128	278507	238621	594331	360031	234300	808304	433337	374967
坊 子	16376	4672	11704	16278	9503	6775	16111	9964	6147
龙 口	102283	24832	77451	123023	37555	85468	76010	28598	47412
临 沂	39215	20064	19151	42851	25291	17560	46461	33269	13192
平顶山	413929	270435	143494	469848	306804	163044	450970	290164	160806
焦 作	134418	101265	33216	141343	101387	39956	142882	103779	39103
鹤 壁	84293	39011	45282	121119	71420	49699	140673	100201	40472
义 马	181338	72994	108344	231612	118476	113136	293342	170222	123120
郑 州	174911	76942	97969	186962	88444	98518	221672	115858	105814
永 城	9574	2216	7358	113404	6783	106621	175890	27185	148705
涟 邵	73050	38283	34767	102138	44176	57962	104415	47959	56456
资 兴	59857	27372	32485	72341	31580	40761	66276	34202	32074
白 沙	42907	19538	23369	54879	24987	29892	69891	24802	45089
广 旺	46909	26941	19968	49124	26845	22279	60793	29897	30896
芙 蓉	34749	11879	22870	38958	14311	24647	49838	13972	35866
攀枝花	95894	57524	38370	91474	60801	30673	90288	56564	33724
达 竹	31107	23780	7327	35888	23089	12799	34403	20848	13555
华蓥山	27024	9947	17077	27536	13419	14117	26202	12917	13285

续表

	1997年			1998年			1999年		
	负债合计	流动负债	长期负债	负债合计	流动负债	长期负债	负债合计	流动负债	长期负债
隆 昌				2304	2512	－208	1599	1728	－129
南 桐	58757	29468	29289	71538	43930	27608	54500	41172	13328
天 府	28373	9499	18874	34323	12487	21836	36379	13555	22824
松 藻	54232	20204	34028	42941	18309	24632	29517	17579	11938
中梁山	19880	7175	12705	19853	7467	12386	17709	7656	10053
永 荣	30659	19429	11230	33085	18462	14623	29008	15428	13580
六 枝	40158	13712	26446	62112	16341	45771			
盘 江	57944	38885	19059	63096	42395	20701	81270	60657	20613
水 城	80261	54301	25960	85353	63963	21390	168193	78637	89556
一平浪	10986	6673	4313	12089	7738	4351	11238	7895	3343
来 宾	11191	4493	6698	13459	6784	6675	15760	9814	5946
羊 场	13964	8365	5599	15195	9493	5702	17187	10372	6815
田 坝	22890	6088	16802	26495	8204	18291	26241	6253	19988
铜 川	140590	64485	76105	166278	76500	89778	188657	99166	89491
蒲 白	43597	10714	32883	47997	14690	33307	50932	16031	34901
澄 合	45679	14731	30948	51147	20168	30979	53149	18096	35053
韩 城	64065	33702	30363	75036	43394	31642	74445	42466	31979
崔家沟	10584	1436	9148	12467	10162	2305	14509	12204	2305
苍 村	12259	4128	8131						
窑 街	34509	23886	10623	39018	31996	7022	66931	44305	22626
兰 阿	11312	2414	8898	14001	5139	8862	20968	11470	9498
靖 远	124834	36483	88251	110885	37257	73628	117002	45041	71961
山 丹	3014	1653	1361						
华 亭	26099	3082	23017	28241	4148	24093	31219	7126	24093
亘 元	81553	36951	44602	91410	42296	49114	83028	49082	33946
太 西	111509	73696	37813	143601	101822	41779	159190	115152	44038
灵 州	17772	7524	10248	17508	6460	11048	55182	36369	18813
哈 密	72756	25302	47454	77491	27013	50478	66938	31234	35704
乌鲁木齐	53306	21257	32049	49108	23819	25289	51260	32673	18587
艾维尔	17401	6442	10959	23317	10502	12815	20776	10600	10176

国有重点煤矿所有者权益——按单位分

单位：万元

	1993年	1994年	1995年	1996年	1997年	1998年	1999年
北　京	51053	57200	66499	66934	91894	98516	101678
开　滦	252352	268258	339922	355345	414051	444971	467983
峰　峰	82891	91826	123137	133105	155501	144125	176705
井　陉	9656	10429	16012	17074	22655	21415	24468
兴　隆	7780	7723	12506	15179	18344	18354	21248
邢　台	55081	68215	102485	108368	139933	146423	265784
邯　郸	31266	32077	39129	45152	56362	67566	90983
盛　源	3177	3470	7099	6627	6275	5683	6056
八宝山	1729	1820	3085	3128	3772	3836	4445
大　同	275422	315376	451880	463364	565449	601176	564163
阳　泉	126571	130340	186453	215134	284581	280858	283878
西　山	114116	124285	141260	145833	248093	279427	300754
汾　西	57832	62615	80065	90204	111914	131748	123902
潞　安	74233	80949	106339	113796	150563	160924	177744
轩　岗	18393	15605	26621	27851	36872	34879	2988
晋　城	67700	82005	94075	100053	124937	131649	137365
煤气化				113347	115257	117521	133857
王　坪				10089	10021	5612	21890
霍　州				37909	51461	54417	56074
东　山				20393	20458	17438	17560
荫　营				28946	15038	15719	16811
固　庄				7466	3570	2857	4274
小　峪				12704	12976	8124	5627
南　庄				12069	12533	13005	20030
寨　沟				2333	9521	9904	10681
平　朔				270531	262634	20552	15620
包　头	8978	9005	11534	12917	16152	16490	16492
乌　达	31892	31595	41145	45235	56144	56396	55487
海勃湾	19338	21758	29667	32159	46192	48430	38076
宝日希勒	3828	3829	5406	6100	11244	12315	12911

续表

	1993年	1994年	1995年	1996年	1997年	1998年	1999年
平　庄	51628	54468	76617	79092	94480	98389	98014
扎赉诺尔	21432	18759	49245	49802	64230	59993	56770
大　雁	32615	35527	53247	55091	72909	73683	71664
霍林河	56674	58981	73902	76245	112078	106933	51057
准格尔					-19982	-23064	451052
神　东							82504
万　利							4988
伊　敏	19534	28918	32913	33080	8899	1128	-33800
抚　顺	110988	107989	143870	145481	114365	103663	127832
阜　新	74617	68171	110575	112805	130508	126174	163454
北　票	18303	15131	22556	23060	27149	28681	28467
铁　法	83110	88266	157773	165924	203412	211327	249614
南　票	21245	17050	18611	19041	25027	26373	30497
沈　阳	30014	18756	74274	63338	101738	101580	134623
本　溪					18808	20305	16065
烟　台							
八道壕							
辽　源	23501	18943	106146	108842	119713	121129	121142
通　化	33125	34766	60049	61803	61103	63380	72358
舒　兰	30864	21993	52666	55087	59383	57299	38518
珲　春	1496	-5388	-10955	-7906	18259	26849	31191
营　城							49180
鸡　西	34996	17410	103609	106454	81694	14227	32948
鹤　岗	118911	97963	287887	287037	319158	309425	219454
双鸭山	95103	103640	145198	154040	171766	171262	171580
七台河	72584	70805	105968	111415	139549	138945	140467
徐　州				173529	185262	161809	170361
大　屯	60929	64583	95554	107450	132224		149295
长　广				30719	46088	51981	51223
淮　南	127264	135135	165853	336803	255404	244874	327195

续表

	1993年	1994年	1995年	1996年	1997年	1998年	1999年
淮北	151914	162602	224654	257588	327888	328944	327243
萍乡	25760	29184	45538	47252	59842	60829	65340
丰城	14345	21094	27137	31482	48253	52251	24419
英岗岭	6570	7168	11345	11952	11395	11842	12487
洛市							
乐平	9046	9620	14403	15866	16966	14602	14941
淄博	36847	39946	50877	60336	75263	75413	88646
新汶	99933	116093	151739	169213	207104	223876	224094
枣庄	33685	39197	57498	64890	67218	79318	93535
肥城	51356	65649	76707	80028	91945	97231	78686
兖州	177919	216456	298577	379804	620510	875587	727489
坊子	5743	6898	9608	10999	11463	10167	9975
龙口	26836	32254	42270	46542	64612	64808	113986
临沂	11314	11782	17400	18625	23146	22357	32098
平顶山	128470	145633	227129	233961	299535	300383	304075
焦作	40190	45000	67729	74251	81459	83278	69331
鹤壁	27829	38038	58509	63108	70877	74747	81597
义马	47841	64964	109059	119068	147062	155286	174459
郑州	32593	40259	67928	79904	166549	177086	177573
永城					5117	4452	−2656
涟邵	24403	24403	32546	37751	58119	54591	53759
资兴	20355	22621	31849	34298	44982	44005	41973
白沙	21135	33948	34099	37337	47362	43474	38491
广旺	14261	14959	18488	23266	33382	33006	33574
芙蓉	14992	16923	23707	29816	39082	34666	28600
攀枝花	35669	41058	58802	63095	79253	79462	69649
达竹	6753	6753	9894	12256	20959	26960	20979
华蓥山	14145	14359	18615	20486	34326	25146	27280
隆昌						501	1152

续表

	1993年	1994年	1995年	1996年	1997年	1998年	1999年
南　桐	18493	18948	22229	24156	29488	27336	30059
天　府	19360	19976	25308	26204	41559	41620	44663
松　藻	29242	29695	38456	61454	64220	65148	77430
中梁山	10910	11040	14991	15441	17738	17526	17709
永　荣	21362	22917	27200	30831	33235	26627	28422
六　枝	18137	20464	28340	32004	34799	31154	
盘　江	55100	72913	101618	105846	118716	120962	115777
水　城	31929	40719	55235	63393	80155	80849	81688
一平浪	2898	3232	4272	4961	5511	5526	7216
来　宾	2113	1888	2487	2522	3498	2226	582
羊　场	2362	2371	3559	3560	4534	4815	3720
田　坝	2564	2650	3012	3013	8978	8975	9268
铜　川	47115	49599	73404	79510	100483	98440	103965
蒲　白	15497	17132	23307	24508	27141	24443	26063
澄　合	14544	14677	22090	22633	36780	33562	32130
韩　城	35133	35944	41118	48792	58290	57632	60640
崔家沟					2695	3103	3416
苍　村	1205	1380	2003	2572	4181		
窑　街	27903	28068	36560	41366	50834	58169	59902
兰　阿	3943	3953	5631	5739	6299	5249	2986
靖　远	41876	43154	58119	60187	82174	88025	89040
山　丹		1178	1654	1654	1704		
华　亭					238	918	1558
亘　元	27769	29541	46719	51022	61864	66634	85104
太　西	69823	75710	114218	119063	131893	136673	148309
灵　州		146	1049	2740	5540	5541	11446
哈　密	19447	21866	33655	38028	46613	45581	63535
乌鲁木齐	17262	16663	37807	41156	46431	48969	57349
艾维尔	5458	6072	8579	9264	15811	17758	19393

国有重点煤矿资产负债率——按单位分

单位：%

	1993年	1994年	1995年	1996年	1997年	1998年	1999年
北　京	57.90	62.47	59.92	64.00	58.18	62.06	59.55
开　滦	48.67	51.48	52.01	52.64	46.77	46.10	44.28
峰　峰	59.43	64.84	63.10	65.39	64.53	63.73	57.10
井　陉	75.88	79.04	74.78	76.61	73.16	75.77	73.79
兴　隆	57.22	68.30	71.82	69.30	63.01	64.14	61.55
邢　台	49.56	48.75	42.56	44.15	40.00	39.51	25.93
邯　郸	65.06	67.53	66.37	68.64	64.44	62.69	51.04
盛　源	79.41	80.92	67.82	73.15	73.48	76.76	74.63
八宝山	59.67	66.79	60.95	61.97	60.15	63.91	58.85
大　同	62.90	64.56	59.99	62.49	59.39	58.68	66.00
阳　泉	60.29	67.90	59.66	58.32	57.21	62.56	69.43
西　山	74.77	76.86	74.56	77.23	69.12	64.55	66.47
汾　西	67.64	67.56	61.41	60.72	57.72	56.45	60.62
潞　安	60.28	62.08	57.38	68.91	68.05	68.86	66.91
轩　岗	59.57	69.89	58.17	61.35	58.82	61.51	65.88
晋　城	68.72	67.78	63.02	66.73	72.61	73.71	75.70
煤气化				43.40	47.78	52.45	54.61
土　坪				78.96	79.82	88.82	95.75
霍　州				79.34	77.54	84.58	83.69
东　山				36.22	48.44	51.27	55.45
荫　营				19.96	44.32	45.53	42.99
固　庄				45.04	72.67	73.35	74.41
小　峪				38.99	39.49	57.49	70.13
南　庄				42.79	50.03	52.69	50.19
寨　沟				26.63	47.76	54.84	56.09
平　朔				33.32	31.89	96.87	97.78
包　头	74.30	73.70	76.07	76.89	72.65	76.78	79.34
乌　达	54.37	61.18	59.44	62.94	52.75	55.96	68.36
海勃湾	72.94	72.11	69.82	70.53	69.51	67.70	73.40

续表

	1993年	1994年	1995年	1996年	1997年	1998年	1999年
宝日希勒	53.85	55.18	51.18	49.56	35.04	36.31	66.83
平　庄	56.87	62.00	54.06	55.04	48.35	52.20	55.48
扎赉诺尔	83.09	84.93	67.37	63.35	54.35	56.24	62.14
大　雁	63.51	60.86	46.23	49.22	40.71	42.56	46.87
霍林河	62.64	64.62	61.46	60.06	41.43	47.63	66.86
准格尔						148.18	54.48
神　东							81.81
万　利							57.81
伊　敏	68.76	64.33	62.43	66.10		99.08	64.68
抚　顺	61.61	68.33	66.10	66.75	72.74	73.88	66.59
阜　新	66.52	72.42	67.64	68.26	70.97	75.49	68.74
北　票	57.82	73.33	70.41	71.33	65.03	65.98	70.31
铁　法	71.73	74.09	63.71	64.81	59.63	61.27	58.27
南　票	54.26	66.12	72.00	72.32	64.87	64.64	54.14
沈　阳	85.38	91.92	75.82	77.06	54.04	57.09	65.38
本　溪					82.67	100.00	87.40
烟　台							
八道壕							
辽　源	70.53	79.57	44.86	47.57	43.11	45.17	46.91
通　化	67.49	69.67	61.59	60.11	63.74	66.99	58.12
舒　兰	61.03	72.36	56.84	55.44	53.23	54.87	59.52
珲　春	98.14	106.31	112.55	107.92	83.18	78.17	71.93
营　城							48.48
鸡　西	90.11	95.52	80.44	80.94	87.00	97.83	94.51
鹤　岗	67.13	77.67	54.33	56.46	51.62	57.78	68.33
双鸭山	64.59	72.97	70.31	70.75	69.73	73.47	75.36
七台河	77.64	80.83	74.59	75.91	71.61	74.54	77.19
徐　州				59.31	62.14	68.61	65.37
大　屯	52.20	56.21	45.04	43.41	41.94		57.58

续表

	1993年	1994年	1995年	1996年	1997年	1998年	1999年
长广				63.46	55.79	53.08	54.83
淮南	69.06	69.77	71.54	71.97	72.10	74.16	71.94
淮北	60.48	65.54	62.74	61.56	53.28	55.85	54.65
萍乡	67.06	68.84	64.38	68.42	64.84	65.19	63.66
丰城	67.88	76.08	73.23	72.79	60.49	57.50	72.83
英岗岭	51.34	54.15	48.69	62.54	64.49	65.50	65.52
洛市	82.02						
乐平	58.47	61.97	57.34	58.60	57.55	62.71	34.08
淄博	60.56	63.24	65.41	69.29	64.22	63.88	64.54
新汶	53.93	57.39	51.77	53.21	53.35	54.34	49.40
枣庄	83.79	84.25	81.32	81.46	80.25	81.00	78.79
肥城	46.06	44.40	39.25	41.04	44.33	49.49	54.96
兖州	54.82	55.26	55.39	53.85	45.46	40.43	46.00
坊子	53.75	57.29	59.01	62.58	58.31	61.55	61.76
龙口	74.36	75.46	72.96	72.15	61.29	65.50	40.01
临沂	61.71	69.93	65.14	68.05	62.88	65.71	59.14
平顶山	60.34	62.97	60.52	62.07	58.02	61.00	59.73
焦作	64.63	67.40	64.08	65.23	62.28	62.93	67.33
鹤壁	70.06	60.88	52.01	61.03	54.44	61.84	63.29
义马	71.74	69.76	57.23	63.57	55.02	59.86	62.71
郑州	68.95	69.14	60.10	68.10	51.16	51.36	55.52
永城					105.65	96.37	101.52
涟邵	65.56	72.29	68.71	68.46	55.69	65.17	66.01
资兴	57.06	59.77	57.13	60.05	57.20	62.18	61.23
白沙	58.19	58.88	52.67	59.85	47.53	55.80	64.49
广旺	69.31	73.15	70.68	70.28	58.42	59.81	64.42
芙蓉	63.99	64.26	59.25	63.34	47.07	52.91	63.55
攀枝花	68.95	66.78	62.11	59.80	54.75	53.51	56.45
达竹	80.75	83.31	77.91	76.42	59.75	63.13	62.12
华蓥山	41.43	49.67	47.23	55.14	52.63	52.27	48.99

续表

	1993年	1994年	1995年	1996年	1997年	1998年	1999年
隆　昌						82.11	58.12
南　桐	68.03	73.06	70.13	70.15	66.58	72.35	64.45
天　府	60.79	62.05	57.56	60.12	40.57	45.20	44.89
松　藻	64.70	68.60	63.49	47.01	45.78	39.73	27.60
中梁山	37.03	45.55	47.72	51.54	52.85	53.11	50.00
永　荣	48.56	51.95	50.98	52.79	47.98	55.41	50.51
六　枝	54.61	54.73	62.33	61.97	53.57	66.60	
盘　江	45.00	50.05	39.91	34.90	32.47	34.28	41.24
水　城	64.46	64.46	59.07	58.18	48.43	51.35	67.31
一平浪	65.10	70.68	68.85	70.93	66.59	68.63	60.90
来　宾	70.04	77.60	74.62	80.32	76.22	85.81	96.44
羊　场	78.80	79.42	74.69	78.42	75.52	75.94	82.21
田　坝	87.62	89.53	89.62	90.66	71.83	74.70	73.90
铜　川	66.52	72.01	63.96	63.26	57.53	62.81	64.47
蒲　白	52.84	65.44	63.95	65.41	61.63	66.26	66.15
澄　合	74.28	77.16	70.08	71.39	54.43	60.38	62.32
韩　城	43.74	52.74	48.77	56.40	52.36	56.56	55.11
崔家沟					79.70	80.07	80.94
苍　村	87.75	88.07	84.87	85.02	75.86		
窑　街	50.93	54.61	49.14	48.43	40.44	40.15	52.77
兰　阿	51.03	56.62	56.76	61.54	64.27	72.73	87.53
靖　远	64.32	65.73	61.07	67.90	60.30	55.75	56.79
山　丹		40.77	55.99	58.99	63.88		
华　亭					99.10	96.85	95.25
亘　元	63.88	66.18	59.82	60.96	56.86	57.84	49.38
太　西	50.15	58.10	42.73	45.10	45.61	51.24	51.77
灵　州	100.00	99.05	95.07	85.72	76.33	75.96	82.82
哈　密	55.63	62.97	64.90	64.16	60.95	62.96	51.30
乌鲁木齐	52.85	68.59	55.34	54.42	55.55	50.07	47.20
艾维尔	72.00	71.63	66.82	68.30	50.17	56.77	51.72

国有重点煤矿利润总额——按单位分

单位：万元

	1957年	1958年	1959年	1960年	1961年	1962年
合　　计	**15447**	**82816**	**124531**	**141095**	**11003**	**-45228**
北　　京	143	1637	3570	5060	3413	1198
开　　滦	1930	6511	9384	13194	3826	2682
峰　　峰	635	2442	3822	5737	-377	-1561
井　　陉	167	1596	3639	4868	1903	382
兴　　隆		34	-14	255	-8	-585
邢　　台						
邯　　郸						
下 花 园						
八 宝 山						
大　　同	1127	4295	5651	6461	1739	1003
阳　　泉	391	2245	2806	2359	-832	-798
西　　山	477	2322	2806	4448	1527	511
汾　　西	426	798	922	1019	182	-297
潞　　安	29	92	135	311	28	-51
轩　　岗	25	112	138	55	-65	-241
晋　　城					-16	-88
霍　　县						
东　　山						
荫　　营						
小　　峪						
南　　庄						
西峪寨沟						
包　　头	-15	-14	633	1149	275	-378
乌　　达			208	221	79	-429
萍　　乡	258	851	1577	1286	-292	-1341
丰　　城		-51	288	493	-131	-197
英 岗 岭						
抚　　顺	6759	20501	26611	23428	3364	-1078
阜　　新	2078	8154	10027	7056	-3964	-8471
本　　溪	462	3412	5861	4677	1180	-1314
北　　票	404	2379	2160	2159	-654	-1406

续表

	1957年	1958年	1959年	1960年	1961年	1962年
平庄	-131	8	-72	144	-201	331
铁法				6	-171	-393
南票			-4	-15	-76	-1077
沈阳				-149	-365	-593
烟台						
八道壕						
辽源	-837	621	1082	685	-1105	-2347
通化	-182	359	1453	1916	97	-2350
舒兰			-2	-126	-527	-810
蛟河	-271	553	835	829	304	-12
营城	-195	403	544	606	-359	-666
延边						
和龙						
鸡西	-499	3324	4331	4285	-399	-1321
鹤岗	-976	3833	5173	3981	-1703	-4974
双鸭山	-150	1563	3428	8781	-1551	-3139
七台河				52	-455	-1195
扎赉诺尔						
大雁						
淄博	-181	1969	3622	4036	-1939	-3699
新汶	-46	1419	1200	3205	290	-2103
枣庄	271	1326	1918	2852	-279	-1993
肥城				3	-360	-397
兖州						
坊子	-259	3	1	547	-126	-450
徐州	330	2058	2495	1588	-1799	-2732
淮南	713	5066	11126	13364	8088	4171
淮北				-130	-487	-872
焦作	436	1769	1568	1985	-1233	-1832
平顶山	-12	127	1098	3291	-367	-1370
鹤壁	-18	459	1340	3236	931	-1680
宜洛	27	61	164	431	-64	-251

续表

	1957年	1958年	1959年	1960年	1961年	1962年
观音堂	105	147	354	497	-144	-229
张村						
义马						
新密						
涟邵						
资兴						
白沙						
铜川	35	818	574	1683	103	-1053
蒲白	8	39	65	8	-72	-174
澄合						
韩城			-15	-57	-161	-137
石嘴山			133	461	133	5
石炭井			12	10	82	68
窑街	130	216	174	-171	-59	-59
阿干镇					-314	-429
靖远			-17	-143	-102	-65
哈密			11	67	81	1
长广						
六枝				7	-34	-54
水城		7	129	233	15	-72
盘江						
一平浪	3	-40	3	-27	-62	-44
来宾				-41	-90	-92
羊场						
田坝						
南桐						
天府						
中梁山						
松藻						
永荣						
广旺						
芙蓉						
渡口						

续表

	1963年	1964年	1965年	1966年	1967年	1968年	1969年	1970年
合　计	**-24814**	**-9191**	**16113**	**43399**	**6770**	**11389**	**34634**	**88733**
北　京	1295	86	333	194	-235	50	363	1554
开　滦	4355	5928	7529	8910	6994	7992	7873	10277
峰　峰	-1295	879	2369	3593	2795	4873	4334	4976
井　陉	590	622	878	878	644	910	1090	757
兴　隆	-181	-54	-221	-309	-226	-117	-183	59
邢　台						-121	-152	67
邯　郸								
下花园								
八宝山								
大　同	2480	4803	8261	9633	4817	8310	10138	12019
阳　泉	-542	902	1918	1135	92	130	3084	3723
西　山	343	325	11	980	-110	-1685	-1412	403
汾　西	-142	4	-170	189	195	-1015	-865	191
潞　安	194	258	577	690	309	539	958	1200
轩　岗	-143	-151	-180	-185	-312	-161	-128	92
晋　城	188	231	585	560	273	126	382	578
霍　县								
东　山								
荫　营								
小　峪								
南　庄								
西峪寨沟.								
包　头	24	82		-60	-487	-513	-699	419
乌　达	-228	-200		119	-276	391	-436	653
萍　乡	-884	-332	-886	-635	-802		-119	562
丰　城	63	36	275	408	-125		483	1092
英岗岭								
抚　顺	28	-868	-2097	8298	1665	-176	11111	15644
阜　新	-5757	-3773	-2613	1520	712	1159	2564	4144
本　溪	-805	-1137	-904	73	-267	796	1901	1840
北　票	-989	-953	-970	-502	-524	-738	-820	439

续表

	1963年	1964年	1965年	1966年	1967年	1968年	1969年	1970年
平庄	-427	-410	-118	-1077	-1325	-1583	-1637	-896
铁法	-573	-609				-638	-702	-378
南票	-860	-744	-753	-462	-639	-603	-663	49
沈阳	-562	-439				-567	-762	-747
烟台								
八道壕								
辽源	-1164	-93	-397	116	208	498	552	1502
通化	-1623	-2102	-1294	-865	-1439	-1398	-886	407
舒兰	-572	-1150	-1088	-1232	-1067	-935	-1283	-1348
蛟河	35	302	372	73	54	12	112	513
营城	-397	-312	-568	-600	-673	-711	-617	-190
延边								
和龙								
鸡西	20	69	658	130	-3307	-976		151
鹤岗	-3859	-3118	-1396	-1403	-2306	-3306		825
双鸭山	-2209	-1307	-741	-252	82	1050		662
七台河	-519	-329	-325	-165	-457	-269		-124
扎赉诺尔								
大雁								
淄博	-2481	-1854	-1512	-863	-340	52	-1919	90
新汶	-1776	-1247	579	2745	3917	3392	733	3020
枣庄	-1471	-18	1903	3608	3273	5247	1785	5530
肥城	-310	2	233	1884	2312	1305	670	2286
兖州								
坊子	-500	-459	-327	-436	-233	-105	-168	-194
徐州	-1505	-32	651	1472	697	-1289	-3182	2554
淮南	2560	3183	5234	5914	1134	3025	5572	7258
淮北	-485	-123	-624	-423	-536	-1155	704	1640
焦作	-1579	-1268	-615	-450	-806	-292	49	538
平顶山	-1211	-1334	205	1237	365	-881	334	1223
鹤壁	-1232	-344	401	700	-223	102	745	863
宜洛	-282	-286	-260	7	246	23	4	264

续表

	1963年	1964年	1965年	1966年	1967年	1968年	1969年	1970年
观音堂	-265	-247	-660	-24	-91	-262	-396	-81
张村								
义马								
新密								
涟邵								
资兴								
白沙								
铜川	1	-504		-1390			-1557	-483
蒲白	-122	-109		-19	-65			-197
澄合								-34
韩城	-77	-36		-16	-259			
石嘴山	-83	1	-40	-173	-622	-599	-311	43
石炭井	-59	-221	-28	-363	-544	-833	627	-286
窑街	75	-8	-42	-81	-451		-333	418
阿干镇	-240	-432	-388	-180	-405	-216	90	456
靖远		25	4	8	37		76	137
哈密	13	25	-8	14	-25	-97	-107	27
长广								
六枝	-23	-37	-65	-488	-728	-640	-721	-766
水城	-75	-12	-75	-98	-154	-240	-460	-1044
盘江								
一平浪	38	150	55	30	22	-260	84	
来宾	-58	-62	-17	-30	-44	-74	-67	
羊场		-49	-89	-139	-129	-264	10	
田坝								
南桐			-311	-599	-559	-1398	-992	-519
天府			-154	7	-182	-26	-202	-207
中梁山			-290	-293	-298	-375	-275	1
松藻			-407	-468	-390	-439	-444	-106
永荣			25	-106	-451	-1399	-1176	-817
广旺			46	-76	-98	-265	22	109
芙蓉							-110	-276
渡口								-127

续表

	1975年	1976年	1977年	1978年	1979年	1980年	1981年	1982年
合　计	**26435**	**-7122**	**1310**	**37244**	**98130**	**66062**	**866**	**-8833**
总公司								
东　煤								
北　京	377	-94	-56	-500	697	0	-1811	-2290
开　滦	13223	2738	150	3216	7528	5433	5446	5487
峰　峰	966	542	747	1020	4442	3097	2516	2671
井　陉	376	138	172	40	596	232	60	24
兴　隆	18	75	290	41	-233	-578	-920	-752
邢　台	237	193	51	228	359	12	377	698
邯　郸	154	123	357	522	1036	945	819	738
下花园	3	-20	-134	0.2	191	80	-227	-146
八宝山	-24	-58	-38	-16				
大　同	14386	15800	15105	18347	29013	35818	28560	30158
阳　泉	3505	2962	2008	805	3295	5671	5108	3448
西　山	1221	501	1406	2603	5540	7952	7121	7002
汾　西	21	-854	301	1139	2705	3526	2429	2139
潞　安	1400	920	1219	1614	3451	4188	3583	4137
轩　岗	0.1	80	133	40	668	368	109	101
晋　城	671	403	662	1118	3734	5152	4992	4985
霍　县	229	3	120	169	485	65	-520	1
东　山	-131	-277	-178	-60	85	166	130	171
荫　营	1250	1194	1293	1150	1555	1753	1166	871
固　庄								
小　峪	308	206	249	297	355	420	377	421
南　庄	67	125	80	87	160	115	38	110
寨　沟	565	399	430	434	782	935	456	442
包　头	-314	-775	-516	-94	64	0.7	-159	-250
乌　达	105	885	1045	1241	2398	2065	261	699
海勃湾				-91	-102	-280	-198	87
宝　局								
平　庄	-1386	-1515	-1725	-1543	-1249	-1159	-1679	-694
扎　局	-1049	-803	-855	-871	-570	-455	-554	-254
大　雁	-334	-371	-334	-445	-446	-769	-760	-589
霍林河								
伊敏河								
抚　顺	8133	5215	4413	8134	5626	1288	-2242	-1847
阜　新	500	-817	-349	-2049	-1362	-4723	-6788	-5577

续表

	1975年	1976年	1977年	1978年	1979年	1980年	1981年	1982年
北票	-944	-702	-1389	-1097	-907	-1299	-2439	-2649
铁法	-1157	-1562	-1893	-2037	-2362	-2362	-3771	-3244
南票	-599	-483	-586	-495	-1059	-1289	-1932	-1822
沈阳	-1420	-2103	-1541	-1065	-614	-1903	-4507	-5772
烟台	-239	-128	-94	-140	-233	-400	-475	-452
八道壕	-131	-236	-456	-405	-577	-533	-759	-795
辽源	-819	-641	-1262	-1238	-999	-730	-1776	-1946
通化	-992	-1643	-2139	-1568	-1247	-4088	-5061	-5025
舒兰	-2497	-2700	-3183	-3152	-3403	-4001	-4338	-4526
珲春	-743	-709	-859	-848	-935	-880	-1199	-1337
鸡西	-3355	-3352	-2497	-2723	-775	-1314	-5739	-5491
鹤岗	-3979	-2992	-2282	-1621	480	1806	-860	-943
双鸭山	-2384	-1187	-591	-477	686	1053	-926	-936
七台河	-998	-546	-597	4	862	121	-1337	-974
大屯					613	527	-702	867
徐州	1300	1347	125	3002	5007	3653	315	-4182
淮南	3001	3754	2821	3030	4176	1013	-579	-1689
淮北	3103	3230	3301	3785	7620	7596	3768	1991
萍乡	-650	-1167	-679	33	2	-99	-617	-635
丰城	-226	-134	70	402	742	201	435	394
英岗岭	-449	-413	-394	-337	-401	-729	-519	-598
洛市								
淄博	-1997	-2881	-2869	603	-3146	-3805	-4818	-5496
新汶	767	1413	1201	1292	2613	1031	71	-436
枣庄	1590	340	3491	4477	6632	4351	3292	1456
肥城	2266	2703	3167	2664	3511	3203	2199	1517
兖州	-576	-258	-321	207	989	1665	1397	-2234
坊子	-461	-493	-517	4	-468	-530	-671	-830
龙口								
临沂								
平顶山	1017	-3998	1005	1602	3853	4155	2966	3375
焦作	-1150	-3776	-3865	-2771	-495	-899	-1199	-1437
鹤壁	299	-1501	232	-828	607	354	3	-234
义马	554	-1480	-91	230	206	500	381	245

续表

	1975年	1976年	1977年	1978年	1979年	1980年	1981年	1982年
新　　密	49	-1185	-661	4	1034	1351	1091	886
涟　　邵	-1608	-2105	-1774	-1635	-1557	-2986	-3194	-3153
资　　兴	-518	-793	-815	-1000	-1754	-2521	-2515	-2563
白　　沙	-349	-407	-588	-1593	-1041	-1698	-1895	-1611
广　　旺								
芙　　蓉								
渡　　口								
南　　桐								
天　　府								
松　　藻								
中 梁 山								
永　　荣								
六　　枝					-1829	-1825	-1869	-1800
盘　　江						18	-1195	-587
水　　城					-297	-740	-676	-551
铜　　川	-889	-1450	-299	125	274	-1639	-3050	-2686
蒲　　白	-229	-396	-402	-290	-289	-171	-395	-315
澄　　合	70	-199	-47	40	91	-29	-355	-443
韩　　城	-437	-574	-438	-179	-240	-169	-568	-51
崔 家 沟					1246	1220	871	921
苍　　村								
窑　　街	154	108	317	277	504	400	269	409
阿 干 镇	5	13	35	1	224	5	-276	-413
靖　　远	-226	-403	-252	-307	-262	-509	-737	-417
石 嘴 山	-717	-300	-80	2	388	516	127	212
石 炭 井	171	-1178	-656	-190	844	131	289	-1289
灵　　武								
哈　　密	-1013	-323	411	754	924	564	324	276
乌鲁木齐					560	481	92	102
艾维尔沟								
一 平 浪								
羊　　场								
田　　坝								
来　　宾								

续表

	1983年	1984年	1985年	1986年	1987年	1988年	1989年	1990年
合计	**7844**	**-1375**	**-41031**	**-116403**	**-151632**	**167738**	**-399087**	**-575610**
总公司							-264460	-360889
东煤							-134627	-196046
北京	-2401	-1956	-2407	-4078	-4133	-6053	-7878	-12718
开滦	5075	-1505	1029	-767	-5935	-10491	-16678	-29765
峰峰	2262	1550	999	-1679	-634	-9589	-7272	-14003
井陉	73	0	-563	1090	-1304	-19545	-3140	-5818
兴隆	-732	-643	-915	-1354	-1510	-17712	-2907	-3606
邢台	517	0.5	371	716	1489	2070	-2543	-227
邯郸	796	1208	1058	356	-755	-1223	-5612	-10095
下花园	-202	-191	-387	-799	-750	-929	-1309	-1717
八宝山					-258	-352	-573	-674
大同	33893	30637	15462	8115	6271	-254	-4059	-139
阳泉	4818	3938	-724	-1377	360	-1676	-6523	-8124
西山	7712	7468	2353	-493	2180	2577	-5307	-3401
汾西	2657	2702	1357	1659	146	645	-3112	-3545
潞安	5028	4535	2980	2672	2237	2614	-6465	-576
轩岗	157	-390	-492	904	-796	-1020	-2656	-3034
晋城	5936	5474	3063	4690	3859	4543	-3841	-1875
霍县	153	184	528	511	369	1	-963	-4932
东山	262	308	349	362	371	210	336	209
荫营	877	723	695	465	-76	335	1101	711
固庄		141	220	155	1	243	883	323
小峪	505	465	442	457	362	375	427	-619
南庄	218	206	130	47	25	69	119	84
寨沟	556	692	456	328	222	255	266	392
包头	-395	-854	-794	-1297	-1146	-1664	-2790	5479
乌达	535	680	828	349	157	-3022	-3372	-5307
海勃湾	-426	-500	-587	997	-1069	-2423	-3138	-4560
宝局				-194	-273	-407	-420	-1142
平庄	-426	-809	-738	-1258	-1084	-1072	-4685	-7896
扎局	-333	-223	-438	-366	-385	-1837	-6114	-9790
大雁	-854	-1540	-1239	-1660	-3217	-3202	-3990	-4380
霍林河		-908	-3071	-4757	-4010	-4028	-4624	-5171
伊敏河		-377	-590	-532	-898	-1686	-2239	-2200
抚顺	-1492	-1028	2054	-2986	-5947	682	1638	-1984
阜新	-4796	-4161	-4285	-3430	-9533	-5597	-9604	-16047

续表

	1983年	1984年	1985年	1986年	1987年	1988年	1989年	1990年
北票	-2928	-3432	-3092	-4004	-4259	-4930	-6840	-9425
铁法	-3941	-4885	-5325	-5775	-6415	-8364	-7800	-12063
南票	-2076	-2393	-2737	-3880	-4000	-4505	-5962	-7593
沈阳	-5639	-5468	-5256	-6097	-10522	-9484	-13594	-18020
烟台	-445	-514	-533					
八道壕	-753	-858	-852					
辽源	-1985	-2228	-1751	-2161	-3483	-4174	-6520	-8429
通化	-5016	-5089	-4989	-6504	-7053	-8588	-12469	-16442
舒兰	-4890	-5116	-5140	-6163	-6932	-7697	-9850	-12330
珲春	-1615	-1645	-1976	-1965	-2441	-3711	-5387	-8522
鸡西	-5008	-4791	-4339	-4146	-8693	-8076	-14177	-24896
鹤岗	-337	476	2049	-1489	-2554	-2972	-12134	-20223
双鸭山	-828	-1534	-218	-750	-1468	-1093	-7686	-10292
七台河	-8218	-723	730	1284	2828	2210	-330	-3420
大屯	1104	2117	2892	2570	3488	4843	-496	2667
徐州	-989	-98	-1276	-3486	-2816	-2400	3299	
淮南	-2148	-4300	-5814	-7802	-9582	-3412	-16641	-16203
淮北	554	1165	-779	-1391	-1182	3504	-4066	-8344
萍乡	-613	-4038	-958	-1833	-1772	-2766	-4606	-9888
丰城	101	37	460	-569	232	-666	-2742	-6992
英岗岭	-441	-313	527	-760	-810	-1223	-1677	-2597
洛市					-504		-1061	-2701
淄博	-5367	-5606	-6440	-7330	-7952	-7122	-9264	-12994
新汶	-743	-585	2010	-1491	-474	4334	-1425	-7445
枣庄	1416	1156	2200	-501	-968	2015	1246	-4868
肥城	1150	1145	-779	-688	1079	1958	122	964
兖州	-776	1107	1402	-1172	667	5796	-1013	-1823
坊子	-829	-782	-950	-1211	-1255	-1463	-1527	-2068
龙口				-2116	-1488	-1604	-2287	-2931
临沂							-2533	-3402
平顶山	3516	4078	3635	2542	4448	10942	5697	1283
焦作	-1797	-2845	-4029	-4824	-4411	-5756	-8412	-11974
鹤壁	-135	84	-794	-2846	-883	-2814	-5699	-7138
义马	900	688	-794	-2553	-1792	-38010	-7868	-9229

续表

	1983年	1984年	1985年	1986年	1987年	1988年	1989年	1990年
新密	904	625	-423	-1624	-906	-29349.0	-4432.0	-5649.0
涟邵	-3128	-2413	-1820	-4015	-4471	-56008.0	-1441.0	-12285.4
资兴	-2730	-2795	-2933	-3448	-2935	-37411.0	-4839.0	-5845.2
白沙	-1625	-1337	-741	-2017	-2736	-34804.0	-4734.0	-6786.6
广旺	-1186	-1240	-1641	-2416	-2763	-3280.8	-5914.4	-6082.0
芙蓉	-1473	-1442	-1583	-2208	-2191	-2858.5	-5513.0	-5651.7
渡口	-738	-635	761	584	-155	-380.6	-4521.1	-3694.2
南桐	859	-772	146	150	-237	-2358.8	-4226.0	-4142.7
天府	-877	-908	-910	-959	-1293	-2666.3	-5274.0	-4679.4
松藻	-1680	-1360	-1316	-350	-2211	-2986.0	-5227.0	-4912.0
中梁山	-426	-494	-149	-1796	-818	-1344.2	-2024.0	-2268.1
永荣	-339	-474	-320	-762	-568	-1561.8	-3910.9	-3767.3
六枝	-1786	-1911	-2484	-3133	-2646	-37271.0	-5051.8	-6213.9
盘江	-816	-1184	-2587	-2218	-1840	-3104.7	-4858.3	-5956.3
水城	866	-1021	-4628	-3093	-1460	-2800.5	-6027.8	-6453.0
铜川	1786	-817	-3528	-4936	-7999	-9864.0	-10583.0	-16332.4
蒲白	-816	-489	-680	-950	-1450	-2315.1	-2722.2	-3691.2
澄合	-866	-259	-837	-982	-1209	-2505.5	-3644.6	-4536.0
韩城	46	21	-1425	3232	-2866	-2873.5	-4514.2	-5889.3
崔家沟	539	471	502	401				
苍村				-75	-70	-102.2	-266.5	-566.0
窑街	417	654	446	-1435	-1305	-2263.5	-3601.4	-5486.7
阿干镇	-379	-226	-446	-1016	-1706	-1573.5	-1748.9	-6388.4
靖远	-232	-286	-665	-1614	-1132	-3076.5	-5178.2	-2478.1
石嘴山	175	-55	-405	-1408	-1483	-1947.8	-3272.0	-4341.0
石炭井	-890	-87	79	-1314	-1513	-2901.1	-5476.0	-7074.3
灵武								
哈密	503	327	211	-431	-518	-953.1	-1704.2	-2750.6
乌鲁木齐	473	338	-249	-798	-1059	-1310.1	-2127.0	-2893.6
艾维尔沟							-327.6	-527.8
一平浪								
羊场								
田坝								
来宾								

续表

	1991 年	1992 年	1993 年	1994 年	1995 年	1996 年	1997 年	1998 年	1999 年
合　计	**－620499**	**－413379**	**－323309**	**－167151**	**－110437**	**－26819**	**29696**	**－123083**	**－309570**
北　京	－14838	－18325	－20938	－13861	－13510	－11076	66	5156	2213
开　滦	－23619	－27994	－10625	69	36	103	4500	2824	2018
峰　峰	－18472	－10883	－2900	－1273	17	－3800	－2500	－7419	－2590
井　陉	－6301	－6694	－8055	－7282	－5792	－4010	－3398	－1240	9
兴　隆	－4220	－3939	－5286	－6109	－5142	－2795	－1782	10	9
邢　台	1062	2388	9887	11865	10966	2915	15058	8018	7459
邯　郸	－11785	－10599	－9946	－8559	－9478	－4960	112	2	24
盛　源	－2009	－2125	－2035	－1554	－1101	－1251	－3959	－594	－3289
八宝山	－894	－881	－635	－524	－343	5	10	－44	－336
大　同	2421	22151	46886	72168	75149	22000	37000	3090	－39485
阳　泉	－12497	－9454	－10365	－3084	1788	158	1588	－7830	－4390
西　山	－2560	6136	11200	13438	16007	3400	8028	5019	2018
汾　西	－563	－2762	430	4408	4347	5578	5570	791	－7910
潞　安	4244	5331	4691	8976	10197	1400	6009	4426	1805
轩　岗	－3493	－3304	－900	－3800	－276	－826	13	－3246	－500
晋　城	1349	3584	3631	8717	10263	1702	6122	5005	1352
煤气化						709	1368	1520	1829
王　坪						288	302	－4411	－1475
霍　州	7608					260	416	463	218
东　山	212					40	62	132	246
荫　营	264					632	809	818	1884
固　庄	294					14	101	19	18
小　峪	351					249	248	53	－2499
南　庄	45					260	433	550	550
寨　沟	362					402	653	306	442
平　朔						40470	21309	－28696	－14946
包　头	－4739	－5753	－5205	－4735	－6848	－3473	－2897	3	3
乌　达	－4990	－3955	－4141	－4898	－4825	－1725	4202		－1938
海勃湾	－6065	－4347	－4895	－5906	－6808	－3386	－1533	－2382	14

续表

	1991年	1992年	1993年	1994年	1995年	1996年	1997年	1998年	1999年
宝日希勒	-612	-664	-1039	-688	-430	26	175	1521	648
平　庄	-9836		-8653	-3567	-1824	-1535	-1157	12	-3182
扎赉诺尔	-10336		-9662	-6648	-3293	-3774	-1673	-4240	-3341
大　雁	-5000		-1322	16	-1000	1	106	-2	-3991
霍林河	-5561		-4333	-2188	-1004	48	101	-8187	66
准格尔							-8739	2022	-5641
神　东									43
万　利									5
伊　敏	-2404		-591	-419	-1189	-78	5236	4803	-103207
抚　顺	-1816		482	990	-2710	1018	-45355	-11100	1026
阜　新	-16028		-6320	-11328	-10258	677	2512	725	-13140
北　票	-10977		-10309	-9889	-16688	-4995	-4472	1543	-3796
铁　法	-15052		-9935	70	6	4011	6772	4406	5373
南　票	-8800		-10057	-10406	-14064	-7800	-6752	752	-1723
沈　阳	-21411		-36069	-25766	-29735	-8046	332	3387	4901
本　溪						-2746	5296	1502	-5197
烟　台									
八道壕									
辽　源	-9799		-10893	-11490	-10771	-4605	5	1416	15
通　化	-17038		-22483	-18223	-22964	-7277	-19921	826	5
舒　兰	-12820		-12972	-15385	-12388	-3645	-14532	-2084	-3524
珲　春	-11557		-12860	-12231	-11657	-2920	13	-1149	-2715
营　城									-4449
鸡　西	-28908		-45720	-28448	-14970	-5999	-57032	-67629	-4790
鹤　岗	-14411		-6373	-28676	-23161	-6988	68	-4485	2
双鸭山	-7359		559	761	750	66	-10384	-4086	28
七台河	-4718		4181	1	2252	62	500	-4685	676
徐　州	-10170					-3393	-3119	-5430	-9648
大　屯	3721	9140	10516	9533	8740	2442	8500		3426
长　广						-546	-1534	-935	-956

续表

	1991年	1992年	1993年	1994年	1995年	1996年	1997年	1998年	1999年
淮南	-20371	-11367	8890	5832	360	168	355	-13803	-6575
淮北	-15574	-5106	12076	5188	9480	156	3508	-11052	-4956
萍乡	-8805	-10355	-6529	-4776	-1154	38	118	6	151
丰城	-6320	-4965	-3443	-4277	-4110	6	-4923	-12990	-7988
英岗岭	-2696	-3077	-2128	-1579	-734	16	50	-1231	-850
洛市	-2056	-3299	-2755						
乐平	-2775	-3639	-3735	-2709	-1775	15	102	-5458	-4664
淄博	-17779	-18461	-16520	-15369	-14731	-4574	10	1948	5131
新汶	-8356	-4235	14440	535	4012	102	9578	3859	-10929
枣庄	-11967	-3470	-1026	2	1081	100	-16001	2535	-13859
肥城	-1490	612	6431	875	2712	105	998	2129	-2466
兖州	2599	8219	27780	26786	31212	10518	62388	64873	50572
坊子	-2468	-2776	-1566	4	-1138	50	51	-2296	-3343
龙口	-3086	-3970	-1942	102	157	160	7779	108	169
临沂	-4051	-4024	-2919	-2798	-1904	-998	8	-815	-319
平顶山	1073	7841	31114	35879	40004	11155	27188	2035	1458
焦作	-13744	-14814	-11818	-9188	-4997	16	103	-0.3	-18276
鹤壁	-8269	-10048	-7834	540	530	110	606	4674	4752
义马	-3205	-11520	-8995	1583	2034	100	2563	2501	-54452
郑州	-6166	-10620	128	2058	3077	108	2615	2092	-380
永城							662	-514	-8711
涟邵	-13991	-14674	-14056	-11503	-8830	-2645	11	10	310
资兴	-7867	-7991	-4910	-4660	-3114	79	56	84	12
白沙	-7628	-84065	-5984	-3478	-813	150	158	2	110
广旺	-6838	-3925	-6616	-5488	-3558	12	55	-705	457
芙蓉	-6262	-7139	-6500	-5506	-3624	1	50	-4448	-1570
攀枝花	-3888	-3188	-2432	66	92	206	208	-1529	-1755
达竹		-3503	-2652	-2178	-1950	67	266	1	-2071
华蓥山		-3192	-2652	-2266	-2006	-1054	21	-2110	-1098
隆昌								-464	-638

续表

	1991 年	1992 年	1993 年	1994 年	1995 年	1996 年	1997 年	1998 年	1999 年
南 桐	-5035	-6043	-5407	-4294	-4676	53	54	-5073	-1474
天 府	-4793	-5399	-4673	-3731	-2686	-2849	15	0.6	2
松 藻	-5497	-6347	-5209	-4565	-2873	100	502		3
中梁山	-2583	-2592	-3101	-2578	-2886	-1940	-998	2	1
永 荣	-4196	-5071	-1669	-3518	-2598	10	51	-2633	3
六 枝	-7240	-7832	-6716	-5467	-4298	9	-4477	-10131	
盘 江	-6322	-5739	1209	10168	8018	1019	1095	2109	901
水 城	-8544	-7023	-5237	168	-3198	188	218	316	512
一平浪	-1220	-1511	-1535	-986	-662	14	68	19	1098
来 宾	-1044	-1185	-1759	-1230	-939	-498	3	-1315	-2719
羊 场	-1991	-1589	-1363	-1196	-700	-619	4	11	-1729
田 坝	-1880	-1467	-1202	-1219	-804	-1303	1	10	444
铜 川	-20019	-17317	-25475	-4633	-15833	-11000	-11464	-16787	-14950
蒲 白	-3845	-3742	-4179	-3049	-2352	-2696	-4237	-5571	-2881
澄 合	-4925	-5912	-5275	-3506	-2467	-2948	-2919	-6945	-1750
韩 城	-6166	-4238	-5799	-3664	-2337	35	50	0.4	2090
崔家沟							332	20	25
苍 村	-693	-335	-873	-572	-560	-376	-296		
窑 街	-6040	-5766	-4944	-3176	-2025	-1876	8	1825	2890
兰 阿	-2736	-3228	-3111	-2525	-1946	-1095	-941	-1235	-1120
靖 远	-6059	-5590	-4884	-3943	-2797	-2796	10	-1	151
山 丹				542	-520	-520	-516		
华 亭							0.3	0.8	1
亘 元	-4678	-5180	-5839	-3827	-4504	158	618	892	93
太 西	-6661	-4037	-914	-2898	-1827	563	660	236	453
灵 州	-258	-1492	-894	-831	-505	13	212	150	1
哈 密	-2536	-1714	-1916	-1625	-1288	17	61	121	126
乌鲁木齐	-3394	-3069	-3148	-2751	-1588	12	72	151	314
艾维尔	-441	-261	-189	5	-188	52	71	57	56

注：1993 年及以前为老口径，1994 年后为新口径。

国有重点煤矿产品销售收入——按单位分

单位：万元

	1991年	1992年	1993年	1994年	1995年	1996年	1997年	1998年	1999年
北　京	41687	42451	58998	54655	68872	78466	91045	92228	70148
开　滦	118785	160071	222988	210178	243093	237786	251968	226932	249075
峰　峰	75173	97846	146142	127027	153419	189984	162699	137634	147567
井　陉	8004	8969	15624	13784	19459	14107	15123	17920	18183
兴　隆	3993	4461	7314	3848	5695	6435	8453	8342	7726
邢　台	29672	35206	60426	62332	74577	89406	110054	95556	86102
邯　郸	21917	17525	46205	30333	42029	49134	46189	30702	31231
盛　源	2515	2400	3176	4044	5339	6554	4129	1848	2426
八宝山	1339	1604	2563	2125	2368	2558	2872	2393	3553
大　同	205247	250525	365164	387068	416140	468013	453914	297545	286291
阳　泉	81041	92928	133394	146527	168968	203440	199695	152625	158494
西　山	95651	114108	171663	185178	211192	231527	257413	220714	224126
汾　西	45086	55451	78165	67277	79714	95037	98977	72116	55897
潞　安	57446	65040	90552	100878	109100	131197	177994	163413	145260
轩　岗	15393	16649	21218	21544	24517	26014	25932	16925	1206
晋　城	59514	67713	101397	103443	114116	126242	125093	123035	116720
煤气化						85318	95336	96857	87241
王　坪						10439	10787	7353	6453
霍　州	23919					56749	60725	65181	62595
东　山	5424					11369	11906	9672	12484
荫　营	4224					16993	18592	14938	15894
固　庄	1762					8961	10441	8805	9046
小　峪	5798					11402	10659	6323	8807
南　庄	2550					10755	12024	11095	10423
寨　沟	4023					10809	10427	7768	10421
平　朔						172990	154233	205166	203922
包　头	6437	7737	7685	6381	6203	9475	8859	5185	13438
乌　达	21692	22485	32427	25435	27907	35647	37862	54371	47459
海勃湾	8568	7333	15101	11557	13443	16844	18152	23717	28224

续表

	1991年	1992年	1993年	1994年	1995年	1996年	1997年	1998年	1999年
宝日希勒	1193	1059	2191	1888	1852	3558	4640	3952	3682
平　庄	29813		54247	48708	45234	51879	59971	53847	47664
扎赉诺尔	24651		41435	34883	31763	36329	40444	30615	26129
大　雁	14072		28175	20275	21035	23092	31175	24644	23034
霍林河	15889		25974	24092	24168	34584	36319	31726	33245
准格尔							17089	45194	90090
神　东									135262
万　利									4370
伊　敏	9181		16826	17132	26516	29489	14703	18961	32961
抚　顺	113045		177838	154888	134834	182554	168540	165360	154106
阜　新	89022		166247	130803	134386	138703	160411	148622	123008
北　票	16749		24670	25109	21692	22101	21973	19646	15627
铁　法	60960		119149	116694	116272	158406	180571	155849	149925
南　票	12241		15699	14774	13276	18036	26529	24849	19775
沈　阳	33035		60127	42900	43678	39061	47878	51956	49919
本　溪						7928	9302	8744	4506
烟　台									
八道壕									
辽　源	29576		62179	42436	44054	48517	52091	44669	41928
通　化	30253		42804	33943	31665	29330	29027	27635	32182
舒　兰	18058		33894	21559	25174	29074	26943	20154	14256
珲　春	5880		12770	11740	9719	14835	15358	12064	8875
营　城									4324
鸡　西	118543		173104	119326	135079	125202	109486	67825	78477
鹤　岗	141274		188698	127094	129572	150895	172497	144147	147159
双鸭山	84180		146587	105060	94714	107203	127759	102659	93253
七台河	82055		144037	107606	115192	142293	169091	156672	139636
徐　州	111533					260660	241930	213758	210800
大　屯	42492	49703	74070	80853	88193	107461	119029		118274
长　广						56814	50448	53958	55829

续表

	1991年	1992年	1993年	1994年	1995年	1996年	1997年	1998年	1999年
淮 南	93446	121511	208244	205538	237101	271815	259079	214754	244351
淮 北	119983	152364	234835	244595	262224	307071	276919	237281	256288
萍 乡	27229	25652	54355	49933	58372	62503	70529	75974	86739
丰 城	17468	19683	34445	36464	37181	40938	36516	29255	26356
英岗岭	5149	5638	8510	7677	9389	9506	7933	8153	8748
洛 市	2617	2482	5320						
乐 平	8861	10155	10784	11192	15988	15187	13518	9194	11828
淄 博	36815	38861	39700	52453	62786	69426	71823	73128	85225
新 汶	86272	94059	156796	155291	200304	246413	252497	224747	204602
枣 庄	60684	58741	62923	83227	141741	163814	155177	142952	139704
肥 城	47021	52460	67526	70308	88968	105819	103575	101514	77750
兖 州	94663	115719	192302	206615	334575	497490	546212	597795	582769
坊 子	2612	4216	4107	5070	8013	8994	7757	6124	5502
龙 口	8215	11086	31542	39575	47670	62247	66196	58454	50095
临 沂	7917	8879	13590	17607	21990	20288	18624	18129	19238
平顶山	131141	159018	230035	250674	312723	353527	398756	348300	287378
焦 作	30817	36745	60009	57171	85678	92808	96742	70915	74511
鹤 壁	36812	40814	60040	62756	82082	89561	98018	78580	93865
义 马	50552	50771	76578	79142	94736	114975	122589	91740	78604
郑 州	25717	31875	47011	63507	80643	91621	85329	71654	66817
永 城							4498	15568	29161
涟 邵	21362	24517	28794	32428	38692	43862	45248	53443	50032
资 兴	12671	17001	31477	28933	33114	37435	35033	32963	28795
白 沙	12637	13071	23553	22094	28201	31099	30837	28955	26571
广 旺	11185	13209	16813	18044	21321	27201	28425	21879	17858
芙 蓉	10731	9856	15627	14992	18043	23165	23038	16974	15026
攀枝花	29861	35143	47551	45878	47836	54995	57024	51247	48982
达 竹		8962	13191	12903	15036	18700	19815	20085	19032
华蓥山		6104	6791	7114	7980	10464	11360	11211	9934
隆 昌								1462	1515

续表

	1991 年	1992 年	1993 年	1994 年	1995 年	1996 年	1997 年	1998 年	1999 年
南　桐	21753	21630	29459	26593	30589	37045	36642	36479	31978
天　府	11539	10098	15947	15219	16282	17844	21031	20822	17692
松　藻	4895	19771	26841	26862	30074	36233	32408	28305	31966
中梁山	16734	5054	8891	8361	7542	10491	10997	10321	9337
永　荣	18677	13648	29205	23223	20944	24491	25262	22049	21779
六　枝	10668	11418	14546	16099	17992	15242	14022	11365	
盘　江	29214	31564	50915	57595	54000	57441	53251	50042	55376
水　城	26974	28607	43742	48020	42138	47316	46533	50742	50301
一平浪	3728	3921	5049	6137	7474	8528	9569	9841	7019
来　宾	2125	2358	3441	5836	3327	3599	4137	2669	2029
羊　场	4303	6134	7567	6129	7220	8490	8759	8883	7894
田　坝	3527	4521	5910	6429	5702	6162	7040	6797	4913
铜　川	23519	27233	37328	36040	38104	46523	52869	45200	54662
蒲　白	5632	6347	9349	10113	12003	14076	14383	11486	10974
澄　合	5664	7223	11655	10653	12452	16412	19369	12776	13230
韩　城	16204	21580	34112	29232	35544	40917	42882	37293	35384
崔家沟							7700	7856	7015
苍　村	1707	2748	2613	2335	3245	4849	5094		
窑　街	14717	16166	31906	27821	24466	30349	37251	36230	36905
兰　阿	1482	2039	2691	2398	2085	3300	2917	3121	3786
靖　远	18080	21220	32815	27885	31839	39378	45082	42093	39803
山　丹				386	652	540	427		
华　亭							2807	4037	5753
亘　元	12243	16044	22282	23073	27701	36439	41480	38040	32865
太　西	38981	37647	63679	51741	66433	70558	72070	72857	77548
灵　州	447	1603	2157	2713	4356	5192	7616	8444	27656
哈　密	8673	9953	18799	20629	23869	29303	31386	31320	30740
乌鲁木齐	8925	10429	13616	13798	16863	20710	23285	26318	27034
艾维尔	4998	4840	7579	7711	7345	9243	11661	10106	8699

注：1993 年及以前为老口径，1994 年后为新口径。

国有重点煤矿管理费用——按单位分

单位：万元

	1994 年	1995 年	1996 年	1997 年	1998 年	1999 年
北　京	18549	23043	13137	7013	23528	24400
开　滦	52307	70495	30566	27215	52533	62004
峰　峰	35262	43929	23630	11592	30701	29182
井　陉	9501	10057	4410	1845	8289	10034
兴　隆	3803	4105	1379	1122	3160	3511
邢　台	13689	17532	15680	5238	23873	20875
邯　郸	8716	9535	5803	5448	10615	9205
盛　源	2137	2370	736	392	1858	1151
八宝山	868	854	252	330	644	958
大　同	89437	88268	54228	24787	49233	52286
阳　泉	39514	48426	36226	19760	32139	13099
西　山	40156	53451	41392	15342	38121	37674
汾　西	17918	21873	16022	10805	17135	31133
潞　安	17670	24643	30845	10294	17699	14750
轩　岗	6237	6504	5512	3233	4534	388
晋　城	21486	22414	22010	8225	27443	27430
煤气化			5839	5526	7039	7509
王　坪			1346	1936	1568	1095
霍　州			8681	8692	10383	10778
东　山			2934	3037	2284	2574
荫　营			2966	3113	2383	2412
固　庄			1839	2426	2190	2169
小　峪			2365	2586	2719	1272
南　庄			2234	2407	1800	1679
寨　沟			1358	1624	1504	1492
平　朔			30695	27731	25935	12990
包　头	9291	10335	5314	2050	6961	3324
乌　达	10427	12410	7838	5274	11845	4778
海勃湾	7259	7191	4710	4030	8875	6168
宝日希勒	531	616	631	379	493	1429

续表

	1994年	1995年	1996年	1997年	1998年	1999年
平庄	11897	11705	6564	6769	13183	9164
扎赉诺尔	8034	8266	5629	5720	5291	4587
大雁	6077	6586	3716	3698	6389	2942
霍林河	7865	9395	9524	3087	7266	9223
准格尔				5361	8948	7629
神东						5881
万利						1057
伊敏	6696	7164	2706	794	1073	8222
抚顺	47654	49977	24252	14850	45813	38315
阜新	36319	40153	18151	17172	38305	30135
北票	9847	10067	3064	3332	3751	9715
铁法	19862	24992	12961	13634	33067	36796
南票	7281	8709	3869	3416	6995	8160
沈阳	15957	21167	3662	3621	11231	10803
本溪			2229	2569	6830	6328
烟台						
辽源	13310	12827	5594	6234	13872	12448
通化	14772	14970	6256	5833	6041	6122
舒兰	11762	11210	5617	7510	12575	7698
珲春	6909	7639	2352	2656	3276	4972
营城						1751
鸡西	32458	35923	20093	14047	41079	37343
鹤岗	41302	41416	20193	16634	42290	40976
双鸭山	21223	30865	17514	11899	28604	27388
七台河	23674	24352	19618	10931	17078	23438
徐州			78879	75647	69509	70108
大屯	26634	23535	23892	9336		22754
长广			11919	11743	11677	11791
淮南	43653	62953	24939	21728	52551	45223

续表

	1994年	1995年	1996年	1997年	1998年	1999年
淮北	51142	48658	33920	30110	57840	51920
萍乡	12323	16606	6899	5332	7386	15387
丰城	12670	10388	1408	4413	5466	6389
英岗岭	3488	3614	1850	1082	1168	1443
洛市						
乐平	5317	5229	2162	1702	2366	3962
淄博	24277	27156	8774	8284	25901	31685
新汶	37846	57655	36342	21228	44569	41578
枣庄	36908	45540	30101	12520	33379	45988
肥城	18124	24863	19391	12010	27705	20154
兖州	48672	70149	66174	29176	77265	89300
坊子	1861	2866	782	107	1756	2391
龙口	7551	11596	8554	4153	17311	13855
临沂	7903	7835	3323	1924	5841	6293
平顶山	52912	65520	32380	24129	53102	56773
焦作	16743	24730	12373	8818	10493	27042
鹤壁	17069	24464	15618	9576	26233	20749
义马	18960	28315	18530	13503	23279	36830
郑州	9358	19326	16876	7041	17342	12954
永城				250	1903	5078
涟邵	11863	13594	4200	4384	15608	15153
资兴	8442	9646	5659	2860	9780	9987
白沙	8734	10716	5170	3624	10697	3781
广旺	7349	8446	4260	3854	6729	2140
芙蓉	6301	7103	3006	2497	5807	5094
攀枝花	9821	11581	5273	4150	11176	11391
达竹	3574	4756	2716	1807	1696	1652
华蓥山	3905	4105	1518	1554	3905	3409
隆昌					650	452

续表

	1994年	1995年	1996年	1997年	1998年	1999年
南　桐	10473	13607	5487	4250	9481	8472
天　府	6293	6485	3804	2816	6043	5544
松　藻	10426	12336	5731	3895	8538	10137
中梁山	3848	4152	2398	1342	3723	2851
永　荣	8866	9490	4207	3015	7750	5624
六　枝	6767	7601	3256	2848	8063	
盘　江	12435	12880	8490	4306	7667	8914
水　城	13918	13712	7441	6070	11596	7996
一平浪	1848	2183	618	644	2895	1857
来　宾	1079	1104	386	399	1326	898
羊　场	1398	1500	568	606	2179	1744
田　坝	1522	1649	1103	878	1499	1675
铜　川	15350	20922	9164	8944	18304	20162
蒲　白	4634	4497	3871	3214	5090	4782
澄　合	4880	4829	4059	2602	5369	6114
韩　城	8713	10100	8134	5713	11350	9955
崔家沟				1121	1345	1030
苍　村	832	1643	1593	1500		
窑　街	7499	7821	4836	4008	10349	4464
兰　阿	2332	2714	725	618	726	2698
靖　远	9735	10370	7214	3257	9569	9723
山　丹	502	588	291	156		
华　亭				396	120	30
亘　元	8723	13610	5287	5244	12513	8745
太　西	11401	14503	7667	7127	16878	14504
灵　州	730	901	706	706	1680	5054
哈　密	9206	8889	5328	2200	8406	6578
乌鲁木齐	8107	8210	4323	3114	9534	8447
艾维尔	2936	2384	1976	1655	3294	3233

国有重点煤矿财务费用——按单位分

单位：万元

	1994 年	1995 年	1996 年	1997 年	1998 年	1999 年
北　京	1122	883	930	683	1154	2343
开　滦	2418	1758	1431	2620	3431	4094
峰　峰	2418	3134	4756	6963	7795	5687
井　陉	1166	653	649	1043	1068	668
兴　隆	722	1206	273	325	1738	1043
邢　台	13	1284	137	1690	772	1150
邯　郸	1744	3002	1679	720	556	557
盛　源	333	411	325	259	521	317
八宝山	86	52	67	82	122	155
大　同	-2474	4208	4566	6864	10591	14695
阳　泉	2619	4222	4127	6397	7520	4588
西　山	3016	2448	3323	5174	8671	10253
汾　西	1732	2279	2397	499	1876	2340
潞　安	527	-282	-788	12998	9797	8996
轩　岗	503	459	531	354	290	43
晋　城	554	3461	3403	4226	1458	577
煤气化				2394	2317	1682
王　坪				431	621	791
霍　州				3080	7239	5134
东　山				19	35	292
荫　营				541	412	50
固　庄				135	128	174

续表

	1994年	1995年	1996年	1997年	1998年	1999年
小　峪				208	418	370
南　庄				202	149	351
寨　沟				13	21	21
平　朔				－1245	3939	4410
包　头	388	644	166	－56	53	670
乌　达	1072	984	1324	1107	1164	1689
海勃湾	262	279	144	491	775	560
宝日希勒	72	92	64	28		
平　庄	814	869	1163	552	806	1119
扎赉诺尔	1053	1346	1566	723	718	786
大　雁	440	578	870	507	509	711
霍林河	－640	－827	－735	－1271	－505	－232
准格尔				1260	636	－762
神　东						－5893
万　利						263
伊　敏	1070	529	1048	442	445	51802
抚　顺	3755	8579	7286	6397	6980	6325
阜　新	3410	4410	4658	2344	3170	3896
北　票	1409	1631	834	228	856	157
铁　法	966	1121	1422	641	1141	3373
南　票	1018	1222	712	705	691	577
沈　阳	4652	5884	2585	997	1630	2267
本　溪			736	283	1052	2163

续表

	1994 年	1995 年	1996 年	1997 年	1998 年	1999 年
烟 台						
八道壕						
辽 源	1301	2428	1973	2343	2363	2291
通 化	1014	2168	1029	217	1739	1279
舒 兰	607	1037	1025	589	207	308
珲 春	1247	1936	906	569	919	893
营 城						64
鸡 西	8675	10562	11194	4239	7688	2691
鹤 岗	6365	7502	10575	4845	5537	6245
双鸭山	3573	3733	5360	6822	9740	8005
七台河	5225	5845	9401	9338	9639	8239
徐 州				5366	3652	1776
大 屯	568	1859	1845	2044		1595
长 广				573	790	-896
淮 南	5379	2686	7767	3265	4984	6121
淮 北	-306	859	8938	12311	12571	11682
萍 乡	1915	898	828	2509	3764	4305
丰 城	1488	1191	778	1025	1750	2186
英岗岭	22	-21	-150	-118	-159	-21
洛 市						
乐 平	580	462	414	310	568	226
淄 博	979	404	787	1240	768	992
新 汶	1733	4910	3295	7887	5398	6217

续表

	1994年	1995年	1996年	1997年	1998年	1999年
枣庄	1745	2691	4112	6943	6068	11654
肥城	1548	1052	386	2173	2278	2628
兖州	3680	10845	17840	7342	9702	8557
坊子	-78	-82	-253	117	528	178
龙口	86	-66	-23	65	1289	2534
临沂	94	-8	-193	-2	234	1727
平顶山	246	796	3810	10115	13445	9800
焦作	2914	1302	2957	1240	1000	5778
鹤壁	1293	980	1240	548	437	990
义马	1091	576	450	770	1460	3978
郑州	736	1392	2629	4062	2948	3430
永城				568	528	5459
涟邵	434	489	942	334	1512	2313
资兴	536	454	258	548	685	1341
白沙	591	-392	428	617	1186	1710
广旺	298	260	256	165	129	-131
芙蓉	485	290	560	739	917	616
攀枝花	1349	805	1007	2511	3276	2943
达竹	569	494	233	424	482	952
华蓥山	366	283	299	162	642	814
隆昌					30	5
南桐	898	323	551	647	1243	1699
天府	-232	-535	-672	-212	618	167
松藻	266	113	-107	95	189	197

续表

	1994年	1995年	1996年	1997年	1998年	1999年
中梁山	211	178	67	-17	80	247
永　荣	201	-29	-3	-101	376	1006
六　枝	443	418	834	623	365	
盘　江	1867	2088	474	1611	2793	1958
水　城	306	340	558	1051	438	1845
一平浪	187	244	216	265	240	242
来　宾	181	287	60	83	214	121
羊　场	278	-43	217	73	125	143
田　坝	33	88	38	-127	282	347
铜　川	2614	2399	1977	1016	1857	2922
蒲　白	514	273	249	195	5351	604
澄　合	136	115	129	145	186	208
韩　城	831	476	369	1451	1722	1462
崔家沟				153	155	139
苍　村	81	19	101	151		
窑　街	216	209	304	235	280	557
兰　阿	5	-4	-16	-223	-105	385
靖　远	252	127	596	1496	3570	2429
山　丹	34	12	21	16		
华　亭				1220	1638	832
亘　元	1187	786	1047	1496	1503	1735
太　西	1568	1764	1993	3120	2826	2684
灵　州	387	444	144	119	115	281
哈　密	587	692	808	827	621	851
乌鲁木齐	399	471	583	458	693	130
艾维尔	51	91	61	125	325	136

国有重点煤矿原煤单位成本和平均售价

单位：元/吨

年　份	原煤单位成本	原煤平均售价	年　份	原煤单位成本	原煤平均售价
1953	9.72	11.00	1994	101.35	108.94
1960	9.26		1995	107.03	115.00
1965	15.78	17.68	1996	112.30	125.00
1970	13.49		1997	108.57	166.60
1975	15.86	16.48	1998	110.82	160.20
1980	20.05	21.33	1999	103.80	143.98
1985	29.33	26.05	2000	101.54	140.19
1990	58.60	43.85	2001	106.19	150.99
1991	64.87	58.45	2002	121.37	167.81
1992	74.70	90.67	2003	123.87	173.81
1993	95.50	105.42	2004	168.55	206.43

年份	原煤单位成本	1.材料	2.工资	3.福利基金	4.电力	5.折旧基金
1958	9.13	3.57	2.84		0.65	
1959	8.85	3.55	2.92		0.70	
1960	9.26	3.45	2.88		0.93	
1961	14.34	5.49	4.52		1.30	
1962	17.31	6.36	5.52		1.59	
1963	16.34	5.62	5.34		1.60	
1964	15.63	5.19	4.85		1.59	
1965	15.78	5.51	4.76		1.34	
1966	15.06	5.11	4.41		1.28	
1967	17.00	5.20	6.15		1.62	
1968	16.69	5.39	5.91		1.53	
1969	15.47	5.57	5.39		1.49	
1970	13.49	5.01	4.62		1.30	
1971	13.54	5.20	4.50		1.31	
1972	14.16	5.41	4.70		1.36	
1973	15.34	5.78	4.76		1.46	
1974	17.19	6.27	5.36		1.60	
1975	15.86	5.91	4.68		1.54	
1976	16.69	6.04	4.95		1.66	
1977	16.61	5.92	4.71		1.60	
1978	16.12	5.70	4.71		1.56	
1979	17.80	6.11	5.49		1.63	
1980	20.05	7.13	6.16		1.74	

单位成本——按构成分

单位：元/吨

6. 井巷工程基金	7. 大修理	8. 地面塌陷赔偿	9. 维简基金	10. 其他费用	计算成本原煤产量（万吨）
					15574
					23037
					26183
					19253
					16253
					16161
					16214
					17263
					19403
					14779
					15911
					19158
					24330
					26699
					27129
					26943
					25543
					29884
					28966
					31860
					36409
					38098
			2.04	2.98	36636

年　份	原煤单位成本	1.材　料	2.工　资	3.福利基金	4.电　力	5.折旧基金
1981	21.54	7.27	6.58		1.84	
1982	21.95	7.24	6.21	0.50	1.84	
1983	22.33	7.21	6.21	0.54	1.86	
1984	23.37	7.83	6.87	0.56	1.89	
1985	29.33	8.17	8.39	0.60	2.00	
1986	32.33	8.61	9.64	0.77	2.17	
1987	33.90	8.91	10.23	0.79	2.27	
1988	39.87	10.29	13.27	0.84	2.60	
1989	53.37	14.54	18.33	0.98	3.38	
1990	58.60	16.46	17.89	1.20	4.00	
1991	64.87	17.77	19.62	1.31	4.99	
1992	74.70	18.64	21.21	1.75	6.02	7.67
1993	95.50	21.78	28.43	2.80	8.50	8.20
1994	101.35	21.65	32.73	3.88	8.63	7.92
1995	107.03	22.69	32.91	4.61	8.95	8.96
1996	112.31	23.74	35.96	4.40	10.01	9.13
1997	108.57	23.98	30.19	4.32	10.94	9.30
1998	110.82	22.58	30.52	4.19	11.59	10.27
1999	103.80	21.27	28.28	3.85	10.46	9.72
2000	101.54	20.40	31.24		9.75	9.70
2001	106.19	21.04	32.87		9.16	9.11
2002	121.37	22.85	35.51		9.15	9.68
2003	123.23	23.09	36.26		8.70	10.55
2004	168.55	27.67	50.20		9.05	12.50

续表

6. 井巷工程基金	7. 大修理	8. 地面塌陷赔偿	9. 维简基金	10. 其他费用	计算成本原煤产量（万吨）
	1.26		2.69	1.90	35637
	1.34		2.80	2.02	37149
	1.51		2.85	2.15	38512
	1.62		2.87	2.26	39668
	1.90		5.35	2.92	40919
	2.11		5.71	3.32	41600
	2.29		5.91	3.50	40986
	2.52		6.67	3.68	43099
	2.86		5.32	8.00	45212
	3.17		5.77	10.11	46161
2.50	3.52	0.74	6.56	7.86	46410
2.50	4.08	0.74	3.34	8.75	43333
2.50	5.11	0.94	6.80	10.44	40486
2.50	5.11	1.13	6.64	11.16	41590
2.50	5.99	1.27	6.74	12.40	42297
2.50	6.07	1.34	6.56	12.60	43869
2.50	6.22	1.09	6.41	13.61	42579
2.50		1.19	6.45	21.53	40197
2.50			5.51	20.95	40740
2.50			5.33	22.62	42263
2.50			5.62	25.89	48717
2.50			7.02	34.62	54146
2.50			7.08	35.06	61388
			10.83	58.31	68082

	1957年	1958年	1959年	1960年	1961年	1962年
合　计	**10.90**	**9.21**	**8.76**	**9.17**	**14.15**	**17.28**
北　京	11.67	8.87	7.16	6.73	8.98	11.52
开　滦	9.88	8.24	7.75	7.65	11.58	12.73
峰　峰	9.30	8.93	9.16	10.00	16.27	17.19
井　陉	11.11	8.64	8.09	7.67	11.60	15.40
兴　隆		3.61	8.61	8.90	13.49	18.24
邢　台						
邯　郸						
下花园						
八宝山						
大　同	9.03	8.15	7.51	7.81	12.28	14.24
阳　泉	8.05	7.80	7.38	7.89	13.78	13.59
西　山	9.52	7.64	7.17	8.28	12.96	13.76
汾　西	8.31	8.58	8.63	9.39	14.31	15.42
潞　安	7.13	6.92	6.93	6.28	11.61	12.66
轩　岗	10.79	9.18	9.59	10.28	14.15	17.02
晋　城					15.82	14.48
霍　县						
东　山						
荫　营						
小　峪						
南　庄						
包　头	13.69	10.76	8.26	7.95	11.75	14.75
乌　达			8.06	7.79	11.37	15.39
萍　乡	9.88	9.48	8.22	9.93	14.28	16.99
丰　城		16.55	14.03	16.03	27.83	27.54
英岗岭						
抚　顺	13.05	6.99	6.33	6.85	12.68	15.44
阜　新	11.06	9.01	8.03	7.83	15.65	24.24
本　溪	12.02	11.12	10.53	11.68	15.90	20.87
北　票	13.19	10.78	10.42	10.26	16.77	22.60
平　庄	10.84	8.54	9.67	8.68	11.42	16.70

单位成本——按单位分

单位：元/吨

1963年	1964年	1965年	1966年	1967年	1968年	1969年	1970年
16.48	**15.77**	**16.56**	**15.60**	**17.31**	**16.71**	**15.61**	**13.47**
11.69	13.71	14.49	15.08	15.73	15.07	14.17	12.18
11.70	11.02	11.77	11.36	11.71	11.11	10.91	9.88
16.07	14.41	15.33	14.69	15.04	13.50	14.06	13.78
14.87	14.51	14.65	14.80	13.97	13.73	13.66	13.54
13.81	12.48	13.45	15.50	14.49	13.81	13.61	10.05
					35.90	24.30	15.13
13.46	13.08	13.63	12.85	15.40	13.41	12.30	11.54
13.17	12.24	12.99	14.00	16.69	16.32	11.62	11.12
14.08	13.11	15.41	13.81	19.45	26.70	22.32	14.31
14.51	14.24	16.79	16.52	16.71	40.11	33.95	15.09
13.08	13.11	12.70	12.23	15.80	13.31	12.64	11.81
14.94	15.04	17.36	16.58	16.77	16.76	14.48	12.22
12.69	13.90	14.39	14.75	16.87	15.97	14.91	14.45
16.87	12.34		16.97	22.64	22.03	27.75	15.45
12.20	15.13		13.28	16.00	13.25	21.84	12.96
16.14	16.01	14.98	13.14	19.55	15.82	15.07	11.81
21.81	18.46	14.81	15.90	23.94		17.90	14.48
15.76	15.67	16.74	12.79	20.09	20.09	12.97	10.39
23.28	20.73	19.42	15.32	15.54	14.80	13.44	11.99
20.78	21.35	21.34	18.37	19.20	17.11	15.14	14.41
20.99	18.99	21.37	16.96	16.02	16.05	14.16	11.30
13.66	12.84	11.29	16.37	16.25	20.48	20.50	13.14

	1957年	1958年	1959年	1960年	1961年	1962年
铁　法			12.82	16.42	20.08	34.27
南　票			17.41	13.16	16.46	30.84
沈　阳			29.88	20.62	29.29	39.74
烟　台						
八道壕						
辽　源	13.66	11.82	11.81	13.56	18.06	22.83
通　化	12.13	10.83	9.55	9.28	13.68	21.44
舒　兰			12.13	14.71	25.11	20.82
蛟　河	11.79	8.84	8.00	9.43	12.50	14.17
营　城		10.90	11.52	11.36	16.95	19.34
延　边						
和　龙						
鸡　西	11.10	10.14	9.11	10.03	13.85	14.04
鹤　岗	13.11	10.45	10.64	11.82	17.46	22.58
双鸭山	13.75	11.63	11.93	13.53	21.09	23.84
七台河			14.72	18.69	37.02	41.11
扎赉诺尔						
大　雁						
淄　博	12.39	11.27	10.58	10.35	18.03	22.38
新　汶	14.27	9.38	11.58	11.09	17.58	26.02
枣　庄	12.21	11.35	11.39	11.16	17.60	21.80
肥　城			33.82	18.73	36.24	31.76
莱　芜						
兖　州						
坊　子	14.77	10.36	10.36	7.57	12.81	16.70
徐　州	10.48	9.60	10.86	14.37	19.37	21.06
淮　南	10.48	8.72	7.41	7.32	9.93	11.82
淮　北			14.30	17.08	17.48	19.47
焦　作	9.60	7.77	8.99	9.18	13.97	16.17
平顶山	16.37	12.47	11.61	10.61	16.54	20.54
鹤　壁	30.77	10.06	9.19	7.83	15.06	24.89
宜　洛	10.47	7.49	9.97	8.59	16.29	17.69

续表

1963年	1964年	1965年	1966年	1967年	1968年	1969年	1970年
55.27	53.36	25.86	20.03	27.81	25.37	18.66	15.24
29.10	22.22	19.57	14.91	17.61	17.02	16.89	10.32
27.05	22.18	并入	铁法局	30.31	26.31	24.53	19.65
22.03	17.96	20.35	18.66	18.38	18.34	17.12	15.24
19.61	21.37	19.65	17.85	21.68	19.92	16.75	14.24
16.50	16.20	14.34	14.57	13.69	12.57	13.76	13.31
14.30	13.97	14.32	16.08	15.52	16.06	14.97	12.70
18.64	17.90	19.61	20.39	22.96	26.51	19.02	14.17
13.21	13.78	15.19	15.80	20.27	16.15	15.84	14.33
22.07	19.86	18.76	19.70	20.94	24.34	16.41	15.37
23.44	20.55	21.47	20.64	18.48	17.19	19.41	17.40
25.53	19.43	20.75	18.46	21.98	19.74	19.77	17.65
19.60	18.59	16.15	14.67	16.87	16.29	20.31	15.45
23.92	20.20	16.10	12.38	13.77	14.86	18.92	15.46
20.29	18.66	15.90	13.24	15.36	14.39	17.94	14.32
23.38	16.82	15.33	9.85	11.50	13.97	15.40	11.82
18.05	18.43	15.69	16.45	17.08	16.79	16.84	17.02
19.18	15.28	14.26	13.55	17.23	24.60	36.32	14.33
12.23	12.22	11.40	10.59	18.41	15.83	13.49	12.59
17.95	15.94	14.56	15.75	20.52	21.80	15.12	13.31
15.96	16.45	17.61	17.74	19.36	17.46	16.32	15.01
18.91	19.30	15.75	13.95	14.76	18.06	14.23	12.76
20.39	17.50	17.25	16.80	19.61	17.96	16.15	15.55
23.98	21.82	22.79	18.03	15.28	18.72	18.02	15.63

	1957 年	1958 年	1959 年	1960 年	1961 年	1962 年
观音堂	8.10	7.76	8.87	8.86	14.33	18.77
张 村						
义 马						
新 密						
涟 邵						
资 兴						
白 沙						
铜 川	11.81	10.69	10.70	12.12	15.50	19.17
蒲 白			7.13	9.01	10.83	15.13
澄 合						
韩 城						
石嘴山			10.34	10.75	14.05	14.58
石炭井			6.49	6.34	10.40	17.46
窑 街	11.19	9.54	8.89	11.68	22.89	19.16
阿干镇	12.59	11.32	10.77	11.03	27.93	28.27
靖 远			9.25	14.19	33.01	19.14
哈 密			9.95	11.62	13.03	15.36
长 广						
六 枝				9.44	16.75	19.60
水 城		9.91	6.57	6.26	12.02	22.23
一平浪	5.78	6.10	7.02	7.91	11.74	12.71
来 宾				20.27	20.50	25.74
羊 场						
田 坝						
南 桐						
天 府						
中梁山						
松 藻						
永 荣						
广 旺						
芙 蓉						
渡 口						

续表

1963年	1964年	1965年	1966年	1967年	1968年	1969年	1970年
16.58	20.46	28.74	17.99	19.74	24.69	29.05	17.59
16.54	17.36		20.67	30.32	26.44	21.27	17.91
14.67	13.04					28.43	25.57
15.05	13.38	15.03	14.86	21.24	21.04	17.94	15.19
14.61	15.20	15.58	19.53	23.10	26.88	18.21	14.59
16.53	15.84	20.42	20.06	26.38		20.76	14.87
23.15	28.18	28.67	21.47	32.30	22.22	16.56	14.85
16.16	15.01	17.92	16.44	15.36		13.88	13.79
17.70	17.59	20.44	17.96	20.57	23.51	26.80	18.21
16.47	22.02	20.06	25.33	40.11	33.15	39.73	22.50
21.47	39.95	24.05	23.64	25.14	30.87	40.78	33.44
12.37	12.24	16.08	15.63	16.14	32.22	15.13	12.79
20.46	22.38	16.12	15.28	11.94	51.98	29.46	20.88
	36.35	22.15	20.71	22.17	47.82	15.89	18.58
		15.09	20.77	21.29	41.21	24.47	20.83
		15.07	14.32	19.21	15.66	18.67	17.96
		22.78	22.64	25.92	31.00	24.37	15.88
		39.74	31.31	30.28	45.88	31.15	17.35
		17.42	18.68	23.21	49.18	42.43	24.59
		15.08	16.41	16.15	18.43	14.49	13.69
						53.37	37.23
							16.31

	1971年	1972年	1973年	1974年	1975年	1976年
合　计	**13.57**	**14.08**	**15.41**	**17.14**	**15.50**	**16.25**
北　京	12.11	12.38	13.46	13.86	13.77	14.83
开　滦	9.65	9.82	9.79	10.15	9.87	10.26
峰　峰	14.01	13.78	15.79	18.18	17.26	17.13
井　陉	14.00	15.19	15.58	16.13	15.41	15.27
兴　隆	9.85	10.56	10.41	10.60	11.09	10.64
邢　台	15.65	15.63	16.95	16.65	15.50	15.93
邯　郸					14.43	14.80
下花园					14.11	15.00
八宝山					13.34	
大　同	12.01	12.91	12.83	13.00	13.13	12.85
阳　泉	10.78	10.77	11.59	11.95	11.51	11.50
西　山	12.86	12.96	13.15	16.14	13.90	15.16
汾　西	14.56	16.64	18.80	19.05	18.91	25.49
潞　安	12.35	11.96	12.44	12.87	12.77	12.87
轩　岗	12.69	15.23	16.12	15.77	14.68	14.23
晋　城	16.34	14.47	14.33	15.74	14.85	16.45
霍　县					18.01	18.67
东　山					16.49	33.97
荫　营					10.83	10.12
小　峪					10.75	12.29
南　庄					14.78	13.32
西峪寨沟					9.19	10.61
固　庄						
包　头	15.66	17.40	17.63	20.31	18.11	22.50
乌　达	14.80	16.32	18.84	21.41	15.27	12.43
海勃湾						
萍　乡	12.17	13.08	14.28	18.05	16.61	17.43
丰　城	15.25	16.24	18.90	22.77	20.82	19.96
英岗岭		30.00	31.30	55.00	52.16	54.60
抚　顺	10.81	11.26	13.36	14.07	14.18	14.89
阜　新	12.94	13.55	15.07	14.54	13.99	14.70
本　溪	15.20	16.36	17.71	19.43	18.70	19.66
北　票	11.37	13.07	16.81	17.53	16.66	16.49

续表

1977年	1978年	1979年	1980年	1981年	1982年	1983年
16.61	**16.12**	**17.80**	**20.05**	**21.54**	**21.95**	**22.33**
15.52	15.74	18.23	20.61	23.33	24.07	24.56
13.49	13.45	14.67	16.17	16.77	16.68	18.11
17.57	17.48	19.21	22.00	22.90	22.27	22.59
14.94	14.77	15.84	18.69	19.70	18.83	19.20
10.08	10.71	11.83	14.03	18.07	16.88	17.35
15.32	15.91	17.59	20.12	19.81	19.72	20.05
15.30	15.65	17.89	19.93	21.19	20.68	21.24
16.52	15.26	16.99	18.89	22.19	21.87	23.20
15.33	14.55					
13.72	13.36	14.23	14.89	16.58	16.53	16.78
12.42	12.82	14.53	14.97	15.99	16.12	16.83
13.81	13.31	13.60	14.06	14.90	15.13	15.60
17.00	16.52	17.57	17.16	18.68	18.68	18.91
13.32	13.19	13.61	14.93	15.78	15.80	16.01
14.39	14.17	15.27	17.10	18.35	19.21	18.40
14.51	13.74	13.91	14.03	15.17	14.06	15.24
18.49	17.66	19.23	23.21	26.58	24.78	24.36
17.27	13.60	14.33	15.54	16.99	17.49	17.32
10.01	10.58	11.44	13.43	15.98	16.34	17.39
11.68	11.57	13.01	14.20	15.05	15.38	15.42
14.08	13.85	15.28	18.36	19.49	18.39	17.79
10.28	9.83	11.01	12.26	15.00	14.82	14.50
					17.66	17.57
20.03	17.86	20.50	22.27	22.80	23.77	24.77
12.79	12.58	14.77	17.34	19.60	18.41	19.50
	15.92	17.17	21.67	20.19	20.91	22.13
15.80	14.48	16.25	18.89	19.79	20.62	20.88
18.49	17.88	19.36	21.70	22.75	23.46	23.72
52.89	35.86	32.61	52.03	36.16	38.66	32.56
15.17	15.15	19.99	27.64	30.49	30.18	29.68
17.15	15.67	18.49	22.34	24.87	23.69	22.84
19.65	18.58	20.18	23.17	27.28	31.68	
18.51	18.43	20.18	22.15	26.07	25.92	26.66

	1971 年	1972 年	1973 年	1974 年	1975 年	1976 年
平　庄	11.68	12.44	12.54	12.93	12.99	13.13
铁　法	14.25	14.30	17.09	16.26	17.39	19.34
南　票	10.15	12.05	14.09	13.63	13.09	13.24
沈　阳	19.55	21.86	20.02	19.45	21.98	20.57
烟　台					27.18	32.26
八道壕					16.22	16.22
辽　源	14.78	16.50	16.86	19.65	18.92	18.86
通　化	14.76	14.95	15.43	16.37	15.26	16.03
舒　兰	12.88	12.58	12.74	15.15	14.11	15.52
蛟　河	13.28	14.54	14.67	16.29	16.09	16.75
营　城	14.41	16.09	15.78	18.04	18.54	18.78
鸡　西	15.04	15.74	16.16	17.21	16.37	16.15
鹤　岗	17.87	19.66	20.56	20.97	21.10	20.18
双鸭山	18.47	23.87	26.24	27.18	24.42	21.58
七台河	19.29	21.69	23.43	26.75	22.67	20.54
扎赉诺尔					15.66	14.28
大　雁					21.55	21.98
淄　博	15.63	15.44	17.45	25.56	18.98	19.58
新　汶	14.78	15.49	17.23	34.21	19.55	19.20
枣　庄	13.88	14.83	19.35	60.52	19.88	18.25
肥　城	10.70	11.31	13.13	27.01	14.90	14.78
兖　州					26.22	21.30
坊　子				24.39	22.89	22.69
大　屯						
徐　州	13.04	13.56	13.75	19.32	16.75	16.18
淮　南	12.30	12.79	13.43	17.29	15.88	15.47
淮　北	13.86	14.35	14.57	16.44	14.47	14.37
焦　作	15.85	15.59	16.99	18.80	18.12	24.86
平顶山	12.24	12.26	14.62	17.69	13.66	19.60
鹤　壁	16.03	16.48	20.16	17.83	17.50	21.14
宜　洛	14.50	12.92	17.22	20.57	18.13	31.64
观音堂	16.03	15.96	23.68	40.59	17.33	24.17

续表

1977年	1978年	1979年	1980年	1981年	1982年	1983年
14.08	13.54	14.64	16.41	17.69	17.84	18.18
21.47	21.12	24.37	26.02	31.07	27.78	25.81
15.79	15.16	17.09	20.08	23.85	23.44	25.81
22.30	20.83	21.28	25.19	32.27	29.53	23.31
34.48	30.55	39.97	45.04	49.19	52.80	50.84
25.33	21.89	27.67	24.15	30.32		32.04
21.07	20.67	22.80	24.10	27.98	28.40	28.84
16.84	15.84	17.35	25.88	26.64	26.98	27.21
16.67	16.39	18.54	21.35	22.95	23.53	26.17
17.60	17.33	19.06	21.09	23.33	24.94	26.77
20.77	20.18	21.37	25.44	27.86	29.46	26.93
15.96	15.50	17.19	19.53	22.20	22.30	22.21
19.28	18.65	19.55	20.44	22.86	23.20	22.83
20.31	20.46	21.73	23.03	26.84	26.78	27.23
21.96	19.16	20.96	25.03	27.62	26.64	27.61
14.48	14.27	16.79	19.07	20.31	20.29	21.05
19.85	20.71	18.66				25.96
19.28	18.70	21.08	23.72	25.55	26.91	26.19
19.33	19.10	20.22	23.78	24.60	25.38	25.95
18.61	17.82	19.39	23.02	23.37	25.55	25.53
14.67	15.92	17.87	19.86	21.55	22.81	24.08
21.05	18.07	18.48	8.92	19.17	30.26	26.44
22.67	21.49	22.16	24.26	28.10	30.97	32.57
		22.96	24.72	23.80	23.18	25.59
16.56	15.54	16.99	8.77	20.93	22.07	22.06
16.65	16.30	18.44	21.51	23.35	24.41	26.47
14.85	14.45	15.73	17.22	18.75	19.52	21.76
21.11	20.24	20.75	24.05	25.21	25.88	28.01
14.38	14.50	16.54	18.21	18.94	19.42	19.68
17.96	19.11	20.50	22.94	25.07	25.42	25.93
18.12	16.78	18.82				
17.65	16.95	17.96				

	1971 年	1972 年	1973 年	1974 年	1975 年	1976 年
张　村				29.33	17.19	16.74
义　马					12.07	16.74
新　密					14.57	15.73
涟　邵					28.89	20.28
资　兴					16.05	32.17
白　沙						
铜　川	17.35	16.29	15.43	18.44	17.96	19.33
蒲　白	23.91	22.22	22.83	21.96	21.04	27.15
澄　合				14.47	16.97	20.40
韩　城				24.18	31.07	26.16
石嘴山	14.59	16.43	16.11	16.65	18.65	15.86
石炭井	13.02	12.54	13.56	14.43	15.41	16.34
窑　街	14.42	16.34	17.71	18.13	17.51	17.20
阿干镇	13.35	16.15	18.03	17.66	17.86	17.58
靖　远	14.41	16.85	21.68	20.04	22.38	25.12
哈　密		80.82	78.63		45.76	21.81
长　广	24.30	24.65	32.74	151.05	104.40	52.09
六　枝	19.40	20.72	40.23	60.29	45.61	49.53
水　城	21.82	24.05	24.82	30.69	21.70	23.16
盘　江	33.48	31.41	37.52	43.06	26.04	33.17
一平浪	13.44	14.82	15.59	16.97	17.88	21.56
来　宾	16.29	17.39	33.19	31.43	22.63	29.19
羊　场	14.11	14.52	15.49	17.80	21.79	52.52
田　坝					27.29	36.71
南　桐	17.40	17.21	19.04	30.05	24.29	29.57
天　府	14.09	14.98	19.97	26.71	19.78	21.98
中梁山	14.24	15.08	23.85	33.65	19.43	28.28
松　藻	14.20	14.32	21.11	31.62	20.42	23.30
永　荣	20.56	20.29	44.17	66.56	27.87	27.72
广　旺	12.61	12.90	14.37	16.14	14.06	15.64
芙　蓉	21.10	22.06	37.49	43.94	25.79	31.28
渡　口	13.67	14.40	16.12	17.39	16.75	18.81

续表

1977年	1978年	1979年	1980年	1981年	1982年	1983年
16.47	17.94	16.80				
12.68	12.36	15.21	17.70	18.57	18.95	20.36
17.26	14.69	17.12	18.90	20.11	21.27	21.67
29.43	26.40	29.37	34.62	34.43	36.08	35.30
16.96	17.22	18.92	22.78	21.59	21.58	21.37
	24.13	25.64	32.51	31.68	32.13	32.77
17.18	16.68	18.13	20.93	22.68	22.68	22.48
23.55	20.81	21.58	22.15	25.78	24.38	24.12
18.10	17.18	19.24	21.33	24.21	26.02	24.22
23.16	19.99	22.85	23.96	24.84	24.95	23.14
15.62	14.15	15.23	17.26	17.82	18.27	18.11
15.11	14.78	17.06	19.08	19.90	22.39	20.96
17.40	18.78	20.04	23.41	23.79	23.99	23.98
17.27	16.86	19.34	22.48	24.36	26.29	26.05
23.81	25.84	26.59	29.93	32.21	29.75	29.04
	15.48	16.87	22.79	21.58	22.89	22.53
32.39	24.40	24.91	29.19	32.08	33.08	34.73
32.22	27.30	28.00	28.60	32.15	29.05	28.70
20.07	18.44	18.64	22.26	21.88	21.79	23.17
22.72	20.64	21.40	22.60	27.09	23.67	24.39
16.61	17.00	20.23	22.46	23.78	26.76	29.01
22.69	22.50	23.67	29.52	30.31	29.29	31.86
28.58	21.78	25.03	26.62	28.10	28.88	28.43
32.15	21.95	27.74	27.66	27.30	27.86	27.77
24.06	21.83	23.66	28.16	27.78	29.49	29.28
19.16	17.02	21.41	24.84	24.80	26.95	26.78
20.45	18.28	19.49	25.56	24.34	25.53	28.19
21.10	18.27	18.89	22.75	22.61	23.53	28.49
21.42	19.33	21.83	25.39	27.68	28.89	29.12
14.58	15.54	18.42	19.71	20.41	21.82	22.51
21.49	21.16	22.92	27.57	28.19	30.11	28.98
16.82	16.22	17.59	20.53	22.27	24.16	24.64

续表

	1984年	1985年	1986年	1987年	1988年	1989年	1990年	1991年	1992年
合　计	**23.37**	**29.33**	**32.33**	**33.90**	**39.97**	**53.55**	**58.60**	**64.87**	**72.51**
北　京	26.33	32.81	36.34	36.54	41.10	46.58	57.06	68.18	77.65
开　滦	20.19	25.92	28.15	31.30	39.76	55.92	58.91	63.53	84.84
峰　峰	24.12	30.52	32.90	33.80	37.70	53.56	53.32	62.02	67.72
井　陉	19.48	26.40	29.32	30.83	37.14	50.20	62.88	73.55	89.22
兴　隆	17.39	22.81	25.89	26.34	32.18	44.44	58.46	60.77	67.92
邢　台	24.63	29.31	28.09	29.86	37.50	46.71	56.74	60.00	71.84
邯　郸	21.77	27.14	29.53	32.66	37.38	58.62	69.78	76.16	77.28
下花园	22.44	28.99	40.05	36.52	43.95	65.18	76.91	74.56	86.09
八宝山				33.71	38.73	49.70	58.95	73.92	79.87
大　同	18.39	25.51	28.10	28.51	32.28	41.41	46.88	54.47	60.80
阳　泉	18.61	25.38	26.78	26.68	32.36	42.90	41.35	49.11	55.94
西　山	17.05	24.63	26.51	26.38	31.35	38.58	44.05	51.11	58.74
汾　西	20.49	26.42	26.62	28.10	30.26	45.02	49.69	54.47	75.70
潞　安	16.92	22.70	24.85	23.35	24.85	35.08	39.27	42.40	54.70
轩　岗	22.66	26.68	28.85	30.28	36.54	47.38	48.87	53.78	64.16
晋　城	16.61	22.64	24.45	24.54	25.78	36.25	43.17	46.63	55.87
霍　县	25.40	30.29	27.96	31.10	32.92	50.04	53.15	55.04	
东　山	17.44	22.41	20.88	21.99	27.22	36.10	39.96	45.91	
荫　营	18.74	23.98	23.40	27.01	27.25	36.65	44.01	46.97	
固　庄	17.96	22.11	21.60	24.11	25.78	35.13	39.01	49.54	
小　峪	15.62	21.05	19.76	20.39	23.97	29.97	38.90	42.31	
南　庄	17.69	23.09	22.38	22.86	24.76	29.28	23.80	41.97	
寨　沟	14.78	19.09	17.99	19.29	21.04	28.63	34.95	41.32	
包　头	28.49	30.53	36.07	34.64	41.68	54.71	74.38	82.62	92.15
乌　达	18.79	22.71	22.69	23.65	34.09	32.98	38.12	42.82	57.58

续表

	1984年	1985年	1986年	1987年	1988年	1989年	1990年	1991年	1992年
海勃湾	20.77	25.96	29.51	28.76	37.06	48.21	55.94	68.41	81.42
宝日希勒					40.83	51.81	73.32	51.42	77.02
平　庄	19.64	24.56	28.29	29.31	30.80	41.37	48.98	53.07	
扎　局	21.49	26.49	29.98	30.70	36.36	49.65	61.28	67.99	
大　雁	29.87	31.27	37.17	55.17	42.97	49.18	51.72	56.27	
霍林河				37.36	36.86	38.54	46.29	53.59	
伊敏河				52.88	39.61	43.79	36.02	37.79	
抚　顺	30.06	39.26	42.70	52.72	63.39	80.88	68.89	89.33	
阜　新	22.83	29.72	29.65	33.83	37.06	50.28	61.19	66.75	
北　票	27.98	33.94	36.74	36.54	42.45	60.34	68.72	74.00	
铁　法	27.78	33.22	34.83	34.42	40.90	51.89	59.82	66.53	
南　票	23.94	27.29	30.67	33.59	40.58	60.60	62.52	66.09	
沈　阳	31.00	36.94	41.82	48.85	52.69	69.07	78.45	85.22	
烟　台	49.33								
八道壕	34.02	37.21							
辽　源	30.30	35.89	39.43	42.77	49.17	63.63	74.58	79.21	
通　化	27.46	33.79	37.12	39.44	46.01	69.44	77.30	86.58	
舒　兰	26.48	31.73	37.27	38.96	44.26	61.88	67.72	69.76	
珲　春	28.92	36.89	42.22	56.13	69.93	101.36	118.23	113.51	
鸡　西	22.52	30.13	31.23	34.29	40.46	55.31	65.63	66.34	
鹤　岗	23.28	30.83	33.00	36.53	42.76	55.85	64.32	69.23	
双鸭山	28.39	33.80	36.89	40.04	46.77	61.67	66.02	74.36	
七台河	28.65	32.77	37.09	39.56	48.29	65.87	69.74	92.32	
大　屯	23.64	34.46	36.38	41.15	51.29	62.99	67.85	68.18	87.15
徐　州	22.92	29.73	33.39	34.61	44.21	57.68	64.64	70.78	
淮　南	29.23	34.63	39.82	41.81	50.20	85.89	87.49	86.85	107.22

续表

	1984年	1985年	1986年	1987年	1988年	1989年	1990年	1991年	1992年
淮北	21.44	27.87	31.79	34.09	40.49	58.64	65.45	73.01	87.30
萍乡	21.64	28.12	30.77	32.38	41.38	56.51	65.74	68.41	87.58
丰城	23.45	32.13	38.09	34.58	46.07	63.28	74.05	66.09	79.52
英岗岭	31.78	38.72	42.26	44.73	56.99	69.01	76.58	86.18	95.68
洛市					56.73	68.44	70.43	73.50	89.90
乐平								74.96	87.84
淄博	26.18	35.01	38.64	42.52	56.34	79.10	75.27	85.60	101.16
新汶	28.23	32.86	36.89	41.28	56.09	82.76	64.39	67.81	74.35
枣庄	26.48	34.23	38.72	39.27	46.18	82.46	81.22	92.18	99.05
肥城	24.67	32.67	38.04	38.16	48.57	67.29	63.89	71.92	80.20
兖州	23.77	28.78	40.14	45.62	48.57	164.00	62.93	68.51	78.11
坊子	32.48	43.19	51.77	56.12	45.82	29.82	105.63	95.73	116.03
龙口					72.07	63.48	56.82	59.41	79.25
临沂					46.30	80.99	83.08	90.21	107.68
平顶山	19.81	24.77	28.25	29.78	34.24	42.01	48.57	54.35	63.48
焦作	30.68	35.38	39.15	39.90	49.59	62.03	68.21	81.53	88.67
鹤壁	27.10	32.17	36.36	34.94	41.82	52.64	56.85	64.91	76.72
义马	21.60	27.55	30.45	30.43	34.68	46.94	50.65	53.73	63.67
新密	22.58	29.90	34.59	33.90	42.18	49.71	51.96	56.75	68.47
涟邵	36.23	43.35	49.85	52.60	64.16	84.09	89.72	102.42	108.73
资兴	23.89	31.37	35.16	35.96	42.06	62.01	66.50	67.53	78.94
白沙	35.39	42.50	48.70	51.70	63.13	84.94	92.53	95.11	103.84
广旺	22.56	26.82	33.70	35.66	41.52	57.03	68.59	77.81	82.82
芙蓉	28.85	32.33	35.56	33.01	38.31	51.58	56.19	68.29	81.56
渡口	24.67	27.27	30.37	34.18	38.69	45.63	61.17	66.43	72.65
南桐	30.40	32.71	34.83	38.11	45.71	57.63	72.34	80.34	86.82
达竹									92.49
华蓥山									84.63

续表

	1984年	1985年	1986年	1987年	1988年	1989年	1990年	1991年	1992年
天　府	27.19	31.31	34.74	35.29	45.81	62.02	64.73	80.72	86.85
松　藻	26.52	28.53	30.41	32.94	37.04	43.03	52.42	65.27	73.75
中梁山	30.78	32.08	34.03	40.74	49.94	63.76	67.79	87.90	100.12
永　荣	32.66	35.59	38.95	43.62	52.37	65.50	69.92	94.96	93.77
六　枝	32.11	34.41	39.56	27.30	46.29	56.18	59.69	67.03	81.24
盘　江	24.37	30.65	38.14	39.57	41.93	59.03	58.17	58.05	60.73
水　城	24.59	34.76	31.11	32.57	39.08	54.29	53.92	62.60	68.53
一平浪							58.83	65.46	69.20
来　宾							58.26	60.30	74.76
羊　场							59.83	69.49	75.95
田　坝							59.63	79.47	84.52
铜　川	23.35	27.18	29.18	33.66	37.88	52.28	58.61	63.71	67.60
蒲　白	26.15	29.20	31.52	33.05	40.05	49.59	53.77	55.86	61.86
澄　合	23.58	28.59	30.84	30.74	42.51	52.71	64.01	83.19	67.09
韩　城	23.89	29.63	35.02	35.63	38.91	52.31	50.11	56.59	62.71
苍　村	19.46	21.17	23.23	23.48	27.70	37.71	47.81	49.75	51.76
窑　街	24.02	26.62	30.97	31.91	35.82	45.64	49.79	57.93	62.42
阿干镇	24.08	30.15	34.40	37.21	43.04	49.63	59.58	92.39	102.73
靖　远	29.80	34.88	37.70	36.85	43.84	53.03	69.39	59.63	66.62
石嘴山	17.77	21.24	24.12	25.84	30.60	34.23	40.16	47.59	59.08
石炭井	22.11	24.30	27.77	30.12	32.35	39.15	40.22	55.07	58.91
灵　武								68.28	80.59
哈　密	23.62	28.41	32.31	32.05	36.24	40.75	45.43	53.93	59.61
乌鲁木齐	20.77	25.36	27.32	29.40	29.73	38.02	43.77	52.97	59.39
艾维尔						45.08	46.71	53.31	62.88

七、福　利　事　业

国有重点煤矿职工住宅情况

年份	一、居住面积（万平方米）			二、居住人数（万人）			三、人均居住面积（平方米/人）		
	合计	其中		合计	其中		合计	其中	
		家属宿舍	单身宿舍		家属宿舍	单身宿舍		家属宿舍	单身宿舍
1957	557.6	495.7	61.9	145.0	129.5	14.5	3.80	3.80	4.00
1958	652.4	547.4	105.0	218.9	169.6	49.3	3.00	3.20	2.10
1959	840.2	635.5	204.7	254.9	183.7	71.2	3.30	3.50	2.90
1961	1017.3	779.9	237.4	277.1	211.9	65.2	3.70	3.70	3.60
1962	953.5	738.7	214.8	260.3	210.8	49.5	3.70	3.50	4.30
1979	1913.6	1509.1	404.5	510.2	416.6	93.6	3.75	3.62	4.32
1980	2376.3	1895.8	480.5	579.2	476.8	102.4	4.10	3.97	4.69
1981	2391.6	1911.0	480.6	582.4	480.0	102.4	4.11	3.98	4.69
1982	2558.3	2063.8	494.5	604.1	497.6	106.5	4.24	4.15	4.64
1983	2665.7	2175.9	489.8	626.7	521.0	105.7	4.25	4.17	4.63
1984	3149.5	2583.7	565.8	690.0	574.4	115.6	4.56	4.50	4.89
1985	3291.2	2645.6	645.6	653.4	535.7	117.7	5.04	4.94	5.49
1986	3812.7	3210.1	602.6	889.4	776.5	112.9	4.29	4.13	5.34
1987	4149.5	3526.1	623.4	956.8	843.6	113.3	4.34	4.18	5.50
1988	4548.4	3919.0	629.4	1016.1	901.7	114.4	4.48	4.35	5.50
1989	4849.6	4221.1	628.5	1038.5	927.2	111.3	4.67	4.55	5.65
1990	5163.9	4531.6	632.4	1083.9	975.4	108.5	4.76	4.65	5.82
1991	5566	4934	632	1128	1024	104	4.93	4.82	6.07
1992	5799	5154	645	1140	1038	102	5.09	4.97	6.30
1993		4382			877			5.00	
1994		4596			873			5.27	
1995	5395	4915	480		865	73.6		5.68	6.52
1996		5226	451		868	64.9		6.02	6.96
1997		5901	458		969	68.5		6.09	6.69
1998	6045	5584	461	963.3	888	75.0		6.28	
1999		5926	2403		873	371		6.79	

八、伤亡事故

全国历年煤矿事故死亡人数——按事故类型分

单位：人

年 份	总 计	顶 板	瓦 斯	机 电	运 输	放 炮	水 害	火 灾	其 他
1949	731								
1950	634								
1951	242								
1952	513								
1953	713	285	163	29	59	8	71	2	96
1954	861	285	316	40	94	20	30	2	74
1955	760	308	120	39	101	13	58	8	113
1956	759	269	106	54	101	31	84	0	114
1957	822	346	92	54	116	35	47	16	116
1958	3049	966	667	144	308	132	207	63	562
1959	5933	1586	1597	348	669	337	551	134	711
1960	7072	2061	2210	319	781	365	456	124	756
1961	4819	1543	687	378	710	303	397	158	643
1962	2723	890	460	236	465	136	187	65	284
1963	1784	777	193	151	310	103	74	2	174
1964	1350	600	113	67	190	72	45	2	261
1965	1104	536	68	73	174	37	70	2	144
1966	1556	716	185	92	271	49	29	6	208
1967	1431	533	270	64	250	68	41	52	153
1968	1687	600	403	62	299	59	37	20	207
1969	2017	813	361	95	359	81	53	37	218
1970	3027	1267	400	138	533	154	139	30	366
1971	3766	1543	525	162	545	140	212	76	563
1972	3597	1509	599	173	467	169	189	30	461
1973	4079	1614	771	177	596	164	171	9	577
1974	3722	1488	563	193	618	118	167	45	530
1975	4736	1946	854	229	647	184	163	76	637
1976	4948	1915	990	250	696	165	203	123	606

续表

年　份	总　计	顶　板	瓦　斯	机　电	运　输	放　炮	水　害	火　灾	其　他
1977	5637	2341	904	292	784	226	279	76	735
1978	6001	2588	1035	330	919	228	246	93	562
1979	5566	2396	1040	302	860	212	182	52	522
1980	5165	2021	913	260	748	180	190	51	802
1981	5162	1971	852	271	842	181	219	135	691
1982	4873	2135	725	302	780	193	241	43	454
1983	5431	2288	1062	275	874	149	284	133	366
1984	5698								
1985	6659	2940	1399	275	956	182	245	24	638
1986	6736	2842	1398	276	942	192	309	63	714
1987	6897	2920	1589	226	834	154	271	26	877
1988	6751	2652	1610	230	715	130	271	53	1090
1989	7625								
1990	7473								
1991	6412								
1992	5992								
1993	6244	2414	2231	174	570	128	354	88	285
1994	7239	2423	2935	204	602	144	521	106	304
1995	6907	2140	3000	191	574	124	568	63	247
1996	6646	1993	3122	150	492	105	427	78	279
1997	7083	1856	3800	157	461	84	450	62	213
1998	6302	1648	3218	124	433	74	507	52	246
1999	6469	1997	3209	111	364	62	468	33	225
2000	5796	1521	3132	78	330	52	351	40	292
2001	5670	1879	2436	99	495	70	432	84	175
2002	6995	2766	2407	136	534	94	516	185	357
2003	6434	2455	2061	128	570	99	551	75	495
2004	6027	2309	1900	89	605	122	357	91	554

资料来源：国家煤矿安全监察局。

全国历年煤矿事故死亡人数——按隶属关系分

年　份	总　计	中　直	地　方		
1949	731				
1950	634				
1951	242				
1952	513				
1953	713	273	440		
1954	861	292	569		
1955	760	381	379		
1956	759	467	292		
1957	822	417	405		
1958	3049	917	2132		
1959	5933	1919	4014		
1960	7072	3744	3328		
1961	4819	2189	2630		
1962	2723	1555	1168		
1963	1784	1055	729		
1964	1350	813	537		
1965	1104	796	308		
年　份	总　计	重　点	地　方	社　队	
1966	1556	938	545	73	
1967	1431	891	406	134	
1968	1687	1007	546	134	
1969	2017	1259	630	128	
1970	3027	1715	1068	244	
1971	3766	1599	1514	653	
1972	3597	1461	1514	622	
1973	4079	1680	1574	825	
1974	3722	1473	1268	981	
1975	4736	1767	1874	1095	
1976	4948	1922	1904	1122	

续表

年份	总计	重点	地方	社队	
1977	5637	2252	2271	1114	
1978	6001	2479	2351	1171	
1979	5566	2274	2016	1276	
1980	5165	1612	1784	1769	
1981	5162	1742	1569	1768	不含基建人数
1982	4873	1555	1511	1739	不含基建人数
1983	5431	1639	1824	1968	
1984	5698	1574	1697	2427	
1985	6659	1561	1713	3385	
年份	总计	重点	地方	乡镇	矿办小井
1986	6736	1236	1495	4005	
1987	6897	1082	1295	4520	
1988	6751	1091	1356	4304	
1989	7625	1053	1398	5174	
1990	7473	1021	1261	5191	
1991	6412	776	1411	4225	
1992	5992	821	1098	4073	
1993	6244	686	1255	4203	100
1994	7239	774	1201	4822	442
1995	6907	846	1087	4809	165
1996	6646	623	1027	4734	262
1997	7083	764	1162	4815	342
1998	6302	542	910	4575	275
1999	6469	572	947	4666	284
2000	5796	765	827	3933	271
2001	5670	781	1044	3645	200
2002	6995	904	1023	5068	
2003	6434	892	881	4661	
2004	6027	854	816	4357	

资料来源：国家煤矿安全监察局。

附录一　2004年统计数据

2004年煤炭工业基本情况

指标名称	计算单位	数量	指标名称	计算单位	数量
一、年末煤矿企业个数	个	17168	冶炼用洗精煤灰分	%	9.92
1. 全民所有制	个	1717	冶炼用洗精煤产率	%	54.62
其中：国有重点煤矿	个	101	**六、固定资产投资完成额**	亿元	690.4
省营煤矿	个	126	**七、年底地质保有储量（2003）**	亿吨	10212
地营煤矿	个	570	**八、销售与库存**		
县营煤矿	个	920	商品煤销量	万吨	193442
2. 集体、其他所有制	个	15451	年末库存量		
二、生产经营总值（现价）	亿元	4383	年末社会库存	万吨	10351
其中：第一产业产值	亿元	65	年末煤炭企业库存	万吨	2846
第二产业产值	亿元	4049	进出口情况		
其中：工业总产值	亿元	3898	出口	万吨	8593
其中：煤炭	亿元	3272	进口	万吨	1861
非煤	亿元	626	煤炭铁路运量	万吨	96660
建筑业产值	亿元	151	**九、劳动工资**		
第三产业经营总值	亿元	269	国有重点煤矿年末职工人数	万人	267.38
三、主要产品产量			其中：在岗职工	万人	234.52
1. 原煤产量	万吨	199735	下岗职工	万人	13.20
其中：国有重点煤矿	万吨	93879	国有重点煤矿职工工资总额	亿元	413.98
国有地方煤矿	万吨	29681	**十、主要财务指标（规模以上）**		
省　营	万吨	6959	资产总额	亿元	7862
地　营	万吨	7725	负债总额	亿元	4693
县　营	万吨	14997	产品销售收入	亿元	4204
集体、个体煤矿	万吨	76175	利润（或亏损）总额	亿元	418
2. 炼焦用洗精煤产量	万吨	13954	应缴增值税	亿元	317
其中：煤炭系统	万吨	11038	**十一、国有重点煤矿主要技术指标**		
四、年末主要产品生产能力			开拓进尺	万米	108.68
原煤生产能力(3万吨以上)	处－万吨/年	2284－105580	原煤全员效率	吨/工	3.764
其中：国有重点煤矿	处－万吨/年	740－77368	回采工效率	吨/工	16.071
国有重点矿炼焦洗煤厂能力	处－万吨/年	150－22323	原煤单位成本	元/吨	168.55
国有重点矿动力洗煤厂能力	处－万吨/年	118－30282	回采工作面平均月产量	吨/个/月	41589
五、国有重点煤矿煤炭质量			掘进工作面平均月进度	米/个/月	154.13
商品煤灰分	%		采煤机械化程度	%	82.72
商品煤含矸率	%		掘进装载机械化程度	%	80.1

2004年煤炭工业大型企业工业增加值

单位：万元

企业名称	工业增加值	企业名称	工业增加值	企业名称	工业增加值
神华集团	2570479	**黑龙江省**		鹤壁煤业集团公司	129419
中煤集团		双鸭山矿业集团公司	82014	焦作煤业集团公司	105228
其中：平朔煤炭工业公司	229575	鹤岗矿业集团公司	166197	辉县市吴村煤矿	24675
大屯煤电集团公司	84500	七台河矿业精煤集团	125000	**湖南省**	
太原煤气化有限公司	87158	鸡西矿业集团公司	45880	白沙煤电集团公司	41325
北京市		**江苏省**		涟邵矿业集团公司	28996
京煤集团有限公司	96709	徐州矿务集团公司	417342	资兴矿业集团公司	36019
河北省		天能集团	40052	煤炭坝能源有限公司	30069
开滦集团公司	270420	**浙江省**		**重庆市**	
峰峰集团有限公司	213325	长广集团公司	31623	松藻煤电公司	34074
邢台矿业集团公司	175710	**安徽省**		南桐矿业有限公司	23261
邯郸矿业集团公司	54502	淮南矿业集团公司	416217	永荣矿业有限公司	23093
井陉矿务局	15760	淮北矿业集团公司	372141	**四川省**	
山西省		皖北煤电集团公司	167213	攀枝花煤业集团公司	40787
山西焦煤集团	530982	国投新集能源股份公司	94733	广旺能源发展集团公司	17446
其中：西山煤矿总公司	258605	**福建省**		华蓥山广能集团公司	15893
汾西矿业集团公司	101866	**福建煤炭工业集团**		芙蓉煤业集团公司	10050
霍州煤电集团公司	99914	其中：福建煤电股份公司	30306	**贵州省**	
大同煤矿集团公司	663316	**江西省**		盘江煤电集团公司	104109
晋城无烟煤集团公司	190400	萍乡矿业集团公司	68293	水城矿业集团公司	50483
阳泉煤业集团公司	351735	丰城矿务局	29402	六枝工矿（集团）公司	15519
潞安矿业集团公司	357116	**山东省**		**云南省**	
兰花煤炭集团公司	105564	兖矿集团有限公司	830056	东源煤业集团有限公司	45974
晋城市沁和能源公司	52301	新汶矿业集团公司	353319	小龙潭矿务局	43406
汾河焦煤股份有限公司	21049	枣庄矿业集团公司	491216	**陕西省**	
内蒙古自治区		淄博矿业集团公司	296108	**陕西煤业集团**	161526
霍林河煤业集团公司	64471	肥城矿业集团公司	154309	其中：铜川矿务局	48589
平庄煤业集团公司	56763	济宁矿业集团公司	152653	韩城矿务局	28519
扎赉诺尔煤业有限公司	24725	临沂矿务局	106588	黄陵矿业有限公司	27095
大雁煤业有限责任公司	21814	龙口矿业集团	126363	蒲白矿务局	16443
伊敏华能东电煤电公司	77239	丰源煤电股份公司	37171	**甘肃省**	
辽宁省		裕隆矿业集团公司	39722	华亭煤业集团公司	77742
铁法煤业集团公司	178793	宏河矿业集团公司	25389	窑街煤电公司	35289
阜新矿业集团	78000	**河南省**		靖远煤业公司	58640
抚顺矿业集团公司	130418	平顶山煤业集团公司	641401	**宁夏自治区**	
沈阳煤业集团公司	48995	永城煤电集团公司	223890	宁夏煤业集团	196321
南票矿务局	4000	河南神火集团公司	115357	**新疆自治区**	
吉林省		义马煤业集团公司	173538	乌鲁木齐矿业集团公司	29155
辽源矿务局	38872	郑州煤炭工业集团公司	179204	哈密煤业集团公司	36744

2004年煤炭工业大型企业固定资产投资额

单位：万元

企业名称	投资额	企业名称	投资额	企业名称	投资额
神华集团	2060411	双鸭山矿业集团公司	6488	焦作煤业集团公司	32249
中煤集团		鹤岗矿业集团公司	45907	**湖南省**	
其中：平朔煤炭工业公司	49386	七台河矿业精煤集团	70822	白沙煤电集团公司	6285
大屯煤电集团公司		鸡西矿业集团公司	55372	涟邵矿业集团公司	6095
太原煤气化有限公司	53660	**江苏省**		资兴矿业集团公司	2316
北京市		徐州矿务集团有限公司	96087	长沙矿业集团公司	
京煤集团有限责任公司	38901	天能集团	60832	**重庆市**	
河北省		**浙江省**		松藻煤电公司	9887
开滦集团公司	130565	长广集团公司		南桐矿业有限公司	6327
峰峰集团有限公司	56675	**安徽省**		永荣矿业有限公司	422
邢台矿业集团公司	56718	淮南矿业集团公司	382032	**四川省**	
邯郸矿业集团公司	58398	淮北矿业集团公司	208100	攀枝花煤业集团公司	15221
井陉矿务局	7293	皖北煤电集团公司	10166	广旺能源发展集团公司	14784
山西省		国投新集能源股份公司	41851	华蓥山广能集团公司	7495
山西焦煤集团	397575	**福建省**		芙蓉煤业集团公司	6900
其中：西山煤矿总公司	234630	**福建煤炭工业集团**	119673	**贵州省**	
汾西矿业集团公司	60640	其中：福建煤电股份公司	11089	盘江煤电集团公司	56846
霍州煤电集团公司	77627	**江西省**		水城矿业集团公司	11711
大同煤矿集团公司	164804	萍乡矿业集团公司	49845	六枝工矿（集团）公司	17135
晋城无烟煤集团公司	164643	丰城矿务局	11735	**云南省**	
阳泉煤业集团公司	203815	**山东省**		东源煤业集团有限公司	59907
潞安矿业集团公司	143693	兖矿集团有限公司	518980	**陕西省**	
内蒙古自治区		新汶矿业集团公司	261233	**陕西煤业集团**	92847
霍林河煤业集团公司	30006	枣庄矿业集团公司	214096	其中：铜川矿务局	23227
平庄煤业集团公司	12471	淄博矿业集团公司	81800	韩城矿务局	31546
扎赉诺尔煤业有限公司	4376	肥城矿业集团公司	90056	黄陵矿业公司	27421
大雁煤业有限责任公司	33885	济宁矿业集团公司		蒲白矿务局	5215
辽宁省		临沂矿务局		**甘肃省**	
铁法煤业集团公司	40738	龙口矿业集团	32792	华亭煤业集团公司	81170
阜新矿业集团	38963	**河南省**		窑街煤电公司	
抚顺矿业集团公司	25506	平顶山煤业集团公司	20667	靖远煤业公司	21998
沈阳煤业集团公司		永城煤电集团公司	95788	**宁夏自治区**	
南票矿务局	1620	河南神火集团公司	98985	宁夏煤业集团	108870
吉林省		义马煤业集团公司	43352	**新疆自治区**	
辽源矿务局	13095	郑州煤炭工业集团公司	39006	乌鲁木齐矿业集团公司	8342
黑龙江省		鹤壁煤业集团公司	18000	哈密煤业集团公司	10197

2004年煤炭工业大型企业本年新增固定资产

单位：万元

企业名称	本年新增固定资产	企业名称	本年新增固定资产	企业名称	本年新增固定资产
神华集团		**黑龙江省**		焦作煤业集团公司	11895
中煤集团		双鸭山矿业集团公司		**湖南省**	
其中：平朔煤炭工业公司	195	鹤岗矿业集团公司	32656	白沙煤电集团公司	6285
大屯煤电集团公司		七台河矿业精煤集团	36333	涟邵矿业集团公司	6095
太原煤气化有限公司	53660	鸡西矿业集团公司	190510	资兴矿业集团公司	1890
北京市		**江苏省**		煤炭坝能源有限公司	
京煤集团有限公司	2954	徐州矿务集团公司	34000	**重庆市**	
河北省		天能集团	8418	松藻煤电公司	11963
开滦集团公司	86927	**浙江省**		南桐矿业有限公司	4044
峰峰集团有限公司	29743	长广集团公司		永荣矿业有限公司	14890
邢台矿业集团公司	47968	**安徽省**		**四川省**	
邯郸矿业集团公司	32766	淮南矿业集团公司		攀枝花煤业集团公司	2631
井陉矿务局	5000	淮北矿业集团公司	138942	广旺能源发展集团公司	2433
山西省		皖北煤电集团公司	48434	华蓥山广能集团公司	2799
山西焦煤集团	218472	国投新集能源股份公司	1477	芙蓉煤业集团公司	3185
其中：西山煤矿总公司	95480	**福建省**		**贵州省**	
汾西矿业集团公司	36044	**福建煤炭工业集团**	73795	盘江煤电集团公司	20340
霍州煤电集团公司	63948	其中：福建煤电股份公司		水城矿业集团公司	10751
大同煤矿集团公司	84041	**江西省**		六枝工矿（集团）公司	2997
晋城无烟煤集团公司	72729	萍乡矿业集团公司	44630	**云南省**	
阳泉煤业集团公司	64009	丰城矿务局	5722	东源煤业集团有限公司	
潞安矿业集团公司	53743	**山东省**		**陕西省**	
兰花煤炭集团公司		兖矿集团有限公司		**陕西煤业集团**	57233
内蒙古自治区		新汶矿业集团公司	37479	其中：铜川矿务局	19992
霍林河煤业集团公司	30006	枣庄矿业集团公司	131594	韩城矿务局	27264
平庄煤业集团公司	8640	淄博矿业集团公司		黄陵矿业有限公司	4529
扎赉诺尔煤业有限公司	4376	肥城矿业集团公司	10831	蒲白矿务局	5113
大雁煤业有限责任公司	5814	济宁矿业集团公司		**甘肃省**	
伊敏华能东电煤电公司		临沂矿务局		华亭煤业集团公司	56819
辽宁省		龙口矿业集团	29628	窑街煤电公司	
铁法煤业集团公司	35626	**河南省**		靖远煤业公司	18308
阜新矿业集团	13430	平顶山煤业集团公司	4630	**宁夏自治区**	
抚顺矿业集团公司	17493	永城煤电集团公司	48285	宁夏煤业集团	66111
沈阳煤业集团公司		河南神火集团公司	56325	**新疆自治区**	
南票矿务局	448	义马煤业集团公司	3998	乌鲁木齐矿业集团公司	7547
吉林省		郑州煤炭工业集团公司	10592	哈密煤业集团公司	9583
辽源矿务局	75050	鹤壁煤业集团公司	9386		

2004 年煤炭工业大型企业原煤平均售价

单位：元/吨

企业名称	原煤平均售价	企业名称	原煤平均售价	企业名称	原煤平均售价
北京市		七台河矿业精煤集团	237.1	**湖南省**	
京煤集团有限公司	276.9	鸡西矿业集团公司	123.5	白沙煤电集团公司	243.5
河北省		**江苏省**		涟邵矿业集团公司	269.7
开滦集团公司	160.5	徐州矿务集团公司	256.9	资兴矿业集团公司	293.1
峰峰集团有限公司	184.9	天能集团	272.0	煤炭坝能源有限公司	498.0
邢台矿业集团公司	233.9	**浙江省**		**重庆市**	
邯郸矿业集团公司	239.9	长广集团公司		松藻煤电公司	132.4
井陉矿务局	183.8	**安徽省**		南桐矿业有限公司	118.1
山西省		淮南矿业集团公司	257.1	永荣矿业有限公司	
山西焦煤集团	137.1	淮北矿业集团公司	304.4	**四川省**	
其中：西山煤矿总公司	159.1	皖北煤电集团公司	297.6	攀枝花煤业集团公司	134.9
汾西矿业集团公司	186.1	国投新集能源股份公司	260.5	广旺能源发展集团公司	130.0
霍州煤电集团公司	137.0	**福建省**		华蓥山广能集团公司	201.1
大同煤矿集团公司	227.3	**福建煤炭工业集团**	263.8	芙蓉煤业集团公司	128.6
晋城无烟煤集团公司	268.4	其中：福建煤电股份公司	275.1	**贵州省**	
阳泉煤业集团公司	216.7	**江西省**		盘江煤电集团公司	175.5
潞安矿业集团公司	216.7	萍乡矿业集团公司	227.6	水城矿业集团公司	97.0
兰花煤炭集团公司	213.1	丰城矿务局	316.2	六枝工矿（集团）公司	174.9
内蒙古自治区		**山东省**		**云南省**	
霍林河煤业集团公司	72.7	兖矿集团有限公司	277.8	东源煤业集团有限公司	212.3
平庄煤业集团公司	110.4	新汶矿业集团公司		**陕西省**	
扎赉诺尔煤业有限公司	95.8	枣庄矿业集团公司	266.5	**陕西煤业集团**	146.5
大雁煤业有限责任公司	89.4	淄博矿业集团公司	298.0	其中：铜川矿务局	132.4
伊敏华能东电煤电公司	69.8	肥城矿业集团公司	271.6	韩城矿务局	143.1
辽宁省		济宁矿业集团公司		黄陵矿业有限公司	164.6
铁法煤业集团公司	153.1	临沂矿务局		蒲白矿务局	137.0
阜新矿业集团	180.6	龙口矿业集团	198.5	**甘肃省**	
抚顺矿业集团公司	155.2	**河南省**		华亭煤业集团公司	95.8
沈阳煤业集团公司	218.9	平顶山煤业集团公司	209.6	窑街煤电公司	131.1
南票矿务局	127.3	永城煤电集团公司		靖远煤业公司	136.3
吉林省		河南神火集团公司	345.7	**宁夏自治区**	
辽源矿务局	136.3	义马煤业集团公司	185.9	宁夏煤业集团	112.9
黑龙江省		郑州煤炭工业集团公司	205.3	**新疆自治区**	
双鸭山矿业集团公司	150.1	鹤壁煤业集团公司	245.8	乌鲁木齐矿业集团公司	82.0
鹤岗矿业集团公司	153.3	焦作煤业集团公司	311.0	哈密煤业集团公司	101.8

2004 年煤炭工业大型企业原煤单位成本

单位：元/吨

企业名称	原煤单位成本
神华集团	
中煤集团	100.7
其中：平朔煤炭工业公司	74.3
大屯煤电集团公司	
太原煤气化有限公司	129.8
北京市	
京煤集团有限公司	146.2
河北省	
开滦集团公司	128.1
峰峰集团有限公司	224.9
邢台矿业集团公司	160.1
邯郸矿业集团公司	170.7
井陉矿务局	177.9
山西省	
山西焦煤集团	127.9
其中：西山煤矿总公司	145.4
汾西矿业集团公司	175.7
霍州煤电集团公司	168.8
大同煤矿集团公司	134.4
晋城无烟煤集团公司	147.2
阳泉煤业集团公司	139.6
潞安矿业集团公司	144.4
兰花煤炭集团公司	85.3
内蒙古自治区	
霍林河煤业集团公司	53.6
平庄煤业集团公司	99.7
扎赉诺尔煤业有限公司	89.2
大雁煤业有限责任公司	64.4
伊敏华能东电煤电公司	52.0
辽宁省	
铁法煤业集团公司	120.6
阜新矿业集团	177.3
抚顺矿业集团公司	199.9
沈阳煤业集团公司	163.6
南票矿务局	108.9
吉林省	
辽源矿务局	139.4
黑龙江省	
双鸭山矿业集团公司	133.0
鹤岗矿业集团公司	151.0
七台河矿业精煤集团	127.9
鸡西矿业集团公司	149.0
江苏省	
徐州矿务集团公司	253.4
天能集团	162.4
浙江省	
长广集团公司	
安徽省	
淮南矿业集团公司	247.0
淮北矿业集团公司	219.9
皖北煤电集团公司	239.6
国投新集能源股份公司	205.9
福建省	
福建煤炭工业集团	140.5
其中：福建煤电股份公司	152.1
江西省	
萍乡矿业集团公司	162.2
丰城矿务局	176.4
山东省	
兖矿集团有限公司	170.8
新汶矿业集团公司	286.2
枣庄矿业集团公司	228.7
淄博矿业集团公司	237.0
肥城矿业集团公司	213.4
济宁矿业集团公司	
临沂矿务局	
龙口矿业集团	145.4
河南省	
平顶山煤业集团公司	184.0
永城煤电集团公司	182.5
河南神火集团公司	174.9
义马煤业集团公司	131.3
郑州煤炭工业集团公司	180.1
鹤壁煤业集团公司	205.7
焦作煤业集团公司	264.8
湖南省	
白沙煤电集团公司	237.9
涟邵矿业集团公司	208.6
资兴矿业集团公司	222.2
煤炭坝能源有限公司	290.0
重庆市	
松藻煤电公司	105.0
南桐矿业有限公司	182.4
永荣矿业有限公司	228.7
四川省	
攀枝花煤业集团公司	133.0
广旺能源发展集团公司	126.0
华蓥山广能集团公司	129.2
芙蓉煤业集团公司	142.8
贵州省	
盘江煤电集团公司	186.5
水城矿业集团公司	108.2
六枝工矿（集团）公司	150.1
云南省	
东源煤业集团有限公司	88.5
陕西省	
陕西煤业集团	95.8
其中：铜川矿务局	113.7
韩城矿务局	123.2
黄陵矿业有限公司	122.8
蒲白矿务局	134.0
甘肃省	
华亭煤业集团公司	81.4
窑街煤电公司	103.6
靖远煤业公司	119.3
宁夏自治区	
宁夏煤业集团	125.8
新疆自治区	
乌鲁木齐矿业集团公司	75.2
哈密煤业集团公司	86.9

2004年煤炭工业大型企业财务指标（一）

单位：万元

企业名称	主营业务收入	主营业务成本	主营业务税金及附加	利润总额（补贴后）	应缴增值税
神华集团	4480296	2622312	91898	1191062	318152
中煤集团	3894254	2874445	35505	239302	108378
其中：平朔煤炭工业公司	745279	331696	9699	10135	24518
大屯煤电集团公司					
太原煤气化有限公司	209226	209226	2390	7876	24528
北京市					
京煤集团有限公司	339840	234673	4512	23236	10385
河北省					
开滦集团公司	851374	598814	10853	－29989	60814
峰峰集团有限公司	401217	275716	5356	3951	34103
邢台矿业集团公司	328157	214912	3834	41024	30937
邯郸矿业集团公司	196089	150401	1204	3064	10629
井陉矿务局	79762	66450	442	15	4897
山西省					
山西焦煤集团	1766740	1233890	24748	107928	143084
其中：西山煤矿总公司	717872	455025	11611	56133	62970
汾西矿业集团公司	334028	250150	4812	3602	27417
霍州煤电集团公司	283925	214499	5494	7368	25069
大同煤矿集团公司	1802466	1007395	23722	20282	111898
晋城无烟煤集团公司	757189	526346	14257	58109	54285
阳泉煤业集团公司	621373	459216	9841	21866	49014
潞安矿业集团公司	509231	325428	8261	25882	45907
兰花煤炭集团公司	166408	87223	2789	44942	16456
晋城市沁和能源公司	62208	16743	1008	26951	7731
汾河焦煤股份有限公司	60331	44896	1330	4584	6192
内蒙古自治区					
霍林河煤业集团公司	160082	118377	2687	15271	9284
平庄煤业集团公司	126856	102679	2744	986	11286
扎赉诺尔煤业有限公司	42629	25484	555	－3765	4159
大雁煤业有限责任公司	30059	19239	850	264	3552
伊敏华能东电煤电公司	160567	102271	2227	－8375	24176
辽宁省					
铁法煤业集团公司	379423	258307	5366	20167	30475
阜新矿业集团	253343	165085	2761	－37506	16994
抚顺矿业集团公司	228463	144536	2658	－139	23026
沈阳煤业集团公司	219935	177395	1740	1673	18500
南票矿务局	29661	25960	513	－5899	1337
吉林省					
辽源矿务局	60472	51460	709	59	7697

续表

企业名称	主营业务收入	主营业务成本	主营业务税金及附加	利润总额（补贴后）	应缴增值税
黑龙江省					
双鸭山矿业集团公司	188796	131222	1572	3024	15915
鹤岗矿业集团公司	279641	207464	3083	2903	17632
七台河矿业精煤集团	298151	199083	3416	3602	28591
鸡西矿业集团公司	190884	125645	1788	1500	16097
江苏省					
徐州矿务集团公司	587139	357968	9468	13699	57020
天能集团	61104	35415	878	4296	6055
浙江省					
长广集团公司	112407	94925	1088	－517	6447
安徽省					
淮南矿业集团公司	848836	559476	13608	8866	84112
淮北矿业集团公司	775783	533883	9790	2874	74520
皖北煤电集团公司	342332	241185	3816	21964	27867
国投新集能源股份公司	177765	116482	2416	31322	18313
福建省					
福建煤炭工业集团	383045	302693	5881	15564	16152
其中：福建煤电股份公司	45371	28820	470	9032	4807
江西省					
萍乡矿业集团公司	156878	111564	1881	8520	11952
丰城矿务局	66294	39452	714	1813	7082
山东省					
兖矿集团有限公司	1903858	1051465	29369	260321	120250
新汶矿业集团公司	811135	623220	8762	35623	51644
枣庄矿业集团公司	836292	468862	12467	26519	75698
淄博矿业集团公司	456701	269618	6882	10806	45111
肥城矿业集团公司	286060	192494	3387	5006	13683
济宁矿业集团公司	192912	63071	3086	77007	20979
临沂矿务局	216765	111628	3037	4017	21300
龙口矿业集团	244550	178332	2954	9136	16345
丰源煤电股份公司	60277	22173	1227	32360	6595
裕隆矿业集团公司	58506	30397	1019	16103	6358
宏河矿业集团公司	61728	27486	1272	15378	6275
河南省					
平顶山煤业集团公司	1105883	764029	14306	74064	93051
永城煤电集团公司	410814	243981	5383	78110	34107
河南神火集团公司	304643	224782	2279	54971	17132
义马煤业集团公司	286180	200144	2945	5059	28026
郑州煤炭工业集团公司	275278	174641	2873	6668	24917

续表

企业名称	主营业务收入	主营业务成本	主营业务税金及附加	利润总额（补贴后）	应缴增值税
鹤壁煤业集团公司	211876	171099	2684	18273	21277
焦作煤业集团公司	270991	215735	2338	-2159	20942
辉县市吴村煤矿	68949	57343	289	5223	3376
湖南省					
白沙煤电集团公司	53629	39521	313	1296	4646
涟邵矿业集团公司	49996	37700	489	837	3709
资兴矿业集团公司	52563	40391	469	1525	4739
煤炭坝能源有限公司	58274	51159	541	1059	1672
重庆市					
松藻煤电公司	57109	42634	486	234	4751
南桐矿业有限公司	54530	44926	878	201	3999
永荣矿业有限公司	63232	50324	506	151	4923
四川省					
攀枝花煤业集团公司	92535	71902	1148	1055	8676
广旺能源发展集团公司	43387	38461	397	1277	2865
华蓥山广能集团公司	37106	30993	371	1242	3108
芙蓉煤业集团公司	33645	29416	325	1115	1770
贵州省					
盘江煤电集团公司	210219	145391	5277	4630	16124
水城矿业集团公司	96504	82646	1237	2508	8213
六枝工矿（集团）公司	69760	60068	505	847	4130
云南省					
东源煤业集团有限公司	139714	112545	810	7221	8105
小龙潭矿务局	54968	34328	1151	6000	6453
陕西省					
陕西煤业集团	388597	263665	5034	5117	40335
其中：铜川矿务局	149613	98338	1681	898	14958
韩城矿务局	85967	65149	594	752	7167
黄陵矿业有限公司	60107	31942	1268	2858	5683
蒲白矿务局	35616	25163	4162	-4771	4351
甘肃省					
华亭煤业集团公司	171490	101338	2649	12349	14414
窑街煤电公司	63246	40754	743	308	5404
靖远煤业公司	91805	79183	1109	3150	9577
宁夏自治区					
宁夏煤业集团	336126	228403	2972	2320	20125
新疆自治区					
乌鲁木齐矿业集团公司	48064	33513	566	1061	3277
哈密煤业集团公司	52430	39059	477	3157	4817

2004年煤炭工业大型企业财务指标（二）

单位：万元

企业名称	资产总计	负债合计	所有者权益合计	资产负债率（%）
神华集团	13944775	8390847	5553928	60.17
中煤集团	4059612	2950599	1109013	72.68
其中：平朔煤炭工业公司	1099734	768502	331232	69.88
大屯煤电集团公司				
太原煤气化有限公司	544167	431630	112537	79.32
北京市				
京煤集团有限公司	703649	369487	334162	52.51
河北省				
开滦集团公司	1480714	749891	730823	50.64
峰峰集团有限公司	700855	403070	297785	57.51
邢台矿业集团公司	570013	275057	294956	48.25
邯郸矿业集团公司	340450	200067	140383	58.77
井陉矿务局	129727	104438	25289	80.51
山西省				
山西焦煤集团	3827150	2234537	1592613	58.39
其中：西山煤矿总公司	1931048	991472	939576	51.34
汾西矿业集团公司	604323	346143	258180	57.28
霍州煤电集团公司	591193	272762	318432	46.14
大同煤矿集团公司	2725679	2009555	716124	73.73
晋城无烟煤集团公司	1773330	1233936	539394	69.58
阳泉煤业集团公司	1608194	949440	658754	59.04
潞安矿业集团公司	980209	605924	374285	61.82
兰花煤炭集团公司	446519	257193	189326	57.60
晋城市沁和能源公司	159452	97839	61613	61.36
汾河焦煤股份有限公司	61989	32868	29121	53.02
内蒙古自治区				
霍林河煤业集团公司	826514	409239	417275	49.51
平庄煤业集团公司	286262	159482	126780	55.71
扎赉诺尔煤业有限公司	130694	77693	53001	59.45
大雁煤业有限责任公司	115870	92325	23545	79.68
伊敏华能东电煤电公司	899106	1136934	－237828	126.45
辽宁省				
铁法煤业集团公司	816543	351427	465116	43.04
阜新矿业集团	535790	347081	188709	64.78
抚顺矿业集团公司	501882	290386	211496	57.86
沈阳煤业集团公司	500455	221942	278513	44.35
南票矿务局	55742	81385	－25643	146.00
吉林省				
辽源矿务局	253354	131548	121806	51.92

续表

企业名称	资产总计	负债合计	所有者权益合计	资产负债率（%）
黑龙江省				
双鸭山矿业集团公司	682544	541349	141195	79.31
鹤岗矿业集团公司	637749	537117	100632	84.22
七台河矿业精煤集团	615084	401926	213158	65.34
鸡西矿业集团公司	603833	627542	-23709	103.93
江苏省				
徐州矿务集团公司	1207051	678852	528199	56.24
天能集团	114418	74280	40138	64.92
浙江省				
长广集团公司	142903	80983	61920	56.67
安徽省				
淮南矿业集团公司	1831639	1210904	620735	66.11
淮北矿业集团公司	1435676	841518	594158	58.61
皖北煤电集团公司	614750	347809	266941	56.58
国投新集能源股份公司	486565	303271	183294	62.33
福建省				
福建煤炭工业集团	758644	491131	267513	64.74
其中：福建煤电股份公司	61953	24693	37261	39.86
江西省				
萍乡矿业集团公司	310989	219089	91900	70.45
丰城矿务局	118896	102695	16201	86.37
山东省				
兖矿集团有限公司	3728377	2228455	1499922	59.77
新汶矿业集团公司	2152193	1505841	646352	69.97
枣庄矿业集团公司	1182417	777724	404693	65.77
淄博矿业集团公司	938590	621943	316647	66.26
肥城矿业集团公司	636615	459185	177430	72.13
济宁矿业集团公司	350425	128780	221645	36.75
临沂矿务局	306878	305250	1628	99.47
龙口矿业集团	304746	114640	190106	37.62
丰源煤电股份公司	83963	30004	53960	35.73
裕隆矿业集团公司	72370	26751	45619	36.96
宏河矿业集团公司	83084	54984	28100	66.18
河南省				
平顶山煤业集团公司	1660075	913883	746192	55.05
永城煤电集团公司	872804	628956	243848	72.06
河南神火集团公司	657973	379242	278731	57.64
义马煤业集团公司	618320	319746	298574	51.71
郑州煤炭工业集团公司	610015	257166	352849	42.16

续表

企业名称	资产总计	负债合计	所有者权益合计	资产负债率（%）
鹤壁煤业集团公司	463636	260177	203459	56.12
焦作煤业集团公司	370131	151140	218991	40.83
辉县市吴村煤矿	68153	35805	32348	52.54
湖南省				
白沙煤电集团公司	129870	76031	53839	58.54
涟邵矿业集团公司	102478	37470	65008	36.56
资兴矿业集团公司	72767	27333	45434	37.56
煤炭坝能源有限公司	56785	19569	37216	34.46
重庆市				
松藻煤电公司	183409	67923	115486	37.03
南桐矿业有限公司	86224	54138	32086	62.79
永荣矿业有限公司	80945	38699	42246	47.81
四川省				
攀枝花煤业集团公司	242455	164922	77533	68.02
广旺能源发展集团公司	81351	46997	34354	57.77
华蓥山广能集团公司	69332	30260	39072	43.65
芙蓉煤业集团公司	77553	34725	42828	44.78
贵州省				
盘江煤电集团公司	627585	265455	362130	42.30
水城矿业集团公司	422605	154010	268595	36.44
六枝工矿（集团）公司	110924	61508	49416	55.45
云南省				
东源煤业集团有限公司	271588	178857	92731	65.86
小龙潭矿务局	193422	120521	72901	62.31
陕西省				
陕西煤业集团	1204247	819996	384251	68.09
其中：铜川矿务局	354176	154099	200078	43.51
韩城矿务局	200269	77777	122492	38.84
黄陵矿业有限公司	182482	208409	-25927	114.21
蒲白矿务局	131018	111509	19509	85.11
甘肃省				
华亭煤业集团公司	395903	283807	112096	71.69
窑街煤电公司	325143	119193	205950	36.66
靖远煤业公司	276041	82344	193697	29.83
宁夏自治区				
宁夏煤业集团	901461	441295	460166	48.95
新疆自治区				
乌鲁木齐矿业集团公司	195360	78430	116930	40.15
哈密煤业集团公司	168658	74043	94615	43.90

2004年煤炭工业大型企业财务指标（三）

单位：万元

企业名称	财务费用	利息净支出	管理费用	营业费用
神华集团	236086	241912	267828	87199
中煤集团	82905	78722	184510	494394
其中：平朔煤炭工业公司	48032	39200	38233	315371
大屯煤电集团公司				
太原煤气化有限公司	10596	10543	19073	11676
北京市				
京煤集团有限公司	1386	1332	72138	22576
河北省				
开滦集团公司	9984	10003	173321	43390
峰峰集团有限公司	11460	10478	57220	6571
邢台矿业集团公司	4090	3840	63850	10169
邯郸矿业集团公司	3456	3456	32782	4070
井陉矿务局	960	947	11397	3560
山西省				
山西焦煤集团	32587	36300	202603	70607
其中：西山煤矿总公司	103308	127069	102580	35929
汾西矿业集团公司	5224	5132	44755	4135
霍州煤电集团公司	867	1549	49884	4604
大同煤矿集团公司	26300	25033	200884	470348
晋城无烟煤集团公司	19001	22477	123210	12625
阳泉煤业集团公司	7924	7684	84218	28315
潞安矿业集团公司	3116	3000	92521	17134
兰花煤炭集团公司	4411	4988	24761	3834
晋城市沁和能源公司	2041		12837	1350
汾河焦煤股份有限公司	-330		5049	4349
内蒙古自治区				
霍林河煤业集团公司	4914	4808	16394	5074
平庄煤业集团公司	657	595	21273	957
扎赉诺尔煤业有限公司	816	858	13557	1008
大雁煤业有限责任公司	1247	1247	4257	699
伊敏华能东电煤电公司	55523	55523	7661	665
辽宁省				
铁法煤业集团公司	-515	786	81331	2600
阜新矿业集团	5250	5281	80660	1952
抚顺矿业集团公司	2534	2933	86523	4619
沈阳煤业集团公司	1415	1407	24839	
南票矿务局	858	876	11930	
吉林省				
辽源矿务局	475	466	16583	1286

续表

企业名称	财务费用	利息净支出	管理费用	营业费用
黑龙江省				
双鸭山矿业集团公司	8309	8127	48903	3365
鹤岗矿业集团公司	16003	17152	58162	9407
七台河矿业精煤集团	10077	10077	57293	13764
鸡西矿业集团公司	8102	8241	53215	5867
江苏省				
徐州矿务集团公司	732	1056	173547	21996
天能集团	1099	1284	20574	740
浙江省				
长广集团公司	947		17915	1047
安徽省				
淮南矿业集团公司	4127	4088	155638	30556
淮北矿业集团公司	9252	8943	180711	13888
皖北煤电集团公司	6283	8780	54853	7204
国投新集能源股份公司	9046	8746	12402	1849
福建省				
福建煤炭工业集团	5123	2697	35911	19450
其中：福建煤电股份公司	−87	−87	4452	2861
江西省				
萍乡矿业集团公司	5239	5761	33242	4222
丰城矿务局	3113	3225	22433	873
山东省				
兖矿集团有限公司	65254	60774	314899	181368
新汶矿业集团公司	23737	23454	138215	21249
枣庄矿业集团公司	7309	6023	231544	22322
淄博矿业集团公司	15346	15346	146852	7402
肥城矿业集团公司	4315	4147	73661	7875
济宁矿业集团公司	2394		40623	1951
临沂矿务局	5189		84142	3520
龙口矿业集团	−754	−754	39152	5040
丰源煤电股份公司	117		6419	2918
裕隆矿业集团公司	188		10838	779
宏河矿业集团公司	40		17187	1197
河南省				
平顶山煤业集团公司	16420	16426	197903	22698
永城煤电集团公司	25665	19915	47757	6768
河南神火集团公司	6155	6155	15846	5177
义马煤业集团公司	1155	1019	70040	11982
郑州煤炭工业集团公司	10645	10615	64806	7786

续表

企业名称	财务费用	利息净支出	管理费用	营业费用
鹤壁煤业集团公司	4214	4211	43298	4940
焦作煤业集团公司	2970	2970	35312	7117
辉县市吴村煤矿	895		4592	261
湖南省				
白沙煤电集团公司	383	383	15251	496
涟邵矿业集团公司	－4	－5	12570	550
资兴矿业集团公司	123	192	5408	961
煤炭坝能源有限公司	382	382	3916	
重庆市				
松藻煤电公司	－723	－744	17790	1035
南桐矿业有限公司	449	300	11721	584
永荣矿业有限公司	378	320	12947	850
四川省				
攀枝花煤业集团公司	2177	2070	13643	1254
广旺能源发展集团公司	－97	－130	7669	1203
华蓥山广能集团公司	－214	130	7002	1742
芙蓉煤业集团公司	－372	－217	7930	874
贵州省				
盘江煤电集团公司	5497	5451	35059	6260
水城矿业集团公司	1085	1052	12591	552
六枝工矿（集团）公司	2	500	6537	4154
云南省				
东源煤业集团有限公司	2358	2267	16062	6314
小龙潭矿务局	－866		8518	2371
陕西省				
陕西煤业集团	11382	13428	113735	12705
其中：铜川矿务局	632	632	39950	3953
韩城矿务局	620	618	19397	1546
黄陵矿业有限公司	8717	8717	9756	2276
蒲白矿务局	858	858	16570	1965
甘肃省				
华亭煤业集团公司	10701	10701	28220	11100
窑街煤电公司	2492	2697	14320	
靖远煤业公司	858	702	33398	1975
宁夏自治区				
宁夏煤业集团	2000	1940	54709	17456
新疆自治区				
乌鲁木齐矿业集团公司	857	815	7448	915
哈密煤业集团公司	666	558	7663	1930

2004年煤炭工业大型企业财务指标（四）

单位：万元

企业名称	应收账款净额	存货	
			产成品
神华集团		483555	
中煤集团	352220	363584	104274
其中：平朔煤炭工业公司	53795	114047	22395
大屯煤电集团公司			
太原煤气化有限公司	37785	28000	11716
北京市			
京煤集团有限公司	32693	58740	17899
河北省			
开滦集团公司	55437	54318	18548
峰峰集团有限公司	37465	26303	8779
邢台矿业集团公司	27306	29017	15362
邯郸矿业集团公司	20052	24683	24178
井陉矿务局	17851	27045	16233
山西省			
山西焦煤集团	369432	306613	129251
其中：西山煤矿总公司	95616	136521	49606
汾西矿业集团公司	51752	45840	25724
霍州煤电集团公司	19537	54277	31347
大同煤矿集团公司	188427	172486	70617
晋城无烟煤集团公司	38094	87093	24873
阳泉煤业集团公司	50774	40365	12578
潞安矿业集团公司	19137	35195	7929
兰花煤炭集团公司	15178	18871	12748
晋城市沁和能源公司	2985		619
汾河焦煤股份有限公司	9926		9553
内蒙古自治区			
霍林河煤业集团公司	22788	21255	8395
平庄煤业集团公司	30892	12986	6684
扎赉诺尔煤业有限公司	20535	3959	
大雁煤业有限责任公司	12044	3375	2
伊敏华能东电煤电公司	29755	4632	395
辽宁省			
铁法煤业集团公司	33908	29734	9963
阜新矿业集团	24520	20996	2162
抚顺矿业集团公司	36502	28064	3449
沈阳煤业集团公司	30098	10493	5280
南票矿务局	11060	7043	1598
吉林省			
辽源矿务局	9182	7790	2521

续表

企业名称	应收账款净额	存货	
			产成品
黑龙江省			
双鸭山矿业集团公司	46701	21339	3238
鹤岗矿业集团公司	56219	82640	22539
七台河矿业精煤集团	72368	36840	7844
鸡西矿业集团公司	79201	29653	4537
江苏省			
徐州矿务集团公司	36428	62639	25350
天能集团	3894	6833	1408
浙江省			
长广集团公司	5184		1641
安徽省			
淮南矿业集团公司	54805	46818	14133
淮北矿业集团公司	76231	60298	22445
皖北煤电集团公司	16902	18551	4405
国投新集能源股份公司	5641	12972	51
福建省			
福建煤炭工业集团	15327	75032	3639
其中：福建煤电股份公司	542	2454	41
江西省			
萍乡矿业集团公司	30547	24386	7229
丰城矿务局	2209	2658	236
山东省			
兖矿集团有限公司	79243	204858	117200
新汶矿业集团公司	62809	72170	26803
枣庄矿业集团公司	19957	41555	16584
淄博矿业集团公司	9527	23518	4594
肥城矿业集团公司	18746	26422	12543
济宁矿业集团公司	5576		1898
临沂矿务局	8647		8749
龙口矿业集团	8812	19557	4041
丰源煤电股份公司	208		614
裕隆矿业集团公司	739		
宏河矿业集团公司	5693		650
河南省			
平顶山煤业集团公司	72990	103890	42735
永城煤电集团公司	2362	15941	555
河南神火集团公司	17118	42645	11469
义马煤业集团公司	34908	36133	7654
郑州煤炭工业集团公司	41372	38116	15432

续表

企业名称	应收账款净额	存货	
			产成品
鹤壁煤业集团公司	24325	31302	9540
焦作煤业集团公司	28688	25525	13610
辉县市吴村煤矿	7220		1871
湖南省			
白沙煤电集团公司	11869	1802	1200
涟邵矿业集团公司	5859	6384	3661
资兴矿业集团公司	7526	6441	2113
煤炭坝能源有限公司	7278	3216	2000
重庆市			
松藻煤电公司	8897	6375	1035
南桐矿业有限公司	7385	4557	639
永荣矿业有限公司	25429	3655	2140
四川省			
攀枝花煤业集团公司	17272	5526	839
广旺能源发展集团公司	5945	8439	3630
华蓥山广能集团公司	931	4009	1459
芙蓉煤业集团公司	7884	3935	620
贵州省			
盘江煤电集团公司	11810	14802	5496
水城矿业集团公司	25106	15089	2805
六枝工矿（集团）公司	11265	8678	3320
云南省			
东源煤业集团有限公司	15054	14018	6399
小龙潭矿务局	4149		213
陕西省			
陕西煤业集团	78914	55040	9249
其中：铜川矿务局	12505	19352	2874
韩城矿务局	9419	10473	4428
黄陵矿业有限公司	11072	7217	897
蒲白矿务局	12945	3735	350
甘肃省			
华亭煤业集团公司	15668	10813	3621
窑街煤电公司	23170	16380	806
靖远煤业公司	25940	13194	1647
宁夏自治区			
宁夏煤业集团	62943	62154	21754
新疆自治区			
乌鲁木齐矿业集团公司	21176	12198	9093
哈密煤业集团公司	16227	7194	823

2004年末煤炭工业大型企业矿井（露天）可采储量

单位：万吨

企业名称	矿井(露天)可采储量	企业名称	矿井(露天)可采储量	企业名称	矿井(露天)可采储量
神华集团	669048	**黑龙江省**		焦作煤业集团公司	30255
中煤集团		双鸭山矿业集团公司	69684	**湖南省**	
其中：平朔煤炭工业公司	161357	鹤岗矿业集团公司	89574	白沙煤电集团公司	14051
大屯煤电集团公司		七台河矿业精煤集团	43235	涟邵矿业集团公司	12602
太原煤气化有限公司		鸡西矿业集团公司	94483	资兴矿业集团公司	4582
北京市		**江苏省**		煤炭坝能源有限公司	
京煤集团有限公司	24645	徐州矿务集团公司	64036	**重庆市**	
河北省		天能集团	4750	松藻煤电公司	44539
开滦集团公司	155388	**浙江省**		南桐矿业有限公司	9936
峰峰集团有限公司	49251	长广集团公司		永荣矿业有限公司	29697
邢台矿业集团公司	31453	**安徽省**		**四川省**	
邯郸矿业集团公司	17085	淮南矿业集团公司	233769	攀枝花煤业集团公司	22580
井陉矿务局	9052	淮北矿业集团公司	119544	广旺能源发展集团公司	2497
山西省		皖北煤电集团公司	42193	华蓥山广能集团公司	6518
山西焦煤集团	659292	国投新集能源股份公司	41259	芙蓉煤业集团公司	11318
其中：西山煤矿总公司	363075	**福建省**		**贵州省**	
汾西矿业集团公司	125110	**福建煤炭工业集团**	8788	盘江煤电集团公司	
霍州煤电集团公司	43223	其中：福建煤电股份公司	2310	水城矿业集团公司	65601
大同煤矿集团公司	285534	**江西省**		六枝工矿（集团）公司	26084
晋城无烟煤集团公司	130934	萍乡矿业集团公司		**云南省**	
阳泉煤业集团公司	217529	丰城矿务局	10188	东源煤业集团有限公司	20479
潞安矿业集团公司		**山东省**		**陕西省**	
兰花煤炭集团公司		兖矿集团有限公司	182005	**陕西煤业集团**	
内蒙古自治区		新汶矿业集团公司	33783	其中：铜川矿务局	60660
霍林河煤业集团公司	116521	枣庄矿业集团公司	40271	韩城矿务局	66378
平庄煤业集团公司		淄博矿业集团公司	39604	黄陵矿业有限公司	39130
扎赉诺尔煤业有限公司	93625	肥城矿业集团公司	14115	蒲白矿务局	62111
大雁煤业有限责任公司	20668	济宁矿业集团公司		**甘肃省**	
伊敏华能东电煤电公司	86233	临沂矿务局		华亭煤业集团公司	50782
辽宁省		龙口矿业集团	25913	窑街煤电公司	26110
铁法煤业集团公司	102191	**河南省**		靖远煤业公司	50023
阜新矿业集团	29564	平顶山煤业集团公司	131743	**宁夏自治区**	
抚顺矿业集团公司	7117	永城煤电集团公司	98765	宁夏煤业集团	143016
沈阳煤业集团公司	40705	河南神火集团公司	17464	**新疆自治区**	
南票矿务局	5728	义马煤业集团公司	63583	乌鲁木齐矿业集团公司	64406
吉林省		郑州煤炭工业集团公司	25328	哈密煤业集团公司	
辽源矿务局	12961	鹤壁煤业集团公司	27000		

附录二　国内外资料

国民经济主要指标

	单　位	1952年	1965年	1978年	1985年
一、人　口					
年底总人口数	万人	57482	72528	96259	105044
二、年底社会劳动者人数	万人	20729	28670	39856	49873
其中：职工人数	万人	1603	4965	9499	12358
三、社会总产值	亿元	1015	2695	6846	16588
其中：工农业总产值	亿元	810	2235	5634	13337
四、国民收入	亿元	589	1387	3010	7031
五、国民生产总值	亿元				8330
六、农业生产					
1. 农业总产值	亿元	461	833	1397	3619
2. 粮　食	万吨	16392	19453	30477	37911
七、工业生产					
1. 工业总产值	亿元	349	1402	4237	9717
(1) 轻工业	亿元	225	723	1753	4088
(2) 重工业	亿元	124	679	2314	4668
2. 全民所有制独立核算工业企业劳动生产率	元/人·年	4184	8979	11130	15198
3. 利润和税金总额	亿元	37.4	309.2	790.7	1334.2
八、运输邮电					
铁路货物周转量	亿吨	602	2698	5345	8126
九、全民所有制固定资产投资总额	亿元	43.56	216.90	668.72	1680.5
其中：基本建设投资	亿元	43.56	179.61	500.99	1074.4
十、国内商业					
社会商品零售总额	亿元	276.8	670.3	1558.6	4305
十一、财　政					
国家财政收入	亿元	183.7	473.3	1121.1	1866.4
国家财政支出	亿元	176.0	466.3	1111.0	1844.8
十二、物价指数					
职工生活费用价格总指数（1950年=100）	%	115.5	139.0	144.7	194.4
职工生活费用价格总指数（上年=100）	%	102.7	98.8	100.7	111.9
十三、职工工资					
职工工资总额	亿元			569	1383
职工年平均货币工资	元			614	1148
十四、对外贸易					
进出口总额	亿美元	19.4	42.5	206.4	696.0

注：资料来源国家统计局。

续表

	单　位	1986年	1987年	1988年	1989年	1990年
一、人　口						
年底总人口数	万人	106529	108073	109614	111191	114333
二、年底社会劳动者人数	万人	51282	52782	54334	55329	56740
其中：职工人数	万人	12809	13214	13608	13742	14059
三、社会总产值	亿元	19066	23083	29847	34604	38035
其中：工农业总产值	亿元	15207	18489	24089	28552	31586
四、国民收入	亿元	7837	9361	11770	13125	14384
五、国民生产总值	亿元	9457	11351	14015	15789	17695
六、农业生产						
1.农业总产值	亿元	4013	4676	5865	6535	7662
2.粮　食	万吨	39151	40473	39408	40755	44624
七、工业生产						
1.工业总产值	亿元	11194	13813	18224	22017	23924
（1）轻工业	亿元	4597	6656	8979	10761	11813
（2）重工业	亿元	5252	7157	9245	11256	13801
2.全民所有制独立核算工业企业劳动生产率	元/人·年	15451	16671	18056	18320	30839
3.利润和税金总额	亿元	1341.4	1541.1	1774.9	1773.0	1503.1
八、运输邮电						
铁路货物周转量	亿吨	18765	9472	9878	10394	10622
九、全民所有制固定资产投资总额	亿元	1978.5	2298	2763	2535	2918.6
其中：基本建设投资	亿元	1176.1	1343.1	1574.3	1552	1703.8
十、国内商业						
社会商品零售总额	亿元	4950	5820	7440	8101	8300.1
十一、财　政						
国家财政收入	亿元	2260.3	2346.6	2628	2912	3312.6
国家财政支出	亿元	2330.8	2426.9	2706	3015	3452.2
十二、物价指数						
职工生活费用价格总指数（1950年=100）	%	208.0	226.3	273.1	317.6	321.7
职工生活费用价格总指数（上年=100）	%	107.0	108.8	120.7	116.3	101.3
十三、职工工资						
职工工资总额	亿元	1660	1881	2316	2619	2951
职工年平均货币工资	元	1329	1459	1747	1935	2140
十四、对外贸易						
进出口总额	亿美元	738.5	826.5	1028	1117	1154.4

续表

	单　位	1991年	1992年	1993年	1994年	1995年	1996年	1997年
一、人　口								
年底总人口数	万人	115823	117171	118517	119850	121121	122389	123626
二、年底社会劳动者人数	万人	58360	59432	60220	61470	62388	68850	69600
其中：职工人数	万人	14508	14792	14849	14849	14908	14845	14668
三、国民收入								
四、国民生产总值	亿元	21663	26652	34561	46670	57495	66851	73143
国内生产总值	亿元	21618	26638	35334	48198	60794	71177	78973
第一产业	亿元	5289	5800	6887	9471	12020	13886	14265
第二产业	亿元	9102	11700	16454	22445	28679	33835	37543
第三产业	亿元	7227	9139	11992	16281	20094	23456	27165
五、农业生产								
1. 农林、牧、渔业产值	亿元	8157	9085	10996	15751	20341	22354	23788
2. 粮　食	万吨	43529	44266	45649	44510	46662	50454	49417
六、工业生产								
工业总产值	亿元	28248	36802	52692	76906	91894	99595	113733
七、运输邮电								
铁路货物周转量	亿吨	10972.0	11575.6	11968.9	12471.4	13049.5	13106.2	13269.9
八、全社会固定资产投资总额	亿元	5595	8080	13072	17042	20019	22974	24941
国有固定资产投资总额	亿元	3714	5499	7926	9615	10898	12056	13092
其中：基本建设投资	亿元	2116	3013	4616	6437	7404	8611	9917
集体单位固定资产投资	亿元	698	1359	2317	2759	3289	3661	3851
九、国内商业								
社会商品零售总额	亿元	9416	10994	12462	16265	20620	24774	27299
十、财　政								
国家财政收入	亿元	3149	3483	4349	5218	6242	7408	8651
国家财政支出	亿元	3387	3742	4642	5793	6824	7938	9234
十一、职工工资								
职工工资总额	亿元	3324	3939	4916	6656	8100	9080	9405
职工年平均货币工资	元	2340	2711	3371	4538	5500	6210	6470
十二、对外贸易								
进出口总额	亿美元	1357	1656	1957	2366	2809	2899	3252
进口额	亿美元	638	806	1040	1156	1321	1388	1424
出口额	亿美元	719	849	917	1210	1488	1511	1828
十三、居　住								
城市居民人均居住面积	平方米	6.9	7.1	7.5	7.8	8.1	8.5	8.8

续表

	单 位	1998年	1999年	2000年	2001年	2002年	2003年	2004年
一、人 口								
年底总人口数	万人	124761	125786	126743	127627	128453	129227	129988
二、年底社会劳动者人数	万人	69957	70586	71156	73025	73740	74432	75200
其中：职工人数	万人	12337	11773	11259	10792	10558	10492	10576
三、国民收入								
四、国民生产总值	亿元	76967	80579	88254	95728	103935	116603	
国内生产总值	亿元	84402	89677	99215	109655	120333	135823	159878
第一产业	亿元	14618	14548	14716	15516	16239	17068	20956
第二产业	亿元	39004	41034	45556	49512	53897	62436	73904
第三产业	亿元	30780	34095	38942	44627	50197	56318	65018
五、农业生产								
1.农林、牧、渔业产值	亿元	24542	24519	24916	26180	27391	29692	36239
2.粮 食	万吨	51230	50839	46218	45264	45706	43070	46947
六、工业生产								
工业总产值	亿元	119048	126111	85674	95449	110776	142271	187221
七、运输邮电								
铁路货物周转量	亿吨	12560.1	12910.3	13770.5	14694.1	15658.4	17246.7	
八、全社会固定资产投资总额	亿元	28406	29855	32918	37214	43500	55567	70477
国有固定资产投资总额	亿元	15369	15948	16504	17607	18877	39837	50631
其中：基本建设投资	亿元	11916	12455	13427	14820	17667	22909	
集体单位固定资产投资	亿元	4192	4339	4802	5279	5987	8010	9881
九、国内商业								
社会商品零售总额	亿元	29153	31135	34153	37595	42027	45842	59501
十、财 政								
国家财政收入	亿元	9876	11444	13395	16386	18904	21715	26397
国家财政支出	亿元	10798	13188	15887	18903	22053	24650	28487
十一、职工工资								
职工工资总额	亿元	9267	9876	10656	11831	13161	14744	16900
职工年平均货币工资	元	7479	8346	9371	10870	12422	14040	16024
十二、对外贸易								
进出口总额	亿美元	3240	3606	4743	5097	6208	8510	11546
进口额	亿美元	1402	1657	2251	2436	2952	4128	5612
出口额	亿美元	1837	1949	2492	2661	3256	4382	5933
十三、居 住								
城市居民人均居住面积	平方米	9.3	9.8	10.3		22.8	23.7	

历年能源生产、消费量增长同国民经济增长关系比较

单位：%

年份	能源生产增长速度	电力生产增长速度	煤炭生产增长速度	能源消费增长速度	电力消费增长速度	煤炭消费增长速度	国内（民）生产总值增长速度
1953	6.59	26.03	4.80				14.00
1954	20.61	19.57	20.06	15.21	19.57	14.12	5.80
1955	16.50	11.82	17.50	11.77	11.82	11.17	6.40
1956	12.98	34.96	12.27	26.29	34.96	26.00	14.10
1957	19.64	16.27	18.46	9.59	16.27	9.11	4.50
1958	101.25	42.49	106.53	82.49	42.99	87.05	22.00
1959	36.87	53.82	36.59	35.95	53.82	36.03	8.20
1960	9.12	40.43	7.70	26.17	40.43	25.14	-1.40
1961	-28.39	-19.19	-30.11	-32.46	-19.19	-34.32	-29.70
1962	-19.03	-4.58	-20.92	-18.88	-4.58	-20.74	-6.50
1963	-1.02	6.99	-1.13	-5.88	6.99	-6.19	10.70
1964	1.31	14.29	-1.15	6.87	14.29	5.73	16.50
1965	9.24	20.71	8.03	13.61	20.71	11.63	17.00
1966	10.67	22.04	8.49	7.24	22.04	6.97	17.00
1967	-16.03	-6.18	-18.20	-9.58	-6.18	-11.11	-7.20
1968	6.98	-7.49	6.75	0.42	-7.49	-0.74	-6.50
1969	23.45	31.28	21.11	23.50	31.28	20.76	19.30
1970	34.13	23.30	33.10	28.86	23.30	27.23	23.30
1971	13.87	19.41	10.82	17.77	19.41	15.30	7.00
1972	7.07	10.12	4.63	8.05	10.12	5.76	2.90
1973	5.90	9.45	1.58	4.93	9.45	1.31	8.30
1974	4.03	1.20	-0.91	2.57	1.20	-1.06	1.10
1975	17.12	16.00	16.71	13.24	16.00	12.70	8.30
1976	3.25	3.73	0.25	5.30	3.73	2.44	-2.70
1977	12.03	10.00	13.90	9.46	10.00	10.08	7.80
1978	11.30	14.86	12.20	9.15	14.86	9.80	12.30
1979	2.85	9.90	2.86	2.53	9.90	3.45	7.00
1980	-1.28	6.60	-2.42	2.88	6.60	3.60	6.40
1981	-0.80	2.89	0.24	-1.37	2.99	-0.10	4.90
1982	5.62	5.95	7.19	4.41	5.94	5.88	8.20
1983	6.73	7.23	7.24	6.40	7.29	5.23	10.00

续表

年份	能源生产增长速度	电力生产增长速度	煤炭生产增长速度	能源消费增长速度	电力消费增长速度	煤炭消费增长速度	国内（民）生产总值增长速度
1984	9.24	7.29	10.45	7.37	7.36	10.27	13.60
1985	9.88	8.94	10.52	8.15	9.00	9.40	13.50
1986	3.01	9.45	2.49	5.44	9.45	5.86	7.70
1987	3.57	10.63	6.40	7.15	10.61	6.78	10.20
1988	4.97	9.63	5.58	7.35	9.67	6.77	11.30
1989	6.09	7.26	7.58	4.23	7.29	5.24	3.70
1990	2.25	6.22	2.39	1.82	6.22	2.03	4.80
1991	0.9	9.1	0.5	5.1	9.2	2.6	9.2
1992	2.3	11.3	2.8	5.2	11.5	3.5	14.2
1993	3.6	15.3	3.3	6.3	11.0	12.5	14.0
1994	6.9	10.7	6.8	5.8	9.9	6.1	13.1
1995	8.7	8.6	5.1	6.9	8.2	5.8	10.9
1996	2.8	7.2	6.3	5.9	7.4	5.1	10.0
1997	−0.2	5.0	−3.6	−0.8	4.8	−3.8	9.3
1998	−6.2	2.9	−7.0	−4.1	2.8	−7.0	7.8
1999	−12.2	6.3	−15.3	−1.6	6.1	−2.4	7.6
2000	−2.0	9.4	−4.3	0.1	9.5	−1.4	8.4
2001	13.0	8.6	10.7	3.5	8.6	1.3	8.3
2002	14.4	11.5	28.0	9.9	11.6	8.2	9.1
2003	15.6	16.5	22.1	15.3	16.5	19.9	10.0
2004	14.3	15.3	15.6	16.1	15.4	14.2	10.1
一五时期	15.15	21.46	14.50	15.54	20.35	14.92	8.90
二五时期	11.75	18.87	10.90	11.39	18.87	10.63	−3.10
三年调整	3.08	13.86	1.80	4.55	13.86	3.45	14.68
三五时期	10.48	11.39	8.80	9.16	11.39	7.71	8.34
四五时期	9.49	11.06	6.40	9.17	11.06	6.61	5.48
五五时期	5.51	8.95	5.20	5.82	8.95	5.81	6.06
六五时期	6.06	6.44	7.10	4.93	6.50	6.07	9.98
七五时期	3.97	8.63	4.40	5.18	8.64	5.32	7.48

续表

年份	能源生产弹性系数	电力生产弹性系数	煤炭生产弹性系数	能源消费弹性系数	电力消费弹性系数	煤炭消费弹性系数
1953	0.47	1.86				
1954	3.55	3.37	3.46	2.62	3.37	2.44
1955	2.58	1.85	2.73	1.84	1.85	1.74
1956	0.92	2.48	0.87	1.86	2.48	1.84
1957	4.37	3.61	4.10	2.13	3.61	2.02
1958	4.60	1.93	4.84	3.75	1.93	3.96
1959	4.50	6.56	4.46	4.38	6.56	4.39
1960						
1961	0.96	0.65	1.01	1.09	0.65	1.16
1962	2.93	0.71	3.22	2.90	0.71	3.19
1963		0.65			0.65	
1964	0.08	0.87		0.42	0.87	0.35
1965	0.54	1.22	0.47	0.80	1.22	0.68
1966	0.63	1.30	0.50	0.43	1.30	0.41
1967	2.23	0.86	2.53	1.33	0.86	1.54
1968		1.15			1.15	
1969	1.22	1.62	1.09	1.22	1.62	1.07
1970	1.46	1.00	1.42	1.24	1.00	1.17
1971	1.98	2.77	1.55	2.54	2.77	2.18
1972	2.44	3.49	1.60	2.78	3.49	1.99
1973	0.71	1.14	0.19	0.59	1.14	0.16
1974	3.66	1.09		2.24	1.09	0.96
1975	2.06	1.93	2.01	1.60	1.93	1.53
1976						
1977	1.54	1.28	1.78	1.21	1.28	1.29
1978	0.92	1.21	0.99	0.74	1.21	0.80
1979	0.41	1.41	0.41	0.36	1.41	0.49
1980		1.03		0.45	1.03	0.56
1981		0.59	0.05		0.61	
1982	0.68	0.73	0.88	0.54	0.72	0.72
1983	0.67	0.72	0.72	0.64	0.73	0.52

续表

年份	能源生产弹性系数	电力生产弹性系数	煤炭生产弹性系数	能源消费弹性系数	电力消费弹性系数	煤炭消费弹性系数
1984	0.68	0.54	0.77	0.54	0.54	0.76
1985	0.73	0.66	0.78	0.60	0.67	0.70
1986	0.39	1.23	0.32	0.71	1.23	0.76
1987	0.35	1.04	0.63	0.70	1.04	0.66
1988	0.44	0.85	0.49	0.65	0.86	0.60
1989	1.65	1.96	2.05	1.14	1.97	1.42
1990	0.47	1.30	0.50	0.23	1.30	0.42
1991	0.10	0.99	0.05	0.55	1.00	0.28
1992	0.16	0.80	0.20	0.37	0.81	0.25
1993	0.26	1.09	0.24	0.45	0.79	0.89
1994	0.53	0.82	0.52	0.44	0.76	0.47
1995	0.80	0.79	0.47	0.63	0.75	0.54
1996	0.28	0.72	0.63	0.59	0.74	0.51
1997		0.54			0.52	
1998		0.37			0.36	
1999		0.83			0.80	
2000		1.12		0.01	1.13	
2001	1.57	1.04	1.28	0.42	1.04	0.16
2002	1.58	1.26	3.08	1.09	1.27	0.91
2003	1.56	1.65	2.21	1.53	1.65	1.99
2004	1.42	1.51	1.54	1.59	1.52	1.41
一五时期	1.70	2.41	1.63	1.75	2.29	1.68
二五时期						
三年调整时期	0.21	0.94	0.12	0.31	0.94	0.23
三五时期	1.26	1.37	1.06	1.10	1.37	0.92
四五时期	1.73	2.02	1.17	1.67	2.01	1.21
五五时期	0.91	1.48	0.86	0.96	1.48	0.96
六五时期	0.61	0.65	0.71	0.49	0.65	0.61
七五时期	0.53	1.15	0.59	0.69	1.16	0.71

注：1. 1990 年及以前为国民生产总值（GNP）增长速度，1990 年以后为国内生产总值（GDP）增长速度，按可比价格计算；

2. 增长速度以上年为 100，各时期为平均增长速度。

煤炭与钢铁、电力、原油产量及发展速度比较

单位：万吨

年 份	原 煤	钢	电力（亿度）	原 油
一、产量				
1949	3243	15.8	43	12
1952	6649	135	73	44
1957	13073	535	193	146
1962	21955	667	458	575
1965	23180	1223	676	1131
1970	35399	1779	1159	3065
1975	48224	2390	1958	7706
1978	61786	3178	2566	10405
1980	62013	3712	3006	10595
1981	62163	3560	3093	10122
1982	66632	3716	3277	10212
1983	71453	4002	3514	10607
1984	78923	4347	3770	11461
1985	87228	4679	4107	12490
1986	89404	5220	4495	13108
1987	92809	5628	4973	13414
1988	97987	5943	5452	13705
1989	105415	6159	5848	13764
1990	107930	6635	6212	13831
1991	108428	7100	6775	14099
1992	111455	8094	7539	14210
1993	115137	8956	8394	14524

续表

年份	原煤	钢	电力（亿度）	原油
1994	122953	9153	9200	14600
1995	129218	9536	10077	15005
1996	137408	10100	10794	15729
1997	132525	10894	11342	16044
1998	123251	11559	11670	16100
1999	104363	12426	12393	16000
2000	99917	12850	13556	16300
2001	110559	15163	14808	16396
2002	141531	18237	16540	16700
2003	172787	22234	19106	16960
2004	199735	28291	22033	17587
二、平均增长速度（%）				
三年恢复	27.1	104.4	19.3	54.2
一五时期	14.5	31.7	21.5	27.1
二五时期	10.9	4.5	18.9	31.6
三年调整	1.8	22.4	13.9	25.3
三五时期	8.8	7.8	11.4	22.0
四五时期	6.4	6.0	11.0	20.2
五五时期	5.1	9.2	8.9	6.5
六五时期	7.1	4.7	6.4	3.3
七五时期	4.4	7.2	8.6	2.1
八五时期	3.7	7.2	10.0	1.5
九五时期	-5.0	6.2	6.1	1.7

能源生产和能源消费弹性系数

年份	能源生产			能源消费		
	能源生产比上年增长（%）	国内生产总值比上年增长（%）	能源生产弹性系数	能源消费比上年增长（%）	国内生产总值比上年增长（%）	能源消费弹性系数
1953	6.59	14.0	0.47		14.0	
1954	20.61	5.8	3.55	15.21	5.8	2.62
1955	16.50	6.4	2.58	11.77	6.4	1.84
1956	12.98	14.1	0.92	26.29	14.1	1.86
1957	19.64	4.5	4.36	9.59	4.5	2.13
1958	101.25	22.0	4.60	82.49	22.0	3.75
1959	36.87	8.2	4.50	35.95	8.2	4.38
1960	9.12	-1.4		26.17	-1.4	
1961	-28.39	-29.7	0.96	-32.46	-29.7	1.09
1962	-19.03	-6.5	2.93	-18.88	-6.5	2.90
1963	-1.02	10.7		-5.88	10.7	
1964	1.31	16.5	0.08	6.87	16.5	0.42
1965	9.24	17.0	0.54	13.61	17.0	0.80
1966	10.67	17.0	0.63	7.24	17.0	0.43
1967	-16.03	-7.2	2.23	-9.58	-7.2	1.33
1968	6.98	-6.5		0.42	-6.5	
1969	23.45	19.3	1.22	23.5	19.3	1.22
1970	34.13	23.3	1.46	28.86	23.3	1.24
1971	13.87	7.0	1.98	17.77	7.0	2.54
1972	7.07	2.9	2.44	8.05	2.9	2.78
1973	5.90	8.3	0.71	4.93	8.3	0.59
1974	4.03	1.1	3.66	2.57	1.1	2.34
1975	17.12	8.3	2.06	13.24	8.3	1.60
1976	3.25	-2.7		5.3	-2.7	
1977	12.03	7.8	1.54	9.46	7.8	1.21
1978	11.30	12.3	0.92	9.15	12.3	0.74

续表

年份	能源生产			能源消费		
	能源生产比上年增长（%）	国内生产总值比上年增长（%）	能源生产弹性系数	能源消费比上年增长（%）	国内生产总值比上年增长（%）	能源消费弹性系数
1979	2.85	7.0	0.41	2.53	7.0	0.36
1980	−1.28	6.4		2.88	6.4	0.45
1981	−0.80	4.9		−1.37	4.9	
1982	5.62	8.2	0.69	4.14	8.2	0.54
1983	6.73	10.0	0.67	6.40	10.0	0.64
1984	9.24	13.6	0.68	7.37	13.6	0.54
1985	9.88	13.5	0.73	8.10	13.5	0.60
1986	3.01	7.7	0.39	5.44	7.7	0.71
1987	3.57	10.2	0.35	7.15	10.2	0.70
1988	4.97	11.3	0.44	7.35	11.3	0.65
1989	6.10	3.7	1.65	4.23	3.7	1.14
1990	2.20	3.8	0.58	1.80	3.8	0.47
1991	0.89	9.2	0.10	5.10	9.2	0.55
1992	2.30	14.2	0.16	5.19	14.2	0.37
1993	3.60	14.0	0.26	6.30	14.0	0.45
1994	6.90	13.1	0.53	5.81	13.1	0.44
1995	8.70	10.9	0.80	6.90	10.9	0.63
1996	2.80	10.0	0.28	5.90	10.0	0.59
1997	−0.20	9.3		−0.80	9.3	
1998	−6.16	7.8		−4.10	7.8	
1999	−12.20	7.6		−1.60	7.6	
2000	−2.00	8.4		0.10	8.4	0.01
2001	13.00	8.3	1.57	3.50	8.3	0.42
2002	14.40	9.1	1.58	9.90	9.1	1.09
2003	15.80	10.0	1.58	13.20	10.0	1.32
2004	14.3	10.1	1.42	16.1	10.1	1.59

注：“国内生产总值比上年增长”栏1993年前为“国民收入比上年增长”数。

全国能源生产总量和构成

年份	能源国内生产总量（万吨标准煤）	占能源生产总量的（%）			
		原煤	原油	天然气	水电
1949	2374	96.3	0.7		3.0
1950	3174	96.8	0.7		2.5
1951	3903	97.0	1.1		1.9
1952	4871	96.7	1.3		2.0
1953	5192	96.3	1.7		2.0
1954	6262	95.8	1.8		2.4
1955	7295	95.9	1.9		2.2
1956	8242	95.3	2.0		2.7
1957	9861	94.9	2.1	0.1	2.9
1958	19845	97.1	1.6	0.1	1.2
1959	27161	97.0	2.0	0.1	0.9
1960	29637	95.6	2.5	0.5	1.4
1961	21224	93.5	3.6	0.9	2.0
1962	17185	91.4	4.8	0.9	2.9
1963	17009	91.1	5.4	0.8	2.7
1964	17232	89.1	7.0	0.8	3.1
1965	18824	88.0	8.6	0.8	2.6
1966	20833	86.4	10.0	0.8	2.8
1967	17494	84.1	11.3	1.1	3.5
1968	18715	83.9	12.2	1.0	2.9
1969	23104	82.2	13.5	1.1	3.2
1970	30990	81.6	14.1	1.2	3.1
1971	35289	79.3	16.0	1.4	3.3
1972	37785	77.5	17.3	1.7	3.5
1973	40013	74.4	19.2	2.0	4.4
1974	41626	70.8	22.3	2.4	4.5
1975	48754	70.6	22.6	2.4	4.4
1976	50340	68.5	24.7	2.7	4.1
1977	56396	69.6	23.7	2.9	3.8

续表

年份	能源国内生产总量（万吨标准煤）	占能源生产总量的（%）			
		原煤	原油	天然气	水电
1978	62770	70.3	23.7	2.9	3.1
1979	64562	70.2	23.5	3.0	3.3
1980	63735	69.4	23.8	3.0	3.8
1981	63227	70.2	22.9	2.7	4.2
1982	66773	71.3	21.8	2.4	4.5
1983	71270	71.6	21.3	2.3	4.8
1984	77855	72.4	21.0	2.1	4.5
1985	85546	72.8	20.9	2.0	4.3
1986	88132	72.4	21.2	2.1	4.3
1987	91238	72.7	21.0	2.0	4.3
1988	95790	73.1	20.4	2.0	4.5
1989	101639	74.1	19.3	2.0	4.6
1990	103922	74.2	19.0	2.0	4.8
1991	104844	74.1	19.2	2.0	4.7
1992	107256	74.3	18.9	2.0	4.8
1993	111059	74.0	18.7	2.0	5.3
1994	118729	74.6	17.6	1.9	5.9
1995	129034	75.3	16.6	1.9	6.2
1996	132616	75.2	17.0	2.0	5.8
1997	132410	74.1	17.3	2.1	6.5
1998	124250	71.9	18.5	2.5	7.1
1999	125935	72.6	18.2	2.7	6.6
2000	128978	72.0	18.1	2.8	7.2
2001	137445	71.8	17.0	2.9	8.2
2002	143810	72.3	16.6	3.0	8.1
2003	163842	75.1	14.8	2.8	7.3
2004	187341	76.0	13.4	2.9	7.9

注：各种原料均折合每公斤发热量7000大卡的标准燃料，原煤每公斤平均发热量按5000大卡，折0.714公斤；原油每公斤按10000大卡，折1.43公斤；天然气每立方米按9310大卡，折1.33公斤；水电标准量安等价值系数（4.040）折算，1993年起按当量值系数折算。

全国能源消费总量和构成

年份	能源国内消费总量（万吨标准煤）	占能源生产总量的（%）			
		原煤	原油	天然气	水电
1953	4511	94.33	3.81	0.02	1.84
1954	6234	93.45	4.33	0.02	2.20
1955	6968	92.94	4.91	0.03	2.12
1956	8800	92.73	4.83	0.03	2.41
1957	9644	92.32	4.59	0.08	3.01
1958	17599	94.62	3.92	0.06	1.40
1959	23926	94.68	4.05	0.14	1.13
1960	30188	93.90	4.11	0.45	1.54
1961	20390	91.31	5.47	0.94	2.28
1962	16540	89.23	6.61	0.93	3.23
1963	15567	88.93	7.20	0.81	3.06
1964	16637	87.97	8.04	0.73	3.26
1965	18901	86.45	10.27	0.63	2.65
1966	20269	86.24	10.17	0.67	2.92
1967	18328	84.77	10.89	0.84	3.50
1968	18405	83.79	12.09	0.76	3.36
1969	22730	81.93	13.76	0.82	3.49
1970	29291	80.89	14.67	0.92	3.52
1971	34496	79.19	16.00	1.44	3.37
1972	37273	77.51	17.17	1.73	3.59
1973	39109	74.84	18.58	2.03	4.55
1974	40144	72.14	20.72	2.49	4.65
1975	45425	71.85	21.07	2.51	4.57
1976	47831	69.91	23.00	2.81	4.28
1977	52354	70.25	22.61	3.08	4.06
1978	57144	70.67	22.73	3.20	3.40
1979	58588	71.31	21.79	3.30	3.60

续表

年份	能源国内消费总量（万吨标准煤）	占能源生产总量的（%）			
		原煤	原油	天然气	水电
1980	60275	71.81	21.05	3.14	4.00
1981	59447	72.74	19.92	2.85	4.49
1982	62067	73.73	18.72	2.65	4.90
1983	66040	74.20	18.50	2.40	4.90
1984	70904	75.00	17.70	2.40	4.90
1985	76682	75.80	17.10	2.20	4.90
1986	80850	75.80	17.20	2.30	4.70
1987	86632	76.30	16.90	2.10	4.70
1988	92997	76.10	17.10	2.10	4.70
1989	96934	76.20	16.80	2.10	4.90
1990	98703	76.00	17.00	2.10	4.90
1991	103783	76.00	17.00	2.00	5.00
1992	109170	75.7	17.5	1.9	4.9
1993	115993	74.7	18.2	1.9	5.2
1994	122737	75.0	17.4	1.9	5.7
1995	131176	74.6	17.5	1.8	6.1
1996	138948	74.7	18.0	1.8	5.5
1997	137798	71.7	20.4	1.7	6.2
1998	132214	69.6	21.5	2.2	6.7
1999	133831	69.1	22.6	2.1	6.2
2000	138553	67.8	23.2	2.4	6.7
2001	143199	66.7	22.9	2.6	7.9
2002	151791	66.3	23.4	2.6	7.7
2003	174990	68.4	22.2	2.6	6.8
2004	203227	68.0	22.3	2.6	7.1

注：各种原料均折合每公斤发热量 7000 大卡的标准燃料，原煤每公斤平均发热量按 5000 大卡，折 0.714 公斤；原油每公斤按 10000 大卡，折 1.43 公斤；天然气每立方米按 9310 大卡，折 1.33 公斤；水电标准量安等价值系数（4.040）折算，1993 年起按当量值系数折算。

世界主要产煤国家煤炭产量

单位：万吨

年 份	中 国	美 国	前苏联	德 国	波 兰	英 国	法 国	澳大利亚	世界总计
1949	3243	43597	23551	19052	7870	21862	5305		167232
1952	6649	46033	30088	22458	8952	23013	5736		193131
1957	13073	46996	46347	24799	10005	22722	5909		232518
1962	21955	39829	51741	24315	12069	20060	5524		247590
1965	23180	47804	57773	23737	14146	19050	5404		267985
1970	35399	55580	62411	21920	17286	14456	4015		292988
1975	48224	58630	70128	21576	21149	12866	2561		324334
1976	47345	60715	71150	22379	21860	12382	2548		
1977	55068	61210	72213	20776	22688	12223	2428		
1978	61786	59915	72362	20750	23359	12354	2239		
1979	63554	70380	71866	21690	23909	12280	2106		
1980	62013	76295	71637	21697	22998	12864	2083	10530	373300
1981	62163	73277	70410	21908	19856	12779	2157		
1982	66632	75606	71800	21633	22700	12466	2016		
1983	71453	80762	71600	21398	23359	11925	2126		
1984	79823	80725	71200	21157	24196	5118	2070		
1985	87228	80162	68014	20921	24938	8864	1896	15590	436300
1986	89404	80572	70468	20148	25934	10810	1846		446900
1987	92809	83088	76000	19123	26621	10444	1558		457300
1988	97987	86991	77060	18788	26651	10379	1380		481700
1989	105415	88006	74032	18753	24223	10350	1879		488000
1990	107930	93986	70325	18384	21526	9292	1299	20480	474000
1991	108428	90850	62900	17780	21400	9633	1207		447000
1992	111455	90497	60640	31415	19837	8725			446370
1993	115137	85620	53980	27970	18000	7080		22435	458100
1994	122953	93397	47500	25910	19999	8000		22809	445140
1995	129218	92990	43250	24640	19974	5260		23883	453040
1996	137408	96435	24200	23510	20094	5100		24993	476522
1997	132525	98748	22710	22837	20029	5002		27318	676522
1998	123251	101381	23215	21131	17855	4117		27559	493020
1999	104363	100676	24900	21131	17245	3708		30000	476355
2000	99917	99245	25703	20640	16254	3120		30395	390517
2001	110559	101451	26520	20416	16343	3172		33319	469790
2002	141530	99273	25342	21100	16232	2999		34965	471350
2003	172787	97025	27135	20372	16313	2824		35209	492390
2004	199735	100833	27480	20750	16120	2830		34850	

注：1.1992 年以后为德国，以前为前西德。

2.1996 年以前为前苏联，以后为俄罗斯。

世界煤炭产量——按国家和地区分

单位：百万吨

	1981年	1982年	1983年	1984年	1985年	1986年	1987年	1988年	1989年
美　国	747.3	760.3	709.4	812.8	801.7	807.8	833.5	862.1	889.7
加拿大	40.1	42.8	44.8	57.4	60.7	57.8	61.2	70.7	70.5
墨西哥	3.1	3.8	4.9	5.4	5.6	6.3	7.1	6.5	6.9
北美洲总计	**790.5**	**806.9**	**759.1**	**875.6**	**868.0**	**871.9**	**901.8**	**939.3**	**967.1**
巴　西	5.7	6.4	6.7	7.5	7.7	7.4	6.9	7.3	6.7
哥伦比亚	4.0	4.4	5.1	6.6	9.0	10.7	14.6	15.8	19.9
委内瑞拉	0.1	0.1	∧	0.1	∧	0.1	0.2	1.1	2.1
其他中南美洲国家	1.7	1.6	1.7	1.9	1.8	2.0	2.3	3.1	3.0
中南美洲合计	**11.5**	**12.4**	**13.5**	**16.1**	**18.5**	**20.1**	**24.0**	**27.4**	**31.7**
保加利亚	29.2	32.2	32.4	32.4	30.9	35.2	36.8	34.2	34.3
捷　克	117.7	118.8	123.0	124.9	122.8	123.1	122.2	119.8	114.1
法　国	22.7	21.8	21.2	20.7	18.9	18.5	16.7	15.2	14.5
德　国	492.8	499.7	476.5	501.8	521.6	512.8	502.4	497.9	482.3
希　腊	27.3	27.4	30.6	32.5	35.9	38.1	44.6	48.3	51.9
匈牙利	26.0	26.1	25.2	25.1	24.0	23.1	22.8	20.9	20.0
哈萨克斯坦	n/a	n/a	n/a	n/a	130.8	137.5	142.1	143.1	138.4
波　兰	198.6	227.0	233.6	242.0	249.4	259.3	266.2	266.5	249.5
罗马尼亚	36.9	37.9	44.5	44.3	46.6	47.5	51.5	58.8	61.3
俄罗斯	n/a	n/a	n/a	n/a	395.2	407.9	414.7	425.5	409.8
西班牙	35.6	39.6	40.0	40.0	39.8	38.3	34.6	31.9	36.5
土耳其	21.0	21.8	23.8	30.0	40.0	46.4	47.0	39.2	52.2
乌克兰	n/a	n/a	n/a	n/a	189.0	193.1	191.9	191.7	180.2
英　国	127.5	124.7	119.3	51.2	94.1	108.1	104.5	104.1	99.8
其他欧洲国家	781.5	795.8	794.3	793.5	100.8	101.1	99.9	98.0	99.7

注：* 仅指商用固态煤，即烟煤、无烟煤（硬煤）、褐煤与亚烟煤。

∧ 低于0.05

w 低于0.05%

续表

	1981年	1982年	1983年	1984年	1985年	1986年	1987年	1988年	1989年
欧洲合计	**1916.9**	**1972.7**	**1964.4**	**1938.2**	**2039.9**	**2090.1**	**2098.0**	**2095.0**	**2044.5**
中东地区合计	**0.7**	**0.8**	**0.8**	**1.2**	**1.3**	**1.3**	**1.2**	**1.3**	**1.2**
南　非	130.4	144.2	145.6	162.9	173.5	176.7	176.6	181.4	176.3
津巴布韦	2.9	2.8	3.3	3.1	3.1	4.1	4.8	5.1	5.1
非洲其他国家	2.6	2.2	2.1	2.3	2.4	2.4	2.3	2.4	2.2
非洲合计	**135.9**	**149.2**	**151.0**	**168.3**	**179.0**	**183.2**	**183.7**	**188.8**	**183.6**
澳大利亚	126.9	130.1	133.7	140.0	166.6	178.0	187.6	186.9	201.7
中　国	616.5	666.3	714.5	789.2	872.3	894.0	928.0	979.9	1054.2
印　度	130.1	135.0	142.9	152.5	157.5	169.2	185.4	197.0	215.3
印度尼西亚	0.4	0.6	0.7	1.5	2.0	2.6	3.0	4.5	8.7
日　本	17.7	17.6	17.1	16.7	16.4	16.0	13.1	11.2	10.2
新西兰	2.2	2.2	2.5	2.6	2.4	2.5	2.4	2.4	2.7
巴基斯坦	1.6	1.8	1.8	2.3	2.2	2.1	2.4	2.7	2.7
韩　国	19.9	20.1	19.9	21.4	22.5	24.3	24.3	24.3	20.8
泰　国	1.7	2.1	2.0	2.4	5.2	5.5	6.9	7.3	8.9
越　南	6.0	6.3	6.3	5.0	5.6	6.1	6.3	6.1	5.1
其他亚太国家	52.8	56.0	56.9	58.6	61.8	61.9	61.4	61.2	60.0
亚太地区合计	**975.8**	**1038.1**	**1098.2**	**1192.1**	**1314.5**	**1362.1**	**1420.7**	**1483.4**	**1590.3**
世界总计	**3831.3**	**3980.1**	**3987.0**	**4191.6**	**4421.1**	**4528.7**	**4629.4**	**4735.0**	**4818.3**
其中：经合组织	2044.0	2102.1	2042.8	2141.8	2240.3	2276.6	2304.6	2319.7	2334.1
前苏联	710.5	721.3	715.8	709.3	726.4	750.9	759.8	771.9	740.3
其他新兴经济体	1076.8	1156.7	1228.3	1340.5	1454.4	1501.2	1565.0	1643.4	1743.9

续表

	1990年	1991年	1992年	1993年	1994年	1995年	1996年	1997年	1998年
美　国	933.6	903.5	905.0	857.7	937.6	937.1	965.2	988.7	1013.9
加拿大	68.4	71.1	65.3	69.1	72.8	75.0	75.8	78.7	75.4
墨西哥	7.0	6.4	6.1	6.6	8.9	8.9	9.7	9.4	10.1
北美洲总计	**1008.9**	**981.0**	**976.4**	**933.3**	**1019.3**	**1021.0**	**1050.7**	**1076.8**	**1099.3**
巴　西	4.6	5.2	4.7	4.6	5.1	5.2	4.8	5.7	5.5
哥伦比亚	20.5	21.2	23.5	21.7	22.7	25.7	30.1	32.3	33.8
委内瑞拉	2.2	2.4	2.5	4.0	4.4	4.4	4.2	5.3	6.5
其他中南美洲国家	3.1	2.9	2.2	1.9	2.0	1.8	1.8	1.7	0.7
中南美洲合计	**30.3**	**31.7**	**32.9**	**32.1**	**34.3**	**37.1**	**40.8**	**44.9**	**46.4**
保加利亚	31.7	28.5	30.3	29.0	28.8	30.8	31.3	29.7	30.1
捷　克	102.8	96.2	86.6	85.2	77.0	74.3	73.9	73.5	67.5
法　国	13.6	12.9	11.8	11.0	9.5	8.9	8.6	7.3	6.1
德　国	426.7	345.9	307.3	279.7	259.5	245.9	235.1	223.3	207.0
希　腊	51.9	52.7	55.1	54.8	56.7	57.7	59.8	58.8	60.9
匈牙利	17.6	17.0	15.8	12.6	13.9	12.2	15.1	15.6	14.5
哈萨克斯坦	131.4	130.0	126.5	111.9	104.6	83.4	76.8	72.6	69.8
波　兰	215.3	209.8	198.4	198.6	200.7	200.7	201.7	200.9	178.6
罗马尼亚	38.2	32.4	38.4	39.8	40.6	41.1	41.9	33.8	26.2
俄罗斯	395.3	353.3	337.3	305.9	272.0	262.9	256.7	245.0	231.9
西班牙	36.0	33.9	33.3	31.8	29.5	28.5	27.4	26.5	26.1
土耳其	47.4	46.1	51.4	48.6	54.4	55.1	56.4	59.9	67.4
乌克兰	164.9	135.6	133.7	115.7	94.4	85.8	75.7	77.0	77.2
英　国	92.8	94.2	84.5	68.2	49.0	53.0	50.2	48.5	41.2
其他欧洲国家	101.2	87.8	82.1	74.8	60.3	62.2	59.4	69.6	73.8

续表

	1990年	1991年	1992年	1993年	1994年	1995年	1996年	1997年	1998年
欧洲合计	**1866.7**	**1676.2**	**1592.5**	**1467.5**	**1350.8**	**1302.6**	**1269.9**	**1242.1**	**1178.2**
中东地区合计	**1.3**	**1.0**	**1.0**	**1.0**	**1.3**	**1.1**	**1.2**	**0.9**	**1.0**
南　非	174.8	178.4	174.4	182.3	195.8	206.2	206.3	219.9	224.8
津巴布韦	5.5	5.6	5.6	5.3	5.5	5.5	5.2	5.3	5.5
非洲其他国家	2.3	2.4	2.4	2.2	2.3	2.3	2.1	2.0	2.3
非洲合计	**182.6**	**186.4**	**182.3**	**189.8**	**203.6**	**214.1**	**213.6**	**227.2**	**232.6**
澳大利亚	210.4	218.4	229.0	228.1	233.5	245.4	254.5	278.9	287.9
中　国	1079.3	1084.3	1114.6	1151.4	1229.5	1292.2	1374.1	1325.3	1232.5
印　度	223.3	239.9	253.8	263.2	270.9	289.0	311.0	319.4	320.9
印度尼西亚	10.7	13.8	22.4	27.6	32.9	41.8	50.4	54.8	62.2
日　本	8.3	8.1	7.6	7.2	6.9	6.3	6.5	4.3	3.7
新西兰	2.6	2.7	3.0	3.1	3.0	3.5	3.6	3.4	3.3
巴基斯坦	2.8	2.8	3.0	3.2	3.0	3.2	3.5	3.1	3.3
韩　国	17.2	15.1	12.0	9.4	7.4	5.7	5.0	4.5	4.4
泰　国	12.4	14.7	15.4	15.6	17.1	18.4	21.5	23.4	20.2
越　南	5.1	5.2	5.2	6.5	6.0	6.9	8.8	11.3	11.4
其他亚太国家	56.2	54.4	47.4	43.7	40.5	38.0	34.2	33.5	30.9
亚太地区合计	**1628.4**	**1659.4**	**1713.2**	**1758.9**	**1850.8**	**1950.4**	**2072.9**	**2061.8**	**1980.7**
世界总计	**4718.1**	**4535.6**	**4498.3**	**4382.6**	**4460.1**	**4526.3**	**4649.0**	**4653.7**	**4538.2**
其中：经合组织	2261.2	2142.3	2079.1	1977.9	2024.0	2022.2	2052.1	2087.7	2073.2
前苏联	703.3	629.4	604.7	539.3	475.9	435.7	412.5	398.1	382.3
其他新兴经济体	1753.6	1763.9	1814.6	1865.4	1960.2	2068.4	2184.3	2167.9	2082.8

续表

	1999年	2000年	2001年	2002年	2003年	2004年	占世界煤炭产量（%）
美　国	998.3	974.1	1022.9	992.8	972.3	1008.3	18.2%
加拿大	72.5	69.2	70.4	66.6	62.1	66.0	1.2%
墨西哥	10.3	11.3	11.3	11.0	9.6	9.0	0.2%
北美洲总计	**1081.1**	**1054.6**	**1104.6**	**1070.4**	**1044.0**	**1083.3**	**19.6%**
巴　西	5.7	6.8	5.7	5.1	4.7	4.4	0.1%
哥伦比亚	32.8	38.2	43.9	39.5	50.0	55.0	1.0%
委内瑞拉	6.6	7.7	7.5	7.9	6.8	9.0	0.2%
其他中南美洲国家	0.9	0.8	0.8	0.6	0.5	0.2	w
中南美洲合计	**45.9**	**53.6**	**57.9**	**53.1**	**62.0**	**68.6**	**1.2%**
保加利亚	25.3	26.4	26.6	26.1	26.1	26.2	0.5%
捷　克	59.1	65.2	66.1	63.4	63.9	61.8	1.1%
法　国	5.7	4.1	2.8	2.0	2.2	0.9	w
德　国	200.8	201.0	202.5	208.2	204.9	207.7	3.8%
希　腊	62.1	63.9	66.3	70.5	71.0	70.8	1.3%
匈牙利	14.6	14.0	13.9	13.0	13.3	14.0	0.3%
哈萨克斯坦	58.4	74.9	79.1	73.7	84.9	86.8	1.6%
波　兰	172.7	162.8	163.5	161.9	163.8	161.2	2.9%
罗马尼亚	22.9	29.3	32.9	30.4	33.1	31.6	0.6%
俄罗斯	249.4	257.9	269.5	255.4	274.8	280.0	5.1%
西班牙	24.3	23.5	22.7	22.0	20.5	20.5	0.4%
土耳其	67.0	66.6	67.7	54.4	49.3	48.0	0.9%
乌克兰	79.8	81.4	84.5	82.9	79.9	80.6	1.5%
英　国	37.1	31.2	31.9	30.0	28.3	25.1	0.5%
其他欧洲国家	58.4	63.6	62.1	65.0	66.9	68.8	1.2%

续表

	1999 年	2000 年	2001 年	2002 年	2003 年	2004 年	占世界煤炭产量（%）
欧洲合计	**1137.5**	**1165.6**	**1192.2**	**1158.8**	**1183.0**	**1184.0**	**21.4%**
中东地区合计	**1.1**	**1.0**	**0.8**	**0.6**	**1.0**	**1.1**	**w**
南　非	222.3	224.1	223.5	220.3	237.5	242.8	4.4%
津巴布韦	5.0	4.4	4.5	4.0	3.1	3.3	0.1%
非洲其他国家	2.2	2.0	2.0	2.2	2.1	2.2	w
非洲合计	**229.5**	**230.6**	**230.0**	**226.5**	**242.7**	**248.3**	**4.5%**
澳大利亚	302.0	310.4	333.1	339.7	348.5	364.5	6.6%
中　国	1043.6	999.2	1105.6	1415.3	1728.0	1956.0	35.3%
印　度	314.4	334.8	341.9	358.1	375.4	403.0	7.3%
印度尼西亚	73.7	77.0	92.6	103.4	112.8	132.4	2.4%
日　本	3.9	3.1	3.2	1.4	1.3	1.3	w
新西兰	3.5	3.6	3.9	4.5	5.2	5.0	0.1%
巴基斯坦	3.3	3.2	3.3	3.5	3.3	3.0	0.1%
韩　国	4.2	4.2	3.8	3.3	3.3	3.2	0.1%
泰　国	18.3	17.7	19.6	19.6	18.8	20.2	0.4%
越　南	8.8	11.4	12.9	15.4	19.0	26.4	0.5%
其他亚太国家	34.3	36.7	37.6	36.4	36.9	38.1	0.7%
亚太地区合计	**1810.1**	**1801.3**	**1957.4**	**2300.5**	**2652.6**	**2952.9**	**53.3%**
世界总计	**4305.1**	**4306.5**	**4543.0**	**4809.8**	**5185.2**	**5538.1**	**100.0%**
其中：经合组织	2043.3	2013.6	2092.6	2051.7	2027.2	2074.4	37.5%
前苏联	391.0	417.1	436.4	415.2	442.0	450.7	8.1%
其他新兴经济体	1870.8	1875.8	2014.0	2342.9	2716.1	3013.0	54.4%

世界煤炭消费量——按国家和地区分

单位：百万吨油当量

	1965 年	1966 年	1967 年	1968 年	1969 年	1970 年	1971 年	1972 年
美国	297.6	313.6	308.3	320.9	327.1	329.5	316.3	316.6
加拿大	15.5	15.2	15.0	16.3	15.8	16.9	16.1	15.2
墨西哥	0.7	0.8	0.9	1.0	1.0	1.1	1.4	1.5
北美洲总计	**313.8**	**329.5**	**324.3**	**338.2**	**343.8**	**347.5**	**333.7**	**333.3**
阿根廷	0.9	0.9	0.9	0.9	0.9	1.0	0.9	0.9
巴西	1.7	1.9	1.9	1.9	2.1	2.4	2.4	2.4
智利	1.2	1.2	1.2	1.2	1.2	1.3	1.2	1.0
哥伦比亚	2.0	2.0	2.2	2.0	2.1	2.2	1.9	1.8
厄瓜多尔	–	–	–	–	–	–	–	–
秘鲁	0.1	0.1	0.1	0.1	0.2	0.2	0.1	0.2
委内瑞拉	∧	∧	∧	∧	∧	∧	∧	∧
其他中南美洲国家	0.1	0.1	0.1	0.1	0.1	0.1	0.1	0.1
中南美洲合计	**6.0**	**6.2**	**6.5**	**6.3**	**6.7**	**7.1**	**6.7**	**6.5**
奥地利	4.7	4.4	4.0	4.0	3.8	4.0	3.5	3.6
阿塞拜疆	n/a	n/a	n/a	n/a	n/a	n/a	n/a	n/a
白俄罗斯	n/a	n/a	n/a	n/a	n/a	n/a	n/a	n/a
比利时和卢森堡	19.3	17.6	17.2	17.8	17.3	16.4	13.7	13.1
保加利亚	6.0	6.2	6.7	7.3	7.3	8.0	7.9	8.2
捷克	35.3	35.2	34.1	35.3	36.6	37.1	38.7	38.1
丹麦	2.1	2.4	2.2	2.5	2.2	2.0	1.4	1.3
芬兰	2.0	1.9	1.8	2.2	2.6	2.5	2.2	1.8
法国	45.1	41.3	41.8	40.0	39.8	37.8	33.8	29.5
德国	163.5	152.7	147.1	149.2	153.6	151.7	144.5	140.1
希腊	2.1	2.1	2.0	2.3	2.2	2.5	3.7	4.0
匈牙利	10.9	10.5	9.1	9.0	9.1	9.2	8.9	8.7
冰岛	∧	∧	∧	∧	∧	∧	∧	∧
爱尔兰	2.2	2.5	2.6	3.1	2.9	0.9	0.7	0.7

注：* 仅指商用固态煤，即烟煤、无烟煤（硬煤）、褐煤与亚烟煤。

∧ 低于 0.05

w 低于 0.05%

续表

	1965年	1966年	1967年	1968年	1969年	1970年	1971年	1972年
意大利	8.6	9.0	9.8	9.5	9.8	9.9	9.5	8.9
哈萨克斯坦	n/a	n/a	n/a	n/a	n/a	n/a	n/a	n/a
立陶宛	n/a	n/a	n/a	n/a	n/a	n/a	n/a	n/a
荷　兰	9.5	8.6	8.3	7.6	6.7	4.8	3.6	3.1
挪　威	0.9	0.9	0.9	0.9	1.1	1.0	0.9	0.8
波　兰	59.5	60.3	61.4	64.3	67.6	70.2	71.8	75.1
葡萄牙	0.6	0.6	0.6	0.5	0.5	0.5	0.4	0.4
罗马尼亚	4.1	4.4	4.8	5.3	6.1	6.7	7.0	7.6
俄罗斯	n/a	n/a	n/a	n/a	n/a	n/a	n/a	n/a
斯洛文尼亚	5.8	5.9	5.7	6.0	6.3	6.3	6.6	6.6
西班牙	8.2	7.6	7.5	8.1	8.1	8.5	8.6	8.7
瑞　典	1.2	1.2	1.1	1.1	1.1	1.5	1.5	1.5
瑞　士	1.2	0.9	0.7	0.6	0.6	0.4	0.2	0.2
土耳其	3.7	4.1	3.6	3.9	4.2	4.2	4.3	4.5
土库曼斯坦	n/a	n/a	n/a	n/a	n/a	n/a	n/a	n/a
乌克兰	n/a	n/a	n/a	n/a	n/a	n/a	n/a	n/a
英　国	117.4	111.7	104.4	104.5	101.8	96.0	85.1	74.5
乌兹别克斯坦	n/a	n/a	n/a	n/a	n/a	n/a	n/a	n/a
其他欧洲国家	337.2	350.3	353.2	348.6	343.4	339.8	348.3	364.1
欧洲合计	**851.0**	**842.1**	**830.7**	**833.7**	**834.7**	**821.9**	**807.1**	**805.0**
伊　朗	0.2	0.2	0.3	0.3	0.3	0.3	0.4	0.6
科威特	–	–	–	–	–	–	–	–
卡塔尔	–	–	–	–	–	–	–	–
沙特阿拉伯	–	–	–	–	–	–	–	–
阿联酋	–	–	–	–	–	–	–	–
其他中东国家	–	–	–	–	–	–	–	–
中东地区合计	**0.2**	**0.2**	**0.3**	**0.3**	**0.3**	**0.3**	**0.4**	**0.6**

续表

	1965 年	1966 年	1967 年	1968 年	1969 年	1970 年	1971 年	1972 年
阿尔及利亚	0.1	0.1	0.1	0.1	0.1	0.1	∧	∧
埃　及	0.4	0.3	0.4	0.4	0.5	0.4	0.4	0.3
南　非	24.7	24.3	25.0	26.2	26.5	27.4	29.4	29.6
非洲其他国家	3.5	3.6	3.4	3.5	3.4	3.5	3.5	3.7
非洲合计	**28.6**	**28.3**	**28.9**	**30.2**	**30.5**	**31.4**	**33.4**	**33.7**
澳大利亚	16.0	16.6	17.1	17.6	18.0	18.1	18.0	18.7
孟加拉	–	–	–	–	–	–	–	0.1
中　国	165.6	180.6	126.0	166.3	177.3	196.5	213.0	216.9
香港特别行政区	0.1	0.1	0.1	0.1	∧	∧	∧	∧
印　度	35.7	35.6	36.2	37.6	39.9	37.8	38.3	40.5
印度尼西亚	0.1	0.2	0.1	0.1	0.1	0.1	0.1	0.1
日　本	43.6	45.5	50.9	53.9	58.2	60.2	53.9	50.5
马来西亚	∧	∧	∧	∧	∧	∧	∧	0.1
新西兰	1.6	1.6	1.5	1.4	1.4	1.4	1.3	1.3
巴基斯坦	1.4	1.2	1.1	1.2	1.1	0.9	0.7	0.6
菲律宾	∧	∧	∧	∧	∧	∧	∧	∧
新加坡	∧	∧	∧	∧	∧	∧	∧	∧
韩　国	5.0	5.6	5.3	5.1	5.3	5.6	5.7	5.8
台湾省	3.0	3.0	3.0	3.0	2.8	2.7	2.4	2.3
泰　国	∧	0.1	0.1	0.1	0.1	0.1	0.2	0.1
其他亚太国家	13.5	14.3	15.8	17.2	18.4	19.9	21.7	22.7
亚太地区合计	**285.7**	**304.4**	**257.3**	**303.5**	**322.7**	**343.4**	**355.3**	**359.8**
世界总计	**1485.3**	**1510.7**	**1447.9**	**1512.1**	**1538.7**	**1551.6**	**1536.6**	**1538.9**
其中：欧盟 25 国	498.0	475.4	460.7	467.0	471.9	461.7	438.3	419.6
经合组织	883.7	880.2	865.0	888.6	904.5	900.1	856.3	834.8
前苏联	328.2	341.5	345.5	340.5	335.5	331.5	339.1	355.1
其他新兴经济体	273.4	289.1	237.4	283.0	298.7	319.9	341.2	349.0

续表

	1973年	1974年	1975年	1976年	1977年	1978年	1979年	1980年
美　国	324.3	316.6	316.6	339.6	348.1	344.1	376.0	385.6
加拿大	15.6	15.9	15.5	18.3	23.4	19.2	18.2	22.6
墨西哥	1.6	1.8	2.1	1.6	2.3	2.4	2.3	2.4
北美洲总计	**341.5**	**334.3**	**334.1**	**359.5**	**373.7**	**365.7**	**396.5**	**410.6**
阿根廷	0.9	1.1	1.1	1.1	1.0	1.1	1.1	0.9
巴　西	2.4	2.5	3.0	3.4	4.2	4.6	5.1	5.5
智　利	1.1	1.1	0.8	0.9	0.9	0.9	1.0	1.1
哥伦比亚	2.1	2.3	1.8	2.1	2.1	2.2	2.2	2.3
厄瓜多尔	–	–	–	–	–	–	–	–
秘　鲁	0.1	0.1	0.2	0.1	0.1	0.1	0.2	0.1
委内瑞拉	∧	∧	∧	∧	∧	∧	∧	∧
其他中南美洲国家	0.1	0.1	0.1	0.1	0.1	0.1	0.1	0.1
中南美洲合计	**6.7**	**7.1**	**7.1**	**7.6**	**8.5**	**9.0**	**9.6**	**10.0**
奥地利	3.6	3.4	3.2	3.1	2.9	2.8	3.1	3.3
阿塞拜疆	n/a	n/a	n/a	n/a	n/a	n/a	n/a	n/a
白俄罗斯	n/a	n/a	n/a	n/a	n/a	n/a	n/a	n/a
比利时和卢森堡	11.0	11.9	8.9	9.3	9.4	9.7	10.6	10.7
保加利亚	8.2	8.1	8.5	7.9	7.9	8.4	8.6	9.1
捷　克	37.3	37.1	37.9	38.7	39.5	39.7	39.7	38.5
丹　麦	1.8	2.1	2.5	2.5	3.3	3.4	4.2	5.9
芬　兰	2.0	2.1	1.8	2.5	2.6	3.5	3.2	3.8
法　国	29.5	30.3	26.5	30.0	29.8	30.5	28.5	27.7
德　国	141.2	139.6	128.3	134.4	130.9	132.3	139.5	139.6
希　腊	4.7	4.9	6.5	7.6	8.1	7.2	4.0	4.0
匈牙利	8.7	8.3	7.9	8.0	8.2	8.2	8.2	8.1
冰　岛	∧	∧	∧	–	–	–	–	–
爱尔兰	0.8	0.8	0.5	0.5	0.5	0.6	0.8	0.7

续表

	1973年	1974年	1975年	1976年	1977年	1978年	1979年	1980年
意大利	9.0	9.8	9.8	9.7	9.6	9.8	10.7	12.6
哈萨克斯坦	n/a	n/a	n/a	n/a	n/a	n/a	n/a	n/a
立陶宛	n/a	n/a	n/a	n/a	n/a	n/a	n/a	n/a
荷　兰	3.1	2.9	2.5	3.2	3.2	3.1	3.3	3.9
挪　威	0.5	0.6	0.6	0.5	0.5	0.3	0.3	0.4
波　兰	75.5	77.6	83.7	87.5	90.6	94.8	96.0	101.6
葡萄牙	0.6	0.4	0.4	0.4	0.4	0.4	0.4	0.4
罗马尼亚	8.5	9.2	9.8	9.6	10.3	11.8	12.2	12.9
俄罗斯	n/a	n/a	n/a	n/a	n/a	n/a	n/a	n/a
斯洛文尼亚	6.4	6.4	6.6	6.9	7.1	7.1	7.1	6.9
西班牙	8.5	8.8	9.2	9.9	10.6	10.5	10.9	14.1
瑞　典	1.6	1.9	2.0	1.9	1.5	1.6	1.8	1.7
瑞　士	0.2	0.1	0.1	0.1	0.1	0.1	0.1	0.2
土耳其	4.6	4.8	4.9	5.3	5.5	5.4	6.5	7.5
土库曼斯坦	n/a	n/a	n/a	n/a	n/a	n/a	n/a	n/a
乌克兰	n/a	n/a	n/a	n/a	n/a	n/a	n/a	n/a
英　国	80.7	71.1	71.5	72.8	73.0	71.1	76.5	71.1
乌兹别克斯坦	n/a	n/a	n/a	n/a	n/a	n/a	n/a	n/a
其他欧洲国家	364.8	365.2	378.3	386.8	393.8	399.0	397.9	350.2
欧洲合计	**812.7**	**807.7**	**812.0**	**839.3**	**849.4**	**861.3**	**874.3**	**834.5**
伊　朗	0.7	0.8	0.7	0.6	0.6	0.6	0.6	0.6
科威特	–	–	–	–	–	–	–	–
卡塔尔	–	–	–	–	–	–	–	–
沙特阿拉伯	–	–	–	–	–	–	–	–
阿联酋	–	–	–	–	–	–	–	–
其他中东国家	–	–	–	–	–	–	–	Λ
中东地区合计	**0.7**	**0.8**	**0.7**	**0.6**	**0.6**	**0.6**	**0.6**	**0.6**

续表

	1973年	1974年	1975年	1976年	1977年	1978年	1979年	1980年
阿尔及利亚	∧	∧	∧	∧	0.1	∧	0.1	0.1
埃　及	0.3	0.5	0.6	0.5	0.6	0.6	0.7	0.6
南　非	31.6	33.0	35.2	37.0	38.3	37.3	39.7	43.5
非洲其他国家	3.7	3.8	3.8	4.0	3.6	3.3	3.1	3.5
非洲合计	**35.6**	**37.3**	**39.6**	**41.6**	**42.6**	**41.2**	**43.5**	**47.6**
澳大利亚	19.6	20.7	21.6	22.5	23.5	24.0	25.0	26.1
孟加拉	0.1	0.2	0.1	0.1	0.1	0.1	0.1	0.1
中　国	228.0	239.7	250.9	263.1	276.3	296.3	327.5	314.4
香港特别行政区	∧	∧	∧	∧	∧	∧	∧	∧
印　度	39.9	45.1	48.5	50.5	52.8	51.1	54.3	57.1
印度尼西亚	0.1	0.1	0.1	0.1	0.1	0.1	0.2	0.3
日　本	53.7	57.3	54.4	52.5	52.5	46.5	50.4	57.6
马来西亚	0.1	0.1	∧	∧	∧	∧	∧	0.1
新西兰	1.5	1.5	1.4	1.5	1.4	1.2	1.1	1.2
巴基斯坦	0.6	0.5	0.5	0.5	0.6	0.6	0.7	0.7
菲律宾	∧	∧	0.1	0.1	0.1	0.1	0.1	0.1
新加坡	∧	∧	–	–	–	–	–	–
韩　国	7.4	7.6	8.0	9.0	9.8	9.9	11.8	13.2
台湾省	2.1	2.1	1.9	2.0	2.3	2.6	3.2	3.8
泰　国	0.1	0.1	0.1	0.2	0.1	0.2	0.4	0.4
其他亚太国家	26.7	28.7	29.7	30.3	30.5	31.3	31.7	32.1
亚太地区合计	**379.9**	**403.7**	**417.5**	**432.4**	**450.1**	**464.0**	**506.6**	**507.2**
世界总计	**1577.2**	**1591.0**	**1610.9**	**1681.0**	**1724.9**	**1741.8**	**1831.2**	**1810.6**
其中：欧盟25国	425.9	419.6	409.9	429.1	431.3	436.2	448.5	454.4
经合组织	854.8	846.6	835.1	879.9	898.3	889.3	940.5	971.1
前苏联	355.3	355.5	367.8	375.7	382.7	386.9	384.5	337.3
其他新兴经济体	367.1	388.9	408.0	425.3	443.9	465.6	506.2	502.1

续表

	1981年	1982年	1983年	1984年	1985年	1986年	1987年	1988年
美　国	397.7	383.1	397.4	430.2	440.5	435.0	453.8	475.0
加拿大	22.9	27.3	28.2	32.3	29.3	32.6	33.4	30.5
墨西哥	2.1	2.5	2.9	2.9	3.1	3.4	3.3	3.1
北美洲总计	**422.7**	**412.9**	**428.4**	**465.4**	**472.9**	**471.0**	**490.6**	**508.6**
阿根廷	0.9	1.0	0.7	0.7	0.9	1.0	1.0	1.1
巴　西	5.7	5.9	6.6	8.3	9.9	10.1	10.1	10.0
智　利	1.1	0.7	0.9	1.2	1.2	1.1	1.1	1.6
哥伦比亚	2.3	2.6	3.0	3.0	2.9	2.9	3.2	3.1
厄瓜多尔	–	–	–	–	–	–	–	–
秘　鲁	0.1	0.1	0.1	0.1	0.2	0.2	0.2	0.1
委内瑞拉	∧	∧	∧	∧	∧	∧	∧	∧
其他中南美洲国家	0.1	0.1	0.2	0.1	0.3	0.2	0.4	0.4
中南美洲合计	**10.3**	**10.5**	**11.5**	**13.5**	**15.3**	**15.5**	**16.1**	**16.5**
奥地利	3.1	3.0	3.1	3.6	3.5	3.2	3.3	3.0
阿塞拜疆	n/a	n/a	n/a	n/a	0.1	0.1	0.1	0.1
白俄罗斯	n/a	n/a	n/a	n/a	1.1	1.2	1.3	1.3
比利时和卢森堡	11.1	11.1	9.4	10.9	10.9	9.3	9.3	9.3
保加利亚	9.2	9.7	9.6	9.7	10.1	10.4	10.4	9.6
捷　克	38.3	38.6	38.4	39.1	38.2	38.1	37.6	38.1
丹　麦	5.4	5.7	5.4	6.3	7.1	7.3	7.2	6.9
芬　兰	1.8	1.9	2.8	2.7	3.5	3.0	3.7	3.6
法　国	25.1	28.6	25.3	25.2	23.0	19.6	17.9	17.1
德　国	141.3	140.1	141.0	147.4	147.6	143.4	141.3	140.1
希　腊	3.9	4.0	4.9	5.2	6.0	5.8	6.6	7.4
匈牙利	8.1	8.5	8.0	7.7	7.6	7.5	7.5	7.1
冰　岛	–	–	–	–	0.1	0.1	0.1	0.1
爱尔兰	0.9	0.9	1.0	1.0	1.1	1.5	2.2	2.2

续表

	1981年	1982年	1983年	1984年	1985年	1986年	1987年	1988年
意大利	12.9	14.4	13.5	15.3	15.1	14.8	14.7	13.8
哈萨克斯坦	n/a	n/a	n/a	n/a	38.1	40.1	41.6	43.4
立陶宛	n/a	n/a	n/a	n/a	0.6	0.7	0.7	0.7
荷　兰	4.1	5.4	5.3	6.7	7.0	6.8	7.1	8.4
挪　威	0.4	0.4	0.4	0.5	0.5	0.4	0.4	0.5
波　兰	90.6	93.8	93.6	97.6	99.9	102.4	106.1	103.2
葡萄牙	0.4	0.4	0.4	0.5	0.8	1.5	1.9	2.2
罗马尼亚	13.1	13.0	16.1	15.9	16.9	17.2	18.5	20.0
俄罗斯	n/a	n/a	n/a	n/a	195.6	200.4	205.1	200.8
斯洛文尼亚	7.0	7.0	7.1	7.4	7.2	7.2	7.1	7.2
西班牙	17.0	18.0	19.2	19.2	19.2	18.9	18.5	15.5
瑞　典	1.6	1.6	2.2	2.6	2.9	2.9	2.8	2.7
瑞　士	0.4	0.3	0.3	0.4	0.4	0.4	0.4	0.3
土耳其	7.4	8.0	8.6	9.8	10.6	14.2	16.0	16.4
土库曼斯坦	n/a	n/a	n/a	n/a	0.3	0.3	0.3	0.3
乌克兰	n/a	n/a	n/a	n/a	76.5	75.9	75.3	71.0
英　国	70.7	65.9	66.5	47.3	62.9	67.9	69.6	67.5
乌兹别克斯坦	n/a	n/a	n/a	n/a	3.5	4.2	4.2	3.4
其他欧洲国家	341.3	347.6	345.4	341.3	26.4	27.2	26.7	25.9
欧洲合计	**815.0**	**827.7**	**827.4**	**823.2**	**844.1**	**853.9**	**865.1**	**849.1**
伊　朗	0.5	0.5	0.5	0.8	0.9	0.9	0.9	0.9
科威特	–	–	–	–	–	–	–	–
卡塔尔	–	–	–	–	–	–	–	–
沙特阿拉伯	–	–	–	–	–	–	–	–
阿联酋	–	–	–	–	–	–	–	–
其他中东国家	∧	0.6	1.0	1.7	1.8	2.1	2.2	2.1
中东地区合计	**0.5**	**1.1**	**1.6**	**2.5**	**2.7**	**2.9**	**3.1**	**3.0**

续表

	1981年	1982年	1983年	1984年	1985年	1986年	1987年	1988年
阿尔及利亚	0.2	0.9	0.7	0.8	0.8	0.9	1.0	1.0
埃　及	0.7	0.7	0.7	0.7	0.7	0.7	0.8	0.9
南　非	51.9	57.7	59.7	64.3	66.2	67.3	68.4	73.8
非洲其他国家	3.3	3.4	3.4	3.5	4.1	4.8	5.6	5.6
非洲合计	**56.1**	**62.7**	**64.6**	**69.2**	**71.8**	**73.7**	**75.8**	**81.2**
澳大利亚	26.9	27.0	27.1	28.8	30.1	31.4	33.0	34.9
孟加拉	0.1	0.1	0.1	Λ	0.1	0.1	0.1	0.1
中　国	310.4	333.1	357.3	394.9	436.5	445.8	460.2	484.9
香港特别行政区	Λ	0.9	2.1	2.7	3.4	3.9	4.9	5.7
印　度	62.9	64.5	69.1	70.4	77.4	82.8	89.8	95.1
印度尼西亚	0.3	0.3	0.3	0.3	0.9	1.4	2.3	2.4
日　本	63.6	62.0	63.0	69.9	73.7	69.5	69.4	76.2
马来西亚	0.1	0.1	0.2	0.2	0.3	0.2	0.3	0.3
新西兰	1.2	1.3	1.5	1.3	0.9	0.9	1.1	1.0
巴基斯坦	0.8	0.9	1.0	1.2	1.3	1.5	1.7	1.8
菲律宾	0.1	0.2	0.5	0.8	1.2	0.9	1.0	1.2
新加坡	–	–	–	–	–	–	–	–
韩　国	15.2	15.5	16.5	19.9	22.0	23.3	23.6	25.2
台湾省	3.5	4.1	5.6	6.7	7.1	8.7	9.6	11.0
泰　国	0.5	0.6	0.4	0.8	1.6	1.6	2.1	2.3
其他亚太国家	32.3	32.8	34.1	33.9	34.0	33.8	32.7	32.9
亚太地区合计	**518.0**	**543.3**	**578.8**	**631.8**	**690.5**	**706.0**	**731.8**	**774.8**
世界总计	**1822.5**	**1858.2**	**1912.3**	**2005.6**	**2097.4**	**2123.0**	**2182.5**	**2233.2**
其中：欧盟25国	443.2	448.7	447.0	445.6	464.6	462.4	465.6	456.6
经合组织	981.0	976.1	992.8	1041.5	1074.7	1072.4	1098.7	1118.4
前苏联	326.6	332.4	328.1	322.6	322.6	330.2	335.6	327.0
其他新兴经济体	514.9	549.7	591.3	641.5	700.1	720.4	748.2	787.8

续表

	1989年	1990年	1991年	1992年	1993年	1994年	1995年	1996年
美　国	480.1	483.6	478.6	481.9	499.9	501.7	506.3	529.3
加拿大	27.5	24.4	25.5	26.2	23.7	24.5	25.2	25.7
墨西哥	3.5	3.4	3.3	3.4	3.8	4.5	5.0	5.7
北美洲总计	**511.1**	**511.5**	**507.5**	**511.5**	**527.4**	**530.7**	**536.5**	**560.7**
阿根廷	1.1	1.0	0.8	0.8	0.7	1.0	0.9	0.9
巴　西	9.9	9.5	10.2	9.9	10.3	10.3	10.8	11.3
智　利	2.2	2.4	2.0	1.8	1.8	2.2	2.4	3.2
哥伦比亚	3.3	3.5	3.7	3.6	3.7	3.6	3.4	3.2
厄瓜多尔	–	–	–	–	–	–	–	–
秘　鲁	0.2	0.2	0.3	0.3	0.4	0.4	0.4	0.3
委内瑞拉	0.3	0.2	–	∧	∧	0.1	∧	∧
其他中南美洲国家	0.4	0.4	0.4	0.5	0.5	0.4	0.4	0.5
中南美洲合计	**17.3**	**17.2**	**17.5**	**16.9**	**17.5**	**18.0**	**18.3**	**19.4**
奥地利	3.1	3.6	3.6	2.8	2.4	2.5	2.4	2.7
阿塞拜疆	0.1	0.1	0.1	–	–	–	–	–
白俄罗斯	1.3	1.2	1.1	0.7	0.6	0.2	0.3	0.5
比利时和卢森堡	9.8	10.4	10.8	10.2	8.7	8.5	9.8	7.6
保加利亚	9.8	8.9	7.5	7.3	8.2	7.6	7.8	8.4
捷　克	36.6	33.5	30.4	25.4	23.7	23.2	23.5	23.6
丹　麦	5.5	6.0	8.4	6.7	7.2	7.8	6.6	9.0
芬　兰	3.2	3.3	3.6	2.7	3.1	4.1	3.1	4.0
法　国	19.6	19.1	20.1	17.9	14.7	13.7	14.5	15.4
德　国	138.2	129.6	113.3	104.4	97.9	95.6	90.6	89.9
希　腊	7.9	8.0	7.8	8.4	7.9	8.4	8.2	7.8
匈牙利	6.3	5.6	5.8	4.6	4.0	3.6	3.6	3.7
冰　岛	0.1	0.1	0.1	∧	∧	0.1	0.1	0.1
爱尔兰	2.2	2.2	2.2	2.0	1.9	1.9	1.9	1.9

续表

	1989年	1990年	1991年	1992年	1993年	1994年	1995年	1996年
意大利	14.4	14.1	13.7	12.4	10.0	10.7	12.5	11.2
哈萨克斯坦	41.4	40.2	38.2	39.9	36.4	34.5	27.5	25.9
立陶宛	0.6	0.6	0.6	0.5	∧	0.1	0.1	0.1
荷兰	8.2	9.5	8.2	7.7	8.2	9.0	9.8	9.3
挪威	0.5	0.5	0.4	0.4	0.5	0.6	0.7	0.6
波兰	98.6	80.2	77.6	73.0	74.0	72.3	71.7	73.2
葡萄牙	2.4	2.8	3.0	3.0	3.3	3.4	4.2	3.9
罗马尼亚	20.7	11.7	9.6	10.3	9.5	9.4	9.7	9.5
俄罗斯	194.4	180.6	165.6	154.7	140.8	126.4	119.4	115.7
斯洛文尼亚	7.4	6.9	6.3	6.2	5.6	5.0	5.1	5.0
西班牙	20.4	19.0	18.8	19.1	18.2	18.0	18.5	15.5
瑞典	1.8	2.2	2.4	2.2	2.1	2.1	2.1	2.4
瑞士	0.3	0.3	0.3	0.2	0.1	0.2	0.2	0.1
土耳其	18.3	16.8	16.8	19.0	18.7	17.6	17.5	20.7
土库曼斯坦	0.3	0.4	0.3	0.1	–	∧	∧	∧
乌克兰	64.7	74.8	62.1	63.9	56.3	46.3	42.1	33.2
英国	65.0	64.9	65.1	61.2	53.3	49.7	47.5	44.4
乌兹别克斯坦	4.1	4.1	4.0	2.9	1.9	1.8	1.4	1.2
其他欧洲国家	24.8	25.2	26.6	23.5	22.0	16.6	18.2	18.3
欧洲合计	**832.4**	**786.4**	**734.2**	**693.4**	**641.5**	**600.8**	**580.3**	**564.9**
伊朗	0.9	1.1	1.1	1.2	1.3	1.3	1.4	1.2
科威特	–	–	–	–	–	–	–	–
卡塔尔	–	–	–	–	–	–	–	–
沙特阿拉伯	–	–	–	–	–	–	–	–
阿联酋	–	–	–	–	–	–	–	–
其他中东国家	2.3	2.3	2.5	3.1	3.5	3.8	4.1	5.0
中东地区合计	**3.2**	**3.4**	**3.7**	**4.3**	**4.8**	**5.1**	**5.5**	**6.1**

续表

	1989年	1990年	1991年	1992年	1993年	1994年	1995年	1996年
阿尔及利亚	0.9	0.6	0.7	0.6	0.6	0.6	0.6	0.5
埃 及	0.9	0.8	0.7	0.8	0.9	1.0	0.7	0.9
南 非	69.5	71.3	70.1	67.3	69.8	73.6	77.4	81.7
非洲其他国家	5.4	6.7	6.0	6.1	6.8	6.5	6.7	6.8
非洲合计	**76.7**	**79.5**	**77.5**	**74.7**	**78.1**	**81.6**	**85.3**	**89.8**
澳大利亚	36.4	37.0	38.0	38.4	38.7	39.6	41.1	42.8
孟加拉	0.2	0.3	0.1	0.1	∧	∧	0.3	0.2
中 国	522.7	533.6	534.9	549.5	570.3	606.4	671.9	681.6
香港特别行政区	6.1	5.5	5.9	6.3	7.3	5.2	5.6	4.2
印 度	103.8	107.8	116.2	123.3	128.0	133.9	142.8	154.4
印度尼西亚	3.6	4.0	4.1	4.1	4.0	4.8	5.7	6.9
日 本	75.6	76.0	79.0	78.0	79.2	82.0	86.2	88.3
马来西亚	1.2	1.3	1.3	1.3	1.3	1.1	1.5	1.5
新西兰	1.1	1.3	1.2	1.3	1.2	1.2	1.2	1.2
巴基斯坦	2.0	2.1	2.0	2.1	2.2	2.2	2.2	2.2
菲律宾	1.1	1.0	1.3	1.1	1.3	1.3	1.4	2.0
新加坡	–	–	–	–	–	–	–	–
韩 国	24.5	24.4	24.5	23.6	25.9	26.7	28.1	32.2
台湾省	11.6	11.2	12.2	14.3	15.6	16.6	17.1	19.4
泰 国	2.8	3.7	4.5	4.8	5.4	6.1	7.1	8.7
其他亚太国家	32.0	30.3	29.3	25.8	23.7	22.2	21.3	19.1
亚太地区合计	**824.6**	**839.4**	**854.5**	**874.0**	**904.2**	**949.4**	**1033.5**	**1064.7**
世界总计	**2265.3**	**2237.4**	**2194.9**	**2174.7**	**2173.4**	**2185.5**	**2259.3**	**2305.6**
其中：欧盟25国	451.9	422.1	403.8	372.5	348.3	341.4	337.5	332.4
经合组织	1118.8	1088.8	1068.6	1042.2	1038.2	1038.1	1047.0	1077.2
前苏联	312.7	308.0	277.6	265.6	238.7	211.5	192.4	178.6
其他新兴经济体	833.8	840.7	848.6	866.9	896.6	935.9	1019.8	1049.7

续表

	1997年	1998年	1999年	2000年	2001年	2002年	2003年	2004年	占世界煤炭产量（%）
美　国	540.4	545.8	544.9	569.1	552.3	552.0	562.5	564.3	20.3
加拿大	26.8	28.1	27.8	29.4	32.0	31.0	30.6	30.5	1.1
墨西哥	5.7	5.9	6.0	6.2	6.8	7.6	8.6	9.0	0.3
北美洲总计	**573.0**	**579.7**	**578.7**	**604.6**	**591.1**	**590.6**	**601.7**	**603.8**	**21.7**
阿根廷	0.8	0.8	0.9	0.8	0.6	0.5	0.7	0.7	w
巴　西	11.5	11.4	11.9	12.5	12.2	11.5	11.4	11.4	0.4
智　利	4.2	3.7	3.5	3.9	2.1	2.4	2.4	2.5	0.1
哥伦比亚	3.1	2.8	2.1	2.2	3.3	2.0	2.6	2.7	0.1
厄瓜多尔	–	–	–	–	–	–	–	–	–
秘　鲁	0.4	0.4	0.5	0.5	0.4	0.4	0.4	0.4	w
委内瑞拉	∧	∧	0.1	∧	∧	0.1	0.1	0.1	w
其他中南美洲国家	0.4	0.5	0.6	0.6	0.7	0.9	0.9	1.0	w
中南美洲合计	**20.4**	**19.7**	**19.6**	**20.6**	**19.4**	**17.7**	**18.4**	**18.7**	**0.7**
奥地利	3.1	3.0	3.2	3.2	2.9	3.0	3.5	3.5	0.1
阿塞拜疆	–	–	–	–	∧	∧	∧	∧	w
白俄罗斯	0.6	0.4	0.1	0.1	0.1	0.1	0.1	0.1	w
比利时和卢森堡	7.5	7.9	6.9	7.6	7.6	6.7	6.5	6.1	0.2
保加利亚	7.8	8.2	6.6	6.3	6.9	6.7	7.1	7.2	0.3
捷　克	22.8	20.5	19.0	21.0	21.2	20.6	20.9	20.4	0.7
丹　麦	6.7	5.6	4.7	4.0	4.2	4.2	5.7	4.4	0.2
芬　兰	4.5	3.4	3.6	3.5	4.0	4.4	5.8	5.2	0.2
法　国	13.4	16.1	14.3	13.9	11.6	12.4	13.0	12.5	0.4
德　国	86.8	84.8	80.2	84.9	85.0	84.6	87.2	85.7	3.1
希　腊	7.6	8.8	9.1	9.2	9.3	9.8	9.4	9.3	0.3
匈牙利	3.7	3.4	3.4	3.2	3.4	3.1	3.4	3.0	0.1
冰　岛	0.1	0.1	0.1	0.1	0.1	0.1	0.1	0.1	w
爱尔兰	2.0	1.9	1.6	1.9	1.9	1.7	1.8	1.8	0.1

续表

	1997 年	1998 年	1999 年	2000 年	2001 年	2002 年	2003 年	2004 年	占世界煤炭产量（%）
意大利	11.0	11.6	11.6	13.0	13.7	14.2	15.3	17.1	0.6
哈萨克斯坦	22.4	22.9	19.8	23.2	22.5	22.8	25.2	27.5	1.0
立陶宛	0.1	0.1	0.1	0.1	0.1	0.1	0.2	0.1	w
荷　兰	9.5	9.4	7.7	8.6	8.5	8.9	9.1	9.1	0.3
挪　威	0.6	0.7	0.7	0.7	0.6	0.5	0.5	0.6	w
波　兰	70.1	63.8	61.0	57.6	58.0	56.7	57.7	57.7	2.1
葡萄牙	3.6	3.6	3.6	4.5	3.7	4.1	3.8	3.9	0.1
罗马尼亚	8.4	7.0	6.7	7.0	7.2	7.6	7.8	7.2	0.3
俄罗斯	106.3	100.0	104.1	106.0	109.0	103.9	109.4	105.9	3.8
斯洛文尼亚	4.7	4.5	4.3	4.0	4.1	4.0	4.2	4.2	0.2
西班牙	17.7	17.7	20.5	21.6	19.5	21.9	20.5	21.1	0.8
瑞　典	2.1	2.0	2.0	1.9	2.0	2.2	2.2	2.4	0.1
瑞　士	0.1	0.1	0.1	0.1	0.1	0.1	0.1	0.1	w
土耳其	22.3	24.0	22.6	25.5	21.8	21.2	21.8	23.0	0.8
土库曼斯坦	–	–	–	–	–	–	–	–	–
乌克兰	38.0	36.9	38.5	38.8	39.4	38.3	39.0	39.4	1.4
英　国	39.6	39.7	35.6	36.9	40.0	36.7	39.2	38.1	1.4
乌兹别克斯坦	1.2	1.2	0.9	1.0	1.1	1.0	1.0	1.2	w
其他欧洲国家	21.3	21.7	17.0	18.0	17.3	18.2	19.2	19.5	0.7
欧洲合计	**545.8**	**530.8**	**509.6**	**527.5**	**526.7**	**520.0**	**540.5**	**537.2**	**19.3**
伊　朗	0.9	1.0	1.0	1.1	1.1	1.1	1.1	1.1	
科威特	–	–	–	–	–	–	–	–	–
卡塔尔	–	–	–	–	–	–	–	–	–
沙特阿拉伯	–	–	–	–	–	–	–	–	–
阿联酋	–	–	–	–	–	–	–	–	–
其他中东国家	5.4	5.8	5.7	6.2	7.2	7.6	7.9	8.0	0.3
中东地区合计	**6.3**	**6.8**	**6.7**	**7.3**	**8.3**	**8.7**	**9.0**	**9.1**	**0.3**

续表

	1997 年	1998 年	1999 年	2000 年	2001 年	2002 年	2003 年	2004 年	占世界煤炭产量（%）
阿尔及利亚	0.3	0.5	0.5	0.5	0.5	0.6	0.7	0.8	w
埃　及	0.8	0.8	0.6	0.7	0.7	0.7	0.7	0.7	w
南　非	84.3	83.4	82.3	81.9	80.6	83.5	89.3	94.5	3.4
非洲其他国家	6.9	7.0	6.5	6.4	7.3	7.2	6.6	6.8	0.2
非洲合计	**92.3**	**91.7**	**90.0**	**89.5**	**89.2**	**92.0**	**97.3**	**102.8**	**3.7**
澳大利亚	45.1	47.3	47.9	48.3	49.6	52.3	50.9	54.4	2.0
孟加拉	0.3	0.1	∧	0.3	0.4	0.4	0.4	0.4	w
中　国	681.7	608.3	492.3	455.0	517.7	693.4	834.7	956.9	34.4
香港特别行政区	3.5	4.4	3.9	3.7	4.9	5.4	6.6	6.6	0.2
印　度	160.2	159.8	158.9	169.1	172.1	181.7	190.6	204.8	7.4
印度尼西亚	8.2	9.3	11.6	13.7	16.7	18.0	17.9	22.2	0.8
日　本	89.8	88.4	91.5	98.9	103.0	106.6	112.2	120.8	4.3
马来西亚	1.7	1.6	1.8	1.9	2.6	3.6	4.2	5.7	0.2
新西兰	1.2	1.1	1.2	1.1	1.3	1.3	1.9	1.8	0.1
巴基斯坦	2.1	2.1	2.1	2.0	2.1	2.4	2.9	3.2	0.1
菲律宾	2.4	2.7	2.9	4.3	4.5	4.7	4.7	5.0	0.2
新加坡	–	–	–	–	–	–	–	–	–
韩　国	34.8	36.1	38.2	43.0	45.7	49.1	51.1	53.1	1.9
台湾省	21.9	23.8	24.9	28.9	30.8	32.9	35.3	36.8	1.3
泰　国	8.7	7.3	7.9	7.8	8.8	9.2	9.4	10.2	0.4
其他亚太国家	19.9	18.4	19.1	20.7	22.4	23.2	23.9	24.8	0.9
亚太地区合计	**1081.5**	**1010.7**	**904.3**	**898.7**	**982.8**	**1184.0**	**1346.6**	**1506.6**	**52.2**
世界总计	**2319.4**	**2239.3**	**2108.7**	**2148.1**	**2217.3**	**2413.1**	**2613.5**	**2778.2**	**100.0**
其中：欧盟 25 国	318.5	309.5	294.1	302.3	302.0	300.8	310.8	307.0	11.0
经合组织	1083.5	1085.1	1073.2	1122.9	1114.0	1121.2	1149.5	1163.2	41.9
前苏联	171.2	163.2	164.4	169.9	172.7	166.9	175.6	175.0	6.3
其他新兴经济体	1064.7	991.0	871.2	855.3	930.6	1124.9	1288.4	1440.1	51.8

世界主要产煤国家采煤机械化程度

单位：%

年　份	采煤机械化程度					
	俄罗斯	德　国	波　兰	英　国	日　本	美　国
1965	67.9	79.4	30.0	75.0	38.0	89.2
1970	85.0	92.7	65.7	92.3	72.3	97.4
1975	94.0	97.9	93.5	93.5	74.0	99.7
1980	95.0	99.2	96.0	94.0	72.4	95.0
1981	96.0	99.0	97.0	94.0	76.0	99.0
1982	96.0	99.7	96.2	94.0	78.1	99.0
1983	97.0	99.7	97.0	99.0	80.0	99.0
1984	97.0	99.6	96.0	99.6	81.1	99.0
1985	97.0	99.5	97.0	99.0	83.5	99.0
1986	97.0	99.5	97.2	99.4	83.7	99.0
1987	97.0	99.6	97.8	99.4	79.7	99.0
1988	97.0	99.6	97.8	99.5	87.4	99.9
1989	97.0	99.7	98.0	99.6	87.5	99.7
1990	96.8		98.0			
1991	98.0	99.9	98.0	99.8	92.4	
1992		99.9	98.3	99.7	86.9	
1993	98.0	100.0	98.0	99.8	92.4	
1994	98.0	100.0	98.0	100.0	100.0	
1995	98.0	100.0	99.0	100.0	99.0	
1996		100.0	96.2	100.0	100.0	100.0
1997		100.0	97.9	100.0	100.0	100.0
1998	98.9	100.0	98.0	100.0	100.0	100.0
1999	99.1	100.0	98.3	100.0	100.0	100.0
2000	99.3	100.0	99.0	100.0	100.0	100.0
2001	99.5	100.0	99.2	100.0	100.0	100.0
2002	99.5	100.0	99.2	100.0	100.0	100.0
2003	99.7	100.0	99.2	100.0	100.0	100.0

注：俄罗斯 1991 年以前为前苏联数据，德国 1992 年前为前西德数据。

世界主要产煤国家采煤综合机械化程度

单位：%

年　份	采煤综合机械化程度					
	俄罗斯	德　国	波　兰	英　国	日　本	美　国
1965	8.3	6.3	1.5	34.5		
1970	29.5	37.3	3.6	79.9	28.7	
1975	59.8	80.8	34.6	92.0	58.4	
1980	67.0	96.8	65.0	92.0	69.0	
1981	69.0	98.0	77.8	92.0	68.9	
1982	69.0	98.9	83.8	92.0	69.5	
1983	70.0	98.3	88.4	97.0	68.7	
1984	72.2	99.6	86.5		66.8	97.0
1985	73.1	99.5	88.4		70.6	99.0
1986	74.0	99.5	89.5		74.3	99.3
1987	74.7	99.6	90.6		69.9	99.3
1988	75.7	99.8	91.0		81.0	99.3
1989	77.0	99.9	91.0		78.6	99.3
1990	78.6		91.0			
1991	78.5	99.9	92.5	99.9	83.6	
1992		99.9	92.5	99.9	86.2	
1993	84.2	100.0		99.9	92.4	
1994	85.7	100.0		100.0	94.2	
1995	87.8	100.0		100.0	97.4	
1996	88.7	100.0	90.1	97.0	100.0	47.0
1997		100.0	92.3	99.0	100.0	46.3
1998	90.5	100.0	93.4	100.0	100.0	47.8
1999	91.8	100.0	94.5	100.0	100.0	49.1
2000	93.5	100.0	95.1	100.0	100.0	50.6
2001	95.0	100.0	95.3	100.0	100.0	51.3
2002	95.0	100.0	95.3	100.0	100.0	51.3
2003	95.2	100.0	95.3	100.0	100.0	

注：俄罗斯 1991 年以前为前苏联数据，德国 1992 年前为前西德数据。

世界能源消费量及其构成

年　份	消费量（千吨标准燃料）	能源的消费构成（占消费量%）			
		固　体	液　体	气　体	水电与核能
1985	9130345	33.3	39.5	22.5	4.7
1986	9321862	33.0	39.7	22.5	4.8
1987	9654739	32.4	39.7	23.6	4.8
1988	10013217	32.9	39.2	23.0	4.9
1989	10176643	32.5	39.1	23.5	4.9
1990	10826456	29.8	36.9	23.5	9.8
1991	10924237	29.2	37.0	23.9	9.9
1992	10947739	29.4	36.4	24.3	9.9
1993	11019359	28.7	36.9	24.0	10.4
1994	11274817	29.9	36.1	23.8	10.2
1995	11643265	29.9	35.0	24.8	10.3
1996	11985432	29.5	34.8	25.4	10.3
1997	11932854	28.7	35.1	25.7	10.5
1998	11926084	27.9	35.4	25.9	10.8
1999	11949705	26.7	35.6	26.6	11.1
2000	12138228	26.5	35.5	26.9	11.1
2001	12439509	26.9	35.0	27.1	11.0

2004年世界煤炭探明储量——按国家和地区分

单位：百万吨

	无烟煤与烟煤	亚烟煤与褐煤	总　计	占总量比例	储产比
美　国	111338	135305	246643	27.1%	245
加拿大	3471	3107	6578	0.7%	100
墨西哥	860	351	1211	0.1%	135
北美洲总计	**115669**	**138763**	**254432**	**28.0%**	**235**
巴　西	–	10113	10113	1.1%	*
哥伦比亚	6230	381	6611	0.7%	120
委内瑞拉	479	–	479	0.1%	53
其他中南美洲国家	992	1698	2690	0.3%	*
中南美洲合计	**7701**	**12192**	**19893**	**2.2%**	**290**
保加利亚	4	2183	2187	0.2%	84
捷　克	2094	3458	5552	0.6%	90
法　国	15	–	15	w	17
德　国	183	6556	6739	0.7%	32
希　腊	–	3900	3900	0.4%	55
匈牙利	198	3159	3357	0.4%	240
哈萨克斯坦	28151	3128	31279	3.4%	360
波　兰	14000	–	14000	1.5%	87
罗马尼亚	22	472	494	0.1%	16
俄罗斯	49088	107922	157010	17.3%	*
西班牙	200	330	530	0.1%	26
土耳其	278	3908	4186	0.5%	87
乌克兰	16274	17879	34153	3.8%	424
英　国	220	–	220	w	9
其他欧洲国家	1529	21944	23473	2.6%	341
欧洲合计	**112256**	**174839**	**287095**	**31.6%**	**242**

续表

	无烟煤与烟煤	亚烟煤与褐煤	总　计	占总量比例	储产比
南　非	48750	–	48750	5.4%	201
津巴布韦	502	–	502	0.1%	154
非洲其他国家	910	174	1084	0.1%	490
中　东	419	–	419	w	399
非洲合计	**50581**	**174**	**50755**	**5.6%**	**204**
澳大利亚	38600	39900	78500	8.6%	215
中　国	62200	52300	114500	12.6%	59
印　度	90085	2360	92445	10.2%	229
印度尼西亚	740	4228	4968	0.5%	38
日　本	359	–	359	w	268
新西兰	33	538	571	0.1%	115
朝　鲜	300	300	600	0.1%	21
巴基斯坦	–	3050	3050	0.3%	*
韩　国	–	80	80	w	25
泰　国	–	1354	1354	0.1%	67
越　南	150	–	150	w	6
其他亚太国家	97	215	312	w	34
亚太地区合计	**192564**	**104325**	**296889**	**32.7%**	**101**
世界总计	**478771**	**430293**	**909064**	**100.0%**	**164**
其中：经合组织	172363	200857	373220	41.1%	180
前苏联	94513	132741	227254	25.0%	*
其他新兴经济体	211895	96695	308590	33.9%	102

资料来源：世界能源委员会

注：* 超过 500 年，w 低于 0.05%。

煤的探明储量这里指：通过地质工程信息以合理的肯定性表明，在现有的经济与作业条件下，将来可从已知储层采出的煤炭储量。

储量/产量比率指：假设将来的产量继续保持在某年度的水平，那么，用该年年底的储量除以该年度的产量所得出的计算结果就是剩余储量的可开采年限。

图书在版编目（CIP）数据

中国煤炭工业统计资料汇编：1949～2004/中国煤炭工业协会编 .—北京：煤炭工业出版社，2006

ISBN 7－5020－2899－4

Ⅰ.中… Ⅱ.中… Ⅲ.煤炭工业－统计资料－中国－1949～2004 Ⅳ.F426.21－66

中国版本图书馆 CIP 数据核字(2006)第 054139 号

煤炭工业出版社 出版发行
（北京市朝阳区芍药居 35 号 100029）
网址：www.cciph.com.cn
煤炭工业出版社印刷厂 印刷
*
开本 889mm×1194mm 1/16 印张 47 1/2 插页 2
字数 1377 千字 印数 1—1,000
2006 年 8 月第 1 版 2006 年 8 月第 1 次印刷
社内编号 5686 定价 300.00 元